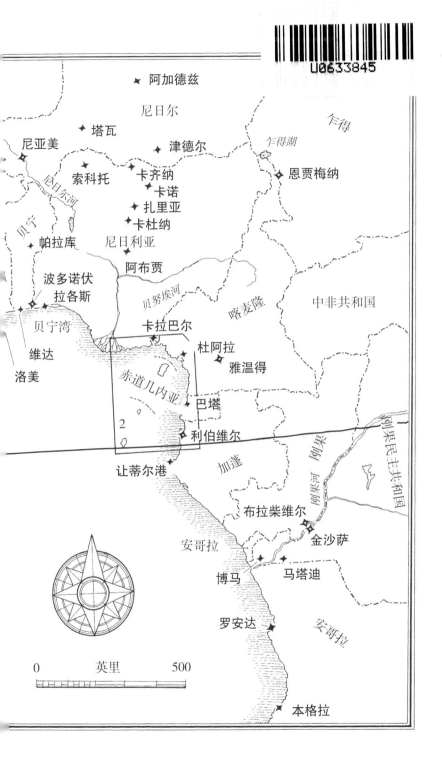

阿加德兹

尼日尔

乍得

塔瓦

津德尔

乍得湖

尼亚美

卡齐纳

恩贾梅纳

索科托

卡诺

扎里亚

卡杜纳

贝宁

帕拉库

尼日利亚

阿布贾

中非共和国

波多诺伏
拉各斯

贝努埃河

喀麦隆

卡拉巴尔

贝宁湾

杜阿拉

维达

雅温得

洛美

赤道几内亚

巴塔

2

利伯维尔

刚果民主共和国

让蒂尔港

加蓬

刚果

让蒂尔港

刚果河

布拉柴维尔

金沙萨

安哥拉

博马

马塔迪

罗安达

安哥拉

0   英里   500

本格拉

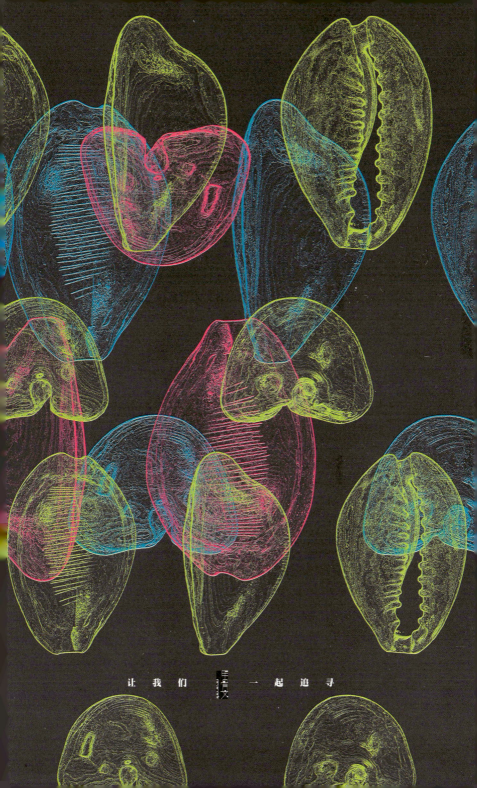

让 我 们 一 起 追 寻

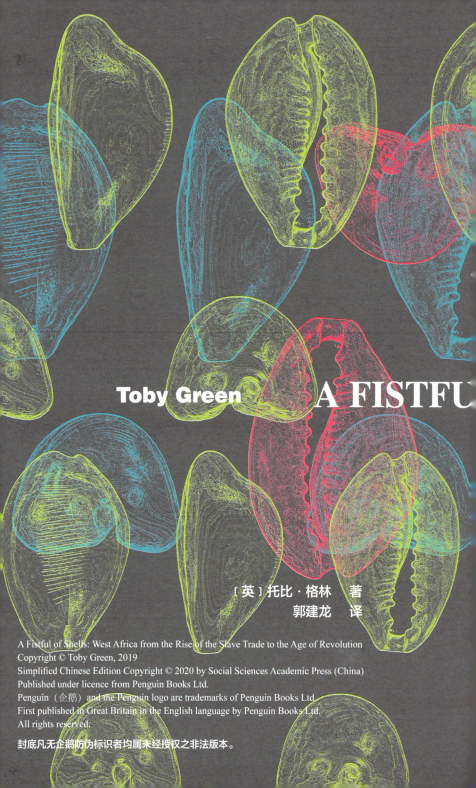

Toby Green A FISTFU

〔英〕托比·格林　著

郭建龙　译

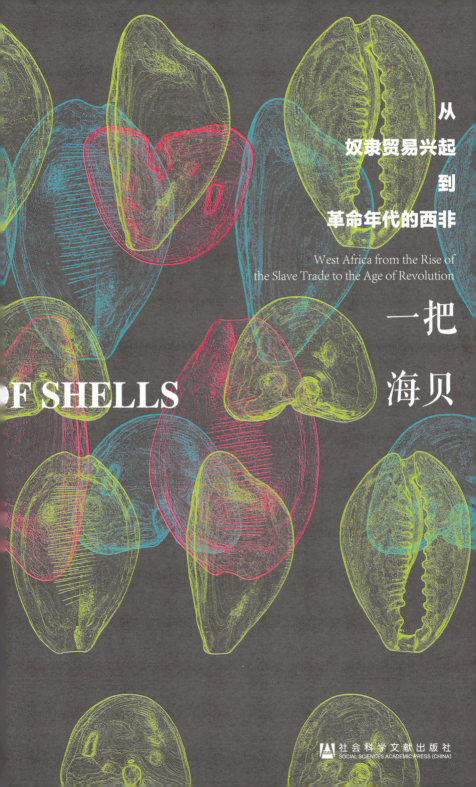

本书献给所有在前言中感谢的人，为了他们的仁爱、友谊和给我的美丽而适当的教育。

特别献给阿莱达（Aleida）、法图（Fatou）和鲁比（Ruby），以及未来世代的西非女权主义者；

献给本（Ben）、哈苏姆（Hassoum）、萨姆（Sam），以及未来世代的西非历史学家；

献给尼尔（Niel），他会喜欢阅读这本书，并为之争论；

献给我的孩子莉莉（Lily）和弗洛拉（Flora），她们和这本书一起成长。

陌生人就像一盘菜，主人随时可以把它吹凉。

——兰辛·迪亚巴特（Lansiné Diabaté）[1]

我用剩下的生命来调查这个时代的历史，以及它命运的好的和坏的转换……读者将从叙述和阐释中获得乐趣。在调查时，我加入了一些自己的观点……我没有从别人的油灯中盗取我的火种。

——索科托哈里发国苏丹穆罕默德·贝洛，

《富拉尼圣战编年史》（*Infaku'l Maisuri*，1812）[2]

---

[1]　Jansen/Duintjer/Tamboura（1995：100－101）.

[2]　Arnett（1922：2）. 此书名亦写作 *Infaq al-Maisuri*。——译者注

目　录

前　言 ……………………………………………………………… i

关于拼写和名称的说明 ……………………………………… xxi

术语表 …………………………………………………………… xxii

导　语 …………………………………………………………… 001

第一部　缘起
西非和中西非的经济差异

第一部大事年表 ……………………………………………… 031

第一章　"三份黄金"：萨赫勒地区伟大帝国的起落 ……… 038

第二章　穿越稀树草原区的堤道：从塞内冈比亚到
　　　　塞拉利昂 …………………………………………… 086

第三章　现成的黄金：黄金海岸与黄金贸易 …………… 137

第四章　布匹之河、青铜面具：贝宁湾和比夫拉 ……… 190

第五章　刚果王国：从王权到叛乱 ……………………… 237

第一部尾声 …………………………………………………… 296

第二部　结果
政治、信仰和底层革命

第二部大事年表 ……………………………………………… 307

第二部序言 ………………………………………………… 312

第六章 "穿着价值三个奴隶的靴子"：奴隶制与
　　　　18世纪的价值 …………………………………… 330

第七章 涉足战争：西非政治中的"财政—军事国家" …… 374

第八章 饲养权力：新社会、新世界观 …………………… 424

第九章 超越国界的非洲、斗争以及现代性的诞生 ………… 469

第十章 武士贵族与来自底层的反抗 ……………………… 512

第十一章 让他们痛饮朗姆酒！伊斯兰教、
　　　　　革命和贵族制 …………………………………… 548

结　语 ……………………………………………………… 594

参考文献 …………………………………………………… 606

插图列表 …………………………………………………… 646

索　引 ……………………………………………………… 654

前　言

1995 年我第一次访问非洲时，来到了几内亚比绍海岸上
的比热戈斯群岛。在从比绍坐渡轮来到比热戈斯主要港口布巴
克后，我和一些渔民商量好让他们带我去卡诺戈（Canogo）
岛。我们在夜间离开布巴克，海水中闪烁着藻类的磷光。我至
今仍然记得那种海水的闪烁，那时我惊奇地抬头望向布满繁星
的天空。帮我和渔民谈判搭船的塞内加尔渔民阿比布
（Abibu）观察着我。他看到了我的表情，说："发现世界是多
么美妙啊。"久而久之，我明白了那是真的，但也知道它并不
总是那么美妙。

卡诺戈太遥远了，那儿没有轮渡，也没有类似的服务。这
里的岛民等待着阿比布这样的渔民和船员来到岛上，然后付给
他们钱，跟随他们回到布巴克，在那里可以购买补给。几天
后，当我们从卡诺戈返回时，就有几个岛民上了我们的船。我
们在红树林和相邻岛屿之间宽阔的河道上穿行。经过数小时的
旅程，我们拐进一片沼泽，背着东西涉水上岸，睡在一些巨大
的叶子上，这些叶子是渔民用弯刀从一些形状奇特的植物上割
下来的。第二天早晨，我们重新上路。当经过一条离开主河道
的小溪时，一个和我们在一起的老妇人做着鬼脸，朝水里吐着
唾沫。她说了些什么，阿比布翻译说："谁落入这条小溪，就
再也回不来了。"

XIV

那时，虽然在英国接受了这么多年的教育，但我的知识还是非常局限的。我不理解过去驱使西方旅行者去非洲的到底是什么力量，也不理解这些旅行者所写的东西背后有着怎样的吸引西方的兴趣点。更糟的是，我对于西非的历史知之甚少，我的无知使我很难突破异国情调的外壳。我不知道比热戈斯人在 16 和 17 世纪曾经以令人害怕的武士和奴隶贩子而闻名，向大陆地区派出过长长的用于战争的独木舟。我也没有读过像罗莎琳德·肖（Rosalind Shaw）这样的人类学家的著作，她在后来的一本关于塞拉利昂的书中提到，在西非对魔法的讨论中，"隐身"的隐喻其实是具有历史意义的，指的是人们消失在奴隶贸易之中。在那之后很多年，我经常回想起这次交流，以及隐藏在其下的历史。从那些小溪或者其他类似的地方派出独木舟的残暴的武士参与了西非的历史，这些历史在卡诺戈尚未被遗忘。

当我成了一名历史学家，我一直在琢磨一个人怎么才能把这些记忆碎片与通常用来建立历史记录的文件证据结合起来。但我很快发现，真正的问题并不是没有针对西非过去的档案，而是它们分散在了世界各地，并且非常缺乏系统化。2009 年夏天，我访问了塞维利亚的印度群岛档案馆（Archive of the Indies），它就在大教堂和皇宫的隔壁。档案员问我寻找什么，我告诉他们我在寻找关于佛得角群岛历史的档案，一个人回答说："我们没有关于佛得角的文档目录。"这就是真实的例子。为了在这家收藏了许多西班牙美洲殖民地藏品的档案馆中研究佛得角，你必须阅读西班牙印度群岛理事会从南美洲各地整理的有关西非的全部资料，但这些资料至少已经在那儿了。

这种模式在世界许多地方重复出现。看一下本书注释就可以知道，我的研究已经远远超出了英国国家档案馆的范围，涉及巴西、荷兰、智利、哥伦比亚、葡萄牙、秘鲁和西班牙的档案馆。人们可以看到几个世纪前奴隶贩子、殖民地官员和传教士写的文件，但这些档案通常处于分类和目录都不全的状态。这里的资料提供了非洲国家之间，以及非洲和欧洲之间关系的许多细节，比如日期、官员、贸易、战争等。大多数（即便不是全部）资料之所以被记录下来，是因为奴隶贸易更广阔 xv 的经济背景让这些投机者（这里用一个礼貌的名词）首先来到西非，然后才提供了一个扭曲的视角。它忽略了当时对很多西非人来说最重要的东西：亲情与家庭、劳动与生产、宗教实践与宗教仪式、服饰与时尚、食物与家庭、政治忠诚与变革。为了理解这些主题，人们必须在已有的文字材料以外，花费大量时间记录那些西非的口述历史，以尽可能恢复社会记忆（就像来自卡诺戈的那位老妇人的那些），并查阅那些已经存在的珍贵的口述历史记录。

2010 年，我的运气很好。美国历史学家沃尔特·霍索恩（Walter Hawthorne）因参与了大英图书馆资助的一个项目而访问冈比亚，协助冈比亚国家档案馆中濒危藏品的数字化工作。在那儿，他接触到了一批口述历史的档案，他认为其中有许多关于遥远过去的资料，建议我查看一下。几个月后我来到这儿，这是我许多有价值的研究之旅中的第一次。我发现了一批 20 世纪 60、70 和 80 年代制作的录音带，它们是巴卡里·西迪贝（Bakary Sidibé）和他的一些助手录制的，这些对 19 世纪出生的人的采访，提供了一幅关于遥远过去重要事件的图景。这些材料涵盖了几内亚、几内亚比绍、马里和塞内加尔，当然也包括冈比亚。其中许多材料已经被整理成文字，还有一些甚至都翻译过了。正如我在法贾拉（Fajara）"芒果树"档案馆遇到的其他研究人员所证明的，这是西非最珍贵的档案之一。

最终，口述文件和书面文件这两种方式开始相互匹配。2013 年 5 月，我访问秘鲁国家档案馆时，查看了利马宗教裁判所的记录。在这里，有人发现了一个在 17 世纪 10 年代生活在几内亚比绍区域的奴隶贩子曼努埃尔·巴乌蒂斯塔·佩雷兹（Manuel Bautista Pérez）的账簿，之后他移居到了秘鲁，并在 1639 年被宗教裁判所判处了火刑。执行地点就在市长广场上，与现在国家档案馆所使用的建筑只是大声说话的距离而已，他残酷和悲惨的一生在将近四个世纪后依然保存在这里。我戴上研究人员所需的白色防护手套，仔细查看了他的账簿，其中有许多他在比热戈斯群岛的贸易记录的细节，而这片群岛就是我 18 年前访问过的那片。这些材料中的大部分只是纯粹的数字、"事实和数量"，将历史压缩得仅剩数据。然而，有时也会从中窥见我与历史的情感联系，以及我对比热戈斯的记忆。我怀着感动在一个地方停下来，那是在我读到巴乌蒂斯塔·佩雷兹在 17 世纪 20 年代晚期写到他的女儿玛利亚时，她的母亲是一个西非女人，一直生活在卡谢乌城（Cacheu，位于现几内亚比绍）。许多年后，生活在世界另一端的巴乌蒂斯塔·佩雷兹继续给玛利亚写信，并寄给她钱，让她购买生活必需品。后来，她的后代（也是他的后代）成了他离开的西非社会的一部分，他当初就是从这个社会中贩运奴隶到美洲。

对这些故事的不断发现解释了我为什么以及如何写作这本书。在这些尘土飞扬的故纸堆里，有许多发生在遥远过去的、关于非洲与全球互动的记录，即便传统西方叙事并非为了记录非洲的历史而写下的。事实上，很快，那些定期来往的人们就意识到了偏见与现实之间的巨大脱节。大多数西方话语要么是对"非洲"使用的排他性语言（非洲是"没有历史的"或者是"没有现代性的"），要么是表明非洲和非洲人在历史上或多或少倾向于暴力和野蛮，而欧洲人和欧洲后裔则没有的这种暗示性语言。哪怕只有最少历史知识的人都知道这是一种极度的偏见，但值得注意的是，在整个21世纪的五分之一时间里，它仍然相当普遍。

每一位作者都有倾向性地对待自己的主题，当然，读者也是如此。就遥远的西非历史而言，对一些人来说，最根深蒂固的想法之一是，根本没有足够的资料来形成连贯的历史概貌。由于花了大量的时间在这些不同的档案中，我已经理解了这种观点是多么错误，但这些档案也向我们提出了特有的挑战。我已经写过一本书，但我参考的资料本可以至少产生三四本书。不可避免的是，这里的结论并不是全面的，我只写出了自己的观点和兴趣。对于那些定期去西非旅行超过20年却依然保持 XVII 局外人身份的人，以及那些在世界各地的档案馆里待了足够长时间，一想到那些满是灰尘的文件就感到喉咙发痒的人，依然有太多可以做的东西。许多文献都是用阿拉伯语、丹麦语、荷兰语、英语、法语和葡萄牙语写就的，它们都还没有被从非洲视角进行过研究。写作中的一个挑战是，如何平衡这些资料和它们的重要性。由于现实中对遥远西非过去的历史研究仍然相对缺乏，这些资料无疑是非常重要的，因此，利用它们进行写作时，会有一种尽可能多说的欲望，但这样会使这本书变得异常难读，也会让历史学家无法忍受。

除了书面资料信息过载这种危险之外，还有大量的口述信息。在西方历史思维中，借鉴这一时期的口述史是一种反历史的努力。但在西非，历史是一种口头体裁，由被称为赞颂者或者说唱艺人（griots）的专业历史学家持有和叙述，他们的赞助人要求他们在重要的公共活动和纪念活动中演唱重要的历史。在遥远的 1783 年，丹麦旅行者保罗·埃尔德曼·伊瑟特（Paul Erdmann Isert）在黄金海岸就发现了这样的活动：

> 不到一天就召开了一次战争委员会（Palaber）。像雕像一样坐在阳光下四五个小时，却一点也不乏味。举行这些会议最常见的原因是，一个新到的团体必须宣誓就职。我们看到、听到了这样的一个过程，并做了一份书面记录，因为我们欧洲人没有信心将这些事情都托付给记忆，就像黑人秘书能够做到的那样，他们可以将每一次公开审判都记在脑子里，即使在 40 年后还能清楚记得。我们知道，即便他们没有学会书写，甚至连一个字母都不会读，他们也可以精确地回忆起他们的传统，以及他们的历史。[1]

今天的许多历史学家会说，伊瑟特在这里有些过于轻信了。正如书面历史学家根据每一个时代的关注点来塑造他们的叙述一样，说唱艺人很可能会将他们的叙述引导到他们的赞助人身上，并根据他们的历史传统以及时代的紧迫性，在统治者和臣民之间进行调和。无论是在 21 世纪，还是在西非任何时代的城市、城镇和乡村，都是付钱给风笛手的人决定演奏的曲调。然而，正如旧的书面历史不会因此而被抛弃一样，口述历史也不应被摒弃。口述资料对本书是非常重要的，这不是因为它们包含的"事实"，而是因为它们提供了一种表述话语。口述记录提供了历史的经验，提供了在现代记忆中过去发生的事件的重要性，以及在遥远时代，人们认为可能具有社会意义的东西。它们还提供了一个无与伦比的窗口，展示历史的表现方式、历史的声音和质地，以及它对普通男女的意义。可能最重要的是，它们提供了一种不同的历史模型，可以挑战那些占据统治地位的、歪曲非洲过去的传统历史模型。[2]

　　最后，我们不能逃避这个现实，即所有的对过去进行叙述的"资料"都代表了政治工程，这是本书的读者在遇到以下情况时应该牢记的一点。我所找到的口述历史是由口述者自己的当代压力和经验塑造的；我所引用的阿拉伯语资料主要是由16至18世纪的西非学者撰写的，他们试图在伊斯兰教宗教仪式和他们所居住的政治世界的框架内，对西非的过去进行历史性梳理。欧洲商人的叙述跨越了不同的时期：在17和18世纪，这些奴隶贩子制造的书籍往往采取了赞同奴隶制的态度，比如威廉·斯内尔格雷夫（William Snelgrave）就是这样的例子；到18世纪晚期，一些书是由诸如米歇尔·阿丹森（Michel Adanson）和亚当·阿夫塞柳斯（Adam Afzelius）这样参与了科学启蒙的博物学家写成的；到19世纪，海因里希·巴尔特（Heinrich Barth）和蒙戈·帕克（Mungo Park）写出了自己的著作，他们由欧洲赞助人提供资助，怀有一种经济上和意识形态上不甚明确的殖民主义态度。[3]

　　这样，世界范围内的所有资料都可以被认为是政治或脑力工程。在非洲语境下，要想说明这些不同类型的资料是如何为研究提供帮助的，最好的方式是借助于一些例子或历史学家所谓的"微观历史"。在我较早的一本书中，我比较了16世纪

70 年代的一份外部书面报告与一份口述资料，书面报告中讨论了冈比亚武士组成的军队是如何与一排猴子并肩作战的，而口述资料则描述了该地区卡阿布帝国的一些武士是如何将猴子作为他们的图腾的。这种比较揭示了原始材料的种族主义特征（相信非洲人可以和猴子并肩战斗），将卡阿布帝国的崛起从神话变成了历史，并为这个时期军事秘密会社［secret society，许多人类学家也使用 sodality（联谊会）一词，但 society 这个词更明确了其中的权力意味］的兴起带来了启示。对语言的研究同样非常有帮助：巴马纳语［Bamana words，居住在马里首都巴马科的巴马纳人的语言，与其他曼德（Mande）语言比如马宁卡（Maninka）① 语有着非常亲近的联系］中表示"市场"和"债务/信贷"的词 fèère 和 júru 是从葡萄牙语 feira 和 juro 继承来的，这为了解西非前殖民地时期的贸易、交换和信贷过程，以及外部贸易和金钱在这些过程中扮演的角色，都提供了有用的信息。[4]

这是一个非常有价值却又复杂的研究领域。它抵御了研究中一般化的诱惑，却又具有普遍的重要性。在 19 世纪之前，非洲都不是殖民化的。从 13 世纪开始，它的人民和统治者都在积极参与着对现代世界的塑造。非洲前殖民地时期的历史，事实上是与它的现代困境密切相关的。但这段前殖民地时期的历史却少有人研究，即便在许多非洲大学的历史系也是如此，更何况在西方。我希望，当读者读完这本书之后，就会清楚为

① 马宁卡亦称曼丁（Manding）、曼丁卡（Mandinka/Mandinga）、曼丁戈（Mandingo），是位于几内亚、象牙海岸、塞内加尔、冈比亚、几内亚比绍部分地区的西非民族。此概念本书均按原书采用的说法翻译。——译者注

什么这种状况不应该再继续下去。

　　本书中出现的许多观点得益于一些特别的人的帮助。埃米莉（Emily）、莉莉和弗洛拉给了我慷慨的精神、时间和爱，让我能参与这项研究。企鹅出版社的 Simon Winder 知道我想写这本书之后，立刻明白它会很有趣，认为我应该把写这本书放在第一位，并提出关于为了使本书具有生命力，它的主题应该怎么设置的建议。我一开始动笔，他又成为一个慷慨提供富有创造性的支持和建议的典范，由此成为一个楷模，让人们想起编辑过程是多么重要。在写作本书的初期，我曾经和芝加哥大学出版社的 Priya Nelson 商讨过，直到这本书快完成，和她一起工作都很愉快。Maggie Hattersley 也提供了许多有用的建议，帮助我弄清了应该怎样才能完成终稿。Richard Drayton 给了我许多鼓励和支持，特别是在早期阶段，那时我正在头脑中梳理构成本书核心的观点，没有他无条件的友谊和信任，就不会有本书的面世。

El Hadji Mamadou Ndiaye、El Hadji Omar Ndiaye、Ablai Diallo、Ibrahima Massaly、Carmen Neto、Januário Nascimento、António Leão Correia e Silva、Zelinda Cohen、Hassoum Ceesay、Buba Saho 和 Ndane Faye，这些人都向我提供了对西非许多不同地区的深刻的个人的和人道主义的介绍。我的博士生 Dorothée Boulanger、Aleida Mendes Borges、Joe da Costa、Patrice Etienne 和 Vince Nadeau 向我提出了许多促使我去思考的不同问题，并通过他们自己的见解和经验拓宽了我的思路。我在伦敦国王学院教过的许多学生帮助我磨炼了知识，使我对非洲的一切都有了更深入的思考。

XX

任何读过这本书的人都会明白，我欠那些我在许多西非国家采访过的人一大笔人情债；我也想要感谢伦敦国王学院管理伦理审查过程的团队，他们帮助我为采访制定了详细的格式规范。我同样对许多非洲、欧洲和拉丁美洲档案馆里的工作人员表示感谢，感谢他们处理我的请求时所表现出的勤勉和高效。我还想对所有那些有耐心和善于思考的人表示感谢，他们的努力工作和奉献帮助本书得以成形——通常在非常困难的情况下。

从我写作本书开始，我的想法即是在与众多学者的对话之中产生的。Samuel Adu-Gyamfi、Benjamin Kye Ampadu、Mariana Candido、Hassoum Ceesay、Roquinaldo Ferreira、Vincent Hiribarren、Luis Nicolau Parés、Helen Parr、Assan Sarr 和 Tatiana Seijas 都曾经阅读过手稿，并向我提出过极其有帮助的建议。许多其他的朋友和同事讨论了书中的一些观点，促使我仔细思考了这些观点产生的背景，这些人是：Nwando Achebe、Gareth Austin、Manuel Barcia、Boubacar Barry、Francisco Bethencourt、Walter Bgoya、Marisa Candotti、Justin Cox、Richard Drayton、Lucy Durán、Marcela Echeverrí、Paulo Farias、Jane Guyer、Philip Havik、Walter Hawthorne、Anthony Hopkins、José da Silva Horta、Daniel Laeomahuma Jatta、Mary Jay、Kazuo Kobayashi、Murray Last、Paul Lovejoy、Kristin Mann、Peter Mark、Joseph Miller、José Lingna Nafafé、Malyn Newitt、Linda Newson、Chibundu Onuzo、Steve Pincus、Paul Reid、Benedetta Rossi、Bala Saho、Ibrahima Seck、Carlos da Silva Junior、Hugo Ribeiro da Silva、Candido Domingues de Souza、Ibrahima Thiaw 和 AbdoolKarim Vakil。所有这些人都帮助我构建了思考这个主题的方式，也就是呈现在这里的方式；

他们都提供过有助于形成一种整体性思考的重要观点。

如果没有非洲机构同事的帮助和合作，我也不可能在本书中发展出这些观点。有机会与如此优秀的人密切合作，是我一生中得到的最好庇佑和特权之一，我深深地对以下人士表示感谢：在安哥拉有本格拉卡提亚瓦拉·布维拉大学（Katyavala Bwila University）校长 Albano Ferreira、Botelho Jimbi 和 Elsa Rodrigues（也来自卡提亚瓦拉·布维拉大学），以及来自罗安达阿戈斯蒂纽·内图大学（Agostinho Neto University）的 Nick Manuel、Sabino de Nascimento 和 José Pedro；在佛得角有来自佛得角大学（University of Cabo Verde）的 Zelinda Cohen 和 António Correia e Silva；在加纳有来自加纳历史教师协会的 Benjamin Kye-Ampadu 和来自位于库马西（Kumasi）的夸梅·恩克鲁玛科技大学（Kwame Nkrumah University of Science and Technology）的 Samuel Adu-Gyamfi 和 George Bob-Milliar；在几内亚比绍有 Leopoldo Amado、Miguel de Barros、Carlos Cardoso 和 Mamadu Jao，他们现在或者曾经供职于国家研究所；在莫桑比克有来自蒙德拉内大学（Universidade Eduardo Mondlane）的 Marta Mendonça、Xavier Muianga 和 Adriano Uaciquete，以及来自卢里奥大学（UniLúrio University）的 Aldino André、Pedrito Cambrão 和 João Salavessa；在塞内加尔有来自达喀尔谢赫·安达·迪奥普大学（Université Cheikh Anta Diop）的 Boubacar Barry 和 Ibrahima Thiaw；在塞拉利昂有来自福拉湾学院（Fourah Bay College）的 Joe Alie、Ishmael Kamara 和 Stephen Ney；特别感谢冈比亚的 Baba Ceesay、Hassoum Ceesay、Siaka Fadera、Marcia Hall、Bakary Sanyang 和 Lamin Yarbo，他们现在或曾经供职于国家艺术和文化中心；以及位

于法贾拉的研究和文献司的全体工作人员。

XXII 　在非洲之外，我也非常幸运地得到了来自欧洲和拉丁美洲许多国家的人们的支持，我曾经在这些地方做过研究。特别是我在巴西的研究，由于一些同事的帮助和友谊，变得容易多了，他们帮我找档案材料，安排博物馆的图片版权，不仅如此，我还在那里度过了愉快的时光。我想特别感谢巴西萨尔瓦多的 Wladymyra Albuquerque、Urano Andrade、Lisa Earl Castillo、Luis Nicolau Parés 和 João Reis，里约热内卢的 Alex Gebara 和 Mariza de Carvalho Soares，贝洛奥里藏特的 Thiago Mota 和 Vanicleia Silva Santos，以及圣保罗的 Marina de Mello e Souza。但我更要特别感谢 Candido Domingues de Souza 和 Carlos da Silva Junior，他们欢迎我进入他们的生活，告诉我享用巴西风味椰奶虾（bobo de camarão）、利口酒和冰激凌的好地方，为确保我在萨尔瓦多港有宾至如归的感觉而不遗余力。然而，当这本书付印时，我目睹了独裁和略加掩饰的种族主义统治对巴西学术生活的蚕食，这的确是一种悲哀，2018 年 9 月 2 日里约国家博物馆的毁灭性大火就是这种蚕食最为显著的象征。

当我把本书中形成的这些想法应用到现实世界时，人们慷慨地给我提供了许多机会，让我在各种演讲中对它们进行实地测验：我要感谢 Wladymyra Albuquerque 和 João Reis——他们和 Carlos da Silva Junior 一起协调了我们在萨尔瓦多举办的与此主题相关的会议；南特大学的 António de Almeida Mendes 和雷恩大学的 Christophe Giudicelli；芝加哥大学的 Emily Osborn；汉堡大学的 Henning Schreiber 和 Katrin Pfeiffer；巴黎圣母院的 Karen Graubart 和 Pat Griffin；当时在布朗大学的 Roquinaldo Ferreira；牛津大学已故的令人怀念的 Jan-Georg Deutsch 和

Jamie Belich；巴黎狄德罗大学的 Catherine Coquéry-Vidrovitch 和布朗利河岸博物馆的 Gaëlle Beaujean；以及耶鲁大学的 Tiraana Bains 和 Russ Gasdia。

能在伯明翰大学古老的西非研究中心形成我的学术方向，我真的非常幸运。我的博士生导师 Paulo de Moraes Farias 是一个会激发灵感又充满智慧的指导者，我将永远感激他；还有 Karin Barber 和我在那儿所有的同事，感谢他们给予我的无数友爱和恰如其分的教导。离开伯明翰后，一个偶然的方向转变使引出这本书的工作得以开展。当我 2010 年 9 月开始在国王学院工作时，Ludmilla Jordanova 让我去教授经济历史学；在那儿，我找到了进入如下许多问题的途径。

在国王学院工作时，我被那些创造出一种思考氛围的人包围着。作为系里的主管，Federico Bonaddio、Catherine Boyle、Paul Readman、Adam Sutcliffe、Jon Wilson 和 Abigail Woods 总是对我的整体工作以及这个项目给予巨大的支持。我的同事 Hanna-Kristin Arro、Natasha Awais-Dean、Amy Hart、Chris Machut、Alex Nightingale、Dot Pearce、Rob Templing 和 Lucy Thomas 也为我提供了各种各样的帮助，在他们的帮助下，许多复杂的、通常看起来不可能解决的结构性问题都被解决了，仿佛一切都很容易。在历史系，我幸运地得到了如下诸位的慷慨友谊和支持，他们是 Jen Altehenger、Francisco Bethencourt、已经过世却使人思念不已的 Patrick Chabal、Chris Dillon、Richard Drayton、Serena Ferente、Laura Gowing、Alana Harris、Vincent Hiribarren、Dan Matlin、Christine Mathias、Sumita Mukherjee、Malyn Newitt、Adrian Pearce、Alex Sapoznik、Simon Sleight、Sarah Stockwell 和 David Todd。Anne Goldgar 还鼓励我

在有时间时学习荷兰语，并借给了我她的 *Shetter's Grammar*，她通过这种方式表达了她的支持和慷慨，而这本书也为我提供了巨大的帮助。在西班牙、葡萄牙和拉丁美洲研究系，我受到了如下人员的同事情谊、思想和友谊的鼓舞，他们是 Almiro de Andrade、María-José Blanco、Italia Boliver、Nagore Calvo Mendizabal、Felipe Botelho Correa、Catarina Fouto、Alicia Kent、Daniela Doneda Mittelstadt、Antonia Moreira-Rodríguez、Daniel Muñoz Sempere、Mariví Rodríguez Quiñones、Elisa Sampson Vera Tudela、Luis Rebaza Soraluz、João Silvestre、David Treece、Alejandro Vega Franco、Jesús Villalta Loro 和 Julian Weiss。在我本系之外，Abiodun Alao、Vinicius de Carvalho、Ruth Craggs、Ekaette Ikpe、Javed Majeed、'Funmi Olonisakin 和 Nayanka Perdigao 都给了我友谊与合作灵感。

最后，因为有了机构的资金支持，我才有可能写出本书。简单地看一下我所查阅的档案，以及书中遍布的实地调查笔记，就会知道这项工作需要付出多大的成本。因此，这本书本身就是一种特权的标志，它的起源部分地说明了这种特权，目前只有具有金融实力的外国机构①才可能为这项事业提供资金——这本身就是本书研究的历史不平等问题的另一个遗产。

XXIV 　　这本书展示的一些研究开始于我在伯明翰做博士生时，当时是在 2003 ~ 2005 年，我接受了艺术与人文研究委员会的资助；之后就到了我在伯明翰接受英国科学院博士后研究奖学金的阶段（2007 ~ 2010）。在作为国王学院的 Leverhulme 青年学者（Leverhulme EFC）时期（2010 ~ 2013），我第一次坚持不

---

① 相对于非洲而言。——译者注

懈地发展出本书所展示的观点，当时我受益于非常慷慨的
Leverhulme 青年学者研究津贴，为这本书以及《西非和大西洋
帝国，1589～1700》（*West Africans and Atlantic Empires*，*1589 –
1700*）项目进行了大量的档案研究。之后，作为"前殖民时
期西非的金钱、奴隶和政治变迁"项目（2016～2018）的
AHRC 领导力学者，我得以进行进一步研究，也有连续的时间
来思考和写作这本书。在这个阶段，来自 OCR 检查委员会的
Mike Goddard 和 Grant Robertson 提供的帮助同样是根本性的，
我非常感谢他们相信非洲前殖民历史的重要性，这对本书的展
开产生了多方面的影响。

在这些重要的基金和机构的支持之外，我身边还有鼓舞人
心的来自英国非洲研究协会［African Studies Association of the
UK（ASAUK）］的同事们，他们共同研究着一系列重要的问
题。ASAUK 资助的写作工作室在对我作品各个方面的塑造上
尤为重要，我要向如下人士表示感谢，感谢他们的支持和同事
情谊，他们是 Reg Cline-Cole、Carli Coetzee、Gemma Haxby、
Ambreena Manji、David Maxwell、Steph Newell、Insa Nolte、Ola
Oduku、George Ogola 和 Lizzie Orekoya，他们所有人都用这样
或那样的方式为这些工作室提供着支持。

在 ASAUK 的支持下，我组织的工作室于 2017 年与塞拉利
昂大学（受 AHRC 资助）进行合作，于 2014 年和 2018 年与
冈比亚大学（也受 AHRC 资助）进行合作，并于 2018 年与罗
安达的 Agostinho Neto 大学以及本格拉的卡提亚瓦拉·布维拉
大学进行合作（受欧盟资助）。所有这些合作对于塑造我的想
法都是非常重要的。我也要向英国国家学术院（British
Academy）表示感谢，它资助了我们的两个研究音乐和历史的

工作室，我和伦敦大学亚非学院（SOAS）的 Lucy Durán 在 2015 和 2017 年共同组建了这两个工作室，这极大地加强了我 对相关文化体系的理解。没有这些来自许多研究机构及其审查 委员会的支持，我绝不可能开展这项工作：我对所有这些个人 和机构表达深深的谢意，是他们让一切成为可能。

XXV

　　我同样非常感谢帮助我整理这本书的许多同事。Simon Winder 以完美的优雅和判断力将作者和文献都整理好，并给 了我空间和灵感，使我能把这本书整理成一些可读的东西，而 同时这些东西仍然是原汁原味的。Priya Nelson 一直致力于文 本和观念，这也是对完成本书的一种激励。Donna Poppy 提供 了非常有用和彻底的文本编辑工作，这将我从许多灾难中拯救 出来，她做的工作就像是一种堪称模范的编辑判断。Richard Duguid 和 Ellen Davies 负责编辑过程，并精心地对复杂的图像 进行管理。在这里我也要对如下人员表示感谢，他们是 Vincent Hiribarren、Daniel Laeomahuma Jatta、Anna de Mutiis、 Bala Saho 和 Carlos da Silva Junior，他们帮助我获得图片的版 权，并授权我在书中使用他们的图像资料。

　　最后，我谨对出版商允许复制以下节录表示应有的感谢：

Reproduced by permission from Fontes Historiae Africanae Series Arabica V, *Sharī'a in Songhay*: *The Replies of Al-Maghīlī to the Questions of Askia al-Hājj Muhammad*, edited and translated by John O. Hunwick, ©The British Academy 1985. From pages 70, 89 and 90.

Reproduced by permission from Cambridge University Press and Markus Wiener Publishers, 570 words from N. Levtzion and J. F. P. Hopkins (2000): *Corpus of Early Arabic Sources for West*

African History.

Reproduced by permission of Brill Publishers, 307 words from John O. Hunwick (1990): *Timbuktu and the Songhay Empire*: *Al-Sa'dī's Ta'rīkh al-sūdān down to 1613, and Other Contemporary Documents.*

尽管我已尽一切努力追查版权持有人，但提请作者和出版商注意，如果有任何遗漏，我将在本书的任何未来版本中予以纠正。

在结束致谢之前，我不能不对本书所参考的许多其他学者的研究给予应有的肯定。查阅注释可以发现，这里的资料很大一部分确实来自我自己的档案研究和田野调查，然而，还有很大一部分来自一系列学者收集的书面和口述资料，没有这些学者的不懈努力，就不可能写出这样一本以比较资料为手段的书。所以，我要特别感谢 Jan Jansen、Adam Jones 和 Robin Law，以及已故的 António Brásio、Mervyn Hiskett、John Hunwick、Nehemia Levtzion、S. P. l'Honoré Naber、H. R. Palmer 和 Klaas Ratelband。

除了这项耗时的工作之外，本书还得益于50年来对非洲的持续研究，这些研究为我的方法提供了足够的信息。20世纪60和70年代，后独立时代刚刚到来时，人们就开始强调前殖民时代的历史，这表明非洲有着悠久的独立政治史，而后殖民国家现在的历史就是这种传统的延续。对奴隶制历史的关注，是对"世界体系"和由此产生的世界经济不平等的普遍态度的一部分，沃尔特·罗德尼（Walter Rodney）和伊曼纽尔·沃勒斯坦（Immanuel Wallerstein）在这个领域非常有影响

XXVI

力。罗德尼的《欧洲如何使非洲欠发达》［*How Europe Under-developed Africa*，1972 年由瓦尔特·布戈亚（Walter Bgoya）在达累斯萨拉姆出版，他在 40 年后出版我的作品是我的巨大荣幸］认为，非洲的经济欠发达要和欧洲的发达联系起来看。这和民权时期的美国恰好重合，创造了历史书写的不同方向，特别是在亚历克斯·哈利（Alex Haley）的小说《根》（*Roots*）出版之后，人们开始寻找非洲历史在美洲的影响。

虽然之后试图将非洲和美洲联系起来的历史著作不断增多，但从 20 世纪 80 年代晚期开始，出现了一次对罗德尼和沃勒斯坦经济不发达模型的偏离。随着新自由主义的兴起，研究者开始强调自治和个人责任，这也恰逢历史学家越来越注重展示非洲本土"机制"，认为非洲人是历史的积极参与者，而不是没有人情味的经济力量的被动受害者。因此，本书的目的是要让人记住非洲和非洲人在"创造历史"中的积极作用和创造性参与，但不是以此为借口来忽略来自外部的贪婪力量（虽然有时似乎是这样的），这些力量最终放大了非洲和世界许多地区之间的经济不平等。我试图调和这两种倾向，一方面记住这些机制与阶级有着交叉的联系，另一方面我研究了非洲和美洲的奴隶建立的机制是如何在推翻大西洋奴隶贸易制度方面发挥作用的；同时本书也通过对经济结构的关注，提醒人们在这种情况下，这些机制本身就是对极权和不平等制度的回应。

同样，近年来对美洲文化中的非洲核心根源的强调也有所改变，除了强调非洲对美洲的影响之外，也包括了美洲通过政治运动（古巴在安哥拉内战中的作用）、音乐和宗教思想在非洲的转型中产生的重要的反向影响。这种运动表明了非洲历史的复杂性，并证伪了任何本质主义思想；这些思想认为"真实的"非洲不知为何脱离了世界历史运动，而证伪这些思想，就是本书的另一个核心目标。在我看来，这一举动还可以借鉴马提尼克思想家弗朗兹·法农（Frantz Fanon）的著作，他认为互惠在打破殖民统治模式方面具有根本重要性。他在《黑皮肤，白面具》一书中写道："必须承认，有一个绝对的相互作用存在，如果我关闭了这种循环，如果我阻止了来自两个方向的运动的对接，虽然我是想保持其中一个在它自身的运动中，但最终，我是剥夺了它哪怕作为它自身的机会。"[5]

然而，西非如此丰富而复杂的历史可能会让那些对这门学科不熟悉的人望而却步。我写这本书不仅是针对那些已经知道这一主题重要性的读者，还要吸引更广泛的读者，所以我选择尽量不在正文中提及我的研究伙伴，那些希望进一步获得讨论的线索的人可以在注释中找到踪迹。通过偶尔提及一些个人经历，我也选择不采纳历史学家合理虚构的观点：用哲学家阿基里·姆本贝（Achille Mbembe）的话来说就是，不用费心去假装"能够了解世界而不成为世界的一部分……只要通过阅读所有的文字记录，就可以创造出具有普遍性的和独立于环境的知识"[6]。

简而言之，正如前面所述，这本书体现了知识生产的集体努力。这就是为什么我必须强调，这里的观点和方法是通过与许多在本前言中感谢的人讨论产生的。这是一个从大量合作中诞生的作品，在某些方面，它让我为自己的名字是唯一一个出现在标题页上的而感到羞愧。但当然，我会对本书的内容承担所有责任！

注　释

1. Axelrod Winsnes（1992：60）.

2. Farias（2007）；Green（2018）. 在最近一项重要的工作中，Gomez（2018：66）认为，在遥远的过去，位于现代马里的可拉的说唱艺人已经采纳了阿拉伯文字来书写编年史，在流通中形成他们的叙述，构成了书面和口述资料的"反馈"形式。然而很明显，这些演说家后来发展了其独特的调解和叙事模式。

3. 相关联的是，当19世纪末欧洲开始发展关于非洲的现代历史话语时，他们自觉地借鉴了中世纪欧洲关于"王国""封地""农奴"的思想，要了解这些，请参考 Hiribarren（2017：48）。我们也要记住，这不仅仅是西非历史上的问题：最近的研究表明，伊丽莎白时代，诸如 Hakluyt 之类的英国著名学者编纂的"原始资料"汇编，是建立在这样的知识传统的基础上的，即只通过权威的来源来构建论点，假装不提供意见，只提供资料。关于 Hakluyt 的解释，请参考 Carrigy（2017）。

4. 关于巴马纳语中这些词的例子，见 Dumestre（1979：146 – 7）。我非常感谢 Lucy Durán 证实了这一假设。关于冈比亚图腾的例子，见 Green（2012b：243）。Ferreira（2012：Introduction）雄辩地支持了在大西洋 – 非洲历史中使用微观历史。

5. Fanon（2008：169）.

6. Mbembe（2016：32 – 3）.

关于拼写和名称的说明

一般情况下，我使用术语"enslaved person"而非"slave"（译文中均翻译为"奴隶"——译者）。"Slave"是欧洲种植园主发明的、外化的，主要是经济范畴内的词，来自罗马法。因此，它的使用和起源与现代历史学家仍然经常称之为"奴隶制"的非洲制度所处的语境是大不相同的。作为对比，一个"enslaved person"所属的类别，就像夸梅·尼马科（Kwame Nimako）以及已故的格伦·威廉姆森（Glenn Willemsen）所说，承认了被奴役者的个性和人性，以及他们在被俘时遭遇的暴力。

对于地名，只要可能，我就尝试使用相关的现代民族国家普遍接受的拼写；因此，"Ouidah"（译文翻译为"维达"——译者）被当作港口讲时，在贝宁有时被拼成"Whydah"，但在被当作前殖民地时代的一个王国讲时则为"Hueda"（译文翻译为"惠达"——译者）。我已经尽力做到准确，但仍要为可能出现的任何不完美道歉。

术语表

为了减少阅读障碍，在翻译时，已经尽量对术语采取了意译的方式。比如 Manikongo 直接译为"刚果国王"，而不音译为"曼尼刚果"。但有些术语依然不得不采取音译，比如 benda 译为"本达"，这些音译的术语在本书中第一次出现时，都会标注英文供读者查阅。——译者

Abirempon：阿比伦蓬，黄金海岸的滨海城市中富有的男性权力掮客

Abron：阿肯城镇的街区

Abusua：阿布苏阿，对应芳蒂（Fante）语中"世系"一词

Afahene：阿法海内，黄金海岸商人

Ahisinon：阿希新农，达荷美的私商

Ajo：阿乔，约鲁巴形式的储蓄银行，在 19 世纪广泛发展

Akonting：阿康廷琴，塞内冈比亚迪奥拉（Jola）人使用的弦乐器，它可能是后人发明班卓琴时受到的影响的来源之一

Alafin：奥约统治者

Almamate：阿尔马马特国，伊斯兰国家类型，首领被称为阿尔玛米（Almamy），是国家的宗教和政治领袖

Ambasys：安巴西斯，欧洲人称贝宁织布的专用术语

Asafo：阿肯人（Akan）准军事化的公司

Asantehemaa：阿散蒂太后

Asantehene：阿散蒂土王

Askia：桑海皇帝的伊斯兰化称谓（1495 年后）

Axé：阿克西，约鲁巴关于所有物品（生物和非生物）所蕴含的生命力的概念（在巴西也被称为"aché"）

Barafula：巴拉弗拉，15 世纪后在佛得角群岛纺织的布，用于与大陆进行贸易，式样上模仿萨赫勒（Sahel）的富拉（Fula）① 纺织品

Basorun：巴索伦，奥约执政委员会的领导人，对选择下一任国王具有很大的影响力

Benda：本达，黄金海岸上的黄金重量单位，相当于 2 盎司

Beta：贝塔，惠达的女性宗教初学者

Bixirin：比克希林，一些史料中塞内冈比亚地区对流动的伊斯兰商人兼神职人员的称呼

Brafo：芳蒂国家首脑

Ceddo：沃洛夫语（Wolof）的"武士"；塞内冈比亚的旧约洛夫（Jolof）② 王国的武士阶层

Cofo：科弗，刚果贝币单位，代表 2 万个贝币

Cundi：康迪，刚果的纺织布匹

Da：塞古国王

Dadá：达荷美国王

Dakhlo：达荷美太后

Disongo：塞古内部的年度贡品

---

① 富拉为非洲西部的一个跨界民族，亦称作富拉尼（Fulani）。此概念本书均按原书采用的说法翻译。——译者注

② 即沃洛夫。——译者注

Dobra：多布拉，葡萄牙发行的钱币

Dyula：迪乌拉，西非许多地区流动的曼德（Mande）商人

Ejumba：埃强巴，迪奥拉人的假面具

Esusu：易苏苏，约鲁巴信用联盟，在 19 世纪被广泛使用

Faama：塞古国王

Farim：法瑞姆，马里帝国使用的词，指的是一个地方的总督或行政监督员①

Funda：丰达，刚果贝币单位，代表 1000 贝币

Griot：说唱艺人，大塞内冈比亚和马里唱赞歌的人；有人认为它来自葡萄牙语词"criado"（仆人）

Hassānyi：毛里塔尼亚南部的武士阶层

Horonw：参加战争帮助塞古扩张的自由人武士

Ile Orí：伊列奥里，在约鲁巴人中流行的用大量贝币装饰的家庭保护神

Jamâ：奥约普通士兵组成的部队

Joliba：约里巴，尼日尔河在马里本地的名字

Jòn：戎，班巴拉语中的战俘或者奴隶，在塞古地区使用

Kabanko：卡阿布地区（Kaabu）的税

Kackra：卡克拉，在黄金海岸被当作货币使用的黄金小方块

Kanda：坎达，刚果世系

Kimpasi：金帕西，中西非地区以治疗为目的的会社

Kindoki：刚果巫术

Kola：即柯拉果，一种苦味的坚果，在西非和中西非常被用作礼物，甚至被用作一种货币，洋红色或白色，在本书所叙

---

① 本书中还出现一名为 Farim 的城市，译作"法林"。——译者注

述的时代，在美洲也有发现

Libongo：利邦果布，17 世纪罗安达当作货币使用的布，在卢安果（Loango）织就

Lijwaet：利瓦特，荷兰制造的布，17 世纪荷兰非洲贸易的支柱

Lorrendraiers：定居在黄金海岸并和芳蒂妻子组建家庭的荷兰商人，出现于 17 世纪下半期及以后

Lufuku：卢福库，刚果的 1 万贝币

Maccudo：马库都，马西纳（Mâssina①）地区称呼奴隶或者农业工作者的词

Macuta：马库塔，十块一捆的布，通常指刚果的康迪布匹

Mai：博尔诺统治者的名称

Mamelucos：马梅鲁科，混有非洲和美洲土著血统的巴西人

Manikongo：刚果国王，"mani"是刚果语中的"统治者"之意

Mansa：曼丁语中表示"统治者"或者"皇帝"的词

Marabout：马拉布特，伊斯兰领袖；在塞内冈比亚和马里的部分地区也用于利用《古兰经》进行占卜的占卜师

Maraka：马拉卡，18 世纪在塞古变得日益重要的伊斯兰商人

Maravedí：11 到 14 世纪西班牙的金币名称，之后变成了一个记账单位

Mbanza：刚果对城市的称呼

Migan：米冈，达荷美首相

Mithqāl：密斯卡尔，18 世纪西非流通的金币

---

① 亦写作 Massina 或 Māsina。——译者注

Mpu：姆普，刚果官员的冠冕，由酒椰棕榈纤维织成

Mwissikongo：穆维希刚果，刚果王国的贵族

Nganga：恩东果和巴西帕尔马雷斯（Palmares）的精神领袖

Ngola：恩东果的统治者

Nkisi：恩基西，中西非，特别是刚果和卢安果地区，拥有灵魂的物体

Nomoli：塞拉利昂人祖先灵魂的形象

Nsi a Bafwa：刚果信仰中死者的世界

Nsibidi：恩希比迪，在尼日利亚的卡拉巴尔（Calabar）和十字河（Cross River）地区发现的文字符号

Nyantio：尼安提奥，卡阿布的武士贵族

Nza Yayi：刚果信仰中生者的世界

Nzimbu：恩吉姆布，刚果的贝币，产于罗安达的岛屿，之后由葡萄牙人自巴西进口

Ofo：奥佛，可以进入卡拉巴尔的埃克佩（Ékpè）秘密会社的官方工作人员

Orixá：约鲁巴神祇；在巴西的坎多布雷教派（Candomblé）和古巴的桑特里亚教派（Santería）中也有流传

Oyo-Mesi：奥约－梅西，奥约执政委员会

Pano：潘诺，葡萄牙语的"布匹"，在一些资料中被使用（包括非洲的资料）

Pataca：墨西哥铸造的银条

Qadi：卡迪，伊斯兰法庭中的法官

Quilombo：奎龙波，中西非因邦加拉（Imbangala）的武装团，17 世纪晚期移用到了巴西，这时它变成了马龙人（maroons）的武装社区，特别是在帕尔马雷斯，它取代了

早期的莫坎博（Mocambo）

Quintal：公担，葡萄牙重量单位，当时 1 公担相当于 128 磅，
　　1 磅相当于 16 盎司

Sangamento：桑加门托，刚果成年仪式和军事展示

Sarki：卡诺统治者

Secret society：秘密会社，在当代人类学文献中也被称为"联
　　谊会"（sodality）；一种宗教上的秘密团体或协会，通常
　　使用秘密语言交流和展示权力，常用于发动战争。在西非
　　和中西非的一些社会中，秘密会社控制社会关系、出生、
　　婚姻和死亡等事务。为了明确其中的权力色彩，我们使用
　　这个短语，而不是容易引起误解的"sodality"

Simboji：辛波吉，达荷美王宫

Soba：索巴，恩东果（安哥拉）的酋长

Sonni：桑海皇帝（1492 年之前）

Soro：索罗，西非富拉人织的布

Tabanka：塔班卡，几内亚比绍地区的堡垒化定居点

Terreiro：巴西东北部坎多布雷教的庙宇

Tònjònw：通戎武，塞古的军事贵族，通常以前是奴隶

Torodbe：陀罗德贝，塞内冈比亚受宗教启发寻求施舍的乞讨
　　者，在 18 世纪激增

Tsetse：舌蝇，或采采蝇，传播昏睡病的苍蝇

Ugie：乌吉，贝宁的国家节日

'Ulamā：乌里玛，萨赫勒地区的穆斯林学者阶层

Umma：乌玛，全球性伊斯兰社区

Vata：刚果农村地区

Vodún：巫毒，丰人（Fon）语言中对应于"神"的词——惠

达称之为 "deity"，这个词被带到了美洲（特别是海地）

Wangara：望加拉，在萨赫勒（Sahel）城市之间连接跨撒哈拉贸易的流动商人

Warri：瓦里棋，西非和中西非流行的棋类游戏，作为棋子的珠子放在棋盘的木头凹孔中

Yovogan：维达的达荷美总督，掌管与欧洲人的贸易

导　语

1649 年 7 月 28 日，刚果国王加西亚二世坐在宫廷里给他 1
的同行葡萄牙国王若昂四世写了一封信。他的宫廷极其奢华，
充斥着佛兰德产的挂毯和地毯、印度织的布料、镶嵌着美洲白
银的餐具和宗教饰物，还有来自加勒比的珍珠，这些珍珠由非
洲黑奴潜水员采集，随后由威尼斯商人卖到非洲。除了这些代
表崇高身份的外国货之外，宫廷里还有不少刚果本地产的布
料，上面带着具有象征意义的图案，国王和他的主要顾问都戴
着成串的珊瑚珠以及刚果式样的红色饰带。秘书坐在国王身
边，记录下他的信，最后国王动作夸张地签上他的名字：他写
信给葡萄牙国王，是把他当作"大博弈"之中一个平等的对
手，而参与这场博弈的还有大西洋非洲的各个王国，比如阿拉
达（Allada）、贝宁、登基拉（Denkyira）和刚果，也包括中国
和崛起的欧洲列强这样的外来势力。[1]

在将近 400 年之后，要想获得对这个业已消逝的世界的视
觉认知，最好的材料来自大西洋对岸的巴西。从 1630 到 1654
年，巴西有一半的省份被荷兰人占据。刚果作为荷兰的同盟，
与荷占巴西首都奥林达［Olinda，在累西腓（Recife）旁边］
保持着外交关系。不仅如此，刚果还和荷兰欧洲本部（当时
被称为联合省）的阿姆斯特丹以及梵蒂冈的枢机主教们都有
着外交关系，就像它在 16 世纪就已经和葡萄牙建立了关系一

样。1643 年，当堂·米格尔·德·卡斯特罗（Dom Miguel de Castro）作为大使从刚果到达奥林达，向荷兰总督——拿骚（Nassau）的约翰·毛里茨（Johan Maurits）——述职时，一位荷兰画家创作了两幅杰出的肖像画。画家描绘了刚果贵族阶层（被称为穆维希刚果）年轻人的穿戴，他们穿着制服，装饰着白色领子，系着金纽扣，拿着象牙和精美的篮子。[2]

依据刚果王国驻巴西大使堂·米格尔·德·卡斯特罗创作的肖像

如果说在画像上他们看上去像是从欧洲宫廷里走出来的，那是因为画家刻意地这么画。几乎在同一时期，阿尔贝特·埃克豪特（Albert Eckhout）也画了一些素描，描绘了刚果大使及其随从的生活，这些素描更接近于他们的真实状态。堂·米格尔·德·卡斯特罗和他的同侪佩戴着弓箭，以及代表官方的红色饰带，还戴着象征刚果宫廷权力的编织而成的官员桂冠［被称为姆普（mpu）］。看到外来者在不同的观众面前扮演着不同的形象，非洲的统治者们也学会了展现权力的多面性。最终，这种微妙多元的权力表演将成为这个大陆上的政治生活的一个明确特征。[3]

但是，仅仅几年以后的 1649 年，当加西亚二世坐下来给葡萄牙若昂四世写信时，那种慷慨的外交与交流的风气却早已转变。这时，这两个国王都被敌人包围着，他们的王国可以存续的时间还不清楚，其中刚果的情况更加糟糕。虽然葡萄牙针对西班牙的独立战争（1640～1668）还有 19 年要打，但他们在与主要帝国竞争者荷兰人的斗争中却取得了一些成就。前一年，他们已经从奴隶贸易港口安哥拉的罗安达（Luanda）赶走了荷兰人，同时还占领了安哥拉南部城镇本格拉（Benguela）；五年后，即 1654 年，他们还会在巴西战胜荷兰人。历史恰好处于这样的关口，此时葡萄牙人将要巩固它在南大西洋的殖民帝国，同时这也是旧刚果王国衰落的起点。[4]

加西亚二世决定战斗，他不会向一个他从来没有会过面、距离非洲大西洋海岸数千英里之外的国王屈服。"尽管我们离荷兰更近，"他向若昂四世写道，"但天主教的葡萄牙在数月内对我们的破坏已经超越了荷兰七年来对我们的破坏。"事实上，他已经在与荷兰谈判，谋求让葡萄牙垮台。葡萄牙舰队在萨尔瓦多·科雷亚·德·萨（Salvador Correia de Sá）的率领下首先在罗安达击败了荷兰人，接着他的由葡萄牙裔巴西人（Luso-Brazilian）和图比南巴印第安人（Tupinambá）组成的乌合之众式的部队杀死了加西亚二世的数千臣民，又抓走了许多人，将之卖作了奴隶。虽然对葡萄牙人的暴力和轻蔑感到很愤怒，但加西亚还是以橄榄枝作为信件的结尾。"虽然发生了这一切，"他写道，"但按照至高无上的主的意志，过去的事情就让它过去吧。"[5]

但是，刚果－葡萄牙关系却表明，两国之间几乎没有可能维持和平。自从荷兰在 16 世纪 90 年代出现，并试图用布匹、象牙交易取代奴隶贸易以来，刚果就和它有着时断时续的结盟。到 1610 年，刚果就向阿姆斯特丹派去了外交人员。作为对比，与葡萄牙发生第一次接触已经过去了 125 年，刚果人却早已经受够了葡萄牙人的作为。许多年来，葡萄牙商人一直在破坏刚果的货币系统。刚果采用了一种叫作恩吉姆布（nzimbu）的货币，这是一种产自罗安达海外岛屿上的小海贝。葡萄牙人却从巴西带来了成船的海贝，将它们用作货币来交换奴隶。与此同时，葡萄牙在罗安达建立了殖民定居点（1575年），将之用作掠夺黑人奴隶的跳板。这些黑人居住在登博斯（Dembos）和马坦巴（Matamba）的山区，一直被刚果国王当作他的臣民。[6]

4　　　1641 年，当荷兰人从葡萄牙人手中夺取罗安达时，刚果人强烈地反对奴隶贸易。加西亚二世在 1641 年 2 月 23 日写给耶稣会会长的信中说：

> 没有什么比野心对人类的破坏更大，罗安达城充斥着野心，正因如此，在我们和他们之间不可能有和平。在其他任何地方，人们追求的是黄金、白银或者其他可以用作钱的东西，但在这里，贸易和金钱却指的是奴隶，他们不是用黄金或布匹做的，他们是生灵。[7]

国王用最激烈的言辞表达了将人类变成商品的恐怖，而葡萄牙人带来的巨量贝币却更是刺激了这种贸易。当然这并不是说刚果人就是全然无辜的。事实上，16 世纪的刚果国王很乐意买卖奴隶，只要他们不是刚果人就行。在刚果河畔一个叫作马莱博湖（Malebo Pool，在现代城市布拉柴维尔和金沙萨之间）的地方，有一个巨大的奴隶市场专门交易外来人口。这些外来奴隶的出口贸易由那些森林地区与刚果河流域最强大的国家控制，比如卢安果（Loango）、卡刚果（Cacongo）、刚果和恩东果（Ndongo），从地域上看，包括了从现代刚果河北岸到安哥拉北部之间的广大区域。但是，加西亚二世以一种强作的天真在给耶稣会的信中写道："我们以及我们祖先的耻辱在于，由于缺乏世界眼光，我们允许这种贸易与王国内众多的邪恶一起成长。"这种贸易本身是可耻的，但对加西亚而言更糟糕的是刚果丧失了作为统治者的尊严，所以，"尤其是，他们竟然宣称我们从来不是安哥拉和马坦巴的国王"。[8]

对加西亚以及大西洋两岸的人而言，奴隶贸易都是与荣誉观念结合在一起的。在 16 世纪美洲的新西班牙殖民地，一个殖民者的社会地位是由他的奴隶扈从队伍的长度决定的，他的威望随着帮助他清理道路的奴隶数量的多少而涨跌。但是，如同加西亚二世所提到的，刚果人头脑中始终这么认为：奴隶贸易的兴起损害了刚果的尊严，葡萄牙商人无情地攫取奴隶更导致了 17 世纪末刚果社会解体成许多互相交战的小型邦国。[9]

此外，虽然在 1500 年前大西洋非洲的许多不同社会中奴隶和附庸也是很重要的组成部分，但随着大西洋贸易的发展，整个社会的生活习惯却发生了变化。在刚果，甚至最高阶层的家庭也开始担心沦为奴隶。这个变化是巨大的。在非洲大部分地区，战争俘虏、罪犯和债务人经常成为掌权家族的附庸。这些附庸经常与局外人的身份相关联，他们与附庸的家族没有亲

5

缘关系，或者联系非常脆弱（如战俘）。然而，随着时间的推移，这些附庸可以与内部人结婚组成家庭，他们的孩子已经与附庸家族有了亲缘关系，从而可以进入社会。在这个阶段，很少有人会想到要在这种附庸关系中加入金钱因素，也没有人会认为自己拥有权力将一个活人卖给大西洋上的奴隶贩子。但这种恐惧却在快速增长，奴隶贩子们正想方设法借助经济和政治的旋风来达成对人口的买卖，没有人真正知道到底要怎么控制这种新的局面。[10]

　　加西亚二世的信提供了一个重要的窗口，表明刚果精英阶层的成员正在理解他们在早期全球化中的角色，以及全球化带来的变化。这些信还表明，在刚果，就像在16、17和18世纪西非和中西非的其他地区一样，全球化是一个根本性的破坏因素。虽然这段时期内贸易增长带来的资本积累对于"全球经济"有着决定性的好处，随后投资的增长又触发了工业革命，但是，在非洲的这一部分，却是另外一种图景。各种贸易在这个区域内的确迅速增长，不仅是奴隶贸易，还有珠宝、家具等贵重商品贸易，布匹一部分在本地加工，另一部分来自欧洲和印度（后者往往通过巴西转口）。许多别的商品，如烟草，也来自巴西，西非还为航海提供补给品，贸易还带来了各种各样的货币。但是，随着贸易而来的是不断增长的政治不稳定，以及与此相关的该地区的整体性贫困加剧。到了18世纪，许多西非国家，比如阿散蒂和达荷美，可以暂时扭转"出口人口和贵重物品，进口廉价加工品"这种图景，他们开始持有甚至进口黄金。塞内冈比亚的其他一些地区也进口了大量的白银。但非洲地区长期的图景却是出口而不是进口硬通货，它通过原材料和制成品交易完成的资本积累很少。在世界其他地区，资本积累越来越密集，但西非和中西非，到 19 世纪早期，在获取进行金融投资和维持经济增长的资本上却仍处于不利地位。[11]

这是一个与主流经济学相背离的发现。非常奇怪，虽然所有的证据都表明，全球贸易的增长并不能将财富平均分配于各个地区，但 21 世纪的传统经济学家却认为，贸易增长在"市场"的作用下必然导致繁荣，而财富最终也会从发达地区流向不发达地区，形成普遍的受益。本书的一个主要目的是考察大西洋奴隶贸易时期非洲展现出的不同发展路径，以及由此带来的后果。[12]

在三到四个世纪的时段内，研究西非和中西非在全球贸易中失势的原因和后果看上去是一项狂妄自大的工作。对于历史写作，马里那雷纳（Naréna）的游吟诗人马马杜·凯塔（Mamadou Keita）曾经说过：

> 人们谈到过去的历史，最麻烦的是：
> 他们总是对一无所知的事情说三道四。[13]

对于本书来说，也存在这样危险的陷阱。就算是想吃透西非一小部分的文化、社会和政治轮廓，也是一项巨大的挑战，那么，又为什么要做更艰难的尝试，着手更宏大的规划呢？一个原因是，本书试图终结所谓的"非洲乡土化"。历史学家们常常去写美洲、亚洲、欧洲的通史，对于特例，他们会用类似下面的语句做出区别化对待："与此同时，在葡萄牙/波兰/意大利，情况是不同的。"但是在说到非洲时情况却全然不同，那

7

些研究非洲的学者继承了殖民地时期人类学家的遗产，这些人类学家由于强调种族的区别，也强化了种族间的人为障碍，这至今困扰着非洲。根据他们的说法，非洲的每一个族群社会都是不同的。这当然是真实的，因为非洲不是只有一个国家。但平等地看，非洲不应该被认为是一种文明的例外，更不应该被认为不能通过普遍的规律（不管是非洲内还是非洲外的规律）去理解。

那么，为什么本书追求这种普遍化是更有价值的呢？巴西东北地区的荷兰人画的非洲人肖像提供了一个有力的回答。除了前面提到的两幅肖像画，还有一幅肖像是堂·米格尔·德·卡斯特罗本人的，作为加西亚二世国王派往巴西的大使，他代表了 17 世纪 40 年代刚果国王在外交方面的举措。

堂·米格尔·德·卡斯特罗

　　当我们研究这些肖像时，很难不受制于主流历史学家的短　　8
板，他们在严肃对待非洲诸王国及其历史，以及描写现代世界
的诞生上，几乎是完全的失败。由于非洲被黑格尔排除在"历
史"之外，现在大多数历史学家在对待19世纪及其之前的非洲
问题时，虽然试图让非洲脱离这种范式，进展却总是缓慢而痛
苦的。刚果并不是唯一试图维持国际外交关系的非洲王国。在
15和16世纪，塞内冈比亚地区的约洛夫（Jolof）使节就在葡萄
牙生活，与他同时在葡萄牙的还有来自贝宁王国（现尼日利亚
南部）的使节。在17世纪50年代，阿拉达国王派出使者前往
西班牙去考察军事和宗教代表团问题。在18世纪晚期和19世
纪早期，达荷美王国（在现代贝宁）和奥尼姆（Onim，位于拉
各斯周围）数次派出使节去往位于巴西东北部的葡萄牙政权所
在地，随后再去往里斯本，在那儿，他们经常去听歌剧和看戏，
还是里斯本餐厅的老主顾。再看北方，博尔诺（Borno）与奥斯
曼土耳其有着常规的外交关系，到了18世纪，每年还有朝圣团
从廷巴克图前往麦加。这就是非洲外交和地缘政治联盟的案例，
但它们的影响却从世界历史中被完全勾销了。[14]

　　当然也有一些鼓舞人心的迹象，最近20年来，人们在研
究美洲社会的构建时，发现非洲人作为关键当事人产生了多元
的影响（甚至在奴隶问题的阴影下），这种研究已经表现出巨
大的繁荣。西非的谷物种植技术对南卡罗来纳和巴西北部谷物
种植的出现做出了巨大的贡献。西非的牲口和畜牧业技术在新
世界许多地方（从路易斯安那直到阿根廷）被非洲牧人使用。
围栏技术也是从西非传入，在农业中被使用，同时也被逃亡奴
隶［被称为马龙人（maroons）］用来保卫他们的社区。达荷
美和安哥拉的医疗实践被带到了巴西和西属加勒比地区，帮助

9　　殖民地发展新的医疗看护体系；医药技术同样被安哥拉的葡萄牙人借鉴，作为生物开发的早期形式。刚果王国和奥约－约鲁巴（Oyo-Yorùbá）王国（现尼日利亚南部地区）的军事技术对于1804年的海地起义，以及19世纪早期的巴西和古巴反对奴隶制的叛乱，起着关键性的作用。简单来说，正是基于大西洋沿岸的非洲王国为了寻求政治影响而建立的外交框架，现代世界才形成了多元文化的架构，在这个架构下，西非和中西非的许多不同民族都是重要的一部分。[15]

　　但是，特定的学术性历史研究往往意味着严重的藩篱，一项研究在一个领域内已经是洪水滔天，但在其他领域却激不起半点涟漪。知识就像大多数壁垒森严的团体，也像金钱那样，并不一定会从高处流向低处普惠大众，正因为此，对于非洲的研究传播得仍然十分有限。知识领域的分隔让人们在极端的隔离中工作，人们研究的信息储备本来可能带来更广泛的发现和对历史进程的思考，却由于隔离而无法实现。所以，尝试从更普遍的角度做探讨的一个核心原因是，这样可以更精确地提出问题：当我们研究西非和中西非在奴隶贸易时期的经济史时，当地和世界历史变化的更广阔图景意味着什么？什么是非洲经济"欠发达"的历史根源？在这个时期，非洲的国家是怎样变化的，这些变化又如何关联于早期全球化？本书的发现使人思考：在非洲、欧洲和美洲是否曾经（特别是在大革命时期）同时发生过类似的历史进程？根据我的解读，可得到一个结论：它们的历史进程曾经是交织在一起的，直到19世纪殖民主义兴起才开始分道扬镳。

　　哪怕想部分回答上述问题，也需要采取比较的视角去做研究。"非洲"这个概念诞生于这块大陆上共同的经历。哲学家穆丁贝（V. Y. Mudimbe）提醒我们，非洲是一个由欧洲人通过种族主义视角发明于 18 世纪的概念。接着，这个概念被挪用给了非洲自己，于是，以前人们认为自己是说刚果语（Kikongo）、金邦杜语（Kimbundu）、沃洛夫语或者约鲁巴语的人，而随着殖民主义的普及，人们开始认为自己是一个"非洲人"。这个大陆实际上形成于 20 世纪 60 年代的殖民主义之后，在种族、财富和劳动力不均衡的等级制度形成上享有着共同经验。这就是为什么经济问题这么重要。[16]

但是，非洲在 20 世纪同样是一个奇妙、多样、令人迷惑的充满创造力的复合体。非洲的雕塑和面具启发了立体主义的出现，同时，非洲在宗教性神庙建筑中使用的装饰性器具，在马塞尔·杜尚和安迪·沃霍尔的现代装置艺术中寻找到了共鸣。非洲的音乐传统带来了爵士乐、蓝调和灵歌，以及桑巴和莎莎舞。非洲的宗教传统影响了福音派教堂的崛起以及新世界黑人天主教（Afro-Catholic）教堂的特征，比如巴西的坎多布雷教（Candomblé），古巴和纽约的桑特里亚教（Santería）。最后，经济问题不能从同时代的文化转型中单独分离出来。这就是为什么本书还试图考察非洲的文化框架，这个框架打断并重新设定了不断深化的经济不平等。

这种经济和文化转型的交织关系以及与之相关联的不平等的话题，是必须将这个地区视为一个整体进行研究的更广泛原因。就像在这个时期存在一种对政治关系和"非洲性"概念的兴起的集体经验一样，经济进程的无力感是将与这个地区的民族历史绑在一起的重要因素。比如，作为一个现代问题而在非洲大陆人民中普遍存在的一件事情是，他们大都依赖在富裕地区工作的亲戚的汇款，并希望自己也能去那儿挣钱。要理解

10

这个共同的观点，就有必要去考察这种经济关系的资本基础，并去尝试掌握促进贸易的经济架构，同时，要看到这个问题增加了经济的不平等，而不是增加了财富。[17]

除了目前的这种共鸣之外，对非洲更深层次过去的关注掩盖了"非洲没有历史"的持久偏见。这种偏见是如此古老和错误，以至于它依然影响着很大一部分公众话语的事实令人震惊。当然，一些西方公共机构的确越来越注重涵盖更广泛的关于非洲历史与文化的主题，就像最近大英博物馆关于西非的展览、纽约大都会博物馆关于刚果的展览，以及巴黎的布朗利河岸博物馆所展示的。小亨利·路易斯·盖茨（Henry Louis Gates Jr）最近关于非洲文明的电视系列片同样做出了一种有价值的纠正。尽管如此，当许多西方主流媒体转向非洲时，他们更多聚焦于战争与冲突、饥荒或者非洲"迷人的野生动物"，对非洲有创造性的、足智多谋的、聪明的人民却关注甚少。不管是在非洲之内还是之外，专业的非洲历史学家主要关注的是 20 世纪，这意味着古城的废墟、前殖民时期的工业和制造业遗迹，以及在殖民时期衰落的生活方式都被尘封，而没有被触及。[18]

特别是在本书的第二部分，形成这本书架构的文化框架和古老的历史问题确保了可以提出针对过去的一个替代性观点。通过观察在经济不平等语境中的文化转型，关于一个"静止"和"不变"的非洲过去的看法将被扔进垃圾箱。此外，我们把焦点与书中更广泛的经济议题相联系，就像几内亚比绍反葡萄牙独立战争（1960～1974）领导人阿米尔卡·卡布拉尔（Amílcar Cabral）承认的那样，一个历史观点必须承认"在人类社会运行中，文化与经济（和政治）事实之间的互补关系"。[19]

　　通过这种方法，我们强调了奴隶贸易带来的不公平，同时超越了对奴隶制度的简单聚焦。非洲历史一定不能只简化成奴隶制度，但奴隶制度也不能被忽视和忘记。事实上，奴隶制度当然影响了文化的流变，不仅对非洲，对欧洲也是如此。奴隶贸易首先与信用和债务循环紧密相连，现代工业化的高利贷者是更早期的掠夺性原始资本主义的继承人。

　　在这里，我特别关注了英国外科医生亚历山大·福尔肯布里奇（Alexander Falconbridge）的观察，18 世纪 80 年代，在我看来他实际上参与了对非洲现代商业组织的信用和债务循环的构建。福尔肯布里奇这样描写尼日尔三角洲上的邦尼河（River Bonny）——这里是三角洲地区，也是 18 世纪晚期西非最主要的奴隶贸易地之一："这里充斥着大个头的鲨鱼，它们在多如牛毛的奴隶船中穿梭，贪婪地吞食着那些被从船上扔出的黑奴尸体。"当福尔肯布里奇写下这些文字时，这些鲨鱼在不可计数的代际传承之中已经形成了它们特有的吞食尸体的历史。[20]

　　本书起源于 2011 年 4 月到 5 月间我在冈比亚、塞内加尔和几内亚比绍的一次研究之旅。虽然在 20 世纪 90 年代晚期到 21 世纪初期，我曾经花费大量的时间在这些国家，但之后我将研究集中在了佛得角群岛，所以我很期待这次新的研究之旅。虽然我并没有计划研究货币和不平等问题，但是一到班珠尔（Banjul），我立刻发现自己进入了典型的西非外汇乱局之中。为了换掉三张嘎嘎作响的 50 欧元钞票，我的朋友找到了一些当地的换钱商，于是，我收到了数量惊人的冈比亚达拉西（dalasi）纸币，我需要一个塑料袋才能装下它们。当我的朋友把大捆的钞票交给我时，我给了他三张轻飘飘的欧元作为交换，我愚蠢地向他表示这样显得很不公平。

20世纪90年代中期，我在几内亚比绍换取当地货币比索（peso）时也遇到过同样的问题，但这一次却是我意识到经济交换的不平等这一直接属性的时刻。作为国家，冈比亚有着活跃的贸易商，他们大都心灵手巧、充满活力，却没有潜能去在资本上获利。一个在我朋友的加油站工作的加油员每个月只能挣相当于30美元的工资，我的朋友管理着酒店前院、迷你超市、机械工场和饭店，掌管着4个店和24名员工，每月的工资却不到100美元。到底是怎样的历史进程造成了2011年的西非外汇状况，让三张欧洲纸可以换取如此众多的当地钞票？这样的外汇市场看似"正常"，"是事情一贯的样子"。但是，看似最正常的事情却最值得注意。为什么这样的汇率是正常的，为什么在非洲和欧洲获取资本有着这么大的差别？

13 当我进行更深入的研究之后，我意识到，事实上，有大量档案材料是与大西洋贸易时代的货币交换相关联的。那些关于非洲以物物交换的方式用奴隶换取花里胡哨的廉价首饰的陈旧观点可能与事实相差甚远。这种观点（非洲只有物物交换）假设货币只能是铸币，但事实上，当全球贸易兴起时，世界不同地方的人民接受了许多不同的材料当作货币。欧洲人带来了金属条、布匹、海贝、铜料进行贸易，这些东西在西非都被用作了货币，并作为货币金融交换的组成部分被进口进来。这种方式也见之于跨撒哈拉的商业贸易中，人们进口盐，将之当作萨赫勒地区的一种货币形式。这并不是说，这种进口"发明"了西非的货币，几乎在所有的例子中，这种从欧洲的进口只是增加了已经存在的货币的品类。值得强调的是，在当时，这些类型的货币在欧洲也并非完全没有听说过：一些冰岛传奇，比如《纳吉奥传奇》(*Njál's Saga*)，曾经写道，布匹在中世纪的欧洲地区也是一种货币，英国历史学家克雷格·穆尔德鲁(Craig Muldrew)也曾经表明，直到17世纪，英格兰的许多地方由于没有足够的铸币，只能诉诸信用货币来维持贸易的运转。在西非发生的事情，只是当时历史条件下货币交换中的一种正常现象。[21]

这本身就是一个有趣的故事，它揭示了非洲和欧洲之间最早的经济交换不是物物交换，而是货币化的。事实上，关于"原始的"物物交换经济的观点，在最近已经被证明只不过是经济学家为了简化西方的经济增长理论模型而发明的神话。就像大部分神话那样，这一个同样缺乏现实基础，许多西非民族在16世纪就拥有复杂的经济体系，在这个体系中交织着信用工具和多种货币。换句话说，早在15和16世纪，西非就有了市场经济。但是，从20世纪80年代开始，相关问题却并没有得到更好的研究，包括这些货币间的交换关系以及非洲经济欠发达的历史原因等。而当我在欧洲和拉丁美洲史料中发现了关于这个问题的更多材料时，在我看来，传统观点更是一个巨大的错误。[22]

不仅整体上非洲历史学家忽略了这个问题，新浪潮下的"全球"历史学家同样没有关注这个问题。托马斯·皮凯蒂在他那本充满争议的著作（《21世纪资本论》）中，不仅没有为20世纪晚期之前的非洲留下位置，还在定义"资本"时将"人力资本"排除在外，包括那些由奴隶创造的财富（"一个特例"）。与此同时，斯文·贝克特(Sven Beckert)最近的关于全球资本主义的历史著作，就像皮凯蒂的著作一样，只聚焦于 18 世纪 80 年代之后的时期。两者都对之前的 300 年时光置若罔闻，他们认为明显应该把关注点放在西方国家的财富和资本上，这些国家才能将资本用于投资，开发出新的工业技术。作为对比，本书聚焦于更早的阶段，试图去理解非洲和西方强权之间的资本失衡是如何产生的。[23]

当我继续对这段早期历史进行研究时，很快，一个全局性的图景显现出来。这本书聚焦于大西洋奴隶贸易之前和之中的时期。书中观察了西非和中西非之间的联系，以及它们与更远的大西洋经济之间的联系。本书的前半部分认为，西非和中西非与其余西半球之间经济的不平等源于它们在经济价值交换中的不平等。在多个世纪中，西非社会向外出口的是我们可以称之为"硬通货"的产品，特别是黄金，这些硬通货在全球层面上都可以超越时间而保值。在大西洋贸易的最初两个世纪，非洲社会同样进口了大量的商品当作货币使用：海贝、铜、布匹和铁。然而，这些是我们可以称之为"软通货"的东西，与金银比起来，这些软通货会随着时间的推移失去它们的相对价值。[24]

到 1700 年，数世纪的贸易由于西非和中西非所使用的货币的"购买力"被甩在了后面，这就构成了经济价值交换不平等的基础。作为对比，在非洲之外，资本积累的能力随着"硬通货"的囤积而增长。在实践中，这意味着一个来自中国或者墨西哥或者美洲的拥有白银的贸易商，可以在多重市场中使用白银，因为白银一直保持着它的价值。与此同时，那些在 16、17 世纪使用铜铁货币的经济体，由于铜铁价值随时间而降低，非洲消费者的相对购买力也衰落了。

15

　　价值交换不平等的另一个更深入的层面来自奴隶贸易——它绝不只是本阶段的一个"特殊的例子"。众所周知，非洲社会出口了数量巨大的奴隶，非洲损失了这些奴隶的劳动力，而大西洋世界中的那些欧洲帝国却由于得到了这些劳动力而使经济得到了发展。19 世纪中叶，卡尔·马克思说明了劳动力过剩与资本积累之间的联系。对马克思来说，正是对于剩余劳动力的压榨允许生产出"剩余价值"，从而完成资本积累。这样，奴隶贸易以及奴隶在非洲之外的劳动力产品，同样是非洲与欧洲控制的大西洋世界之间经济增长存在差异的关键因素。为了交换奴隶付出的商品的价值，比新世界利用奴隶生产的产品的剩余价值，显然要低得多。这样，由于奴隶贸易，经济发展和资本积累不平等加深了货币交换不平等。[25]

　　这样的转化在与欧洲帝国进行贸易的前两个世纪中表现得很明显。在这个时期，欧洲付出的主要交换商品不仅是廉价饰品，还有半环状铜、海贝、布匹和铁等（软）货币。但是，当这些货币供应大幅度增加时，"贸易商品"供应却并没有大幅度增加。传统经济学理论认为，当货币供应大幅度增加时，如果相应商品供应没有增加，货币由于无路可去，就必然导致通货膨胀。通货膨胀意味着西非当地制造的商品价格飞涨，无法与外国倾销的廉价商品相竞争。在 17 世纪 50 年代之后，大量的"贸易商品"才随货币一同被进口至非洲，贸易模式也由此而改变。实际上，直到 17 世纪 90 年代，在诸如黄金海岸和贝宁湾地区，贸易商品的价值才超越了进口货币的价值。但到这时，贸易模式已经固定了，并且，事实上，通货膨胀在许多地区一直持续着，贯穿整个 18 世纪。[26]

16 当我对这些有价值的材料进行查阅时，通过对核心论据的梳理，我认识到本书需要分成两个部分。我希望这样的结构可以让读者更容易吸收如此众多的新材料，同时让论据呈现为一个整体。本书第一部分考察了西非和中西非的五个核心区域，年代大约在 1300～1680 年，即直到商品进口终于超过了货币进口。这五个区域是：博尔诺、卡诺（Kano）、马里和桑海所在的萨赫勒区域；大塞内冈比亚区域；黄金海岸；贝宁湾和比夫拉（Biafra）；以及中西非的刚果王国。本部分的每一章都提供了一个案例研究，案例展现了在这些地区的经济和政治语境中不平等交换的新证据。整体而言，这些案例揭示了经济不平等的许多基础性原因。

  本书的第二部分记述的时间是从 1680 年到 19 世纪早期。每一章都是按照主题进行组织的，而不是编年式的，让读者可以在更长的时段内更加了解不同地区之间的联系。第二部分作为一个整体，考察了早期的发展带来的结果。这些结果通过社会和文化变迁，以及 18 和 19 世纪早期的底层革命体现出来。非洲的政治变化与欧洲的政治变化之间有着强烈的相似性。在西非就像在欧洲一样，"财政—军事国家"崛起于 17 和 18 世纪，与之并生的是强大的贵族体系。在西非，就像在欧洲一样，商业阶层领导的大众力量开始挑战这些贵族体系，18 世纪 80 和 90 年代，这两个地区中都发生了决定性的革命运动。本书认为，这绝不仅仅是一种"巧合"：这种在西非和美洲、欧洲以及中东之间的跨越国界的联系，同样作用于世界上所有区域，并改变了世界。但是，由于本书第一部分提到的这种关系的不平等的经济基础意味着革命带来的结果在各地是非常不同的，这些进程又铺平了通往 19 世纪正式殖民主义的道路。

　　这本书的书名得自于海贝玛瑙贝。这种海贝是西非的一种　　17
主要的货币，使用范围是从尼日尔三角洲到萨赫勒诸帝国，使
用时间是 13～19 世纪。这种海贝产于马尔代夫群岛，在 16 世
纪葡萄牙人绕过好望角从海路带来之前，它们是由阿拉伯三角
帆船带到东非，或者通过穿越撒哈拉的商路被带到西非。它们
是一种异常实用的货币形式，因为它们不容易分解，也容易运
输，最初通过海洋运输，之后通过背夫或者骡子从北方或者西
方的沿海地区进入内陆。在本书提到的早期阶段，产于马尔代
夫群岛的较小的黄宝螺（moneta）贝币（也叫货贝）占据主
导地位，但到 19 世纪，更大型的白宝螺（annulus）贝币由于
数量众多，取得了优势。[27]

　　贝币仍然深深地印刻在公众记忆中，阿肯（Akan）语中
对应于贝币的词是瑟迪（sedee），在现在的加纳，货币也被称
为赛地（cedi）。在多哥、贝宁和加纳，有一种布料图案非常
广泛，人们称之为布赛奥（bceao），这个词本身就是西非法语
区内对中央银行的缩写，图案则是一连串的贝币。[28]同样，还
有其他形式的记忆。在尼日利亚南部的翁多（Ondo）－约鲁
巴区域内，考古学家阿金武米·奥贡迪兰（Akinwumi
Ogundiran）讲了一个古老神话，叙述了秃鹫如何将贝币带到
这个区域。奥贡迪兰认为，这种秃鹫可以代表欧洲奴隶贩子，
也可以代表非洲的奴隶捕手："秃鹫主要是吃腐肉，它们代表
了那些牺牲别人的贪婪和无礼的人们，但在叙事中，正是它们　　18
引入了贝币。"[29]

　　贝币不仅与一些暴力的记忆相连，也和围绕着它们发展起

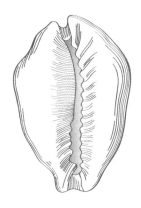

林奈（Carl Linnaeus）绘制的黄宝螺贝币图样

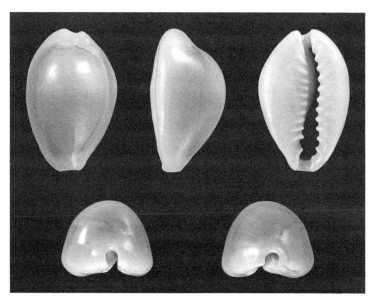

白宝螺贝币

来的宗教仪式联系在一起。这些仪式在说唱历史学家兰辛·迪
亚巴特研究马里帝国开创者松迪亚塔·凯塔（Sunjata Keita）

的著作中得以被描述。一方面，迪亚巴特讨论了松迪亚塔时期一个"诚实的商人"阿色·比拉利（Ase Bilali），揭示了贝币与宗教权力之间的关系：[30]

> 当阿色·比拉利离开时
>
> 一个猎人也给了他任务
>
> 如果他离开，去了萨米（Sami）
>
> 如果他在那儿找到了贝币
>
> 他应该给他带回来一些
>
> 好让他把贝币装饰在神庙（当地称之为 fetish）上[①]

这些历史学家提醒我们，在西非历史中，如果只采用金钱与权力的纯粹的资本主义观点看问题，是十分危险的。在尼日尔三角洲的伊博人（Igbo）中，通过大西洋贸易进口的半环状铜环（荷兰人称之为 armringen）并非全都要熔化掉用于当地经济，而是相反，它们被囤积起来用于加入强大的埃克佩（Ékpè）秘密会社。到 20 世纪早期，哪怕进入埃克佩体系的最低层，都要付出 900 个半环状铜环，如果想要成为一个奥佛（ofo），也就是秘密会社中的管理者，还需要缴纳更多的钱。这样，基于这种目的囤积铜环[②]的行为，创造了另一种类型的经济形态，在这种形态下，经济积累与宗教权力无法区分。[31]

即便在欧洲文化中，经济积累同样被用来达到一些宗教目的，特别是在皇室家族中。这句话在 16 和 17 世纪非洲的黄金

19

---

① 本书诗中标点均与英文原版所使用标点一致。——译者注

② 即半环状铜环，下同。——译者注

和美洲的白银涌入天主教世界的祭坛时尤为正确。18 世纪，白银在展现身份上同样扮演了重要角色。但是，随着时间的推移，欧洲社会开始通过资本积累用金钱获得地位和财富，其对经济价值的使用已经与西非许多地区有了明显不同。到了 18 世纪，在欧洲，黄金已经很少被用来装饰宗教空间和宗教建筑，这标志着经济和宗教世界观的分离。

类似于伊博人和埃克佩崇拜的事情同样发生在对待贝币上。对于 19 世纪约鲁巴人的宗教实践而言，贝币变得非常重要，经常填满了每一个家庭的伊列奥里（Ile Orí），也就是家庭中不对外展示的秘密神龛。这些神龛的重要性在 20 世纪初约鲁巴历史学家塞缪尔·约翰逊（Samuel Johnson）的著作中得以体现：

> （这是）一种普遍的家庭神祇崇拜，男男女女都将之视为命运之神……代表性的图案是由 41 个贝币扎在一起组成的一个皇冠的形象。它们被秘密放置在一个大型的容器里，容器盖的材料也是贝币，以同样的方式制作。这种容器被称为"伊列奥里"，也就是奥里神的房子。容器的大小取决于拥有者的经济实力。一些容器上的贝币多达 6 "头"（也就是 12000 个）。[32]

20　宗教权力的一个实例来自一次在伊索亚（Isoya）地区的发掘活动，人们发现，大约有 20% 的贝币被埋在了坟墓里。与此同时，在冈比亚，口述历史表明，贝币的一个重要用途是占卜。这样，西非的许多实例都可以用来挑战经济学理论的第二核心定律："理性选择模型"。先不说模型，"理性选择"这个

伊列奥里

词本身就是值得质疑的，到底什么是"理性"？它在不同的社
会中有不同的意义。在西非，理性的经济行为包括了囤积钱
财，并且不把它用于物质积累，而是用于礼仪威望积累。比
如，在18世纪晚期的卡齐纳（Katsina），只要有足够的黄金，
人们就会把它放在屋子里当作地位的象征。在18世纪晚期的
刚果，布匹货币则被用在精心布置的皇家葬礼上，大捆大捆环
绕在死去的名流尸体旁。不同的做法来自不同的世界观，没有
哪一个更好或者更坏，它们只是表明了不同社会对于价值的不
同判断罢了。[33]

　　以上的事例与许多其他例子一样，表明我们如果不能平衡

好书写材料与口述材料，就显然不可能获得对遥远历史的准确而全面的理解。过度依靠口述材料有风险，因为这些材料不是固定的，它们在代际相传时经常发生变化。但如果只依靠文字材料，由于材料往往是欧洲人记录的，它们通常从属于纯粹的西方史观，这样就容易把特殊的欧洲学术经济框架当成"普遍性的"，对于历史变化驱动力的解读也会回归到西方传统看法上，将驱动力解释为来自非洲之外，而不是内外因素交叉作用的结果。[34]

作为对比，在本书中我同时采纳了两种材料的记录，来研究西非由于奴隶贸易时代经济和政治的不平等而产生的动态政治变迁。在 18 世纪晚期，一系列社会运动促成了一次底层革命，将那些本土的掠夺性贵族推翻，这些人通过与非洲之外的寄生力量联合已经变得过于富有了。这次政治转型的原因并不在于外来因素，而在于历史变化本地化的发生方式。

书写这个时段的非洲史，在材料上并不需要展现那些难以解决的问题，也不需要去肯定那些偏见，因为事实表明，不管是西非还是中西非社会，都是全球化的，都拥有复杂的市场经济和全球性的外交关系。它们也产生了对现代艺术、音乐和宗教有决定性塑造作用的文化形式，这些文化形式事实上对现代社会的形成是至关重要的。这样的非洲史并不必然是负面的，并不是只关注奴隶制的恐怖。虽然必须承认奴隶制的一切，但这段非洲历史同样表明了，当受压迫的人民意识到经济环境成为历史发展的障碍时，他们是如何揭竿而起推翻压迫者的。

历史是复杂的，它超越了传统理论中简化的描述。当男人被作为奴隶大量出口时，女人们的反应又是什么？这给了她们对生活更大的自主权，还是只是更重的工作量和更多的要求？在奴隶贸易时代，到底是什么将年轻人赶向战场、劫掠或者对他者的俘虏？这些问题的一部分答案是经济，另一部分是贵族的政治压制，但还有一部分来自这一切因素带来的社会变化及其引发的后果，以及人们体验这种后果的方式。马里的曼丁族的一首狩猎歌曲表达了一种情绪，这种情绪至少是这一地域内的人们所经历的那种：

> 那是当然，在那时金钱更加沉甸甸！风也不像今天这样猛烈！不，没有，当然没有！自打钞票涌入，是啊！它们的唯一用处就是去娶女人……没错！你知道的，我的朋友，过去年轻人结婚是多么难；啊！那是多么难。[35]

注　释

1. 关于刚果 17 世纪 40 年代时尚的讨论，见 Fromont（2014：115 - 23）。对威尼斯珍珠和加勒比潜水的叙述，见 Warsh（2010）。
2. 荷兰和葡萄牙争夺巴西的战争，特别见 Boxer（1952；1973）、Cabral de Mello（1998）和 Calado（1648）。
3. 对埃克豪特素描的详细讨论见 Fromont（2014：116 - 23）。
4. 最新的对荷兰和葡萄牙在非洲帝国的关系的记录是 Ribeiro da Silva（2011）。
5. AHU, CU, Angola, Caixa 5, doc. 26, 28 July 1649.
6. 关于从巴西进口恩吉姆布，见 *MMAI*, Vol. 6, 103, 342 - 3；以及同上，Vol. 7, 504。关于荷兰刚果联盟，见 Thornton/Mosterman

（2010）。

7. AHU, CU, Angola, Caixa 4, doc. 23, 23 February 1641.

8. AHU, CU, Angola, Caixa 4, doc. 23, 23 February 1641.

9. Miller（1988：47 - 8）；Thornton（1998a：74）。

10. 刚果 1491 年之后奴隶制的转变，见 Heywood（2009）。

11. 关于这些阶段的贸易在触发工业革命中的作用，见 Inikori（2002）。

12. Graeber（2011：114 - 15）最近提醒我们："市场不是真实的。它们都是数学模型，是通过想象一个自恰的世界来创建的，在这个世界里，每个人都有完全相同的动机和相同的知识，并从事同样的基于自利的交换。"

13. Camara/Jansen（1999：72）。

14. 一些作者已经写过这方面的内容，但几乎没有作品获得广泛关注，只有 Thornton（1998a）及（2012）是例外。关于达荷美派往巴西的大使，见下文第九章。

15. 关于稻谷，见 Carney（2001；2004）和 Hawthorne（2010a and 2010b）。关于牧牛，见 Sluyter（2012）。关于护栏技术，见 Duvall（2009）。关于医药技术，特别见 Sweet（2011）和 Gómez（2013；2017）。关于"生物开发"，见 Kananoja（2015）。关于非洲战争的角色，特别见 Barcia（2014）。

16. Mudimbe（1988）、Mitchell（2005：2）以及 Macamo（2017：11 - 13）也对通过奴隶制和殖民主义的经验来建立非洲的特点做出了有用的评论。

17. Nimako/Willemsen（2011：53）解释了在现代世界早期奴隶贸易为什么是更广阔经济系统的一部分。在这里我采纳了 Piketty（2014：47 - 8）对"资本"的有用定义，他不仅仅将它局限于生产用途，也将价值储存（如黄金）包括在内。

18. 大英图书馆："West Africa: Word, Symbol, Song"（November 2015 - February 2016）；大都会艺术博物馆："Kongo: Power and Majesty"（January-November 2015）；布朗利河岸博物馆："L'Afrique des routes"（February-November 2017）。当然，这个观点的一个重大新变化是 Michael Gomez 最近出版的一本关于西非中世纪晚期帝国的重要著作，见 Gomez（2018）。

19. 关于这个引用，见 Cabral（1974：13）。事实上，"传统"这个概念是直接与资本主义的再生产相联系的，就像曼彻斯特大学社会人类学系（Manchester School of Anthropology）所表明的，最新资料见 Macamo（2017：3）。

20. Falconbridge（1788：52）。

21. 参见 Graeber（2011：18），他还表明，根据"想象中"的金融单位进行记账的信用系统通常早于实际的"现金"。

22. Graeber（2011：21－41）摧毁了物物交换的神话。这个 20 世纪 70 和 80 年代引路性质的研究由 Marion Johnson 组织，见 Johnson（1968 及 1970）以及 Hogendorn/Johnson（1986）。在后续项目中，J. E. Inikori 教授对价格和货币进口进行了更加系统的分析。

23. Piketty（2014：46）；Beckert（2014：esp. 60－61）。

24. 这个对硬通货作为跨越时间的储存价值的定义，是由 Guyer（2012：2，214）做出的。

25. 见例如 McLellan（1977：393－414）中的马克思的"剩余价值理论"。关于非洲在西半球经济增长中的角色，见 Inikori（2002）。

26. 关于货币进口、通货膨胀与贸易品缺乏相应增长三者之间的关系，来自 Irving Fisher 关于通货膨胀的经典理论，见 Tobin（2008）。关于这个理论在非洲历史上的应用，见 Smith（1997：56）对卡诺（Kano）的分析。关于 18 世纪达荷美的贝币膨胀，见 Law（1995：55）。关于噶加噶（Gajaaga）奴隶价格的戏剧性增长，见 Bathily（1989：272）。关于 17 世纪黄金海岸和贝宁湾的模式，见 Inikori（2007：63）。

27. 关于不同种类的贝币，见 Ogundiran（2002b：70）。

28. 关于阿肯语"瑟迪"（贝币），见 Arhin（1995）。

29. Ogundiran（2002a：444－5）；Sylvanus（2016：94）。

30. Jansen/Duintjer/Tamboura（1995）。

31. 关于所谓的"货币数量不变性"，见 Guyer（2004：x）。关于铜条在进入埃克佩秘密会社中的角色，同上，74－8。关于埃克佩、贸易和奴隶的关系，见 Imbua（2012：17－24）。

32. Johnson（1937：21）。

33. Ogundiran（2002a：448，451）；Usman（1981：59－60）。关于贝币在占卜中的作用，见 e.g.，NCAC，RDD，transcribed cassette 217C。关于 18 世纪晚期刚果葬礼上的布匹，见 Fromont（2014：96－7）。

34. 在推广外部对非洲政治变化的影响这个观点上，一份早期的关键性文献是 Coquéry-Vidrovitch（1969）。关于最近这个问题引发的批评，见 Konadu（2010）。这种方法仍然困扰着一些经济理论家——Acemoglu et al.（2002）想要将经济和政治发展等同于殖民地外来者实施强有力的制度。一份对欧洲制度框架是"赐予的"这种假设的极好批判来自 Austin（2007：4）。

35. Derive/Dumestre（1999：73）.

第一部

缘　起

西非和中西非的经济差异

第一部大事年表

1. 非洲和大西洋历史，约 1400～1680 年

1413 年：在获得位于摩洛哥的休达（Ceuta）之后，葡萄牙在非洲海岸的"发现之旅"启程。

1442 年：葡萄牙海船到达塞内加尔河。

1444 年：第一个黑人奴隶被贩往欧洲，目的地是葡萄牙的拉各斯（Lagos）。

1448 年：第奥古·戈麦斯（Diogo Gomes）成为第一个深入西非内陆的欧洲人，他向冈比亚河上游行进了数百英里。

1453 年：奥斯曼帝国攻克了君士坦丁堡；葡萄牙向南探索非洲海岸的目标又多了一个：发现东方神秘的基督教国王（约翰长老），与之联合对付奥斯曼帝国。

1471 年：热那亚向撒哈拉沙漠中的绿洲派出贸易商，旨在寻找进行西非黄金贸易的更佳通道，以便与葡萄牙竞争；葡萄牙商人第一次到达黄金海岸。

1482 年：为了巩固黄金贸易，葡萄牙在黄金海岸上的埃尔米纳（Elmina）修建了一座堡垒。

约 1486 年：葡萄牙人到达贝宁港口瓜顿（Gwatón）。

1488 年：约洛夫（即沃洛夫）王子布米·杰林（Bumi Jeléen）到达葡萄牙，希望获得支持以对抗另一个王位竞争者。

约 1490 年：贝宁向葡萄牙国王若昂二世派出大使。

1500 年：到这一年时，加纳和科特迪瓦（象牙海岸）的金矿每年可以向葡萄牙输送 3 万盎司黄金。

1514～1516 年：贝宁国王（Oba）奥佐鲁阿（Ozolua）向里斯本派出大使；葡萄牙随即向贝宁提供军事援助，以对抗伊加拉（Igala）的入侵者（1515～1516 年）。

16 世纪 30 年代：刚果开始向梵蒂冈派出大使，时断时续地持续了 150 年。

1531～1539 年：贝宁拒绝向葡萄牙输送男性奴隶（1530 年）；1539 年葡萄牙向贝宁派去一个失败的传教团，随后开始撤回与贝宁的联系。

1571～1572 年：弗朗西斯·德雷克（Francis Drake）向巴拿马的逃亡奴隶后裔寻求帮助。

1575 年：葡萄牙开始建设城市罗安达。

约 1575～1590 年：来自圣多美的商人开始在贝宁城市阿拉达开展奴隶贸易。阿拉达的奴隶贸易在 1600～1640 年增长迅速。

1578 年：摩洛哥军队在三王之战中摧毁一支葡萄牙军队。

16 世纪 90 年代：荷兰开始在刚果河口北方的卢安果海岸开展贸易，以取得铜和纺织品。

1595 年：圣多美发生了大规模奴隶起义，这摧毁了许多甘蔗园，导致了该岛食糖工业的衰落。

1606 年：刚果海岸省份索约（Nsoyo）开始向荷兰派出使节。

约 1607～1694 年：在巴西的伯南布哥（Pernambuco）出现了美洲最持久的逃亡奴隶社区帕尔马雷斯（Palmares），该社区最终被巴西军队击败。

1617 年：葡萄牙人建立本格拉，也就是现在的南安哥拉。

1622 年：在佩德罗二世的领导下，刚果军队在姆班达卡西（Mbanda Kasi）击败葡萄牙人。

1624 年：荷兰从葡萄牙手中夺取巴西的巴伊亚地区，并向安哥拉派出舰队，希望夺取罗安达，但刚果国王拒绝合作。

1630 年：荷兰从葡萄牙手中夺取巴西殖民地北部。

1637 年：荷兰从葡萄牙手中夺取埃尔米纳城堡。

1649～1670 年：小冰期导致西非和中西非的许多地区出现了普遍的生态剧变，这引发了政治危机。

17 世纪 40 年代：为了进行奴隶贸易，英国舰船开始从伦敦和巴巴多斯（Barbados）出发，到达黄金海岸，以及北宁湾和比夫拉地区。

1641 年：荷兰从葡萄牙手中夺取罗安达和圣多美。

1642～1643 年：刚果和索约向荷兰的巴西部分和欧洲部分（联省）派出使节。

1648 年：一个巴西（葡萄牙殖民地）舰队从荷兰手中重新夺取罗安达和圣多美。

1654 年：荷兰被巴西军队击败，并被赶出巴西。

1665 年：一支葡萄牙裔巴西人部队跟踪刚果军队，并在姆布维拉战役（Battle of Mbwila）中摧毁刚果的精英阶层，这引发了一场一直持续到 1709 年的内战。

1671 年：葡萄牙人在蓬戈安东戈（Pungo Andongo）击败恩东果国王。

2. 西非和中西非政治史，约公元 400～1680 年

公元 400 年：位于尼日尔中部的古杰内城（Jenne-jenò）成长为拥有 4000 人的大城市。

公元 900 年：在加纳和科特迪瓦丛林中发现了黄金，这导致北非铸币数量猛增。

约公元 900～1000 年：约鲁巴文化的精神中心——伊莱－伊费（Ilé-Ifè，即伊费城）建立。

1070～1100 年：加奈姆－博尔诺（Kanem-Borno）王国皈依伊斯兰教，并成为跨撒哈拉商路上的重要角色。从 12 世纪开始，博尔诺王开始将经过开罗到达麦加的朝圣变成常规化的旅程。

1200 年：卡诺（位于尼日利亚）古城的城墙到此时已经建设完毕；在尼日利亚的更南方地区，努佩（Nupe）人变得强大起来。

约 1200～1250 年：在松迪亚塔·凯塔治下，马里帝国崛起；1250 年之后，马里帝国在提拉马康·特劳雷（Tiramakang Traoré）的带领下，扩张到大西洋海岸的卡阿布（Kaabu，现几内亚比绍和冈比亚地区）。

约 1270～1300 年：铸铜技术从伊莱－伊费传到了埃多地区（Edo，现贝宁）的贝宁人（Bini）处。

1324～1325 年：马里皇帝曼萨·穆萨（Mansa Musa）著名的通过开罗前往麦加的朝圣之旅。

14 世纪 30 年代：廷巴克图修建了著名的津加里贝尔清真寺（Djinguereber Mosque），建筑风格受到西班牙南部安达卢西亚的影响。

1350～1390 年：望加拉（Wangara）商人在贸易时将伊斯兰教带到卡诺。

1370～1420 年：在西南尼日利亚，埃雷多斯防御墙（eredos）开始修建。

约 1400 年：刚果王国的古都姆班扎刚果（Mbanza Kongo）建立，这标志着刚果王国的巩固。

1400～1450 年：在现布基纳法索境内，莫西（Mossi）王国建立；在现马里境内，多贡（Dogon）社会在邦贾加拉（Bandiagara）峭壁地区形成。

1433～1474 年：桑海帝国兴起，与马里帝国争夺权力；1468 年，桑海统治者桑尼·阿里（Sonni 'Ali）从马里帝国手中夺取廷巴克图。

约 1440～1470 年：在贝宁国王俄瓦雷（Ewuare）的统治下贝宁变得强大起来。

约 1450～1575 年：奥基波战争导致伊加拉、努佩、贝宁和其他位于尼日利亚中南部的部落之间的混战。

15 世纪 70 年代：博尔诺王国首都南移到纳札加姆（Ngazargamu）的堡垒之中。

约 1490～1510 年：库利·腾格拉（Koli Tenguella）的迁移。他征服了塞内加尔河北岸的富塔托洛（Fuuta Tòòro）王国，并在此基础上建立了一个新的富拉王国。

1492 年：桑海国王桑尼·阿里之死。1494 年，阿斯基亚·穆罕默德（Askia Mohammed）即位，开启桑海王朝的鼎盛时期。

1500～1550 年：登基拉王国兴起。登基拉在黄金海岸的内陆地区，埃尔米纳以北。

1500～1550 年：塞内冈比亚的约洛夫帝国开始分裂成五个省。

1506～1509 年：刚果第一个基督教国王若昂一世死后的内战，它见证了基督教派别阿方索一世取得胜利并统治到 1543 年。

1546 ~ 1563 年：博尔诺大饥荒。

1565 ~ 1650 年：北尼日利亚的卡诺和卡齐纳之间爆发了时断时续的战争。

1568 年：刚果王国东部的扎加（Jaga）叛军入侵首都姆班扎刚果；到 1570 年，刚果国王才在葡萄牙军队的帮助下恢复王位。

1577 ~ 1578 年：埃尔米纳人和葡萄牙联合，试图击败费图（Fetu）人。费图人是当时黄金海岸上的主要势力。

1591 年：摩洛哥入侵，桑海陷落。

1595 ~ 1630 年：桑海陷落后，原疆域内出现一系列小邦国，被称为阿尔玛（Arma）国家。

约 1600 年：在尼日利亚南部，奥约王国取代努佩王国，开始壮大。

约 1600 年：因邦加拉（Imbangala）的叛乱分子开始袭击位于安哥拉的恩东果和马坦巴王国。

17 世纪（?）：布基纳法索南部的洛罗佩尼（Loropéni）建造了巨大的城墙。

1644 ~ 1680 年：饥荒袭击了博尔诺以及从萨赫勒地区到塞内冈比亚的许多地方。

1665 ~ 1700 年：姆布维拉战役引发刚果境内一系列内战，并导致刚果王国崩溃。

1673 ~ 1677 年：由于塞内加尔河流域诸王国深深卷入了大西洋贸易，毛里塔尼亚一个伊斯兰教神职人员纳赛尔·丁（Nasir al-Din）领导了一场针对这些王国的叛乱，但是失败了。1674 年，纳赛尔·丁被杀，1677 年，这些王国又回到了它们之前的统治者富拉·丹亚安基（Fula Denyaanke）手中。

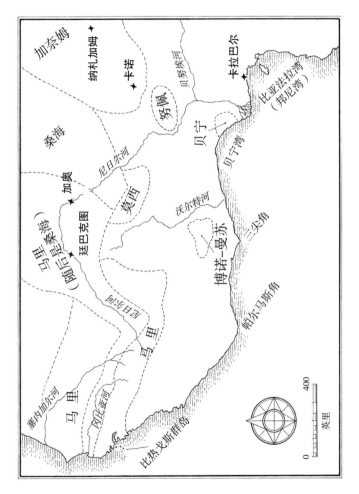

中世纪西非的帝国和国家

第一章 "三份黄金"：
萨赫勒地区伟大帝国的起落

西非的景观中遍布着过去的废墟，但不管是在非洲之内还是之外，现代人对于这些废墟都知之甚少。冈比亚河的北岸坐落着瓦苏（Wassu）石圈，它建于过去数千年间的某一时刻，修建它的文明在今天已经鲜为人知。在如今马里中南部一个叫作朵（Dô）的地区，广阔的区域内分布着大片古坟，有的直径达到 50 英尺。洛罗佩尼巨大的石墙堡垒零散地分布在布基纳法索南部的荒野之中，或许这可以追溯到 17 世纪或者更早。在尼日利亚南部的伊杰布（Ijebu），一种叫作埃雷多斯的泥土防御墙高达 33 英尺，长度超过 100 英里，它可以追溯到 14 世纪。在许多海岸与河岸地区，人们很容易遇到庞大的贝丘，它们可能经过了数个世纪的堆积，但制造它们的人们，不管是其名字还是信仰，大体上都已经被遗忘了。[1]

数十年来，在一个很小的充满激情和奉献精神的学者圈之外，这些非洲的遗存都惨遭忽视。但它们却揭示了古老的文明，其代表的历史重要性可以持续到今天。早在公元前 7 世纪，在如今的尼日利亚中部和北部高原地区，一种叫作诺克（Nok）的文明就已经出现，并发展出了农业和铁器制造。在尼日尔河内陆三角洲，古杰内定居点在公元 400 年时就已经有了 4000 人口，到公元 800 年，其人口已经达到了 26000 人。

这种人口增长得益于铁器带来的谷物增产，而铁器又来自当地的铁匠。铁矿石是从 30 英里之外运来的，而在墓室中发现的铜装饰品可能来自更遥远的撒哈拉沙漠地区。与此同时，在上塞内加尔河谷的发掘显示，约在公元 500 年到 700 年间，当地有一个类似的铜饰贸易网络，用来交换梭式织机生产的布匹。[2]

跪下的女性雕塑，
来自尼日尔河河曲内侧

但对大多数历史学家而言，非洲常常被视为"在文明之外"。毕竟如果人们对一个事物知之甚少，最简单的做法就是继续摒弃它。但非洲的许多地区很早就参与了全球化，一本中国编年史书宣称，在公元前 150 年，就有埃塞俄比亚的大使前往中国宫廷。很难想象凯尔特人（Celts）或者朱特人（Jutes）在公元前能做同样的事情。非洲的贸易联系扩张得非常迅速，特别是在大约公元 700 年之后。到了公元 1000 年，马达加斯加通过贸易城镇基卢瓦（Kilwa）与中国取得了联系，这座城镇位于坦桑尼亚南部一座离岸的小岛上，是在 11 世纪时由一个波斯苏丹建造的。在对基卢瓦最近的发掘中，人们找到了许多中国瓷器工艺品，这证实了在很早以前这里与外界就有了广泛的、远距离的联系。[3]

在西非，情况也是相似的。古杰内时期的早期洞穴岩画上有带轮子的战车的形象，这表明这项技术在西非是被熟知的，不管它是来自地中海的长途贸易还是来自当地。考古学家对突尼斯和利比亚使用的金币做了分析，认为其在公元 9 世纪时出现了一次巨大的变化，对应的时期恰好是在非洲雨林地区的加纳和象牙海岸（与突尼斯、利比亚等北非地区隔着撒哈拉沙漠）发现大量黄金之时，这些黄金由当地商人建立的贸易网出口到外地。到了 11 世纪，从摩洛哥的锡吉勒马萨（Sijilmāsa）到地中海沿岸的一系列城市，都有了重要的铸币厂。从西非发端的跨撒哈拉商路甚至影响到了位于西班牙的穆斯林统治区安达卢斯（Al-Andalus，即安达卢西亚）地区的商业与文化。[4]

如果这些信息让一些读者感到吃惊，那是因为"历史"作为一门学科，经过长期发展已经成了筛选记忆的工具。曾经有一个时期，这些事实更为人所知。一个例子是《加泰罗尼亚地图集》（Catalan Atlas），这个地图集是由居住在马洛卡的犹太制图员亚伯拉罕·克雷斯克斯（Abraham Cresques）在 1375 年前后制作的。在地图上，马里（图上称之为 Melli）皇帝头戴金冠，手拿权杖，穿着优雅的长袍坐着。他的右手正将一块黄金递给一个北非的商人，这个商人坐在马背上，脸上蒙着布，正从一个西撒哈拉的游牧营地中出来。商路越过阿特拉斯山脉，在沙漠中交错纵横，直到北非，有一些还延伸越过了地中海，到达了伊比利亚半岛。这是一个有力的例证，表明在650年前，西非国王们就通过黄金贸易与地中海世界相联系。地图还表明，欧洲的统治者们是多么热切地想发现非洲，而且事实上，一些人已经知道一些关于非洲的消息了。[5]

克雷斯克斯在他马洛卡的家中通过从旅行者那儿收集的信息制作了这张地图，那些旅行者对北非和跨撒哈拉商路都有所了解。克雷斯克斯重建了著名的马里皇帝曼萨·穆萨前往麦加朝圣的旅程（1324～1325）。克雷斯克斯还借助了早就存在的跨撒哈拉商路，这些路连接了沙漠中一系列绿洲中的犹太人社区，比如阿尔及利亚的图瓦特（Tuwāt）和摩洛哥的锡吉勒马萨，通过这两者，就可以将更南方的西非诸王国与伊比利亚世界中的犹太人社区连接起来。从这个角度看，这份地图是数世纪跨文化交流的产物。地中海区域的城市，诸如开罗、里斯本、塞维利亚和的黎波里，并没有将影响力强加于西非并控制它的人民，相反，西非和地中海社会就像《加泰罗尼亚地图集》中所描绘的，通过贸易和互惠连接在一起。[6]

本章提出，在大西洋贸易崛起之前，西非人民和国家的历史不是孤立的，而是需要将之嵌入历史全局中去考虑。《加泰罗尼亚地图集》描绘的交通网络已经深埋在历史的尘埃之中。犹太制图师认为，位于西地中海的巴利阿里群岛（Balearic Islands）与遥远的马里有着联系，这个观点是令人震惊的，但15年前，当我走进阿苏马达（Assomada）一栋房子的后院时，也体会到了同样的震惊。阿苏马达位于非洲佛得角群岛最大的岛屿圣地亚哥的高地上，我在那个院子里吃惊地看到了一块犹

34

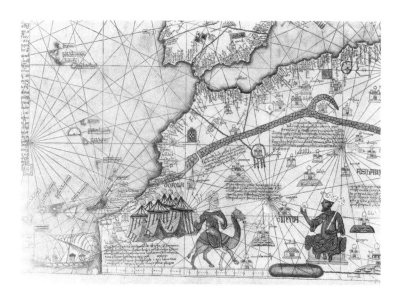

《加泰罗尼亚地图集》的细节，1375，羊皮纸，
作者为亚伯拉罕·克雷斯克斯（1325～1387）

太人的墓碑，刻着希伯来文。这块墓碑是更加现代的一场运动
的证明，其主人是在 19 世纪时从摩洛哥来到这片非洲的大西
洋岛屿上的。这表明，西非历史并不符合欧洲中心论认为的那
35 种一成不变的、仅对外来压力做出反应的形象，而是永恒变
化、不断进化的，并长期与外界保持着互惠的关系。

萨赫勒诸帝国与黄金贸易

西非与外界早期交往的基础是黄金贸易。如果不是为了寻
找"黄金之国"，怎么可能还有这么多北非商人愿意冒生命危
险穿越可怕的沙漠呢？黄金在古老西非历史上的地位是显而易
见的，这不仅仅表现在《加泰罗尼亚地图集》之类的欧洲地
图上。即便到了最近 20 年，在塞内加尔南部的卡萨芒斯

（Casamance）地区流传的口述历史中，拜南克人（Bainunk，他们与曼德人紧密联系，而曼德人就是创立马里帝国的民族）的国王也一直坐在黄金交椅上。黄金代表着统治者的权力，这在"欧洲大发现"之前就已经被西非采纳。[7]

在西非，对于历史的记忆特别强调黄金的重要性，将马里帝国的诞生归结为黄金。"三份黄金"（three measures of gold，马宁卡语是：saba samun）[①] ——一些叙述马里帝国（约1235年建立）建立者松迪亚塔·凯塔生平的口述史诗用这样的语句形容。在可拉（Kela，属于现代马里）的口述历史学家兰辛·迪亚巴特的史诗版本中，正是因为拥有"三份黄金"，松迪亚塔才将神圣的权力牢牢掌握在手中：[8]

> 这时，松迪亚塔正在荒原之中。
>
> 他介绍了自己。
>
> 他说：
>
> "你哥哥把我派来。"
>
> 塔里·曼萨·空空（Tali Mansa Konkon）说：
>
> "曼萨·丹卡兰·图曼（Mansa Dankaran Tuman）将我派来。"
>
> 他继续说："我是来见你的。
>
> 他和他的弟弟正在打仗。
>
> 他请你带着三份黄金
>
> 并将权力传给他；

36

---

① 此处的"份"（measure）来自口述材料，并非一个精确的量词，带有比喻性质，将其理解为具有很大价值的重量单位即可。——译者注

> 如果权力真的传给了他，
>
> 你就杀掉他，
>
> 同时拿走这三份黄金。"①

这是一个西非本地口述历史的代表作品。它代表了一种隐晦、悠扬、具有历史性的讲述方式：松迪亚塔·凯塔在荒原上是一个猎人，他并没有打算成为一个世界著名的统治者。但是，当机会到来时，他必须抓住它，与机会同来的还有三份黄金，它们可以让他踏上权力之巅。叙述中的真相隐藏在它的符号化和诗性之中，而不是在字面上的"事实"之中。这里我们应该注意的可能是，西非诸王国的内部权力从由铁匠及其神秘力量领导的人那里转移到了由骑兵主导的战士贵族阶层。[9]

黄金在欧洲和非洲都异常重要。但是，当谈到黄金贸易时，西非和欧洲的资料却并不匹配。欧洲的扩张往往被认为是现代历史的触发点。在 15 世纪，寻找黄金之地是扩张的中心目标，在欧洲人眼里，非洲的形象就是"黄金国家"，它就像《加泰罗尼亚地图集》那样将曼萨·穆萨手中的黄金放在了正面和中心位置。在 15 世纪 90 年代，葡萄牙国王若昂二世被同时期的意大利人称为"黄金国王"（il rei d'oro），因为他已经进入了西非的黄金市场。欧洲人在非洲贸易中的铤而走险可以从当时人们的旅行记录中看出来，比如热那亚商人安东尼奥·马尔凡特（Antonio Malfante）在 1471 年前后到达图瓦特，他描绘了这个充满了务实的贸易保护主义色彩的繁荣商业中心。图瓦特的商人只接受百分

---

① 经与本书作者沟通，这首诗在英文版本的基础上略作修改，更正了其本身存在的矛盾。——译者注

之百保证金的交易，当马尔凡特问他的北非向导，这些黄金到底来自哪里，向导回答说，他已经在这些国家旅行了 14 年，却从来没有找到这个问题的答案，由此可以看出，那些黄金生产者和中间商为了保护自己的商业利益，有多么贪婪。[10]

　　但为什么人们会认为是欧洲扩张开创了现代历史呢？原因应该出现在更早的阶段。以马尔凡特为代表的欧洲商人之所以如此热切地要定位西非的黄金源头，原因在于，几个世纪以来，西非提供的黄金已经成了地中海经济扩张的资金动力。从公元 1000 年开始，基督教欧洲和穆斯林世界的黄金就主要靠西非供应。正是西非黄金产量的增长创造了使用现金进行贸易的条件。曼萨·穆萨经开罗去往麦加的朝圣，触发了黄金海岸丛林中的黄金生产热潮，其中阿肯人的开采技术尤为关键。14 世纪晚期黄金贸易的扩张（由克雷斯克斯地图等记录）使 15 世纪西非一批重要的新国家得到巩固，比如尼日利亚北部的卡诺、布基纳法索的莫西。马里帝国也被桑海帝国取代。与人们认为欧洲的进展促成了全球化世界的出现不同，葡萄牙人进入大西洋在很多方面只是对西非已经开始的进程做出的反应而已。[11]

　　虽然西非的历史证据已经表明，它早已是黄金长途贸易的一部分，但传统的欧洲历史学仍然认为，是葡萄牙 15 世纪在大西洋非洲海岸的"发现之旅"将西非社会第一次带入了与全球的联系之中。但是，就像我们已经看到的，14 世纪早期曼萨·穆萨就去了麦加朝圣，那时就已经有了互惠交流的传统。当 15 世纪 40 年代葡萄牙人到达西非海岸时，他们发现的那些社会已经存在了许多个世纪，它们一直与北非的商人、学者和手工业者有着贸易和跨文化交流。这种混合城市文化早就出现在了诸如廷巴克图、坎托拉（Kantora）、瓦拉塔（Oualata）和加奥

37

（Gao）等城市，并在很多方面预示着现代化的出现。

但这真的是长途贸易促进城市化发展和政治复杂性的案例吗？非洲的历史学家总是不情愿去接受这种说法，因为它看上去像在暗示其社会和物质转变来自外部——非洲人不可能是他们自己文明和社会结构的建设者。但考古学证据却恰当地表明，在与欧洲接触之前的非洲文明，如古杰内以及更南方的姆班扎刚果，总是出现在商路的交叉点上。一个重要的语境是，贸易是城市化的发展动力，这句话不仅对非洲，而且对欧洲城市——如里斯本、伦敦和塞维利亚——而言也是正确的，这些城市也是因为长途贸易的崛起而迅速发展。这样，不仅是非洲，任何地方的城市发展都依赖于来自外部世界的影响和与外部世界的联系。

事实上，在西非内部，对 15 世纪诸王国如何在黄金贸易之上成长的叙述依然可以引起共鸣。在兰辛·迪亚巴特关于松迪亚塔的史诗中，松迪亚塔·凯塔通过控制黄金贸易成了一个伟大王国的创始人。他是一个开创者，即便过了 7 个世纪，他仍然是一个值得纪念的人物。松迪亚塔·凯塔是：

> 那位建立了村庄的人
> 那位设立了村长的人
> 那位确定了继承关系的人
> 那位决定了继承者面貌的人[12]

这些转变对于理解资本主义兴起以来西非历史和世界经济间的关系是基础性的。但由于之后的结果同样深远，超出了西非的范畴，前情反而显得没那么重要了。当黄金海岸森林中的阿肯族黄金矿工在矿脉上越挖越深时，跨越撒哈拉沙漠的商队将越来越多的黄金带到了北方,金钱如同潮水一般涌向了阿尔及尔、开罗和突尼斯这些城市。这就引发了一次从信用经济向铸币经济的转变,随着铸币使用的增加,一次系统性的变化发生了,就像西班牙在美洲发现银矿之后发生的那样。当时黄金产量的增长对奥斯曼帝国的帮助最为清晰。1453 年,奥斯曼人获得了君士坦丁堡,基督教东部首都陷落。奥斯曼力量在 16 世纪早期继续增长,到了 1517 年,开罗也被他们攻陷。[13]

15 世纪葡萄牙和意大利冒险家对西非的探索同样是因为,人们认识到,欧洲商人直接接触西非的黄金供应对于抵抗奥斯曼的扩张非常关键。就像世界历史中的许多帝国那样,葡萄牙帝国的崛起始于对日益增长的外界威胁的反击。伊比利亚半岛对早期黄金贸易的依赖在一系列小的口语细节中得以体现:特别是 11 到 14 世纪的西班牙词语"金币"(Maravedí),就来自萨赫勒地区一种叫作穆拉比屯(Al-Murabitūn)的钱币,这种钱币铸造于 11 和 12 世纪的穆拉比特(Almoravid)王朝,它因与西非的贸易而在伊比利亚被熟知。

欧洲与西非的商业交换从一开始就根植于这种现金贸易体系。当把它放在将要发生的西非与西方的更广泛的经济关系中考察时,这种商业交换又是不平等的。曼萨·穆萨不仅仅是富有的:按照《时代周刊》2015 年 7 月刊登的一篇文章,将他的财富和权力与历史上所有时段的竞争者对比之后,可得出结论,他是世界历史中最富有的人。但到了今天,马里和它周围的国家一样,被列为世界上最贫穷的国家之一。[14]

萨赫勒的城市国家

14 世纪 20 年代,曼萨·穆萨去往麦加的朝圣之旅留下了很多线索，绝不仅仅在亚伯拉罕·克雷斯克斯的《加泰罗尼亚地图集》之中。廷巴克图学者萨迪（Al-Sa'dī）在他 17 世纪的著作中描写了曼萨·穆萨如何"在盛大的宴会中出发"，6万名士兵和 500 个奴隶走在他的坐骑前面。每一个奴隶手中拿着一根木杖，挑着 500 密斯卡尔（mithqāls，500 密斯卡尔大约为 5 磅）黄金。[15]

萨迪又是如何知道发生在三个世纪之前的这些细节的呢？显然是因为人们带着崇敬的语气不断地谈论这件事，此外，他还可以涉猎一些现在已经失传的手抄编年史。但同时，这也是一位学者想把过去的样子描述给他同时代人的努力：马里和桑海的伟大帝国已经衰亡，与现在的卑微相比，早期的伟大既能带来一种压迫感，又能带来一种自豪感。[16]

有足够的与曼萨·穆萨同时代的材料可以佐证萨迪较晚的编年记载。主要是出于对黄金的兴趣，一路上许多人都与曼萨·穆萨的随从有联系。在 14 世纪 30 年代早期，伊本·达瓦达里（Ibn al-Dawādāri）记载了十年前发生在开罗的事件，十年后它依然是此地人们谈论的话题：

> 我从法官，也是军队巡视官法赫尔·丁（Fakhr al-Din）处听说："我问塔克鲁尔人（Takrūr）的国王（即曼萨·穆萨）：'能描述一下你那个出产黄金的地方吗？'他回答：'它不是在属于我们穆斯林的土地上，而是在属于异教徒塔克鲁尔人的土地上。我们派人去向他们收税，这是他们对我们的义务。这片产金的特殊土地的情况是这样的：它直接出产大小不同的金块，有的如同小戒指，有的像角豆种子，大致上就这样。'"

法官法赫尔·丁继续说："我问道：'你为什么不把这片土地征服掉，据为己有？'国王回答：'如果我们征服了他们，并把土地拿走，它就什么都不出产了。我们曾经用多种方法尝试过，但是土地中什么都找不到，可一旦把土地归还给异教徒，土地就恢复如常了。'"[17]

这显然是一个在当时的开罗广泛流传的故事。到了大约 1337 至 1338 年，也就是比前述记载稍晚几年，乌玛里（Al-'Umari）也记载了"马里国王是如何获得这方面教训的，一旦他们征服了一个产金的城市，当伊斯兰教扩张开来，宣礼员的召唤响起，那里的黄金就减少，直至消失"[18]。但有人会问，这些故事到底说明了什么呢？当这些强大的政治势力加强了与北非的黄金贸易时，怎么可能就降低了曼萨·穆萨和他的继承人生产黄金的能力呢？

答案在于这些与黄金生产相关联的政治势力本身。早期的西非社会认为，商业繁荣得益于商业交换与神圣地理的结合。在这种思想下，宗教力量是非常重要的。黄金矿工需要宗教的保护，以便远离恶灵与超自然力量，即便到了今天，西非仍然盛行着这样的信念，认为黄金矿工需要这样的保护。[19]

就像欧洲君权神授的哲学，西非的宗教对于政治的重塑也在这个阶段出现。在马里工作的一个考古队最近展示了集体神祠的出现是如何将村子团结在更广泛的政治结构之下的。共同的宗教信仰塑造了共同的政治身份。通过将不同的村子置于同一个神的保护之下，可以实现集体安全和集体身份认同。在萨赫勒与大西洋之间的丛林区域内，与黄金生产相联系的宗教实践可以通过同样的方法在大型社区之间实现共享。当黄金贸易

41

的政权成长时，那些挖掘黄金的政治实体也在成长，与之相伴的是宗教体验的成长。这样，像曼萨·穆萨这样的穆斯林统治者才有可能由于错综复杂的干涉而给它们带来危害。[20]

伴随着黄金贸易扩张的宗教实践是各不相同的。伊斯兰教使之与更广阔的世界接触，阿拉伯文字可以为统治者建立官僚制度。但是那些开采黄金的人却猜忌地守护着自己的信仰，拒绝采纳伊斯兰教，这也是保护他们的矿产资源的一种方式。在西非，金属匠人长期以来与强大的超自然力量联系在一起，而伊斯兰教却无法取代金属匠人的力量。金属匠人与超自然联系在一起的看法在今天仍然保有势力，因为金属匠人掌握着改变日常生活的力量，并能将矿石变成液体，再重新将世界塑造成型。[21]

但是，随着穿越撒哈拉的贸易的增多，统治者和劳动者之间的宗教实践差异也变得更大了。被迈克尔·戈麦斯（Michael Gomez）称为"西非起点"的加奥一直是一个有影响力的中心，位于尼日尔最北方，从这里可以去往撒哈拉沙漠，也可以去往其余世界，它在稍后的日子里成了桑海帝国的首都。从 7 世纪开始，从加奥到北非的贸易就一直是增长的。到1300 年，跨越撒哈拉的棉花贸易出现了增长。到 1000 年，这里已经与西班牙南部的伊斯兰王国有了密集的贸易往来，加奥的一些大理石墓碑就来自阿尔梅里亚（Almería），还有安达卢西亚上釉的陶器。但是，虽然 11 世纪地理学家巴克里（Al-Bakri）表示"只有穆斯林可以统治加奥"，这里的情况依然是，正规的伊斯兰教传播并没有超出上流阶层。[22]

伊斯兰教在西非的一个关键性城邦出现在更东方，它位于尼日利亚东北部的加奈姆-博尔诺。在这里，灌木丛林让位给了沙漠，古老的马赫拉姆（mahrāms，特权阶层的记录资料）将博尔诺国王世系追溯到 11 世纪，他们在现在尼日利亚的博尔诺州北部建立了加奈姆国家。一本记载了乌姆·吉尔米（Umme Jilmi，大约统治于 1086～1097 年）事迹的马赫拉姆记述了"伊斯兰教进入的第一个苏丹地区的国家是博尔努（Bornu，即博尔诺）人的土地"；一位伊斯兰教士穆罕默德·伊本·玛尼（Muhammad ibn Mâni）生活在 11 世纪的博尔诺达30 年之久，经历了四任国王，最后，"他在乌姆治下让博尔努皈依了伊斯兰教"。事实上，伊斯兰教已经以这样或那样的形式存在了一个世纪甚至更久，到这时显然是巩固了它的地盘。[23]

国王决定皈依，主要是基于宗教结构和商业兴趣。在玛尼的指导下阅读了许多章节的《古兰经》之后，国王"赐予玛尼 100 头骆驼、100 块黄金、100 块白银、100 个奴隶，一切都是因为玛尼给予了国王指导"。就像许多古老的资料一样，这里的象征意义更多是信息式的，不能考究其细节，其细节在数个世纪一代代抄写员的努力下肯定早已被添油加醋了。这份马赫拉姆的中心意义是，它告诉我们，从公元 1000 年开始，在萨赫勒地区，阿拉伯人的知识和教导在塑造中央集权王国的过程中扮演的角色，以及来自西非的贸易在巩固这种知识方面扮演的角色。建立官僚化的正规国家在政治上是重要的，通过现金贸易（利用黄金和白银）进行的价值交换在经济上是重要的，现金贸易由商队向北穿过撒哈拉沙漠到阿尔及尔、开罗、的黎波里和突尼斯来实现，其中也夹杂着奴隶贸易，在这个时期，奴隶贸易日渐重要。[24]

这些联系的影响力快速增强。19 世纪 50 年代，德国学者和探险家海因里希·巴尔特（Heinrich Barth）获得了一份加奈姆－博尔诺的国王名单，其中提到了乌姆国王死在了"埃及的土地"上，这更确认了这些联系。12 世纪早期，即乌姆的继承人国王杜纳玛·伊本·乌姆（Dunama ibn Umme）在位时期，博尔诺军队由 10 万名骑兵和 12 万名步兵组成，杜纳玛两次前往麦加朝圣，根据巴尔特获得的资料："在他第一次朝圣时，他在埃及留下了 300 个奴隶，第二次又留下了同等数量的奴隶。"此外，加奈姆－博尔诺与其余世界的联系也是全球性的，它与撒哈拉费赞（Fezzan）地区的扎维拉（Zawila）有着常规贸易往来，（伊拉克）巴士拉的商人也常常前往扎维拉进行贸易。[25]

这些资料都是关于博尔诺最早时期的历史，因而成了 14 世纪 20 年代更加著名的曼萨·穆萨朝圣故事的先驱。在此前两个世纪，博尔诺国王早已开始了哈吉（hajj，即朝圣）。博尔诺也早就与北非的重要城市以及麦加建立了广泛的国际联系。西非是一个国际化的地区。曼萨·穆萨以他留在埃及的黄金而闻名，而博尔诺的国王们留下的礼物却是奴隶。在传世文献中，从对奴隶的关注向对黄金的关注的转变，与 14 和 15 世纪重要性从西非经济转向地中海经济同步，西非从一个劳动力提供者转变成了一个起到经济润滑作用的金钱提供者。

随着黄金的生产，与政治转型相关的力量也终于超出了宗教框架。在西非，伊斯兰教进入之前，宗教权力长期以来塑造了国家的组织形式。大约在 19 世纪晚期，卡诺的一位官员巴卡（Dan Rimi Malam Barka）编写了一本史书，叫作《卡诺编年史》，这本书基于 16 和 17 世纪的史料和传统，描写了博尔诺的邻居卡诺是如何从一群非洲宗教领袖中崛起的。根据这部编年史，卡诺的早期领袖巴布希（Barbushe）"精通许多异教徒仪式。通过神迹和魔法以及从弟兄们中获得的力量，他成了人们的首领……所有的人都在仪式的两夜里聚集到他的身边，因为他在献祭的仪式中是全能的"。基于这种宗教起源，卡诺的 11 个部落得以崛起，卡诺的第一个国王在大约公元 1000 年掌握了权力。[26]

被称为望加拉的穆斯林商人将贸易带到了新成立的城市国家，与贸易相联系的财富使得伊斯兰教在当地名流中受宠。商人们享有共同身份却在地理上分散，他们在连接广大地域、巩固贸易上是十分重要的：不管是在开采黄金的森林地区，还是在城市国家成长的稀树草原地区，抑或是为了让整个贸易系统运转而必须穿越的沙漠地区都是如此。只有拥有共同信仰的商人社区才能在如此分裂的地理上，以及危险的贸易网络上搭建起桥梁，在这样的框架下，伊斯兰教变得尤为重要。所以，到了 14 世纪，根据《卡诺编年史》的描述，在国王雅吉（Sarki Yaji）统治时期（1349~1385），"望加拉瓦（Wangarawa，即望加拉，穆斯林商人）到来了，带来了穆罕默德的信仰"。与之对应，摩洛哥丹吉尔著名旅行家伊本·白图泰（Ibn Battūta）也将苏丹地区的商人称为"望加拉塔"（Wanjarāta，即望加拉）。[27]

13 和 14 世纪的西非国王们需要这种贸易。如同加奥在 12 世纪末完成了城市化，《卡诺编年史》也告诉我们，卡诺的城墙完工于第五位国王玉萨（Yusa，1136~1194 年）统治末期。增长的贸易带来了更多的财富、更多的资源，但它也带来了冲突和分裂。或者，如同冈比亚口述历史学家科巴·萨内（Kebba Sanneh）告诉我们的：

你知道，哪里有繁荣

44

哪里的人们就分裂[28]

这种分裂出现的方式在关于现代西非（从尼日利亚到冈比亚）的历史著述中也有丰富的呈现。文字材料《卡诺编年史》告诉了我们第 11 任国王坎结吉（Kannjeji，1390～1410 年）的事迹：

> 他几乎从不住在卡诺，只是将乡村翻得底朝天并征服了城镇。他一部分时间住在基贾（Gija）岩石附近。他向夸拉拉法（Kwararafa）① 部落派出使者，质问他们为什么不向他进贡。他们给了他 200 个奴隶。接着，国王回到了卡诺，并不断向夸拉拉法送去马匹，作为回应，对方继续向他送来奴隶。[29]

一个无比重要的证据表明，社会分层和分裂的出现来自关于马里帝国创立者松迪亚塔·凯塔的史诗。在许多传世的关于松迪亚塔的文献中，社会冲突由于长途贸易的发展而被激化，松迪亚塔（穆斯林）与被他征服的前任国王苏曼古鲁·坎特（Sumanguru Kante，一个非洲原始宗教追随者）之间的冲突也象征了财富的转移。最近几十年整理出的一份口述文献显示，"松迪亚塔的真实名字是穆罕默德"，而伊本·白图泰于 1352 到 1353 年间到达了马里帝国，他描写道，当时皇帝的祖父是一位叫作"萨利克·迦塔（Sāriq Jāta）"的人（即松迪亚塔），这位祖父已经拥抱了伊斯兰教。[30]作为对比，苏曼古鲁是一个沉浸在超自然中的巫师，他依靠他的皇家巴拉风

---

① 现代英语写作"Kororofa"（科罗罗法）。——译者注

（西非大木琴）乐队演奏的音乐来宣示自己的力量。正如来自可拉的说唱艺人和历史学家兰辛·迪亚巴特所告诉我们的：

> 那时，由于他的魔力，
>
> 每一只停在莎莎（Soso，皇家音乐家）的巴拉风上的苍蝇，
>
> 苏马沃罗（Sumaworo，即苏曼古鲁）都可以从一群苍蝇中找到它，杀掉它。[31]

有一个巫师预言，一只"狮子"将打败苏曼古鲁，就像伊斯兰教将取代巫师的戏法一样。这只狮子就是松迪亚塔（他也是一个"偷狮贼"）。松迪亚塔的胜利在口述叙事中代表伊斯兰教力量的集聚及其对贸易的掌控，当然也代表了伊斯兰教与已存非洲宗教之间的冲突。最终，两种框架将会相吻合，宗教和政治权力在接下来的数个世纪仍然会交织在一起。[32]

帝国全球化，"普世价值"

到了14世纪中期，马里帝国宫廷的富丽堂皇已经在地中海世界尽人皆知。乌玛里提供了一份关于宫廷奢华的证词，值得长篇引用：

> 这个王国的国王坐在宫殿中被称为班比（banbí）的高台之上……他坐在高台上一个黑檀制作的宝座上……这个高台的每一面上都有大量象牙，一个挨着一个。他的手臂上挽着黄金制作的宝剑、标枪、箭筒、弓和箭。他穿着一条异常宽大的裤子，由大约20块布拼接而成，这样的

46

裤子只有他能穿，别人都不行。30 个奴隶站在他身边，这些奴隶是从埃及买来的突厥人或者其他种族的人。其中一个人手拿一件丝绸伞盖，伞盖有一个拱顶，装饰着金色的猎鹰状的鸟饰。他的埃米尔（大臣）们在他的左右坐成两排，环绕在他的下首。更远处坐着的是骑兵部队的首领……围绕着所有这些人的，是手中拿着鼓的人们，他们不断地敲打着。国王面前是一群舞者，国王被他们逗乐了，朝他们笑着。在国王的身后，两面旗帜正在招展。[33]

伊本·白图泰在大约 15 年后访问西非时也留下了相似的画面。在皇帝举行宫廷会议的大厅里，有三个装饰着银帘子的拱形结构，下面又有三个装饰着黄金的拱。当皇帝举行觐见大会时，300 个奴隶佩戴着弓箭、长矛和盾牌从宫门进入，各省的长官在他们各自拥簇（佩戴着长矛、弓箭、鼓和喇叭）的簇拥下前来。根据乌玛里的记载，这个军事政权拥有 10 万军队，其中骑兵 1 万人。皇帝从阿拉伯进口马匹，土耳其和北非则将奴隶当作礼物送给马里宫廷。帝国的省份面积广大，从考考（Kawkaw，即 Kukyia，在加奥附近）和加纳（中心在现代的毛里塔尼亚境内）直到东方，另外的资料告诉我们，马里帝国在塞内冈比亚也拥有霸权。[34]

根据这些阿拉伯语作家的叙述，在马里帝国内部，伊斯兰教已经成为一个关键的角色。伊本·白图泰记载的是曼萨·穆萨 14 世纪 20 年代的麦加朝圣影响依然很大的时期。萨迪在 17 世纪根据流传文献编写的资料显示，当曼萨·穆萨回程时，他经过了桑海，并在加奥修建了清真寺。到达廷巴克图时，他下令在那儿建造了一座宫殿和著名的津加里贝尔清真寺。

津加里贝尔清真寺，埃德蒙・福捷（Edmond Fortier）摄影，
约 1905~1906 年

津加里贝尔清真寺是在 1290 年前后在安达卢西亚建筑师萨希利（Al-Sahili，出生于格拉纳达）的帮助下设计的。它建在了城市中心，风格上是北非和伊斯兰伊比利亚建筑的混合体，同时对土生土长的西非文化形式也有所呈现。在城市街道上，精心制作的马鞍与马匹一同被销往沙漠之外，骑马的人们穿着富拉尼式样的服装，佩戴着当地铁匠打造的带鞘的长剑和短刀。在诸如加奥和廷巴克图的这些桑海的城市中，马里帝国的权力正在扩张，对于安达卢西亚建筑形式的采纳无不表明了这个西非国家冉冉升起的权力，以及它的国际化联系。在这些联系中，西非当然是与当时的欧洲平等的，甚至领先的。[35]

当马里的权力成长时，它非常倚重对尼日尔河的控制。约里巴（Joliba，也就是曼丁语对尼日尔河的称呼）是附近社会粮食运输的大动脉，也是跨越撒哈拉沙漠的商品贸易网络的关

47

键节点。同时，商队规模的扩张使商品交换规模变得非常庞大。一些文献显示，连接埃及和马里的商队可以达到12000头骆驼的规模，这个数字让人难以置信，这也是非常危险的冒险行为，伊本·白图泰描写道："在路上，我们遇到一个商队，他们告诉我们，队中的一些人和他们失散了。我们发现其中一人在一棵沙漠中的小树下已经死亡，他还穿着衣服，手里拿着鞭子，而距离他一英里左右就是水源。"[36]

48 　　随着全球化的发展，出现了更加复杂的规范贸易和旅行的规则机制，以及为了运作管理、强化马里在地区的领先优势而加强的税收机制。14世纪，马里变得更大、更强、更加富有，它征服了它的邻居，将势力扩张到了大西洋沿岸。但是，为了保住这些财富，也需要强化另一种机制，这种机制被萨迪称为政府支持的镇压机制："每一个地区长官都有一系列听从他本人指挥的官员和军队。这就导致了政权后期的暴政、称王称霸和对人权的践踏。"马里的权力必然是等级制的，深刻的不平等加剧了内部分裂，这最终将导致一系列的叛乱——随着本书的深入，这种叛乱模式也将越来越为读者所熟悉。[37]

　　但在权力的巅峰时刻，这种趋势还不明显。在正规的政治控制区域之外，马里的文化影响也在增长。遥远东方的博尔诺在乌玛里记述的14世纪是一个贫穷却土地肥沃的王国，足够种植水稻、小麦、高粱、无花果、柠檬、葡萄和茄子，乌玛里写道："他们的国王，虽然权威不强，其土地也相对贫瘠，但其夜郎自大却表现得难以想象；虽然他的军队羸弱，其国家资源也相对匮乏，但他却心比天高，试图伸手云端。"在博尔诺，虽然皇家权力问题非常严重，但其却深受马里文化的影响。到了15世纪，王国的穆斯林商人数量急剧增加，随之而来的还有大量学者和教士，他们带来新的书籍和学问。这并没有导致马里对本地政治的直接控制，但在新文化的影响下，博尔诺一直保持着足够强大，卡诺直到 15 世纪还维持着对它的臣服关系。[38]

这样，远在任何欧洲利益进入之前，13 和 14 世纪，萨赫勒区域就见证了显著的政治转型。这是由内部驱动和指导的变化过程。国家制度和权力随着国际化联系而增长，军队保卫着政治领袖和贵族阶层。那么，这种 14 世纪极端复杂的政治体系和结构的基础又是什么呢？我们可以找到四个关键因素：社会的混合特性、全球化运动、劳动力的扩张，以及通过使用现金交易在全球化中实现的西非的重要角色。

对于第一个因素，我们必须找到本土非洲宗教与伊斯兰教之间调和的证据。在 13 和 14 世纪，伊斯兰教在上流阶层就已经被广泛采纳："如果他们的孩子没有学好《古兰经》，就要受到约束。"[39]但是，在非洲传播的伊斯兰教类型是符合伊斯兰哲学中的宽容潮流的。神学家拉明·珊拿（Lamin Sanneh）向我们展示了教士哈吉·萨利姆·苏瓦里（Al-Hajj Sālim Suware）是如何祈祷的。1200 年前后的苏瓦里对西非穆斯林上层社会的形成有着很大的贡献，在祈祷中，他总是强调知识与和平主义。这种和平主义在非洲本土宗教仍然占据人口优势的地区尤其重要，而且它创造出了一种混合与多元的社会，这成为西非生活的一个印记。[40]

皇帝不得不将非洲信仰和传统与新宗教融合在一起。这种平衡的一个典型例子是宫廷中音乐家的地位，这一点在伊本·白图泰的书籍中被详细地描述过。音乐家在宫廷中的地位来自皇室的早期传统，兰辛·迪亚巴特的文献中就有关于巴拉风演奏者的记载，当巴拉风演奏者拒绝为苏曼古鲁·坎特国王进行表演时，人们就预见了这位巫师国王的死亡。在伦敦 2015 年的一次演讲中，来自马里首都巴马科的巴拉风演奏家兰辛·迪亚巴特再次强调了巴拉风乐器的皇家血统，它是皇家力量的最初来源。即便到了现在，人们也在强调，音乐是团结不同背景人民，甚至是黏合不同信仰的工具。在 2017 年的一次演讲中，来自几内亚比绍的科拉琴（kora）演奏家伊布拉西马·加里萨（Ibrahima Galissá）告诉听众：科拉琴对于曼丁卡人意味着"将所有一切都团结在一起"。[41]

历史基础与新宗教的融合反映出即将出现的那些超级政权：卡诺、博尔诺、马里和桑海。非洲本土宗教仍然分布广泛，它们被北非的旅行者贬斥为"巫术"："他们总是需要国王裁决，他们说…… '有这样一个人通过巫术杀了我的兄弟，或者儿子，或者女儿，或者姐妹。'"到了 15 世纪末，桑海国王阿斯基亚·穆罕默德描述他的前任桑尼·阿里如何造成了这种多元化时说道："阿里曾经在伊斯兰斋月履行斋戒，并在清真寺等宗教地点向人们施舍被他杀掉的野兽。除此之外，他又向偶像表达崇拜，相信那些占卜者的话，向术士寻求帮助，甚至向一些树和石头献祭和施舍。"阿斯基亚·穆罕默德是一个非常正统的伊斯兰教徒，他为数量庞大的占卜者、占星家和巫师感到沮丧，这些人都宣称可以"画符求好运，保佑昌盛或者获得爱情，打破敌人的巫蛊避开坏运气，躲避凶器或者百毒不侵"。[42]

国王不得不学会同时向穆斯林臣民和非穆斯林臣民说话，这需要非常灵活的方式。这样，到了 1500 年，这里的社会还是非常开放的。在桑海，"大街上和市场里男女混杂……女人常常与丈夫的兄弟、父系堂兄弟或者朋友见面"。他们发展出一种本土的国家形式：贵族阶层大都属于骑兵，国王的象征则来自对传统猎人和铁匠社会的利用。但是，他们从伊斯兰教借来了官僚形式、宗教、学术和法律结构，以此来治理这个新国家。除此之外，他们还必须发展出新的社会结构以适应外来的商人和教士，这些外来旅行者的出现标志着王国成长的第二个核心因素：它们的国际化形象。[43]

西非不断发展的国际化主要从大量的朝圣人口中表现出来，他们经过开罗和其他的北非城市前往麦加，学者间的交流也非常频繁。其中一个著名的学者叫作卡尼米（Al-Kānemī），他生活的时期是公元 1200 年前后，他来自博尔诺，却在马拉喀什生活和教学，最后死于安达卢西亚。西非在广阔伊斯兰世界的频繁现身，可以从 13 世纪早期伊斯兰教苏瓦里派的创始人哈吉·萨利姆·苏瓦里前往麦加的七次朝圣中看出来。即便这个事例有些夸大，它却是这类交流常态化和数量庞大的一种体现。就像我们已经了解的，作为回报，马里收获了大量从北非和安达卢西亚前来的工匠和学者。他们跟随返回的商人，带着黄金和奴隶穿梭于沙漠中的贸易之路。[44]

关于第三个要素——劳动力扩张。到了 15 世纪，西非的奴隶数量大增。就像在世界许多其他地区，比如相同时期的伊比利亚半岛以及前哥伦布时代的美洲，奴隶的来源主要是战争中俘获的"外来人"。我们已经看到早期加奈姆 – 博尔诺文明中奴隶制的重要性，一位历史学家认为，奴隶是这个地区的"最主要出口物品"。但是《卡诺编年史》描写道，在国王阿卜杜拉希·布尔乔（Abdullahi Burjo）时期（1438～1452），卡诺同样通过奴隶制获得了发展。这位国王的一位军事领袖加拉迪马·道杜（Galadima Dawdu）"在南方每天都和异教徒打仗，将他们征服，抓作奴隶"。根据这部编年史，每个月有 1000 个奴隶被送给国王，国王用他们建造了 21 座城市。这件

51

事被这部编年史用一首纪念加拉迪马的歌曲记录了下来："南方斧头的收割者/南方青年的收割者/财富的鼓手啊，加拉迪马/土地的鼓手啊，加拉迪马。"[45]

当然，这些形象是符号化的，但也强烈地反映了奴隶制和财富的关系。这种贸易关系的一个基础是：利用奴隶换取马匹。《卡诺编年史》和来自博尔诺的其他资料对这一点说得很清楚。西非稀树草原区的马匹受到的影响重大，这里也没有更南方那种由舌蝇引起的对马匹起作用的昏睡病。马匹对于军事扩张非常重要，而战争又能带来新的奴隶，换取更多的马匹。马甚至是皇家的权力象征，在游行时出现在皇帝的纹章中。马匹的出现既造成了又反映了日益增加的统治者与臣民之间的不平等。用马匹交换奴隶的模式甚至为早期欧洲商人在西非海岸地区提供了一个现成的贸易模板，欧洲人最初也利用马匹在塞内冈比亚地区交换奴隶，当发现了佛得角群岛之后，又在该地饲养马匹用来交换奴隶，佛得角饲养马匹最早可以追溯到 15 世纪晚期。[46]

52 博尔诺、卡诺、马里和桑海的外部奴隶贸易增长同样伴随着西非内部依赖性关系的增强。这种关系常常引发争执。阿斯基亚·穆罕默德描述了 1500 年的桑海："有人要卖掉一个女孩奴隶，购买者在购买时毫不在意她是否已经怀孕了。等到她怀孕的状态已经非常明显时，他们才开始争论这个孩子的问题。这样的事情经常发生。"这种争执的基础就是奴隶商业价值的增长。在 14 和 15 世纪的西非，随着国家声望的增高，金钱、奴隶和政治权力交织在一起。[47]

这就带来了前面列出的第四个要素。就像乌玛里提到的 14 世纪 30 年代的情况，这些王国的金融系统已经接受了新观念下的金融价值。在博尔诺，乌玛里描述了一个接受多重货币的王国。它的标准货币是一块长 10 腕尺的布，这块布在做交换时最小的单位是 1/4 腕尺。贝币、铜、银币和珠子同样被用作货币，但它们的"价值都必须通过布来衡量"。货币作为价值标识变得越来越重要，到了 15 世纪末，桑海商人们常常在金银中掺杂铜粉，或者不从金砂中将砂子拣出来。15 世纪，"硬"通货，比如博尔诺的布匹或者马里和桑海的黄金，在核心贸易中逐渐扮演"普遍"价值的角色。[48]

商业革命：黄金、王国和权力

乌玛里揭示了 14 世纪黄金和通过货币进行价值交换的重要性，他描述了马里军事头目们对黄金的使用："下属中英勇的骑兵战士戴着黄金臂镯。那些戴着黄金领镯的人更具有大无畏的勇气。如果要想更加伟大，就再戴个黄金脚镯。"[49]

黄金对马里政权的重要性当然已经超过了曼萨·穆萨朝圣时期。历史学家试图将他的朝圣事件当成黄金与政权关系的高水位线。但是，在 14 世纪 20 年代之后，黄金贸易并非静止的，事实上它还在扩张。到了 15 世纪，沃尔特河盆（Volta River Basin）的阿肯黄金生产源都已经与博尔诺联系在了一起。博尔诺商人带来了本地产的布匹，用来交换黄金，然后再带往北方的的黎波里。这时沃尔特河边森林中的黄金贸易是如此兴盛，以至于在 20 年后的 15 世纪 80 年代，葡萄牙人到达黄金海岸时，这里可以提供每年 3 万盎司的黄金。为了增加产量，许多令人印象深刻的技术也被发明出来，金矿的深度竟然可达 230 英尺。[50]

黄金贸易扩张的影响被一位安达卢西亚的旅行者哈桑·瓦赞（Hassan al-Ouazzan）捕捉到了，他以非洲人莱奥（Leo

53

Africanus）的名字为人所知，他在 16 世纪 20 年代写了一份目击报告。他在加奥写道：

> 不可胜数的黑人来到这里，带来了大量的黄金，用来购买来自欧洲和柏柏尔地区（北非）的商品，将之席卷而去。但他们往往找不到足够的商品可以将身上的钱都花光，他们只好被迫回到自己的国家，身上还带着一半或者三分之一没有花出去的钱。[51]

在另一处，瓦赞描述了黄金产能过剩的情况，跨撒哈拉贸易已经无法提供足够的商品用来换取黄金了。这样的影响对于西非是深远的，是后来的不平等交易的前奏。瓦赞继续描述说，在加奥，大部分基础加工品的价格都远高于在欧洲的价格：

> 一匹马在欧洲的价格不超过 10 杜卡特，而在加奥则不可能低于 40 到 50 杜卡特。欧洲最便宜的布匹在这里也值 4 杜卡特，布匹的平均价格则高达 15 杜卡特；威尼斯出产的红色、蓝色、紫色的好布料绝不会低于 30 杜卡特……五金制品都非常昂贵。[52]

这份 16 世纪早期的文献展现了一幅生动的画面，一面是西非矿工和黄金商人方面的产能过剩，另一面是欧洲商品的暴利。在当时，贸易利润大部分都落在了跨撒哈拉贸易的中间商手中。但当贸易的重心从沙漠转移到海洋，这些利润和相应的资本增长就被欧洲的贸易商掌握了。

这里提到的繁荣的黄金贸易也是 14 和 15 世纪影响深远的

政治转型的一个关键驱动力。黄金生产的扩张意味着新商路的出现。当博尔诺商人带着布匹到沃尔特丛林地带去购买黄金时，博尔诺的布料加工也就发展了起来。当需要更多的商人来携带黄金时，西非城市国家的外国商人（他们大多是穆斯林）社区也发展了起来，伊斯兰教得以传播。同时，为了管理贸易，还需要新的政府治理结构：在博尔诺，这导致在1470年，首都从加奈姆的旧中心移到了更南方的纳札加姆，一个新的政治体系——萨劳塔（Sarauta）体系——在卡诺建立起来。[53]

然而，比起博尔诺这个早已存在王国，其他西非地区，从塞内冈比亚到尼日利亚，它们的政治变化更加显著。在现代是约鲁巴人地区的伊杰布周围，有一个巨大的泥土工程叫作埃雷多斯，最近考古学家热拉尔·舒安（Gérard Chouin）将它的建造时间定在了1370到1420年间。这个33英尺深的沟渠绵延了110英里，根据乔恩的分析，其建造期恰逢中央集权崛起、军国主义政治盛行，这个泥土工程是为了阻止骑兵的进攻而建造的。与此同时，在15世纪，一个叫作莫西的王国在如今的布基纳法索崛起了，这个王国是借助在黄金贸易商路上征税来获取利润的。萨迪就记载过，莫西曾经袭击了马西纳（Massina）城镇。此时也是另一个阿肯人国家博诺-曼苏（Bono-Mansu）崛起之时，地点就在黄金海岸，非常靠近金矿。同时，黄金海岸上一个关键的黄金贸易中心叫比古（Bighu），它在之后的17和18世纪会变得非常重要，但在16世纪20年代，瓦赞就已经提到了它，认为它在数十年间已经崛起了。[54]

在其他地区，同样的转变也在发生。在马里的邦贾加拉峭壁，著名的多贡人可能在15世纪移居到了这里。陡峭的自然形成的悬崖让这里成了抵御外敌入侵的良好区域。在多贡，至今

55

仍有14种不同的语言在使用，这表明这不是一个单一"民族"的人口移动，而是不同来源的人为了躲避日益增长的军事化威胁而选择的普通避难行为。这里的许多人可能与跨撒哈拉贸易有关，因为这里发现了许多14到15世纪的纺织品，上面有伊斯兰风格的图案。根据一些研究者的说法，他们还拥有一套复杂的天文学体系。[55]

在邦贾加拉附近，杰内城（Djenné）作为一个交换黄金和盐的主要市场而闻名。同时在塞内冈比亚，15世纪末军事领袖库利·腾格拉的崛起可能与控制黄金贸易的企图有关，这里的黄金贸易来自冈比亚河北岸的乌利（Wuuli）王国。富拉人腾格拉最终带领一支军队向南越过冈比亚河，来到了富塔贾隆（Fuuta Jaalo）山脉（现几内亚首都科纳克里附近），在回去建立富塔托洛王国之前先在那里建立了社区。[56]

多贡人的房子

换句话说，从博尔诺到富塔托洛的所有西非地区，在与欧洲展开贸易之前就都进入了政治转型期。黄金贸易的扩张导致了欧洲和北非市场上现金货币供应的大幅度增加。它还同时导致了贸易路线的增长，并诱发出新的管理系统来控制这些路线。这一切带来了一部分新国家的崛起、另一部分老国家的转型以及人口的迁移。军队在增长，人们也在自我防卫。他们建立新的堡垒，或者逃往邦贾加拉这样更容易守卫的地方。这样，西非的采矿技术、经济转型和政治重组都在进步，就如同我们所看到的那样，这一切都有助于欧洲强权扩张它们世界知识的框架，并在 15 世纪向西非海岸进发。

但我们怎么对本书分析的方法如此确定呢？事实上，各种力量的相互影响在博尔诺地区就可以明显看到。在 1453 年奥斯曼人攻陷君士坦丁堡之后，伊斯坦布尔的苏丹们更多地卷入了博尔诺王国的事务，以至于博尔诺后期的国王已经将伊斯坦布尔视为同盟国。在 14 世纪，博尔诺与埃及的马穆鲁克（Mamluk）苏丹，以及阿比西尼亚（即埃塞俄比亚）的国王都有着牢固的外交关系：博尔诺的角色是黄金贸易的清算所，这意味着像奥斯曼苏丹这样的大人物也乐于成为博尔诺国王的盟友，博尔诺国王也将巩固在贸易中的地位当作巩固权力的头等大事。[57]

这种转型的最典型事例来自尼日利亚北部。跨撒哈拉贸易固然是重要的，但更重要的市场却是当地的食品、原材料、动物和制成品（特别是布料）贸易。15 世纪，卡诺增长极为迅速，它派出了军事探险队对南方进行考察，成了连接从尼日利亚南部到现代马里以及更远地区的贸易网络的地区性转口地。[58]

　　《卡诺编年史》提供了这种转变的一些细节。在卡诺国王道达（Dauda）统治时期（约 1421～1438 年），我们知道了卡诺和努佩省之间的贸易情况。在卡诺和努佩之间，一个主要的强权叫作扎里亚（Zaria），编年史记载："在这时，扎里亚在阿明娜女王（Queen Amina）统治之下，征服了许多城镇，最远到达了夸拉拉法和努佩。每一个城镇都向她进贡。努佩国王向她进贡了 40 个阉人和 1 万个柯拉果……这时整个西部的货物都要运送到豪萨兰（Hausaland，卡诺是它的首都）。"[59] 这是一个有趣的窗口，可以让我们一窥鲜为人知的那一时期的性别与权力问题，在努佩进行统治的是一个强大的女王，她对现在的尼日利亚疆域内地区曾经产生了巨大的影响。阿明娜女王在 19 世纪早期富拉圣战的领袖乌斯曼·丹·福迪奥（Uthmān dan Fodio）的一些文字中被重新提及，并被尼日利亚早期后殖民政府重新发掘出来当作一个历史模范，还被写进了歌曲，在尼日利亚的小学中传唱。作为可靠的历史资料，《卡诺编年史》是她存在的最主要证据，但编年史中提供的关于她统治国家的治理模型却与后来人们希望的有着天壤之别。[60]

　　到了 15 世纪 50 年代，卡诺的商业扩张意味着贡贾（Gonja，现加纳北部）的商人们都到达了那儿，与他们一起前往的还有大量豪萨贸易商以及北非的商人。在西非的地图上，卡诺日益成为一个当地布匹生产的清算所，这些布匹来自卡诺和博尔诺；此外还有南方的森林特产、西南的黄金，以及阿拉伯商人们通过跨撒哈拉路线贩运来的商品，这些阿拉伯商人已经"在卡诺定居，另一部分在卡齐纳安家"[61]。

　　卡诺 15 世纪最后一个国王穆罕默德·瑞姆法（Mohammed

Rimfa) 是卡诺在世界上新地位的最有力的形象代言人。作为国王，"从卡诺创立到灭亡，都没有另一个统治者可以与之并肩"[62]。瑞姆法邀请了大批学者到城市定居，其中一个叫谢里夫·阿卜杜·拉赫曼 (Sherif Abdu Rahman)，来自阿拉伯世界的麦地那。他带来了属于自己的图书馆和许多饱学的追随者。卡诺的城墙也建立了起来，庞大的库尔米市场 (Kurmi Market) 也出现了。在欧洲强权在西非海岸扩张之时，萨赫勒地区的政权也在扩张。15 世纪不仅是欧洲扩张的时期，还是全球化网络、贸易、生产扩张的时期，这种扩张力量的表现也是复杂的。关键的是，这样的扩张需要发展出一套更加复杂的金融和信用体系以获得巩固。

到 20 世纪 90 年代，卡诺的穷人和赤贫者长期以来唱的一首古老的豪萨族诗歌《巴高达之歌》 (*The Song of Bagauda*) 在其对穆罕默德·瑞姆法的关注中，抓住了其中的一些变化：

> 穆罕默德·瑞姆法是一个慷慨的主人；
> 瑞姆法的统治对大家都有利。
> 他统治了三十年。当他要进行施舍时
> 他的教士立刻分享了三千袋贝币。[63]

这段诗提到的作为主要货币形式的贝币，将卡诺与马里的早期贸易模式连接在一起。伊本·白图泰曾经写道："这些贝币在苏丹地区同样被当作货币使用。我在马里和焦加瓦特 (Jawjawat，即加奥) 见到他们以 1150 个贝币对 1 金第纳尔的汇率进行买卖。"[64]他记载，在加奥，贝币是标准货币，贝币也是他本人在尼日尔河上下游从小村子里购买补给所使用的货币。在西非，人们普遍用贝币作为货币进行小额交易，这件事在葡萄牙水手杜阿尔特·帕谢科·佩雷拉（Duarte Pacheco Pereira）的文字中也有印证，他记录了 16 世纪早期在黄金海岸贝币被当作货币使用的事实。[65]

但贝币远不是当时西非的唯一法定货币。在博尔诺，布匹也被当作货币，而在其他区域则是铜和铁被作为货币引进。瓦赞记载，在 16 世纪早期的杰内，沙漠商人带来了铜，在当地著名的市场上将之用于贸易。

由于铜在 16 世纪西非的许多地方被用作主要货币之一，它之后被欧洲商人带来做成臂环进行交易，这也证明欧洲商人只是继承了他们到来之前的贸易和货币实践，而非创造了新的体系。瓦赞表示，杰内最常用的货币形式是小铁块，金砂同样被用作衡量其他货币价值的标准。[66]

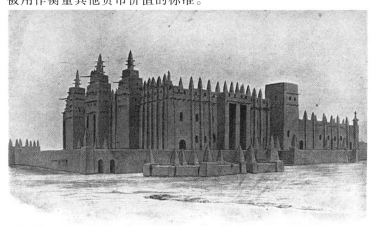

杰内大清真寺，摄于 1911 年前后，摄影师为费利克斯·迪布瓦（Félix Dubois）。它俯瞰市场。这座清真寺在最近一段时间被大规模重建。

根据研究，在第一批欧洲人到来之前（西非）就存在一个动态的经济架构和复杂的贸易模式，欧洲人于 15 世纪到来后，只是模仿了这种模式而已。贝币早就被人们从马尔代夫群岛经过印度洋商路和沙漠商路带了过来，葡萄牙人只不过是在 16 世纪早期开始利用商船从印度将它们运来。几个世纪以来，铜已经被商人们从北非经过陆路带到了西非，随后，欧洲制造的铜臂环在黄金海岸的早期大西洋贸易中起到了基础性作用。同时，布匹货币在塞内冈比亚的出现早于葡萄牙人的到来，最初人们对富拉人生产的纺织品的需求非常高涨，葡萄牙殖民者随后开始在佛得角群岛生产他们自己的纺织品，他们甚至故意效仿富拉的纹饰，称它们为巴拉弗拉（barafula）。

正如我们所见，黄金是西非经济的主要出口产品，这导致了黄金在 14 和 15 世纪的产能过剩，这实际上还促进了国家和城市的扩张。作为出口这种禁得起时间考验的"硬"通货的回报，西非王国收到了铜、贝币和布匹，这些货币的价值却随着时间的推移出现了大幅度的贬值。

萨赫勒地区的政治转型：马里和桑海

15 世纪，西非的许多地区都经历了政治转型，对于本章开始时提到的马里帝国来说，这样的转型也不出意外地发生了。15 世纪的马里经历了一次危机，它的权力转移到了东边的帝国新中心——桑海。桑海在国王阿斯基亚们于 1591 年败给入侵的摩洛哥人之前，一直是一个伟大的萨赫勒王国。这次失败也宣告了数个世纪以来萨赫勒西非政治经济繁荣稳定的终结。

萨迪告诉我们，马里帝国的衰落开始于 1433 到 1434 年间，这时帝国将廷巴克图丢给了从沙漠以北到来的玛格沙兰·图阿雷格（Magsharan Tuareg）。萨迪写道："马里人受困于他们（图阿雷格人）的多次劫掠，没有对他们进行抵抗。图阿雷格人说：'如果苏丹不打算守卫他的疆土，就没有资格统治这里。'马里人于是放弃了廷巴克图，向更东南方向的马里本土撤退。"这次撤离预示着马里帝国的权力正在向桑海转移，桑海的新国王桑尼·阿里于 1468 年夺取了廷巴克图。瓦赞告诉我们，到 1500 年："现在，（马里）国王悲惨到连他的家庭都养活不了了。"[67]

但对于桑海而言，15 世纪晚期却是权力得到最大扩张的时刻。桑尼·阿里多年冲锋在战场上，征服了周围的王国以及像杰内和凯比（Kebbi）这样的省份。像萨迪所说的那样："桑尼·阿里是一个拥有伟大力量和巨大能量的人，一个暴君，一个不法之徒，一个侵略者，一个专制君主，一个屠夫……他的每一天都用来打仗和征服新的土地。"桑尼·阿里发展出了一套新的统治架构，将每一个他所征服的省份都置于一个承认其权威的将军的控制之下，并在加奥这个桑海的统治中心建立起了中央集权的统治机构，这个机构主要包括一个帝国行政中心和一个皇家军事委员会。随着时间的延长，桑海的统治者发展出了一套复杂的头衔系统，包括班纳法玛（bana farma，财务总管）、法里蒙多由（fari mondoyo，皇家财务总监）、乔马克伊（goima-koi，尼日尔河港口主管）和玉布克伊（yūbu-koi，市场主管）等。[68]

61　　　这种复杂的行政系统创造了竞争环境，而有竞争就会有冲突。一个冲突的源头是帝国中伊斯兰教的地位。萨迪对于桑尼·阿里的一个主要抱怨在于，桑尼·阿里不像他更加穆斯林化的继承人阿斯基亚斯，他让廷巴克图的学者们经历了短暂的痛苦："他对学者和圣人实行暴政，杀害他们，侮辱他们，出他们的丑。"但伊斯兰教在其继承人治下却终将成为新帝国的黏合剂。桑尼·阿里死于 1492 年，当他从一场军事行动中返回时，溺死在一条河中，之后伊斯兰教作为贸易和外部联系的保障者的地位得以重启。廷巴克图历史学家对于桑尼·阿里的敌意反映了其继承人的成功，他们将廷巴克图变成了 16 世纪伊斯兰教的学术中心。如同一个历史学家所说，桑尼·阿里对于伊斯兰教的作为只不过反映了一个事实：在他统治时期，伊斯兰教在大城市之外的地区还不够强大。他本人生长在索科托（Sokoto）的乡村区域，那儿信奉非洲本土宗教，桑尼·阿里只是将伊斯兰教视为本章前面谈到过的非洲本土多元化宗教的一部分而已。[69]

那么，在 16 世纪早期这个正在扩张的帝国内部，人们的生活又是怎样的呢？它并非全是冲突和暴力。根据自身经历，瓦赞提供了一份桑海帝国内部人们生活的生动画卷。他写道，在廷巴克图，"居民们天性快乐，大多数夜晚他们都在城内屋外跳舞，直到凌晨一点"。萨迪写道，到 16 世纪 30 年代，阿斯基亚·穆罕默德·邦卡玛（Askia Muhammed Bonkama）"将宫廷装饰得极为豪华，并对之进行了扩充，塞进了远超以往数量的廷臣。他为他的宫廷提供了豪华的服饰、不同品种的乐器，以及男男女女的歌手"。音乐当时实际上处于展示皇家权力的中心位置，因为"他是第一个在水中旅行时携带铃鼓的国王，正是他将一种类似号角的乐器弗图里夫（futurifu）引入了宫廷"。[70]

桑海崛起的原因是多方面的。在第一位的是穿过毛里塔尼亚瓦拉塔的西部跨撒哈拉贸易路线的衰落，到 1500 年，瓦拉塔已经成了一个处境恶劣的城镇。1453 年君士坦丁堡陷落之

62 后，对于黄金和奴隶的需求向东移动了，它们大都来自开罗和奥斯曼帝国。君士坦丁堡和博尔诺之间日益增长的外交关系反映了它们要把贸易转移到自己的方向上，从马里往东向桑海的转移就符合这样的模式。此外，15 世纪中叶葡萄牙人的到来进一步削弱了马里对西方贸易路线的控制。尽管如此，有一个重要的因素限制了这个新的地区霸主的潜力：桑尼·阿里的继承人阿斯基亚·穆罕默德前往麦加朝圣时留下的庞大债务。[71]

朝圣本身被阿斯基亚·穆罕默德的传记作者大肆赞扬。由于受到他在博尔诺和马里的前辈们的精神鼓舞，他于 1496 年出发，带着 500 名骑兵和 1000 名步兵穿越沙漠。他进行了慷慨的捐赠，到了麦地那后，他甚至购买了一些花园供那些西非的朝圣者使用，这也是这个地区变得如此国际化的证明。但是瓦赞却提供了一个关键性信息："当前往麦加朝圣时，他用掉了所有的财富，以至于回来后欠下了 5 万杜卡特的债务。"这实际上是曼萨·穆萨在 14 世纪 20 年代去麦加朝圣的翻版，当曼萨·穆萨回到马里时，他不仅花掉了朝圣队伍出发时携带的所有黄金，还欠下了新的债务。[72]

这个让人震惊的消息之所以重要是具有多重原因的。它显示出黄金生产引起债务的一种长期模式。这种债务模式在 16 世纪末桑海垮掉之后才真正被解决。这些债务带来的一个问题是，像当年的马里一样，桑海也没有控制实际的金矿。随着穆斯林商人越来越多地将他们的黄金带到位于黄金海岸的欧洲人

贸易点，桑海很难获得足够的黄金产品来偿还它的债务。虽然黄金海岸的贸易在 16 世纪后期已经减少了，但新的竞争源头又成了新问题。即便桑海的重要性在整个 16 世纪都得到了承认，但到 16 世纪 80 年代，帝国却在内部和外部的压力下分崩离析了。经过阿斯基亚·达乌德（Askia Dawūd）漫长而杰出的统治（1549～1582），继承人之间的斗争随之而来；并且，在 1586 到 1588 年，阿斯基亚·穆罕默德四世（Askia Mohammed IV Bani）统治时期，发生了一场内战。穆罕默德的继承人依沙克二世（Ishaq II）竭尽全力消除帝国东部和西部省份的裂痕，但这只导致了更多的分歧——廷巴克图和更遥远西部的长官被驱逐到加奥并被处死了。这样，帝国变得虚弱和分裂，对跨撒哈拉商路的过度依赖也成了一个主要问题。[73]

　　萨迪详细叙述了加速桑海衰落的一系列事件，这是他更广泛的阐释和证明的一部分，也证明了桑海 17 世纪的继承者阿尔玛王国的正当性。正是在这种分裂的政治体系下，摩洛哥的穆雷·艾哈迈德（Mūlāy Ahmad）要求桑海"向他支付塔格哈扎（Taghāza）盐矿的税收"，这也是为了试探在当地有没有人对桑海政府不满，会不会支持北方摩洛哥的入侵。桑海经济对强大的北非诸王国的依赖也被揭开了盖子，摩洛哥国王宣称他拥有收税的权力：因为摩洛哥在桑海和欧洲的基督王国之间起到了缓冲作用。1590 年晚期，摩洛哥王国正处于高峰时期：12 年前，摩洛哥击败并屠杀了一支葡萄牙部队，这支部队由葡萄牙国王塞巴斯蒂安一世率领，这件事结束了葡萄牙对摩洛哥的一切领土要求，并且事实上结束了葡萄牙君主政体 60 年来对西班牙的独立。但是，桑海的阿斯基亚·依沙克二世却不肯妥协，萨迪告诉我们："相反，他给了一个措辞放肆的回答，一同送去的还有一根长矛和两只铁鞋。"这是严重的挑衅和战争威胁。[74]

摩洛哥军队在 1590 年 11 月出发，这支入侵部队于 1591 年 2 月末到达了尼日尔河。战斗爆发于通迪比（Tondibi）附近的坦孔迪博霍（Tankondibogho），摩洛哥人立刻突破了防线，桑海帝国在内战中崩塌："安全变成了恐惧，奢侈变成了痛苦和窘迫，繁荣变成了悲哀和严酷。"处处充满了不安全、对家庭和财产的袭击，萨迪告诉我们："这样的不幸变得非常普遍，它四处蔓延，越来越严重。"[75]

如何承受这巨大的失败？在帝国的中心加奥，到处充满了 64 悲伤和剧痛。但在战场上，桑海力量的本质及其败落的本质体现在阿斯基亚的士兵面临失败时；因为他们"将盾牌扔在地上，叉腿坐在盾牌上等待（摩洛哥）军队到来并冷血地将他们杀死，这是桑海士兵的习惯，他们失败了也绝不逃走。获胜者将黄金手镯从死者的手腕上剥走"[76]。

数个世纪以来，桑海和之前的马里一直是黄金之乡。这种名声致使长途商队贸易出现，也致使穆斯林社会普及，教士和商人们一同来到了西非。西非统治者与商人一起发展出了一种统治模式，他们欢迎陌生人的到来，并提出了一种多元化的世界观，可以容忍不同的信仰。黄金贸易是西非全球化的锁钥，其最远可影响到诸如君士坦丁堡的陷落以及葡萄牙的海上发现之旅这类事件。尽管如此，这种贸易依然有它的经济成本，这是因为贸易的兴起伴随着西非君主对他们长途贸易伙伴的外部依赖。桑海的灭亡代表了西非民族、国家和世界观的全球化第一阶段的终结。

结　论

所谓"古代"或者"中世纪"西非的资料是很少的，因此我们很难重构个体生活的故事，或者建立那种更容易理解的细节丰富的历史。我们需要将材料拼凑处理，才能使之生出历史的感觉。但是，如果要考察西非经济框架的起源及其与世界的联系，这些材料却是非常重要的。

对这些材料进行仔细阅读，可以确定在13到15世纪的西非诸王国、社会和世界观的转型过程中，黄金贸易有着核心重要性。由此，我们引入了许多在数世纪中形成的关于松迪亚塔·凯塔的口述材料，以及北非旅行者用阿拉伯文记录的文字材料。这些材料可能代表了王国建立者、说唱艺人和穆斯林学者各自对政治的看法，但他们对黄金的核心看法是具有广泛意义的。随着时间的推移，其他一些阿拉伯语书面材料也出现了，这更证实了这种观点。

其中一个材料是《贡贾编年史》（*Chronicle of Gonja* 或 *Kitāb Ghanjā*），这份材料写在1800年前后意大利制造的纸张上，内容基于贡贾王国（在现代加纳）中的更早版本的书籍。这个文本讲述了16世纪贡贾的创立过程。它是由从马里帝国区域迁移来的曼德移民创立的。创立者叫吉基·贾拉（Jighi Jarā），由于听说了比古的金矿，他向贡贾派了两个儿子过来。这部编年史讲述了这个故事：

　　他们征服了这个城镇……拿走了他们找到的黄金。黄金被放在了两个屋子里。每年他拿走一些带给他的父亲。于是，兄弟中的哥哥告诉他的弟弟："弟弟啊，我听说了

> 另一件事，我们找到的黄金最初在另一座城镇，城镇的名字叫作古纳［Ghūna，现象牙海岸境内的布纳（Buna）］。我们应该立刻去那儿打一仗，快去快回，这样我们还能尽快回到我们自己的城市。"[77]

这些书面文字由身在西非的西非人书写，确认了日渐繁盛的黄金贸易在政治体系转型中的中心地位。商人也是诸王国的创立者，就如同一个重要口述文献中记载的关于位于象牙海岸北部的孔（Kong）王国的创立那样：

> 正是通过商业大道
> 塔拉维勒·穆萨西（Tarawele Musasi）离开了这里
> 去建立孔和锡卡索（Sikasso）王国了……
> （塔拉维勒）是第一个带着他们的商品袋
> 出去建立孔王国的君主。[78]

66　这样，随着西非与地中海世界间的贸易增长，商人的数量也在增多，其影响力也在增强。商业改变了政治：博尔诺、卡诺、莫西和桑海在 15 世纪随着黄金贸易发展都进入了扩张阶段。由于这些相互关联，世界其他地方对西非黄金的需求也在狂飙。本章中所提到的西非产能过剩和运力不足造成的"黄金饥渴症"，成了 15 世纪 30、40 年代葡萄牙向摩洛哥、毛里塔尼亚、塞内加尔海岸扩张的原始驱动力。

　　当以这样的方式观察时，"历史"似乎变了。不再是欧洲的行动触发了全球化，而是一个连接了西非、伊斯兰世界和欧洲的复杂的、互惠的交换形式触发了全球化。处于这种交换最前沿的是伊斯兰教，它是那些长途商人的宗教，正是这些商人的定期商队串起了地中海与西非的市场。通过共有的信仰，那些投资于如此漫长和危险的穿越沙漠之旅的人们，可以借助于信任和"信用"让整件事情运转起来。对于 19 世纪早期的欧洲历史学家而言，这件事情并不陌生。18 世纪 90 年代，有一个对跨撒哈拉商人哈吉·阿卜德·萨拉姆·萨比尼（Al-Hajj Abd Salam Shabinī）的采访，它发表于 19 世纪 20 年代，其中将去往廷巴克图的商人称为"做生意的谢里夫"，从中可以清楚地看到商人与宗教之间的联系。在一本发表于 1819 年的著作中，鲍迪奇（Bowdich）描写道，在阿散蒂帝国宫廷所在地库马西，城市中最主要的北非商人居所是"信息最灵敏的地方，每次我访问他时，都会看到一个陌生的摩尔人恰从国土的不同地方来到这里，居住在他家"。这样，此时伊斯兰商人在西非就拥有了双重角色：他们通过贸易影响了政治转变；通过带来伊斯兰教促使西非国王们发展出了一种新世界观和统治国家的新方法。[79]

　　在 16 世纪，即桑海的繁荣时代，伊斯兰教本身就是一门繁杂的信仰，其影响也是多元化的。像马苏法（Masūfa）这样的沙漠部落从马西纳移居到了廷巴克图，带来了新的伊斯兰教法。伟大的廷巴克图学者艾哈迈德·巴巴（Ahmad Baba）来自尼日尔河上的杰内，是这种新教法的谢赫（shaykh），也就是宗教导师。与此同时，更遵从苏菲派教法的贾汉克（Jakhanke）穆斯林在 1500 年也非常活跃，他们活动的地域从现代的马里直到卡诺。这样，争议和对话以及教义纷争，在本地区都是常态。[80]

　　西非的部分地区有商讨问题的传统，这种传统也在古老的过去被加速了。正如一个口述历史学家所描写的：

> 世界从商讨中开始
>
> 又在商讨中结束。[81]

这里有多元的王国，不同派别之间的商讨与调解是基本的。这都决定了本地区未来的文化基础和物质基础。西非的经济基础已经转化为硬通货（黄金）和人的出口增长，其中人力的价值已经越来越重要，不管是在西非还是在其他地区。

注　释

1. 关于朵的古坟，见 MacDonald et al.（2018）。关于布基纳法索的废墟，见 Kuba（2015）。
2. 关于古杰内，见 R. 和 S. McIntosh（1980：441 - 5）的开创性工作。关于它之后直到公元 800 年的人口，见 Gomez（2018：17）。关于上塞内加尔河，见 McIntosh/Thiaw（2001：30）。
3. Zhao（2012）．关于埃塞俄比亚使节，见 Zhao（2017）。
4. 关于带轮子的古洞穴绘画，我感谢 Gaëlle Beaujean 2017 年 4 月 20 日在布朗利河岸博物馆对其特征的讨论。对北非黄金的分析，据认为可以追溯至 9 世纪，从西非发源，见 Guerra et al.（1999）。关于早期跨撒哈拉黄金贸易理论的讨论，见 S. 和 C. Magnavita（2018）。关于北非和锡吉勒马萨的铸币，见 Spufford（1988）。
5. Yoeli（1970）．
6. 关于图瓦特的犹太社区，见 Schwaab（1904）、Bakchine-Dumont（1979）和 Oliel（1994）。
7. 关于"黄金贸易"，见 Bovill and Farias（1974）。关于拜南克对黄金交易的叙述，见 2000 年 3 月在 Simbandi Balante 由作者做的访谈。
8. Jansen/Duintjer/Tamboura（1995：108）．
9. 这个想法来自 Jan Jansen，他最近在一份相当新颖的关于松迪亚塔史诗的解释中提出，见 Jansen（2016a）。关于松迪亚塔是一个狩猎能手，见 Gomez（2018：84）。

10. La Roncière（1924 - 7：vol. 1，157）；又见 Fauvelle（2013：Chapter 32）。

11. 本阶段黄金制造的扩张中阿肯人的角色，见 Konadu（2010：49 - 50）。

12. Jansen/Duintjer/Tamboura（1995：88）.

13. 关于从信用经济向铸币经济的转变，见 Graeber（2011：308）。

14. 关于萨赫勒钱币穆拉比屯和西班牙词"maravedi"的联系，我感谢 P. F. de Moraes Farias 于 2015 年 11 月 11 日在伯明翰大学的演讲（Fage Lecture），见 *Time Magazine*，30 July 2015，"The 10 Richest People of All Time"，by Jacob Davidson。

15. Hunwick（1999：9）.

16. 关于萨迪编写这本编年史的政治目的，见 Farias（2003）。关于这些早期编年史中更广泛的政治目标角色，见 Green/Rossi（2018）。最近最好的关于朝圣的记录是 Gomez（2018：93 - 143），它将之放在本地和全球语境中讨论。

17. *CEA*，250.

18. *CEA*，262.

19. 关于矿工对于保护神的信仰，见 Jansen（2018）。

20. 关于被神化的地理，见 Monroe/Ogundiran（2012：18）。关于马里帝国对创建共享神殿的重要干预，或者"神殿特许经营"，见 MacDonald et al.（2018）。

21. 关于铁匠，见 McNaughton（1993）。

22. 已故的 John O. Hunwick 的工作对于这些分析是基础性的。关于加奥的早期发展，见 Hunwick（1985：3 - 7），以及 Gomez（2018：20 - 22）。关于 1300 年的棉花贸易，见 *CEA*，210（the evidence of Al-Dimashqī，1256 - 1327）。关于和阿尔梅里亚与安达卢西亚的联系，见 Insoll（1996：x）。关于伊斯兰在精英阶层的渗透，见 Hunwick（1985：9）。

23. Bobboyi（1992：8 - 10）.

24. 关于骆驼礼物，见 Richmond Palmer（1936：14）。关于学者在巩固加奈姆 - 博尔诺过程中的地位，特别见 Bobboyi（1992）。Michael Gomez（2018：28）认为，奴隶贸易在实现加奈姆的增长中具有基础性地位，虽然这里的资料显示了一种更加平衡的框架。

25. Richmond Palmer（1936：91）．关于在扎维拉有来自巴士拉的商人，见 Gomez（2018：28）。

26. H. R. Palmer（1928：97）．关于卡诺的巴卡所写编年史的可能作者的分析，见 Lovejoy（2018）。Smith（1997：9）认为，从口述证据向早期编年史的转化最初发生在大约公元 1500 年。

27. 关于卡诺，见 H. R. Palmer（1928：109）。关于伊本·白图泰，见 *CEA*，287。关于卡诺的穆斯林流动商人，又见 Martin（1967：57）。关于早期跨撒哈拉商业流动人员的整体情况，见 Lovejoy（1978b）和 Green（2012b）。

28. NCAC，RDD，transcribed cassette 533A.

29. H. R. Palmer（1928：107）．

30. NCAC，RDD，transcribed cassette 566，p. 8. 关于伊本·白图泰，见 *CEA*，295。

31. Jansen/Duintjer/Tamboura（1995：126）．

32. 关于松迪亚塔作为"偷狮贼"，见 Gomez（2018：75）。

33. *CEA*，265.

34. 同上，266，290。

35. 关于曼萨·穆萨的回程和他修建清真寺，见 Hunwick（1999：10）。关于萨希利，见 Hunwick（2002：10 – 11）。最近关于这些课题的最好的作品是 Fauvelle（2013）。

36. 关于白图泰的引用，见 *CEA*，283。关于沿河贸易的描述，同上，299，在这里，白图泰描述了在一个小船中的旅程："每天晚上我们都在一个村子里休息，并根据需要带上小麦、黄油、盐、调料和小饰品。"关于伊本·赫勒敦（Ibn Khaldūn）建议的商队的规模，见 Mitchell（2005：160）。

37. Hunwick（1999：15）．然而一些学者认为，萨迪的这种观点反映了一种需要，即首先追溯桑海的崛起，然后再证实在 17 世纪才出现的"阿尔玛"国家。然而 Gomez（2018：131 – 4）在谈到马里权力的等级特征时却是不带疑问的。

38. 乌玛里对博尔诺的描述见 *CEA*，260。《卡诺编年史》的细节见 H. R. Palmer（1928：105，111）。关于博尔诺和卡诺，见 Richmond Palmer（1936：219）。

39. *CEA*, 296.

40. Sanneh（1989：1 - 2，23 - 5）；Sanneh（2016）。

41. 2015 年 6 月 24 日至 26 日，兰辛·迪亚巴特在伦敦大学亚非学院的一个讲座"大塞内冈比亚及其周边的身份：通过对话中的历史和音乐进行的跨学科研究"（Identities in Greater Senegambia and Beyond：Interdisciplinary Approaches through History and Music in Dialogue，由 Lucy Durán 和 Toby Green 主持）；2017 年 4 月 28 日，伊布拉西马·加里萨在伦敦国王学院的研讨会"几内亚比绍的和平建设：文化对话与打破僵局"（Peacebuilding in Guinea-Bissau：Cultural Dialogues and Breaking the Impasse，由 Lucy Durán 和 Toby Green 主持）。根据 Lucy Durán，科拉琴非常有可能源自这个区域。

42. 关于巫术整体情况，见 *CEA*，265。关于阿斯基亚·穆罕默德，见 Hunwick（1985：70，89）。

43. 关于 1500 年的开放社会，见 Hunwick（1985：90）。关于这个帝国，见 McIntosh（1988）。

44. 关于卡尼米，见 Hunwick（1995：18）。关于苏瓦里，见 Sanneh（1989：23）。

45. H. R. Palmer（1928：110）．关于哥伦布之间的奴隶制，见 Santos Granero（2009）。关于奴隶是加奈姆 - 博尔诺的主要出口品，见 Candotti（2015：100）。如 Gomez（2018：57）所说："奴隶制和伊斯兰教的不断崛起将是未来三个世纪里该地区政治的两个驱动力。"

46. 关于卡诺和博尔诺用马匹交换奴隶的贸易模式的资料，见 H. R. Palmer（1928：107）和 Richmond Palmer（1936：29）。关于马匹在非洲的更整体化的历史，见 Law（1980）。

47. 关于阿斯基亚·穆罕默德，见 Hunwick（1985：90）。

48. 乌玛里对博尔诺的叙述见 *CEA*，260。关于金银掺假，见 Hunwick（1985：89 - 90）。

49. *CEA*，265.

50. Candotti（2015：103）；Wilks（1993：5，77）．关于博尔诺和的黎波里，见 Dewière（2013）。

51. Africain（1896 - 8：Vol. 3，298 - 9）．有人批评他从来没有到过撒哈拉以南非洲，见 Masonen（2006），虽然这看上去是有争议的，但就算是这样，也可能他是从那些知道这个地区的商人口中得到的消息。

52. Africain（1896 – 8：Vol. 3，300）.

53. Candotti（2015：111 – 12）做出了很好的总结。

54. 关于比古，见 Africain（1896 – 8：Vol. 1，14）。关于莫西，见 Levtzion（1968：5 – 6，164）。关于伊杰布，见 Chouin（2016）。

55. 关于多贡，见 Bolland（1991：14 – 15）。多贡人的天文知识仍有争议，但不容忽视。在这一点上，我对与巴黎布朗利河岸博物馆的 Gaëlle Beaujean 保持私人通信深感荣幸，此外我还与 Christopher Spring 以及大英博物馆非洲收藏组的 Curator 保持联络。

56. 关于杰内，见 Hunwick（1999：17 – 18）。关于库利·腾格拉与黄金贸易可能的联系，见 Kane（2004：116 – 26）。

57. Richmond Palmer（1936：218 – 19，222）.

58. 关于地区贸易的相对重要性，见 Usman（1981：32）。关于 15 世纪的整体转型，见 Levtzion（1968：15 – 17）。

59. H. R. Palmer（1928：109）.

60. 关于阿明娜女王，同上，111。我同样为与 Nwando Achebe 和 Vincent Hiribarren 在这一点上的私人通信感到荣幸。

61. H. R. Palmer（1928：109）.

62. 同上。

63. 我感谢 Hiskett（1965：116）的翻译。关于《巴高达之歌》作为歌曲在 20 世纪 90 年代的卡诺的情况，见 Smith（1997：8）。

64. *CEA*，281.

65. 关于白图泰购买商品的叙述，同上，299。关于贝币广泛的用途，见 Johnson（1970）。关于佩雷拉，见 Mauny（1956：124）。

66. Africain（1896 – 8：Vol. 3，289）.

67. 关于萨迪，见 Hunwick（1999：12），并见 Africain（1896 – 8：Vol. 3，291）。

68. 关于桑尼·阿里，见 Hunwick（1999：91）及 Cissoko（1974：51 – 2）。关于头衔问题，见 Hunwick（1999：338 – 44）。

79. 关于桑尼·阿里是个暴君，见 Hunwick（1999：91）；关于他的死亡，同上，100；关于他对伊斯兰教的态度，见 Cissoko（1974：51）。

70. 关于瓦赞的记录，见 Africain（1896 – 8：Vol. 3，295）。关于桑海的整体描述，见 Hunwick（1999：126，及同上，n. 40）。

71. 关于商路的改变，见 Cissoko（1974：43）。关于葡萄牙人到来的影响,见 Green(2012b:241 – 2)。

72. Africain(1896 – 8:Vol. 3,284). 关于朝圣的细节,见 Hunwick(1999:104 – 5)。关于曼萨·穆萨朝圣造成的债务,见 Gomez(2018:119 – 21)。

73. Cissoko(1974:88 – 95). 关于对金场缺乏控制,见 Bathily(1989:237)。

74. Hunwick(1999:187). 关于对摩洛哥统治者的冒犯,同上,n. 11。关于寻找潜在的不满者,见 Mota(2018:337)。

75. 同上,193。

76. 同上,190。

77. Wilks/Levtzion/Haight(1986:46).

78. Camara/Jansen(1999:44).

79. 关于西非史学中伊斯兰教和贸易的联系,见 Hunter(1976:450)。这种联系也从宗教角度受到了批评,见 Sanneh(1989:8 – 9)。关于萨比尼,见 Jackson(1967:4),也见 Bowdich(1966:91)。

80. 关于马苏法和艾哈迈德·巴巴,见 Hunwick(2002:1)。关于贾汉克人,见 Sanneh(1989:33 – 5)。

81. NCAC,RDD,transcribed cassette 624B, p. 19 - M. Kuyate, Kalilu Fatty.

第二章　穿越稀树草原区的堤道：
从塞内冈比亚到塞拉利昂

68　　　本章将从内陆西非的伟大帝国转移到大西洋海岸线上发生的事件。它将表明，在从塞内加尔河谷的撒哈拉沙漠边缘直到塞拉利昂的这片西非最富有的区域内，不平等贸易是如何发展起来的。在16世纪的第一个十年，最早的跨大西洋奴隶贸易就在冈比亚河与几内亚比绍之间的溪流和沼泽地带扎根了。人们快速地学习如何保卫他们自己，这种记忆再也没有被遗忘。虽然一个历史学家说过，今天这段历史的继承人肯定不再把自己看作受害者。但这段时期的确是现代塞内冈比亚身份出现的起点。[1]

　　人们怎么保卫他们的社区？他们扩张了食品生产，将居住地堡垒化，并将之搬到远离河流和道路的地方。即便在今天，如果你在比绍以北的主路上旅行，你几乎遇不到任何村庄，它们仍然坐落在远离主路的地方。这是猎人（people-hunting）时代以及稍后的现代殖民时代人们保护自己和社区的方式。

　　近20年前，一个来自几内亚比绍的年轻巴兰塔（Balanta）朋友邀请我去他的村庄，这个村子在我居住的小镇旁。我们沿着一条在灌木围成的无尽的小圆圈之间穿梭的小路步行了几乎两个小时，最后才找到了一圈木桩，其围着的就是他父亲的房屋。我朋友的父亲坐在屋外的矮凳上，对着儿子发表了一通长篇讲话，详尽地阐述了他简直是个花花公子这一事实。我感觉

迷路了，从某种意义上说，我已经走入了历史之中。在大西洋　69
贸易时代，这些路故意被修建得容易使人迷路，以避开潜在的
袭击者。袭击者如果前来寻找俘虏，他们很难找到出去的路。
巴兰塔社区今天利用其居住地的形态保留了这种记忆。

当开始思考这个地区的问题时，先欣赏一下其复杂的地理
环境是有帮助的。飞向塞拉利昂的弗里敦（Freetown）机场，
在空中可以看到北面的海岸线被森林和丛林大火以及红树林周
围卷曲的小河阻断，形成了一个个岛屿和一片片看似不完整的
低洼沼泽和河口。向东北方向望去，可以看到干燥的富塔贾隆
山脉，它向内陆绵延数百英里，穿越了几内亚 - 科纳克里，直
达马里。向北，海岸让位给了环绕几内亚比绍比热戈斯群岛的
迷宫一般的水道。在这里与冈比亚河之间，河流与棕榈树如同
拼接画一般，它们装饰的空地占据了塞内加尔南方的卡萨芒斯
区域。继续向北，情况发生了变化。达喀尔周围的土地变得非
常干旱，只有巨大的猴面包树点缀其间，巨大的直径表明了这
些真正的历史瞭望塔的年龄，它们见证了本书所写的所有事
情，甚至还可以追溯到更加久远的时期。

2015 年，在伦敦大学亚非学院的一次讨论历史、音乐与
身份的会议上，居住在达喀尔的历史学家布巴卡尔·巴利
（Boubacar Barry）认为，这种地理复杂性是"大塞内冈比亚"
地区的关键历史因素。正是这个因素使不同的产品——北方沙
漠地区的树胶、南方森林地区的柯拉果和象牙——与世界对非
洲地区产品的需求对接。当然，将地理视作一种静态的存在也
是不对的。约 1000 ~ 1500 年是一个超长的干旱期，约 1500 ~
1640 年是一个湿润期。在不同的时期，地理边界是移动的，
与之一起移动的还有人。1640 年后，一个新的干旱期出现了，

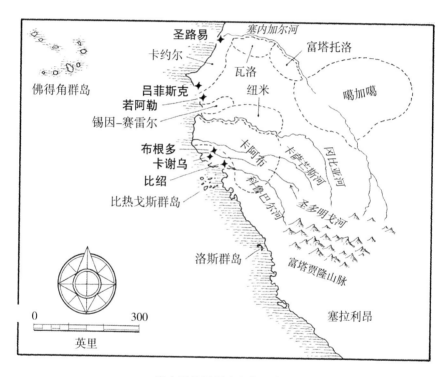

塞内冈比亚国家和贸易中心

于是就有了更多的移民活动。[2]

　　本章研究这个区域直到 1680 年左右的历史。为了适应新的气候，重要的经济变化也随之发生。直到 17 世纪 50 年代，欧洲商人输入西非的大宗物品还是货币。到 17 世纪 80 年代后期，在一部分西非区域，高达 59.2% 价值的进口商品是贝币；而到 18 世纪末，这个数字将会降到 2.9%。这表明一种广泛的经济转型正在发生，在之前的情况中，货币供应的增加对远程贸易网络有所助益，同时带来了一定的通货膨胀，之后的情况则变得不利于贸易和生产。本章也探讨了大塞内冈比亚地区不公平交换的起始点，它记述的时间是从大约 1500 年至 1680 年，在主题上，本章将不同的政治、经济、文化转型作为一个整体进行讨论。[3]

　　对于许多历史学家来说，地理和气候与经济的关系让历史更容易理解。但如果考虑到人们在历史进程中的经验，这个观点能提供的帮助却很少。所以，本章的大多数研究来自对在法贾拉（冈比亚首都班珠尔郊区）的国家艺术文化中心所藏的口述历史文献的参考。在这里，我有一次和守夜人谈起了塞内冈比亚移民和历史方面的问题，他问我是否知道对人民运动形成指导的究竟是什么，他认为是那些政治领袖与先知的梦想。

　　这让人回忆起最近对阿散蒂王国的研究。阿散蒂位于现代的加纳境内，研究表明，在它的政治转型中，梦想是一个重要的因素。它同样提醒我，冈比亚口述历史中存在许许多多移民的口述。一位生活在 18 世纪晚期的移民描述了一位先知是这样旅行的："（他）是一个智慧的人，他是一位贝壳占卜师。当他用贝壳进行占卜时，贝壳预示他要去哪里他就去哪里。"但是，虽然海贝在西非的这个地区被用于占卜，并被储存起来

71

用于仪式上的财富展示，但海贝并不是这里的主要货币。"一把把的海贝"在马里和桑海很重要，在刚果王国以及北宁湾和惠达王国都很重要，但在塞内冈比亚，其他货币却用得更广泛，特别是铁条和棉布块。[4]

最后，外部书面材料可以告诉我们许多关于货币使用转型的事件及其经济后果。但它们却不能告诉我们这些转变是如何被经历、度过和感知的。如果想知道这些，最好去请教像丹尼尔·拉奥马胡马·贾塔（Daniel Laeomahuma Jatta）这样的人，他是冈比亚的音乐理论家，在研究他所属的迪奥拉人使用的阿康廷鲁特琴（akonting lute）的历史方面是专家。有一次贾塔坐在他班珠尔郊区的房子里向我描述，在更遥远的年代里，冈比亚迪奥拉人的棕榈酒保喜欢待在海岸上，边用阿康廷琴演奏音乐，边喝着棕榈酒，直到深夜。但是，许多迪奥拉人的棕榈酒保都在夜间被鬼魂抓走了，这些鬼魂来自海洋中的强光，这些被抓走的阿康廷琴演奏者再也没有被人见到过。这是贾塔从他父亲那儿听来的故事，在这样的记忆中，不是奴隶贸易本身被人们记住，而是那些消失的人，以及以阿康廷琴音乐为象征的他们的文化。[5]

虽然没有奴隶写出关于奴隶贸易的文字材料，但像贾塔这样的人的记忆可以帮助我们了解人们的世界是如何发生变化的。在这种主观性的转变上，音乐是一个重要的组成部分。如同我们将要在本章看到的，16 和 17 世纪是奴隶贸易迅速发展的时期。但如果只把这个时期想成恐惧和暴力的时期，那也是错误的。随着西非社会的转变，人们理解他们自身的方式也在变化，音乐在其中起到了重要作用。就像贾塔自己的研究所展现的，迪奥拉人的阿康廷琴当然也是美洲黑人奴隶的一种基本

阿康廷鲁特琴

乐器。许多专家认同他的看法，一本最近的书也谈到，阿康廷
琴对于美洲非裔乐器班卓琴（Banjo）的诞生有着一定的影响。
贾塔还在加勒比地区发现了一张可以追溯到 17 世纪中叶的插
图，上面画了一种乐器，看上去像极了现代的阿康廷琴。[6]

　　这样，在这个时期，越来越多的塞内冈比亚人作为奴隶被
运送过大西洋，他们是带着音乐去的，当进入美洲新世界后，
他们对自我的认知也在转变。这将影响到西半球的许多表演形

式。迪奥拉人中没有说唱艺人，而事实上也没有说唱艺人被卖作奴隶的记载，因为说唱艺人都是强大国家的皇家颂歌歌手。当塞内冈比亚音乐变成了新世界的美洲音乐时，是像迪奥拉人这样的更底层人民的音乐理念和传统改变了世界音乐的潮流。[7]

马里、桑海和塞内冈比亚诸王国

将"大塞内冈比亚"地区与马里帝国联系在一起的口述史料有很多。这些史料讲述了伟大的松迪亚塔·凯塔是如何从马里帝国派他的侄子兼陆军指挥官提拉马康·特劳雷进入塞内冈比亚的。正如许多（如果不是全部的话）传说中的西非王国的建立者，提拉马康是一个猎人达曼萨·乌拉丁（Daamansa Wulaading）的儿子。猎人在勇敢上几乎具有垄断地位，他们的勇敢已经经过了动物和森林精灵的考验。猎人在面对动物时的力量也往往以转用于战略军事目的为终点。[8]

74 然而，在提拉马康到达塞内冈比亚后，他发现那儿没有人民可以统治。一个口头传说表示，他向松迪亚塔·凯塔发牢骚，于是松迪亚塔给了他 75000 个定居者，包括 40000 自由人和 35000 个奴隶。提拉马康前进到冈比亚河边，在那儿"他坐下，让随从建立一条堤道。他们花了三个月，不断向河里扔石头，直到石堆露出水面，在河中间延伸。于是马匹和行人都渡过了河，到达了坎托拉"。坎托拉可能是上冈比亚河沿岸最重要的贸易定居点，1448 年，欧洲第一个在冈比亚河冒险的第奥古·戈麦斯将它描述成连接冈比亚和跨撒哈拉商路的主要贸易站。根据这份描写提拉马康·特劳雷 13 世纪开拓之旅的口述文献，他们一渡过冈比亚河，向南面前进到几内亚比绍，就发现"除了荒原和野兽，以及一种非常古老的人种贝南库人

（Baynunkoos），就再也没有其他定居者了。如果你离开一个村庄，你需要走五天才能看到另一个居住地”。[9]

　　大量口述文献叙述了各种版本的开基故事，它们都充满了象征意义。在塞内冈比亚历史上，故事的不同版本在不同的背景下反复出现。所以，当富拉武士国王库利·腾格拉在15到16世纪的转折点，即1490年前后，带领军队向南渡过冈比亚河时，他的军队据说也用同样的方法修建了一条跨越冈比亚河的堤道。在这一类口述史中，重要的不是某种（神秘的）历史“事实”，而是军队的规模、该地区新定居点的数量，以及接下来发生的现存社会和政治结构的转型。[10]说唱艺人常常卷入变化的社会之中，将这些历史根据他们政治主人的需要进行重构。这些关于提拉马康到来的材料也反映了一个在描述西非历史时很普遍的事实：几乎所有材料都是从一个有关移民的传说开始的。人们不是定居在这里，不是“固定的”和“不变的”，而是一直在迁移到新的道德和政治社区之中。[11]

　　那么，人们到达时的世界是什么样子的呢？许多人都有着多种多样的迁移理由：与占卜相关的精神原因以及气候原因导致的萨赫勒地区的阶段性干旱等。于是，他们去往低人口密度地区，这些地区以大面积的森林和稻田为特点，西非的这部分地区长期以来就是丰富的稻米产区。一位口述历史学家描写道，提拉马康到达之前，在后来成为卡阿布联邦王国的广阔土地上，人口还很稀少，村庄总数不超过120个。但当移民潮兴起时，一切都变了：“他们都来自东方。／曼丁卡人来自曼丁地区。／他们一点一点地到来，数量不断增多。／富拉人来自马西纳，去往尼奥罗（Nyoro）……／他们同样一点一点

75

地到来。"[12]

从马里到塞内冈比亚的迁移由许多因素驱动，一个是跨撒哈拉长途贸易扩张的影响。与这个原因相伴，气候变化是冲突的另一个原因。积聚的干旱可能解释了为什么一些口述材料将提拉马康之前的那个时期称为混乱失序的时代。根据上面提到的材料，提拉马康的父亲达曼萨·乌拉丁在击败了一个名为杜卡米萨（Duukamisa）的巫婆之后获得了权力，该巫婆曾经吃掉了1000个人。虽然在故事里女人是"巫婆"的形象，但军事化权力却已经男性化了。在许多西非社会中，"食人女巫"这种现象往往暗示着劫掠奴隶，所谓食人族，指的是故意将他人"吃掉"以获取其生命力量的人类。这样，在这份资料中，提拉马康和马里影响力的崛起也表明他们将劫掠奴隶引起的混乱控制住了。或者就像一个口述历史学家所说的："这些村庄就是他们的衣食之源……/你知道，我们每个人都需要一个/衣食之源？"[13]

不久，提拉马康·特劳雷和他的追随者建立了曼丁人（马里裔）的国家卡阿布。它的首都坐落在几内亚比绍东北的堪萨拉（Kansala）。到了16世纪，卡阿布的影响力扩张到了现在的冈比亚、塞内加尔南部的卡萨芒斯地区，以及几内亚比绍。这是一个由凶猛的武士贵族阶层〔被称为尼安提奥（nyantios）〕组成的联邦制国家，他们塑造了卡阿布的力量，并在接下来的数世纪保卫其权力。

冈比亚河以北是15世纪最强大的国家约洛夫，它以临近塞内加尔河的首都为中心对外发号施令。"大约洛夫"有五个省：约洛夫、卡约尔（Cayor）、瓦阿洛（Waalo）、巴沃尔（Bawol）以及锡因（Siin）。根据14世纪的资料，约洛夫也是马里的一个附属国。到了 16 世纪，约洛夫骑兵部队的规模已经让他们可以与跨撒哈拉贸易（当然也包括大西洋贸易）直接取得联系。在 16 世纪 70 年代，佛得角人安德烈·阿尔瓦雷斯·德·阿尔马达（André Álvares de Almada）描述了骑兵如何影响了约洛夫社会的军事和社会形态：

> 他们是杰出的骑兵……其中一些人可以骑马跑成一条直线，同时抬起马镫，使之越过马脖子，让马的两腿并在一起，如此重复两到三次；他们经常进行跑马比赛并参与赌马，看看谁能用巨大的箭将对方马鞍的腹带直接割断，却并不杀死或者伤害马匹。[14]

这样，到了 15 世纪中期，从北面的塞内加尔河谷到南面的现代几内亚比绍和几内亚－科纳克里边界，出现了一系列重要的国家，它们将该地区与跨撒哈拉贸易以及马里帝国连接了起来。约洛夫有着强大的骑兵部队和军事机关，他们经常掠夺邻近的赛雷尔（Serèèr）人，将之作为奴隶。提拉马康·特劳雷领导的从马里来的曼丁定居者到达了冈比亚河之南的森林和溪流地区，他们迅速地与当地的卡阿布人通婚。卡阿布妇女对于这个新社会的形成的重要性可以通过一个重要的转变看出来，这个转变是曼丁移民必须接受的：曼丁文化传统上是通过男性血统继承的，是父系文化，卡阿布的继承却可以通过女性血统，是母系文化，曼丁人允许本土的文化及女人保持重要地位。[15]

　　在 16 和 17 世纪，社会结构又有了变化。葡萄牙商人到来了，他们用在佛得角群岛上饲养的马匹来交换奴隶，这致使沿海各省的约洛夫人由于获得了骑兵的新来源而从中央分离出去。77

达喀尔以南的赛雷尔人由于长期被约洛夫人劫掠为奴隶，也寻求与葡萄牙人结盟。为了获得大航海时代长途贸易的参与权，该地出现了竞争态势；地区竞争的增强使长途贸易商人的金融优势放大了，就像当初瓦赞描写的黄金贸易时期出现过的那样。[16]

与此同时，与长途贸易一同来的商业和政治权力也创建了新的国家，在冈比亚河北岸是纽米（Niumi）和乌利，在塞内加尔河内陆是富塔托洛的大富拉王国，在南部是得到进一步巩固的卡阿布联邦政府。在富塔托洛，随着 16 世纪 10 年代库利·腾格拉率领的移民军队在塞内加尔河岸定居，富拉人的力量更加强大了。随着大西洋贸易商人对毛皮的需求增长，富拉人的权力更大了。富拉人传统上是牧牛部族，而在 17 世纪前 10 年，商人对毛皮的需求猛增，特别是荷兰商人，他们往往在意大利将毛皮卖出，那儿的皮革工业发展迅速。17 世纪 70 年代，由于担心大西洋贸易将在竞争中超过他们，跨撒哈拉贸易商在北方的纳赛尔·丁的领导下，袭击了海岸上的欧洲商人。这可以被视作一次伊斯兰教影响力的复兴。事实上，从 1591 年桑海的衰亡开始，塞内冈比亚地区的伊斯兰教的影响力就在增强。[17]

桑海与塞内冈比亚的联系一直很紧密。桑海两个最重要的统治者之一的阿斯基亚·穆罕默德就被认为属于西拉（Sylla）家族，这个家族就来自塞内加尔河谷。所以，在 1591 年败给摩洛哥人之后，位于廷巴克图的一部分教士自然而然地来到了塞内冈比亚。到了 1650 年，在海岸省份卡约尔，教士恩杰·萨尔（Njaay Saal）的影响力据说已经非常大了，这时一个叫作皮尔（Pir）的教士村也建立了起来，可能用于训练一种反抗模式以应对未来的变化。在纳赛尔·丁叛乱 20 年后的塞内冈比亚北部，伊斯兰教与王权之间形成了一种日益紧密的关系。到了1680年，整个大塞内冈比亚地区看起来便已经非常不同了。[18]

VUE DE L'ARMÉE DU FOUTATORO EN MARCHE

《富塔托洛军队行军场景》

当然，这种转变并非只是政治的，它也是经济的。前述的 78 对货币的进口趋势在1680年发生了变化。这种负面的经济趋势中的一个重要的因素是非洲劳动力在重塑西方经济中的地位。（非洲）在奴隶贸易中丧失劳动力意味着，可以生产剩余价值的年轻人在新兴的欧洲帝国内部进行经济输出。这一点，连同前章叙述的黄金的出口以及软货币（如铁和布等随时间流逝会丧失价值的物品）的进口，将西非的政治体制置于完全的经济劣势之上。事实上，非洲对软货币的进口因为刺激了欧洲生产基础而增强了欧洲的经济。[19]

随着经济重要性的丧失，政治权力也在减弱。在塞内冈比亚，这种情况早在 1488 年就出现了。这一年约洛夫王子布米·杰林访问了葡萄牙，他声称他同父异母的兄弟将王权从自己手中夺走了，他寄希望于获得葡萄牙的军事支持来夺回王权。根据编年史家若昂·德·巴洛斯的说法，王子在"约洛夫亲戚和贵族的陪伴下"最先到了帕尔梅拉（Palmela）城堡，随从穿着葡萄牙服装，骑着葡萄牙送的马匹，以便能继续行程。布米·杰林"总是表现得像一个欧洲王子，习惯于欧洲文明和习俗，而不像一个超越法律的野人王"。根据巴洛斯所说，事实上他刻意保持着自己的尊严，表现得像一个王子，他"个子高，拥有着时髦的体格，有着漂亮的外貌，大约 40 岁左右，有着整副精心维护的络腮胡，看上去就像是一个获得了完全臣服的王子"。[20]

藏在这个典型故事背后的却是变化的种子，这种变化将在下一个世纪吞没塞内冈比亚。布米·杰林之所以向葡萄牙求助，是因为残酷的内战预示着约洛夫未来的分裂。若昂·德·巴洛斯看到了这场内战是如何被煽动起来的："我们的船到来，并在岸上进行贸易，这片土地上塞满了马匹和贸易品，这些都是布米·杰林所缺乏的。"葡萄牙贸易使各方的军事储备得到增强，并为失败的王子提供了一种重获权力的途径。不过，布米·杰林的外交任务悲惨地失败了。当时葡萄牙国王若昂二世的确派出了一支舰队跟随他去重夺王权，但总司令佩罗·瓦兹·德·库尼亚（Pero Vaz de Cunha）却在塞内加尔河口杀死了他，宣称他涉嫌通敌。当舰队返回葡萄牙时，虽然若昂二世国王的确杀死了不少需要承担责任的人，但双方之间不平等的政治和经济关系的面貌却无法掩盖。[21]

大塞内冈比亚的贸易和政治权力

到了 17 世纪早期，许多变化已经尘埃落定。伟大的帝国已经分裂成碎片，取而代之的是规模较小的集权王国，它们建立于西非大西洋海岸上的溪谷和森林间。这些王国的贵族严重依赖大西洋贸易来巩固自己的权力。这样，当地国王以及他们的代表们都积极地监视着来进行贸易的所有船只。

弗里敦城中被解放的非洲人的避难所

1625 年 6 月，以荷兰为落脚地的商人威廉·坎宁安 80（Willem Cunningham）描述了他抵达塞拉利昂时的情景。他们一下锚，在船靠岸之前，当地的港口管理员立刻来到船上收钱。其他的人也迅速跟进，提供"价值 40 到 50 块印度红布（Inde Roos）的客栈"，但坎宁安发现这个住处"非常糟糕"，只好睡在船上。他可能停在了低岬角下的港湾之中，两个世纪之后，不列颠皇家海军西非分队在这里为那些从"非法"奴隶贸易中解放出来的奴隶们建立了一个庇护所。17 世纪，这里是荷兰舰队前来购买淡水的地方，在坎宁安到来之前数年，他的荷兰同伴迪瑞克·鲁伊特斯（Dierick Ruyters）在一块岩石上刻上了他的名字。这处刻字至今仍然可以在弗里敦海岸边的市场货架之间看到，它见证了可怜的人们对不朽的渴望。[22]

西非统治者与欧洲商人之间的关系很快正式化了。欧洲人在来到王国的港口时需要缴税，作为回报，他们可以进入当地市场进行贸易，同时获得水、牲口和谷物等补给。在塞内冈比亚，税收的额度大都在每艘船上的货物价值的四分之一左右。作为回报，西非商人盛情款待他们，以促进其商业网络的扩张。于 1620 年来到冈比亚的英格兰黄金勘探者理查德·乔布森（Richard Jobson）描述了一位重要的叫作萨豪（Saho）的迪乌拉（dyula）商人，这位商人提供给他的是即将出售的年轻女奴，那可是其他白人"梦寐以求的"。作为回报，乔布森灌了萨豪许多酒，多到这个迪乌拉商人"喝过了量，立刻进入了睡眠……他在我的床上挨着我打呼噜，到早上还一直抱怨头疼"。[23]

这类贸易关系远超过奴隶贸易或者非正式的（男人的）享乐交易。虽然萨豪向乔布森宣称，奴隶是"他们带到这里来的唯一商品"，但事实上这里有许多贸易系统在运作，奴隶贸易只是其中之一罢了。17 世纪早期，荷兰商人皮尔特·凡·登·布洛克（Pieter van den Broecke）描述了在如今的达喀尔附近的纺织布是如何被送到黄金海岸以及现在的刚果境内销售的情景。到 17 世纪 70 年代，冈比亚和佛得角群岛的纺织布也被英国人送到黄金海岸销售。[24]

　　在这时，人们从达喀尔附近骑马顺着海岸旅行 3 里格就到了吕菲斯克（Rufisque）港口，当时的文献称这里为"阿雷西费"（Arrecife），即葡萄牙语的"悬崖"，也就是现代达喀尔的郊区吕菲斯克。当时的吕菲斯克是"一条非常快乐的路，因为这里有许多村庄，这条路也很容易走，还有许多棕榈酒喝"。同时，那些到喀尔地区来做买卖的人带了许多象牙、黄蜡、阿拉伯胶、库斯库斯（couscous，一种非洲食品）和鸡来售卖。虽然乔布森这样的目击者表示，男人是贸易中的主角，但事实上，塞内冈比亚像非洲许多其他地区一样，其商人往往是女人。女人们依靠工作来积攒自己的财富。在 17 世纪晚期的贸易定居点卡谢乌，女商人位居最富有的人群之列，这可以反映出非洲女商人的财富和活力。那儿的女人既是"大商人"也是市场小贩，几乎每天都要和大西洋贸易商进行联系。许多社会是母系的，这给了女人一定的地位，当人们回到他们母亲的村庄，通常会感到安全。这样，女性比乔布森所记载的通常更加独立和有影响力。[25]

　　根据西非的社会模式，写下这些资料的欧洲商人居住在塞内冈比亚的社区中。国王允许陌生人居住以换取一定的特权，或者与统治家族建立婚姻同盟，这被历史学家叫作"地主和陌生人"模型。一个著名的例子是，一个叫作若昂·费雷拉的葡萄牙人被当地人称为加纳戈加〔Ganagoga，在比亚法达（Biafada）语中是"通晓所有语言的人"之意〕。他在 16 世纪中期来到富塔托洛的宫廷之中，娶了富拉国王的女儿，并和她生了一个孩子。[26]然而，虽然像若昂·费雷拉这样最成功的定居者融入了塞内冈比亚文化，其他陌生人的兴趣却越来越与外部的强权相联系：随着全球化进程的开始，基督教和伊斯兰教王国都在想方设法获取西非的黄金和人力资源。[27]

这种框架可以很好地用英格兰人威廉·芬奇（William Finch）的话来总结，他曾在 1607 年描述塞拉利昂的贸易："葡萄牙人得到了大米、盐、珠子、床、大蒜、法国瓶子、铜壶、低价小刀、帽子、理发师穿的那种方格状亚麻布、拉丁碗、七零八碎的小工具。"[28] 可以窥见西非通过这种贸易方式所获商品的另一个窗口来自曼努埃尔·巴乌蒂斯塔·佩雷兹的书，此人在 1639 年被秘鲁利马的宗教裁判所审判并烧死。作为年轻人，巴乌蒂斯塔·佩雷兹曾经是一个以卡谢乌为基地的奴隶贩子，他关于几内亚比绍的书是非常富于启发性的。在一次从卡谢乌到若阿勒（Joal）、波图达尔（Portudal）和吕菲斯克〔它们都在现代达喀尔以南的小海岸（Petite Côte）上〕的贸易旅程中，他卖出了塔夫绸、布匹、水晶和海贝，但他最重要的商品却是白兰地（一种烈酒），也有一些葡萄酒。酒精饮品实际上是巴乌蒂斯塔·佩雷兹的主要货物：1617 年，他在济金绍尔（Ziguinchor，现塞内加尔南部卡萨芒斯地区的主要城市）卖出了 10 大壶葡萄酒，在热巴（Geba，位于几内亚比绍中北部）卖出了 4 桶朗姆酒。与酒精饮品一起，巴乌蒂斯塔·佩雷兹还卖出了大量海贝和装饰性贝币，以及各种各样的欧洲日常工业品，比如衬衫、袜子、布条、纸张，甚至还有从葡萄牙阿连特茹（Alentejo）运来的乳酪。他也贩卖了大量在约洛夫王国和卡萨芒斯地区北部加工的布料。[29]

在大塞内冈比亚地区的早期贸易中，酒精消费的地位已经展现了一定的变化的活力，即便在 1995 年，当我访问在几内亚比绍比热戈斯群岛的卡诺戈国王时，他们仍然希望我带一瓶朗姆酒作为礼物。当然，这并非西非这一区域特有的现象，在安哥拉，从 17 世纪开始，酒精（特别是朗姆酒）同样是贸易中的一种关键商品，即便到了今天，在去与当地酋长〔被称为索巴（soba）〕见面时，酒精仍然是最好的礼物。酒精也不仅仅是精英阶层的消费品，它同样被用于宗教目的，常常取代棕榈酒作为精神圣地的供奉酒。因此，酒精成了连接非洲王权与宗教实践的纽带，如同本书末尾记录的那样，这种联系非常显著。[30]

一份经典的关于凯勒法·萨恩（Kelefa Saane）的口述材料就是例证，这是一部以 19 世纪早期的塞内冈比亚地区为背景的关于征服与政治变化的史诗。从关于凯勒法的许多材料中可以看出，他的暴力行为往往与喝酒有着紧密的联系：历史学家萨那·库雅特（Sana Kuyate）描写了凯勒法是如何从一个村庄走到另一个村庄，带来了地狱，并把村民卖作奴隶的。所以巴乌蒂斯塔·佩雷兹的下述行为也并非偶然：他除了卖酒之外，还贩卖大量葡萄牙刀剑，挑起了如同凯勒法史诗中出现的那种暴力。一个口述历史学家这样描写凯勒法：“在一个村子里，他们离开的那一天，村子中一半的孩子／跑去捡柴火……他在树林中看到了这些孩子——100 个孩子。／他把他们都带走了，卖掉了换酒。”[31]

贸易的增长也促进了大塞内冈比亚日益严重的社会等级分化。那些能够获得社会和政治资本的人们，通过佩戴新饰物、穿进口布料或者喝进口朗姆酒来炫耀；他们同样可以加强这种权力，只需要购买刀枪组成军队即可。等级的强化导致了更加专制的权力结构。这种新型贸易联系让政治权力得以根据“年龄段”重新规划人力资源（农业劳动中将年轻人按照年龄

84

和性别分成不同的组），并将农产品作为补给，更多地供给进行奴隶贸易的船只。这意味着，最初两者间的贸易远没有削弱西非的政治权威，反而带来了更加强大的政治权力中心。精英们如同长途贸易的中间人，可以收取过路费，由此发展出更加强大的贵族阶层。[32]

欧洲商人非常清楚地知道，如果没有非洲政权的同意，他们就不可能在非洲生活、工作和贸易。一份 17 世纪早期关于卡萨芒斯海岸的报告描述道，生活在那儿的人们日常性地掠夺任何在当地搁浅的船只，把船员抓起来勒索赎金。同时代，在附近的卡谢乌，人们常常在夜间对欧洲人的房子破门而入，释放那些奴隶，并偷窃本地教堂内的饰物。到了 17 世纪 60 年代，一位教士描写了为什么没有办法阻止人们将卡谢乌付之一炬，每一次他们希望葡萄牙商人做点什么时，他们就去占领城镇中的水源，使葡萄牙人无计可施。在更遥远的北方，情况是类似的。在 17 世纪 80 年代的塞内加尔河口地区，约洛夫力量远在法国商人之上，这是非常明确的。一个叫作德·拉·马尔什（De la Marche）的法国人偷了一点棉花和烟草，瓦阿洛国王立刻派了 500 人的部队将他的船和船员控制起来，杀掉了他和另外三个人。[33]

这样，全球贸易最初影响到西非时，并非只在西非社会和其余世界之间制造出了巨大的不平等，它同样在西非内部制造出了巨大的经济和政治不平等。一个强有力的商人阶层形成了，但他们与国王权力是一同增长的。欧洲商人必须适应这种权力以及那些难以对付的人。当嘉布遣会（Capuchin）修士在 1684 年因为一些当地人有多重性伴侣而拒绝在他们死后对之进行埋葬时，修士们被拖出了住处，他们被抓着胡子、架着胳膊强迫主持葬礼。一旦王国之间发生了战争，通往贸易港口的供给线可能被完全阻断。在这些例子中，只有那些与当地人有着良好关系的外国人才能做得更好，而要想关系好，外国商人必须准备好去适应当地人。17 世纪 60 年代，两个葡萄牙商人被控欺骗他们的非洲合作伙伴，人们这才发现没有适应当地习俗会有多么危险："非洲人是如此愤怒，箭和飞镖如同下雨一般向他们和我们砸来，我们都在死亡的威胁之下……商人们藏在两个传教士的房子里，非洲人带着武器前来搜寻他们，声嘶力竭地大声叫嚷，发誓没有人能够活着离开。"[34]

那么，在这种混合的社会中，人们五花八门的生活又是怎样的呢？我可以看到穿着华丽的当地官员穿着最新款式的布料，正在弗里敦登上坎宁安的船只去收税，女人们在海滩上挎着装水的容器，或者拿着商品兜售。港口旁，成队的男性奴隶带着蜡、毛皮和其他商品前来售卖。塞内冈比亚统治者追求奢华，吸着烟草喝着朗姆酒，在禁止外来人进入那些强大的宗教神庙的同时，本地统治者却向那些保卫着他们的超自然力量泼洒祭祀之酒。

奴隶与暴力：塞内冈比亚经济的货币化

在 1616 年前后，即在塞拉利昂的葡萄牙传教士曼努埃尔·阿尔瓦雷斯（Manoel Álvares）死于发烧前不久，他写下一段文字，完美地描述了卡萨芒斯皇帝马萨唐巴（Masatamba）的权力："一位叫作马萨唐巴的国王赢得了皇帝的头衔……这位马萨唐巴是这里有史以来葡萄牙国家最好的朋友……他称葡萄牙国王为手足兄弟，并对此非常自豪。"佛得角商人安德烈·德·多尼拉（André de Donelha）在 17 世纪 20 年代也描述马萨唐巴是"一个对白人如此友好的朋友，不管是白人还是黑人，都没有在他的王国内丢失过任何东西，那儿也没有任何抢劫"。为了验证这一点，一个新来者将一把匕首放在了路边，第二天一大早，有人发现了这把匕首，把它送到了布鲁卡马（Brucama）的马萨唐巴宫廷之中。葡萄牙人将之视为马萨唐巴对他们的巨大友善和对贸易的开放态度的证据，但这些事情对皇帝而言并非完全明了。使马萨唐巴的权力得到巩固的恐惧也可以通过这个故事体现出来：他的下属对违背其意愿会导致的结果是如此惧怕，哪怕是外国人拥有的最微小的东西，他们也总是带来并上缴给他的宫廷。[35]

其他明确的证据也表明，马萨唐巴的权力是一把双刃剑。由于要向奴隶贸易船提供补给，而许多补给都出自他的王国，因此就需要进行社会变革以获得增产。接下来的几个世纪，在这里和几内亚比绍都出现了稻米种植的繁荣。事实上，"西非无法供养它自己"的观点与多个世纪的事实全然相反。农业领域的社会变革意味着，由于奴隶贸易船要买走很大一部分粮食，稻米种植社会必须增产出相当一部分盈余，才能满足需求。一直到几内亚比绍为脱离葡萄牙而进行的独立战争时期（1960～1974），稻米生产才开始走下坡路，并且再也没有完全恢复。这造成了这个国家现在对从中国进口稻米的依赖，作为交换，他们生产腰果，将之作为国家的主要出口物。[36]

关于社会转变，一个令人警醒的说明是，在塞内冈比亚，欧洲商人往往被西非人认为是食人族。这种说法最早在1455年便被一位水手记录了下来，直到17世纪还不断地被人们提起。事实上，在西非从喀麦隆和安哥拉到塞内冈比亚的广大区域内，许多不同的种族都相信欧洲奴隶贩子是食人族；这是更加著名的欧洲人将非洲人当成食人族的说法的镜像。然而，非洲人的说法却更加公正，因为奴隶贸易的确是消耗人的，它将西非和中西非的人力资源吞噬殆尽。[37]

塞内加尔卡萨芒斯的稻田

　　由于货币化经济的增长被奴隶贸易所促进，政治暴力从来　　87
没有远去。精神和肉体上的暴力进程当然以将人变成奴隶为起
点，奴隶来自西非王国之间的战争、绑架、司法系统对通奸或
巫术等罪犯的审判、卖身还债，等等。就像 16 世纪 70 年代安
德烈·阿尔瓦雷斯·德·阿尔马达所描述的那样："他们在冈
比亚河上拥有和贩卖的奴隶是从战争中俘虏的，或者是通过司
法审判和土匪绑架弄来的，他们总是从不同的地方将奴隶们偷
来。"阿尔马达也描述了偷窃的方式，他写道，几内亚比绍的

一条河流中有"大型的木舟，舟中就是那些在比亚法达语中被称为加姆皮萨（Gampisas）的窃贼。他们像是土匪……他们非常老谋深算，如果有人从内陆的丛林中来到这里，他们会假装欢迎和招待这些来客，将他们迎入家中，让他们住上几天。在这几天里，他们将一个念头灌入来客的头脑之中，那就是他们有一些在海边的朋友。他们想要将来客带到那里，在那里可以与海边的朋友见面联欢。当来客被他们带上了船，就被卖掉了。通过这种方式，他们欺骗了很多人"。[38]

对奴隶身体进行的伤害在离开港口时得以继续，在那儿，奴隶被打上了他们"主人"的烙印。这样的暴力进一步被巴乌蒂斯塔·佩雷兹这样的奴隶贩子的记载证实，他们对于已经获得的奴隶的评估，赤裸裸地只考虑其潜在的经济影响，将浮肿、白内障或者烧伤等伤病记载为"损失"（daños）。暴力的顶峰发生在航行途中，在船上塞入最大数量的奴隶可以获得更多收入，但如果奴隶死于途中就是潜在损失。将人命的损失纳入一条经济学公式之中，这样的做法在所谓的"死者账簿"中被明确地记载了下来：这种账簿将在去往美洲的途中由奴隶死亡引起的损失详细列出，在空白处详细写上奴隶隶属的主人的名字，旁边只是简单记上死者的名字。[39]

与这个将人格物化的过程以及刻意创造的人格的等级化一起的，是将经济价值也分成不同的层级。大塞内冈比亚地区有足够的货币，就像西非其他地区一样。不同的区域用着种类不同的货币，但最广泛使用的是布匹和铁条。这些货币并不是由欧洲人介绍给非洲的，欧洲人是模仿了一个已经存在的框架，把这些东西拿来进行交易。在16世纪早期，瓦赞描述了塞内加尔河流域诸王国使用"小块的铁块，当地人用它来进行小额交易，比如购买面包、牛奶或者谷物"。在塞内加尔河谷，以及向南远达富塔贾隆山脉的这个地区，布匹同样被富拉人用作货币；当地人称这类货币为索罗（soro），它是 15 世纪末在佛得角群岛进行纺织的巴拉弗拉布的先驱。[40]

随着 16 世纪贸易的扩张，这个地区的货币基础也在扩张。到了 17 世纪，进口的铁条大约占据了所有从欧洲进口到塞内冈比亚的货物价值的一半。这不是廉价饰物和酒精换取奴隶和象牙的那种类型的贸易，而是一种货币化的贸易，它增加了交易和商业的复杂性。标准铁条长 10 英尺，宽 2 英寸，厚 1/3 英寸，重量大约为 29 磅，这种铁条上经常带有小的指示缺口，便于被切割成更小块。一旦到了塞内冈比亚，当地的铁匠可以将其熔化，制成农具、武器和家务用具，有一些铁条就像瓦赞所说的，被切割成小块用于小额贸易。在塞内冈比亚，由于铁匠在制造工具、促进社会变革中担任重要角色，他们获得了巨大的权力。铁匠在美洲新世界的种植业社会中同样重要。非洲使用金属的经验对于制造工具而言是决定性的，离开这些技术，种植业就无法进行下去。[41]

铁匠的能力被 1600 年前后的荷兰商人彼得·德·马雷斯（Pieter de Marees）生动地形容出来："他们可以制造非常棒的铁器，可以卖出大量的铁，特别是高纯度的长铁条，那儿的铁匠对于这些铁条的渴望远高于世界其他地区。他们用之来制造钓鱼和农业的工具，也有弓箭、鱼叉、长矛之类的武器。"[42]

在塞内冈比亚，铁条作为标准货币，其增长是很容易在各种资料中找到的。1606 年到达波图达尔港之后，皮尔特·凡·登·布洛克写道，港口管理者给他提供了不少帮助："他为我服务，每个月可以得到两根铁条。我们向他一并缴纳了通行费和关税，以便获得我们在这里贸易的许可，不算其他人，我们共缴纳了 57 根铁条。"这种货币同样在几内亚比绍南部区域被广泛接受，以至于到 1617 年，曼努埃尔·巴乌蒂斯塔·佩雷兹说，他曾将 40 根铁条送往热巴，将 250 根送往比热戈斯群岛去进行贸易。在更北方地区，根据克劳德·雅内坎（Claude Jannequin）记载，到 1640 年，塞内加尔河最有价值的贸易品是铁条和从鲁昂进口的布匹。到 1730 年，弗朗西斯·穆尔（Francis Moore）在冈比亚河口缴纳了 120 根铁条的税，以获得贸易许可，这个港口坐落在今天的冈比亚河北岸，叫作巴拉（Barra）。[43]

90   铁条经济的增长是由塞内冈比亚和欧洲商人双方的兴趣决定的。在欧洲，人们早就准备好了使用铁，大部分铁条都是从瑞典进口的。虽然西非拥有很长的打铁和熔炼的历史，但大西洋铁器贸易无疑在规模上远超从前。更多的铁条意味着贸易和货币的增长，也促进了市场交换。贸易的条件是由西非国王和管家决定的，他们的干预之深可以从 1620 年理查德·乔布森的记载中看到，他写道，英国商人不得不把他们的铁条带到冈比亚河上的当地铁匠铺子中去，以确定他们带来的铁条是符合规定长度的。在卡谢乌，17 世纪末时，非洲商人规定，超过 18 个手掌长的铁条才可以登记在册，带到港口进行合法贸易。是大塞内冈比亚的非洲人民渐渐推高了贸易对铁的需求，这也反映出西非统治者对其地盘的政治控制力。[44]

    虽然这一切促进了非洲政治机构的成长，但也同时创造了一种会最终削弱西非经济地位的广泛经济模式。其中的关键是与欧洲人的贸易关系的本质决定的。当大塞内冈比亚的贸易变得越来越依赖于奴隶贸易时，信用系统就被发展了出来，它允许当地商人在内河中来回，穿越森林进行贸易。就像 1685 年德·拉·库尔布（De la Courbe）所记载的，在冈比亚，英国人和法国人"交给他们（当地商人）商品，让他们带着商品溯河而上，在河流与溪流上进行贸易，回程时卖给英国人和法国人他们带回的商品，这样依靠信用，就可以至少获得一半的利润"[45]。

这些货物大部分都是在欧洲生产的（虽然很多布匹进口自印度），再通过销售欧洲制成品来进行奴隶贸易获得利润，这样的贸易形式成了欧洲经济的基础。通过德·拉·库尔布上面提到的信用增值，这样的贸易形式还刺激了生产过剩，在欧洲产品倾销到西非的同时，西非为了实现"结算平衡"必须加大奴隶的出口规模，以换取更多欧洲货的进口。这样，这个信用循环不断地加大规模，越来越多的货币和其他物资被进口进来，奴隶贸易也不断扩大。[46]

到了 17 世纪 20 年代，关于进口货物规模的一个例子来自一支荷兰舰队 1624 年的一张详细的进口货物名单。铁器作为金融润滑剂仍然是塞内冈比亚贸易中的重要商品：舰队带了 14328 根铁条。但同时运来的还有大量不同的印度布匹、缎子、白银、花织锦、264 条英格兰哗叽和 1039 块爱尔兰毯子（更不用说铜盆和铜锅，以及超过 15000 磅的铜条）。这些货物都以信用的方式被交给非洲商人，之后，这些商人会回到港口，带来活人、象牙、蜡和贸易补给品。[47]

到了 17 世纪末期，大塞内冈比亚形成了一种新型的经济体系，这种体系对于小但实力强大的王国更有利，却以牺牲更庞大的国家，如约洛夫，为代价。这个地区的经济以贸易和交换为基础，在根本上依赖于信用，并与大西洋商圈一样依靠奴隶贸易。在这种体系下，当信用资源枯竭后，贸易也将崩溃。[48]

91

然而，本地区货币的比重相对于全球货币而言却在减小，西非的国王们没有经济实力去抵抗大量便宜加工品日益加大的倾销。他们也不希望抵抗，因为这些商品促进了贸易的增长，而他们就是依靠控制这种贸易来获得权力的。这些政权之所以得以持续统治，就是因为新贸易模式加强和巩固了地方贵族的力量。在经济增长的同时，这种从大西洋贸易中获得的信用循环也促进了发展，但是它只有以暴力增加奴隶出口才能换取现金。在这个阶段，当西非之外世界的资本积累加速时，塞内冈比亚与大西洋世界经济的区别却越来越大了。

金钱、威信与不平等

92　　到 17 世纪末，统治像卡阿布这样的国家所拥有的权力是其任何一个统治者都不愿放弃的。统治该区域的新武士贵族的身份的核心是武力。在卡阿布，这些贵族被称为尼安提奥，商业、居民和决策的权威集中在这些贵族手中，获取这种权力的基础也在于这些武士贵族的地位。尼安提奥拥有特权；口述材料告诉我们："这些人之所以成为尼安乔（nyancho，即尼安提奥）/是因为他们的自尊，以及他们保持自我的方式，/他们常常靠别人养活。/他们什么也不做。"这样，特权就是一切："在巴多拉（Badora）有一口井/它被称作尼雅姆彭恩贾伊（Nyampeng Njai）。/它在平滑的土地上被巴婆果与木棉树环绕。/王公贵族屋里的女人来此打水。/贫穷的女人不能涉足此地。"尼安提奥可以获得最好的水源，他们可以消费别人不能享用的关键能源和劳力。[49]

扩大的社会分裂与奴隶贸易总是伴随着政治暴力的增加，接下来就往往是荒芜。荷兰水手威廉·斯考滕（Willem

Schouten）描述了塞拉利昂马格拉邦巴（Magrabomba）河边令人吃惊的人力匮乏现象："我们在距离海岸 1 里格的地方下锚，然后上岸，看到了一片沙漠和没有人的土地。"他的同伴雅克·勒·梅尔（Jacques Le Maire）短暂地在旁边的一条河流中航行，"发现那儿没有人，只有野牛、猴子和鸟类"。第二天，也就是 1615 年 8 月 24 日，一些船员上岸了："我们的人进入了数条河流，上了岸，希望找到人或者一些补给……他们看到了很多海龟和鳄鱼，但是没有人。"[50]

55 年前，马格拉邦巴河是从美洲出发的奴隶贸易船的一个目的地，船到达前，奴隶就已经准备好了。接下来发生的就是，凡是奴隶船停泊的地方就不再安全，人们从海岸溪谷与河流边逃走。在一片狮子形状、丛林密布的海岸北部，陆地戏剧般地直插入海〔也就是塞拉利昂国名中的"利昂"（Leone），即"狮子"，这个地方至今仍然可以被指出来，它位于首都弗里敦的南面〕，这里浅浅的溪谷和沼泽都已经空了。向南则是一些处在大洋中的离岸岛屿，到 18 世纪末期，这片"香蕉群岛"成了奴隶们等待大西洋旅程的一个关键地点，废奴主义者约翰·牛顿（John Newton）后来在这里写出了《奇异恩典》（*Amazing Grace*），他曾经住在奴隶之中达数年之久，并由此开始重新思考自己的人生。[51]

整个地区都在上演着政治权力的集中，在这里，从商品贸易中得来的财富变成了身份的来源，而这种变化也标志着不平等的加剧。贸易增长并没有为大塞内冈比亚人民带来平均的利益，却成了更加剧烈的暴力、社会不安定、底层人民对上层人民进行反抗的源头。对于新名流阶层而言，通过控制贸易，他们可以行使和展现自己的权力。但对贵族阶层胡乱行使特权的

93

愤恨也已经出现了。

这样，大西洋贸易反而促成了对现有社会秩序的剧烈破坏。在大塞内冈比亚，约洛夫"帝国"正在解体，卡阿布帝国正在崛起。在16世纪的塞拉利昂，萨佩（Sapes）王国被一支叫作曼尼斯（Manes）的移民队伍征服，这些移民来自崩塌的马里帝国。一切都已经变了：当政治系统庞大而复杂时，它们反而更容易解体；那些最初更小和更虚弱的政治体系反而变得更加强壮。大西洋贸易在西非政治生活中的根本地位并不是普遍的，而是取决于现有条件的。但它带来的破坏作用却是一个统一的主题。[52]

除了混乱之外，另一个此地区都存在的统一主题是长途贸易的地位，就像我们在萨赫勒区域所看到的那样。遍布于塞内冈比亚的一群伟大的商人是曼丁卡族的迪乌拉商人，他们从马里的中心地区分散到这里，除了向西迁移之外，还向东部的卡诺和博尔诺地区移民。佛得角商人安德烈·德·多尼拉在17世纪20年代写道："在整个几内亚地区，最伟大的商人是来自马里的曼丁卡人，特别是被称为比克希林（bixirins）的教士……在从几内亚比绍到塞拉利昂的区域内，根本不可能找到一个没有比克希林的约洛夫人港口。"或者如同口述历史学家哈吉·伊布拉西马·西塞（Al-Hadji Ibrahima Cissé）所说："在商品交易中，/曼丁卡人最能做买卖。/（基督徒）将货物交给/曼丁卡人，曼丁卡人再完成这些贸易。"[53]

曼丁卡商人在本地区的分布带来了其关系网和贸易量的扩张。货币的贬值（通货膨胀）同样是一个重要特征，1616年，奴隶贸易的官方代表这样说："不久前可以买两个奴隶的钱现在只够买一个奴隶了。"当货币变得更加普遍时，商人数量猛增，交易的强度也随之增加。[54]

这种贸易网络强烈扩张的一个核心特征是货币在促成整个系统运转中的地位。现钞供应量的增长让市场扩张更加容易。除了前面已经讨论过的铁条，大塞内冈比亚最重要的货币形式还有当地产的布匹。16 世纪 70 年代，阿尔马达写道："从约洛夫到曼丁卡地界，海岸上的所有地区都有上好的棉布，黑色的或者白色的，还有许多其他式样的，它们染得非常漂亮，甚至可以亮瞎观看者的眼。"这些布匹常常在冈比亚生产，或者由塞内冈比亚的约洛夫人生产，在更南方的热巴，以及现在被称为几内亚比绍的地区的周边区域也有生产。

17 世纪 10 年代，当奴隶贩子曼努埃尔·巴乌蒂斯塔·佩雷兹生活在卡谢乌时，当地布匹已经成了贸易结算的标准单位。当时曼努埃尔·阿尔瓦雷斯告诉我们，卡谢乌的葡萄牙人的房屋"大都非常大，方形，位置非常好，许多都是双层的。墙壁由泥砖垒成，上面盖着棕榈叶……屋顶首先盖上木头，再覆上土"。

几内亚卡谢乌风光，右侧是葡萄牙城堡

在这个繁荣的奴隶贸易港，像巴乌蒂斯塔·佩雷兹这样的人士过着"极度奢侈的生活……他们穿着丝绸和其他贵重的衣物……以及多种多样的从印度和中国进口的锦缎……他们出行总是带着进攻或者防守的武器：匕首或者长剑"。他们买卖人口、蜡、象牙和食品，但布匹是他们账簿上关键的价值单位：最基本的商业活动，比如租房，购买库斯库斯类的食品，买酒、衬衫或果酱，在巴乌蒂斯塔·佩雷兹的账簿中都要根据它们的价值折算成潘诺（pano，葡萄牙语"布匹"这个词）来计价。这样，布匹兼具两种功能，它既是计价单位，也是人们可以穿戴、挂在墙上或者放在墓中的实体物品。[55]

在本书所探讨的关于西非在世界上的经济地位这个更广泛的主题中，布匹被用作货币这一点是非常重要的。就像我们所看到的，铁条曾经长期在商业交换中担任关键的货币角色。这种形式是由西非的统治者与他们的铁匠决定的，他们可以用铁制造农具和武器。正是西非对铁的需求决定了铁条作为一种货币形式的重要性。当然，当地也曾经有铁器的生产，但是大西洋贸易扩大了铁矿的供应，也增强了统治者对铁器的控制能力。在 17 世纪早期，鲁伊特斯写道，从现代达喀尔到冈比亚河口甚至更远的地方，贸易的方式和商品都是一致的。[56]

同样，布匹作为一种货币形式，其增长也反映了当地的需求。布匹作为记账单位的角色变得越来越重要，甚至影响了它在此地区作为身份展示品的地位。像世界上许多其他地区一样，大塞内冈比亚人也习惯于通过他们的衣服以及衣服的不断更换来炫富。那么，除了增加可供选择的织物的种类和衣服的数量之外，人们的衣服是如何成为时尚和地位的标志的呢？曼努埃尔·阿尔瓦雷斯描述了约洛夫人表现他们的身份时到底是如何穿着的，他写道："普通衣服是用本地布做的黑白色摩尔式样的衣物，这也是他们的女人经常穿的。"到了1670年，荷兰地理学家奥尔福特·达帕（Olfert Dapper）写道："他们的衣服只是一块四角形的棉布，他们将之一边绑在臂下，一边绑在肩膀上，让它自然垂至双脚。绅士们则穿一件有着宽大的袖子的长过膝盖的白色衬衫，一个斗篷如同衬裙一样罩在上面。"同时，在更北方，有成队的织工为塞内加尔河附近的约洛夫国王做衣服，女人也来到河口附近的法国人据点，带来一些布匹与法国人做交换。[57]

更快地获得布料已经成了本地区与欧洲人做生意的一个核心特征。奴隶贩子想方设法涉足布匹生产领域，他们自己也在佛得角群岛生产布匹。前面已经提到这种布叫作巴拉弗拉。巴乌蒂斯塔·佩雷兹就在做这样的贸易，1618年，他带了150块巴拉弗拉和4400块潘诺上船。事实上，当他的兄弟若昂死时，他在佛得角欠下了1400块潘诺和60块巴拉弗拉，它们在前一年就已经被从那儿进口了。[58]

那么，当将塞内冈比亚作为一个整体考虑时，布匹货币流通面积的不断扩大所带来的影响又是什么呢？这种模式是：当地的布料生产与进口布料的增加是齐头并进的，因为此时布料的使用已经变得非常具体，并与人们生活中的特定事件或特定节日联系在了一起。更重要的是，在整个塞内冈比亚，布匹都是被当作货币来接受的。在一些地区，比如本杜（Bundu）王国、塞内加尔河的富塔托洛、马里，市场的扩大使当地布匹生产扩大了，欧洲商人也越来越多地参与了本地布匹的贸易。17

96

世纪末，当葡萄牙将布匹送到这个区域，并当作记账单位使用时，英格兰人却在冈比亚河上游买了 2000 卷以上的布，带往此地区的其他地方作为货币使用，这种转售为他们带来了100％的利润。[59]

在当时，布匹和布匹生产作为一种权力与控制的模式已经很成熟了。当然也不是只有欧洲人通过布匹货币记账。布匹货币的价值部分在于，它可以从一个经济体被运输到另一个经济体之中；非洲生产的巴拉弗拉甚至被运到了美洲，那儿的人们也习惯将之作为有价值的物品遗传给子孙。根据口述历史学家曼纳（S. Manneh）的说法，在卡阿布帝国，统治者的税收是通过如下方式来缴纳的："最初在这里，/如果国王有了麻烦，/所有村庄都会说，/让我们给他一头公牛。/这是他们缴的税。/布条、公牛、绵羊或山羊。"但是，当货币与奴隶贸易密不可分时，布匹除了象征身份之外，也成了一种权力与暴力的中介物："（商人）将它们来回倒手/染上颜色。/他们将带着这些染好的布/去别的地方。/他们用布来交换奴隶，/再把他们带走。"他们这样做是因为"（财富）蕴藏在布料中"。[60]

在 17 世纪，不同布匹品种间的差异变得越来越重要。到17 世纪 40 年代，巴拉弗拉在几内亚比绍的贸易点已经成了一个标准的货币单位。1646 年，人们希望卡谢乌新总督从佛得角来上任时能够带来巴拉弗拉以修建一个城堡。那么，为什么这种布料这么重要呢？这次又是曼努埃尔·阿尔瓦雷斯带来了口头解答，他解释说，在卡谢乌，当地的绅士们（fidalgos）都穿着巴拉弗拉，它们"是从白人那儿买来的"。这样，贸易量的增长、市场的扩大将社会差异扩大了，这致使富人们拿货币（布匹）来彰显特权。这就像今天用钱来彰显特权，只是现在的人们更倾向于买一架私人飞机或者一座岛。这种差异化在迅猛扩大，在卡谢乌附近居住的曼加科（Manjako）人的口述材料描写了曼加科人是如何通过他们穿着的不同类型的布料，来区分他们自身与相邻民族的。[61]

在一个人们很容易被抓住卖作奴隶的社会中，能够区分自己和其他人，炫耀自己的社会地位，是一种重要的权力形式，同时也是避免成为其他人权力牺牲品的方式。人们都在刻意区分身份，这实际上是这个地区文化差异如此巨大的原因之一。在塞内冈比亚变成了一个不安全、不公平之地，连其生产也发生着巨大变化的这个时期，地区语言和人种的马赛克图案也就逐渐成形了。[62]

大西洋时代的文化转型

随着越来越多大塞内冈比亚地区的人被带往美洲，他们也带去了属于自己的文化。我们已经看到这些文化是怎样影响美洲音乐的，但事实上，在这些世纪中，还存在许多其他类型的将这个地区与美洲联系在一起的影响。

许多早期来到美洲的塞内冈比亚人只要逃离了奴隶羁押系统，就可以保留他们的文化身份。16 世纪的美洲是一个幅员辽阔、人口密度又很低的大洲，这里从来不缺乏供马龙人（逃亡奴隶）躲藏的土地。几乎与西非奴隶大批到达美洲同时，这些马龙人社区就开始组建了，它们几乎完全按照非洲人熟悉的模式重建了经济和社区。在最近一次重要的考古发掘中，在古巴何塞莱塔（José Leta）的一个可以追溯到 16 世纪 40 到 50 年代的马龙人社区中，考古学家发现了 12 个在非洲就常被用作货币的铜环。[63]

在考古记录之外，文字记录也表明，到 16 世纪 30 年代中期，随着大量的非洲奴隶从塞内冈比亚涌入美洲新世界，古巴和巴拿马已经遍布马龙人团体。他们带着枪四处扫荡，骚扰路人，袭击西班牙殖民者的农场。随着 16 世纪的到来，巴拿马的马龙人社区已经尽人皆知，在英国人弗朗西斯·德雷克于 1572 到 1573 年大胆袭击西班牙人时，马龙人变得更加出名，因为他们帮助并给德雷克的人带路。[64]

巴拿马的例子说明，这些马龙人社区在美洲－非洲人新身份形成的过程中是多么重要。1580 年，巴拿马政府向在西班牙的印度议会（Council of the Indies）写信，表示马龙人已经在波托韦洛（Portobelo）、巴亚诺（Bayano）和巴拿马城附近的卡夫拉角（Cerro de la Cabra）出现了。卡夫拉角附近的马龙人团体在公路上进行袭击和抢劫、杀死牛群，却不受惩罚。一些殖民者指控他们偷走非洲奴隶，并使其加入他们的马龙新社区。同时，波托韦洛和巴亚诺附近的马龙人在连接农不雷－德迪奥斯（Nombre de Dios）港与巴拿马殖民城市之间的道路上偷窃衣物、商品和武器。他们杀死赶骡子的人和一个多明我会的修士，但西班牙人却无法抓住他们，因为他们住在森林和潟湖地区。事实上，根据一份报告所述，巴亚诺定居点用密集的围桩组成坚固的防御工事的建筑方式，可能就继承了西非的技术。许多马龙人来自几内亚比绍地区。在这个地区，相似的围桩系统被称为塔班卡（tabanka），它在 16 世纪就已经出现。[65]

到这时，马龙人成了西班牙政府的一个严重问题。到 17 世纪中期，非洲人或者非洲裔人已经占了像利马和墨西哥城这类城市总人口的接近一半，甚至在 16 世纪末这个趋势就已经很明显了。西班牙人不能完全打败这些马龙人团体，1579 年，波托韦洛的马龙人建立了一个新的居住点，三年后，一位来访者发现这里已经是一个种族大拼盘。这里的人大部分来自大塞内冈比亚，还有一些人来自刚果地区，甚至还有一些来自莫桑比克。在这里，他们结成了新联盟，要建立一个定居点来抵御外部势力，马龙人所使用的技巧是他们居住在西非时成为奴隶之前就使用过的。新身份的出现不仅对非洲人在美洲新世界的身份观念产生了重大影响，随着时间推移，它又反过来影响了非洲本身。[66]

这样的反向影响之所以会发生，是因为在 17 世纪早期，在正向穿越大西洋的潮流之外，也已经出现了反向的穿越。从塞内冈比亚出发的奴隶船特别喜欢前往美洲的卡塔赫纳（Cartagena）港口（位于现在的哥伦比亚），船只通常不经过欧洲中转，而直接在非美两地之间穿梭。船上工作的奴隶大都是半黑半白的卢索非洲人（Luso-African），他们有着葡萄牙的父亲与非洲的母亲，这样，观念的融合就出现了。这也解释了我们已经看到的一些事情，比如阿康廷琴这种乐器的传播以及非洲巴拉弗拉的传播，除此之外，美洲食品，比如花生和玉米，在塞内冈比亚被快速采纳。[67]

事实上，正如当时的葡萄牙和西班牙文化适应了亚洲的戏剧文化，并采用了来自非洲的音乐和建筑主题，有证据表明，塞内冈比亚人在这一时期也很快开始适应欧洲的文化，这创造性地反映了欧洲的存在，也对其提出了挑战。最令人印象深刻的变化是从 17 世纪开始的面具技术的发展。在很大程度上，面具的变化反映了社会的变化，尤其是戴面具的都是男性。在卡萨芒斯，最有权力的面具是迪奥拉人的埃强巴（ejumba），它是年轻男人们在圣林中举行成年礼时使用的。这样，随着与奴隶贸易相关联的战争与冲突的增加，假面舞

100

的兴起表现了也强化了男性权力在一个不断发展着的军事化社会中的增强。

埃强巴面具，塞内加尔

101   根据艺术史家彼得·马克（Peter Mark）的叙述，根据档案文件，埃强巴面具可以追溯到 17 世纪下半期，大约在 1750 年之前，它们第一次出现在欧洲人的收藏中。正是在这个时期的卡萨芒斯地区，不同背景的人们（不仅仅是迪奥拉人）开始制造带角的面具。这些用牛角制作的面具很快被许多不同的民族采用，其中一些将来自曼加科人的纺织品编织在迪奥拉人符号化的牛角上；政治权力则体现在对红色珠子的使用上。重要的是，这些面具也代表了奴隶贸易的一些方面，因为牛被广泛用于交换奴隶。这样，在大西洋维度的影响下，面具就成了一种新权力或者新身份的象征。[68]

继续向南，塞拉利昂的萨佩人也在很多方面受到了新世界的影响。他们的祖先灵魂形象（nomoli）最早制作于公元700到800年，用来象征祖先的魂灵，到了16世纪，在刻画一些拥有权力的形象时，他们已经给它们穿上了葡萄牙式的盔甲，这象征着这些外来人支持的武力。另外一个著名的视觉产品来自他们的象牙雕塑，这些雕塑制作于16世纪中期，在当时的葡萄牙，这些雕塑价格高昂。这种牙雕往往做成勺子、盐罐、狩猎号角以及许多其他的小摆设，它们都是艺术杰作，这同时反映了新商路的重要性，对于那些寻找着一种他们世界中所发生变化的艺术表达的当地人而言，它们也非常重要。它们融合了萨佩和基督教元素，是本章中所讨论的文化交换的一个复杂的证据。[69]

16世纪，葡萄牙人对于这种产品的需求告诉我们，在这种商业交换刚出现时，互惠是如何形成的。然而，奴隶贸易的兴起造成了基础性的转变，这些转变包括埃强巴面具所展示的那种军事化和男性化社会的深化。大西洋贸易带来了冲突和暴力，但它同样从美洲带来了新的食物，以及建立一个更大社区的新思想，正如那边的马龙人社区里所出现的。随着大西洋时代的继续，所有这些方面都将塑造人们的新身份。大塞内冈比亚的文化能力反映、适应和采纳了这么多独特的新影响，也通过已经存在的世界观去影响了那些新事物，这都表明了非洲文化的力量和权力。

带有基督受难场景的象牙瓶，来自塞拉利昂

结论：大塞内冈比亚的不平等与变革的种子

大塞内冈比亚地区口述史学的一个显著特征是它的持久性。我们已经看到一种说法，即从马里帝国来的移民向冈比亚河中扔石头直到建成一条堤道供人们过河，这种说法在富拉移民口中不断地被重复，从塞内冈比亚北部直到南部。这样的说法到今天仍然可以听到。2011 年 5 月，我在位于卡萨芒斯微型村庄辛格里（Singuère）的拜南克老人安苏马纳·曼加（Ansumana Manga）的家中采访了他。我们坐在一棵巨大的芒果树的树荫下，坐在破旧的板凳上，他告诉我，作为在卡萨芒斯地区定居的最古老民族，拜南克族同样是通过修了一条堤道过河，才移民到这个地区的。[70]

在这些不断的重复中，有一个重要的历史真相。它们都提到大潮般的移民是大塞内冈比亚地区历史经验的关键特征。在物质方面，移民潮可能是由战争、干旱和经济需要引起的，但同样是由梦境、预兆、西非的政治架构，以及新文化社会的出现引起的。"定居的""静态的""不变的"的村庄，这样的范式可能只是神话。另一个范式声称是欧洲"促成"了非洲的现代化，这实际上也和过去的真相是南辕北辙的。但历史学家必须面对的一个令人不舒服的现实是，在他们内部，一些人对谎言的维护远超过他们对真理的追求。

不管是在口述历史还是在书面材料中，这里的历史模式中的一个显而易见的元素是这个时期出现的越来越严重的社会等级分化。在从塞内加尔到塞拉利昂的小城市和小村庄里，至今都可以发现人们的怒火，穷人们私下里嘀咕着所谓社会精英正"吃掉"全球贸易带来的收益和好处。也正是在这些地方，有着等级分化严格的社会生活。在塞内冈比亚的村庄里，很少有人会挨饿，但那些没有地位的人，往往需要为那些年长者泡茶，洗刷屋外的尘土，或者为年长者（也是有钱人）做任何符合他们需要的事情。这就是为什么这么多西非年轻人愿意冒生命危险穿越撒哈拉沙漠，试着前往欧洲，对他们而言，长期不服从命令所带来的社会后果和耻辱是无法承受的。

这样，即便在今天，这种等级扩张所引起的后果依然存在，而这些等级只不过在16世纪和17世纪才形成。在冈比亚国家艺术文化中心掌握的口述历史中，有人回忆了一个叫作阿 104

利乌（Alieu）的占卜者的生活："他是一个先知，拥有着关于生活的许多知识。他不是一个普通人……人们问道：'为什么你在这个世界上游荡？你一个人跟随着旅人、劫掠者和拦路贼四处旅行。你是怎么做到没有人袭击你的？这真是太非凡了。'历史告诉我们，阿利乌拥有特异功能，他受到魔力的保护。但这是对的；因为，当思考那个时期的时候，很难避免去想当时与现在是不同的。那时充满了战争，人们聚到一起去掠夺和袭击别人。他们捕获奴隶、抢夺货物，拿一半给统治者，卖掉另一半。这是他们当时获得金钱的方式。"[71]

描述这段历史变化的口述材料在塞内冈比亚还有很多。它们代表了这个时代日益加重的权力与财富的不平等。而不平等的核心是用于交换的货币基础的变化。与金银相比，整个塞内冈比亚所使用的货币都在稳步贬值，金银产自非洲和美洲，却都流向了欧洲和亚洲。事实上，向西非出口铁条促进了欧洲早期加工业的发展。17世纪，布匹开始成为一种与铁条相竞争的进口货币，1646年，西非从荷兰进口了10万块布，但其价值却只比进口的7000根铁条多65%。但不要忘记，更多的利润来自低地国家在生产布匹时所带来的社会经济发展。欧洲其他国家的布料产品也是一样的，它们都被加速向西非市场"倾销"。[72]

当西非本地制造商在竞争中挣扎时，在塞内冈比亚经济体内部，通货膨胀突然到来了。在这里，铜的进口主导了15世纪的货币进口，到1624年，在吕菲斯克附近，铁条的价值超过了铜条，铜条的不断进口降低了它自身的价值，造成了铜的供应过剩。此时，在几内亚比绍，用潘诺（布匹）衡量的奴隶价格也遭遇了通货膨胀，在17世纪10年代的短短数年中，奴隶价格从 120 潘诺涨到了 150 潘诺。通货膨胀意味着在流通领域中存在着过多的进口货币，不仅如此，这些本地货币还要与更加广泛的国际流通货币相竞争。[73]

　　到了 17 世纪晚期，西非存在着多重货币涌现的现象。铁条和布匹的地位正在被其他形式的货币蚕食。至迟从 17 世纪 20 年代开始，银就成了被波图达尔和冈比亚河地区接受的货币形式。一份荷兰资料描述说，这里已经有了银盘和银杯子，到 17 世纪 60 年代，约洛夫巴沃尔王国的国王买卖奴隶的价格是 20 根银条（pataca），这些银条显然被塞内冈比亚的铁匠们熔化后制成了珠宝和装饰品。黄金在塞拉利昂地区也得到了开采，然后被送往冈比亚河进行贸易。但在黄金和白银之外，西非接受的货币还包括柯拉果，它作为礼品遍布该地区；以及纸张，它被用来写下圣言以寻求保护和好运。[74]

　　多重货币的存在促进了更多的贸易和更深入的市场化。这不是一种异常模式，在任何时刻，多重货币的存在事实上都不算是一种历史的异常，世界上许多社会都使用过多重交换方式，这么做并不意味着这个地区的经济基础会被削弱。塞内冈比亚的统治者们也热衷于鼓励"自由贸易"，甚至比他们的欧洲同行还热衷，欧洲君主总是希望通过签署排他性协议来阻止他们的欧洲竞争对手接触西非市场。这里，历史事实又一次与那种认为欧洲国家是自由贸易推动者的历史范式相背离。[75]

　　然而，不同类型货币的不断涌现也见证了这些货币的不同命运。黄金和白银虽然和大塞内冈比亚的其他货币一样可以被熔化，以穿在身上或者用作礼品，但黄金和白银由于其流通链条直达欧洲和中国经济体而构成了交换的持续性基础，也就是资本，它们一直伴随着政治和军事权力的积累。西非使用了大

105

量普通商品作为货币，这些商品的价格随着市场需求的变化而起落，这意味着西非积累"资本"的机会比其他地方少。当然，这也揭示了一种不同的世界观，即不是所有的东西都有理论上的均衡价值。[76]

关于在实践中如何运作的最好例子是对柯拉果的使用。这种干果至今仍然在西非被广泛使用：红果用于净化水或者减缓饥饿，"苦"果用来刺激性欲。在早期，西非柯拉果的价格如此高昂，以至于迪瑞克·鲁伊特斯在 17 世纪 20 年代写道："非洲人对它极其喜爱，就像对黄金一样。"17 世纪 60 年代，弗朗西斯科·德·莱莫斯·科埃略（Francisco de Lemos Coelho）写道，柯拉果的贸易是大塞内冈比亚地区一种文化实践的基础特征："他们坚持，如果没有事先赠送柯拉果，什么事都做不好，女人不会答应嫁给你，法官也不会审案子。"他描写道，每年有 12 艘船经过圣多明戈河从卡谢乌去往法林（Farim）城，除了柯拉果之外什么也不装。柯拉果如此值钱，它们等同于布匹，成为记账的货币单位，1613 年在卡谢乌，一担柯拉果的价格大约是 25 潘诺，或者一个奴隶价格的五分之一。[77]

所以，当黄金和白银在欧亚大陆被作为精准"硬"通货使用时，塞内冈比亚的货币却被用来作为一种将社会捏合在一起的黏合剂，即便社会内部的等级分化已经在扩大了。使用这些"货币"意味着，当个体为了寻求社会声望和权力，慷慨大方地在庆典和其他事件中使用柯拉果招待公众时，它们的储藏资本价值在塞内冈比亚社会中丧失了。拥有实际价值与社会价值的货币（比如布匹、铁和柯拉果）的涌现，意味着塞内冈比亚的经济中并没有增加可转移财富的储存量，相反，得到发展的只是促使它进入全球市场的交换机制。

　　这种关系和对货币的运用看上去那么古老和奇怪，但事实上，它们至今仍然没有消失。货币业务从来不是完全理性的，虽然经济学家总是这样假设。在西非的这一部分地区，一个礼物或者一次购买行为总是承担了比它的纯粹货币价值更多的价值。如果你买了一块布，或者你去冈比亚行政首都班珠尔附近的萨拉昆达（Serkunda）市场上的一家特色餐馆吃了一顿饭，你受到的欢迎或者打趣都触发了一场道德交换。如果你有一段时间没有去做回头客，下一次再去时，可能就会经历一次温和又沉默的谴责，给你一种道德承诺被削弱的感觉。这种多元的 107 价值是经济生活的一部分，这是需要用许多年去体会的，这也表明，经过了多个世纪，多重价值被从大塞内冈比亚的贸易中继承了下来。随着16世纪和17世纪信用循环在奴隶贸易骇人听闻的暴力中实现变现，这些价值观被并入了另一种价值体系。

注　释

1. Hawthorne（2003）.
2. 关于干湿年代的交替，见 Brooks（1993）。关于巴利的研究，见会议"大塞内冈比亚及其周边的身份：通过对话中的历史和音乐进行的跨学科研究"（由 Lucy Durán 和 Toby Green 主持）的影片，https：//www. youtube. com/watch？v＝DMytlZcXRwA。关于大规模干旱时期，见 Webb（1995：5－10）。
3. 强调了早期几十年内的压倒性货币进口的关键文章是 Inikori（2007：63）。
4. 对贝币和占卜的引用，见 NCAC，RDD，transcribed cassette 490A，p. 6。

关于梦境对阿散蒂人的重要性，见 McCaskie（2018）。对与西非经济史上土地利用相关的欧洲中心主义的毁灭性批判，见 Sarr（2016）。

5. Personal communication, Daniel Laemouahuma Jatta, Bijilo, The Gambia, 6 November 2013.

6. Jatta（2014）；Dubois（2016）。

7. Jatta（2014），以及与 Lucy Durán 关于这个事件的讨论。

8. 见 NCAC，RDD，transcribed cassette 566，p. 8。"大塞内冈比亚"这个术语来自 Boubacar Barry，见 Barry（1998）。

9. NCAC，RDD，transcribed cassette 566，pp. 11 - 12。关于第奥古·麦梅斯，见 *MMAII*，Vol. 1，194。

10. 类似的象征性还出现在对奥约军队规模的描述上，描述的是现在尼日利亚的约鲁巴地区，传说军队在一张牛皮上行军，直到把它都磨薄了。

11. 关于塞内冈比亚口述历史随着时间的推移而重复的方式，见 Green（2009）和（2015）。关于库利·腾格拉穿越冈比亚河的记载，见阿尔马达（Almada）的记录。关于移民是口述历史中的动力之一，见 Green（2018）。

12. NCAC，RDD，transcribed cassette 491B，p. 6. 关于该地区深入的稻米生产历史，见 Carney（2001）和 Fields-Black（2009）。

13. NCAC，RDD，transcribed cassette 553A，p. 3. 关于提拉马康的父亲杀死女巫，见 NCAC，RDD，transcribed cassette 566，p. 8。关于"食人女巫"现象，见 Hawthorne（2010）及 Austen（1999）。关于达荷美类似"吃"的概念的分析，见 Dalzel（1967：183）。

14. *MMAII*，Vol. 3，242. 在关于这个地区的葡萄牙语研究中，一份非常好的文字是 Horta（2011）。对卡阿布最好的记录恐怕依然是 Lopes（1999），也可以参考 Jansen（2016）和 Green（2009）。对"大约洛夫"王国最好的记录依然是 Boulègue（1987）。

15. 关于约洛夫人掠夺赛雷尔人做奴隶，见 Cadamosto 在 1455 年旅行时的记录，见于 *MMAII*，Vol. 1，316。关于卡阿布的曼丁卡人和当地人通婚，见 Innes（1976：77 - 9）。

16. Boulègue（1987）对约洛夫的瓦解进行了讨论。最好的来源是阿尔马达的文字，见于 *MMAII*，Vol. 3，234 - 5。关于赛雷尔与葡萄牙结盟，见 T. Hall（2015）。

17. 荷兰的牛皮贸易是由荷兰加尔文主义者和赛法迪犹太商人在约洛夫海岸进行的。例子见于 GAA, NAA, Book 62, fol. 218v（1611）；GAA, NAA, Book 117, fols. 181 – 182v；GAA, NAA, Book 129, fols. 163v – 164r；以及许多其他史料。关于纳赛尔·丁在 17 世纪 70 年代袭击法国人的经典记录来自 Barry（1985：112 – 36）。关于库利·腾格拉，见 Malacco（2016：80 – 81）。

18. 关于阿斯基亚·穆罕默德与塞内加尔河谷的联系，见 Bathily（1989：99）。关于 1650 年伊斯兰教士来到卡约尔，见 Ware（2014：105）。关于桑海和位于卡约尔的马拉布特（Marabout）控制的村庄皮尔之间的关系，见 Webb（1995：30）。

19. 关于到 17 世纪 80 年代制成品贸易的相对盈利能力，见 Miller（1984）。

20. *MMAII*, Vol. 1, 529, 534.

21. 同上，531, 549。

22. NA, Inventarisnummer 43, MF 23: Journael van Willem Cunningham, 1625 – 6. 我也非常感谢来自福拉湾学院的 Ishmael Kamara，他在 2017 年 5 月 5 日告诉我到达这块岩石的路径。

23. Gamble/Hair（1999：139, 140）. 乔布森称萨豪为 "Buckor Sano"；今天的萨豪家族是塞内冈比亚一个著名的商人家族，因此乔布森的称呼可能是萨豪的错误拼写，"Buckor" 可能是 "Buur" 的一种写法，也就是沃洛夫语中的 "国王"，这样 "萨豪国王"（Buur Saho）就可能是这个大商人的绰号。关于税收比例，莱莫斯·科埃略告诉我们，戈雷（Gorée）港国王收取的出口动物毛皮的税收大约是四分之一，见 Peres（1953：98）。

24. 关于凡·登·布洛克，见 La Fleur（2000：39 – 40）。关于 1687 年从冈比亚和佛得角销往海岸角的布匹，见 TNA, T70/659, fols. 56r, 63r。

25. 关于通往阿雷西费之路，见 La Fleur（2000：98 – 9）。关于贸易商品，见 Coppier（1645：16）。

26. *MMAII*, Vol. 3, 252.

27. 关于地主和陌生人模型，见 Brooks（1993）。

28. Purchas（1905 – 7：Vol. 4, 9）.

29. 来自账簿的材料已经被 Linda A. Newson 很好地使用了，见 Minchin/

Newson（2007），以及 Newson（2012）和（2013）。对巴乌蒂斯塔·佩雷兹进行整体研究的好作品来自 Wachtel（2001）。关于去往若阿勒、波图达尔和吕菲斯克的旅程，见 AGNL，SO - CO，Caja 33，doc. 349，fol. 23v；关于济金绍尔，见 AGNL，SO - CO，Caja 18，doc. 197，fol. 763v。关于热巴，以及整体货物名单，同上，fols. 809v - 810r。

30. 关于罗安达销售的酒精，见 Curto（2004）。关于向当地酋长赠送酒精礼物，来自 2016 年 7 月 11 日在伦敦与 Mariana P. Candido 的私人交流。关于使用朗姆酒供奉神灵，我感谢库马西夸梅·恩克鲁玛科技大学的 Samuel Adu-Gyamfi 的洞见。

31. 关于凯勒法·萨恩的记录，见 NCAC，RDD，transcribed cassette 573A，p. 6。对凯勒法·萨恩的经典分析来自 Wright（1987）。关于出售刀剑情况，见 AGNL，SO - CO，Caja 18，doc. 197，fols. 411v，467r——刀剑贸易在 Horta/Mark（2011：103 - 34）中得到了很好的研究。关于安哥拉的酒精使用情况，见 Curto（2004）。

32. 这个过程在对冈比亚河北岸的王国纽米的研究中得到了很好的描述，见 Wright（1987：293）。关于以年为单位记录几内亚比绍的巴兰塔人的稻米产量，见 Hawthorne（2003）。这些贵族是非常新的，就像在欧洲一样，见 R. R. Palmer（1959：Vol. 1, 29）。

33. 关于卡萨芒斯的船舶残骸，见 BA，Códice 51 - IX - 25，fol. 88v。关于卡谢乌夜间抢劫，见 BA，Códice 51 - VI - 54，no. 7，fol. 144r。关于 17 世纪 60 年代的卡谢乌，见 AHU，CU，Guiné，Caixa 2，doc. 22（6 March 1662）和 48（26 September 1670）。关于德·拉·马尔什，见 Cultru（1913：107 - 8）。

34. 关于嘉布遣会修士，见 AHU，CU，doc. 12（1 June 1686）。关于这两个倒霉的商人，见 Silveira（1945：31）。

35. 阿尔瓦雷斯的描述见于 SG，*Etiópia Menor e descrição geográfica da província da Serra Leoa* by Manoel álvares，fol. 13r。关于多尼拉，见 *MMAII*，Vol. 5，140。布鲁卡马坐落在卡萨芒斯现代城镇古东普（Goudomp）旁。

36. 关于这个地区的整体稻米产量，见 Fields-Black（2009）和 Hawthorne（2003）的重要工作。关于马萨唐巴统治的具体区域的产量，见 Green（2013）。关于内战期间稻米减产，来自 2011 年 4 月 18 日与

Antonio de Silva Mango 在布拉（Bula）的访谈。

37. 关于塞内冈比亚相信欧洲人吃人，见 *MMAII*，Vol. 1，348。关于安哥拉相信欧洲人吃人，见 Miller（1988：4 - 5）。喀麦隆的情况见 Argenti（2007：55）。

38. 关于阿尔马达叙述的成为奴隶的过程，见 *MMAII*，Vol. 3，274。关于此事的描述，同上，Chapter 12。

39. 关于打烙印以及巴乌蒂斯塔·佩雷兹对"损失"的评估，见 AGNL，SO - CO，Caja 2，doc. 8，fols. 1，332r - 1，333r。对 17 世纪这些船上骇人听闻状况的可怕描述，见 Green（2007：280）。"死者账簿"（*livros dos mortos*）的一个例子，见 AGI，Escribanía 591A，Pieza 5。

40. Africain（1896 - 8：Vol. 3，289）. 关于巴拉弗拉布，见 Curtin（1975：237）。Kwame Nimako 和 Glenn Willemsen（2011：56）认为，非洲在全球贸易中的最大劣势是"缺乏一个有效的货币经济"。然而，如同这里所显示的，在 16 和 17 世纪的大塞内冈比亚，已经有足量"现成的钱"在敲门了。关于非洲没有"货币经济"的观点，来自某种对"古代经济"的预设，这种观点假设有一个如"原始货币"的东西和"真"货币相对。事实上，就像 David Graeber（2011）所显示的，这是一个神话。

41. 区分金属条标准尺寸的关键性工作是由 Curtin（1975：241 - 2）做的。

42. Dantzig/Jones（1987：11）.

43. 关于凡·登·布洛克，见 La Fleur（2000：28）。关于巴乌蒂斯塔·佩雷兹，见 AGNL，SO - CO，Caja 18，doc. 197，fols. 809v - 810r（Geba）和 839r - v（Bijagós）。关于塞内加尔，见 Jannequin（1643：61）。关于冈比亚的税收，见 Moore（1738：14）。

44. 非洲需求在推高钢铁贸易规模中的作用，最早由圭亚那历史学家、活动家沃尔特·罗德尼提出，见 Rodney（1965：311）。关于从瑞典进口铁，见 Peres（1990：9 - 10）。关于乔布森，见 Gamble/Hair（1999：160）。关于卡谢乌，见 AHU，CU，Cabo Verde，Caixa 8，doc. 74（16 May 1698）。

45. Cultru（1913：193）.

46. 关于整体关系，见 Miller（1988：665）。关于与非洲奴隶相比制造商品的利润，见 Miller（1984）。

47. 事实上，这种情况和同时期 Roquinaldo Ferreira 所描写的安哥拉非常相似，见 Ferreira（2012）。关于荷兰人商品贸易，见 Moraes（1995：241ff.）。

48. 关于奴隶贸易信用体系，特别见 Price（1991）。

49. 关于贵族尼安提奥，见 NCAC, RDD, transcribed cassette 491B, p. 13。关于等级制度，见 NCAC, RDD, transcribed cassette 23A, p. 3。关于在前哥伦布时代和前大西洋非洲经济时代生活中的"重要能量"，见 Santos-Granero（2009）。

50. Schouten（1618：5－6）。斯考滕是名为"合恩角"号的荷兰船的船长，这艘船来往于这条航线。

51. 关于 1561 年马格拉邦巴的一艘奴隶船，见 AGI, Patronato, 173, no. 1, Ramo 15，它提到一艘船在 4 月 21 日从马格拉邦巴带着奴隶来到伊斯帕尼奥拉（Hispaniola）。我特别感谢福拉湾学院（即塞拉利昂大学）的 Stephen Ney 博士 2017 年 5 月 6 日在弗里敦的讲话，感谢他对香蕉群岛和牛顿的洞见。

52. 关于旱灾，见 AHU, CU, Guiné, Caixa 1, doc. 23, 5 December 1641。这次旱灾是跨越世界的更大生态危机的一部分，就像 Parker（2013）最近所展现的，它导致了从中国经安哥拉到西班牙和葡萄牙的一系列政治变化。关于曼尼斯推翻萨佩的情况，见 Green（2012b：Chapter 8）。

53. 关于多尼拉，见 *MMAII*, Vol. 5, 137。关于西塞的记录，见 NCAC, RDD, transcribed cassette 466B, p. 29。

54. 关于 1616 年的通货膨胀，见 AHU, CU, Cabo Verde, Caixa 2, doc. 78, c. 1616。

55. 关于阿尔马达，见 *MMAII*, Vol. 3, 247。关于冈比亚布匹，见 AGNL, SO－CO, Caja 2, doc. 8, fol. 1000。关于热巴布匹，见 AGNL, SO－CO, Caja 18, doc. 197, fol. 882v。关于约洛夫布匹，同上，fol. 430v。关于将潘诺用作一个货币单位，同上，fols. 405v（flagons of wine），422v（buying paper）和 424v（buying couscous）。关于潘诺成为本地区的一个记账单位，见 Newson（2013）。关于卡谢乌大量关于房屋和衣服的描述，见 SG, *Etiópia Menor e descrição geográfica da província da Serra Leoa* by Manoel Álvares, fols. 14v, 15r。

56. Moraes（1993：71）.

57. SG, *Etiópia Menor e descrição geográfica da província da Serra Leoa* by Manoel Álvares, fol. 4v；Ogilby（1670：348）；Cultru（1913：28，74）.

58. 关于巴乌蒂斯塔·佩雷兹，见 AGNL，SO - CO，Caja 2，doc. 201，fol. 2300r，和 AGNL，SO - CO，Caja 33，doc. 349，fol. 9r。

59. Philip Curtin 的研究在这里非常重要，见 Curtin（1975：211 - 13）。然而 Curtin 错误地认为，布匹和铁条之所以成为货币，是因为它们是主要进口商品（同上，261），而事实上，这两者在大西洋贸易开始之前都已经成了货币。

60. 关于曼纳，见 NCAC，RDD，transcribed cassette 550A，pp. 63 - 4；又见 NCAC，RDD，transcribed cassette 547A，p. 17——"税款以布条的方式支付"。关于潘诺和奴隶的记载，见 NCAC，RDD，transcribed cassette 309A，pp. 61，67。

61. 关于 1641 年使用巴拉弗拉布作为记账单位，见 AHU，CU，Cabo Verde，Caixa 3，no. 7——一份关于押收的文件。关于 1646 年总督和巴拉弗拉布，见 AHU，CU，Guiné，Caixa 1，doc. 49，Anexos 1 - 6，也可以参考 SG，*Etiópia Menor e descrição geográfica da província da Serra Leoa* by Manoel Álvares，fol. 20v。关于曼加科人使用布匹来区别他们自己，见 NCAC，RDD，transcribed cassette 432A，pp. 15 - 16。

62. 语言学家 Friederike Luepke 认为，这个地区的多语言情况就是随着这个进程而出现的，见她在 2015 年会议上的发言"大塞内冈比亚及其他地区的身份问题"（Identities in Greater Senegambia and Beyond），https：//www. youtube. com/watch? v = DMytlZcXRwA。

63. 关于这个重要发现，见 Landers（2016）。

64. 关于 16 世纪 30 年代巴拿马和古巴出现的马龙人，见 AGI，Panamá 235，Libro 6，fols. 24v - 25r，以及 Santo Domingo 1121，Libro 1，fols. 173v - 174r。关于马龙人与德雷克的联盟，见 AGI，Patronato 234，Ramo 1。

65. AGI，Patronato 234，Ramo 6，fols. 208r - 220r. 关于巴亚诺的围栏系统，见 Tardieu（2009：86）。关于 16 世纪晚期出现的塔班卡，见 Hawthorne（2003：121 - 7）。

66. 关于波托韦洛的马龙人社区，见 AGI，Patronato 234，Ramo 6，fols. 312v，416v。

67. 关于非洲仆人来回穿梭，见 IAN/TT，Inquisicao de Lisboa，Processo

2075，fol. 32r。关于 Jorge Goncalves Frances（案件的主要参与者）的卢索非洲人祖先，参看同一案件。

68. 参见 Mark（1992：38 - 41，62 - 3，121 - 4）的开创性工作。

69. 关于祖先灵魂形象，见 Atherton/Kalous（1970：316）。关于卢索非洲人的象牙制品，马克的工作也非常重要，见 Mark（2007）和 Mark（2014）。新的研究工程"大西洋世界中的非洲象牙"（African Ivories in the Atlantic World）可以提供更多的信息，见 https://africanivoriesul. wordpress. com/。

70. 2011 年 5 月在卡萨芒斯辛格里对安苏马纳·曼加的采访。

71. NCAC，RDD，transcribed cassette 490A，pp. 6，9.

72. 关于布匹和铁的相对价值，见 NA，Inventarisnummer 11，no. 92。布匹的价值是 35625 弗罗林（florins），铁条价值 21000 弗罗林。

73. 关于奴隶价值 150 潘诺，见 AGNL，SO - CO，Caja 18，doc. 197——例如 fols. 467r（120 panos per captive）及 575r（150）。

74. 关于银盘和杯子，见 Moraes（1995：241）。关于巴沃尔国王，见 Peres（1990：9）。关于冈比亚和塞拉利昂黄金，见 Dapper（1686：240）和 Jarric（1610 - 14：Vol. 3，373）。关于纸和柯拉果，见 Peres（1990：23，32）。关于柯拉果，也见 Jarric（1610 - 14：Vol. 3，369）。

75. 见例如 Nafafé（2012）中关于国王 Incinhate 的讨论，他 17 世纪晚期住在比绍附近。Nafafé 表明了 Incinhate 在寻求自由贸易方面有多么积极，他比他的欧洲贸易伙伴积极得多，对许多欧洲国家宣称的"排他性"贸易权都提出了抗议。

76. Kuroda（2007；2008）.

77. Peres（1990：37 - 8）；Moraes（1993：71）；AGNL，SO - CO，Caja 18，doc. 197，fol. 436r. 关于它们和黑布（Panos Pretos）等价的情况，见 AGNL，SO - CO，Caja 54，doc. 425，fol. 314r："因此，我被安托·罗德里格斯排除在这种合伙制之外，因为我在卖给他相当于两百块黑布的柯拉果之前对这些一无所知。"（e asim me ficam mais de fora desta parsaria em mao de Anto rodrigez em hum conhecimento duzentos panos pretos de Cola que lhe vendi antes de fazer esta parsaria.）

第三章　现成的黄金：
黄金海岸与黄金贸易

　　今天，加纳海岸上点缀着大西洋贸易的历史遗迹。庞大的
经过粉刷的埃尔米纳城堡监狱雄踞在岸边，它的大炮仍指向大
西洋，它的"惩罚牢房"、它那能够同时容纳150个奴隶的格
子间，以及它的"无归门"都还存在。它时刻提醒着人们那些
可怕的过去。它最早于1482年由葡萄牙人建造，像许多中世纪
欧洲城堡一样，它是一个在其中酷刑与恐惧远大于王权的地方。
顺着海岸继续向前，还有其他的石头建筑：阿诺马布
（Anomabu）和海岸角（Cape Coast）城堡从海滩上直插云霄，
睥睨着周边的村庄与城镇。它们代表着18世纪奴隶贸易高峰
时期那段不可遗忘的过去，那时也恰好是黄金海岸腹地的阿散
蒂帝国的高峰，黄金海岸又是奴隶贸易的最主要交易地区。所
谓海岸角城堡和埃尔米纳城堡是对过去最血腥的提醒，但那些
更小的城堡——比如阿克西姆（Axim）城堡或者阿诺马布城
堡（后者是今天加纳的一个监狱）——是如此正规，以至于
过去没有奴隶能够从那里逃脱。

　　但是，最初许多欧洲监狱城堡建造的目的并非用来进行奴
隶贸易，而是在黄金贸易中分一杯羹。许多城堡直到18世纪
才建造起来，但又确有不少可以追溯到贸易的早期阶段，那时
黄金贸易是主导性的。在大西洋两岸，这片区域以不断向全球

供应黄金而著称，即传说中的"黄金海岸"。之后，欧洲人用非洲各地出产的用于交换的产品来给它们"命名"，这显示出对土地和价值的实用主义态度：象牙海岸、谷物海岸（在现代利比里亚）、奴隶海岸（在现代贝宁和尼日利亚西南部之间）也很快出现了，这表明非洲在外人眼中只是与开采和消费资源相关的概念而已。[1]

在阿散蒂帝国长期以来的首都库马西，一批关于黄金历史的手工艺品被保留了下来。其中许多都被收藏在曼希亚王宫博物馆（Manhyia Palace Museum）① 中，这个博物馆是根据阿散蒂土王的王宫原型进行修复的。曼希亚王宫坐落在市中心的一个小坡上，它至今仍然是阿散蒂土王的居所。在 19 世纪晚期阿散蒂与英国人的战争期间，阿散蒂土王普伦佩一世（Prempeh I）被流放到了塞舌尔，阿散蒂太后雅阿·阿散蒂娃（Yaa Asantewaa）继续抵抗殖民者的入侵，并于 1900 到 1901 年间步了儿子的后尘。最终，1925 年，被摧毁的旧宫殿又被英国殖民力量重建，直到今天它还是阿散蒂的一个代表着历史、本土力量和抵抗的景点。

在曼希亚的众多手工艺品中，有一些于 15 到 19 世纪制造的黄金砝码。在研究这些杰出的迷你雕塑时，艺术家兼收藏家汤姆·菲利普斯（Tom Phillips）对这些卓越的艺术技巧做出了非凡的分析。这些砝码有的重现了黄金买卖的场景；有一些是动物造型，比如蜜蜂、桑科法（sankofa）鸟以及鳄鱼；还有一些描绘了日常生活，比如呈现了一种叫作瓦里棋（warri）的棋盘类游戏；

---

① 指曼希亚旧宫，后文提到的曼希亚王宫为新宫，两座宫殿距离很近。——译者注

曼希亚王宫博物馆，库马西，加纳

更有一些展现了传统艺术喜欢表现的场面，如母亲和孩子的场景。砝码的数量如此庞大，以至于菲利普斯预测，在他的收藏生涯中，他已经接触过一百万个以上的砝码。这些砝码都是在日常生活中使用的，用来在黄金海岸的市场上称量、交换和购买黄金。它们提供了一种对人们在以黄金贸易为主的时期的真实日常生活的最杰出的感知。许多阿散蒂家庭至今仍然在制造这些砝码，不过它们现在更多成了一种灵魂力量寄居之所在。[2]

对这些微雕的优美工艺的仔细观察，揭示出黄金海岸上阿肯文化杰出的艺术性和复杂性。它们被用来给金砂称重，这些金砂最终会经过许多商人的手，被卖到海岸上。大西洋黄金贸易只是一个更加古老的贸易体系的副产品：正如我们所见，跨撒哈拉黄金贸易在 11 世纪以后就发展了起来。事实上，从 15 世纪的阿肯砝码上还可以看出伊斯兰纹饰的影响，这揭示了黄金海岸上这种贸易的悠久历史，以及黄金采集和贸易的古老渊源。[3]

葡萄牙人一到达如今加纳的平坦、遍布潟湖的海岸，他们

112

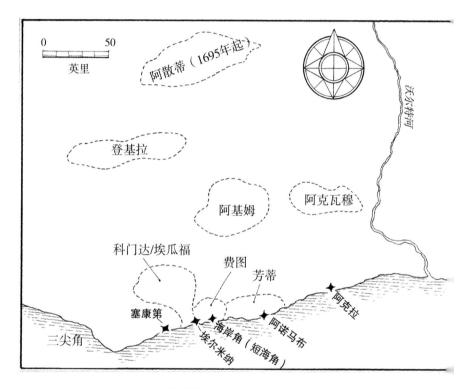

黄金海岸的政治中心，16 至 17 世纪

桑科法鸟式样的阿肯黄金砝码

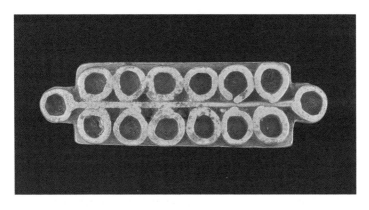

瓦里棋棋盘式样的阿肯黄金砝码，它表明了这个区域与中非、
东非的悠久联系，因为那些地方也下瓦里棋

便立刻试图根据自己的利益来发展黄金贸易。埃尔米纳是保证黄金贸易安全的主要基地，更小的城堡在诸如阿克西姆和塞康第（Sekondi）的地方也建立了起来。直到 17 世纪中期，他们的主要目标仍然是两个：获得黄金，以及获得食物供应以帮助全局性贸易。黄金海岸地区由于这个新的贸易方向而快速全球化了。到 17 世纪第一个十年，它已经成了欧洲人地缘政治竞争中的关键地点。

这看上去是大胆的断言。但正是这个地区在全球贸易中的重要性以及它的黄金贸易，解释了 17 世纪这个地区欧洲人的堡垒化贸易点的大量涌现。到这时，大西洋非洲的其他地区都没有出现如此多的堡垒监狱。到 17 世纪 80 年代，除了荷兰与葡萄牙之外，丹麦、德国勃兰登堡、英格兰也都加入进来，监狱堡垒的数量增加。到那时，也就是本章结束时，欧洲商人开始武装他们的非洲同盟，以图获得贸易特权。每一个国家都依赖其他国家的进展。直到后一个时期，奴隶贸易才发展起来，黄金海岸地区的贸易特征才出现转变。[4]

但是，与不断增加的外国军事存在并行的是，在当时已经发端的世界性与开放性特征，而这些特征在今天的加纳依然非常明显。16 世纪早期，带着贝币的印度船只早已来到了这里，在这儿它们碰到了葡萄牙人的舰队，以及从圣多美岛来的奴隶贸易船。后者已经在 16 世纪 30 年代发展出与巴西之间的联系，接着黄金海岸开始种植美洲作物，比如玉米。甚至在 1600 年之前，这里的食品、行为举止、生活方式都在大西洋范围内全球化了。

到 17 世纪 40 年代，奴隶贸易开始了，许多奴隶被带到巴西。1637 年，荷兰人从葡萄牙手中夺走了埃尔米纳，而在 1630 年他们就夺得了巴西北部的部分葡萄牙领地。由于美洲新领地上的甘蔗园需要劳力，他们开始在埃尔米纳的基地开展奴隶贸易。但是到了 17 世纪 40 年代中期，他们在巴西东北部的伯南布哥遭遇了一次由葡萄牙种植园主发起的全局性叛乱。其中一位叛乱将领叫若昂·费尔南德斯·维埃拉（João Fernandes Vieira）。在塔波阿斯山（Monte das Taboas）战役之后，费尔南德斯·维埃拉释放了他自己的许多奴隶，因为他们与自己一起战斗过，这些人中有一位叫作安东尼奥·"米纳"（Mina，即来自埃尔米纳）。这些"米纳"奴隶曾经属于荷兰军队，是他们从荷兰带过去的。安东尼奥成了从米纳海岸去的非洲人部队的总督，当巴西战争继续时，这支部队一直与巴西叛军并肩作战。费尔南德斯·维埃拉对这支米纳部队是如此褒奖，以至于在 1646 年初，他派了一艘船，载满白糖，前往埃尔米纳地区"去买回一船舱的当地产布料以及当地产的羊毛，用这些家乡之物来奖励那些米纳部队的士兵"[5]。

这样，黄金海岸出产的物品并不局限于现金。它的纺织品也扩散到了美洲，甚至到了欧洲。对这种无价的黄金砝码的收集也出现了，它们在欧洲内外流通着。这些早期社会之间的跨国流通开始了，在巴西和美洲的其他地方，有的人成了奴隶，有的人被释放。黄金海岸社会繁荣一时，本章将这个阶段作为一个整体，观察这一繁荣的进程，首先是商业上的，随后是政治和社会层面上的。到 17 世纪末，随着奴隶贸易的兴起，繁荣结束了。到这时，政治力量以及对资本大潮进行抵抗的可能性都遭到了决定性的损害。

114

阿肯诸国与欧洲：概述

1482 年，黄金海岸第一位被详细记载的阿肯人国王叫作埃

尔米纳的夸梅纳·安萨（Kwamena Ansa），葡萄牙人称之为
"卡拉曼萨"（Caramansa）。根据夸西·科纳杜（Kwasi Konadu）
的研究，埃尔米纳实际上以"埃迪纳"（Edina）之名为人所
知。1481 年，葡萄牙人从里斯本派出了一支舰队去往埃尔米
纳建设城堡，他们一共派出了十艘快帆船和两艘补给船。1482
年 1 月 19 日，舰队到达非洲海岸，船上还带着砖、石灰和火
炮。堡垒建成后，拥有"两个大门，一个朝西一个朝东。西
大门是主门，更加牢固，拥有一座吊桥，还有一个完备的小
塔，塔中有许多房间，可以供城堡主人或者总督作为官邸使
用。另一个大门旁边有货栈，便于船只卸货与离开"。[6]

埃尔米纳城堡西门之上的城墙

舰队一到岸，夸梅纳·安萨就来与他们相见了，他扈从中
的音乐家演奏着用海贝做的号角和响板。国王的大臣们由仆人
伴随，仆人带来了布制的座椅，供他们落座，夸梅纳·安萨本
人的胳膊上、腿上和脖子上都戴着黄金做的手镯、项链和珠

宝，他的头发、胡子和脑袋上还悬挂着许多黄金小饰物。黄金是附近丛林中的阿肯金矿的主要产品，就如同这份材料所显示的，在与欧洲人的贸易开始之前，黄金就是本地人政治和商业权力的象征。事实上，夸梅纳·安萨的人民，以及附近的国家埃瓜福（Eguafo）和科门达（Komenda），都将他们的起源追溯到了阿肯族黄金贸易王国博诺－曼苏王国，这个王国崛起于至少一个世纪之前。[7]

对葡萄牙人来说，要想从夸梅纳·安萨处获得建造堡垒的许可是艰难的。埃尔米纳地区归属于埃瓜福当局，这是一个在1519 年到1524 年间非常强大的存在，葡萄牙人向它的国王送去了至少17 件礼物。情况似乎是，夸梅纳·安萨没有足够的权力单独做出决定，另一方面，像同时期许多西非和美洲地区的附属国国王一样，夸梅纳·安萨可能希望葡萄牙这个新的武装势力能够提供一条让他实现独立的道路。与此同时，葡萄牙人非常着急地保护他们的黄金贸易免受竞争对手西班牙的干扰，西班牙已经在1476 年到1477 年间与葡萄牙发生了一系列冲突，并控制了佛得角群岛。[8]

葡萄牙人在1471 年前后就来到了黄金海岸进行贸易。他们最初来得零零散散，又穷，又狂热，又绝望。接下来10 年，有不少人在埃尔米纳等地区定居，所以夸梅纳·安萨对葡萄牙人产生了一种很可怜的印象。他通过翻译将这种印象传达给了1482 年葡萄牙舰队的指挥官第奥古·德·阿赞布雅（Diogo de Azambuja）："来到这儿的基督徒很少，很脏，很卑微。"不难想象，他们挠着头发里的虱子，衣衫褴褛；与那些他们妄图与之做买卖的精心打扮的人相比，他们完全没有吸引力。[9]

尽管如此，1482 年，双方还是在这里相遇了，他们立刻

116

开始了礼节性的交往。葡萄牙人解释道，他们希望通过支付一大笔布匹、盆子和铜环来获得修建一座堡垒的权利。最终，夸梅纳·安萨同意了。然而，这种交易的问题随之而来。对于葡萄牙人来说，黄金贸易的利润是最重要的考虑因素。他们希望尽快与一系列小国家，比如阿布雷姆（Abrem）和拉巴迪（Labadi），发展贸易关系，因为它们都使用黄金进行交易。但是，对于夸梅纳·安萨和他的人民来说，"市场"并不是价值的最终仲裁者。贸易只是关于信仰和宗教实践的更大框架下的一部分而已，这个框架根植于在物质世界与非物质世界都应当存在的礼物交换。[10]

葡萄牙皇家编年史家鲁伊·德·皮纳（Rui de Pina）描写了接下来发生的事情：

> 葡萄牙船长第奥古·德·阿赞布雅和他的随从前去决定堡垒的选址，他们选择了一些峭壁的顶端，这些地方是非洲人神圣的祭祀之地……非洲人看到他们的圣地被这样摧毁，情绪非常激动，就像看到所有人世得救的希望都破灭了一样。他们陷入了可怕的暴怒之中，拿起了武器。[11]

15世纪晚期，远在枪炮进口之前，黄金海岸的军队是令人生畏的。他们的剑由铁匠用精铁打造，装在用动物皮或者鱼皮制作的剑鞘中。箭镞安装在小鱼叉上，装入硬木制的弓，涂上从鳄鱼胆汁中提取的毒药。士兵们戴着穿山甲皮或者鳄鱼皮制作的头盔，头盔上装饰着红海贝或者镀金的角。盾牌由一种特殊树木的枝条编织，可以提供强力的保护。这样，他们显然可以经受得住矛或者箭的袭击。葡萄牙人无法抵挡他们：由于火药受潮，他们的枪常常无法射击；此外，他们的人数也太少了。如同鲁伊·德·皮纳所说，夸梅纳·安萨的军队"将我们的军官赶回了船上，因为他们无法抵御敌人"。[12]

这场战斗又一次证明，在谁是这里政治上的发号施令者这个问题上不存在任何疑问。尽管如此，城堡最后还是建立了起来，一旦建立，它就开启了一系列不可逆的事件。在短短几年内，每年有 17 万多布拉（dobras）的黄金被送往葡萄牙。10年内，商人们从各个角落向埃尔米纳蜂拥而来。从黄金海岸地区来的有阿布罗姆（Abrom）、阿肯和阿丹西（Adanse）商人；曼丁卡商人也从马里帝国附近的地区赶来；在更远处的西方的大塞内冈比亚方向上，苏苏（Susu）商人也在赶来。他们都希望用黄金换取染得花花绿绿的好布料，或者换取贝币和铜环。[13]

随着新商路的开辟，黄金海岸上的世界主义也在不断地发展。那儿有许多小王国，每一个都有自己的统治者、贵族、语言和习俗，它们都前来进行贸易。随着这种模式的巩固，当地供需之间的互相影响成了塑造海岸地区与腹地的生活方式和经验的关键因素。

随着葡萄牙人的到来，一个更加深远的变化是，黄金海岸统治者们的商业地位不断发展。他们突然发现自己被夹在了两大主要商业网络中间，一边是大西洋贸易，另一边是传统的撒哈拉贸易。政治领袖们在两大竞争网之间长袖善舞，确保权力留在本地人手中。16 世纪成了增长的世纪，它在 1550 年前就见证了强大的阿肯人王国登基拉（在埃尔米纳以北、库马西以南的森林丘陵之中）的崛起。根据历史学家夸西·科纳杜的看法，阿肯人军事和政治权力的顶峰出现在 1660 年左右，

117

之后登基拉的权力开始衰落，其政治状况受到了前所未有的外部势力的影响。[14]

这样，直到 17 世纪晚期，来自欧洲的政治和军事压力才开始展现出负面影响。但直到那时，政治权力与决策仍然在黄金海岸的统治者手中。这时，这个地区的黄金对于正在扩张的欧洲帝国的重要性已经非常明显。就像 17 世纪的荷兰联省完全依赖"几内亚"的黄金来铸造它们的货币，在 1674 年到 1714 年间，英格兰皇家非洲公司铸造了 548327 个基尼金币，这些黄金也来自这个地区。[15]

在黄金海岸的经济中，黄金的地位是至高无上的，特别是随着与欧洲人的贸易的增长。然而，这个地区对奴隶贸易却有着强烈的抵抗。在非洲大西洋贸易的前两个世纪中，黄金海岸地区几乎不存在奴隶出口。在这里，只有一种被称为迪乌拉的商人会购买奴隶，他们拥有着遍布西非的贸易网络。迪乌拉的确购买奴隶，但这些奴隶通常并不来自黄金海岸地区，他们由葡萄牙人从位于现在尼日利亚南部的贝宁王国带过来。迪乌拉使用奴隶向北运输欧洲货，在回程时再从金矿把黄金带到海岸上。这是一种 1500 年时就已经发展出来了的贸易形式，它也表明了不同地域之间的货币交换及不同价值观之间的差异是何等巨大。在贝宁，葡萄牙人利用铜环和贝币换取奴隶，这两种货币在该地被广泛使用。[16]

人们可能会问，为什么虽然黄金海岸地区的人们抵制奴隶贸易，但最终还是有人买走了奴隶？一个关键性的答案来自舌蝇——一种传播昏睡病的小昆虫。由于这种小虫子的存在，没有其他驮兽可以生活在森林地区。正因如此，利用背夫显得异常重要。气候因素和地理边界铸造了这样一个社会，在这里，

118

被强迫的劳力是正常的，这种社会最初形成了一种亲缘与依附的混合状态，同时，政治领袖试图保证这些劳力是外来的，奴隶则最早由欧洲商人带来。

关于这件事，一份不错的叙述由德国商人萨穆埃尔·布伦（Samuel Brun）在 1614 年左右提供，他描写了阿肯人（事实上可能指的是登基拉商人）：

> 阿肯商人从阿肯地区带来了最好的黄金，有大约 60 到 70 磅……他们以令人印象非常深刻的方式到来，带着 150 个或者更多的奴隶。这是因为阿肯人没有马匹，而他们用黄金换来的商品，比如铁器、铜、黄铜盆、珠子、刀剑和其他大型刀具，都太重了，必须用奴隶将它们扛着才能返回……[17]

这种贸易的根基在于西非对欧洲商品的需求，正如我们已经看到的，这一点在 1500 年时就在卡诺地区造成了黄金的产能过剩。同时，葡萄牙人对黄金的需求也有助于缓解他们的货币埃斯库多出现疯狂的通货膨胀。在西非，由于铜是一种重要的货币类型，并被用来进行礼仪交换，而且铜币是一种更有利于交换的货币；因此，铜环的进口有利于市场的扩张。同时，根据帕谢科·佩雷拉的说法，黄金贸易对于葡萄牙来说是一个巨大的馅饼，可以产生 500% 的利润。阿肯和葡萄牙统治者都热衷于扩张贸易交换，以此来发展市场和政权机制。这种用黄金交换铜货币的过程在短期内促进了商业的发展，但从长期来看，却影响了双方的经济增长和相关的经济实力。[18]

要想知道这个地区对于欧洲贸易有多重要，有必要看一下战争的早期地位。费图在 17 世纪 60 年代提供了一份记录："数年前，人们出于非常正当的理由，对在几内亚海岸上出售火枪充满了疑虑。然而现在，这看上去已经变成了自由贸易，人们可以看到数量惊人的火枪在那儿出售，新的旧的都有。"[19]

枪支贸易也是新经济形态的一部分，在这种模式下，作为进口货币的铜和铁被那些煽动混乱的商品——比如火药和酒精——所取代。这是对阿肯诸王国内部通货膨胀压力的一种纠正，必须有足够的进口商品来匹配数额巨大的货币供应。然而，政治权力却在这个过程中解体了，随着秩序被打破、战争迭起，奴隶出口的贸易将要开始。这导致了登基拉和当时的阿克瓦穆（Akwamu）国家权力的终结，这些国家之所以建立是为了控制黄金贸易。继起的国家是阿散蒂，它的权力建构在日益增长的奴隶贸易之上。

关于战争、黄金贸易和奴隶贸易之间的关系，葡萄牙商人若昂·罗德里格斯·罗舒在写于 17 世纪 10 年代的一封信中特别提道：一旦奴隶贸易和黄金贸易一样出现在埃尔米纳，"那儿很快就会发生战争，战争又会让他们出口更多的黄金，用来补给他们的战争"[20]。

早期黄金贸易对黄金海岸社会的影响

在西非，由于黄金海岸距离金矿最近，这个区域天然成了全球黄金贸易的焦点。在与第奥古·德·阿赞布雅及其助手会晤时，夸梅纳·安萨的纯金装饰的服饰充分表明，"黄金海岸"早已是世界贸易中一个主要领域的大玩家。此外，历史材料中提到的小王国的众多数量揭示了这个地区人口密集、经济繁荣的状况。

这个地区的金矿在大西洋北岸的森林之中。如我们早已看到的，北非 14 和 15 世纪对黄金不断增加的需求使这个地区产量增加，并扩张了穿越稀树草原的商路，这带来了一些重要国家——比如贡贾和孔——的崛起，以及卡诺的继续发展。考古学证据支持这样的观点，就像在卡诺和莫西那样，15 世纪也是黄金海岸转型的世纪。对于阿散蒂地区（在现代库马西周围，也是 18 世纪阿散蒂帝国的首都所在地）的挖掘显示，在 15 世纪之前，这个地区就已经存在大量定居人口。这些定居点以熔化和铸造铁器著称，留下了大量的矿渣，这些遗迹最早可以追溯到公元 800 年。显然，在 15 世纪黄金产能扩张时，铁是非常重要的，它可以用来制造矿工的工具，并用来铸造称量黄金的砝码，就像我们前面所看到的。然而，15 世纪也见证了一些关键地点和土垒被放弃，由于 15 世纪激烈的变化，像夸梅纳·安萨（他出现于 15 世纪 80 年代）这样的国王不得不这样做，而卡诺和莫西的国王甚至在欧洲商人来之前就开始这么做了。[21]

人类在这些转变中的经验，不能仅仅从经济学家所理解的非洲黄金在全球货币供应中的作用这个角度去看。葡萄牙商人引起的大西洋海岸黄金需求大爆炸引发了多种社会转型。新的贸易城镇出现了，经过阿塞布（Asebu）将黄金从丛林中带出来的新路线也出现了。黄金发展出多重价值，而不仅仅作为简单的现金对应物存在。与作为出口货币同等重要的是，它还是展示社会身份、礼仪权力的符号，正如夸梅纳·安萨在 1482 年通过黄金服饰向到来的葡萄牙人展示他的身份和权力。

121

荷兰水手彼得·德·马雷斯在 1600 年前后描写道："一位贵族或者是希望成为贵族的人需要在脖子上戴一个黄金项圈……通常他们也在膝上围一个珠串，其中混合着抛光的威尼斯珠子和黄金珠子，以及其他黄金饰品。"仅仅几年后，水手安德烈亚斯·乌尔斯海默（Andreas Ulsheimer）在描写费图王国时再次肯定了这样的说法，表示"他们的确在脖子上戴真的黄金项圈"。这里的贵族的确以"戴着钱"来展示他们富有的程度，以及他们与权力有多近。[22]

黄金海岸的人们又如何才能做到，当黄金在世界市场变得越来越昂贵时，拥有这么多的黄金，却只用于展示呢？作为黄金制造者，这个地区在贸易谈判时具有支配地位。一位英格兰水手在 18 世纪 30 年代说过："我们的钱币以他们的黄金命名。"他指的是英国的金基尼（这个词来自几内亚）。恐怕没有什么比别人对某物的渴望更能促进它的价值。跨撒哈拉网络的商人们对黄金的需求无疑更鼓励了本地皇家将黄金作为展示品。欧洲人到来后对黄金的持续需求更是加强了人们对黄金的向往，以及黄金海岸上的贵族们想要证明他们有权使用黄金的愿望。所以，到 1600 年时，人们对黄金热的描述，只不过是葡萄牙人对他们刚到达时所见景象的描述的继续。[23]

要把黄金带到岸边，有两条路可以选择：水路和陆路。就如同玛丽·金斯利（Mary Kingsley）在 19 世纪晚期对西非和中西非的描述，河流常常是这个地区的道路；或者如同尼日利亚小说家本·奥克瑞（Ben Okri）在他 1991 年获布克奖小说《饥饿的路》（*The Famished Road*）中所说："最初那儿有条河流，这条河变成了路，这条路分出的岔道通往整个世界。因为这条路曾经是河流，所以它总是饥饿。"[24]

　　在河流之外，从海岸城镇，比如阿诺马布和塞康第，通往这片伟大的黄金产区的陆路有很多条。陆路一般从海岸出发，接着进入充满百合和芦荟的绿色谷地，那儿起伏的山坡上布满了不可胜数的木棉树；在穿过距离海岸50英里的普拉河（Pra River）后，陆路在登基拉地区急剧抬升进入山区，最后一路向下，进入后来成为阿散蒂核心区的地区。在这些道路上，奴隶组成的队伍携带着黄金寻找着通道。[25]

　　一旦开始，海岸上出入黄金产地的贸易的急剧增长很快就激发了阿肯社会内显著的变化。1503年，即距离埃尔米纳城堡监狱的建立仅仅21年后，随着繁荣的扩张，基督教新信仰的社团开始拥有了强大的影响力。在这一年八月，阿基姆（Akyem）的国王（Acomani）和费图的国王（Afuto）来到了埃尔米纳，要求那里的天主教士给他们施洗。但是，为什么一些黄金海岸的国王这么热衷于采纳基督教信仰呢？其中当然有政治的考量，例如塞内冈比亚的布米·杰林，他希望与葡萄牙人的联盟可以为之带来军事和政治上的优势地位，甚至削弱内地的阿肯人的王国，在那里，登基拉王国在几乎同一时间被建立起来。[26]

　　但是，在这种工具主义之外，当地人采纳一种新宗教的渴望还需要从西非宗教的多元性角度去理解。在这里，采纳一种新的神祠和宗教信仰并不必然导致已经存在的信仰被排挤或者被宣布为非法。同样并不令人吃惊的是，当地的国王们对于一系列信仰都是开放的，这是因为这个地区早已通过与马里帝国相关的流动的曼丁卡商人感知到了远方的影响力。这并不是说马里的影响力"塑造"了阿肯社会，因为曼丁卡商人自己也

123 被阿肯的影响力笼罩着，并且也肯定接受了许多阿肯的习俗。这种联系是互相的，到了 16 世纪，在契维语（Twi）中已经有了许多曼丁语的借词，比如独木舟（okoroo/kuru）、房子（aban/bain）、金矿（nkoron/kolo）和奴隶（odonko/dyonko）。此处还没有提到这个时期伊斯兰教的影响，这种影响可以从黄金砝码的样式中看出来。[27]

这样，与葡萄牙人进行的繁荣的黄金贸易需要被放到之前所发生之事的语境中去讨论。就像塞内冈比亚和萨赫勒区域，黄金海岸地区也早在欧洲人到来之前就已经全球化了。穿越大西洋的新商道并非某种革命性的变化，只不过是对已经存在的模式的扩充。这种模式建立在跨撒哈拉商道对黄金的需求之上，在这条商道上，与主要帝国相联系的外来商人早就为人所知了。当然，葡萄牙人的商业活动增加了黄金海岸的多元性。1623 年，迪瑞克·鲁伊特斯对海岸上人们生活的描写显示出令人着迷的多元化：每走五六英里就会碰到一个不同的族群，他们有着完全不同的习俗。与此同时，葡萄牙人也从葡萄牙带来了新的水果，比如柠檬、橙子、无花果和葡萄，并从美洲带来了玉米。[28]

人文与自然环境迅速地变化着，政治环境也在发生变迁。大概从 14 世纪开始，阿肯城镇就被分成了街区（abron），那儿也已经有了被称为阿萨弗（asafo）的准军事化公司（正是它们于 1482 年在夸梅纳·安萨的命令下袭击了葡萄牙人）。16 世纪，随着长途贸易的扩张，上述模式也出现了变化。市区扩大了，城市人民在郊区的农业增产以及新玉米作物的繁荣的支撑下过着富足的生活，最晚从 1580 年开始，人们用黄金向不断扩张的行政当局缴税。城镇与王国不断地争夺着权力，也争夺着欧洲人带来的贸易品。很多拼凑的小国，比如出现于1500 年左右的阿基姆和阿希姆（Assim），最终让位给了更大的控制着黄金贸易的内陆国家，最初是登基拉，在 17 世纪后半期则是阿克瓦穆，后者的位置在登基拉的远东、阿克拉（Accra）的北面。所有这些国家都通过芳蒂商人在海岸上进行贸易，17 世纪后半段，芳蒂的权力迅速增长。芳蒂语与阿肯语是有联系的，事实上，一些口述历史学材料认为，芳蒂首领直到 17 世纪早期才在海岸地区定居。[29]

　　大西洋黄金贸易的兴起总体上是一个不断增长但不平等的繁荣时期。被称作阿比伦蓬（abirempon）的富人通过贸易扩张了他们的财富，又通过市场交易获取奢侈品以维持他们的社会地位。同时，在港口区，被称作阿法海内（afahene）的掮客们控制了与欧洲船的贸易，用黄金换取盆子、布匹、铜和贝币，增加了货币供应和市场交换。作为政治心脏的内地城镇也在扩张，海岸城镇却保持着相对小的规模，成为翻译、船民、渔民和内地大贸易商附庸者的大本营。[30]

　　到大约 1602 年，一个世纪以来海岸上的黄金贸易的影响终于显现。于 1603～1604 年在此地区旅行时，安德烈亚斯·乌尔斯海默不仅描述了组织良好的贸易，还描述了它给当地带来的变化。孩子们花费大量的时间在海滩上，将沙子从岩石间铲出，装在容器里来回摇动，从一个容器换到另一个容器中，以获取金砂。与此同时，阿肯商人们从至少距离这里 30 到 40 英里的内地赶来，每个人每次通常带着 6 到 12 磅的黄金，主要用来交换欧洲的亚麻产品，他们雇用海岸上的人们作为掮客与荷兰人和葡萄牙人进行交易。从欧洲进口商品造成的影响可以从 16 世纪黄金砝码开始镶嵌黄铜这件事上看出，在

124

当时，黄铜是葡萄牙人带来的主要进口商品。[31]

另一个同时代的匿名报告给出了关于黄金贸易的另一个相似的图景，虽然这个荷兰作家将黄金商人的出发之地定为200英里外的内地。这些商人用他们的私人奴隶来运送黄金，通常有20到30人，他们带着商人们从货船上买的进口商品返回内地。到这时，荷兰的黄金贸易开始远超葡萄牙：荷兰在欧洲拥有最好的工业、最快最大的船，可以通过用更低的价钱卖更好的货，将葡萄牙人比下去。[32]

到了1600年，海岸上的人们已经发展出了社会机构，以促使他们的孩子们参与这种赚钱的生意。就像前面所提到的，孩子们被动员起来在海滩上或者溪谷里淘金。他们从10岁或者12岁就开始在去往海洋的独木舟里钓鱼。他们抓到鱼后，就卖掉换黄金，而用黄金可以买他们所需的亚麻布。这样，他们很快就能与内地商人（迪乌拉）做生意，作为掮客进入这个贸易的大舞台，他们梦想在未来成为一个阿比伦蓬。这样，到了1600年（可能更早），这种过程就迅速成了社会变化和日常生活的基石。[33]

像任何拥有巨大价值的商品那样，许多复杂而精确的机制也因黄金贸易而生。到17世纪结束时，一位来访者描述道：

> 商人们首先在岸上将黄金精确称量，接着再将之放到小块的亚麻布里，分成2、3、5、6昆辰（quintchen，十六分之一盎司）的小份。他们将这些小布包放到木盒里，用一个小麻布袋包裹，再六到七个串在一起，最后牢牢地绑在他们的脖子上或者身体上，如同一根绳子。当他们登船开始贸易时，必须要花费足足三个小时去谈价格，之后

他们仍然会在重量上继续争吵。

尽管如此，当有巨大利润时，这个结构精巧的贸易系统仍然无法避免典型的腐败现象，因为，"当最终交易结束后，那些黄金被发现掺了一半的铜，或者有很大一部分是沙子"。[34]

在黄金贸易的复杂系统中，阿肯商人、芳蒂的翻译和掮客是同等重要的。当时贸易体系中黄金的价值在乌尔斯海默1603～1604 年的记录中被清晰地表现出来，根据记录，黄金是一个主要的货币单位，被称为本达（benda），1 本达也就是2 盎司黄金，其余商品都根据黄金定价：铜的价值是 1 本达换取 12 到 20 磅；铜制臂环是 1 本达换取 25 个；布匹是 1 本达换取 40 到 43 块。这样，黄金就成了衡量价值的标准单位，也成了黄金海岸与正在崛起的大西洋帝国之间贸易的标准交换媒介，其购买力远超同时代塞内冈比亚所使用的布匹和铁条的购买力。[35]

由于这个地区在多年内一直是黄金交易的中心，它也成了检验本书研究的大量现象的重要地区。自由贸易理论总是认为，贸易必然带来繁荣，但与这一理论相反，这个建立在黄金贸易基础上的社会系统是如何导致了政治不稳定，最终又是如何削弱了社会的资本基础的呢？这仅仅是黄金海岸上发生的特例吗？这里发生的黄金和其他货币之间的贸易联系，是否可以为某些经济学家声称的"财富的逆转"提供一些证据支撑？根据这个模型，一方面，一个地区与欧洲商业帝国发生了经济互动；而另一方面，这个地区对经济不利的因素也在逐渐累积？一个关键事实当然是，这个地区对外界的贸易依赖在不断增多，它始于本章覆盖的年代，随后在整个 18 世纪都在加速。

这让黄金海岸的统治者们在 19 世纪早期贸易形式发生巨变时，在外部冲击面前变得极其脆弱。[36]

关于黄金海岸的早期叙述反映了这些变化的一个重要方面。在金砂中掺入沙子和其他杂质的证词，反映了阿肯商人、芳蒂中间人与欧洲商人之间迅速增长的不信任。在贸易中作假当然在世界上的所有社会中都有着悠久的传统，但在这里，它的增长极其迅速。贸易一开始，这种作假就已经存在了。与阿肯商人们在 17 世纪 80 年代开始作假相比，荷兰在 1602 年前后的一份记载却表明，最先进行欺骗的是早期的荷兰商人："他们（阿肯商人）购买 10 法图姆（fathome）的亚麻布，却发现只有 8 法图姆，他们损失了相当于 2 法图姆的价值。"造成这种情况的根本原因无疑是黄金交易中的高昂价值，以及由此给双方带来的通过欺骗来增加收益的诱惑和机会：在黄金贸易中有太多猫儿腻需要担心了。[37]

在实践中到底怎么作弊，一个生动的例子来自很早的阶段，甚至在葡萄牙人建立埃尔米纳之前就出现了。当法国商人厄斯塔什·德·拉·福斯（Eustache de la Fosse）在 1480 年到访黄金海岸地区时，他以一种令他狂怒的方式丢失了交易品。德·拉·福斯带着两大盆商品挨家挨户兜售，希望可以卖一大笔钱。他被叫进了一栋房子，那儿有五六个女人和他交谈。她们看上去是和他一样的小贩。过了一会儿他离开了，却忘了带他的盆："我走到街上，走过大约两三个建筑后，想起忘记拿盆了，于是径直返回刚才的房子。但我走进去后，却发现那儿一个人都没有了。接着，一个年轻女人出现了，走过来问我要不要和她戳卡戳卡（choque-choque），她开始脱衣服，以为我要和她做爱。由于我刚丢了盆，正在气头上，可没有兴趣干这事儿。"无疑，由于担心商品价值太高，太容易丢失，葡萄牙人才决定在黄金海岸上修建第一座城堡。[38]

像德·拉·福斯这样的故事表明，黄金交易中重叠着太多不同的利益。欧洲商人大都是放荡的年轻人，受到性的困扰。他们可能还有一种绝望感，因为他们知道，能从非洲的疾病中存活并带着足够的利润回到欧洲的概率很低，所以，他们的首要诉求是尽一切可能赚快钱，并在死亡之前离开。根据帕谢科·佩雷拉的观点，那儿的确有大量的钱可以赚，葡萄牙人早期贸易的利润可以达到500%。与此同时，众多商品的到来致使当地货币存量爆炸，也带来了市场的发展以及当地城市和社会模式的变化。如同我们在第一章所看到的，黄金海岸地区的欧洲商人的到来，尤其受到阿肯和迪乌拉商人们的重视；他们正在遭受黄金产能过剩，黄金已经充满了卡诺这样的跨撒哈拉中转站的市场。这样，双方都意识到了潜在贸易的高回报，并致力于保护自己的利益。对于葡萄牙人来说，这意味着在埃尔米纳修建堡垒；对于阿肯人来说，这则意味着对国家的巩固和控制社会的新机制的发展。

在黄金海岸地区，把黄金作为价值的标准单位在巩固国家的进程中是非常重要的。黄金成为全球性的价值标准，这扩大了税基和货币供应，扩张了市场，增强了当地国王们发展政治基础的能力，帮助他们获得了购买火枪等西方武器的资金。一份1600年的记录描述了黄金是如何被用来为商品付账的，它们不是以金币的形式进行交易，而是直接称重，如果需要的黄金数量太少，秤的精度不够，无法称重，那就用更小的金片［被称作卡克拉（kackra）］进行交易。这些金片一般都装在花花绿绿的小钱包里，挂在一根带子上。国王们让他们的亲戚在港口

128

担任税官，在那儿收取进口关税。内地商人们前来贸易也需要用黄金纳税。任何商品均按重量计算，如果价值小于 1 本达黄金，就不用缴税，如果超过了，每本达都要缴纳一小笔税款。[39]

这种管理架构和控制措施的扩张来自对阿肯黄金的争夺。荷兰与葡萄牙商人们对黄金的巨额需求为阿肯森林地区过剩的黄金提供了一个现成的出口，这一点在 15 世纪时就已经非常明显。然而，与之前卡诺地区跨撒哈拉商人的经验相比，需求的快速上升开始超过现有的黄金出口供应。如同我们早就看到的，在黄金海岸地区，黄金是被当作一种货币来使用的，它同时还被做成项圈，用作装饰品。由于黄金被同时用作商品和权力储备以及货币，可供出口的黄金数量到 1600 年已经与需求持平了。但同时，来到本地的商船数量却一直在增长。1614年，萨穆埃尔·布伦写道："几年前，每年仅有不超过四艘船来到这里。现在有二十多艘到来，但（从内地）送到这里的黄金却并不比以前多。这么多船让黄金变得更加昂贵，它们不得不互相争夺。"这样，进口商品的价格以当地货币（非黄金）计都增长了。在 15 世纪的跨撒哈拉贸易中，黄金是过剩的，却没有足够的商品可以买，现在这幅图景发生了反转。从荷兰方面的记载中可以清晰地看到，在 17 世纪早期，有人甚至说就是在 1608 年的 4 月到 10 月，1 本达黄金的价格就从 60块麻布涨到了 70 甚至 80 块。[40]

黄金价格暴涨带来的结果是，不同类型的货币以及货币的总量都在暴涨：比起以前，麻布变得越来越多，铜、铁也变得唾手可得。对于铁匠而言，他们有了更多的原材料去制造装饰品、武器和工具。原材料的增多意味着这一时期市场的扩张，这致使阿比伦蓬积累了更多的财富，海岸上和内地的城镇拥有了更富裕的市场，国家由于税基的扩大也变得更加强大。这一切依赖于本地区货币基础的扩张，并且，由于黄金除了在本地使用也用于出口，它与替代性货币的共存也是一种必须。根据一份文献，早期的替代性货币是铜，这也是早在 1510 年的埃尔米纳葡萄牙贸易的基石。这是从已经存在的跨撒哈拉铜贸易中发展起来的，到了 16 世纪第一个十年，成千上万的铜环被埃尔米纳和阿克西姆的葡萄牙人卖掉：在 1504 到 1507 年间，埃尔米纳就卖了 287813 个。[41]

就像黄金一样，铜也被同时用作贸易货币和象征权力的礼仪性储备，可以在诸如施舍和葬礼的许多场合中被使用。同样的分化也出现在之后阿散蒂人对贝币的使用上。对应于不同的使用方式（货币和礼仪），阿肯人甚至创造了两个不同的词来表示。在这方面，西非经济表现出与欧洲同样的特征，欧洲也曾经热衷于在教堂和皇宫的祭坛和房间里展示黄金制品。一直到白银以及后来的黄金被采纳为价值标准时，欧洲的这种情况才发生了变化。如葡萄牙这样的国家，即便到了 18 世纪，仍然坚持黄金的展示价值第一，货币价值第二。在 1717 到 1755 年间，葡萄牙在马夫拉（Mafra）建立了巨大的"金象"宫，里面摆着黄金做的餐具。这样，黄金的经济力量自然也没有办法得到充分的发展。[42]

130

如果放在更广泛的货币交换的语境下去研究，可以看到黄金出口与铜器进口之间的关系带来了黄金海岸地区社会和经济的巨大变化。事实上，在非洲其他地区，黄金换铜的情况也广泛存在。比如 10 到 16 世纪，在现在的莫桑比克海岸上，一种相似的贸易就发生在大津巴布韦与斯瓦希里商人之间。从 10 世纪开始，黄金就在一个叫作索法拉［Sofala，现在被称为贝拉（Beira）］的港口进行出口，在这里，所有的考古学证据都表明，人们对铜的定价比黄金还高。交换的基础则是双方不同的价值判断。对于非洲人来说，进口的铜拥有多重价值，可以用来交换、装饰以及用于宗教礼仪。而出口的黄金，则在非洲以外被用作货币资本。[43]

17 世纪黄金贸易繁荣的影响多种多样。新的贸易框架要求经济转型。不断增长的贸易以及双方由此产生的价值表明，仅仅依靠进口的铜仍然是不够的。到了 1600 年，黄金海岸地区货币的种类更加丰富了。除了铜和黄金，小块的铁（指头长短）也被用作货币，这些铁自然是从更大的铁块上熔下来的，大量的大铁块正在被欧洲的船只源源不断地运输来。这也和关于大塞内冈比亚的最后一章中的内容相关联，到了 1600 年，铁条已经成了该地区的一种价值标准。[44]

黄金海岸上的金属与从欧洲进口的金属之间的交换还在加速；这创造了两者在获取资本上的差异，不断增长的布匹进口还削弱了黄金海岸地区的纺织工业。非洲的布匹所需的棉花大都来自木棉树，这种树种植在海岸和内地前往金矿的道路两侧。1510 年从埃尔米纳发出的一份报告就捕捉到了本地和进口布匹之间的竞争情况，在埃尔米纳，"非洲人中有太多的曼丁卡布（由曼丁卡商人带来的布），它很拖累我们的贸易"。同时，来自亚洲和欧洲的更便宜且质量更好的麻布塞满了黄金海岸的市场，这挑战了这种当地的交换模式。[45]

早期贸易的政治语境

1540 年，一位被葡萄牙人称为格拉提娅（Gratia）的女奴在里斯本的宗教法庭受审。格拉提娅是从位于黄金海岸埃尔米纳的葡萄牙城堡中被送来的，原因是宗教法庭声称她"犯了错"。她虽然在埃尔米纳葡萄牙人修建的教堂中受洗为基督徒，但她关于基督教义的知识，哪怕按照最基本的说法，也是残缺的。格拉提娅既不知道为她施洗的教士的名字，也不知道任何关于信仰的祷文，比如《天主经》（Pater Noster）、《圣母颂》（Ave Maria）或者《又圣母经》（Salve Regina）。与此同时，资助她受洗的教父母甚至没有教给她最基本的信条。[46]

　　格拉提娅案件揭示了黄金海岸地区复杂的关系。虽然葡萄牙人宣称，之所以要将西非殖民化，是为了传播福音，并因此得到了教廷的许可；虽然将奴隶制合法化的理由也是，这样可以使奴隶们皈依，拯救他们的灵魂上天堂，但实际上，像格拉提娅这样的新奴隶，却并没有人真诚地去帮助他们皈依，教授他们信仰的信条，不管是他们的施洗者还是教父母。无疑，在像埃尔米纳这样有交叉文化的贸易中心，新受洗者的数量虽然不多，却稳步增长，但这些受洗者仍然保留了以前的宗教信仰和宗教实践。

　　这种混合信仰是如此广泛地分布在西非的大西洋贸易港口，但这还不足以解释为什么格拉提娅会被驱逐。对于某位大人物的个人轻视，或者对于某个与葡萄牙殖民地官员有联系的人的敌意，可能更能解释为什么她会被从埃尔米纳专程送到里斯本接受异端审判。一到葡萄牙，她便被指控制造偶像和假神并在家中对它们敬拜。人们在她的炉子里发现了假神的形象，她的一个木碗里放着四根木头，上面覆盖着面粉，每一根木头长四指。当格拉提娅被讯问时，她确认了这些形象代表着"她崇拜的神灵"[47]。132

　　新组建的里斯本裁判所的审判官们不允许非洲宗教实践与对基督教信仰的接受的混合，他们判罚格拉提娅终身监禁，并接受信仰指导。对于他们而言，更加具有警示性的是天主教士们在黄金海岸虚弱的宗教权力。真正的现实是，宗教福音的传播是以商业交换的发展为基础的，而商业交换又依赖于这种混合的社会文化框架，格拉提娅就是这种混合框架的最佳代表。在黄金海岸贸易中心，葡萄牙人并不能主导当地的政治和经济生活，也就不能强加他们的宗教信仰到哪怕是像格拉提娅这样的奴隶身上。事实上，葡萄牙人和他们的荷兰、英格兰继承人在超过一个世纪的时间里，都严重依赖海岸地区的政治势力，并将其作为中间人来进行贸易。

　　欧洲人愿意适应当地宗教和文化实践的程度，直到 150 年后才由英格兰人在他们的海岸角城堡中表现出来。在这里，一份 1673 年的记录表明，他们的代理商曾经向费图国王的葬礼送去了钱物。留存下来的收据显示，他们曾经购买了白兰地用于葬礼舞会，以及送给参加葬礼的费特伊拉（feiteira，即费图教士）。如同在西非的许多地区（葬礼是当地的主要典礼，需要花费大量钱财），对于英格兰人来说，参加葬礼是非常重要的事情，这可以表现他们对于黄金海岸习俗的接受与吸收。白兰地的一部分用于对费图神祇的礼仪性施舍，这更加说明了英格兰人当时对于黄金海岸宗教实践的文化适应力。[48]

　　到 1673 年，这种文化同化已经有接近两个世纪的历史了。一些引人入胜的证据表明，在制度化贸易开始的 80 年后，即 16 世纪 60 年代时，海岸上的贸易站里开始出现一种混合社会。1564 年，埃尔米纳附近国王的儿子们在埃尔米纳财务总监的照料下，被送往葡萄牙的桑蒂西马 - 特林达迪修道院

（Monastery of Santíssima Trindade）进行宗教学习。然而，虽然
也有边缘化的改宗或举行天主教仪式的实践，但在埃尔米纳，
仍然是本土宗教信仰占据主流，这一点毋庸置疑：一份 1572　133
年的记录描写了，一个基督徒在与"外邦人"（阿肯的非基督
徒）结婚后，他立刻开始"用外邦人的礼仪"生活起来；另
一个人则描写说，葡萄牙船员一旦与当地女人有了孩子，这些
孩子要么夭折，要么失落在当地的生活方式之中。[49]

　　黄金海岸的人们在葡萄牙观看天主教的习俗，而葡萄牙在
黄金海岸的移民则很快开始实践非洲的宗教，这表明他们每一
方都受到了所在地的政治控制。整个 16 世纪，所有证据都清
楚地表明，葡萄牙人是通过依靠黄金海岸的国王们来保证他们
的安全。1503 年，葡萄牙人在海岸向西延伸的地方建立了阿
克西姆要塞，据说如果没有这个要塞，葡萄牙商人们就只能依
靠非洲人的怜悯活着了。1520 年前后，杜阿尔特·帕谢科·
佩雷拉曾经是埃尔米纳的代理商人，他频繁地将布料作为礼物
赠送给阿萨（Assa）和阿肯的国王们。对于葡萄牙人来说，
把这些统治者拉在自己这一边是很重要的，因为 6 年前的
1514 年，阿萨国王刚刚与葡萄牙人联手反对了费图的国王，
这位国王想摧毁埃尔米纳的定居点。这样，只有在承认非洲政
治控制的前提下，早期的葡萄牙商人才能保住他们的地位。[50]

　　从 16 世纪 10 年代开始，这种迹象就变得非常重要，因为
费图的势力对于葡萄牙贸易网络来说一直是一根毒刺。只有与
费图的敌人结盟才能让葡萄牙人成功。在 1577 到 1578 年间的
一次主要冲突中，葡萄牙人与埃尔米纳附近的人们结盟，打败
了费图及其盟友科门达，将它们的城镇夷平，赶走了它们的人
民。这次行动留下了浓墨重彩的一笔，因为科门达在一个世纪

内已经成长为海岸上最重要的政治势力之一。这样，就如同在美洲击败特诺奇提特兰的阿兹特克人那样，欧洲人必须与当地人进行军事结盟，才有可能巩固他们自身网络的安全。如同历史学家马克·默韦斯（Mark Meuwese）对 17 世纪荷兰贸易做出的说明那样，这依赖于寻找当地盟友，例如，荷兰人在 1642 年与阿克拉国王签订了贸易协定。在一个 1624 年的例子中，荷兰西印度公司与芳蒂国王阿姆布罗（Ambro）签订了一项协议：当遭到敌人的攻击时，双方都要向对方提供军事援助。这一方面表明，芳蒂势力在当时已经崛起，另一方面也表明了，不管是荷兰还是葡萄牙，在很大程度上都要依赖黄金海岸当地的联盟关系来保证贸易。[51]

当时，这样的联盟对双方来说都已经超出了政治意义。它们的文化与做事方式都有所变化，并且相互影响。借助这种联盟，黄金海岸的国王们采用了有用的作物，扩张了粮食生产，最好的例子是玉米在黄金海岸的广泛种植。根据一份 1572 年的记录，他们还通过葡萄牙人在圣多美岛的定居点从美洲进口玉米。芳蒂人称之为奥博罗威（oborowi），意思是"海外粟"，到 17 世纪早期，人们发现这里的玉米已经种出了各种颜色，就像墨西哥长期以来的那样。[52]

与此同时，欧洲人从贸易点带回去的商品也不仅仅是黄金，黄金海岸的手工制品在欧洲也很受欢迎。商人彼得·德·马雷斯描述说，在 17 世纪早期，这些手工艺品在尼德兰能经常被看到：

> 女孩们……学习怎么用绿色灯芯草手工制作大小篮子、垫子、草帽。她们还经常学习怎么用树皮制造帽子、

134

钱包和布匹，并染上各种各样的颜色，使之充满了艺术
感，看上去就像是用机器做的，让人惊叹。在我们的土地
上，也经常可以看到她们手工制作的这些艺术品。[53]

随着国家力量崛起，以及从贸易中攫取的利润对于维持国家日
渐重要，黄金海岸国家与欧洲伙伴之间的不信任正逐渐扩大。
到 17 世纪 20 年代，互相支援协议已经很少签订了，取而代之
的是，黄金海岸的国王们不断地玩弄欧洲国家，让它们互相反
对，让荷兰人反对英格兰人或者葡萄牙人。事实是，到 17 世
纪 80 到 90 年代前后，所有的牌都被掌握在了黄金海岸王国的
手中。

　　本地国王们拥有三个巨大的优势，这是欧洲外来户们需要
克服的。第一个是充满疾病的环境，在这种环境中，欧洲商人
如同苍蝇一般死去，那些活下来的一个个面黄肌瘦，如同行尸
走肉，或者在与疾病搏斗的过程中需要花很长时间卧床，看上
去形容恐怖。此外，黄金海岸的国王们控制了水源，需要他们
提供补给的欧洲代理商和船只一旦失去了水都无法运作下去，
这一点很容易建立起本地人的优越感。这是一种长期战略，
1623 年，迪瑞克·鲁伊特斯描述道，如果不向当地人支付相
当于在尼德兰的啤酒的价格，他们甚至连拉来一个装满水的牛
皮囊都不肯。14 年后，当荷兰人从葡萄牙人手中夺取了埃尔
米纳，当地国王甚至拒绝让他们修建水库。这样的战略在黄金
海岸的许多地区都持续了整个 17 世纪。1695 年 10 月，一位
在迪克斯科夫（Dixcove，塞康第以西 20 英里）的英格兰代理
商说，因为意见分歧，城里的居民拒绝向他们供水。[54]

　　但是，在欧洲人依赖黄金海岸的国王们提供基本的生活必

135

需品之外，真正的控制源头在于国王们对从内地运出黄金的道路以及信息的控制。到 17 世纪，欧洲贸易公司依赖于靠他们的黄金海岸仆人来获得珍贵的消息——比如英格兰人缺什么，或者荷兰人需要什么——以提高贸易成功率。就算他们已经结盟，但做生意仍然要得到非洲人的默许。1683 年，当英格兰人寻求在塞康第建造一座城堡时，是阿多姆人（Adom）的国王为他们创造了条件，他要求英格兰人先支付一半的费用，等城堡建好了再支付剩下的。这样，欧洲国家之间的竞争加剧了，黄金海岸的国王们获得了更多的政治优势——但这只是开始。[55]

这种敲打经常出现，这表明了双方关系中的权力所在。正如我们所看到的，早在 1600 年，大量武器就通过贸易持续流入黄金海岸的国王们手中。不久，枪炮就被用来确定当地的权威。欧洲代理商的日志中充满了关于居住地被夷平，或者官员被当地武装绑架的记载。1688 年，阿肯人在阿诺马布绑架了葡萄牙人的船长，他们吹嘘说只要愿意就可以摧毁那儿的葡萄牙人城堡。到了这个世纪末，获得武器已经很方便了，加上他们与贸易的关系，黄金海岸上的主要国家都巩固了自己的地位。[56]

然而，使当地人与欧洲商人疏离的不仅仅是商业竞争。贸易之所以可能，是因为阿肯人和芳蒂人与欧洲商人持有不同的价值观，他们对财产也有着不同的定义。在黄金海岸，国王代表他们的臣民控制了土地。这种对土地的拥有是非常重要的，因为君主的土地控制有着超出经济属性的习俗属性与精神属性。这也意味着，这里的土地资源不能变成欧洲那样的资本财富。与此同时，就像我们所看到的，对货币的使用也不是像经济人类学家简·盖耶（Jane Guyer）所描述的那样符合"计算理性"，而是让货币拥有了多重用途。这些差异造成了越来越多的战争，俘虏的数量也大大增加。这一点最终会将这片区域从黄金出口地变成奴隶出口地。[57]

在萨赫勒与大西洋帝国之间

紧靠黄金海岸北方，在如今象牙海岸北部的塞努福（Senofo）县，曾经有一个叫作孔的王国。在那些在卡诺从事黄金布匹贸易的游动商人的影响下，孔王国在 17 世纪崛起。就像它南方黄金海岸上的邻国那样，孔最初距离伊斯兰贸易与学术路线也不远，是和马里帝国与桑海帝国一起成长的。

一份口述文献就描述了孔王国的穆斯林学者［被称为马拉布特（marabout）］如何不断地从一个王国迁移到另一个："这时，学者们旅游的地方包括贾（Ja）、廷巴克图、杰内、孔和巴特纳法吉（Bate Nafaji）。如果一个学者离开了瓦拉塔（Walata，即 Oualata），他会去内马（Néma），再从内马去廷巴克图。如果他离开廷巴克图，接下来就会去贾、杰内、巴特纳法吉或者孔了。"[58]

这种不断的迁徙是 16 世纪穆斯林学者的一个特征。到了 17 世纪晚期，如同这篇口述文献所说，在许多区域内，政治势力之间开始发生摩擦，这些区域大都和西非前核心区的那些政治大国相联系。与当初马里皇帝或者桑海君主治下的情形不同，萨赫勒的国家变得虚弱，这里出现了更多的政治领袖。这种碎片化带来了极大的恶果，这种恶果不仅仅对生活在萨赫勒的人民而言是恶果，对那些前往更南方进行贸易的人们，比如阿肯人，也是如此。阿肯直到那时，仍然是将黄金海岸诸王国的黄金带往萨赫勒的主要供应商。

137

从大西洋贸易最早期开始，葡萄牙人就意识到黄金海岸诸王国已经处于伊斯兰贸易网络的影响之下。编年史家若昂·德·巴罗斯（João de Barros）在 16 世纪 40 年代写道，葡萄牙国王若昂三世叫停了埃尔米纳用奴隶换取当地黄金的行动，以便那些被卖给曼丁卡商人的奴隶不至于"皈依伊斯兰教"。与此同时，对阿基姆和费图国王的早期记载在描述他们时用了一个穆斯林的头衔——"酋长"，这清楚地表明，这个地区在北方穆斯林商人的指导下，已经深受伊斯兰教的影响，虽然这封信也写道，阿基姆已经有了不少基督徒。[59]

这些记载表明，到 1500 年时，黄金海岸诸王国发现它们已经被夹在了两大势力中间，它们需要做出选择，看到底哪一种外来人的宗教更有吸引力。伊斯兰教打开了经过比古、桑海和卡诺的跨撒哈拉长路，基督教打开了正在扩张的大西洋贸易之路。最狡猾的战略莫过于把门朝双方打开，因此，即便到了 1600 年，黄金海岸的绅士们在戴着荷兰和威尼斯的珠子的同时，仍"戴着树皮帽子，像土耳其那样把帽子绑在头上……"然而，当桑海帝国变得虚弱并在 1591 年最终垮台之后，这种脚踩两只船的做法很快就发生了改变。萨赫勒的政治权力中心东移到卡诺和博尔诺，这给黄金海岸带来了重大影响，它不可能再像 16 世纪那样在两大帝国系统之间找到缓冲区了。事实上，卡诺在这些年里还有其他的压力，它在 1565 到 1650 年间与强大的南方邻居卡齐纳发生了断断续续的战争，它不能再像以前那样通过旧的网络对森林地区施加影响力了。这样，随着 17 世纪的到来，大西洋贸易体系终于可以向黄金海岸诸王国施加更大的压力了。[60]

　　但在 16 世纪末，人们仍然无法想象会出现截至 1690 年的那种本地势力的急剧衰退。细致入微的黄金贸易机制伴随着我们已经看到的那种在这个时期仍然显得生机勃勃的繁荣。人们对他们的外表非常满意，马雷斯描述道，男人"根据自己的口味修剪头发，相互竞争，有的剪成新月状，有的剪成皇冠状，还有的在头上剪了三四个角"，他们还在膝盖和脖子上戴着许多环。同时，女人也戴着各种各样的环，其制造材料也是五花八门，有青铜、象牙、黄铜、铁等；她们"把头发编成辫子，头的正中间竖着一束头发……她们有一种只有两个齿的加长版的梳子，齿大约有一指长，用来插在头发之中"。随着黄金海岸王国变得更加富裕以及新兴富裕阶层的形成，精心制作的珠宝和服装更是蔚然成风。然而，17 世纪早期已经是这段风潮的高点了，这时双方仍然在愉快地签订着互助协议。随着 17 世纪政治变化的不良后果逐渐显现，双方的关系发生了明显的变化。[61]

居于中心地位的事件是桑海的衰亡。1591 年，摩洛哥军队击败了桑海，夺取了它的首都加奥；到了 17 世纪，桑海碎片化了，在这些碎片中形成了一个叫作阿尔玛帕什里克（Arma Pashlik）的核心国家，还有一系列游离于任何中央控制之外的阿尔玛小国。在桑海灭亡之前，它已经发展出了一套精密的军事结构，包括骑兵、内河舰队以及一队制造胸甲和武器的铁匠。这种结构和技术很容易被这些阿尔玛小国的领袖们仿效，这导致尼日尔河河曲地方很难出现一个强有力的继承性政权。由于缺乏这样一个强力政权的保护，商人们向其他地方移民，萨赫勒地区的商业和政治权力都出现了东移。[62]

伴随着这种与卡诺一直持续到 17 世纪中叶的长期冲突，一个叫作卡齐纳的城市到 1700 年时已经成了跨撒哈拉贸易的主要贸易中心。在卡齐纳，国王穆罕马杜·乌班·亚拉（Muhammadu Uban Yara）的统治（1641~1671）及其儿子穆罕马杜·詹·哈佐（Muhammadu Jan Hazo）的统治（1671~1684）见证了知识阶层乌里玛（'ulamā）的发展，并促进了管理纺织、染布、铁匠工业的行政结构的巩固。虽然卡齐纳变得更加商业化和行政化了，但它控制的地域却相对较小。卡齐纳位于豪萨兰，就像桑海一样，它由于与卡诺的持久冲突而出现了一定程度的衰落。在17世纪，从南面的贝努埃（Benue）来的夸拉法（Kwarafa）①人入侵了这里，将这里进一步碎片化成一系列狭小的独立王国，每一个王国都在一个豪萨酋长［被称为哈贝（Habe）］的控制下。到了17世纪末，这片哈贝诸酋长国的整体面积是巨大的，占据了如今的整个尼日利亚北部。在整个萨赫勒地区，最强大的王国已经变成了博尔诺，它拥有从的黎波里经比尔马（Bilma）和迈尔祖格（Murzuk）到达这里的商路，这些商路取代了从马里和桑海来的更早的商路。整个18世纪，博尔诺都是萨赫勒地区最强大的国家。[63]

如果将17世纪视为一个整体，那么对于萨赫勒而言，它就是一个政治重新定向的世纪。整个贸易轴心从西向东迁移，远离了最初位于马里和塞内冈比亚的跨撒哈拉财富和权力中心。到底是什么导致了这次富有戏剧性的大变迁？一个致命的因素是气候的恶化。1640年之后，西非经历了一系列的旱灾、饥荒和流行病，更加干旱的萨赫勒地区尤为严重。博尔诺苏丹［被称为第万（diwans）］的记录表明，从16世纪晚期开始，

---

① 同第54页的夸拉拉法。——译者注

气候的不稳定在缓慢地发展着。1546 年到 1562 年或 1563 年的这段时期是一个"大饥荒"的时期。第 57 任苏丹阿里·伊本·哈吉·乌马尔（Ali ibn Hajj 'Umar）的统治期是从 1644 年到 1680 年或 1684 年，这是"被称为达拉达玛（Dala Dama）的大饥荒时期"。第 59 任苏丹杜纳玛·伊本·阿里（Dunama ibn Ali，1699～1717）在"七年大饥荒"时期进行统治。这一干旱时期一直持续到 18 世纪，且在 18 世纪 40 年代有过一次急剧反复，那时发生了遍及整个西非的可怕饥荒。无疑，由于距离撒哈拉最近，萨赫勒仍然是受影响最大的区域。[64]

还有一系列不同的因素造成了萨赫勒诸王国的政治虚弱：入侵、气候压力，以及来自大西洋贸易系统的不断加强的竞争。结果是，这些国家在与大西洋系统的竞争中处在了不利地位。无疑，那些距离大西洋更近的国家，如黄金海岸诸国，更多地被推入了大西洋贸易之中，但这不仅仅是因为欧洲系统更加强大，还因为非洲内部存在着复杂的因素，这些因素与政治的动态变化以及干旱的影响都有关联。1640 年后，欧洲人通过在整片海滩上建立堡垒化飞地而变得更加军事化，因此，到了 17 世纪末，黄金海岸上决定性的政治变化开始发生。

法国军官西尔·德尔贝（Sieur Delbée）提供了一份很好的对他在 1669 年发现的不同堡垒的描述。荷兰人拥有了埃尔米纳，而英格兰人在很近的科曼廷（Cormantin）修建了一座堡垒，1665 年，其竞争对手荷兰称这里为"英格兰总部"。距离埃尔米纳 5 里格的地方，英格兰人在科塞角地区（Cape Corse，即海岸角）修建了一座主要堡垒（荷兰人已经袭击了科曼廷，所以他们移到了这里），再往东 2 里格就是丹麦在腓特烈堡（Frederiksborg）修建的堡垒。欧洲贸易国家正在卷入

140

一场名副其实的自由放任行动之中，对当地同盟形成打击，它们争相从本地国王手中租地，以建设堡垒化的贸易点。到 17 世纪 80 年代，它们在阿克拉和塞康第（这里在 1695 年被芳蒂人烧毁）这类地方又建设了一批堡垒。这些堡垒大都在彼此的目视距离之内，这表明，日益增长的欧洲贸易和军事存在已经越来越难以摆脱。至今，这些堡垒的遗迹仍然耸立在加纳海岸的高地上，许多保存良好，所有堡垒都诉说着当年的竞争。在加纳海滩上，这些记忆之景带着痛苦之情，又清晰地诉说着当年的历史。[65]

这些堡垒血淋淋地提醒着人们，当年非洲的国王和商人们之所以依赖欧洲，是因为欧洲的武器对于他们的军事战略和防御是非常重要的。要刻意地去建设这些堡垒，也是为了强加给黄金海岸上的传统非洲政治一种挑战。"堡墙的高度就是堡垒的力量，"约翰·阿特金斯（John Atkins）在 1721 年参观了科塞角的堡垒后写道，"城堡内有一家铁匠铺、一个桶店、一些储存室、一个教堂，以及官员和仆人们的房间……城堡的一个棱堡凸出来，可以看到令人愉快的海景，透过玻璃可以看到海上的船只来到海岸，这与埃尔米纳大街上的景致完全不同。"[66]

大量的文献都记录了军事化欧洲的存在，其中充斥着商业竞争，以及欧洲强权之间为了巩固商业霸权而发动的互相袭击。当然，阿肯商人们频繁利用这种欧洲内部的敌对来取得对他们较有利的协议，其中一个人在 1682 年说，他只用黄金购买英格兰代理商的亚麻床单，哪怕荷兰人提供同等价格的商品也不行。但在整体上，持续的武器进口、非洲竞争者和欧洲竞争者的对抗都增加了混乱，城堡的军事属性使得

埃尔米纳的城堡和港外锚地风光，
汉斯·普罗菲特（Hans Propheet）作品

情况恶化了。1686 年末，阿基姆和阿克伦（Akron）王国之间战端重启。1687 年末，费图和芳蒂开战。1694 年，则轮到了阿基姆和阿克瓦穆。鲁伊特斯说道，这个世纪存在的大量小国展开了一系列恶意和短暂的战争，这最终致使 18 世纪一个大型的阿散蒂联邦和一个具有扩张性的芳蒂联邦的出现。[67]

欧洲商人们不断地尝试去操纵这些战争，一会儿站在这方，另一会儿偏向那方。荷兰商人威廉·博斯曼（Willem Bosman）提供了一份生动的描述，讲述了欧洲强权是如何挑起这种不和的。阿克西姆这个最古老的欧洲贸易点之一，在 1503 年就被葡萄牙人堡垒化了；这里也是以“不可思议的富足”出产稻米的地方，17 世纪 80 年代，勃兰登堡贸易公司来

142

到了这里，埋下了分歧的种子："勃兰登堡人的到来分化了原住民，一部分将自己置于新来者的保护之下……但另一部分……与我们的政府一条战线。"[68]

为什么欧洲商人如此热衷于挑起战争？因为他们希望战争可以制造出更多的可以出卖的战俘，或者就像 1686 年阿基姆和阿克伦战争中的在阿诺马布的英格兰代理商所说："我们希望购买奴隶的好时光很快就能到来。"当奴隶取代黄金成为出口产品后，在跨撒哈拉和大西洋贸易的转变之间，就出现了一种怪异的相似性。[69]

在博尔诺，就如同在黄金海岸一样，奴隶贸易是作为长途黄金贸易的补充存在的。1658 年的一份记录清楚地描述了博尔诺发展出的奴隶贸易，以及其不经意间形成的依赖性，而这里没有提到黄金。这份记录说，国王的妻子古姆苏（Gumsu）有个 20 个士兵组成的私人卫队，其中每一个人都指挥着 1000 个奴隶。此外，国王还需要 1000 个奴隶，正在四处征集。"于是姆瓦里姆（Mwallim）向埃米尔求助……他之所以这么做，只是因为埃米尔的母亲恰好去世了，留下了 1 万个奴隶。"[70]

黄金海岸地区和萨赫勒地区的经济体系，在同一时间经历了相似的转变——从黄金贸易经济向奴隶贸易经济转变，这给人留下了无限遐思。原因可能是，海岸地区与稀树草原地区的经济之间的联系比以往认为的更加紧密。博尔诺和黄金海岸在从黄金出口转向奴隶出口时的相关性就是联系之一，而尼日尔河河曲与海岸地区都使用贝币，更加强了其中的联系。（还可以参考第二部分的前言，其中叙述的 17 世纪 90 年代巴西黄金的发现也对此有影响。）[71]

若把金钱与价值观念的转变作为主要考量，我们可以进行进一步的经济上的比较。1687 年 12 月末，英格兰代理商约翰·布鲁姆（John Bloom）在对黄金海岸的阿尼山（Anishan）港口的描述中直言，阿肯人和英格兰人都将他们的交易当作可以计算的货币交易。对于阿肯人而言，他们"就要离开港口进入内地，但是承诺很快就回来。我希望他们可以在离开前交一些钱过来"。两个星期后，他继续写道："一些城内的阿肯人已经带来了钱，但是如果我们的货物今天不到，他们就会离开。"[72]在黄金海岸，黄金与奴隶总是被价值交换联系在一起，而在博尔诺，奴隶贸易已经替代了黄金交易。在每一个事例中，人们需要的都是那种能够将附加价值最大化的出口贸易。由于在 17 世纪黄金海岸和萨赫勒的政治体系都承受着巨大的压力，因此外部参与者（欧洲人）往往居于更强势的地位，可以将他们的条件强加于这种不平等的交换之中。

奴隶贸易的兴起与经济平衡的终结

几内亚湾内的圣多美岛处于黄金海岸地区距离海岸遥远的海洋之中，1595 年，这里见证了一次大起义。一位意大利传教士记载了这一年 7 月 9 日发生的事情。一位叫阿马多尔（Amador）的奴隶开始煽动叛乱："1595 年 7 月 9 日，星期天，白人们都去了教堂，圣多美岛的一个黑人带着五六个同伙起义了，每个人都快速带上了其主人的所有奴隶，每个人都有 200 人左右，他们威胁着岛上所有的白人和混血儿。"[73]

阿马多尔称自己为"国王"，他的追随者发誓忠诚到死，其数量很快超过了 2000 人。三天内他们就捣毁了 30 块甘蔗田；7 月 14 日，他们试图烧毁圣多美城本身，却失败了。一个月后的 8 月 14 日，阿马多尔被捕，被处以绞刑，然后被大

卸四块。4 年后的一份该城市政委员会的报告指出，他一共烧
毁了 70 块甘蔗田，大部分还没有重建，因为岛上的种植园主
阶层"财产过于微薄，又缺乏奴隶"。[74]

　　整个 16 世纪，圣多美都是大西洋早期食糖贸易的中心，但
是在一个月内，大西洋历史上早期的起义之一就让它付出了沉
重的代价。这是圣多美以及几内亚湾内其他大西洋岛屿——比
奥科（Bioko）和安诺本（Annobon，这两者如今都属于赤道几
内亚）——发生转变的起点。时光流逝，像阿马多尔和他的追
随者那样的逃亡奴隶逃向了比奥科，那里不处于殖民者的控制
之下，他们在那儿建立了独立的社区。直到 19 世纪，西班牙和
英格兰的殖民势力才试图将这些岛屿纳入瓜分非洲的框架之下。

　　从最初开始，战争就和运送奴隶相关。许多奴隶本身就是
战俘，他们运用自己的战争技术和经验为解放自己而奋斗，这
是全美洲的马龙人社区形成的一个决定性因素。战争同样与圣
多美的奴隶制联系在一起，这里有大西洋世界的第一批甘蔗
田，同样有着最早可追溯到 16 世纪早期的逃亡奴隶社区。根
据一份 1535 年的报告中的描述，这里的丛林中遍布着这种社
区："他们制造了尽可能多的伤害，杀害和绑架人民，摧毁产
业……每天丛林中都充斥着逃亡奴隶，我们害怕极了。"[75]

　　圣多美的动荡对于黄金海岸上的社区也有重大影响。到
1595 年，圣多美已经通过转口贸易与黄金海岸联系起来达一个
世纪了。这里按时把来自巴西的玉米和木薯带到西非，同时它
还是奴隶的供应方；这些奴隶来自贝宁和刚果，被卖到埃尔米
纳城堡去工作。战争和起义造成了甘蔗田被破坏，紧跟着的是
一场专门感染甘蔗的寄生虫灾难，加之巴西的竞争，岛上的食
糖工业终于垮掉了。结果，圣多美的奴隶贩子开始更加关注从

相邻海岸地区进出口。最初是从黄金海岸东面的阿拉达，这种贸易不久后开始对海岸上传统的黄金出口地区形成影响。[76]

　　最初，埃尔米纳的奴隶贸易受到了葡萄牙和之后的荷兰政府禁令的限制，禁令规定，在城堡的方圆 10 里格内不准进行奴隶贸易。到了 1620 年，葡萄牙贸易商催促国王废止这项禁令，却没有效果。尽管如此，到 17 世纪 40 年代，埃尔米纳荷兰贸易商的日志中也明确写道，邻近地区的奴隶贸易增长迅速，已经开始影响到其与黄金海岸的关系。1645 年 1 月，马修·沃纳（Matthew Warner）从伦敦前来购买奴隶，售往巴巴多斯，他带着烟草、棉花和靛蓝用于贸易。紧随其后的是一艘由克里斯托弗·毕晓普（Christopher Bishop）率领的船，它在附近的科曼廷进行交易，最终目的地也是巴巴多斯。另一艘船由詹姆斯·本顿（James Benton）率领，从圣基茨（St Kitts）而来。这样的叙述在接下来的年代里只是例行公事，但也是英格兰在跨越西非的奴隶贸易中崛起的一部分，随着英格兰在新加勒比殖民地上的甘蔗园的兴起，从塞拉利昂到喀麦隆都有了英格兰奴隶贩子的身影。事实上，1647 年埃尔米纳的荷兰代理商描述说，这些年英格兰在这里只进行奴隶贸易；相比较而言，荷兰人既做黄金生意，也为他们在巴西的种植园购买奴隶，在 1654 年他们败于葡萄牙之前，一直在巴西保留着权力。[77]

　　到了 17 世纪后期，这些变化对黄金海岸地区的政治冲突有着明显的影响。登基拉的衰落可以从如下事实中看出来：到 17 世纪 90 年代，他们有的战士甚至被关押在英格兰的堡垒中，作为人质，一些人由于无法缴纳赎金而将被"资本化"，售卖到跨大西洋贸易之中。这时的许多人质是海岸地区的船上

145

淘金者，他们的淘金工作可能不再那么有利可图，因为将他们作为奴隶贸易的抵押品可以获取更多利润。美洲新世界对于劳力的不断需求逐渐在黄金海岸产生了可见的政治和社会影响。[78]

构成这种贸易体系的经济不平衡是非常重要的。在不断增长的奴隶贸易中，英格兰人的大宗输出物是铁条。1647 年，两艘由梅特卡夫（Metcalf）船长领导的船分别交易了 1000 根和 700 根铁条，以及少量的布匹。相较而言，荷兰人则交易了大量布匹，这些布匹叫作利瓦特（lijwaet），在低地国家生产。17 世纪 40 年代它一直是会计簿中的最大进口项，据记载，1645 年一艘船就携带了 125000 块布。事实上，1645 年从荷兰出口到埃尔米纳的利瓦特如果以弗罗林（florin）计，可以达到 929619 弗罗林，位居第二的进口商品价值只有 31999 弗罗林。[79]

这一点对于理解从贸易中积累的剩余价值极为关键。如同我们在本章中所见到的，本阶段从这个地区流出的黄金变成了尼德兰和英格兰的黄金铸币。同时，西非的贸易还积累了巨额利润。荷兰西印度公司的资本金额从 1602 年的 640 万荷兰盾增加到了 1660 年的 4000 万荷兰盾，同时它还为其股东进行了 6200 万荷兰盾的分红。更赤裸的是，荷兰的纺织工业在 16 世纪已经开始走下坡路，到 1585 年之后却又开始繁荣，其工业中心坐落在莱顿，产能从 1580 年的 0 扩张到了 1630 年的每年 10 万块布。这些织物的很大一部分都通过黄金海岸运往了西非。[80]

换句话说，当葡萄牙人从他们在黄金海岸的早期贸易中收获 500% 的利润时，荷兰却选择出口布匹，这是一种非常成功的策略，繁荣了荷兰的制造业，并通过"布匹换黄金"的贸易形式攫取了最大化的利润（荷兰的代理商这才能在 1647 年写道，是英格兰人只专注于奴隶）。相比之下，英格兰的选择是出口铁（17 世纪晚期则是铜），这也是经过计算的最有利润和最能扩充资本的交换形式。17 世纪 80 年代，布里斯托尔出现了冶铜工业，将铜条出口到黄金海岸等地区，收获了巨大的利润。由此可见，在铁的贸易中也能获得可观的利润，尽管事实上英格兰自己都不得不从瑞典进口大量的铁。[81]

结　论

本章所考察的问题看上去过于显而易见了。从 21 世纪的视角来看，用布匹、铜之类的物品去换来黄金，毫无疑问会产生资本的失衡。但是，如同本书序言中所说，看上去显而易见的事情才更值得注意。在 16 和 17 世纪，这样的结果是显而易见的吗？显然不是，因为黄金只是当时使用的多种货币之一，在 1821 年之前，黄金并没有被接受为普遍的全球性货币或者"黄金标准"。黄金海岸上的阿肯统治者几乎是偶然地参与了一种贸易，这种贸易在长时间内将产生严重的影响。

随着所有经济上的变迁，恰是在那些人民生活的细节之中，价值交换成为现实。当欧洲商人们增加他们的堡垒监狱以及商业和监禁网络时，黄金海岸的人类拼图也在发生变化。这些孤独又贪婪的欧洲商人与海岸上的芳蒂女人结婚，他们的混血子女开始在环绕着城堡的村庄里生活。但经济变化是通过非洲社会结构反映出来的，因为这些混血儿只能通过他们母亲的血统［被称为阿布苏阿（abusua）］继承财产和在海岸社会中的地位。这时，财富的外在表现已经西方化了，他们可以进口

147

朗姆酒、布匹、铜制品、珠宝、镜子和更多的东西，但其文化和社会却毅然决然地保持着阿肯和芳蒂式的。

与其他地方相同，经济转型是黄金海岸未来的标志。当14世纪晚期对于黄金制品的需求开始飞涨时，这个地区就已经全球化了。交换的全球化进程持续了整个时期，在这个时期内，通过圣多美和巴西进口的墨西哥玉米在这个区域内已经司空见惯了，还夹杂着荷兰和印度的布匹。如我们所见，在某个时期内，黄金海岸的织工们也向巴西的流亡群体出口布匹。与此同时，葡萄牙商人的到来将黄金海岸诸王国送上了优势地位，在大西洋和撒哈拉商业系统之间，整个16世纪，他们都可以利用这种选择权获利。不管是在税收、进口方面，还是在都市化以及商人阶层的发展方面，他们都得益于此。[82]

然而，桑海消亡后，跨撒哈拉贸易从加奥和廷巴克图向东方的卡诺和博尔诺迁移，这导致撒哈拉商人对黄金的需求下降了。与此同时，欧洲的需求却增加了，荷兰和英格兰开始与葡萄牙相竞争。到了17世纪40年代，荷兰和英格兰都找到了一种可以最大化"资本价值"的贸易途径：荷兰大规模利用织机生产布匹来交换黄金；英格兰用铁和国产的铜来交换奴隶，这些奴隶劳动力可以在美洲的甘蔗田里积累价值。当他们穿越大西洋前往美洲时，这些奴隶同样可以搬运大量的黄金海岸产的谷物，某些船甚至可以携带20万磅的谷物。[83]

与此同时，非洲人进口铜、铁和布匹，将之作为交换媒介，这可以使商业市场向遥远的内地延伸。一份1602年的报告说："虽然有很多外来的商品被送到了那儿，可大多数人还是穿不上亚麻布，而且你很少能见到铜制品，这样你就会想，在遥远的内陆一定居住着大量的人，他们可以购买许许多多的这些东西。"[84]

所有这些进程积累的影响是巨大的。日益增长的武器进口增加了社会的不稳定，一个王国只有能在全球化价值交换的语境中增强自己的经济地位的情况下才能保持繁荣。18世纪，一个符合这样条件的王国将要在阿散蒂帝国的疆域内，利用之前诸如登基拉和博诺－曼苏等阿肯人的政权架构，完成又一次崛起。阿散蒂宁肯储藏而不是出口黄金，并因此而不发展那些日益贬值的货币交换。它巩固了自己的行政和军队。作为大西洋与撒哈拉贸易的中介，阿散蒂取得了战争、奴役与货币交换的平衡，它将作为"黄金的王国"一直幸存到19世纪。

注　释

1. 关于欧洲人倾向于利用该地的物产来命名一个地区，见 Daaku（1970：21）。

2. Phillips（2010）.

3. 同上，15。

4. Law（2016）在最近的一篇论文中提出疑问：与欧洲贸易的增长是否既促进了黄金海岸的转型，又导致了战争，并由此带来了奴隶贸易的扩张。Kay（1982）大体上认为，黄金贸易带来了经济繁荣。本章展示了繁荣是如何建立在原来的基础之上的，同时也提供了一些论据来平衡 Law 的观点，他总是纯粹强调，是内部冲突推动了17世纪奴隶贸易的扩大。

5. Santiago（1943：472）.

6. Dantzig/Jones（1987：219）。夸梅纳·安萨也就是 Nana Kwamena Ansah，见 Ballong-wen-Mewuda（1993：Vol. 1, 59）。

7. *MMAI*，Vol. 1，10－12；Konadu（2010：59）.

8. 关于卡斯蒂利亚人袭击佛得角的大里贝拉（Ribeira Grande），见 Blake（1942：Vol. 1, 212 - 26）。关于不愿意让葡萄牙人建造的有用讨论，见 Ballong-wen-Mewuda（1993：Vol. 1, 60 - 67）。关于埃瓜福的权力和礼物的数量，同上，Vol. 1, 90。

9. *MMAI*, Vol. 1, 12.

10. 关于布匹和铜条的支付，同上，Vol. 1, 4。关于葡萄牙和产金王国的贸易，见 Ballong-wen-Mewuda（1993：Vol. 1, 104 - 12）。

11. *MMAI*, Vol. 1, 13.

12. 同上；关于武器的描述，见 Jones（1983：193 - 6）。

13. *MMAI*, Vol. 1, 4 - 5.

14. 关于登基拉在西部森林中的塔基曼（Takyiman）的基础上形成，见 Konadu（2010：41）。关于 1660 年前后阿肯权力达到顶峰，同上，64ff。

15. Daaku（1970：22 - 3）.

16. Green（2016a：14）.

17. Jones（1983：66 - 7）.

18. 关于葡萄牙 15 世纪的通货膨胀以及黄金贸易，最经典的著作是 Godinho（1969：149 - 63）。关于从黄金贸易中积累的利润，见 *MMAI*, Vol. 1, 5。关于铜，见 Herbert（1984）。关于在成长的市场中货币基础的扩张，见 Green（2016a）。Konadu（2010：71）表示，铜和铜环在黄金海岸从来没有被作为货币使用，那儿只有金砂被用作货币。然而，这被帕谢科·佩雷拉在进口方面的证据证伪，同时英格兰 17 世纪晚期在黄金海岸大量使用铜环也可以作为证据。见 TNA, T70/657, fol. 18v（25329 个铜环于 1678 年在海岸角被消费）；TNA, T70/658, fol. 51r, 10718 个铜环于 1687 年被进口。

19. 关于对费图的引用，见 Jones（1983：193）。关于 17 世纪进口的武器，见 Law（2017）。

20. BA, Cod. 51 - IX - 25, fol. 46v："e avēdo escalla de negros loguo avera guerra entrelles e day aviāo de buscar ouro por mover guerra."

21. 这些重要的考古学挖掘来自考古学家 Gerard Chouin 和 Christopher DeCorse［Chouin/DeCorse（2010）：129, 138 - 42］。Chouin 和 DeCorse 假设这些变化是由与黑死病相关的高死亡率引起的，然而，同样有道理的是，它们是因本书第一章所讨论的经济和政治变革所引发的迁移而产生的。

22. 关于黄金饰品，见 Dantzig/Jones（1987：34）和 Jones（1983：33）。关于从阿塞布和芳蒂（Fante）带出黄金的路径，见 Jones（1983：84）。

23. "我们的钱币以他们的黄金命名"，见 Atkins（1970：38）。

24. Okri（1991：1）.

25. 关于从阿诺马布开始的道路，见鲍迪奇的描述，Bowdich（1966：15）。

26. 关于洗礼的请求，见 *MMAI*, Vol. 1, 191。

27. 关于阿肯语对曼丁语的影响，见 Konadu（2010）。关于契维语中曼丁语的借词，见 Stewart/Wilks（1962）。关于伊斯兰教对黄金砝码的影响，见 Phillips（2010：15）。

28. 关于进口的多种水果树，见 *MMAI*, Vol. 3, 102。关于鲁伊特斯，见 Naber（1913：74）。关于玉米的进口，见 Kea（1982：12）和 La Fleur（2012）。

29. 关于 17 世纪国家的扩张，见 Daaku（1970：28 – 9）。关于税收和城市扩张，见 Kea（1982：14 – 16, 18）。关于芳蒂，见 Shumway（2011）和 Law（2012）。Law（2018）也认为，到 18 世纪中期，阿散蒂和芳蒂已经成功地将黄金海岸瓜分。关于城镇分成街区以及阿萨弗，见 Konadu（2010：60 – 61）。关于芳蒂领袖到达黄金海岸的日期，我感谢 Benjamin Kye-Ampadu 在我访问 Winneba 时提供的信息，虽然一些历史学家认为发生得更早，比如 Law（2018）。

30. Kea（1982：23, 106 – 10, 206）.

31. Jones（1983：34 – 6）. 关于铜的镶嵌，见 Phillips（2010：14）。

32. Purchas（1905 – 7：Vol. 6, 277 – 80）. 关于此时荷兰工业的扩张，见 Vries/Woude（1997）。

33. Dantzig/Jones（1987：26 – 7）.

34. Jones（1985：38）.

35. Jones（1983：34 – 6）.

36. 特别见 Acemoglu et al.（2002）和 Nunn（2007）。

37. 关于黄金海岸与欧洲人关系中的互相不信任，见 Daaku（1970：53）。关于早期布匹交易中荷兰人的欺诈，见 Purchas（1905 – 7：Vol. 6, 280）。

38. 关于德·拉·福斯，见 *MMAII*，Vol. 1，472。

39. Dantzig/Jones（1987：39，58 – 9，68）.

40. 关于此事，一份基础性材料由 Adam Jones 出版。关于费图人的金耳环，见 Jones（1983：33）。关于 1608 年的通货膨胀，同上，90，n. 270。关于萨穆埃尔·布伦，同上，90。

41. 关于 1510 年埃尔米纳的铜贸易，见 *MMAI*，Vol. 1，210。关于 16 世纪巨大的数量，见 Herbert（1984：126）。关于跨撒哈拉贸易的持续，同上，113 – 14。

42. 关于铜除了作为货币，还作为一种财富和权力的储存，见 Herbert（1984：184 – 5）。关于阿肯语中对应于贝币的不同词语，我感谢加纳历史教师协会的 Benjamin Kye-Ampadu。

43. 关于在大津巴布韦用铜换取黄金的贸易，见 Herbert（1984：105 – 6）。

44. 关于铁币，见 Purchas（1905 – 7：Vol. 6，288 – 9）。关于铁条在 17 世纪 40 年代的黄金海岸作为货币增长，见 Ratelband（1953：239 – 40）。同见 NA，OWIC，Inventarisnummer 52，no. 46，dated 6 April 1636。

45. 关于 1510 年的报告，见 *MMAI*，Vol. 1，210。

46. IAN/TT，Inquisição de Lisboa，Processo 11041，fols. 1r – 5r；不久后将在 Konadu 出版。

47. 同上，fol. 5v："她崇拜的神灵。"（era seo Deos ē q ella adorava.）

48. TNA，T70/656，fols. 9v，15v.

49. 关于向葡萄牙境内的修道院送去儿童，见 IHGB，DL 98. 06. 01，19 December 1564。关于 1572 年记录，见 *MMAI*，Vol. 3，40，97。关于黄金海岸将混血儿童纳入世系结构，见 Everts（2012）。

50. *MMAI*，Vol. 1，190（for Axim），444（for Duarte Pacheco Pereira，1518 – 20）. 关于 1514 年对费图的袭击，同上，Vol. 4，85。

51. 关于 1577 ~ 1578 年与费图的战争，见 Dantzig/Jones（1987：91）。关于科门达，见 Konadu（2010：59）。关于与阿克拉结盟，见 Meuwese（2012：3 – 4）。关于荷兰西印度公司和芳蒂酋长阿姆布罗在 1624 年的结盟，见 Den Heijer（1997：13 – 14）。关于 17 世纪芳蒂成为一个中央集权国家，见 Law（2013）。

52. 关于到 1572 年广泛种植玉米，见 *MMAI*，Vol. 1，102。关于更广泛讨论玉米种植和芳蒂词"奥博罗威"，见 La Fleur（2012：91 – 3）。关于从圣多美进口玉米，见 Anonymous（1665：14）。

53. Dantzig/Jones（1987：27）.

54. 关于鲁伊特斯，见 Naber（1913：74）："niet en Ox-oost vuyl water halen, ofte moet het noch soo diere betalen, alst Bier in Nederlandt sonde costen."关于埃尔米纳，见 Delbée（1671：375）。关于迪克斯科夫，见 Law（1997 – 2006：Vol. 3, 59）。

55. 关于在塞康第的英国人，见 Law（1997 – 2006：Vol. 2, 11）。关于对本地仆人的依赖，见 Daaku（1970：38）。

56. 关于欧洲商人受到的袭击，见 De Naber（1931：104 – 9），1625 年对荷兰的袭击杀死了 442 人。关于 1683 年塞康第被焚毁，见 Law（1997 – 2006：Vol. 1, 18）。关于将葡萄牙船长从阿诺马布绑架，同上，Vol. 2, 158, 176。关于 1650 年前后进口武器的情况，见 Adu-Boahen（2012：181）。关于 1600 年进口武器的情况，见 Dantzig/Jones（1987：92）。

57. 关于政治和经济形式的多样性，见 Daaku（1970：49）。关于土地所有制，见 Anonymous（1665：13）；同见 Guyer（2004）。感谢 Sam Adu-Gyamfi 博士在土地问题上提供的帮助。

58. Camara/Jansen（1999：43）.

59. 关于在埃尔米纳奴隶成为穆斯林，见 *MMAI*, Vol. 1, 54 – 5。关于 1503 年一份文件中使用的头衔谢里夫（Xerife），同上，192。Konadu（2010：62）也提到了这个头衔。在即将发表的另一份新材料（Konadu，即将出版）中，这个头衔也在其他 16 世纪早期葡萄牙关于阿肯人的文献中被提及，这表明，在当时这个头衔是很常见的。

60. 关于土耳其式样的帽子，见 Dantzig/Jones（1987：34）。关于卡诺和卡齐纳之间的战争，见 Smith（1997：22）。

61. Dantzig/Jones（1987：37）.

62. 关于桑海的军事结构，见 Cissoko（1974：109 – 12）。关于阿尔玛，见 Hall（2011：30 – 31）。

63. 关于卡齐纳的崛起，见 Usman（1981：20 – 21）和 Levtzion（1968：18）。关于哈贝酋长国，见 Hiskett（1973：5 – 8）。关于博尔诺，见 Candotti（2015：99）和 Usman（1981：34 – 5）。

64. 关于博尔诺的杜纳玛王朝，见 Richmond Palmer（1936：94 – 5）。关

于 1749 年廷巴克图的旱灾，见 Abitbol（1982：2）。关于 18 世纪 40 年代的整体旱灾，见 Lovejoy（1974：566）。关于这一时期西非干旱的普遍兴起和持续，见 Brooks（1993）。

65. Delbée（1671：375 - 8）；Ruyter/Meppelen（1665：58）. 关于塞康第 1695 年的焚毁，见 Bosman（1967：19）。

66. Atkins（1970：97 - 9）.

67. 在科门达举行的英格兰人和荷兰人之间的谈判规定，32 块床单价值 1 本达黄金，见 Law（1997 - 2006：Vol. 1, 54）。关于 1686 年阿基姆和阿克伦的战争，同上，Vol. 2, 192 - 3。关于 1687 年费图和芳蒂的战争，同上，221 - 2。关于 1694 年阿基姆和阿克瓦穆的战争，同上，Vol. 3, 523。

68. Bosman（1967：5, 7）. 这种形式的分野是非常正常的，1695 年，荷兰雇用特威福（Twifo）袭击科门达国王，后者是由英格兰支持的——见Law（1997 - 2006：Vol. 3, 50, n. 180）。

69. 关于英格兰代理商的说明，见 Law（1997 - 2006：Vol. 2, 193）。

70. Richmond Palmer（1936：33 - 4）. 关于博尔诺奴隶贸易在 1650 年后的大幅度增长，见 Candotti（2015：99）。关于 15 世纪早已存在的黄金贸易，同上，103。

71. 这个关于两个经济体系互相联系的核心观点，是很久以前保罗·洛夫乔伊（Paul Lovejoy）在一次关键演讲中提出来的，见 Lovejoy（1974：565）。

72. Law（1997 - 2006：Vol. 2, 146）.

73. *MMAI*, Vol. 3, 521.

74. 同上，522 - 3, 600。

75. 同上，Vol. 2, 46；cf. Barcia（2014）。

76. 圣多美在 1605 年前后作为连接阿拉达的奴隶出口港而崛起，见 AGI, Indiferente General 2795, ［n. d.］, letter of Goncalo Vaz Countinho；同上，letter c. 1611 of Juan Nunez Correa on the parasite infestation，以及 BA, Cod. 51 - IX - 25, fol. 73v。关于埃尔米纳和圣多美的早期联系，见 *MMAI*, Vol. 1, 505。

77. 关于英格兰奴隶贸易船，见 Ratelband（1953：6, 7, 12, 24, 133）。关于荷兰和葡萄牙法律，见 Dantzig（1980：114 - 15）。关于 1621 年试图取消奴隶贸易禁令，见 BA, Cod. 51 - IX - 25, fol. 46v。关于英

格兰大部分贸易都是奴隶贸易，见 NA，OWIC，Inventarisnummer 11，no. 139（"hare principalen negotie gesondert tot den slavsse handel"）。

78. TNA，T70/376，fol. 27v，一个登基拉人质的故事。关于 1678～1679 年独木舟船员被当作人质，见 TNA，T70/657，fols. 2v，54r。人质的整体情况，见 Lovejoy/Richardson（1999）和（2001）。

79. 关于英格兰人的铁条，见 NA，OWIC，Inventarisnummer 11，no. 139。关于 125000 块荷兰布利瓦特，见 NA，OWIC，Inventarisnummer11，no. 28。关于弗罗林的价值，见 NA，OWIC，Inventarisnummer11，no. 61。

80. Vries/Woude（1997：270，281，283－5，670）.

81. Evans（2015：2－3，9－14）.

82. 关于玉米，见 Purchas（1905－7：Vol. 6，272），其中叙述了在 1600 年的埃尔米纳用玉米面烤制面包。

83. Ratelband（1953：135）提供了一份日志报告，从 1645 年开始，货船"Postpaert"号带来了 213035 磅谷物。

84. Purchas（1905－7：Vol. 6，281）.

第四章 布匹之河、青铜面具：
贝宁湾和比夫拉

在距离巴伊亚州萨尔瓦多（Salvador da Bahia）的市中心不远处，越过巴拉的公寓和海滩，就是位于郊区的里奥维梅尔霍（Rio Vermelho）市场区。长久以来，作为巴西殖民时期的首都，萨尔瓦多的故事有点像巴西本身，布满了忧伤却活泼的聚落：年久失修的楼里售卖着当地产的摩尔式样的瓷砖，旁边就是冰激凌店；18 世纪巴洛克风格的教堂高高耸立于海平面之上，它前面的广场上是嬉皮士聚集的地方，他们彼此推销着项链。

在红河区，历史却表现得非常不同。在水边，海湾的曲线环绕着一连串的餐馆，这里叫作奥里克萨·德·伊曼贾之家（Casa das Orixás de Iemanjá），是非洲 – 巴西宗教坎多布雷进行礼拜的地方。巴伊亚数量庞大的坎多布雷信徒整天都会在这里，祈祷、洗礼、沐浴、凝视着外海，那儿是一个充满失落和记忆之地。许多人的祖先都来自现在的贝宁和尼日利亚，从那儿的巴达格里（Badagry）、维达（Ouidah）和波多诺伏（Porto-Novo）口岸被送来，这也是为什么巴西会使用"奥里克萨"（即灵魂之神）这个约鲁巴词语的原因。萨尔瓦多与巴伊亚人所称的米纳海岸（即非洲埃尔米纳以东的海岸）之间有着非常深厚的联系，从棕榈油（aceite dendé）到炖木薯叶

（manisoba），以及让巴伊亚食物远远领先于巴西平均水平的调味料阿卡拉杰（acarajé）和巴西风味椰奶虾。这种联系还体现在这座城市中那些标志性教堂外的货架上，那儿正在售卖宗教仪轨用品，而这个宗教却来自贝宁湾和比夫拉，之后才被带到巴西。

　　虽然大部分联系都是在 18 和 19 世纪才形成的，但在 17 世纪末，这个进程就已经开始了。巴伊亚船只从 17 世纪 70 年代晚期就不断地前往米纳海岸。这段海岸在黄金海岸以东，碎裂成一系列长长的海岸潟湖，中间散布着沙洲与河口，这是在奴隶贸易中运送补给和人口的好地方。但是，就像我们在西非其他地方所看到的，这里也有着悠久的可以追溯到大西洋时代之前的历史。在内陆，海岸潟湖和森林让位给了稀树草原，从 14 世纪开始，这里就兴起了许多重要的国家：阿拉达、惠达以及最后出现的达荷美，这些国家都在如今的贝宁以西；还有当时的贝宁、努佩和奥约，它们在现代尼日利亚的拉各斯以东。[1]

　　在贝宁王国以南和以东，海岸线继续破碎成迷宫般的溪流和沼泽，以及一大片纵横交错的河流。在这里，伊加拉人和伊博人沿着尼日尔三角洲的众多河流开发出了复杂的贸易系统，交换着森林产品和布匹。最后，在大西洋海岸折向内陆的小溪与河流组成的迷宫周边，两个重要的中心——卡拉巴尔（Calabar）和邦尼（Bonny）出现了。更往北，伊博－乌库（Igbo-Ukwu）是一个主要的文明中心，这里最晚从 9 世纪开始就是一个制造复杂铜器的地点。伊博人和伊加拉人分享了众多技术和实践，包括种地、捕鱼和冶铁技术，还有宗教手工艺。作为一个母系民族，伊博人在社会中赋予女人非常重要的角

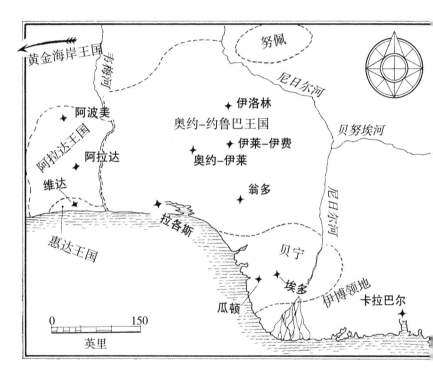

阿贾、贝宁、伊博和约鲁巴政权

色。随着掠夺奴隶时代的兴起，人们通常愿意回到他们母亲的村子里，那儿被认为是避难的地方。[2]

本章首先追溯了西非这个重要地区中的不同民族和国家的起源，以及我们正在考察的经济变化模式。约鲁巴人、丰人（Fon）、戈贝（Gbe）人和伊博人尤其做出了核心贡献，不仅仅是对他们的家乡，而且是对整个世界的历史和文化。他们的食物、宗教信仰、思维方式和军事技术都在塑造美洲新世界的过程中起到了重要作用。但与此同时，他们的西非老家却正在经历着大变化，这些变化永久地改变了他们的世界。大量进口的铜和贝币改变了经济，也改变了人民自我表达的方式，这折射出这个暴力的现代化时期中的身份转变。

大西洋时代之前的艺术、信仰与权力 152

第一个书写约鲁巴历史的人，塞缪尔·约翰逊，将约鲁巴人视为从外部迁来的移民，他们到来之后，建立了约鲁巴圣地伊莱-伊费。根据考古学证据，这显然发生在公元 1000 年之前，因为这里发现的玻璃珠子是那个时代的，旁边还有一些炉子，用来熔化这些珠子，将之重新制造成伊莱-伊费高级官员的徽章。在距离伊莱-伊费只有 2 英里的欧洛昆（Olókun）树林中，还有大量混合着各色珠子的熔炉遗迹。在接下来的几个世纪里，珠子一直是官员的核心标识。[3]

目前还不是很清楚是否有一些珠子是通过跨撒哈拉贸易进口的，但是显然，居住在伊莱-伊费地区的人们已经发展出了自己的熔炼珠子技术。在这里发现的玻璃珠中，石灰和氧化铝的含量都要高于那些欧洲和伊斯兰世界的产品。考古学家阿比德米·巴巴通德·巴巴洛拉（Abidemi Babatunde Babalola）最近发现的 13000 颗珠子中，有 75% 是蓝色的，其中有一些还带着红色。珠子的颜色是一种重要的权力和身份的标志，它可能已经是货币的早期形式了。这些珠子具有精神方面的价值，而同样清楚的是，在前大西洋贸易时代，货币通常具有超出单纯的经济角色的作用，它还在宗教权力中具有价值。[4]

从 12 或者 13 世纪开始，加工业和手工业就这样深深地根植于一个城市国家组成的网络之中。在伊莱－伊费北面，努佩的城市结构从大约 1200 年开始发展。伊莱－伊费用陶器碎片铺成路面是在 12 世纪晚期或者 13 世纪早期。这些不同的国家分享着同样的社会结构，这恰好反映在相同的城市生活模式上，比如贝宁、伊莱－伊费和奥索博（Osògbò）的道路都是由陶器碎片铺成的。[5]

这里有专门为贸易进行加工制造的牢固传统。除了努佩的铁和贝宁的黄铜之外，这里还有一个非常古老的传统——织布。利用织布机织布是一项古老的活动，考古学证据显示，到 11 世纪时，在如今奥约以北的稀树草原区域，织布就已经广泛分布了。伊博区域的北部也有着精湛的织布技艺，这里发展出了一个强大的织布工艺基地，并存在了数百年。事实上，这些地区的布匹价值昂贵却广为流布，就像 17 和 18 世纪的巴西那样。伊博社会在尼日尔三角洲的河流与溪水迷宫中发展出了广泛的贸易网络。伊博人作为商人的名声一直到 20 世纪仍然存在，即便在今天后殖民时期的尼日利亚也依然如此。[6]

然而，伊博的政治架构、语言和宗教实践与生活在北部的其他民族却是不同的，但它也没有完全与这些社会隔绝。事实上，一些伊博的起源神话暗示了它与其他民族密切的联系，比如有人断言，围绕着埃努古（Enugu）的定居地是由一些从贝

**戴着珠子王冠和羽饰的铜制头像，
伊费，尼日利亚**

宁过来的人建立的。这样，跨过一片广阔的区域，来自尼日尔
三角洲和惠达之间的稀树草原上的人们与森林里的人们联系在
了一起，他们之间有着明确的语言、宗教和政治联系，跨越了
现代形成的国家边界。这样的共性随着16和17世纪的移民而
延伸，在非殖民化之后更容易被观察到。[7]

　　这些确实存在的联系是基于贸易的。当时，这带来了通婚
以及其他层面的身份融合。尼日利亚第一任大主教塞缪尔·克
劳瑟（Samuel Crowther，约鲁巴人）在19世纪中期这样描述：
"这个国家由许多部落组成，这些部落由他们自己的酋长进行
统治，使用自己的法律。曾经他们都服从于一个主权——约鲁

154

巴国王（克劳瑟指的是奥约国王）。东面的贝宁和西面的达荷美也曾经包括在内，但现在它们独立了。"[8]

贝宁是 15 和 16 世纪的一个主要王国。虽然它到了 1897 年还保持完整，但随着它力量的衰落，它变成了约鲁巴国家奥约的附庸。奥约在 17 世纪崛起后一直保持繁荣，直到 1835 年衰亡。在西部，15 世纪时有一系列独立的小国家，就像黄金海岸上的那样。17 世纪早期，阿拉达崛起了，它很像是由从塔多（Tado，在后来的达荷美的东北方，达荷美即现在的多哥共和国）移民来的阿贾（Aja）人建立的。阿拉达的中心在现在的贝宁共和国，但它的影响力直达尼日利亚南部和多哥。从 18 世纪 20 年代开始，阿拉达的力量逐渐被取代，首先是被惠达，接着是被达荷美。像贝宁一样，达荷美一直是主要的政治力量，直到 19 世纪晚期欧洲殖民者入侵为止。它的军事力量在当时促进了一些新社区的建立，这些社区是由那些为了逃离由达荷美发动的战争的难民建立的。[9]

尽管在 1500 ~ 1900 年，尼日尔三角洲以西的国家起起落落，但有一个特征将它们团结了起来，那就是精神上的共同信仰。当贝宁这样的新王国崛起时，它们保持着与最初的伊莱 – 伊费核心区之间非常紧密的联系。一段口述历史回顾说，在 13 世纪晚期，伊费派了一位黄铜铸造大师来到贝宁首都埃多，将铸铜技术教给了贝宁人。此外，许多世纪以来，贝宁国王病死后，他们的头颅会被送到伊莱 – 伊费，在那里举行葬礼。由于有着共同的精神遗产和相同的政治架构，这个区域内发展出了非常紧密的联系，时间跨度达到数百年。所以，最早的货币，比如上文提到的玻璃珠子，拥有的宗教价值远高于任何按照经济汇率计算出的价值，这一点也并不奇怪。[10]

这些联系在葡萄牙编年史家若昂·德·巴罗斯的记录中也被描述过。巴罗斯记载，16 世纪 40 年代，贝宁派出一位大使去见葡萄牙国王若昂二世（1481～1495），贝宁大使描述了 15 世纪贝宁与伊莱－伊费之间的关系："（250 里格远的地方）有一个国王，他是那个区域最强大的国王，人们称之为奥加涅［Ogané，即伊莱－伊费的欧尼（Ooni）］，对贝宁的大多数人而言，他们对这个国王的尊重，就像我们对教皇的尊重那样。"[11]巴罗斯关注贝宁是因为葡萄牙人当时在那儿发展出了最复杂的贸易关系，当然，它也是西非前殖民时期最著名的国家之一。收藏在大英博物馆和许多非洲以外的博物馆中的贝宁铸铜工艺品，可以向世界最好的艺术品发起挑战，而这个世界通常质疑早期西非王国的（工艺）复杂性和潜力。这样，在 1897 年殖民化征服时期，占领了贝宁的首都埃多后，英格兰军队对皇宫中精美的铜刻装饰感到十分惊奇。随后，这些工艺品被掠夺到欧洲的各大博物馆，以丰富它们的"原始艺术"馆藏。

这些铜工艺品是由国王下令制作的，用来纪念他们以及祖先统治期内发生的重大事件。它们是作为王国的官方历史而存在的，也是一代代贝宁宫廷编年史家［被称为伊霍比（Ihogbe）和奥博卡（Ogboka）］的助记材料。虽然早期西方艺术史家认为，这些铜器反映了早期来自葡萄牙的影响，但它们却完全体现了贝宁的审美和技术。铜器中的项链往往是由猎豹的牙齿制作的，皇家力量和身份的象征也处处体现出来，比如国王的骑马像或者皇家奴隶的广泛分布。[12]

事实上，当描述埃多和伊莱－伊费之间的联系时，若昂·德·巴罗斯也提供了关于这些王国内不同铜制品的珍贵描述："作为确认贝宁新国王的表示，这位奥加涅王子会送给新国王

156　一个联络员和一顶帽子……这帽子是用闪亮的铜制作的，以取代权杖和王冠。他还送给国王一个用同样的铜制作的十字架，让他戴在脖子上。"[13]

贝宁国王与副手的黄铜铸件，16 世纪

　　伊莱－伊费和埃多的铸工用一种被西方艺术史家称为"失蜡法"的工艺来进行铸造。在一个黏土核心外面，制作一个复杂的蜡制模型。接着将黏土覆盖在蜡上，再进行加热，让熔化的蜡从一道沟中流出来，空腔形成了铸模，再将熔化的金属倒进这个铸模之中，冷却后，将坚硬的黏土撬开，铸造的形象就留在了冷却后的金属上。这种铸造技术显示了 15 世纪以前贝宁及其相邻地区复杂的加工技术。这种技术似乎与那种把珠子加热制成皇家徽章的技术也有联系，我们已经了解到，这种技术至少可以追溯到公元 1000 年。[14]

这片区域由此表现出西非诸王国在中世纪时期的能量。然而，15 和 16 世纪是转变的时期，这些相互联系的国家网络所具有的力量突然被削弱了。在 1450 年至 1575 年间爆发的战争（被称为奥基波战争）造成了国家之间的互相敌对。这可能和环绕着伊杰布的一条堡垒化的深沟（被称为埃雷多斯）有关，这条沟修建于 14 世纪晚期或者 15 世纪早期的某个时间。到 16 世纪结束时，贝宁、伊莱－伊费、努佩以及像伊杰萨（Ìjèsà）这样的小国都开始衰落。中央集权的国家奥约崛起了，它有着强大的骑兵和伸向远方的贸易网络。直到 1835 年衰亡之前，奥约都是西非这个地区最主要的力量之一。[15]

15 世纪的转型

虽然贝宁、努佩和伊莱－伊费在 1500 年之前就拥有悠久的历史，但如同我们在西非其他地区所看到的，许多关键的变化是在 15 世纪扎根的。这时，努佩和北面的奥约正在扩张，努佩的成长是与卡诺势力的上升相关的。我们在第一章已经看到，《卡诺编年史》中也记载了两地之间此时的联系。贝宁国王俄瓦雷（约 1440 年即位）用加强政治结构和扩大道路网作为回应。城镇长官的角色得以加强，宫廷长官也形成了三个联盟。虽然受到努佩的威胁，但贝宁向东扩张到了尼日尔河右岸的伊博和伊乔（Ijo）地界，向西扩张到了拉各斯潟湖，如今的那个超级城市（拉各斯）就得名于此。[16]

　　到底是什么让贝宁在葡萄牙人到来之前的 15 世纪 80 年代就开始了扩张呢？整个西非次区域影响跨撒哈拉贸易系统，进而影响欧洲的方式提供了一个有说服力的答案。如我们所见，努佩的崛起与卡诺相关，而卡诺是黄金出口的主要中心。贝宁繁荣的贸易系统以及不断增长的布匹生产，促进了其政治和行政结构的稳固。而正是西非在 15 世纪的"繁荣"反过来影响了葡萄牙人向南探索的欲望，这致使他们于 1486 年来到海岸港口瓜顿。在这次繁荣中，贝宁像马里、桑海、卡诺、莫西，以及博诺－曼苏的黄金生产商那样，拥有着自己的角色。[17]

　　这样，当葡萄牙人到来时，他们发现了一个自信的国家。早期的接触是友善的。葡萄牙人的目标是寻找一条通往印度香料贸易的道路，他们为贝宁的胡椒感到激动。一到瓜顿，他们就将胡椒带到了佛兰德的香料市场，在那儿，这些产品被爽快地接纳了。随葡萄牙舰队一起返回的还有一位贝宁大使，他在葡萄牙宫廷受到了欢迎，接受了葡萄牙人赠送的作为礼物的美丽衣服。贝宁大使在里斯本不断出席宫廷活动，奥佐鲁阿国王于 1514 年派去了另一位大使。其中一位被葡萄牙人称为堂·豪尔赫（Dom Jorge），国王曼努埃尔一世送给他一套天鹅绒斗篷、一双鞋子和一件羽纱背心，还送给他的同伴"堂·安东尼奥"（Dom Antonio）一身同样的衣物。[18]

　　葡萄牙人的主要居住区在瓜顿，但他们与贝宁人的关系足够好，这让他们可以频繁地前往首都埃多。关于此时贝宁的最好记载来自 1506 年前后的杜阿尔特·帕谢科·佩雷拉。瓜顿作为一个城镇，拥有大约 2000 个成年男性居民，人口总数在 1 万上下。它距离埃多约 30 英里，由一条非常好的道路连接。埃多本身被一条又深又大的护城河环绕，从一个城门到对面的

158

城门有 3 英里。此外，贝宁地域广大，约有 250 英里长、125 英里宽。[19]

然而，葡萄牙人很快就遇到了麻烦。在 1514 年贝宁派大使去葡萄牙之后，1515 年，一些西班牙人开始为贝宁提供军事帮助，这可能是在伊加拉入侵期间，又与奥基波战争相关。之后，国王承诺皈依基督教，并简化贸易条款。但这是不可能的，因为伊莱 – 伊费精神中心与贝宁国王们的政治权力结合得太紧密了。1539 年，葡萄牙向贝宁派出了一个传教代表团，但他们很快放弃了使命，并向葡萄牙的若昂三世写信说，没有"信心也没有迹象表明这位贝宁国王想要改宗"。传教士向贝宁国王递交了一份若昂三世的信，国王将之放在了一个盒子里，三个月都没有打开看。此外，这片土地"非常危险，充满了疾病，不像想象的那样有利可图"。又一次，传教士和商人们被疟疾折腾得面黄肌瘦，打着摆子，虚弱，衣衫褴褛，无法行动。[20]

事实上，除了金钱之外，没有其他东西能够将贝宁人吸引到葡萄牙一方，这一点我们在后面还会看到。葡萄牙人带来了布匹，但当地已经有了质量很好的布匹；他们带来了一些奢侈品，但贝宁人并不需要这些东西；他们还可以提供军事帮助，这是有用的，但价格却过于昂贵；由于他们的政治力量是宗教性的，国王们也不可能同意改信外来者的宗教。贝宁的核心向拉各斯延伸，国王们已经远离了努佩。在 1516 年胜利后，贝宁人开始疏远葡萄牙，这种情形在 16 世纪接下来的时期内都得以保持。

从彼得·德·马雷斯 1600 年关于国王宫廷的记载判断，这是一个对自己的权力充满信心的国家，它不会因为新来商人

159

的那些花里胡哨的首饰而改变立场：

> 国王的宫廷非常大，内部有许多环绕着画廊的巨大方形广场，四周总是有很多士兵。我在宫廷内走了很远，经过了四个这样的广场……绅士总是骑着马来到宫廷……背后跟着许多步行的仆人，人数与其地位相称。一些仆人带着巨大的遮阳篷，保护这些绅士免晒太阳……其余的人则跟在其身后，演奏着音乐：一些人打鼓，另外的演奏号和笛子。[21]

这样的描写以及 16 世纪发生的铸铜技术的巨大扩张说明，这是一个伟大文明开花结果的时代。这是属于贝宁最著名的国王的时代，他们是俄瓦雷、奥佐鲁阿和埃西吉（Esigie）。然而，一些对葡萄牙人［贝宁人称之为伊克波托基（Ikpotoki）］到来时的口述回忆表明，随着贝宁的权力和威仪的增强，另一种长期的变化也在发生着。一份记录于 19 世纪 90 年代的口述材料非常漂亮地记录下了这种关系的形成过程：

> 白人们是这样来到埃多的。埃西吉国王已经很老了……他派出了信使，让他们带着一些象牙作礼物，通过大水（贝宁河）前往有白人贸易的国度；他告诉信使，一旦见到白人，要向他们致敬，请求他们前来。信使们完成了任务，此后白人来到了贝宁。白人在这里待了很久，许多年来，他们一直来此贸易。一个人如果来做买卖，他必须坐下（驻扎下），柔声柔气地销售他的商品。他们常常购买象牙、红木、油、树胶和奴隶。接着来了许多不

同的白人，他们只购买奴隶……这些白人驻扎在瓜托
（Gwato，即瓜顿），他们修建有着巨大的门的巨大房屋，
里面藏着他们的商品和奴隶。我们从来没有听说过这些
白男人会带着白女人来这里，但国王会赏赐给他们女孩
子做老婆。[22]

一些贝宁的铜器也记录下了贝宁人对葡萄牙人到来的反应。其
中刻画的葡萄牙人旁边常有他们贸易的标志物：书籍、手工艺
品（比如瓶子和杯子）或者马匹。葡萄牙语也被引进了，这
一点在塞内冈比亚也有发现：埃多人把"球"叫作 ibolu，葡
萄牙语中与之对应的是 bola；埃多语的"可可棕榈"是
ekoka，葡萄牙语是 coqueiro（生产果实的棕榈产于非洲，可可
棕榈则由葡萄牙人在 16 世纪从亚洲引进）；埃多语称"商店"
为 amagazemi，葡萄牙语是 armazem。简单来说，当葡萄牙人
带来有用的东西时，这些东西的葡萄牙名称也一并被采纳。但
埃多文化却是非常牢固的，与伊莱－伊费相连的长期宗教实践
抵御了葡萄牙的影响力。[23]

这份关于早期埃多－葡萄牙关系的口述文献从长期来看还
有另一个层面的意义。它非常直接和准确地指出了早期贸易的
多样性，虽然贝宁也提供奴隶，但它提供的其他商品（特别
是胡椒）与奴隶同等重要。但随着时光流逝，这份文献告诉
我们，贸易的多样性消失了，奴隶成了这些独身、极度兴奋的
葡萄牙男性商人的主要目标，他们希望贝宁国王"赏赐给他
们女孩子做老婆"。而根据这里的社会传统和性别分工，事实
上，大部分赏赐的女人是被贩卖的。正是这种变化介入了该地
区与外面广阔世界之间的经济和政治联系。

161

葡萄牙商人肖像，其特点在于长头发、
长胡子和不同形制的剑

铜艺复兴：贝宁的艺术与政治转型

一份 16 世纪中期的葡萄牙船只领航员的记录给人们提供
了一幅贝宁皇权中心的威严仪式的景象。领航员写道，当一个
国王死去时，人们会在地上挖一个大洞，建造一座皇家陵墓，
死去的国王在他最忠实和最值得信赖的随从的陪伴下，被放进
陵墓。接着人们在陵墓上放置一块巨大的石头，这样所有的随
从都无法逃脱，直到他们一个个死去：他们在国王进入另一个
世界的旅程中陪伴着他。接着新国王会被告知，是时候开始自

162

己的统治了。[24]

　　这样的记录可能是具有象征意义的，而非真实的。它表明，这段时期内许多关于西非的"文字历史"实际上是根据口述历史记录下来的。这些文字需要通过其他记录的镜头来理解，而不能被当作"真实"的典籍。这份记录以及其他类似记录，很明显是由非洲商人以及欧洲人的中间人讲述的，再由欧洲人按照自己的理解记录下来。写出这件事的领航员经常去往圣多美岛，可能是从经常出入贝宁的商人那儿听到的这个传说。这些商人可能从来没有获得观察贝宁皇家葬礼仪式的许可，也没有理解贝宁商人的口述文化以及其中蕴含的隐喻性技巧，这意味着，这类故事的目的主要是表明国王的权力和礼仪的重要性。当然，这种复杂性意味着，我们并不能知道它们是不是准确的。

　　另一个关于皇权的记录来自安德烈亚斯·乌尔斯海默，他在1604年的一次旅行中被深深地卷入了当地事务。在拉各斯附近，和他一同旅行的单桅帆船船员受到了国王的召唤，要求他帮助他镇压一次叛乱。在他们胜利后，国王邀请他们参加了年度庆典，"每年一次，他让人民见到他的真身"。庆典被用来全面展示国王的威严、宗教权力和政治权威：

　　　　国王骑着一匹马进入城市，这匹马被装饰成猩红色，点缀着红色的海贝……国王庄严地披着时髦的猩红色的布（ododo），点缀着不仅仅是红色的上好的海贝，还有其他稀奇古怪的东西。此外，一条白色马尾从他的头部和背上披下，直达他的脚跟，这种模样让任何人看了都害怕……6000人走在他前面，当他来到时，所有人都下跪拍手。[25]

163

这类庆典的盛大排场得到了一些嘉布遣会修士的证实。他们在1651年看到了这样的场面，不久后写道，"人们绝不会相信在贝宁有这么多身着盛装的人"，这些人从他们面前走过，在国王的宫廷里跳舞、演奏乐器。[26]

这些庆典中，内在的宗教因素唤起的精神力量让国王傲慢地拒绝了天主教的传教士。15世纪晚期之后，国王更是引进了许多不同的国家庆典［被称为乌吉（Ugie）］。这是从国王俄瓦雷修建他皇家祖先神庙的庆典开始的，这个庆典被称作厄哈国王庆典（Ugie Erha Oba）。到16世纪，则出现了埃科·伊克胡尔赫（Eko Ikhurhe，与清理农田相关）丰收节，以及为皇宫诸神创建的被称为阿扎玛庆典（Ugie Azama）的节日。在贝宁政治扩张以及由此带来的权力和自信的促进下，一场宗教和文化复兴已经开始了。[27]

到1600年，这种成长在任何方面都得以显现。到达拉各斯后，乌尔斯海默发现，这座城镇"属于贝宁国王"，阿拉达也一样属于贝宁。拉各斯本身是一个前线城市，却只有一些士兵和四个军事指挥官在这里居住。但这已经足够创造一种生动的经济环境。许多商人利用独木舟穿过内陆来到拉各斯，"带着他们的商品，包括漂亮的各种颜色和各种花式的棉布"。最后，乌尔斯海默和他的船员帮助国王剿灭叛乱，国王的军队有1万人，这表明贝宁在拉各斯以西的扩张也是有相当规模的。国王已经建造了一个强大的战争机器：在他们征服了城镇后，"他们杀死了所有适合参军的人"。[28]

这种军事化扩张与国家和都市的巩固并行。荷兰地理学家奥尔福特·达帕依据各种资料编辑了一份非洲报告（许多资料是他剽窃的，他从来没有亲自到过非洲），他描写贝宁"在距离埃多 8 到 9 天的行程之外……发展出了许多优秀城镇"。
到这时，埃多已经修建了城墙，有十英尺高，"内外侧用浓密 164
的树枝做了双层栅栏，大约有五六英尺高，树枝紧密地交织在
一起，外表糊着红色的黏土"。埃多城拥有宽阔的街道、成排
的房屋，"屋顶是倾斜的，盖着棕榈树叶"。房屋非常宽敞，
带有走廊、各式各样的房间和套间。屋顶用铁钉固定，门上的
嵌板也是用铁钉固定的。[29]

　　就像埃多城发展了起来，变得更加精良和令人赞叹（从
1500 年木条围绕的护城河到 17 世纪的城墙），贝宁的治理结
构也发生了同样的变化。需要上万人部队的复杂的军事等级也
被复制到了国家机构中。每一个城市都有一个酋长或绅士委员
会，负责城市的日常运作，17 世纪，瓜顿有五个酋长，而其
他城镇有七个或者更多。微小的公民冲突在更小的城镇内部解
决，埃多则设有更高级的法院解决日常的犯罪案件。[30]

　　换句话说，17 世纪早期出现在贝宁的是一个国家，它的
扩张是由许多因素共同支撑的，而这些因素在同时期的欧洲政
治史中是司空见惯的。在贝宁，像在许多其他非洲和欧洲国家
一样，国家扩张、军事扩张和长途贸易的明显增长之间有着密
切的联系。此外，就如同在欧洲那样，这些政治变化伴随着历
史学家何塞·林娜·纳法菲（José Lingna Nafafé）所说的那种
"主体性转变"（这种转变在欧洲人看来就是文艺复兴）。对于
在塞拉利昂的萨佩人来说，这表现在他们的象牙雕刻艺术中；
对于塞内冈比亚的许多民族来说，这可以从现有音乐和面具形
式的转变中看出来；在贝宁，人们主体性的转变方式则可以从
著名的铜艺中看出来。铸铜的巨大发展、对新主题（比如葡
萄牙商人和他们的货物）的选择，以及宫墙上对每一任国王

历史功绩的渲染，都反映了一种贝宁身份的新觉醒。这是以武力为基础的，其力量以马匹和武器为标识，同时通过对葡萄牙人的描绘表现出与外界保持联系的重要性。[31]

165　　铸铜匠们也有重要的军事功能。随着国王军队的增长，贝宁铸工很快就学习了葡萄牙头盔和装甲的制造方法，甚至试图仿造大炮。这样，铜器就拥有了双重角色，既表达新的身份，也强化贝宁的权力。铸铜业对于贝宁人的身份显得尤其重要，这是通过这样的事实表现出来的：铸铜工（Igun Eronmwon）是埃多城手工业行会中的最高阶层，其地位在铁匠（Igun Ematon）、象牙和木雕工人（Igbesanmwan）、毛皮工人（Iskepori）和织工（Owina n'Ido）之上。[32]

　　如同在欧洲那样，巩固这一切的是经济转型。贝宁与其他地方一样，在 16 世纪经历了一次货币基础的大跃进，由此引发了市场和贸易的发展。关键性货币最初是铜，其进口也迅速扩大。一份报告形容了铜是如何在贝宁人和葡萄牙人的早期贸易中被使用的。杜阿尔特·帕谢科·佩雷拉在 1506 年前后写道，葡萄牙人从贝宁购买奴隶，每个战俘可以卖 15 个半环状铜环。这当然不算太多，一份 1517 年的文件显示，奴隶的价格已经上升到了 57 个铜环。到了 1522 年，铜环也被用来在贝宁购买基础用品，比如山药、木头和水，这些东西都是用来喂养奴隶的，他们被装在回程的船上送往圣多美的新甘蔗田。直到 19 世纪，这种铜环还是西非这个地区广泛使用的货币。[33]

　　对于贝宁来说，获取铜环是非常重要的，在与欧洲人贸易之前，铜的贸易就增强了有价值商品的流动。20 世纪 70 年代在贝宁开展的考古发掘显示，铜以及它的合金在 13 世纪前后就已经被用于铸造或者其他艺术性目的，也就是说，这比葡萄牙人到来早了 200 年。这样，通过进口大量铜环，贝宁国王在他们的财富中增加了大量这种珍贵的具有象征性的金属。然而，这些考古发掘也抛出了一个令人迷惑的难题：虽然所有文献都表明 16 和 17 世纪有巨量的铜被进口到贝宁，但考古学家却只找到了 7 个铜环，大部分还不是欧洲风格的。很明显，其余的铜都比欧洲人更早到来。[34]

半环状货币，本代（Bende），尼日尔河三角洲区域

　　那么，除了熔化掉用来重新铸造盔甲这样的军事用品，这些进口的铜环到底还被用在了哪里呢？达帕对 17 世纪存世文献的整理给出了一个值得注意的线索。当描写国王的宫殿时，他注意到宫殿中有许多庭院和套间，"拥有非常长的廊道，一个比一个宽敞，所有的廊道都由木柱支撑，木柱从顶至脚覆盖

166

着一层铜，上面雕刻着战争功绩和战役场景，并被小心翼翼地保存着"。换句话说，很大一部分铜环都被熔化了，被用来建造这些著名的铜雕。这样，与同时期欧洲人使用黄金、中国人使用白银来积累剩余价值不同，贝宁人用了许多这种新货币来重塑自我形象和身份。[35]

铜环作为高价值的货币而存在，与之并行的是贝币。早在1520年之前，葡萄牙人就每年都带来大量贝币，将它们堆积在圣多美，这些贝币主要用来购买瓜顿的战俘，然后再把他们送往埃尔米纳卖掉。这对于葡萄牙人来说实在太容易了，只需要将他们的印度船开往果阿（Goa），装满从马尔代夫来的贝币返航，贝币在经过好望角时只是压舱物，但到了西非就可以用于交易了。和铜一样，贝币交易也遭遇了严重的通货膨胀。从1522年到1527年，贝宁奴隶的价值用贝币计算增长了15%，而购买一标准重量的山药所需的贝币数量却从8000个涨到了89000个。正如历史学家罗伯特·加菲尔德（Robert Garfield）所说，在16世纪20年代，贝币的进口依然是用多少"个"贝币来描述的，而到了16世纪30年代，人们已经根据重量来衡量贝币的价值了，1529年携带27公担（quintal，每公担合当时的128磅，1磅等于16盎司）贝币的一艘船，到1540年就需要携带400公担了。

贝宁方面的资料也揭示了贝币的重要性。上文提到的那份19世纪90年代整理的关于贝宁与欧洲首批贸易的口述材料，也抓住了贝币数量大增的事实，即便这还只是发生在最早期阶段。这份文件特别描述了用贝币计价的奴隶贸易：白人来了，他们"只购买奴隶……只出很低的价格：一个奴隶等于四袋贝币"。[36]

整个16世纪，贝币变成了贝宁的日常货币，在北方的约鲁巴区域内也是如此。1600 年前后，乌尔斯海默描写道："由于他们使用小海贝做钱……一个人可以用海贝购买他想要的一切。"根据达帕的记载，到了 17 世纪晚期，判案的法官开始接受贝币的贿赂。考古学的发现显示，从 17 世纪开始，约鲁巴区域用罐子储存贝币，就像 21 世纪许多国家的家庭里都有零钱罐那样。葡萄牙人进口贝币造成的货币基础的巨量扩张带来了许多影响：它让国王收取关税和普通税成为可能，贝宁的国家基础建设也在扩张，它同时资助了军队的成长。人们倾向于花掉手中的零钱，这也为市场提供了使之兴旺发达的金钱。到了 17 世纪，在瓜顿和埃多之间的道路两边有许多市场，所有类型的铁具、武器、木器、食品和家庭产品都可以在那里找到。[37]

最后，贝宁 16 世纪的转型可以被准确地描述为：之前就存在的经济和政治转型突然间获得了极大的加速。铜早已被接受为一种价值形式，贝币也早就被接受为一种货币，根据帕谢科·佩雷拉的说法，贝币被称为伊戈（igos），而从伊莱－伊费直到北方地区，12 到 15 世纪陶器上流行的一种贝币形状的浮雕表明，在 1500 年之前，海贝即便没有被广泛使用，人们也是知道它的。16 世纪的转型中最持久的因素可能并不是新的交换形式的创造，而是老的形式的扩张。在贝宁，从转型中浮现的是新的身份和主题的创造，这反映在铸铜业的快速增长上。400 年后，巴勃罗·毕加索从这些新近"被发现的"铜器中找到了灵感，通过这些铜器以及其他欧洲博物馆中展出的其他非洲艺术和面具，他总结出了对一种断裂的身份和暴力的改变之景象的新认知，并找到了表达的途径，而这恰好是贝宁人从 16 世纪开始所经历的。[38]

与这些个人体验的美学转变相伴的，是更广泛的经济转变，这种转变受到了葡萄牙人带来的快速流入的货币的催化。货币贸易在 16 世纪驱动了这种新变化。我们已经证明，流入的铜在国王的宫殿里被熔化掉，变成了铜器，贝币却在贝宁和约鲁巴人的区域内扩张了市场的交换能力。国家的基础设施和货币供给都在增加，随着军队势力的增强，国王的权力也在增长。这种自信和力量，让国王在 16 世纪 30 年代可以拒绝奴隶贸易，这种对销售男性奴隶的拒绝让葡萄牙在此地的官方存在衰落了。然而，取缔奴隶贸易并非贝宁单独可以做到的。就像在黄金海岸上那样，在贸易中欧洲竞争性政权的出现将改变统治者之间以及统治者与外界的交往方式。到了 1600 年，当邻居国家都开始参与奴隶贸易时，国王的态度就发生了改变。

这样，当 1604 年乌尔斯海默帮助国王在拉各斯附近打仗时，他指出，在把战争的俘虏都编入国王的军队后，他们"将女人和孩子变成了奴隶"。最初奴隶只是在王国内部被使用，但到了 17 世纪，整个地区都参与了奴隶贸易。事实上，对于欧洲人来说，这个地区变成了"奴隶海岸"，这个名称完全忽略了此地同时还在发生的政治、文化和美学转型。

阿拉达和奴隶贸易的兴起

贝宁一扩张到拉各斯以西，就和西非海岸上这个地区的另一个主要大国接壤了，这个大国就是阿拉达。像贝宁一样，阿拉达在 15 世纪 80 年代就已经作为一个权力中心而存在了，它在葡萄牙 1485 年的地图上被标记在拉各斯和黄金海岸的沃尔特河之间。那时，它的疆域从东面的拉各斯直达西面的大波波（Great Popo），也就是如今的贝宁共和国。[39]

这一阿拉达附近区域的人民是阿贾人。16 世纪，他们已经深受约鲁巴移民的影响，这些移民建立了伊莱－伊费以及附近的城市国家网络。约鲁巴语是16世纪阿拉达及其附近地区的通用语，阿贾人也已经采纳了约鲁巴的习俗，以及一部分约鲁巴的政治组织：那儿有着世袭的酋长，这些酋长对臣民承担一定的义务，每一个王国都有一个主要城市和一群附属城市和市场，君主具有收税权和审判权。许多阿贾的宗教神庙都具有清晰的约鲁巴来源，比如18世纪法神（Fá）占卜庙［来自伊法（Ifa）］和达荷美的萨科帕塔（Sakpata）神庙，而至今这些地方仍然使用一种古老的约鲁巴语作为仪式语言。在被约鲁巴移民向西驱赶之前，许多阿贾人最初很可能住在现代尼日利亚的中部和南部地区。[40]

如果人们拜访巴西东北部的坎多布雷宗教聚集地，或者参观古巴那座源自非洲宗教桑特里亚的祭奠卢库米（Lucumí）神的神庙，这些宗教习俗的广泛影响力和分布就会让我们更加容易理解西非这个地区的早期历史。伊莱－伊费精神中心已经发展出了一种强大的力量，它被移民浪潮带着，越过了尼日利亚南部，进入了贝宁和多哥。像萨科帕塔神庙和法神占卜庙这样的宗教神庙被人们广泛分享，这种影响力表现为，对生活的阐释力量将许多新的社区黏合在了一起。当这个地区的人们到达美洲时，这种历史性体验就在新世界和新生活中生根发芽，成了一种标识和有力的样本。

生活在阿拉达和后来被称为达荷美区域的人们，以丰人的名字被人们熟记。丰人的身份在17世纪被定义。一份1660年嘉布遣会修士的教理问答提供了关于阿拉达所说语言的重要的线索。阿拉达国王托乔努（Tojonu）于1658年派了一个使团到马德里，领导使团的是一位从王宫中来的仆人，文件称之为

"班斯"（Bans）。阿拉达使节在1660年返回，同行的有一些西班牙使节，他们编写了一本教理问答，准备在阿拉达王国使用。这份问答使用的语言与丰人紧密相连："上帝"（Vodu）这个词与"力量"（popo）这个词都清晰地与丰人语言中的相应词语对应，这表明此时阿拉达出现了一种有影响力的丰人的身份。[41]

与贝宁一样，阿拉达在16和17世纪成为强权。它有一个良港奥夫拉（Offra），欧洲人做生意时都居住在那里，它为欧洲商人提供了极大的便利。1600年，国王们一将贸易转向奴隶，圣多美岛对奴隶的兴趣就从贝宁转移到了阿拉达，这给整个地区带来了重大的影响。但是为什么阿拉达要把葡萄牙奴隶贩子当作有用的商业盟友呢？与塞内冈比亚的大约洛夫海岸省份卡约尔或者刚果海岸省份索约（我们后面将会看到）一样，阿拉达的统治者可能是希望，他们可以通过与葡萄牙人的贸易，在与约鲁巴人打交道时获得更大的独立性。贸易新路线的出现创造了一个机会，代价则是与之前领主之间不断升级的紧张关系。[42]

171 　　到了16世纪后半期，奴隶贸易已经扎根。最晚到16世纪70年代，跨大西洋维度已经展开：1579年，美洲的波哥大（Bogotá）记录了一位来自"阿达"（Arda，即阿拉达）的奴隶，1582年，附近的通哈（Tunja）则记录了另一位"阿达"奴隶。此事的影响一直在增大。1582年，第一份允许直接从圣多美贩运奴隶去往巴西的许可证被签署。众多因素推动奴隶贩子去打开像阿拉达这样的新奴隶市场。[43]

虽然在拉丁美洲的记录中，这些奴隶被记为从"阿拉达"或者"阿达"来，但仍然不能确定他们就来自这个国家本身。

没有证据表明这段时间内阿拉达对它的邻居发动了侵略战争，例如俘获了战俘这样的证据。这样，一些奴隶可能来源于罪犯或者统治者认为的敌人，但剩下的更可能来自更小的非中央集权的地区，比如大波波地区，虽然当时这里还没有成长为一个重要的奴隶贸易中心。[44]

最迟到 1600 年，阿拉达脱离了松散的阿贾联邦，转变为了一个更加中央集权的国家。在 1660 年嘉布遣会修士来访问时，阿拉达已经呈现出了令人赞叹的发展态势。传教士说，首都的宫廷内有 3 万个成年男性居民，由此可以估算出其总人口在 10 万或者更多。10 年后，另一位来访者说，虽然这个王国没有长长的海岸线，但"它深深地刺入了内陆，在那儿延伸开来"。如同在贝宁，这种政治扩张伴随着大规模的军事化，只要国王下令，他的军队可以召集起 4 万大军。政治集权为阿拉达带来了强大的军队和城市的扩张。这个国家也和西非许多国家一样，不符合世界其他许多地区那种国家发展的标准模式。[45]

但是，16 世纪贝宁和阿拉达的政治发展却有着一个重大的区别。贝宁的政治结构在葡萄牙人到来之前就已经成长起来了，埃多的各种头衔也已经确定，葡萄牙的影响只局限于词汇表上那一系列的进口奢侈品。但对于阿拉达而言，这样的说法却是不正确的。在奥夫拉与欧洲商人谈判的官员被要求说葡萄牙语，甚至阿拉达国王的儿子在 17 世纪 70 年代，也和客人们用葡萄牙语交谈，这样的事情在贝宁只有在刚开展贸易的年代发生过。阿拉达的绅士被用葡萄牙语称为费达尔戈（掌握真理的人）。葡萄牙对阿拉达的影响还在于，玉米面面包被称为肯基（kenkey）；从这里直到黄金海岸地区，这种面包都已经

172

成了主粮，而玉米则是由葡萄牙人从圣多美引进的。这样，从圣多美来的葡萄牙商人为阿拉达提供了从约鲁巴独立出来的机会，但这也需要付出不小的代价：它必须屈从于外部的经济和政治要求。[46]

同样，虽然葡萄牙（还有欧洲其他地区）的影响力是显著的，但阿贾人的世界观仍然保持着至高无上的地位。阿贾人在精神上信仰一个神，或者叫巫毒（vodún），这对美洲新世界中的非洲宗教实践起到了至关重要的作用，这些实践存在于海地的巫毒神庙以及巴西东北部的坎多布雷教派之中。文化记忆并不通过文字传承：法国官员西厄尔·德尔贝在1671年写道，为了"交流一些他们认为需要弄清楚的事情，阿拉达的阿贾人使用带着结的小绳子，每一个结都有一个意义，比如聚会的时间，或者与某人相见的地点，或者一件商品的价格"。如同德尔贝所记载的，这种方法在印加人中叫作奇普（quipus）或者"结绳记事"，因为"这种方法不仅在非洲海岸很普遍，美洲大陆上的所有印第安人也都这么做"。[47]

虽然阿拉达保留了本土阿贾文化的关键性外观，但它也接纳了大量的大西洋商品。正如一份1602年的匿名文献所说，从拉各斯潟湖的入口到通往阿拉达的水路，只有10英里的距离。跨文化的影响首先从葡萄牙向非洲扩散，接着又回到大西洋世界。乌尔斯海默在1604年的拉各斯看到的许多商人，实际上都可能来自阿拉达，因为边境地带常常分布着许多集市。[48]

这种商业影响不仅意味着玉米之类的新作物的普及，还意味着圣多美不断增长的对奴隶的需求。就在这前后，阿拉达自身变成了一个买卖奴隶的主要市场，1602 年的文献记载得非常清楚：

> 葡萄牙人经常进入这条河流，也因此为人熟知，这不是因为那儿有大量的商品，而是因为在那儿可以购买大量奴隶，再把他们带到其他地方，比如圣托马斯（圣多美）或者巴西，他们在那里从事体力劳动和炼糖。他们是非常强壮的男人，可以干很重的体力活儿……葡萄牙人开着船去购买奴隶……没有其他国家的人去那儿买奴隶，只有葡萄牙人。还有一些葡萄牙人在那儿定居，购买了许多那儿出产的工具和商品。[49]

173

自然而然，到了 17 世纪，有大量奴隶被从阿拉达带到了美洲。这份文件叙述道，奴隶们被用船载到圣多美和巴西，还有西班牙美洲。在这些地方，阿拉达的影响力都在增强。1600 年和 1601 年的一份 45 艘船的名单显示，这些船到达了卡塔赫纳和墨西哥港口圣胡安 - 德乌鲁阿（San Juan de Ulúa，在中墨西哥的大西洋海岸，靠近现代城市韦拉克鲁斯），没有一艘来自阿拉达，但是有三艘船注明是从圣多美发来的，它们可能是在阿拉达进行的交易。此外，在 1611 年的卡塔赫纳，有两名阿拉达奴隶属于一位囚犯——乔治·费尔南德斯·格拉马乔（Jorge Fernandez Gramajo）；在这十年里，许多从阿拉达来的奴隶出现在这个当时美洲最大的奴隶贸易港口。到了 17 世纪 20 年代，奴隶贸易更加活跃，在 1619 年到 1625 年间，达米奥·拉米雷斯（Damio Ramires）每年有两艘船从阿拉达发往卡塔赫纳，他们用贝币换取了大量奴隶。[50]

这样，阿拉达的"全球化"随着奴隶贸易的兴起而出现了。到了 17 世纪 40 年代，被称为阿拉达人的非洲奴隶常常在巴西被提到。与此同时，在奥夫拉，英国船加入了荷兰船与葡萄牙船之列，前往巴巴多斯。在美洲，这种"阿拉达人"的称呼并不表示任何特定的"种族"，这个称呼只是简单地表示他们是在哪儿被获取的。据德尔贝所说，阿拉达的奴隶是战俘、外国人，他们已经在法律上被判为奴隶，或者从出身上继承了奴隶身份。[51]

伊法占卜盘，17 世纪早期，阿贾－丰人区域

174　　不管怎样，欧洲经济对劳动力日益增长的需求对海岸地区的经济和政治都有着重大影响。不过阿拉达和大西洋世界欧洲帝国之间的运输并非单向的。17 世纪，阿拉达也同时向巴西和南方安哥拉的罗安达出口棉布。一些阿贾人的产品，比如之前的费图纺织手工艺品，在大西洋世界找到了销路。即便到了今天，也只能仰望这个地区在 17 世纪与世界复杂的联系及其多样的工业产品。[52]

那么，到底是什么促进了阿拉达的政治转型呢？16 世纪早期，这里是一个小型的去中心化联邦，栖息于潟湖与稀树草原之间，有着许多献给巫毒神的圣林和神庙。这个小型的政治体又是怎么在 17 世纪变成了一个中央集权的奴隶贸易王国，并且有能力向西班牙派出大使，并向遥远的巴西和安哥拉出口布匹的呢？外部对奴隶的需求，及其政治基础架构的发展当然是重要的，但另外两个关键因素也必须考量。

第一个因素是布匹交易的地点。虽然阿拉达的布匹最初很受欢迎，但到了 17 世纪 60 年代，它在本地的交易已经受到了进口布的削弱。嘉布遣会修士在 1660 年写道，在他们到达奥夫拉后，他们花了四天在船上等待，"等待船长将他（们）带来的布匹货物卸下来，这些布是阿拉达人民最期待的，也是他们的主要关注点"。如同在黄金海岸，进口布匹开始与本地产品形成了竞争关系。虽然英格兰人在 17 世纪 70 和 80 年代还曾经将阿拉达布匹运到黄金海岸出售，但据记载，其规模非常小，而且也受到了进口货物的持续挑战。那么，为什么阿拉达国王宁肯牺牲自己的产品也要去进口布匹呢？这可能与拉各斯的市场有关，在拉各斯的市场上，布匹是主要的贸易商品。通过从欧洲，以及在拉各斯的贝宁的邻国和竞争对手处进口商品，阿拉达能够进一步提高自身利益，超越邻国，从而将在其潜在竞争对手处的购买量降至最低。对于欧洲商品，统治者同样可以通过外交交换和官方记账的方式来控制布匹进口，却很难通过这种微观手段对非洲

175

本土产品进行管理。这样，增加进口布匹的价值，也是一种增加统治者自身权力的手段。但当这样做时，他们就开始削弱本地工业了。[53]

第二个重要的催化剂是气候变化。1660 年，嘉布遣会修士和那位叫"班斯"的阿拉达大使从西班牙回到阿拉达，他们向国王建议改宗，但他们遭遇了一种没有想到的反应：

> 国王花了一些时间来回答，他告诉传教士，他对于他的兄弟西班牙国王友好的提议非常感激，但是和班斯一起被送往欧洲的另一位使节，也就是国王宫殿的一位守门人，却并不认为国王应该改变信仰，并采纳一种和他之前信奉的宗教（也是他祖先信奉的）完全不同的信仰。但国王愿意让西班牙国王送一些会戏法的基督教传教士过来，让他们驱走浓密的云层，这些云已经给这片土地造成了巨大的损失，大量的闪电和霹雳降下，造成了许多人和动物的死亡，庄稼和房屋也被摧毁。[54]

176

这时恰好处于被人们称为小冰期的时期，巅峰，也就是最冷的年份，在 1640 年前后，它对应于中国明王朝的衰亡、英格兰内战，以及葡萄牙和西班牙之间爆发的独立战争——这场战争致使葡萄牙君主复辟。如同我们所看到的，这些年也恰好是塞内冈比亚和萨赫勒气候变化最剧烈的时期。在阿拉达也一样，上述证据表明，温度的变化已经引起了雨季的变动，造成了庄稼收成的不稳定，影响了人类家园的安全。在 17 世纪末，这是一种非常强烈的驱动力，加速了冲突，推动了大西洋奴隶贸易的增长。

　　气候的不安全性的确是此时西非和中西非变化的关键特征。它表现在方方面面：干旱和洪水的交替出现、蝗灾，以及庄稼的毁灭。虽然从巴西和墨西哥引入了新作物玉米和木薯，但食品危机依然在加剧。在圣多美，1660 年前后，由于不正常的雨水，出现了一次饥荒。气候危机同样在刚果和安哥拉扩散：1640 年前后的一次旱灾导致了刚果的一次粮食危机，从 1646 年开始，一系列蝗灾摧毁了恩桑迪（Nsundi）省的庄稼。瘟疫也开始流行，特别是在现代加蓬的河流地区以及卢安果和安哥拉；1655 年，瘟疫更是严重破坏了刚果。这种不稳定造成影响的证据保留了口述传统里，比如在考古学家阿金武米·奥贡迪兰对 1600 年前后奥索博的形成所做的说明中：口述证据表示，当时"雨不肯落下来，山药不肯生长……大河小川以及溪流都干了"。这样，气候变化以及由此引起的疾病是社会不稳定的主要因素，这些因素导致了冲突、战争和战俘的增加。[55]

　　然而，这种气候变化是自然形成的还是人类活动诱发的呢？大部分环境历史学家指出，太阳黑子运动而非人类活动是小冰川期的关键因素。这种共识最近受到了一个考古队的挑战，他们研究了温度的骤降是如何与 16 世纪美洲土著人口的骤降准确重合起来——人们普遍认为美洲土著人口下降了90%——从而导致了广泛的再森林化的。虽然以上观点是被普遍接受的，但这个考古队却有着不同的观点，他们认为，人口的下降导致了作为能源的燃烧木柴的猛烈下降。这份令人吃惊的对遥远过去的现代记录表明，碳捕获①是再森林化与二氧化

177

---

　　①　此处应指二氧化碳减少，而非现代的碳捕获技术。——译者注

碳排放减少同时出现的结果。到底是这个原因还是太阳黑子偏移导致了气候变化，争论还将继续；两者可能是相关的，当然这也给全世界人类的生活带来了巨大的影响。[56]

到 17 世纪 50 年代，这种影响使得阿拉达国王向嘉布遣会修士寻求对自然力量的外部干预。这件事不仅是气候持续不稳定的征候，还是阿拉达与外部世界关系的征候。由于相互竞争的欧洲船只在这个地区不断增多，本地区政治竞争者的特征、权力和威严也在发生着变化。贝宁在奴隶贸易中越来越无足轻重，同时，像阿拉达这样的奴隶贸易国家却变得越来越强大，当然也越来越依赖于它们的欧洲同盟，就像这次西班牙使团所展示的那样。经济迁移在起作用，它使诸如贝宁和阿拉达这样的国家不再出口它们优良的布匹，而是转向了奴隶贸易。

17 世纪奥约的崛起和贝宁的衰亡

到了 17 世纪早期，贝宁首都埃多给来访者留下了深刻的印象，比如荷兰旅行者迪瑞克·鲁伊特斯在 1623 年这样描述道：

第一眼看上去，这座城镇很大，当人们进入城镇，首先会走上一条宽阔的大街，它看上去有阿姆斯特丹瓦尔梅大街（Warme Street）的七八倍宽，笔直地延伸出去；一个人沿着大街走一刻钟都看不到街道的尽头。但在目之尽头却可以看到一棵巨大的树，一些尼德兰人说，这条大街还很长，即便到达了那棵树处，在另一面还是看不到街的尽头……有钱人，比如贵族，居住的房子垫起了两三层台阶，房前有一个前院，在这里，人们可以坐在干干的草地上，每天早晨他们的奴隶负责关闭房子的庭院或者走廊，

178

并放上稻草供人们坐下……房子都是相同的红色，被院墙
环绕着……他们修的墙大约有两英尺厚，这样墙就不容易
被大雨淋倒。[57]

贝宁的贵族穿着漂亮的符合他们身份的衣服。直到 17 世纪末，
富人们仍穿着"白色印花棉布衣服，大约有 1 码长、半码
宽……他们外面穿着精致的白布衣服，通常有 15 到 20 码长，
中间缝着装饰性的褶子，其上覆盖一块约 1 码长、两掌宽的披
巾，披巾的末端还装饰着花边或者蕾丝"。女人穿的衣服是在
贝宁织就的，"非常美丽，带着许多种颜色的方格子"。[58]

但贝宁在 17 世纪开始衰落。到了 17 世纪 90 年代，虽然
在埃多还有日常市场销售象牙、布匹和欧洲货，但那儿也有
"只剩下一半的房屋废墟……这些房子如同穷人的庄稼那样竖
立着，彼此距离很远"。而在 17 世纪 20 年代，鲁伊特斯还说：
"城里的房子排得整整齐齐，一个挨着一个，就像荷兰的房
子。"到 17 世纪末，贝宁的人口数量据说已经比阿拉达低了，
而瓜顿虽然"之前是个可观的贸易地点……但由于遭受了战
争的摧残，现在看上去就像是一片废弃之地"。[59]

为什么贝宁的实力衰落了呢？答案在内部政治竞争与外部
欧洲贸易影响的结合之中。17 世纪，贝宁因为伟大的奥约约
鲁巴王国［首都在奥约 – 伊莱（Oyo-Ile）］的崛起而相形失
色。虽然奥约早在 14 世纪已经崛起，并且像贝宁一样对伊
莱–伊费有着强烈的精神依赖，但在 16 世纪时，它卷入了与
北方努佩的奥基波战争。努佩入侵者在 16 世纪早期越过了尼
日尔河，洗劫了奥约首都奥约 – 伊莱，在后来属于奥约王国的
北方地区建立了许多城镇。然而到了 1600 年，奥约已经阻断

179

了努佩的前进，并开始成为此地区的强国。[60]

奥约在17世纪日益增长的力量尤其可以从阿里比德西·乌斯曼（Aribidesi Usman）等人展示的考古学证据中推断出来。通过对奥约北方边境上的伊博人地区（Igbominaland）进行发掘，乌斯曼发现这个奥约人的中心建于1600年前后。在17世纪期间，城镇和村庄周围都建立起了防御墙，许多都非常高大，并配有深深的护城河。到了这个世纪末，又建了一些石头堤岸，这些都表明奥约成了一个中央集权的国家，并成为北方努佩的持续性威胁。定居点在这时变得更大了，也出现了越来越多的关于铁器作坊的证据，比如熔炉、炉渣和采矿场。工业也在发展，许多特殊的手工业者都移民来到了这片区域，这一切都发生在奥约将努佩击败并成长为这一区域最强大的国家之后。[61]

17世纪晚期的外来人写的书面材料也证实了这样的图景。一份材料描述，1698年，奥约在与阿拉达的冲突中使用了骑兵，奥约的军事实力事实上就根植于对骑兵的使用。奥约骑兵的重要性在如下的约鲁巴谚语中得到了完美体现：

> 人们无法击败一个战士，当他是河中的泳者；谁又能击败一个战士，当他是平原上的骑士？[62]

17世纪早期从努佩手中夺回奥约-伊莱的奥约国王叫阿比帕（Abipa）。约鲁巴历史学家塞缪尔·约翰逊在他根据口述材料重建的权威性历史著作中写道，正是阿比帕将奥约首都从博霍（Gboho）迁移到了奥约-伊莱，并引入了新的税法。在17世纪贝宁衰落的时期，奥约发展出了一套复杂的治理结构：省级统治者拥有一个冠冕，被称为阿克罗（akoro），由在奥约－伊莱的国王将冠冕和头衔一并发给他们。在首都，皇家卫士埃索斯（Esos）中的一个在 70 个军官的辅佐下保护着国王和他的内阁［被称为奥约－梅西（Oyo-Mesi）］，这个内阁由宗教领袖［被称为巴索伦（basorun）］领导。对于当地的居民来说，政治稳定伴随着社会稳定；考古学发现表明，人们花了很多时间去关心食物，食物是社会生活的焦点，这表明了当时奥约的成长是与稳定相伴的。[63]

　　奥约作为一个有实力的稀树草原国家，它的不断成长当然会对贝宁造成压力，导致贝宁政治和经济权力的相对衰落。威廉·博斯曼描述了 17 世纪 90 年代使瓜顿变为废墟的战争，表明在两者之间确实有过一场争夺政治优势的残酷战争。然而，贝宁的政治衰落除了要归因于众多内部因素之外，欧洲人在从阿拉达直到卡拉巴尔的海岸上进行贸易所产生的经济影响也必须考虑在内。

　　如我们在本章所见，贝宁和葡萄牙人之间的早期关系很快就因对奴隶贸易的争论而破裂了。葡萄牙人希望出口男性奴隶到埃尔米纳，用于那儿的黄金贸易，但是贝宁却拒绝出口男性奴隶。这导致了贝宁势力的回撤，尽管在 1700 年之前，众多国王都想加强王国的权力：像阿肯博伊（Akengboi，1669～1675）、阿亨克帕耶（Ahenkpaye，1675～1684）、阿肯贝杜（Akengbedu，1684～1689）和奥雷欧河内（Oreoghene，1689～1700）这样的统治者在贝宁历史中都占有一席之地。事实上，据博斯曼所说，直到 17 世纪结束，在这些国王治下，拒绝出口男性奴隶仍然是皇家政策。博斯曼写道："这里的所有男性奴隶都是外国人，因为本地人不能被卖作奴隶……这里不允许出口或者在国内买卖任何男性奴隶，因为他们必须待在那儿。"[64]

贝宁拒绝出售奴隶，不参与大西洋奴隶贸易，这无疑让它相对于邻国而言处于不利的地位。最迟到17世纪40年代，距离瓜顿不远的附近海湾内的港口开始恢复了奴隶贸易。荷兰在埃尔米纳的工厂内的记录表明，这时英格兰人开始派船进入贝宁湾购买奴隶。在更南和更东的尼日尔三角洲的卡拉巴里－伊博（Kalabari Igbo），奴隶贸易也在增长之中：英格兰船只频繁地前往那里，返程时每次装载着多达400个奴隶。到了17世纪50年代，据传教士记载，传统上臣服于贝宁的相邻城镇已经为欧洲商人建立了独立的居住地，让他们买卖奴隶。但是，当周围国家都在扩大货币、武器和加工品的存量时，贝宁在这整个时期都坚持着它的政策，只在大西洋贸易中出口高质量的织布［被称为安巴西斯（ambasys）]。[65]

在乌尔斯海默1604年的记载中，安巴西斯在拉各斯的制造和销售已经很普遍。一份1671年的法国报告也说，贝宁"唯一的贸易就是贝宁产的小块布料，用于本地消费……一艘帆船一年去上两三次，购买那些布料，再带着它们沿着海湾一路卖过去，直到赤道"。然而，这种布匹的出口贸易变得越来越少，而其他地区奴隶贸易积累的利润却越来越多。正如我们在第三章中所看到的，一个严肃的问题是，荷兰在这一时期以压倒性的规模从佛兰德和古吉拉特（Gujarat）进口布匹：结实的佛兰德布料和缎子，以及印度著名的被称为坎内金（kannekins）的精心织造的丝绸和锦缎。它们富有异国情调且便宜，与贝宁本地布形成了竞争关系。事实上，到1700年，就连国王都希望他的宝座是"象牙宝座，覆盖着印度丝绸"。

对于异国时尚和样式的需求是如此强烈，以至于到这时，贝宁织工们也必须从欧洲商人处进口棉花和染料来织布。但他们怎么能和荷兰商船竞争呢？后者最早在 1645 年就可以每年单独向埃尔米纳一地供应 30 万埃尔（ell）的布料。这种倾销削弱了贝宁布匹的竞争力，进而削弱了贝宁的实力，使得它无法抵御内陆奥约崛起的力量。[66]

权力转换的关键十年是 17 世纪 80 年代这十年。到这时，安巴西斯还可以销售到埃尔米纳及其周边地区，但荷兰在埃尔米纳的总干事于 1684 年写道："贝宁布贸易在今天已经微不足道，人们对它的需求很小……而且这里还有不少库存，还有数千块布将从贝宁运过来。"到了 1685 年 1 月，荷兰西印度公司考虑从贝宁撤出它的所有代理商："考虑到公司有超过 12000 块贝宁布的库存，上个月'德·利夫德'（De Liefde）号船到港后又增加了 5000 块布的库存，而在贝宁河（Rio de Benyn）还有 4000 块。"事实上，荷兰做出这个决定一点也不奇怪，因为布料的价格是每本达黄金 40 块，但"没有购买者"。虽然 1687 年英格兰商人仍然向黄金海岸销售贝宁布，但很明显这是一项处于危机中的贸易。[67]

是什么造成了黄金海岸地区贝宁布贸易的迅速垮台？同样，不需要进行复杂的思考就知道，这很大程度上是因为在 17 世纪 40 年代以后，荷兰人将大量的布匹倾销到了市场上。到了 17 世纪 80 年代，英格兰也加入进来，让这个国家"塞满各种商品直到极限"。进口华丽的印度布、品种齐全的欧洲布意味着，人类对多样性和新奇事物的口味使贝宁很难与其对手竞争。正如我们所见，织工试图通过使用进口棉花和染料进行创新，但到这时，面对着像奥约和阿拉达那样的上升国家的竞争，贝宁已经开始衰退。这些国家的权力不断增长，它们对战争和奴隶贸易的依赖也相应地增强了。[68]

结论：截至 17 世纪晚期的金钱、
权力和政治变迁

贝宁是前殖民时期西非最著名的国家之一。它的铜器是精雕细琢技艺的明证，暗含着强烈的地域特征以及一种强大的 16 和 17 世纪的皇家美学。贝宁国王们对与欧洲进行贸易非常警惕，欧洲人很少见到他们。根据一份 17 世纪 50 年代的报告，他们拒绝面对面接见欧洲来访者，因为一个预言说，一位国王将会死在欧洲人手上——当 1897 年英国人最终征服了这个王国时，这样的事情确实发生了。[69]

贝宁通过在一定程度上小心翼翼地处理与欧洲商人的关系，发展着自己的制度，并保持着埃多和周边居民区的独立性。在葡萄牙人到来之前，围绕着贝宁的主要货币——贝币，已经形成了巨大的税基。纸上谈兵的地理学家奥尔福特·达帕在 17 世纪 60 年代写道，送往阿达（即阿拉达）、贝宁和拉各斯的商品中，有三分之一是以贝币的形式存在的。到了 1700 年，博斯曼表示，贝宁税收和政府运作体系的功效是非常持久的，从 15 世纪以来就一直持续着："贝宁的疆域非常广阔，充斥着地方长官，每一个人都知道每年他必须为国王筹集多少袋贝币（这个国家的货币），这些钱加起来数目极其庞大。"[70]

葡萄牙人引入大量贝币形成的现金存量，在贝宁的市场上获得极大增长。政府机构也随着征税能力的增强而扩大。这一进程和 16 世纪西班牙成为一个强大的官僚国家的进程是类似的，西班牙官僚体系的形成得益于从美洲发现的银矿所引起的

铸币扩张。在很长一段时期内，当国家扩张时，这一切对贝宁都是有利的。但在 17 世纪晚期，众多压力的积累对王国的贝币造成了巨大的影响，从而引发了严重的通货膨胀。随着荷兰和英格兰加勒比地区爆发"食糖革命"，这些地方对于奴隶劳力的需求大增，在 1685 年到 1703 年间，非洲大西洋沿岸（从惠达和奥夫拉到安哥拉）奴隶价格的上涨幅度可达 200%。随着奴隶出口数量的上升，每个奴隶也更加值钱：在 1685 年的奥夫拉，一个奴隶为 35 荷兰盾，到了 1703 年，其价格已经飙升到 100 荷兰盾甚至更多。[71]

如同达帕所正确描述的那样，贝币作为货币已经顺着海岸延伸到了惠达，此时这里已经取代阿拉达成了拉各斯以西的主要奴隶贸易国家。葡萄牙人从马尔代夫进口贝币作为他们东印度贸易的一部分，荷兰人也一度取代葡萄牙人在印度洋上做同样的生意。[72]

一份 1705 年的记录提供了一幅生动的画面，描述了在那儿做生意的荷兰人需要缴纳多少贝币："在一个人被允许开展贸易之前，他必须首先向国王缴纳 720 磅的贝币作为关税，另外，200 磅送给船长，30 磅送给城市执法者……而且他必须向奴隶营地支付 120 磅贝币以确保奴隶不会逃走……还要支付 400 磅贝币让人们帮忙将货物抬上船。"[73] 在货币供给上对外界贸易的依赖就这样从东方到西方，都成了政治转型的一个关键要素。当贝宁还是一个主要的地区性大国时，它积累了大量的贝币，可以用来建设政府和财政机构。可一旦欧洲商人的兴趣从布匹转移到了奴隶贸易，贝币供应就随着荷兰对贝宁的布匹贸易失去兴趣而枯竭了。事实上，贝宁的口述历史清楚地表明，国王在 18 世纪 30 年代已经开始参与奴隶贸易：这时，通过获得货币供应来维持机构生存的这种现实已经不能再被忽

184

视了。[74]

惠达的权力也是在这时成长起来的，与之相伴随的是它对货币的囤积，以及它提供给欧洲商人的市场机会。它当时是一个充满绿色的美丽国度，拥有着与黄金海岸所有王国加起来同等数量的人口。欧洲旅行记录大都是为在家里待着的、日益种族主义化的大众服务的，它关注贸易、奴隶和战争，但这当然不是非洲人日常关注的中心。非洲的人们对他们需要穿什么感兴趣，例如从海外来的新时尚、本地织工为了与之对抗而进行的革新，等等。此外，他们奇怪于为什么他们邻居的捕鱼技巧更高，不固定的雨水模式是如何影响粮食周期的，主要神殿的守护者有什么需求和预言，等等。然而，奴隶贩子对这些都不感兴趣，他们的日志更多地塑造了历史话语，而这些内容都不属于被经常讨论的区域历史。但这样的记载也是正确的，大西洋贸易的确带来了社会变化，欧洲船只的蜂拥而至以及奴隶贸易的繁荣也是事实。到了 1693 年，惠达皇宫已经改为部分由石头建造了，国王的宝座遮盖着红丝绸，宝座背后是一幅猎象的场景，这就算是在欧洲宫廷的画室里也不会显得格格不入。[75]

如果提及关于经济和政治转型的更广泛的事实，那么惠达崛起于阿拉达之前，而贝宁的衰落与奥约的崛起却是同时的。虽然贝币是一种世界性货币，它在中国的部分地区、阿拉伯世界以及印度洋都有被使用，但对于欧洲商人来说，它的可感知价值却是在下降的。商人们将这些海贝既当作压舱物，也用在非洲的奴隶贸易之中。贝币与黄金海岸的黄金出口之间的关系（用贝币换取奴隶和布匹，再将其卖到埃尔米纳换取黄金）将贝币与非洲货币的不断贬值联系在一起，而在欧洲和亚洲，

185

"硬"通货却可以在时光中保持它的价值。作为贸易的一部分，不断扩大的贝币进口事实上只不过恶化了这种趋势。同时，将欧洲和亚洲的便宜布匹倾销到非洲使欧洲和亚洲的制造业取得了发展，但这却是以牺牲阿拉达、贝宁和大西洋非洲其他地区的制造商为代价的，因为这些地方无法与欧洲和亚洲竞争。[76]

贝币当然是世界性货币的一部分，而其他进口货币则帮助塑造了强大的新身份。在交换中，双方都知道他们是在进行一种价值交换。当英格兰奴隶船"亚瑟王"号在 1677 年 2 月到达卡拉巴尔时，船员们做的第一件事就是与新卡拉巴尔的国王讨论出一个价格来，国王带着他的贵族们来到船上，"经过长时间的讨论，达成了当前的协议，每个男奴价值 36 根铜条，每个女奴价值 30 根铜条"。铜条和铁条依然是可选择的货币：铜既可以用来增加储备，也可以用来制作艺术品，或者用于战争；铁可以用来服务整个地区不断增长的工业，包括制造武器和工具。[77]

在经济层面上，西非国家在积累剩余价值上损失惨重。但它们也获得了可以帮助它们强化身份和文化力的货币，这对于之后塑造西非、美洲和欧洲的现代文化都是非常重要的。贝宁铜匠行会的成员属于用文化换取经济资本的进程中的一部分，他们用艺术品换取铜环，铜环又是由 1677 年"晨星"（Morning Star）号那样的奴隶船上的水手们用来交换奴隶的。在美洲，当贝宁的加工品和材料在神庙周围积聚起来时，它和它周边国家的宗教传统就重塑了美洲的思想。这样，今天那些在红河区伊曼贾之家的巴伊亚信仰，就是在"米纳海岸"获得的信仰和身份的直接继承者，是在此基础上的一种更新。但与此同时，这个地区的经济重要性却开始消失了。

注　释

1. 关于从萨尔瓦多到埃尔米纳（米纳海岸）贸易的起始，见 Souza（2011）。

2. 关于伊博人和伊加拉人之间的文化借鉴，见 Achebe（2011：32）。

3. Johnson（1937：15 – 20）；Ogundiran（2002：433 – 4）；Filipello（2016）.

4. 关于这些技术的关键性工作是由杰出的考古学家阿金武米·奥贡迪兰与巴巴洛拉一起做出的，见 Ogundiran/Ige（2015）和 Babalola（2016）。

5. 关于从 13 世纪到 15 世纪，在埃多和约鲁巴地区用陶片铺路的情况，见 Ogundiran（2002a：54）。关于努佩，Konstanze Weise 已经做了重要的发掘，见 Weise（2016）。

6. 关于努佩的铁，见 Weise（2016）。关于布匹，见 Kriger（1990）和 Shaw（1970）。关于 18 世纪晚期和 19 世纪早期从这个地区运往巴西的布匹，见 Hicks（2017）。

7. 这些联系的概念化部分是由 Akinjogbin（1967：16）的重要工作实现的，他描述了一个阿贾 – 约鲁巴共同体。关于一个贝宁移民建立了埃努古，见 Achebe（2011：31）。关于对 Akinjogbin 工作的批评，见 Rufer（2016：726 – 7）。

8. Johnson（1937：xix）.

9. Rufer（2016：708）；Parés（2016：44）；Filipello（2016）.

10. Berzock（2008：6）；Roese/Bondarenko（2003：18, 63）.

11. Barros（1945：90）.

12. 关于贝宁宫廷编年史家（伊霍比和奥博卡），见 Roese/Bondarenko（2003：20）。关于铜器显现出欧洲影响的观点，见 Pitt-Rivers（1900）。Pitt-Rivers 的插图展示了树叶状的剑（Plates 1, 27）、豹子牙齿项链（同上，8），以及骑在马背上的国王（同上，10）。在约鲁巴和巴西背景中都有一种关于阿克希（axé）的文化传统，阿克希成了非洲 – 巴西宗教坎多布雷的中心，见 Henry（2008）。（见第 384 页关于阿克希

的解释。——译者注）

13. Barros（1945：90）.

14. 关于"失蜡法"，见 Berzock（2008：6）。

15. 关于奥基波战争，见 Ogundiran（2002a：34 - 5）。关于这一时期伊
莱 - 伊费和这些王国的衰落，见 Ogundiran（2016）。关于战争对努
佩附近的小王国伊加拉的影响，见 Usman（2016）。

16. Roese/Bondarenko（2003：80 - 86）；Ryder（1969：8 - 10）.

17. 关于这一时期努佩、奥约和贝宁的相互交织和动态转型，见 Ryder
（1969：8）。1486 年这个日期在 Rui de Pina's chronicle, *MMAI*,
Vol. 1, 52 中得以证实。

18. *MMAI*, Vol. 1, 52；关于 1514 年的大使，同上，326。

19. Mauny（1956：134）.

20. 关于 1515 ~ 1516 年的冲突，见 *MMAI*, Vol. 1, 370。关于 1539 年传教
士的失望，同上，Vol. 2, 79 - 80。关于贝宁贸易点的经济问题，同
上，Vol. 1, 52。关于当时贝宁 - 葡萄牙关系的全景描述，见 Roese/
Bondarenko（2003：127 - 8）。Ryder（1969：33 - 49）则认为，1516
年支持贝宁人的是圣多美的独立葡萄牙商人，而并非葡萄牙王室。

21. Dantzig/Jones（1987：228）.

22. Roth（1968：9 - 11）.

23. 关于这种描述的一个例子，见 Pitt-Rivers（1900：Plate 27）。关于埃
多语和葡萄牙语词语，见 Roese/Bondarenko（2003：103, 348）。

24. *MMAI*, Vol. 4, 619 - 20；又见 Roese/Bondarenko（2003：146 - 7）。

25. Jones（1983：24 - 5, 38）.

26. Anguiano（1957：36）.

27. Roese/Bondarenko（2003：25 - 6, 81）.

28. Jones（1983：24, 41）.

29. Ogilby（1670：470 - 71）；Connah（1975：32, 138）.

30. Roth（1968：91）.

31. Nafafé（2007：2）；Berzock（2008：5）.

32. 关于铸工用葡萄牙纹饰来装饰头盔，并尝试仿造加农炮，见 Roese/
Smith（2000：97）。

33. 关于帕谢科·佩雷拉，见 Mauny（1956：134）。关于 1517 年的变化，
见 Garfield（1992：46）和 Ryder（1969：53）。关于"圣米格尔"

（Sao Miguel）号船 1522 年的日志，同上，303。

34. Connah（1975：1 - 2）．

35. Ogilby（1670：470）．

36. Ryder（1969：61）． 关于 1522～1526 年奴隶和山药的通货膨胀，同上，63 - 4；Garfield（1992：47）；Roth（1968：9）。 关于 17 世纪蜗牛壳图案的流行，见 Usman（2000：58）。

37. Roth（1968：91，132 - 3）；Ogundiran（2014：14 - 15）；Ryder（1969：61）；Jones（1983：41）．

38. Ryder（1969：60）；Ogundiran（2002a：436）．

39. Law（1997：18，44）． 更多大波波地区的非洲与欧洲关系的细节，见 Strickrodt（2015）。

40. Akinjogbin（1967：10 - 14）；Parés（2016：114 - 18，131）．

41. Anguiano（1957：52 - 3，关于教理问答，见 Appendix 3）．

42. 关于奥夫拉，见 Delbée（1671：388）。

43. 关于从阿拉达来到现代哥伦比亚地区的人们，见 AGNB，Notaría Primera de Bogotá，Vol. 11，fol. 340v 和 AGNB，Archivo Histórico de Boyacá，Notaría Primera de Tunja，Legajo 37，fol. 329r。关于 1582 年的协约，见 Vila Vilar（1977：25），同见 BA，Códice 51 - IX - 25，fol. 115v。促使圣多美商人前往阿拉达的因素还包括这样的事实，即安哥拉的奴隶贸易在 1595 年后已经被置于合同的控制之下了。

44. Strickrodt（2015）．

45. 同上，244；Delbée（1671：436）。

46. Delbée（1671：388 - 99）． 关于阿拉达对于玉米粉面包出现的作用，见 La Fleur（2012：113 - 22）。

47. Delbée（1671：440 - 41）．

48. Purchas（1905 - 7：Vol. 6，354）． 关于市场和边境地区，见 Professor Olukoya Ogen of Osun State University at the University of Birmingham 的论文，June 2009。

49. Purchas（1905 - 7：Vol. 6，353 - 4）．

50. 关于乔治·费尔南德斯·格拉马乔，见 AGI，Escribanía 589B，fol. 2r。关于圣胡安 - 德乌鲁阿的登记册，见 AGI，Escribanía 12A，Pieza 7A；Ngou-Mve（1994：43，170）。Wheat（2011：15，19）提供了一个关于 17 世纪 10 年代从阿拉达来的奴隶在卡塔赫纳的情况的好例子。关于达米奥·拉米雷斯的航行，见 AHU, Conselho Ultramarino, Sao Tomé, Caixa 1, doc. 99，又见 Northrup（1978：51）。

51. 关于"阿拉达人"在巴西，见 Calado（1648：161）。关于荷兰船只来往阿拉达，见 Ratelband（1953：36 - 7，320）；Delbée（1671：437）。关于 17 世纪阿拉达贸易整体性增长，见 Law（1991：11）。

52. 关于 17 世纪 20 年代从阿拉达出口棉布，见 BA, Códice 51 - IX - 25, fol. 74r；关于出口到罗安达，见 Jadin（1975：Vol. 1，219）。

53. Anguiano（1957：244）："esperando que el capitán del navío echase la ropa en tierra, que era lo que más atendían y de lo que principalmente cuidaban."到了 18 世纪，阿拉达的布匹出口已经开始衰落，讨论见 Green（2016a）。阿拉达布匹出口往黄金海岸的证据，见 TNA, T70/657, fol. 38r（1678）和 TNA, T70/659, fol. 20r（1687）。

54. Anguiano（1957：54）. 最近关于宗教习俗背景的讨论见 Parés（2016：123）。

55. 关于圣多美，见 AHU, CU, Sao Tomé, Caixa 2, doc. 141, 15 January 1661。关于 1663 年 Cape Lope Goncalves 的流行病，见 AGI, Indiferente General 2834, 22 March 1663。关于安哥拉，见 Miller（1982）。关于恩桑迪的蝗灾，见 Piazza（1976：177）。关于 1655 年刚果的流行病，同上，223 - 4。关于奥索博，见 Ogundiran（2014：2）。关于气候变化和奴隶贸易，见 Fenske/Kala（2012）。

56. Faust et al.（2006）.

57. Roth（1968：157 - 9）.

58. Bosman（1967：439 - 40）.

59. 同上，431，461；Roth（1968：157 - 9）。

60. Law（1977：33 - 41）.

61. Usman（2000：45 - 6，49，51）；Usman（2003：208）.

62. 这个谚语在 Robin Law 关于奥约的重要著作中被引用——见 Law（1977：198）。关于奥约 17 世纪的扩张与阿拉达的关系，同上，40 - 43，151，155。

63. Johnson（1937：70 - 76，164 - 6）；Law（1977：62 - 5）；Ogundiran（2014：13）.

64. Bosman（1967：462）. 关于 17 世纪的国王，见 Roese/Bondarenko（2003：200 - 201）。

65. 关于荷兰和英格兰船去往贝宁湾，见 Ratelband（1953：36 - 7，251，259，265）。关于卡拉巴尔，同上，54，117，165。关于贝宁布安巴西斯，同上，211。关于 17 世纪 50 年代相邻定居点的数量，见 Cavazzi（1687：583）。

66. 关于 1670 ~ 1671 年的报告，见 Moraes（1998：294ff.）。关于到 1700 年国王已经使用印度丝绸，见 Bosman（1967：464）。关于在纺织中使用外国原料，同上，433，其中 Bosman 说"我们一到那儿，就立刻赊给他们用来织布的商品"。1645 年，荷兰人独自就向埃尔米纳送去接近 30 万埃尔布料，包括锦缎、绸缎和丝绸（Ratelband 1953：Appendix K）。

67. Dantzig（1978：44 - 5）。关于 1687 年贝宁布在海岸角，见 TNA，T70/659，fol. 19r。

68. Dantzig（1978：38）。这一结论与史学界关于这个问题的一些观点有些不一致。像 John Thornton 这样的历史学家已经把进口非洲生产的货物作为一种选择，但本书所使用的经济框架却认为，这种推拉的要素有些不同。

69. Cavazzi（1687：578）.

70. Bosman（1967：460）；Ogilby（1670：467）.

71. Dantzig（1978：89 - 90，111）.

72. 同上，150。

73. 同上，124 - 5。

74. 关于奴隶贸易重新开始，见 Roese/Bondarenko（2003：221）。

75. Bosman（1967：339）；Law（1997 - 2006：Vol. 3，191）.

76. 关于货币的相对价值以及更广泛的实践，见 Austen（1987：92）。关于"硬"通货的定义，见 Guyer（2012）。关于刚果采纳外国纺织品带来的负面影响，见 Fromont（2014：135 - 6）。

77. TNA，T70/1213，Monday，11 February 1677；TNA，T70/1214，the accounts of the ship Morning Star.

第五章 刚果王国：
从王权到叛乱

现在，不管人们在安哥拉和莫桑比克停留多久，都会与木
薯产生不少交集。这种长长的、带着易剥落褐色外皮的圆柱状
物体是当地的核心主食，也是在当地所有市场都能找到的商品
之一。人们将木薯煮熟或者在容器里捣烂，再将它和任何能找
到的蛋白质搅拌在一起食用。如果去巴西访问，也会经历同样
的烹调体验，很难摆脱木薯的纠缠。此外，在巴西东北部，木
薯叶子还可以在煮熟后用辣椒和油进行调味，还常常拌上花生
米或者鱼，制造出另一种美味。这种美味在约鲁巴区域（现
在是尼日利亚和贝宁）以及几内亚－科纳克里地区也很常见。
但木薯更常见于巴西的大部分工作日餐馆，人们将它磨成粉，
放在佐料瓶里，像帕马森干酪那样撒在菜肴上。这种跨区域食
品，与全球化第一阶段中的一些其他趋势共同出现。木薯根这
种有着易于填饱肚子的果肉和寡淡滋味的食品，伴随着中西非
的人民一同走过了大西洋贸易的暴力时期。

木薯最初是巴西作物，图比南巴印第安人将之用作主粮，
有时也在与敌人作战时将之用作军粮。人们把它碾成粉，当作
一种面粉储存，它易于携带，有营养，又足以抵御饥饿；16
世纪，葡萄牙人迅速将其借鉴过来，作为喂养军队的手段。就
像当时世界上的许多变化一样，葡萄牙人并没有发明而是照抄

了已有的实践，并将其发扬光大。木薯最早由美洲种植者培育出来，由土生的美洲奴隶在巴西东北部进行种植，在 16 世纪晚期再由奴隶船带到安哥拉一带进行贸易。17 世纪上半叶，葡萄牙军队和他们的非洲因邦加拉同盟，在由葡萄牙人发动的奴隶战争中，用进口的木薯喂养军队。很快，罗安达的耶稣会士开始利用奴隶在他们位于罗安达北部的本戈河（Bengo River）旁的农场中种植木薯。随着时光流逝，木薯成了非洲的主粮，经常由非自由劳力进行种植。[1]

木薯在很多方面成了一种符号，标志着中西非诸王国在 16 和 17 世纪的变迁方式。从美洲来的进口技术、品味和人员与刚果人（BaKongo）和翁本杜（Umbundu）人相互作用，后者则提供了他们的医学、织布和制造技术。安哥拉进口的木薯被用于军队，好让他们与刚果王国这个当时毫无争议的政治强权作战，削弱刚果的力量。虽然木薯变得无处不在，但它却并非像许多旧有观念所认为的那样，是在非洲无法养活自己时挽救这个大洲的食品，相反，它是用来发动战争、削弱这个系统的工具。

与此同时，文化混合现象不仅出现在中西非，还跨越了南大西洋海盆。嘉布遣会修士安东尼奥·卡瓦齐（Antonio Cavazzi）曾经描述了这种文化混合发生的方式，他根据自己在 17 世纪 50 和 60 年代的亲身体验进行了记录。卡瓦齐宣称，从上牙床拔掉两颗牙齿的做法在因邦加拉是很常见的，但它是由那些在南美秘鲁的图帕克－印加－提姆潘基（Tupuco-incay-Timpanqui）的印加部队中服役的人带到非洲来的。根据卡瓦齐的记载，许多秘鲁人也拔掉牙齿，接着"奴隶贩子将非洲奴隶带往美洲的西班牙矿山工作，一段时间过后，许多黑人又

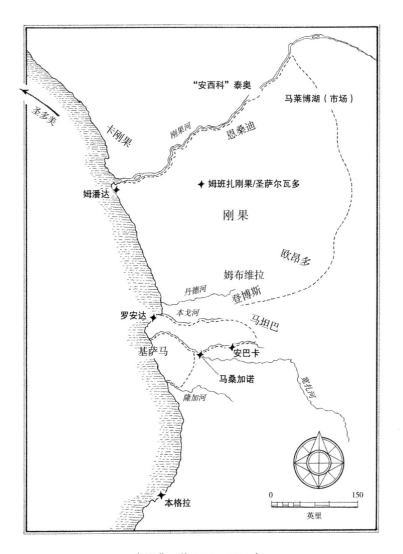

中西非，约 **1400~1700** 年

回到非洲，将这个习俗带给了他们自己的国人"[2]。

无法确定这样的说法是否准确，但它却显示出了 16 和 17 世纪在南大西洋发生的更广泛的人员和思想交流。即便这种仪式没有从秘鲁传到中西非，其他的思想、技术和品味也出现了双向交流。中西非统治者试图使他们的王国全球化，例如我们早就讨论过的 17 世纪 40 年代一位刚果大使被派往巴西的事件。这是一个刚果大使频繁穿梭和谈判的时代，目的是保卫他们的政权，抵御葡萄牙人与因邦加拉的联盟的侵蚀。他们带着皇家信件去往梵蒂冈、里斯本、阿姆斯特丹以及巴西，到这时，我们还无法设想 1700 年刚果衰亡时的惨状。[3]

在寻求政治影响力的尝试之外，木薯还说明了全球交换的重要文化意义。另一个很好的例子是一个叫奎龙波（quilombo）的机构，它由葡萄牙在安哥拉的盟友因邦加拉人设计出来，作为团结不同血缘、不同语言的人群的方法而存在。奎龙波是安哥拉战争中使用的一种军事结构，随着奴隶贸易在 17 世纪的扩张，它也被出口到了巴西。由于奎龙波是将陌生人团结在一起的军事结构，因此它对于整合那些到达美洲的不同背景的非洲人至关重要，这些人到达美洲后形成了新的奴隶制社区，还在马龙人社区中与该制度作战。在第一部的尾声中还将详细介绍奎龙波。

这一切变化与刚果王权的增强同时发生，我们已经见到了代表王权辉煌的那几幅画像。但本章同时发现，刚果王权的兴起伴随着两个巨大的代价。这里的食品、思想和军事结构的全球化是其最终的政治衰落进程的一部分。最初，臣民们（刚果人和周围臣服的王国的人民）都产生了一种日益增长的怨恨，尤其针对奴隶贸易和暴力对国家扩张的破坏作用。这种怨恨引发了一系列叛乱，从而导致了王权的不稳定，而这又让这个地区变得对全球力量更加开放，无法抵御全球力量的入侵。其次，住在首都姆班扎刚果的统治部族穆维希刚果人进口了大量的奢侈品，造成了广泛的经济不平衡。铜、奴隶以及他们剩余劳动的"价值"从刚果出口到安哥拉，大西洋商人却用刚果的主要货币恩吉姆布（一种贝币）塞满中西非地区。进口增加，货币数量猛增，恩吉姆布的价值在17世纪如自由落体般跌落。这一切与"底层"叛乱的结合在17世纪末决定性地压垮了王国。

190

这样，刚果在内外力量的作用下衰落了。要理解刚果力量的衰落，就必须理解刚果曾经具有的复杂的全球网络的起源（发展于17世纪）。刚果在16世纪早期就开始了这些联系，那时穆维希刚果青年们已经被作为大使送往里斯本，在修道院里进行宗教学习了。到了17世纪，由于从罗安达出发的奴隶捕手的不断袭击，刚果与葡萄牙的关系恶化了。罗安达，也就是现在的安哥拉，建于1575年。1631年，罗安达总督描述说，很难保证刚果铜矿的安全，"因为刚果人民不信任葡萄牙"。到了1652年，情况更加糟糕了，因为刚果和安哥拉的所有人都"带着不共戴天的仇恨蔑视葡萄牙人"。[4]

这种互相的不信任来自哪里？刚果人自己复杂的世界观和理想是如何与外人碰撞，又产生这种仇恨的？大规模的全球贸易给刚果人带来了什么？他们又在本地经历了什么？要想回答这些问题，我们必须重建早期刚果和它的世界观，越细致越好；并检视它的统治者与大西洋强权打交道的方式。本章将详细地考察早期刚果的文化、它与大西洋的早期交往，以及导致17世纪40年代战争的误解与贪婪。

我们将看到，对于人类的野心来说，"不散播仇恨"这个要求已经过高了：哪儿有巨大的财富，哪儿就充满悲伤。中西非地区有太多东西可供人们为之斗争：刚果河以北的铜矿矿产丰富，此外还有关于金银矿的传言；就像美洲土著的阿兹特克帝国和印加帝国那样，刚果出现一个中央集权的强权反而激起了欧洲人殖民占领的野心。但是，在所有这些巨大的历史变革中，刚果本身就濒临险境。

191
刚果：王权防御中的外交和地缘政治

1645 年 9 月 3 日，刚果国王加西亚二世为嘉布遣会修士约瑟夫·佩利塞·德·托瓦尔（Joseph Pellicer de Tovar）举行了一场觐见仪式。刚果王国与它的荷兰盟友反对葡萄牙的战争已经进入关键阶段，这场战争最终导致荷兰势力崩塌，它们在 1648 年撤出了罗安达（这场战争见前言）。这场失败以及之后葡萄牙迫使刚果签订的严苛的和平条约，为 1665 年刚果被巴西土生白人军队在姆布维拉战役中击败铺平了道路，王国也在数十年的内战中解体。[5]

192
然而，在 20 年前托瓦尔对加西亚二世在首都姆班扎刚果的王权和宫廷的描写中，却很难看出这些迹象：

> 国王在他的小教堂里，听着弥撒，穿着华丽，金色的锦缎上缀着珍珠和其他异常昂贵的珠宝。他头戴帽子状的皇冠，上面镶嵌着厚厚一层珍珠和价值无量的珠宝。他的宝座是刚果式样的，用深红色的天鹅绒制作，宝座的脚上缠着很宽的布，坐垫也是用同样的天鹅绒制作的，带着金色的条纹和流苏。[6]

加西亚的排场有许多由来。皇冠是圆锥形的，带着象征刚果权

荷兰大使在刚果国王加西亚二世的宫廷

力的标识；红色用来象征皇权，刚果的贵族也用红色的饰带来
扎紧他们的衣服，早在 16 世纪上半叶，皇家军队的衣服上就
有了大量的红色。

　　托瓦尔也描述了与刚果本地的织物和衣服混合在一起的进　193
口的布料。锦缎和红色染料表明了刚果与葡萄牙、巴西和荷兰
之间有 160 年历史的长途贸易。在本章中，当财富在这个 15 世
纪时已经丰足的王国内增长时，当王国内部为了管理增长的贸
易发展出复杂的国家机构时，这种王权膨胀的本地语境也已经
清晰了。然而，全球贸易在带来了机会的同时，也带来了巨大
的压力，它超出了任何统治者或者王国能够完全承受的程度。

　　当佩利塞·德·托瓦尔写下这些对刚果国王的描述时，这
个王国正在面对这种压力，为了生存而斗争。尽管如此，王国

刚果王国的盔甲，献给阿方索一世国王

的瓦解在此时还是不可想象的。布匹、珠宝和绚丽夺目的工艺品在此时早已成了刚果皇家威仪的象征。这事实上是在位的国王死亡时经常会爆发险恶的王位争夺战的原因。就像西班牙传教士安东尼奥·德·特鲁埃尔（Antonio de Teruel）所描述的，刚果的王冠所属是选举出来的，不是世袭的；由于刚果的继承权是传给母系的舅舅一侧，而不是传给父系那边的长子，许多人都可以声索王位继承权。特鲁埃尔写道，这样的纠纷在加西亚二世自己就职时也有体现："他用暴力继承王位，违反了臣民的意愿……他知道他们并不爱戴他，因此他也对他们充满了警惕，他从来不像刚果国王保持的传统那样和他的大臣们一起吃饭……他害怕所有人，一旦他怀疑有人背叛了他，就会找借口把他送到其他的省份去，当人们怀疑其被送走的动机时，他就下令处决他们。"[7]

像他的前辈那样，加西亚二世试图找到躲过 17 世纪世界政治地雷阵的方法，他决定转移到荷兰阵营中去。要想理解这个时期的刚果，检视这项外交举动是非常有帮助的。这项政策把这个王国放在了一盏聚光灯下，展现了它距离 15 世纪早期的原始政策已经有多么遥远。现实是，就像之前的和当时的许多主要政权一样，当一个更加有希望的伙伴出现时，刚果国王是很容易改换阵营的。加西亚完全摆脱了葡萄牙，与荷兰在 1641 到 1648 年的战争中联合在一起，这场战争试图将葡萄牙人从安哥拉赶走。但导致战争的这场行动本身在 20 年前就已经开始，并一直持续着。

荷兰人之所以更有吸引力，是因为他们带来了质量更好、价格更便宜的商品，他们也还没有卷入奴隶贸易之中（他们在 1630 年征服部分巴西之前一直没有参与）。早在 1606 年，刚果的海岸省份索约就向荷兰派出了外交使者，到了 1612 年，当荷兰人被葡萄牙罗安达的军队袭击时，索约军队帮助了荷兰人。17 世纪 10 年代，罗安达的一系列总督都十分暴力，并支持奴隶贸易，这让刚果更加反对葡萄牙了。1622 年，一支刚果武装部队在姆班达卡西附近的一场战斗中被葡萄牙人击败，这致使刚果国王佩德罗二世姆康加·姆本巴（Mkanga Mbemba）提议与荷兰结盟，彻底将葡萄牙人赶出这个区域。[8]

　　到这时，看上去刚果将以胜利告终，并有可能在一个中西非国家和一个欧洲国家之间建立起一种完全不同的关系。荷兰在 17 世纪 20 年代完全没有参与奴隶贸易，在美洲也没有种植园。对他们来说，向美洲殖民地贩卖奴隶的迫切性还不明显，而刚果国王们希望荷兰人能够保持对布匹、铜和象牙贸易的广泛兴趣。1622 年葡萄牙战败后，形势看起来不错，刚果试图巩固其军事成果。1624 年，索约省长向联省写信寻求军事支持，荷兰西印度公司于是派遣皮特·海恩（Piet Heyn）率领的舰队前去帮助他们打击安哥拉的葡萄牙人。这支舰队刚刚从葡萄牙人手中夺取了巴西的殖民首都萨尔瓦多。海恩带着三艘大船、两艘小船和两艘单桅帆船出海，于 1624 年 10 月 30 日到达罗安达。但在那儿，他发现葡萄牙人在城市里新增了 24 艘船和 1800 名士兵。当他向北方的索约航行时，索约省长通知他，他们已经和葡萄牙人更新了同盟关系，不希望再打仗了。这位省长翻云覆雨，向海恩声称，他写给荷兰西印度公司寻求帮助的信是奉他的主子刚果国王之命写的，而他只不过是一个低级的仆人而已。[9]

195　　海恩自然被刚果的两面派搞糊涂了。但刚果为什么有这样的突然转变呢？就像我们通常所见，这是由于非洲政治的变迁远快于欧洲。建议结盟的国王佩德罗二世在 1624 年已经死了，他的死亡导致了一场战乱。可能作为这些事件的结果，佩德罗二世的继承人加西亚一世姆本巴·恩康加（Mbemba Nkanga）对葡萄牙人更加开放。与此同时，罗安达的新总督也更愿意与刚果人和解，他控制住了葡萄牙奴隶贸易和他们的因邦加拉盟友的过度举动。这和刚果内部的政治变化一起，给两方带来了暂时的和平。[10]

　　但这些事件已经造成了一种无法停止的势头，这终将导致
17 世纪 40 年代的外交颠覆和战争。1625 年，罗安达的葡萄牙
人总督已经表示，刚果不可能长期被视为盟友。刚果也继续耍
着花招，它与葡萄牙之间的紧张关系在 17 世纪 30 年代迅速激
化，与美洲的奴隶贸易又开始增加，荷兰人的势力也在继续扩
张，他们在 1630 年获得了环绕伯南布哥的巴西东北部诸州。到
1638 年，索约省长告诉荷兰人，如果他们从海上袭击罗安达的
葡萄牙人，他的军队将从陆上支援他们。他邀请荷兰人在姆潘
达（Mpinda）① 港口修建一座堡垒。1641 年，荷兰人夺取了罗安
达，刚果与荷兰结盟的一切准备工作都已经就绪。19 年后的 1660
年，葡萄牙人在罗安达记录了其中的原因："荷兰攫取这个堡垒的
主要原因是，刚果国王的大使已经三次要求他们这么做了。"11

　　刚果作为一个主要的外交玩家，它的重要性在现代帝国的
早期历史中很少被强调。刚果大使的角色、刚果的贸易以及由
此引起的经济转型都很少被关注。但这些在当时都是众所周知
的，"为巴西和安哥拉而斗争"是世界历史上的一个明确瞬
间。葡萄牙被荷兰人在安哥拉（1648）和巴西（1654）打败，
这给了英格兰势力崛起的机会，随着时间推移，英格兰成了欧
洲具有主导性的帝国势力。葡萄牙在巴西后来的胜利依赖于英
格兰提供的金融支持，它以此来建立巴西舰队。即便在胜利
后，葡萄牙对西班牙的独立战争也直到 1668 年才结束，并且
这也倚仗与日益增强的英格兰的结盟。这种结盟关系通过
1662 年查理二世与布拉干萨（Braganza）的凯瑟琳的婚姻被确
认。在所有这些欧洲势力的起伏中，刚果是全球事务中的一个

196

———————

　　①　亦写作"Mbinda"。——译者注

外交玩家，也是世界上一个重要地区的主要王国，这个地区为美洲新世界的种植园和矿山提供了主要的奴隶劳动力。就像葡萄牙人这些年经常说的："没有安哥拉就没有巴西。"[12]

为什么刚果能够成为世界事务中的关键角色，通过它的外交斡旋在世界舞台上保持王权呢？其核心答案是刚果文化阶层的地位：就像在 17 世纪的世界大部分地区那样，文化阶层是其贵族的延伸。如同在世界其他地区，在刚果，这个阶层非常擅长寻求自己的利益。传教士安东尼奥·德·特鲁埃尔描写道，刚果国王加西亚二世在宫廷中，以及在索约，都有许多敌人，他们经常给索约省长写信制造混乱。那些年里，加西亚二世与著名的恩东果和马坦巴女王恩津加（Nzinga）也经常给彼此写信探讨他们反对葡萄牙的战争。这种上层集团间的通信往往用来寻求自己的外交利益，或者安排互派大使，或者商讨如何袭击共同敌人。但它的用途也超出了刚果国王宫廷的范畴，关键省份姆邦巴（Mbamba）和索约的省长之间也有信息交流，以获取利益。在 17 世纪 40 年代的战争中，刚果国王在 1643 年向联省派出了两位大使。但早在 1642 年，索约自己就向累西腓的巴西荷兰政府派出了自己的使节，要求他们不要向刚果提供武力支持。在这一年中期，刚果国王才派出了自己的官员，他带着国王以及姆邦巴公爵的信件前往巴西，寻求进一步的结盟。[13]

在我们拥有的几位大使的肖像之外，旅行者纽霍夫（Nieuhoff）在巴西的记录清楚地表明，这些大使给当地留下了深刻的印象。这种对统治刚果的贵族阶层的广泛记述，对于理解刚果在世界事务中的角色非常重要。纽霍夫写道，索约的使节"非常精通拉丁文，作过几篇几乎相同的长篇大论"。这让加尔文教派（新教）的荷兰人感到很好奇，因为拉丁文与天

197

主教信仰深深联系在一起，而荷兰人反对的就是天主教。但是，加西亚二世在 1642 年与荷兰人签订的条约中表明，虽然他允许荷兰人在海滩上任何他们希望的地点修筑堡垒，但是"葡萄牙人建在他们野心之上的邪恶，并不足以让我放弃掉天主教信仰"。[14]

这样，这段时期刚果外交斡旋的第二个关键表象，就是他们对天主教信仰的采纳。作为一个非洲基督教王国，刚果从某种程度上成了一种欧洲殖民和奴隶贸易的原始证明，欧洲声称殖民和奴隶贸易都是以传播信仰为目的的。刚果基督教与原始信仰浓重地交织在一起，17 世纪 40 年代，嘉布遣会修士在刚果人的不断要求下被派到那里，许多传教士抱怨说，这个王国与真正的基督教信仰完全不沾边。这些狂热的使者通常在死于疟疾之前，花了所有的时间去烧掉"偶像"，斥责"异教徒"。但他们的教条主义并不是故事的全貌：刚果人民已经创造了基督教的一种自治形式，将共用的符号（如十字架）和对神权的信仰融入了一种新的宗教实践之中。[15]

同样，虽然荷兰人信仰新教，而刚果人信仰自治的天主教，但其宗教差异却并不像在欧洲那些信仰不同的强权之间那样，成为政治的障碍。17 世纪 40 年代，荷兰和刚果发动了针对它们共同敌人葡萄牙的战争。荷兰与刚果军队一起战斗，刚果国王鼓励那些在罗安达区域内已经向葡萄牙人宣誓效忠的酋长们起义。但最终，在 1648 年，一支满载巴西部队的舰队挽救了葡萄牙人。刚果和荷兰被击败了，刚果被迫接受了严苛的和平条件。占领此地的巴西军队对许多这里的疾病是有免疫力的，因为他们中很多人是图比南巴人。这一切都为 17 年后刚果在姆布维拉的战败打下了基础。[16]

在这样的考察下，这个中西非王国与黑格尔所说的"非洲没有历史"是多么不同！为了保卫它的权力和奢华的宫廷，它所做出的外交努力是多么令人印象深刻。我们在本章以此开头是非常有用的，由此可以看到，在17世纪中期，刚果已经变得适应性多么强，又多么具有影响力，这有助于我们了解在之前的一个半世纪中刚果与全球强权相互依存的程度，以及在这些同盟关系解体后它跌得有多惨。

在刚果，有大量不同的文字材料记载了它悠远和重要的历史，但这些材料没有一点是由刚果人写的。但幸运的是，本地的口述历史材料也可以概括出，在这个世界历史的关键时期，刚果王国是如何转型的。比利时人类学家在20世纪30和40年代就报告说，西彭代人（Bapende）的口述史非常完美地描述了这一阶段刚果历史的轨迹，当时的刚果崩溃了，奴隶贸易变得不再可能被铲除。它描述了彭代人最初是如何生活在安哥拉罗安达的海岸附近的。然而，当葡萄牙人到来后，他们分成几波逃往了内陆地区，越来越深入。1700年前后，他们到达了位于开赛（Kasai）的奇卡帕（Tshikapa）地区。彭代人口述史断言，当欧洲人到来时：

> 突然他们看到一艘巨大的船从海上出现。这艘船有着完整的白色翅膀，像刀锋一样闪亮。白人从水中走出来，说着谁也听不懂的话语。我们的祖先害怕了，说他们是翁比（Vumbi），也就是从阴间回来的灵魂，并用排射的箭将他们赶回了水里。但翁比用雷霆般的声音发射着火，许多人因此而丧命。我们的祖先逃走了。贵族和教士们说，这些翁比是这片土地古老的主人，后来彭代人才穿越非洲南部

的赞比西区域来到这里。我们的祖先离开了卢阿巴拉
(Luabala) 平原，担心白人的船会回来，他们沿着卢卡拉河
(Lukala River) 撤退。其他人还停留在大海旁边。船果然又
回来了，更多的白人出现了。他们要求我们供给鸡肉和鸡蛋，
他们给我们布匹和珍珠。之后白人又回来了。他们带来了玉
米和木薯、刀子和锄头、花生和烟草。从那时起到现在，白
人再也没有带来更多东西，除了战争和困苦。[17]

理解刚果王国的转型：起源、人民、脆弱性   199

当大西洋贸易在 15 世纪晚期兴起后，刚果又发生了怎样
的变化呢？非洲的职业历史学家认为，刚果所在的中西非与本
书已经探讨的西非地区有一个重要的不同。首先，在西非，与
北非的长途贸易和对阿拉伯地区朝圣，作为遥远却显著的存
在，其影响即便在黄金海岸和奥约与贝宁的王国都可以感受
到。从地理上说，划分出刚果王国边界的浓密森林和高耸的群
山，与西非崛起的其他伟大王国所处的稀树草原和半沙漠是非
常不同的。而且，非洲南部和中部的班图语在西非也没有被发
现。但是，刚果也可能与遥远的阿拉伯世界有着一定的长途贸
易，这种联系在欧洲人到达前就已经存在。事实上，这里也有
和西非模式类似的长途贸易、国家建设和经济增长。[18]

但传统历史认知中"西非、中西非与世界竟然有联系"
这种想法本身就是可恶的，它认为非洲在与欧洲人接触之前
应该是隔离于其余世界的。但这些联系却从许多史诗中体现
出来。历史学家让·范西纳（Jan Vansina）就表示，从约鲁
巴地区直到遥远南方的卢安果都有相似的木雕技术，这表明

这些地区有着技术和交换的共通性。17 和 18 世纪，库巴王国（Kuba，现代刚果民主共和国西南部）的木雕上描绘了人们在玩瓦里棋，这是一种在北方以及与这个王国相距遥远的西非和东非广泛流传的游戏。其他的证据表明，这些交换又和连接撒哈拉的长途商路有着交叉联系。这种模式又在 15 世纪 80 年代葡萄牙人到来后，影响了刚果人对此做出的反应。[19]

200　　　刚果所拥有的与长途贸易商路的联系，是甘蔗这种生长在地中海东部和阿拉伯世界的植物会在葡萄牙人到来之前出现在刚果的唯一合理解释。长途贸易也可以解释刚果为什么使用恩吉姆布这种贝币。使用恩吉姆布与西非和萨赫勒地区使用贝币不一定没有联系，但南面的卡拉哈里（Kalahari）地区在 9 世纪或 10 世纪就和印度洋贸易有了联系，贝币可能与这种贸易相关，它为贝币传入刚果提供了另一条路线。此外，在重要的精神层面上，森林地区的刚果王国与北方的贝宁也是联系在一起的，因为在葡萄牙人到来之前，埃多人和刚果人（以及安哥拉北部的恩东果王国的人民）都将钻石形状的十字架作为一种宗教符号，它代表着一种特殊的空间，可以称之为"世界域"（cosmogram）。在刚果，"世界域"连接着活人和死人的世界，这种符号被广泛应用于日用的纺织品和碗上，即便在当地的基督教艺术中也有所见。在埃多人中，将十字架作为宗教符号同样表明，在埃多和刚果人民之间存在着文化，甚至可能是经济上的联系；此外，他们都使用贝币、同样的木雕技术，以及刚果存在着甘蔗，再者，这些物品在葡萄牙人到来之前就在贝宁出现了，这都显示了两地联系的存在。[20]

　　　但这种联系是怎么发展起来的？特别是在这个地区以浓密

的森林和沼泽而知名的情况下。答案是：如我们在非洲其他地区所见，河流与海路就是它们的道路系统。中西非海岸地区的许多人都是造船高手，其中卢安果的维利（Vili）人被16世纪的葡萄牙人记录了下来。渔民群体处处可见，他们制造海船的能力也有目共睹，当15世纪葡萄牙人来到比奥科岛时，他们发现一个叫作布比（Bubi）的民族是造船高手。那些认为是欧洲人把航海技术"带到"非洲的想法也是值得质疑的。其实，这里相关的宗教和艺术实践更像是通过非洲本地向导成长起来的。刚果国王阿方索一世在1526年记载道，一群从贝宁来的商人到刚果港口姆潘达定居，这些人乘坐的可能是当地　201交通，而不是葡萄牙人的船只。[21]

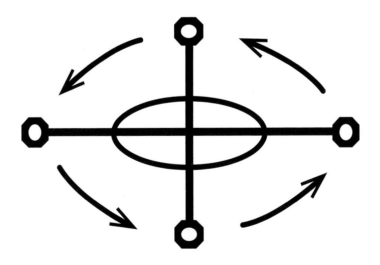

刚果"世界域"

　　刚果可能不像迄今人们仍支持的那种观点所认为的那样，与西非其他部分是隔绝的。刚果本就存在着长途贸易和对贝币的使用，这有助于一个强大的政权于 15 世纪在这里产生，这一点就像在西非的贝宁和马里一样。事实上，刚果使用的恩吉姆布和西非使用的贝币之间的相同点提供了一个生动的对照：对它们的使用都在 15 世纪时增多，这恰好是大西洋贸易开始的时间；它们在进口大量货币的同时，却没有进口足够的商品，这都导致了通胀压力；由于大量的货币进口，负面的经济影响随之而来，这导致了政治控制的削弱。[22]

在葡萄牙人到来时，可能在 14 世纪末就已经建立的刚果的力量还处于增长之中。它的都市化和经济增长在社会内部而不是外部发展。刚果国王的政治力量继承自首都姆班扎刚果（葡萄牙人称之为圣萨尔瓦多），这里被视作一个神圣的城市。如同非洲许多其他地区一样，市场分布在乡间，一个星期内在相邻的地区轮流开放。布匹贸易非常广泛，17 世纪幸存下来的织物提供了一个样板，说明了刚果织工的技术和多样化。恩桑迪省的铁矿也非常重要，铁被用来制作农具和武器，它们也都在市场上被公开贩卖。由于市场众多，共同货币的概念就产生了，从罗安达获取的恩吉姆布被广泛使用。货币基础的建立必然对 15 世纪前半期刚果国家的建立很有帮助。[23]

与贸易网络相联系的是刚果内部的地理分界。在北方，恩桑迪省与泰奥（Tyo）人［在葡萄牙早期文献中被称为安西科人（Anxicos）］所在地区的边界处因为有高山的存在而无法通行。在南方，将索约与更南方分开的是一片食盐产区。这样的边界对于穿越刚果的商道的形成是有帮助的：森林产品从北方来，食盐从南方来。刚果最著名的集市在刚果河上的马莱博湖附近，这并不是偶然形成的，它位于一个主要分界线上，即便到了 21 世纪，这里仍然是两个刚果共和国的边界。甚至首都姆班扎刚果本身就坐落在一个商路的交叉点上。事实上，如同安东尼奥·卡瓦齐从刚果口述历史中总结的，第一位刚果国王尼米·卢克尼（Nimi a Lukeni）选择了这个地点，因为它是"整个民族唯一也是最重要的转运点"。[24]

刚果南面是恩东果王国，位于罗安达的内陆地区，其核心地区位于宽扎（Kwanza）河谷。人们和他们所处环境之间的平衡越来越不稳定。这个国家的土地更加干燥，与刚果有六个季节相比，这里只有四个季节，且只有一个季节［被称为基通比（Kitombi）］是非常湿润的。17 世纪 40 年代的荷兰殖民者描述道，恩东果大部分地区都是干旱的，但又拥有非常肥沃的河谷地区，那儿可以生长多种作物。这里也是养牛的好地方，人们将牛贩往北方的刚果。就像在刚果那样，恩东果的贸易也连接了不同的生态：高原地区的牛和毛皮可以用来交换海岸地区的食盐和鱼。[25]

商人的网络以及不断增长的政治权力基础意味着刚果的影响力遍及整个中西非。一些早期的葡萄牙观察者描写说，原始刚果文化与一些政体相融合，包括刚果河以北的卡孔达（Caconda）、卢安果和泰奥，以及首都姆班扎刚果以南的马坦巴和恩东果。一份资料称，当葡萄牙人到达恩东果后，"安哥拉国王是刚果国王的朋友，甚至可以说是一个附庸，每年都要进贡"。在 16 世纪，据说卢安果从某种意义上已经脱离了刚果。早至 1516 年，刚果国王阿方索一世便写信给葡萄牙的曼努埃尔一世，说道："发动一场针对安邦多人［Ambundos，即恩东果的姆邦杜人（Mbundu）］的战争，对我来说是必要的，

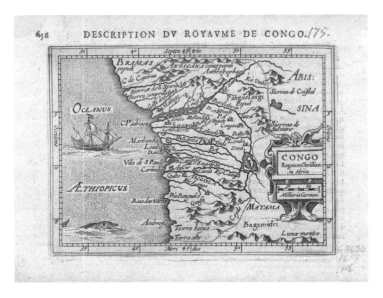

刚果地图，作者贝尔修斯（Bertius）

因为他们已经叛变了我。"[26]

我们有必要看一下"叛军"的组成。事实上，这种模式与塞内冈比亚的约洛夫人，以及约鲁巴诸国的阿拉达人的模式一样。卢安果和恩东果在 16 和 17 世纪变得更小，更加中央集权，已经从对刚果的遥远的义务中摆脱了出来。这创造了另一种结构，即利用更加广泛的经济运作从内地攫取剩余价值，再把它们出口到大西洋世界。由于坐落在海边，当地人更容易接触大西洋商品，并发展出更强的军事防御和更先进的贸易形式；但他们要做这些，双方对"价值"的需求必须先相匹配，如我们所见，这价值首先是以铜的形式出现的，其次则是以奴隶的形式出现。

就算有这样的分裂，这个地区仍然拥有极深的互相联结的文化。哪里有人，哪里就有分歧，这一点在中西非和在世界其他地方是一样的。尽管有这样紧密的联系以及语言、文化和信仰的共性，刚果内部也仍有三处核心的断层线，这是外部压力可以利用的。这些断层线出现在统治的贵族和平民之间、城市（mbanza）和乡村（vata）之间，以及男人和女人之间，这些分歧说明了现代刚果的问题有多么久远的历史根源。

刚果国王通常在被称为穆维希刚果的血缘群体〔这种群体叫作坎达（kanda）〕中进行选择，这些人占据了首都姆班扎刚果。国王也总是在这个血缘群体中选择他的省长、议员和使节。穆维希刚果族群是基于遗传的，他们通过联姻来寻找盟友，扩大自己的坎达。刚果贵族的权力来源是模糊的，但可能和他们与铁的联系相关：口述历史称，王国创立者恩提努·文内（Ntinu Wene）发明了熔炼技术；而传教士洛朗·德·吕克（Laurent de Lucques）也在 1704 年记载说，刚果的所有铁匠还都是贵族。刚果政治权力的种姓特征是分裂势力可以利用的借口之一：哪里的贱民必须跪下拍手欢迎贵族，哪里的权力被限定在小圈子里让大部分人触摸不到，哪里就必然产生不满。[27]

城市和乡村之间的分裂同样扎根深远。对刚果河北岸两千年前的考古发现显示，那时这里就已经有了被更小的居民点围绕着的大型中心城镇。许多口述传统认定，穆维希刚果是从这个区域越过刚果河移民到首都地区的，这暗示了其中的联系。到 15 世纪 90 年代，在城市身份与贵族之间形成了一个必然的结果：城市阶层的穆维希刚果享用着乡村地区的剩余产品，村庄里的人被强迫将他们的一部分剩余农产品运送到城市里。与此同时，城市和乡村之间的阶级和种姓区分也扎根于信仰之中，姆班扎刚果不仅是王国的经济中心，还是精神中心。对于

205

城市精英来说，这种分野越来越代表着文明和野蛮的分野，所以他们更乐于允许一些农村人被作为俘虏处理掉。[28]

性别之间的关系基于对劳动力严格的性别区分，不管是继承性的还是精神性的。所有的农活都由女人来做。由于继承关系是通过母系传递的，年长的男子总是寻求控制这些劳力，以及他们的外甥和姐妹的生活。母系继承意味着男人可以继承他们舅舅的财富；各个种姓都在扩张他们的亲属联系，这就允许了结成新的联盟关系，建立新的定居点。虽然财产的继承跟随母系，但精神身份以及人格的标志却从父亲传递到儿子。这样，由于劳动力、财产和精神信仰对于所有社会都非常重要，这种整体结构就促进了性别的分离，但又创造了一种社会性的王国，在其中，每一种性别都在整体社会中扮演着重要的角色。[29]

如此，到 15 世纪晚期，一个刚果国家已经出现，它通过与南北双方的贸易联系获得了力量增长，并与长途贸易有着一定的联系，这些贸易带来了贝币和糖，并建立了一种货币制度。这些联系帮助刚果成长。然而，又有一些不平等的标志出现，威胁着这个国家的长期生存。[30]

精神生活和刚果皈依天主教

到此时为止，对刚果历史的呈现还是符合人们的预期的。作为一个王国，它伴随着广泛的贸易网络，以及由此而来的政治权力而成长。长途贸易线路，以及将罗安达地区采集的海贝作为货币，都促进了它的权力。但一个不同的问题却浮现出来：如果刚果的权力在 15 世纪就已经成长起来了，那么为什么它的国王要采纳后来才由葡萄牙人带入的基督教新信仰呢？

这个话题已经吸引了众多人类学家的目光。它表明了为什么宗教的地位在理解这些年刚果社会的变化时是基础性的。刚果的宇宙观将宇宙看成由生者世界（nza yayi）和死者世界（nsi a bafwa）这两个世界构成，这两个世界又由一个无处不在的精神力量连接在一起，这个精神力量叫作恩扎姆比·阿姆彭古（Nzambi a Mpungu）。只有看到这些观念是怎样与16世纪刚果伟大的经济和政治变革联系在一起的，才能更加理解这个时期的意义。[31]

彭代人的口述历史学家在上述例子中说过，葡萄牙人刚来时，他们受到了欢迎，这是因为存在一个重要的精神维度：他们被看作当地人的祖先，而且是这片土地的最初拥有者。根据刚果王国北部地区的宇宙观，白化病人（ndundu）被认为是人们祖先的形象，而在南部地区，他们被看作水中精灵（nkita u simbi）的化身。这样，就存在众多去相信这个例子中所说的精神维度的理由，这也解释了"白化"的葡萄牙人最初到来时所受到的欢迎。但很快，随着天主教成了刚果和外部世界的关键黏合剂，这个精神维度又和物质维度联合了。对白化病人拥有精神力量的见解，变成了将他们看成罪孽的同盟者。到了1602年，在卢安果，葡萄牙人被抬高到"国王的巫师"的地位，可以进入市场想拿什么就拿什么。这是巫术以及我们称之为"欧洲白化病人"的那些人带来的贸易中自私的象征。[32]

另一个将刚果早期的精神力量和葡萄牙联系在一起的重要理由是，他们都有十字架这个象征性符号。十字架对刚果人而言具有一种象征性力量，代表着人间和死者两个世界的转换点。刚果人将刚果形式的十字架符号带到了美洲，那儿的人们经常在弦乐乐器上发现这种符号，或者在厨房的碗上，在种植社区里它也是个常见符号。这样，刚果十字架在大西洋非洲的身份中找到了持久的地位。19 世纪，一些刚果人被从奴隶船上释放，送往塞拉利昂的弗里敦，他们也带上了十字架。他们建立了一个社区，坐落在弗里敦老城中心与通向莱斯特峰（Leicester Peak）的深山之间，这里至今仍然叫作刚果十字架（Kongo Cross），由一个小小的交通环岛作为标志，环岛上有一个雕塑，名字和形象让人回忆起过去。[33]

欧洲的新宗教到来后，也以十字架作为强力的宗教符号，这当然对刚果人从精神上如何看待葡萄牙人产生了重要影响，许多人自然怀着强烈的意愿采纳这种新的信仰。历史学家总是试图将政治利益作为刚果国王改信天主教的原因，当然，这可能是其中一个因素。但如果仅理解到这个层次，那就只是对刚果 15 世纪世界观一种缺乏公正的唯物主义理解。他们找不到理由说明，为什么国家利益能够让国王改信天主教，而其他地区的国王，比如贝宁国王、阿拉达国王和卡约尔国王，他们也都希望与欧洲联合以寻求政治和军事优势，但是，当联合的代价是完全皈依时，这些王国的谈判却并没有走那么远。与这些国家不同的，是刚果与葡萄牙在信仰上的合拍——这些白化病人也崇拜十字架。正是这个原因，而不仅仅是经济原因，给了葡萄牙人一种"比较优势"。[34]

第一位皈依天主教的刚果国王叫恩齐卡·恩库武（Nzika Nkuwu），1491 年，他采用了若昂一世这个名字，这来自当时的葡萄牙国王若昂二世。鲁伊·德·皮纳细致地描写了葡萄牙大使到达姆班扎刚果时的情景。在离开海岸省份索约的港口姆潘达时，葡萄牙人受到了一位刚果贵族的欢迎，他带着他们踏上了去往姆班扎刚果的将近 200 英里的旅程，他们走了 23 天才到达。旅程在 200 名黑人的护送下进行。[35]

有军人护送的欢迎葡萄牙人的庆典证明了刚果已经是一个 208
显要国家的事实。当最终葡萄牙人到达首都时，他们更是受到
了隆重的欢迎，盛况空前：

> 基督徒们进入宫廷的那一天，他们受到了无数人民的
> 喧闹的欢迎和热情的欢呼。他们很快被送进了精心挑选出
> 的新房子，这里提供了一切日用品……国王派了一些高贵
> 的廷臣去陪伴船长和修士们，他们戴着各种各样的面具，
> 穿着各种各样的服饰，在他们身后是无数弓箭手，接着是
> 重骑兵，再接着是其他带着武器的步兵，女人们也分成了
> 方阵，带着象牙小号和非洲鼓，唱着歌曲，称赞着伟大的
> 葡萄牙王。这样，他们见到了国王。[36]

葡萄牙人到来所引起的公众情绪的高涨与人们在恩齐
卡·恩库武皈依天主教这个场合的情绪相匹配。然而，在
15 世纪 90 年代，这种新宗教已经有了分裂的影子，当国王
于 1506 年死去时，一场内战爆发了，内战的双方来自敌对
阵营：一方想要服从新信仰，另一方则反对新信仰。根据一
些记录，那些反对新信仰的人的一个核心理由是，这种信仰
反对一夫多妻制。正如传教士所假设的，这不是因为"道德
涣散"。在一个贵族种姓的继承通过母系传递的社会中，婚
姻是扩充每一种姓的同盟关系的重要途径。由于通过母系传
递，刚果国王正妻的儿子都无法继承他的职位，这样，新宗
教对这种传统的挑战对许多人的利益都构成了严重的威胁，
如果往大里说，甚至威胁到了刚果的整个政治结构：它自然
会遭到拼死抵抗。[37]

天主教阵营最终赢得了内战，新国王阿方索一世上台。如同历史学家安妮·希尔顿（Anne Hilton）所说，这不是一种偶然，事实上阿方索一世是恩齐卡·恩库武正妻的儿子，根据传统的种姓结构他是无法继承王位的。只有新信仰可以让他夺得他表兄弟的权力使即位合法化。在接下来的 34 年中，阿方索一世成了统治时间最长，也是最正统的天主教刚果国王。尽管如此，将宗教作为工具这个理由并不能完全解释他对信仰的虔诚，这种虔诚同样基于刚果精神信仰的更广泛的维度，也基于葡萄牙人在刚果人中看到的文化框架。[38]

209

1516 年 5 月，鲁伊·德·阿吉亚尔（Rui de Aguiar）写的一封信几乎用诗意的语言描述了阿方索对教堂的钟爱：

> 他对基督教的献身精神是如此虔诚，在我看来他不是一个人，而是一个上帝派到这个王国的天使，以使整个国家改变宗教信仰……因为我可以向殿下保证，他比我们更加熟悉先知们和我主基督的福音，以及圣徒们的生平事迹和圣母教堂的所有仪式，他还不断地教给我们这一切……他说话那么正确，对我来说这就像是圣灵在通过他的嘴巴讲话。他除了学习什么也不干，有时候甚至就睡在了书本上，他甚至忘了吃饭和喝水，因为他已经迷失在了对我主的赞颂之中……在听完弥撒之后，他向人民布道，带着无比的爱和慈善，督促他们爱上我主，赶快皈依……他每天都这么做……他还惩罚那些崇拜偶像的人，说他们应该被烧死……他已经在他的王国内使许多人皈依了，这些人修建学校，向人民传播我们伟大的神圣信仰。那儿也有女子学校，由国王的一个姐妹开办，她应该足足有 60 岁了，

但仍可以很好地阅读。[39]

在鲁伊·德·皮纳最早关于王国皈依的记载中，也可以看出天主教在此地被广泛接受的情况。据皮纳所说，恩齐卡·恩库武在 1491 年受洗之后，他从刚果贵族中选择了六位种姓首领与他一起受洗。这样，许多其他贵族领导人前来询问他："你是认为我们对你服务不够，还是认为我们背信弃义，竟然不把我们列入和你一起受洗的名单……我们要求你声明我们也应该受洗。"这次大规模受洗一结束，第一座教堂就在两个月内建立了起来，大约有 1000 名工人从 10 英里外背石头过来，其建成时间是 1491 年 7 月。[40]

从这时起，新宗教和之前讨论的其他因素一起加强了王国分裂的可能性。尽管受到热烈欢迎，基督教很快成了一种主要的宫廷崇拜，但葡萄牙人很快就跟不上王国对传教士的需求了。大部分刚果人都没有察觉到这一点，而这时，对于刚果贵族来说，信仰是通过外部贸易获得奢侈品的途径。1704 年，洛朗·德·吕克描述了索约人的贵族在选择和训练教士时是如何在弥撒上演唱、听取忏悔的："很少有人参加教理问答的课程……也很少有人注意到召集弥撒或者其他信仰活动的钟声。"但是，索约王国却参加弥撒，他"穿着奢侈的丝绸衣服，它们是用奴隶和象牙换来的"。[41]

到这时，即便刚果贵族对新宗教规矩本来是忠诚的，它也已经变成一种混血的"克里奥尔式的"（Creole）基督教了。16 世纪，随着第一波贪婪和唯利是图的传教士的到来，刚果贵族的虔诚度再次降低。一份 1539 年给葡萄牙国王若昂三世的报告建议他把所有的"白人"都弄走，不管是世俗的还是

210

教会的，因为"如果妒忌、贪婪和野心统治了世界，那么它们的家和永久的基地就在刚果"。刚果国王迪奥戈一世（Diogo Ⅰ）在 1549 年对葡萄牙神父和传教士生活习惯的抱怨被忽视了，由此新宗教的吸引力也衰落了。西班牙神父迪奥戈·德·圣地西摩·萨克拉门托（Diogo de Santíssimo Sacramento）于 1583 年到达刚果，他告诉刚果国王阿尔瓦罗一世尼米·卢克尼他们是来传播福音的，得到的回答却是"其他修士已经到了，他们也说是传播基督教的，但接着就开始积累财产，变得邪恶"。[42]

那些去往刚果的神父既贪婪又粗鲁，损害了第一个传教团的成果。鲁伊·德·阿吉亚尔在 1516 年的信件中描述的早年大众的狂热和虔诚到了该世纪末已经完全消散。一位耶稣会教士在 1603 年将刚果描述为"好习惯完全消失，人们只是名义上的基督徒"。到了 17 世纪 40 年代，罗安达总督写道："如果任何人告诉陛下刚果有基督徒，那一定是公然的捏造。"一份 17 世纪晚期的记录写道，即便是在罗安达这个殖民首都，不管是白人还是非洲人，都将基督教信仰与姆邦杜宗教实践混合在一起。[43]

但是，在阅读这些由殖民传教士和奴隶贩子书写的少量文字时，一定要警惕他们狭隘的批评，他们总是认为，只有自己推行的基督教实践才是正统的。刚果最初的欣然皈依，阿方索一世在 16 世纪前半段的奉献精神，以及接下来的幻想破灭，不能仅仅解释成：刚果贵族统治者最初遵从天主教，后来又将它作为一个贵族信仰而废弃了。刚果宗教文化与基督教象征的相互混合使刚果信仰保持了多元化，即便在欧洲宗教战争时期，这种混合也并不符合天主教正统性的要求。事实上，在描述 17 世纪晚期的罗安达时，这种混合是一种典型的包容外来宗教的信仰形式，而不是排外的或者追求一致性的。当刚果和恩东果人被作为奴隶运往美洲新世界时，这将会被证明是非常有用和持久的。[44]

这种形式的混合，甚至也被试图在王国内促进基督教的传教士们心照不宣地利用了。刚果最受渴望的宗教仪式是受洗，它被认为可以抵御巫术。身处刚果的基督教神父在这个仪式中适应性地加入了一点盐，它被刚果人当作一种抵御巫婆的强烈物质。17 世纪 40 年代中期，一位荷兰官员于 1642 年 3 月在刚果写道："这个国家充斥着木头十字架，人们对着十字架敬拜，甚至下跪。每一个贵族都在自己的村庄里有一个私人教堂和一些十字架。此外，他们脖子上都戴着念珠或者花环……手抓着念珠好像在祈祷，即便他们连一个葡萄牙字都不认识。"然而，正如我们所见，十字架对于刚果和天主教都是一个具有多重意义的符号；这个时代其他的一些记录也表明，虽然有许多人主动接受洗礼，但他们同时保留着全套的本地信仰和神灵。这是因为洗礼已经被传教士自愿地整合进了这些本地信仰之中。[45]

到这个阶段，1516 年描述的那种最初对天主教的热情已经变了。恩齐卡·恩库武和阿方索一世最初皈依的成功代表了宗教上的革新和精神上的拓宽阶段，这些已经被系统性地替换成了杂交形态，在这种形态下，贵族阶层是信仰天主教的，而其他人却回归了偶像崇拜。这种变化在 18 世纪早期将促进更进一步的革新运动，1704 年，一位刚果贵族女子比阿特丽兹·金帕·维塔（Beatriz Kimpa Vita）领导了一场安东尼运动（Antonine movement），她被葡萄牙人普遍视为异端。但事实

212

16 世纪刚果的十字架

上，这是刚果贵族通过天主教的外衣对刚果信仰进行的一次革新，到这时，天主教的内在意义已经完全是刚果式的了。比阿特丽兹率领的运动与所有的魔法作战，也与日益增长的不公平奴隶贸易作战。[46]

那么为什么正统基督教信仰即便在刚果的统治阶层中也崩溃了呢？它到了 18 世纪末已经成了早先形态的一个影子。核心原因一方面与刚果本土文化的力量和弹性有关，另一方面也和基督教无力保护刚果人民免受最坏恶魔——奴隶买卖——的压迫有关。从刚果一方来看，刚果工匠有能力制作满足刚果美

213

学的十字架，这保证了刚果世界观的持久性，与此同时，刚果
国王们开发的混合式典礼以及军事展示，保证了外来符号与刚
果宇宙观的和谐。作为生者与死者之间桥梁的符号十字架，允
许人们对精神领域进行革新，当奴隶贸易增长时，它同样将对
死者存在于海洋之外某个现实地区的信仰整合了进来，这个地
方叫恩兰古（nlangu），是一年一年灵魂离开后去往的地方。
这样，刚果文化变得更加强壮和具有适应性，可以自我革新，
将暴力和兴起的奴隶贸易引起的转型都纳入有意义的解释之
中。这种力量意味着，即便经济和社会压力增长，人们也能够
并愿意抵御刚果国家持续增长的权力。[47]

　　另一方面，虽然统治者公开信仰天主教，但刚果几乎没有
因此获利。不安全、战争和暴力以指数方式增长，这都是由罗
安达的葡萄牙人冷酷无情地挑起的。即便如此，刚果却仍被普
遍认为是一个基督教王国。从 16 世纪 30 年代开始，它就开始
向梵蒂冈派去大使，一直持续到 17 世纪 20 年代，甚至更往
后。到了 17 世纪 30 年代，刚果国王意识到他们的天主教信仰
并不先进，于是开始利用外交网络游说梵蒂冈派遣更多的传教
士。他们明确地希望梵蒂冈可以成为一个抵御葡萄牙人劫掠的
防波堤。1645 年，当代表梵蒂冈的嘉布遣会修士们到达时，
加西亚二世用贵重的礼物欢迎他们，就像 154 年前恩齐卡·恩
库武在葡萄牙人初次到来时欢迎他们一样。1648 年战败后，
加西亚二世向梵蒂冈痛苦地诉说着不平等条约，寄希望于梵蒂
冈可以代表刚果向葡萄牙人求情。[48]

　　但这些措施没有一个奏效，宗教的伪善终于激怒了刚果国
王。17 世纪 50 年代，罗安达的耶稣会拥有城市中最奢侈的房
屋。在北方，他们在肥沃的土地上拥有 50 个价值巨大的种植

园，有 1 万个奴隶在里面工作。面对这种情况以及混乱的增
多，商业关系中的暴力和不平等也变得更加明显，这使得对教
堂的幻灭感自然产生了。[49]

214
刚果的奴隶贸易：国家扩张与大众叛乱

1526 年 7 月，刚果国王阿方索一世写了一封信给葡萄牙
国王若昂三世，在信中他对刚果与葡萄牙关系的前景持严肃的
保留意见，他对葡萄牙神父无法对大众转向基督教做出恰当的
反应感到沮丧。但更具有破坏性的是巨大的贸易增长所带来的
负面影响。这是由于葡萄牙官方给予了来到刚果的商人过大的
自由，让他们向刚果运送被禁止的商品，以致这些商品遍及王
国，它们的"数量太多了，这让以前服从于我们的附庸开始
反叛我们，因为他们拥有的这类商品比我们都多"。[50]

在这封信中，阿方索还抱怨商人们盗走刚果土生人"以
及我们的贵族和附庸的孩子"的方式。他明白贸易是怎样导
致政治虚弱的，诸如卢安果国王和恩东果国王之类的附庸们都
宣布从他手中独立。然而，在 1526 年 10 月 15 日发出的第二
封信中，他的感觉更加沉痛：

> 我们许多人，带着对商人和你的人民带来的你国商品
> 的渴望，也是为了满足他们贪婪的胃口，偷走了许多自由
> 的和受我保护的人。这已经发生了太多次，他们已经开始
> 偷贵族和他们的子孙以及我自己的亲属，他们将之带走卖
> 给在我们王国的白人。他们把他们藏起来，只在晚上转
> 移，以免被发现。他们一旦落入了白人手中，就被用烙铁
> 打上标记。[51]

最初，葡萄牙人的兴趣在于刚果河外的铜矿，但在16世纪早期，随着蔗糖种植引入圣多美，对奴隶的巨大需求就产生了。西方历史学家通常将之视为欧洲的商业需求运作，在贸易中，刚果的需求即便不更重要，也应是平等的。铜由于具有较高的礼仪和商业价值，而是一种关键产品，但葡萄牙人却无法得到铜，因为刚果人不让他们得到：当1536年一位金属匠人被送到铜矿试图工作时，据说刚果国王的反应是"仿佛整个王国都被偷走了，包括他的矿和所有的一切"，这突出显示了这种金属具有的礼仪和商业权力。[52]

铜贸易逡巡不前，圣多美新兴的甘蔗种植园却为葡萄牙人提供了一个不错的商业架构。殖民者必须学会自己养活自己。圣多美岛上的商人来到刚果位于索约的港口姆潘达，试图为种植园主寻找足够的劳力，从里斯本和埃尔米纳来的葡萄牙船也希望能够获得奴隶。最初，这种需求通过出售泰奥人来满足，这种人对于刚果人来说是外人，居住在马莱博湖的北面。然而，这封信表明，到了1526年，事情已经发生了变化：人们开始偷盗自由刚果人，甚至是贵族成员和他们的孩子，将他们卖给欧洲的奴隶贩子。[53]

圣多美岛经常被证明是对刚果的一种强有力的破坏性力量。对于葡萄牙人来说，从1500年起，奴隶贸易就一直是这个岛的主要经济利益点，它还首先承认了葡萄牙人的特权：他们可以"像买卖其他商品那样"自由买卖奴隶。到了1510年，许多葡萄牙船径直前往圣多美，在那儿购买奴隶。正是圣多美商人需要增加奴隶贸易量的压力，致使刚果的奴隶贸易出现了扩张，这在1526年刚果国王的信中已经得到了描述。[54]

215

由于受到了葡萄牙人利益的系统性怂恿，16 世纪上半叶，奴隶贸易的体量是巨大的。1516 年已经有 4000 名奴隶被从姆潘达港口送往大西洋，整个 16 世纪 30 年代也都保持着这样的规模。到 1548 年，奴隶数量增长到每年至少 6000人，如果有足够的船去装载，还会有更多的奴隶出现。虽然大部分奴隶都是刚果在对泰奥人的战争中被抓获的，并由更南方的恩东果运送到圣多美，但仍然有数量巨大的非自愿刚果奴隶。看到这些，刚果国王迪奥戈一世（1546 年继承自佩德罗一世）向葡萄牙人抗议，并禁止奴隶贩子进入内陆制造分裂。[55]

要想理解奴隶贸易的兴起，重要的是要超越 21 世纪的经济世界观。作为一种贸易，它实际上改变了人们的世界观以及各种观念和思想，不管是在刚果还是在欧洲。欧洲的文字记录将这种贸易放了利润和损失的棱镜之下：若一个奴隶在途中死亡，记录员会在官方航海日志中注明这一事件，而船长和记录员会签署一个证明给他的"合法主人"，这表明奴隶的身体和死亡都是在葡萄牙物权法的审视之下的。然而，从刚果一方看，由于大洋隔开了生者和死者的世界，这个观点与西方只从经济和社会角度出发的观点相比更强调精神的维度。随着贸易及其影响的增长，这个维度在刚果拥有着更加能使人产生共鸣的意义。正是偷窃灵魂的女巫的"自私"让这种贸易的日常现实变得可以理解。也正是精神维度让这种贸易惩罚的目标（即被卖为奴隶的人）变得好像在生者的世界里已经不存在了。这种贸易的增长让巫术的语言以及对它力量的迷信获得了更强的力量：它不像我们现在所认为的，是一种古老的迷信，而是刚果人为了理解奴隶贸易的暴力、自私和贪婪而做出的对世界的新阐释。[56]

　　当然，越过这些多重含义，刚果人日常生活的核心问题是，奴隶贸易还在继续增长，以及为了维持贸易，刚果军队发动了一系列战争。1515 年 12 月，一艘葡萄牙船在圣诞节来到了姆潘达，阿方索一世即刻写信督促船长前往姆班扎刚果，陪他参加战争。17 世纪，葡萄牙冒险家从姆潘达驶向刚果"去帮助那些国王征服，或者去帮助那些抵抗者抵御国王"已经变得众所周知。到这时，马莱博湖处已经出现了一个奴隶市场，葡萄牙贩子在那儿常驻，帮助刚果国王的军队在掠夺战争中抓获泰奥战俘。这让刚果变成了贸易的中间人，只要奴隶要过它的地域，就必须纳税。与此同时，正如阿方索一世在 1526 年的信件中所说，他们也在尽最大努力阻止刚果臣民被抓为奴隶。[57]

　　尽管如此，随着被抓作奴隶的风险的提升，刚果人民日益焦躁不安。随着刚果内部抵抗的出现，刚果国王也发现了外部的抵抗。到了 16 世纪 50 年代，如我们所见，佩德罗一世的继承人迪奥戈一世被葡萄牙人视为阻碍，他们想方设法地动摇他的统治。1552 年，耶稣会与姆班扎刚果的葡萄牙商人阴谋颠覆迪奥戈。这是信仰与利益的联盟：迪奥戈日益倒向混血的天主教信仰，这让耶稣会感到不满，他还设法向马莱博湖奴隶市场的葡萄牙贩子加税。一位耶稣会教士写信给依纳爵·罗耀拉（Ignatius Loyola）说："你应该已经听说，刚果国王将在他的王国因为不可告人的原因被废黜，其他人将占据他的位置……这很难不通过战争和许多困难就实现，但他们还是要经过这个考验，这可以为那些灵魂留下一定的利益，所以一切努力都在通向这个结局。在神的恩典下即位的新国王将是我们的人。"

217

刚果那时正在发展出一种模式，王国内部对国王集权的抵抗在增长，外部的压力也在增加，所有这些都和奴隶贸易有关：到了 1568 年，这些终于决定性地在"扎加"战争中爆发了。[58]

在那一年，日益积累的对不平等和不安全的愤恨终于爆发了。一群在葡萄牙文献中被称为"扎加"的人入侵了姆班扎刚果，这震惊了王国。杜阿尔特·洛佩斯（Duarte Lopes）的第一手材料是他在 10 年后与刚果的目击者谈论后写下的，它记载下了发生的事情："这些人没有国王，居住在森林中的小木屋里，举止像牧羊的。他们四处徘徊，四处展示着火与剑，破坏和劫掠他们经过的王国的任何一部分，直到他们到达刚果。他们是从姆巴塔（Mbata）省过来的。"[59]

218 作为对入侵的回应，刚果国王阿尔瓦罗一世尼米·卢克尼从姆班扎刚果与葡萄牙教士和贵族一起逃走了。这不是一次容易的旅程，它必须被组织成一次有效撤退的样子。刚果的道路在倾斜的群山中直上直下，还要经过无数河流，而且它们很窄，只能容许单排的人通过。也许从城中疏散的人们的目的地靠近河口与姆潘达港口，这里河流碎成了许多支流，正如一份 17 世纪的材料所说："形成了这么多的支流和水道，看上去那么美丽。每一个海岛上都生长着一些看上去像是月桂的树，距离岸边很近……从树顶上垂下的根直插入土中。从树上垂到水中或土地上的花朵就像手指上的一束棉纱。"[60]

与此同时，"扎加"将姆班扎刚果变成了刀剑之地。饥荒来袭，"一小点食物的价格就可以购买一个奴隶"。许多人被迫为家庭成员交赎金，他们被奴隶贩子送往圣多美的甘蔗园去劳动，这时的圣多美已经有了 70 个甘蔗园，每个园子有超过 300 个奴隶在工作。圣多美的岛主们与葡萄牙人合作，派了一支军队过来，一起将"扎加"从姆班扎刚果赶走，帮助刚果国王重登王位——但是付出了极大的代价。[61]

　　谁是"扎加"，他们反抗的是什么？研究刚果历史的专家30 年前对此展开了一场持久的争论，一些人宣称他们是刚果内部的一个派系，因此这是一场内战，其他人认为他们来自刚果东面的宽果（Kwango）河谷盆地，起义反抗的是奴隶战争引起的劫掠。更可能的是前者，但是，不管哪一个是正确的，问题的关键点是，这代表着一次由那些在刚果变革中什么也没有得到的人发动的普遍叛乱。这是一次底层的叛乱，针对的是奴隶贸易扩张引起的日益增长的暴力和不平等：如同我们将在本书第二部分中看到的，这将是一种在西非和中西非被广泛重复的模式。[62]

　　可能"扎加"的确来自刚果的东部前沿地区，在宽果河地区临近王国边界的森林中。一份 1610 年法国人皮埃尔·杜·贾里克（Pierre du Jarric）关于刚果的记录在描写刚果最东部省份姆巴塔时强烈暗示说： 219

　　　　姆巴塔的省会也叫姆巴塔，省长通常居住在这里，他被允许拥有一些王国军队，连国王的儿子也没有被授予这样的权力。如果他需要，国王会派一些外国人（通常是葡萄牙人）来帮助他。他拥有这项特权的原因是，在东部边界上，桑（Sun）和肖特佩特里（Saltpetre）山脉之外，有一些特别的民族，刚果人称之为"扎加"，他们自称为阿加格（Agag）。这些人通常通过偷窃和犯罪生活，不断地给这个省份造成骚扰。这就是为什么他们必须武装起来，随时准备保卫自己，反对这个民族。[63]

这份记录同时为"扎加"的起源和 1568 年的入侵提供了有力的证据。为了提供给姆巴塔省足够的武装，刚果必须加倍地依赖外界，以获得稳定的供应。1570 年刚果国王被葡萄牙人从"扎加"手中拯救出来的代价是非常高昂的。不仅是贸易的增长，而且，从此刻之后，葡萄牙顾问（通常是教士）在刚果选举委员会中拥有了席位，由此，他们可以通过干预选举来扩大外部影响力。与之同样重要（如果不是更重要的话）的是，1570 年后，刚果国王同意葡萄牙将罗安达殖民化，正如我们所看到的，罗安达那时实际上是刚果的银行，它的殖民地化必将在刚果的兴衰中加入经济退化的因素。[64]

货币战争与刚果、恩东果危机

安东尼奥·卡瓦齐在写他本人于 17 世纪 50 到 60 年代在刚果、马坦巴和恩东果王国的经历时，富于表现力地描写了刚果王国中那些被关押者的恐惧。他们最大的噩梦是"被卖掉，然后被运往美洲和新西班牙（墨西哥）"。他们相信一旦到了那儿，就会被杀死，骨头将被烧成木炭，肉将被熬成油。这种将被物理地消费掉的恐惧感在奴隶中广泛存在：还有一些人相信，一旦到了美洲，他们就会被杀掉，他们的尸体会变成船只的旗帜，其中旗帜的红色来自他们的鲜血。[65]

但这种想法对刚果人却没有太多效力，因为他们相信另一套象征意义，就像我们所见到的，他们认为死人的世界在这片宽阔水域的彼岸，这种认为死亡就是等待跨越大西洋的信仰有着多重根基。在刚果南面的恩东果，相似的象征意义也在这个时期不断发展。在 1600 年前后，"扎加"袭击刚果之后，新的劫掠性入侵者袭击了恩东果，并顺着海岸南下直达本格拉。

这些人被称为因邦加拉人（葡萄牙人仍然称之为"扎加"）。他们首先被英格兰人安德鲁·贝特尔（Andrew Batell）记录了下来，他于1602年在罗安达以南的本格拉附近遇到了他们。贝特尔描述了因邦加拉人是如何从一个地区移动到另一个地区，如何袭击他们的敌人并将之抓作奴隶，同时又享用着"充足的牛群、谷物、美酒、油，还欢庆巨大的胜利，喝酒，跳舞，设宴"的。他们的惯例是在新征服地住下，"砍掉非常多的棕榈树，制造足够一个月喝的酒，然后再砍掉更多，这在很短时间内就毁掉了这个国家。他们不在一个地方待太久，以免这里供应不起他们的消耗。接着在丰收时期，他们的确站起来了，再到一个他们能找到的最富饶的地区安顿下来，收割敌人的谷物，夺走他们的牛群"。[66]

因邦加拉人是令人生畏的武士，17世纪前10年，他们在恩东果和马坦巴的内陆地区制造了大面积的荒芜地区。据说他们有杀婴的习俗，从他们毁掉的地区的成年人中吸收战士。他们被广泛谣传会吃人。就像刚果的"扎加"，因邦加拉人更可能是由那些在奴隶贸易中受到政治和经济压力的群体组成的。在建立一个新的王国卡桑杰（Kassanje）之前，他们用暴力在国家的大片土地上制造废墟，表达对政治过载造成的破坏的痛恨。到16世纪70年代，恩东果在临近地区劫掠奴隶已经持续了几十年，一份1576年的记录说，每年有12000个奴隶被贩卖。处处是混乱、流离失所和失序，因邦加拉运动的兴起只是这些事件的结果而已。[67]

卡瓦齐写道，卡桑杰一建立，许多因邦加拉军事首领们最喜爱的饮料就是欧洲红酒，它代表着在战役中杀掉的敌人的血。这种红酒也是他们与女巫联系在一起的身份证明，因为翁本杜人相信女巫"吃人"。因邦加拉人被欧洲人当作"食人族"，他们在中西非的仇敌称他们是吃人的女巫，还将人卖作奴隶。事实上，一份17世纪20年代在现代哥伦比亚的记录宣称，奴隶们相信他们的航行是一种巫术，在航程的最后，他们会被吃掉。[68]

17世纪头10年，中西非经历着思想和政治上的动荡。刚果的奴隶贸易激起了东部的一场起义，并洗劫了姆班扎刚果，而恩东果对奴隶的劫掠产生了类似的效果，引发了因邦加拉人的起义。与此同时，人们对这些剧变做出反应，将之归咎于恶意巫术这个概念。这也是一种象征，表明在每一个事件中，中西非人民都拒绝在不进行战斗的情况下就接受大西洋经济力量的破坏：这些起义是底层革命，它们迫使既有的政治领袖与葡萄牙商人达成了比以前更加紧密的联系。当战斗继续时，人们宁肯逃往王国中荒芜的森林和群山，也不愿意继续做变化无常的政治领袖的臣民，特别是在这些领袖越来越深地卷入奴隶贸易之后。安东尼奥·德·特鲁埃尔在17世纪40年代中期的记录中生动地描述了刚果当时发生的这些事情：

> 第一天，我在一个大村子前停下，这个村子在我两个月前经过的时候就空了，它曾经可以住许多人，但我发现现在已经没人了。它被所有人放弃了，地上还放着他们收割的一丁点粮食。村子被清空的原因是姆邦巴的首领来了（我的随从告诉我的），村子里的人怕被首领的随从和奴隶们勒索……这实际上是这些可怜的人们的最大悲剧之一，他们得不到任何安全保障，因为权力掠夺了他们的一切，他们宁肯在森林中一无所有地生活，也不愿变成那些

反复无常的暴君的臣民。[69]

稍晚一些，特鲁埃尔到刚果的一个地区旅行，恰逢因邦加拉入侵。他在一个城镇上发现，那儿的男人随时带着各种武器，他继续行进到了一个大平原上，发现："那里满是女人、孩子和老人……他们利用树棍和竹竿建造了小棚子，顶上盖着茅草，一些人在火上做着以草类为原料的饭食，另一些人烤着某种根茎，所有的人都非常穷。"[70]

　　我们在前面的章节中也看到了，这个时期恰是气候不稳定、流行病泛滥的时期，人类经历了更加漫长的战争循环和干旱，政治转型也在加深。这种恐惧在任何地方都没有在葡萄牙人将因邦加拉人视为食人族的观念中强烈，而被售往美洲的奴隶们相信自己会被吃掉。村民退化成了一簇簇的难民，向着腹地的森林和高山涌去，临时搭建的定居点看上去就像17世纪版本的难民营。刚果王国的全球性外交没能阻止社会的损伤，这迅速成了刚果长期经济衰退的明证。

　　在本书中常见的一个模式中，当一个地区处于持续的经济衰退中时，一个关键衡量指标是恩吉姆布相对价值的流失，及其与更广泛的世界经济模式之间的关系。从最初开始，刚果和大西洋世界的经济交换就是以不平等为特征的。从经济学家的角度来看，这和所使用的技术（船只、矿产）的不同以及作为其结果的贸易优势有关。然而，从刚果的角度来看，经济分歧的扩大也是刚果和葡萄牙两种文化的差异引起的，他们赋予了交换不同的象征意义。在刚果，商品的经济价值中也包含着精神意义，比如铜，不是所有的铜货币都被用作资本积累。而葡萄牙的经济学理念却越来越和资本价值的积累相联系。这

223

278 / 一把海贝：从奴隶贸易兴起到革命年代的西非

样，对于刚果来说，一个人的付出大于回报是一种精神、政治权力和特权的象征，而在大西洋贸易中，积累的资本比付出的更多，才是一种攫取权力的象征。到了 17 世纪末，这种分歧会变得更加意识形态化。[71]

此类不同的世界观很容易在刚果国王和葡萄牙国王的早期信息交换记录中找到依据。早在 1511 年，葡萄牙国王曼努埃尔一世（Manoel I）就指导他的官员西芒·德·希尔韦拉（Simão de Silveira）注意他在刚果的举止。曼努埃尔看上去对希尔韦拉面对刚果国王时承受的压力有些担忧，告诉他不要答应"刚果国王提出的任何要求，也不要被他们纠缠住。因为据我们得到的消息，从我们这儿去的人总是被要东西，受到一堆骚扰，并总是从自己手中送出去很多东西，超出了合理的情况"。尽管如此，曼努埃尔却不反对提出自己的压迫性要求，在同一封信中，他教给希尔韦拉，如果阿方索一世不愿意按照葡萄牙人期待的程度进行贸易，他应该如何做：

> 你应该提醒他，我们送这些船、修士和神职人员到这里，都花费巨大，此外，还有我们送给他的那些东西。这些花费从你的使命开始之前，就一直在进行着。还有我们在这里教育和养育他儿子的花费。作为回报，他应该将我们的船都尽最大可能地塞满，这样才能给我们更充分的理由去满足他的要求，就像我们已经做的那样。[72]

因此，当 16 世纪这两种不同的哲学观发生碰撞时，就产生了一个无情的逻辑。刚果国王们总是利用送礼物来彰显权力和身份，在最初那些死亡祖先的化身到来时，他也做了同样的

事。而葡萄牙商人则从他们自己的世界观出发，认为积累更多 224
的剩余资本才能体现真实的权力，于是利用机会尽可能多地积
累着。结果产生了一种交换不平衡，这种不平衡同时根植于物
质、精神、意识形态和哲学中。这样的情况在这种脉络下持续
了数个世纪。

或许货币多重含义的最好例子是铜的地位。刚果河以北的
铜矿可能是刚果王国形成的首要因素。就像在中非其他地区一
样，铜在 16 世纪以前当然是刚果和恩东果的贵重金属。我们
已经看到，阿方索一世在 1536 年的一封信中直截了当地表明，
铜在当时的王国中仍然占有很重要的仪式和经济地位。但在刚
果和恩东果，铜的地位到底是怎样的？它又是如何与恩吉姆布
竞争的？安德鲁·贝特尔 17 世纪早期的记录提供了一个重要
的答案：他在 1604 到 1605 年间参加了恩东果国王叔叔的葬
礼，看到"大量的铜、布和许多其他东西被放在了他的墓穴
内，这是该国的命令"。[73]

葡萄牙人发现了中西非社会中铜的精神地位，试图接近源
头，同时向他们的商业伙伴传递这个信息。安哥拉总督向内地
的翁本杜酋长（被称为索巴）赠送了铜环，想让他们开放当
地的铜矿。16 和 17 世纪，这个想法事实上与激发葡萄牙人介
入此地的对奴隶的渴望一样（如果不是更多），激励着葡萄牙
人去寻找想象中的黄金国（Eldorado）。各方都清楚交换发展
过程中的货币问题，就像在美洲一样，不管是缺乏矿产还是无
法接触到矿产，都会使这些贸易掮客的兴趣转移到第二好的
"商品"上，在他们眼中就是奴隶。[74]

葡萄牙人对刚果矿藏的兴趣就像他们在这个王国的存在一
样古老。恩东果有银矿的传言始于 16 世纪 20 年代，到 1536

年，他们派出工匠去往刚果，试图接近那儿的铜矿。在 16 世
纪 50 和 60 年代，再次出现了针对银矿和铜矿的传言，到"扎
加"入侵姆班扎刚果之后的 1568 年，对矿藏的强调变得更加
响亮了。根据 1607 年的一封信，罗安达在 1575 年建立就是因
为里斯本收到了"那儿有巨大的银矿"的消息。17 世纪前 30
年，葡萄牙王室不断地向刚果国王施加压力，试图让铜矿开
放。他们试图对本格拉的铜矿进行投资，于是不断地写备忘
录，总结哪里可能是矿脉最好的露出点。他们在军事考察中，
从美洲派来了有经验的矿工，不断地进行以武力支撑的外交尝
试，以寻找矿藏。对葡萄牙人来说，西班牙在墨西哥和波托西
（在现玻利维亚）的银矿财富让人眼馋，他们不停地盼着在哪
个角落有同样的好事在等待着他们。是对于货币财富的渴望让
他们对这个地区施加压力，但到了最后，只有奴隶贸易取得了
成果。[75]

　　这样的结局绝不是葡萄牙人所期望的。罗安达的葡萄牙总
督费尔南·德·索萨（Fernão de Sousa）在 17 世纪 20 年代做
出了艰苦卓绝的努力，派遣了有经验的矿工前往翁本杜酋长
处，据说那儿有银矿；他们还可以调查铜矿或者铅矿，以及流
言中说的铁矿，等等。但这也是矿工们最害怕的时刻：这种热
情可能只是昙花一现而已。1633 年，他从罗安达写信说，征
服本格拉的想法应该被放弃，因为那儿没有富矿。这和 16 世
纪 90 年代那兴奋的日子是多么不同啊，那时在安哥拉对财富
的"征服"似乎唾手可得，连耶稣都会用光辉的术语描写安
哥拉富裕的铜、铁、锡和银。[76]

　　转过头去思考一下这些葡萄牙人所渴望的金属的广泛用途
是非常重要的。如我们所见，在刚果和恩东果，铜有着礼仪用

途，其实铁也一样，这通过两国铁匠的宗教和政治权力得以体现。然而在葡萄牙，铜有着货币、军事和工业三种用途。银用来向中国出口，在明朝，银是皇家货币，欧洲商人在从中国进口布匹、瓷器和其他加工品时，用银来平衡贸易。铜在里斯本本身也是一种重要的铸币材料。1550 年，铜币是"人们购买日常用品最常用的货币"，但其数量仍然是不充足的，到 1568 年，铜币短缺终于带来了问题，人们尝试用假的铜币来冒充真的，从而导致了货币的进一步贬值（劣币驱逐良币）。如果能在刚果和本格拉获得铜，那么明确的货币收益会随之而来，还可以增加进口，稳定当地货币。[77]

226

除了货币用途，铜也有重要的军事和工业用途。17 世纪20 年代，人们希望传说中的本格拉铜可以用来铸造火炮，以便在巴西的伯南布哥抵抗荷兰人——荷兰人在 1630 年夺取了这里。在 17 世纪 30 年代末秘鲁的利马，大约在奴隶贩子曼努埃尔·巴乌蒂斯塔·佩雷兹被宗教裁判所在利马的武器广场（Plaza de Armas）上烧死的那段时间，一位荷兰观察者写道，世界上最好的火炮是在那儿生产的，因为它供应着非常好的铜。与此同时，大多数甘蔗种植使用的工具是铜制的：煮甘蔗的大瓮、铲糖出来的勺子，以及冷却用的罐子。[78]

这样，尽管葡萄牙人在中西非获取铜的努力总是无效，但它却折射出当地贸易特征的一个更大的真相。这种交换是基于经济不平等，以及外界希望通过军事力量、经济力量和蔗糖工业的力量在美洲实现更大盈余的渴望的。大西洋世界的货币价值观也在不断地变动着，从最初都认为货币具有经济和宗教功能，就像 16 和 17 世纪欧洲也把黄金用于祭坛和圣物箱那样，到后来欧洲商业主义国家占了上风，这时货币的力量就主要体现在积累商业价值（通过资本和工业增长）上了。

不管在历史文献还是在历史记忆中，货币的地位是中西非地区统治者和外来人之间的互动发生转变的关键点。安哥拉的一份口述记录（19 世纪第一次将之变成文字记录下来）展现出一个重要的现实。在一次去往卡桑杰的远征中，这个王国由"扎加"移民在 17 世纪建立，而安东尼奥·罗德里格斯·内维斯（António Rodrigues Neves）是第一个听到并描述出关于卡桑杰建立过程的口述历史的外来人。这份重要的口述历史记录表明，在 17 世纪二三十年代，新王国卡桑杰成了葡萄牙人的盟友，它们结盟将传说中的马坦巴女王恩津加击退。内维斯等人经过了两个定居点，它们分别叫作奎法－恩贡多（Quifangondo，意思是"她在这儿丢失了铜"）和穆乔－阿普拉塔（Mujo-aprata，意思是"她在这儿丢失了银"）。许多历史学家争论着这些 19 世纪口述历史的真实性，但关键点在于，它们展现出，卡桑杰统治者将葡萄牙人对金属的渴望与 17 世纪的战争紧密地联系在了一起，因为实际上只有通过这些战争，奴隶贸易才能发展得这么快，卡桑杰的力量才得以巩固。[79]

结论：刚果的货币贬值与经济衰退

1645 年，西班牙嘉布遣会修士特鲁埃尔来到了刚果国王加西亚二世的宫廷，他受到了欢迎，并得到了精心准备的礼物，包括"价值约 200 杜卡特的当地货币，每个修士分到 50 杜卡特，这种货币的计量单位被该国语言称为科弗（cofo），它其实是一种小海贝，产于安哥拉外海的岛屿上，临近罗安达港"。然而，嘉布遣会修士的头儿对这种礼物的反应是，他说他们被禁止接受钱财，所以不能拿走恩吉姆布。[80]

现代经济学家有时将贝币看作"原始货币"，但特鲁埃尔的记载却清楚地表明，在当时，外来人并不是这么看待贝币的。恩吉姆布对于葡萄牙人和刚果人而言都是货币，贝币与葡萄牙的硬币密尔雷斯（milreis）直到 17 世纪早期还有着汇率关系。比如在 1642 年的罗安达，每个奴隶价值 15000 密尔雷斯，用贝币计价则是 30 科弗恩吉姆布。就像这份记录所显示的，贝币也有正规的计量单位：1 丰达（funda）等于 1000 个贝币，1 卢福库（lufuku）等于 10000 个贝币，1 科弗等于 20000 个贝币。这些海贝是由女人在罗安达搜寻来的，它们是刚果的标准货币，在许多市场上都被当作汇兑的核心货币。这样，葡萄牙人在 1575 年建立了殖民城市罗安达，他们同样做了一件对葡萄牙和中西非王国的相对经济力量非常重要的事情：他们控制了货币供应的源头。[81]

葡萄牙占领罗安达的重要性立刻就显现了出来。刚果国王在那儿安排了两个总督来控制贝币贸易和供应，而葡萄牙人希望使其中断。早在 16 世纪 50 年代，恩东果的葡萄牙商人就介入了罗安达的恩吉姆布贸易，这是直接获得货币的廉价方法。在"扎加"1568 年侵入姆班扎刚果后，葡萄牙商人轻松地进入了罗安达，获得了货币供应，这让他们迅速致富。保罗·迪亚士·德·诺发伊斯（Paulo Dias de Novais）在 1575 年建议将他的基地设在那儿，原因就是它距离刚果的边境很近（仅向北 10 英里），同时它是"非洲最大的宝库，因为恩吉姆布就是从那儿搜寻来的"。1575 年后，虽然刚果将名义上的行政存在在罗安达保留了一些年，但它的实际权力却已经消失了。[82]

失去罗安达对刚果来说是一场灾难，刚果国王也迅速意识到了这一点。1604 年阿尔瓦罗二世治下的一份资料明确显示，

228

其经济代价是巨大的。它描述了尚未被揭示的基本经济运行情况：一方面，刚果国王对货币供应的控制权被剥夺了；另一方面，国家的经济基础在廉价货物的涌入下被削弱了。这是一个随后的非洲殖民者令人作呕地不断重复的过程：

> （葡萄牙人）已经成了（罗安达）的主子……刚果货币恩吉姆布的产地在圣保罗罗安达①这座城市附近。在那儿，他们违背了刚果国王的意愿，想卖什么就卖什么。当国王的官员、岛上的酋长抗议时，他们被痛打并受了伤，以至于这些矿藏和产地都受到了损害，并停产了。他们掌握了所有的货币，用外国货直接与本地货交易。[83]

当然，刚果国王清楚地意识到，为了纠正这样的事态，他们无论如何需要重新控制罗安达。17 世纪 40 年代荷兰人的入侵恰好给了他们这样的机会。恩吉姆布是盖有皇家印章的，每丰达盖一个。到 1648 年，刚果已经重设了岛上的皇家总督，但随后葡萄牙人重新夺得了罗安达。刚果继续使用恩吉姆布，直到 18 世纪它仍然是主要货币，但罗安达的失去预示着王国的经济衰退。[84]

失去罗安达之后，葡萄牙人从美洲进口了大量海贝，这造成的通货膨胀压力让事情变得更加糟糕。恩吉姆布从四处涌来，不仅从巴西殖民地首都萨尔瓦多港，而且从巴西的伊列乌斯（Ilhéus）省，以及位于现代阿根廷的拉普拉塔河（River Plate）涌来。这些海贝不仅被送往罗安达，也被送往南面的

---

① 即罗安达。——译者注

本格拉，到17世纪40年代，这已经是当地贸易中最赚钱的部分了。虽然这对于欧洲商人来说是赚钱的，他们可以从美洲装载"免费的钱"送到中西非去，但这对于刚果货币的价值而言却是灾难。由于货币超量供应，又没有足够的商品可以购买，通货膨胀不可避免地出现了：1619年，1科弗贝币已经只能买到4年前五分之一的东西了，刚果国王预计他手中的贝币已经贬值了三分之二。[85]

面对货币对刚果经济的冲击，继任的刚果国王的外交斡旋就显得更有意义了。随着他们的财富缩水，刚果统治者就像精英们经常做的那样，想尽办法拯救他们的精英特权，作为措施之一，他们转向了荷兰一侧。1623年，刚果国王佩德罗二世姆康加·姆本巴一方面尝试着与荷兰谈判结盟，一方面给自己在里斯本的大使写信，督促他为了王国的利益去游说，告诉葡萄牙人，前任罗安达总督若昂·科雷拉·德·索萨是如何与因邦加拉人结盟，与他们一起"摧毁和破坏了许多省份，杀了无数基督徒……将许多人变成了奴隶"的。佩德罗的继任者与荷兰周旋，即便在1648年被打败后，加西亚二世在17世纪50年代仍继续欢迎那些逃走的奴隶，试图扭转罗安达日益增长的权力。然而，经济问题又由于刚果底层的问题而更加严重了，它没有办法阻止货币的大量进口，这种情况直到17世纪40年代与荷兰结盟时还在继续。随着贝币的价值相对于其他货币的跌落，进一步的债务循环出现了，它最终只能通过奴隶贸易来获得补偿。[86]

对经济的最后打击来自对刚果布匹出口的摧毁。这种美丽的织布［当时被称作康迪（cundi）］在刚果之外一直是热门产品，直到17世纪前几十年它都是刚果最主要的出口货物。

许多来访者都说，刚果并不买卖奴隶而是买卖布匹，这些布匹"织得好，颜色漂亮"，在葡萄牙人到来之前就享有盛名。一个人曾经在 1620 年写道，奴隶贸易主要集中在安哥拉，"在刚果王国，没有人口贸易，只有布匹贸易"。到了 17 世纪，许多布匹是在王国最富有的省份蒙巴雷斯（Momboares）织就的。[87]

棕榈叶纤维（raffia）编织的板子，20 世纪早期

231   从贩卖泰奥战俘向买卖布匹的转变表明，刚果的统治者决定有意识地反对奴隶制。事实上，所有的证据都指向这个方向：与荷兰的结盟——因为荷兰人一开始并不贩卖奴隶；刚果国王的信——他在信中为他的前任们曾经买卖人口感到悲哀；

以及对布匹贸易的关注。但不管怎样，刚果都不能完全逃脱与这项贸易的联系，因为葡萄牙人购买布匹只是为了在罗安达把它用在奴隶贸易中：17 世纪 10 年代，每年有 9 万块布在那里被买卖。这项贸易如此重要，以至于到了 17 世纪 30 年代，刚果的康迪布已经成了恩东果的一种货币形式。根据安东尼奥·德·卡多内加（Antonio de Cadornega）写于 50 年后的材料，当时康迪布已经盖上了罗安达城市委员会的皇家印章。[88]

不过，荷兰商人的到来改变了这一切。荷兰人在 1595 年前后开始在卢安果进行贸易，随后建立了一个贸易站，销售另一种来自卢安果的布匹，罗安达人称之为利邦果布（libongo），而葡萄牙商人则主要做刚果产的康迪布的贸易。到 1610 年，葡萄牙也经常从罗安达航行到这里购买利邦果布，这是卢安果的通行货币。利邦果布迅速地成了罗安达的另一种平行货币，这使得布匹数量大增，也标志着 17 世纪荷兰贸易的崛起，它还将荷兰和印度布匹制造商与西非联系在了一起。[89]

这样的结果就是螺旋式的货币贬值。康迪布的供应干涸了，康迪布和利邦果布的价值都开始降低，一份当时的文献说："这种货币（康迪布）随着时间而贬值，它也不再像以前那样被大批从刚果运过来（刚果布匹供应不足，也比卢安果的利邦果布更廉价），这样，它们共同陷入了连续性的衰减，1 马库塔（macuta，利邦果布的衡量单位）的利邦果布只值 50 雷亚尔（real）了。"[90]经济衰退尤其影响了精英阶层。像在其他西非王国一样，在刚果，因贸易而涌入的大量货币事实上导致了经济的不稳定。然而，为了创造剩余价值而产生的对奴隶及矿产资源的需求引发了系统性暴力和经济衰退，这些因素又带来了对权力和精神的新认识，基于这种认识，理解和反抗这

232　些进程变得可能了。当这种影响增加时，刚果文化声称它自身处于一种基督教的本地化进程之中；此外，刚果出现了一波又一波反抗贵族阶层的叛乱，因为他们被视为新制度的受益者。这种抵制开始了，旨在推翻旧精英的刚果内战将会出现在本书的第二部分。为了抵制来自外部的经济压力，刚果人采用了内部抵抗策略，这预示着西非和中西非将在 18 世纪经历的许多的转型。

注　释

1. Ferreira（2013）.

2. Cavazzi（1687）：179.

3. 关于这个时代刚果大使的更多情况，见 Fromont（2014：116 - 20）和 Heywood（2017：138）。

4. 关于索萨，见 *MMAI*, Vol. 8, 93。关于 1652 年，见 AHU, CU, Angola, Caixa 5, doc. 101："aborrecem os Portugueses com odio capita"。

5. 关于加西亚的全名，见 BNM, MS 3533（Antonio de Teruel）, fol. Ix。加西亚痛苦地抱怨着和平状况"如此艰难和繁重"，见 AHU, CU, Angola, Caixa 5, doc. 26。关于安哥拉战争的最好的整体性记录来自 Boxer（1952）。

6. Tovar（1649：20）.

7. BNM, MS 3533, pp. 123 - 4.

8. 关于从 1606 年开始的早期交换，见 Meuwese（2012：85 - 7）。关于 1622 年的战斗，Mosterman/Thornton（2010）是基础性的。关于荷兰和大西洋奴隶贸易，见 Postma（1990）。

9. 关于荷兰西印度公司派遣海恩参战，见 Naber（1931：66）。关于海恩前往罗安达的记录，见 Ratelband（1959：3 - 9）。

10. Mosterman/Thornton（2010：244）.

11. 关于费尔南·德·索萨，见 *MMAI*, Vol. 7, 310 - 11。关于 1638 年以

及姆潘达的城堡，同上，Vol. 8，392。关于 1638 年以及提议从陆路
进攻罗安达，见 AHU，CU，Angola，Caixa 3，doc. 44。关于 1660 年的
记录，见 AHU，CU，Angola，Caixa 7，doc. 55。

12. "为巴西和安哥拉而斗争"这个短语是在 Boxer（1952）中被提出的。
    关于英国人卷入巴西事务（Companhia do Brasil），见 Costa（2002：
    Vol. 1，127）。这次外交介入非常有名，出现在许多文件和记录中，
    要想了解更多外界的目击证词，见 Cadornega（1972：Vol. 1，230）。
    关于"没有安哥拉就没有巴西"（sem Angola，nao ha Brasil），见
    MMAI，Vol. 11，428。

13. 关于特鲁埃尔的记录，见 BNM，MS 3533，p. 27。关于去往联省的大
    使，见 *MMAI*，Vol. 9，64。关于刚果和索约大使在累西腓，见 Jadin
    （1975：Vol. 1，394，438）。关于加西亚二世和恩津加之间的通信，
    见 Heywood（2017：149）。

14. 纽霍夫的记录在 ACV，Vol. 2，42。1642 年和平协议见 *MMAI*，Vol. 8，
    585。

15. 关于创造了一个"相关联的空间"的作为共享符号的十字架，见
    Fromont（2014），并见 Young（2007）。

16. 关于荷兰人和刚果人并肩作战，见 AHU，CU，Angola，Caixa 4，
    doc. 22。

17. Haveaux（1954：47）.

18. 关于前大西洋时代刚果南部安哥拉班图人的形成，最好的书籍之一
    是 Vansina（2004）。

19. Vansina（2010：635 - 6）.

20. 关于刚果的甘蔗，见 *MMAI*，Vol. 1，251。甘蔗在前葡萄牙时代的贝
    宁，见 Roese/Bondarenko（2003：116 - 18）。有迹象表明，是与阿拉
    伯地区的长途贸易带来了糖，加奥和加奈姆 12 世纪就有了糖——见
    Lewicki（1974：115）。关于卡拉哈里和印度洋的连接，见 Luna
    （2016：186 - 90）。关于刚果对十字架的使用，特别见 Fromont
    （2014：65 - 108）和 MacGaffey（1986：43），以及 Miller（1997：
    238）；后者表示，十字架形状的金银锭早在葡萄牙人到来之前就在
    安哥拉流通。关于埃多在葡萄牙人到来前使用十字架，见 Pitt-Rivers
    （1900：8）和 Berzock（2007：9）。

21. 关于 1526 年贝宁到刚果的商人，见 *MMAI*，Vol. 1，479。这些商人可

能是经葡萄牙人引导前来的，他们最可能的中转地是圣多美。当时圣多美商人在外的工作地点最常是在安哥拉，其次是在姆潘达，这让姆潘达对于贝宁商人来说不是一条确定的道路。关于西非和中西非航海史重要性的初步讨论，见 Peters (2018)。

22. 关于长途贸易在经济增长中重要性的整体性讨论，见 Inikori (2002)。

23. 关于 Thornton 小心计算的 14 世纪晚期王国的起源，见 Thornton (2001：106 - 7)。关于区域性市场，见 Thornton (1983：32 - 3)。关于铁，见 Cavazzi (1687：5，8)。

24. Cavazzi (1687：4，5，262)；Miller (1983：126 - 8) 强调了刚果贸易网络的地缘边界。Miller (1997：250) 也强调了刚果距离马约姆贝 (Mayombe) 铜矿很近，并有大西洋的盐，以及北方的森林产品。马莱博湖对于刚果贸易的重要性，在安哥拉区域之后出现的对应商人的单词 "pombeiro"（庞贝罗）上得以体现——见 Heintze (1985：125)。也可以参考 Hilton (1985：33)。

25. 关于六个季节，见 Parreira (1990：30；Kitombi was in February and March)。关于向刚果卖牛，见 *MMAI*, Vol. 2, 502。关于河流的季节性洪水以及不同生态下的贸易联系，见 Vansina (2004：188)。关于市场和河流，见 Silva (2011：188)。

26. 关于卢安果和刚果的霸权，见 Cavazzi (1687：264 - 5，564，620 - 21)。关于刚果国王在 1516 年的信件中确认对卢安果的影响力，见 Cordeiro (1881：7)。关于刚果在传统中的政治优势地位，见 BA, Códice 46 - X - 12, fols. 270v - 271r, 以及 BA, Códice 51 - IX - 25, fol. 127v；也可以参见 Brásio (1969：47)，以及 Duarte Lopes's late-sixteenth-century evidence-Pigafetta (1970：32)。关于恩东果国王对刚果的友谊，见 BA, Códice 51 - IX - 25, fol. 128r："O Rei de Angola era amigo e quase subdito do Rey de Congo e lhe mandava cada ano seu tributo"。关于 "Pangelunga"，见 Ngou-Mve (1994：49)。关于当代历史学家对于这些事情的视角，见 GonCalves (2000：420)。

27. 关于吕克，见 Cuvelier (1953：140)。如果人们在路上相遇，人们向等级更高的人鞠躬，同上，81。关于穆维希刚果，见 Hilton (1985：35 - 7)。关于铁、铁匠及其与刚果国王的联系，见 MacGaffey (1986：66 - 7) 和 Balandier (1968：36) 以及同上，176 - 7。关于日常生活中的等级，也可参阅 Randles（1968：54－5）。

28. 关于这种二分法，Thornton（2000：67）非常优秀，也可参考 Thornton（1983：16）。关于最初移民穿越刚果的资料，见 Piazza（1976：195－6）和 Brásio（1969：43－4），虽然 Thornton（2001：108）认为这些记录中带有很强的神话色彩。

29. 关于女人做农活的文件，见 Cuvelier/Jadin（1954：121）和 Cuvelier（1953：79）。关于性别是一个关键的断层线，年长男性寻求控制女性，见 Miller（1983：125）。关于精神身份和人格的父系继承，也可以见 Hilton（1985：5－6）和同上，8。关于刚果国王继承其舅舅的财富，见 *MMAI*, Vol. 8, 9, 1631 年，阿尔瓦罗四世（Álvaro IV）继承了安布罗西奥（Ambrosio）。

30. Balandier（1968：13）将之归结为贸易青睐于"更有权力的伙伴"。

31. MacGaffey（1986：6, 43）. 正如这位伟大的刚果人类学家所说："只有那些不信神者相信信神者相信神。对于信神者，信仰就是知识，也就是说，是感知和体验事实。"（同上，1。）

32. Bethencourt（2011）. 关于卢安果的女巫，见 Ravenstein（1901：48）。关于刚果社会的巫术和自私，见 MacGaffey（1986：171－4）。

33. 关于南卡罗来纳的碗上使用十字架，见 Young（2007：89）。

34. 关于刚果象征主义中的十字架，见 MacGaffey（1986：43）和 Young（2007：88），以及 Thornton（1998b：56）；也见于 Kananoja（2012：234）。关于刚果十字架在美洲，见 Farris Thompson（1984：108－16）。关于刚果乐器在美洲，见 Dubois（2016：68, 118－19）。

35. *MMAI*, Vol. 1, 112.

36. *MMAI*, Vol. 1, 113－14.

37. 关于不愿采纳一夫一妻制，见 BNM, MS 3533, fol. Vii。关于多偶制对于刚果世系的重要性，见 Hilton（1985：52）。

38. Hilton（1985：53）.

39. IHGB, DL 98. 06. 61.

40. *MMAI*, Vol. 1, 122, 132.

41. Cuvelier（1953：67－8, 75－6, 79）.

42. *MMAI*, Vol. 2, 78, 226－7；同上，Vol. 4, 367。关于刚果"克里奥尔式的"基督教，特别见 Heywood/Thornton（2007）。

43. 关于 1603 年的信件，见 *MMAI*, Vol. 5, 82。关于 1643 年的记录，同

上，Vol. 9，36。关于罗安达后续的记录，见 BA，Códice 50 - V - 37，
fol. 245r［n. d.］。

44. 关于穆维希刚果（刚果贵族阶层）的"克里奥尔式的"天主教活动，见 Heywood/Thornton (2007)。

45. Jadin (1966：224)；*MMAI*，Vol. 11，190. 关于洗礼和盐，见 Hilton
(1985：98)。

46. 关于比阿特丽兹·金帕·维塔，见 Thornton (1998b)。关于这些精神净化的篇章，见 MacGaffey (1986：192 - 3)。

47. 关于桑加门托仪式（sangamentos），特别见 Fromont (2014：Chapter
1)。关于刚果信仰中分开生者和死者的水域，见 MacGaffey (1986：
43)。

48. 关于刚果 1539 年在梵蒂冈的大使馆，见 *MMAI*，Vol. 2，73。关于刚果在 17 世纪 20 年代的大使，见 *MMAI*，Vol. 7，4。关于利用梵蒂冈反对葡萄牙的战略，见 Filesi (1968：22)。关于 1645 年的礼物，见
BNM，MS 3533，p. 32。关于 1652 年加西亚二世写给梵蒂冈的信，见
MMAI，Vol. 11，139 - 40。

49. 耶稣会的财富见 AHU，CU，Angola，Caixa 6，doc. 150，5 November
1658。

50. *MMAI*，Vol. 1，465 - 6，470.

51. *MMAI*，Vol. 1，489 - 90.

52. *MMAI*，Vol. 2，59.

53. 同上，Vol. 1，488 - 90；Vogt (1973：458)；Vansina (1966：40)；以及关键性工作 Heywood (2009)。

54. *MMAI*，Vol. 4，21，68，82.

55. 1516 年之后的细节，同上，Vol. 1，378。关于 16 世纪 30 年代，见
Vol. 2，58。关于到 1548 年的部分，同上，199 - 205；也可参见
Vansina (1966：58 - 61) 和 Caldeira (1999：22 - 4)。

56. 关于死人的证明，见 Vogt (1973：460)。关于信仰巫术人员的增加与奴隶贸易增加之间的关联对比，见 Shaw (2002)。

57. 关于 1515 年，见 *MMAI*，Vol. 1，381。关于在保卫姆班扎刚果中葡萄牙人的作用，见 Cadornega (1972：Vol. 1，11)。关于刚果作为中间者的整体情况，见 Hilton (1985：58 - 60)。

58. Hilton (1985：66). 耶稣会 1552 年的信件见 *MMAI*，Vol. 2，275。

59. Pigafetta（1970：96）.

60. 同上，97。关于对刚果河的描述，见 BNM，MS 3533，pp. 19，28。

61. Pigafetta（1970：11，97 – 100）.

62. 关于"扎加"和他们身份的文字很多。事后很好的总结来自 Miller（1973）和 Miller（1997：261），他认为他们代表了一种内战。Thornton（1978）不同意这一点，认为泰奥人不可能对此有责任，也可参见 Miller（1978）的回应。支持宽果假设的最主要工作是 Hilton（1981：193，198）和 Hilton（1985：70）。Ndawla（1999）强烈认为，"扎加"是刚果人的一个分支。

63. Jarric（1610 – 14：Vol. 2，11）.

64. 关于 1568 年之后选举委员会的教士，见 Vansina（1966：43 – 4）。

65. Cavazzi（1687：164）；Thornton（2003：273）.

66. Ravenstein（1901：25 – 6，30）. 关于因邦加拉的经典著作是 Miller（1976），虽然 Vansina（1998）怀疑 Miller 在书中所说的移民是否真实发生过。

67. 关于杀婴与青少年兵团，见 Ravenstein（1901：32）。最近对词语"扎加"的最好的讨论来自 Mariana Candido，见 Candido（2013：59 – 60）。关于 1576 年离开的人数，见 MMAI，Vol. 3，146。关于从至少 16 世纪 30 年代开始的恩东果的奴隶贸易数据，同上，Vol. 2，268。

68. 关于红酒，见 Cavazzi（1687：201）。关于巫术、食人、奴隶和因邦加拉的联系，见 Thornton（2002：82 – 3）和 Thornton（2003：289）。关于 1627 年阿隆索·德·桑多瓦尔（Alonso de Sandoval）来自哥伦比亚卡塔赫纳的记录，同上，282。这种信仰是真实的，这来自这样的事实：不管是他还是卡瓦齐，都将这种信仰看作"油"——见注释 65。

69. BNM，MS 3533，p. 101.

70. BNM，MS 3533，p. 117.

71. 关于"计算理性"，见 Guyer（2004）。关于在无阶级社会中送礼的特权，见 Fishburne Collier（1988：215）。

72. Felner（1933：387）.

73. 关于铜在前大西洋时代的刚果和恩东果，同上，238。关于铜与刚刚崛起的刚果，见 Hilton（1985：32）。关于贝特尔，见 Ravenstein（1901：26 – 7）。关于到 14 世纪时中南部非洲铜类货币的重要性，见 Luna（2016：206 - 7）。

74. 关于 1627 年的铜条礼物，见 *MMAI*, Vol. 7, 520。

75. 关于葡萄牙和荷兰在中西非的殖民主义举措中矿产的普遍重要性，见 Saccardo（1982：327）。关于 16 世纪 20 年代恩东果的银矿传言，见 *MMAI*, Vol. 1, 432。关于 1536 年将铁匠送往刚果铜矿，同上，Vol. 2, 59。关于葡萄牙王室 1556 对刚果的银和铜感兴趣，同上，396。关于 1561 年该地区矿产的整体分布，同上，476 - 9。关于罗安达和白银的基础性联系，见 AHU, CU, Angola, Caixa 1, doc. 3A（发表于 *MMAI*, Vol. 5, doc. 101），同一份文件（日期为 1607 年）表明了对铜、铁、铅、锡矿持续广泛的兴趣，这些矿产被假定遍布恩东果。1587 年，发生了一次矿工伴随着的直达坎班贝（Cambambe）的军事远征［Rebello（1588：63）］。银矿流言在 1626 年一直持续（AHU, CU, Angola, Caixa 1, doc. 113）。晚至 1628 年，给罗安达总督的皇家指示还在督促他向刚果国王施压，要他开放银矿和铜矿（*MMAI*, Vol. 7, 569）。对于本格拉的兴趣，同上，Vol. 6, 31 - 3 和 Heintze（1985：136）。

76. 17 世纪 20 年代晚期索萨的尝试，同上，228 - 9。他 1633 年的信件，见 *MMAI*, Vol. 8, 229。耶稣会 1594 年的信件，见 *MMAI*, Vol. 4, 550。

77. 16 世纪葡萄牙的铜币，见 *DHA*, Vol. 1, 101, 205。关于重新出口白银到中国，见 Frank（1998）、Flynn（1978）以及 Flynn/Giraldez（1995）和（1996）。

78. 关于在伯南布哥将铜用于火炮，见 Soares（1958：45）。利马的情况见 KH, Collection Nassau-Siegen, A4 - 1454, fol. 183r。关于将铜用于种植（engenhos），见 Antonio de Sá 写于 1662 年的遗嘱：ASM, Maço 41, Livro do Tombo（2），fol. 156v。此外，关于铜在 17 世纪 30 年代从卡刚果出口，见 *MMAI*, Vol. 8, 93 - 5。

79. Neves（1854：100）. 关于恩津加有大量和不断增多的作品，特别见 Heywood（2017）。

80. BNM, MS 3533, pp. 32ff.

81. 关于与密尔雷斯的可兑换性，见 Jadin（1966：223）。关于做成心形，见 Cadornega（1972：Vol. 2, 269 - 70）。关于恩吉姆布贝币的不同度量的总结，见 Balandier（1968：130）。奇怪的是，1575 年罗安达形成的这一重要因素却没有引起太多讨论。

82. 关于罗安达的刚果总督见 *MMAI*, Vol. 4, 539。关于 1553 年在罗安达的贝币交易，同上，Vol. 2, 354。关于 1574 年富有的葡萄牙人在罗安达，同上，Vol. 4, 554。关于诺发伊斯承认它的重要性，同上，537 - 9。关于 16 世纪晚期刚果对这个岛屿的管辖，同上，618。

83. Cuvelier/Jadin (1954：263 - 4).

84. 关于 1 丰达贝币上的皇家印章，见 Bontinck (1964：44)。关于刚果1648 年在罗安达的总督，见 *MMAI*, Vol. 10, 236 - 7。关于 17 世纪90 年代贝币使用情况，见 Bontinck (1970：31)。

85. 关于 17 世纪 10 年代的通货膨胀，见 *MMAI*, Vol. 6, 342 - 3 和 383，以及 Vol. 8, 143；关键性工作是 Hilton (1985：106)。关于 1612 年贝币进口中缺乏关税支付，见 AHU, CU, Angola, Caixa 1, doc. 132（再版于 *MMAI*, Vol. 6, 108）。关于 17 世纪 20 年代持续从巴西进口，同上，Vol. 7, 504。关于荷兰人从巴西和拉普拉塔河出口贝币，见 Jadin (1975：Vol. 1, 122 和 170)，以及 NA, OWIC, Inventarisnummer 58, no. 214。关于 17 世纪 20 年代从伊列乌斯来的贝币贸易，见 Naber (1931：58)。

86. 1623 年的信件见 Cuvelier/Jadin (1954：454)。关于 17 世纪 50 年代欢迎逃亡奴隶，见 AHU, CU, Angola, Caixa 7, doc. 11。

87. 关于 15 世纪 90 年代的颜色和纺织技术，见 *MMAI*, Vol. 1, 57。关于只做布匹贸易，见 *MMAI*, Vol. 6, 438 和 Heintze (1985：197)。关于蒙巴雷斯，见 *MMAI*, Vol. 15, 534——一份来自 1624 年的记录。

88. 关于刚果布匹被卖到安哥拉的贸易，同上，Vol. 6, 473。关于其规模，见 Heintze (1989：32) 和 Cadornega (1972：Vol. 3, 195)。

89. 关于 1595 年之前的卢安果早期布匹交易，见 Ravenstein (1901：9)。关于作为货币的利邦果布以及 1610 年的葡萄牙贸易，见 La Fleur (2000：74 - 5, 95)。

90. Cadornega (1972：Vol. 3, 195 - 6).

第一部尾声

从普拉亚（Praia）到萨尔（Sal）的飞机满了，我坐在一个男人旁边，他的脸色随着时间的流逝而变化。我们都去往欧洲。这是 2008 年，普拉亚的国际机场还没有建好，那时飞长途往往需要在佛得角群岛转机，那是一个领土极小、常年刮风、像沙漠一样荒芜的国家，但其九个岛屿都有人类居住。萨尔，就像"黄金海岸""象牙海岸""喀麦隆"和"奴隶海岸"一样，是由葡萄牙人根据它生产的资源来命名的，这也是葡萄牙人需要的：盐。佩德拉卢梅（Pedra de Lume）巨大的盐矿依然使岛屿东侧存在着一片上英里宽、洞穴状的空地，那儿至今没有人居住。

我们飞过闪着光的大西洋，我记得它在午后的阳光下混合着天青色和金色，显得特别美丽。当我们谈论起我访问的原因、我进行的采访，以及我们在欧洲生活的不同时，这项历史研究的一些困难却浮现出来。我身边的男人说，我在研究历史是一件好事，这是对佛得角身份和根的一种提醒。接着，他不断重复地强调说："你必须理解的是，我们是诞生于运输途中的。"（Nascemos no tráfico.）

事实上，本书第一部分探讨的许多历史进程都诞生于这个沙漠般的群岛上。佛得角是大西洋奴隶贸易的第一个转口港。它的第一个城市大里贝拉（Ribeira Grande）是欧洲人第一个城市化的殖民地聚居区，热带地区的第一个教堂也坐落在这里，这里还促成了第一批马龙人逃出残酷的奴隶制系统。这些拥有光辉历史的成绩单都是很难被推翻的。但是，我们同样可以看到，这种过程的结果不仅仅与奴隶制本身对社会机构的破坏有关，而且与非洲和其余世界之间更广泛的经济不平等框架有关，这是这个佛得角人的评论提醒我的。

234

我们已经追踪了到 17 世纪 80 年代前后这些变化的种子。到这时，推动非洲变化的不同因素所展现出的复杂性已经有所显现。这里有悠久的贸易网络，其基础是萨赫勒的贝币、塞内冈比亚的铁和布匹、黄金海岸和北宁湾的铜、刚果的恩吉姆布等。这些网络带来了外界的思想和宗教实践。伊斯兰教和代表宇宙论的符号，如十字架，在不同的国家之间流传，这指明了新的思想和多元的信仰。在这些交换中，社会和政治框架赋予了外来的陌生人以显要的价值。陌生人是贸易商品和财富的提供者，并因此而被本地人看重；陌生人同样是潜在的财富源，因为最初的奴隶是由外来人口充当的。

一句曼丁卡人的谚语总结得非常完美："陌生人需要被尊重。"指令式的"需要被"揭示出，作为财富的提供者，他们并不总是受到尊重。事实更接近于本书来自兰辛·迪亚巴特的题词：

陌生人就像一盘菜，主人随时可以把它吹凉。[1]

随着大西洋贸易的崛起，更复杂的压力在非洲西部出现，那就是供养奴隶的压力。奴隶贸易需要更多剩余食物的供给来喂养横穿大西洋的奴隶，这带来了新的生产模式，以及新的对人口的控制方法。全球小冰期引起的生态变化带来了疾病和干旱，加重了食物供给的压力，这更鼓励了卖掉穷人和外部人的举动。与此同时，经济不平等也扩大了，因为由交换引起的资本积累更加不平衡了。

235   在本书第一部分，我们看到资本不平等模式一再重演。这种重复并非只是一位（或者这位）沉闷的历史学家所做的、用粗暴的"事实"工具去强迫读者的工作；我也不想让经济变化看上去包罗万象，它只是从某种角度区别于那些人们对变化（服装和装饰的新款式、食物的新滋味）、战争、艺术和创伤的感受罢了。但对资本积累的重复发现却可以提供一个范式，去检验今天每个人都熟悉的全球不平等是如何形成的。

我们将以对安哥拉诸王国进行比较来结束本书的第一部分，这一点我们还没有深入分析。这种比较揭示了，到17世纪80年代为止，这种模式是如何在非洲广阔的大地上成长和普及的。虽然与刚果有着历史和政治联系，但安哥拉诸王国在大西洋贸易之前或许就已经超出了跨撒哈拉贸易区域。在恩东果、利博洛（Libolo）和基萨马（Quissama），1500年之前，任何与外界的接触都更可能是通过印度洋来实现的。此外，在17世纪的战争之后，环绕着罗安达的海角地区将成为非洲唯一一块欧洲皇权下的原始殖民地，这一地位一直保持到19世纪。安哥拉在本书讨论的区域之外，但它太重要了，不能被完全排除在外。[2]

1650年，安哥拉的生态是荒凉的，与本书第四章所讨论的阿拉达类似。随着17世纪的战争导致人口逃亡和减少，野生动物的数量大幅度增加，与之明显平行的是，随着美洲印第安人的生态崩溃，美洲新世界也发生了类似的事件。狮子漫步在连接罗安达与刚果主要省份姆邦巴的大道上，嘉布遣会修士吉罗拉莫·达·蒙特萨齐奥（Girolamo da Montesarchio）在 17世纪 50 年代晚期去那儿旅行时，听说狮子最近吃了 10 个人。安东尼奥·卡瓦齐还有更糟糕的故事，他宣称在他住的恩东果附近，短短几天内就有 50 个人被吃。马坦巴女王恩津加的宫廷被由木桩和棕榈叶编织成的栅栏包围着，其高度正好可以将野兽挡在外面。而这样的围墙在刚果省份彭巴（Pemba）并不足以将野生狮子挡在城外，以避免它们袭击人类。这些事情的戏剧性是由讲述人的惊讶语气表现出来的，这表明人与环境之间的平衡已经发生变化了。[3]

安哥拉的生态压力也反映在经济压力中。17 世纪，罗安达使用的主要货币是从刚果河卢安果进口的布匹。这些布匹在罗安达拥有许多社会性的和实际的用途，比如用作船帆、衣服和袋子，布匹在整个 17 世纪上半叶都被广泛当成主要货币。不同的布匹之间有着固定的汇率，40 块卢安果的利邦果布相当于 500 葡萄牙雷亚尔，这表明了货币兑换和汇率的存在。然而，到了 17 世纪下半叶，竞争压力为这些布匹的价值带来了通胀压力，它们最终变得不再值钱，直到 1679 年被从货币名单中剔除。[4]

这种价值的递减有很多原因。其中一个是刚果和卢安果的布匹在安哥拉作为一种平行货币而存在，两种货币的价值竞争意味着每一种都丧失了它的商业优势。在罗安达，有许多种刚果布在流通，还有从卢安果来的红布、酒椰布和利邦果布。到了 17 世纪 50 年代，就像对任何值钱的东西一样，人们学会了如何在布匹上造假。这些布做工粗糙，易磨损，丧失了价值。通胀就像在西非和中西非的其他地区一样出现了，关于这一点我已经做了说明。1 马库塔（1 捆 10 块布）的价格从 17 世纪 40 年代的 500 雷亚尔跌到了 350 雷亚尔，接着在若昂·费尔南德斯·维埃拉执政的 17 世纪 50 年代更是跌到了 150 雷亚尔，到 1673 年，据说其价格在街头已经跌到了不足 40 雷亚尔，但根据"官方"的汇率，它仍然是 150 雷亚尔。皇家官员们开始下令铸造一种铜币，于是利邦果布的价值出现了自由落体式跌落。[5]

237　　17 世纪罗安达布币的起落折射出本书第一部分讨论的主要历史框架。利邦果布是非洲形式的货币，如同一位葡萄牙作家所记载，它在卢安果最早"拥有货币的价值"。接着大西洋商人将它作为通行货币，于是利邦果布在罗安达崛起了，成了与刚果布并驾齐驱的平行货币。这最初是由荷兰和葡萄牙贸易推动的，因为对于欧洲商人来说，从利邦果布中获得的收益要比从刚果布中多。这样，源于积累资本的欧洲经济利益导致了刚果和卢安果的布匹竞争，最终又导致了价值和质量的双重退化。一份 17 世纪 70 年代的资料记载，最终，利邦果布的声誉在三天内崩塌。[6]

　　到这时，大量布匹从欧洲和印度涌入。1699 年，当一艘英格兰船只带着 6 大捆共 1072 块布从印度来到罗安达时，葡萄牙官方将之划分成了 24 个不同的品种，这表现出了当时印度布在安哥拉的知名度。如同在黄金海岸，荷兰人在这里也扮演着重要角色，17 世纪 40 年代，当他们占领了罗安达时，他们发现刚果最大的需求就是各种各样的印度布和欧洲布。于是他们进口了海量的纺织品，包括在鲁昂和西里西亚制造的布以及许多类型的印度丝绸。虽然在 17 世纪 40 年代，卢安果的主要工业是布匹加工业，但随后它就开始了快速的衰落，到 18

世纪，贸易已经转向了奴隶，卢安果变成了中西非海岸上的一个主要的奴隶贸易中心。[7]

与此同时，这些变化并不是因缺少加工技术而出现的。就像塞拉利昂的萨佩人将祖先灵魂的肖像（nomolis）融入盐柱，将烛台和刀剑卖往欧洲，以及贝宁铜匠行会的铸工们制作了至今仍然备受称赞的美丽铜器；在刚果，17世纪40年代也有蜡烛制造工业、铸剑师，以及制作锅、壶和美丽深色黏土玻璃的匠人。但这些当地工业被从亚洲和欧洲进口的大量便宜商品淹没了。出口加工业与经济权力一并衰落，当地的货币从世界范围来看并没有保住自己的价值。当世界其他地方在囤积资本时，像布匹和铜盆铜锅这样的廉价商品的倾销、货币的贬值，导致了非洲与世界经济之间的资本差异越来越悬殊。[8]

那么，为什么当地货币在世界经济中无法保持其价值呢？一个原因是，世界上已经兴起了一种关于全球权力的世界观，这种世界观有利于剩余价值的积累。西非向外出口金和铜这两种可以保值的"硬"通货，又出口人这种可以用于生产的资源，这都造成了这种日益扩大的鸿沟。如同我们在本书第一部分所见，这是一种主导西方的世界观，它从15世纪中期到17世纪末一直在加速。但这幅图景的另一面是，许多不同的地区对于价值有着不同的理解。中西非社会的例子再次提供了一个有用的视角：在这里，布币的用途超出了它们作为船帆和包裹的通常用途，它还被用在葬礼上，用来包裹要埋葬的尸体；在刚果，海贝也是神圣的关键性符号，它超出了作为恩吉姆布的货币功能；铁和铜环被人们佩戴着，成为身份和社会权力的象征，而不仅仅是被熔化掉变作"钱"；与此同时，在安哥拉流通的一种货币是一种叫塔库拉（takula）的染料，产于卢安

238

果，它被用在了多种礼仪场合，包括婚礼和宗教庆典。⁹

这样，在非洲就存在这样一种世界观，它并不将数字盈余当作与其他形式的社会和道德价值相隔离的具有优先地位的经济价值。但到了 16 和 17 世纪，这种面貌被逐渐积累的全球化风潮所侵蚀。与它被从世界上"切割掉"与"隔离开"远远不同，恰好是融入全球体系触发了非洲的相对经济衰退。这表明，自由贸易并没有促进普遍的经济增长和发展；不平等贸易损害了制造业和加工业，从而触发了经济衰退。

但不管怎样，这种压力并没有摧毁或者削弱它们的文化和人民，就像安哥拉的例子所显示的那样。也是在 17 世纪不断增长的压力下，被送往巴西的安哥拉奴隶利用了他们的文化框架，开始了直到 18 世纪晚期仍然是最长久也最成功的对奴隶制的反叛，他们以帕尔马雷斯奎龙波（武装团）之名而为人所知。在伯南布哥奥林达的内地地区，帕尔马雷斯武装团持续了整个 17 世纪，直到 1694 年才被武装力量扑灭。帕尔马雷斯从许多中西非社会和宗教习俗中汲取营养，比如棕榈树的象征意义以及精神领袖（nganga）的角色。如我们之前所见，最重要的可能是因邦加拉人欢迎不同血统的人进入社区的实践，这帮助塑造了一个新的非洲－巴西世界，它诞生于如此多的人种和语言之中。¹⁰

武装团提供了一种知识和社会模型，用来在新世界中塑造一种混合的非洲－巴西身份，这些习俗最早发源于非洲，却在这里得到了加强和转化。它还提供了一种可以抵抗根植于美洲帝国系统中的骇人听闻的权力滥用的制度。一方面是逐渐增强的中央集权和对权力的滥用，另一方面是非洲人的反抗，正是这两方面的联结构成了西非和中西非下一个世纪的特征，事实上，这个特征超越了本书所描写的地域。

注　释

1. Jansen/Duintjer/Tamboura（1995：100 – 101）.

2. 关于和印度洋的联系，见 Luna（2016）。

3. 关于蒙特萨齐奥和狮子，见 Piazza（1976：232）和 Cavazzi（1687：10，44，670）。关于狮子进入姆班扎彭巴（Mbanza Pemba），见 BNM，MS 3533, p. 137。关于野生动物的崛起和土著美洲人口的崩盘，见 Mann（2005）。

4. 关于利邦果布和雷亚尔的汇率，见 BA，Códice 54 – X – 9，fol. 10v，c. 1657。在 1641 年的一份荷兰记录中，布匹被说成"安哥拉的货币"，见 NA，OWIC，Inventarisnummer 56，no. 270。关于罗安达布币的多重用途，见 AHU，CU，Angola，Caixa 5，doc. 93（approx. 1663）。关于布币的消失，见 AHU，CU，Angola，Caixa 12，doc. 20。

5. 关于利邦果布和刚果布作为 1649 年的平行货币，见 *MMAI*，Vol. 10，312。关于不同的刚果布，见 Cadornega（1972：Vol. 2，271）。关于早在 1612 年卢安果就有人卖红布，见 AHU，CU，Angola，Caixa 1，doc. 132。关于 1632 年的红布买卖，见 *MMAI*，Vol. 8，124。关于 1684 年利邦果布的造假和磨损，见 AHU，CU，Angola，Caixa 13，docs. 9，72 和 98（它也叙述了 1640 年后的通货膨胀）。

6. 关于它最初是在卢安果成为货币的这个事实，见 AHU，CU，Angola，Caixa 13，doc. 98。关于利邦果布的巨大利润，见 Hilton（1985：116）。通货膨胀在这个地区的货币中非常普遍，这个中心观点是由 Green（2016b）提出的，但受到了 Ronnback（2018）的批评，并得到了 Green（2018b）的回应。

7. 关于 1699 年的船，见 AHU，CU，Angola，Caixa 15，doc. 101。关于 1642 年的荷兰进口，见 Jadin（1975：Vol. 1，317 – 20）。关于对刚果的需求，见 Jadin（1966：228 – 9）。关于布匹是卢安果的主要工业，

见 Parreira（1990：53）。

8. 关于蜡烛制造，见 Bontinck（1964：96）；其他类型的制造，见 Tovar（1649：64）。

9. 关于人们将身上缠满布，见 Cavazzi（1687：116）。关于刚果海贝的神秘象征意义，见 Heusch（2000：97）。关于穿戴铜铁，见 Bontinck（1970：128）。关于塔库拉染料和它在仪式上和权力构成上的各种用途，见 Cadornega（1972：Vol. 2，47）——关于用于染衣服的塔库拉粉末，以及用一种特殊的药膏涂抹身体；Cuvelier（1953：137）——关于在彩礼谈判中使用塔库拉；Miller（1976：48）——关于家族首领将塔库拉作为年轻人成年的标志；以及 BNM, MS 3533, pp. 117ff. ——关于用塔库拉把圣林染成红色。

10. 关于帕尔马雷斯，特别见 Anderson（1996），以及 Kent（1965）和 Schwartz（1992）。

第二部

结　果

政治、信仰和底层革命

第二部大事年表

西非政治史，约 1680～1850 年

1680～1700 年：在 18 世纪阿散蒂帝国崛起之前，黄金海岸上不同的小邦之间发生了一系列战争。

1685～1703 年：由于需求的增加，跨大西洋贸易的奴隶价格涨幅达 200% 以上。

17 世纪 90 年代：在巴西的米纳斯吉拉斯（Minas Gerais）发现了金矿，这降低了人们对产自非洲黄金海岸地区的黄金的重视。

17 世纪 90 年代：由于战争，贝宁主要的大西洋贸易点瓜顿被废弃。

17 世纪 90 年代：在塞内加尔河谷，在纳赛尔丁战争的影响下，伊斯兰教士马利克·昔（Malik Sy）建立了本杜。

1695 年前后：以库马西为中心的阿散蒂帝国崛起。

1704 年：在刚果，比阿特丽兹·金帕·维塔领导了一场基于天主教的宗教革新运动——安东尼运动。

1709 年：在佩德罗四世治下，刚果重新统一，却更加弱小。

1712 年前后：在比通·库鲁巴利（Biton Kulubali）治下，塞古（Segu，位于现马里境内）王国崛起。

1724～1727 年：达荷美击败惠达，成了"奴隶海岸"（贝宁湾地区）上的主要政治势力。

1727～1728 年：在卡拉莫科·阿尔法（Karamoko Alfa）的领导下，从富塔托洛来的富拉移民在现在的几内亚 - 科纳克里地区建立了富塔贾隆阿尔马马特国（Almamate）。

1730 年：奥约开始袭击达荷美。

18 世纪 30 年代：卡齐纳取代卡诺成为豪萨地区（尼日利亚北部）的商业中心；火枪开始被从南方引进到豪萨诸国。

18 世纪 40 年代：西非大旱。

18 世纪 40 年代：逃亡奴隶社区在安哥拉兴起，被称为奎龙波。

18 世纪 40 至 70 年代：萨拉菲改革运动在阿拉伯地区兴起并扩张。

244   1747 年：达荷美与奥约签订和平条约，同意成为奥约的附庸。

1747～1771 年：卡诺的巴巴·扎基（Babba Zaki）进行统治，加强了骑兵建设和政府权力。

1750 年：达荷美向巴西的萨尔瓦多派出使节。

1754 年：奥约的权力被一个叫加哈（Gaha）的议会领袖（即巴索伦）篡夺。

1758 年和 1771 年：图阿雷格人（伊斯兰游牧民族）袭击廷巴克图。

1766 年：在塞古库鲁巴利王朝灭亡引起的十年内战后，贾拉 - 恩格洛西（Jara-Ngolosi）王朝在塞古崛起，并持续到了 1861 年。

1774 年：由于加哈不愿意交出权力，奥约内战爆发；他最终被一个新的国王阿比奥顿（Abiodun）取代。

1776 年：位于塞内加尔河谷的富塔托洛王国的丹亚安基王朝（从 16 世纪 10 年代就开始统治）灭亡；取代它的是一种神权统治，领袖是学者塞尔诺·苏莱曼·巴尔（Ceerno Suleyman Baal），随后是他的继承人阿卜杜勒·卡迪尔（Abdul Qader）。

18 世纪 80 年代：奥地利的玛丽娅·特蕾莎 – 塔勒银币开始在非洲泛滥。

1785 年：富拉人神权国家富塔贾隆内发生了奴隶叛乱。

1788 年：在豪萨地区的德杰尔（Degel），随着一个大型伊斯兰学术团体的出现和壮大，戈比尔（Gobir）的国王试图暗杀该团体的领袖乌斯曼·丹·福迪奥［通常被称为舍胡（shehu）］；国王的失败行动预示着富拉尼圣战运动的兴起。

1790 年：奥约在内战中衰落到必须向努佩进贡的程度。

1791～1804 年：海地革命发生，并在 1804 年 1 月 1 日宣布独立结束。

1792 年：弗里敦建立。

1795 年：弗里敦城外，逃亡奴隶社会兴起，其成员包括从弗里敦逃走的黑奴，以及从富塔贾隆首都廷博（Timbo）逃走的失败叛乱者。

1795 年：在尼日尔河河曲地区，白宝螺贝币取代了古老的黄宝螺贝币。

1795～1818 年：达荷美与巴西和葡萄牙建立外交关系，向两地派出四位大使；阿拉达在 1809 年派出一位大使；到 1823 年，奥尼姆（拉各斯）也派出了三位大使。

1801 年：丹麦放弃跨大西洋奴隶贸易。

1801 年：一个叫作云发（Yunfa）的新国王登上戈比尔王位，他触发了与乌斯曼·丹·福迪奥的追随者的冲突。

1804~1808 年：戈比尔与舍胡的追随者之间爆发战争，富拉尼圣战运动在尼日利亚北部兴起。卡诺于 1807 年陷落，叛乱者到 1808 年已经控制了豪萨诸王国。

1807 年：英国议会通过废除奴隶贸易法案。

1808 年：牙买加的释奴在塞拉利昂的弗里敦建立了圣约翰逃亡奴隶教堂。

1808~1812 年：随着富拉尼圣战运动的胜利，索科托与博尔诺之间爆发战争。

1817 年：宗教领袖舍胡在索科托死亡。

1817 年：一个叫作阿丰贾（Afonja）的奥约军队领导人的叛乱加速了奥约帝国的崩塌。

1820 年：在阿敏·卡尼米（Al-Amin al-Kanemi）的领导下，博尔诺地区兴起了神权统治，这蚕食了国王的地位。

19 世纪 30 至 50 年代：发生在冈比亚河南北两岸的索宁基（Soninké）-马拉布特战争，导致了该地区的马拉布特阶层和他们的追随者将一系列现存的王国推翻。

1835 年：受西非革命的鼓舞，巴西萨尔瓦多发生了马雷（Malé）叛乱。

1835 年：奥约帝国灭亡。

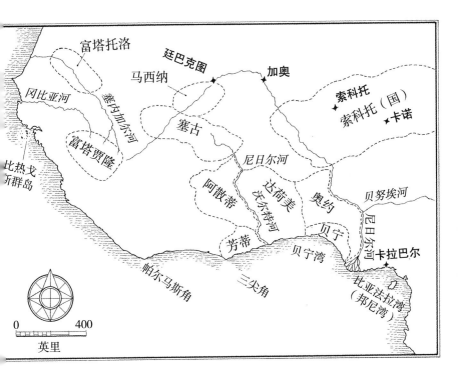

西非的王国，约 1600～1900 年

第二部序言

247　　18 世纪将会是不同的。

　　非洲和西方之间的现金流在塑造全球经济平衡的过程中，一直是非常重要的，这尤其体现在贝币和布匹在贸易中的地位上，但到了 18 世纪，这一切都会发生重要的变化。随着加勒比、巴西和北美种植经济的规模化扩张，跨大西洋的奴隶贸易也达到了巅峰，许多获得特许权的公司（荷兰西印度公司、皇家非洲公司、法国西印度公司）和私人企业都加入了运输奴隶的热潮。美洲奴隶劳动力的资本价值是如此之高，以至于在需求的高峰时期，非洲和大西洋经济体之间的关系出现了变化。由奴隶劳动力产生的剩余价值已经与货币齐平，甚至超过了货币资本，成为主要的潜在资本价值。17 世纪 90 年代巴西出现的巨大金矿潮也意味着，非洲的黄金对于西方经济的资本基础而言不再那么重要了。一些非洲国家不仅不再出口黄金，甚至还从海外进口黄金和白银。但非洲由于出口奴隶而丧失了许多劳动力价值，这意味着非洲经济与世界经济之间的不平等仍然在加剧。[1]

　　这个时期货币交易中的转变也被许多资料记录了下来。黄金海岸上的阿肯王国转向了通过阿散蒂销售奴隶，由此获得黄金；达荷美进口从巴西走私来的黄金；塞内冈比亚诸王国从墨西哥进口白银。在非洲许多地方，对其他货币（铁条、铜）

的进口被对制成品、酒精和武器的进口所取代。然而，贝币进口却增加了，它的汇率是和出口奴隶的价值密不可分的。

这样，18世纪非洲的资本价值交换更大程度地退化成了 248 奴隶价值交换。奴隶价值可以通过种植园、地下矿藏的计划损耗以及市场逻辑被估算出来。

在非洲内外，各个国家的权力也充满了悖论。对于欧洲的帝国来说，从不人道的奴隶制中提取剩余价值，"给它们贴上"商业价值的标签，同时又依靠人道和智慧将种植技术、铁器工具和医疗技术带进种植业，这能给它们带来极大的成功。而在非洲，权力更多地掌握在统治者手中，但随着国家的中央集权化，新的社会结构很快出现，它激烈地批判着特权的泛滥。统治者和臣民、国家和社会之间的分野不断扩大，这些变化在事后看来似乎是无法挽回的。在1972年影响深远的著作《欧洲人如何搞穷了非洲》（*How Europe Underdeveloped Africa*）一书中，沃尔特·罗德尼（Walter Rodney）认为，20世纪50年代的非殖民化运动是由非洲殖民体系的矛盾引起的。而两个世纪前，相似的悖论和矛盾直接导致了非洲武士贵族的倒台，这些武士阶层恰好是在大西洋和撒哈拉奴隶贸易中成长起来的。[2]

黄金海岸的例子可以作为这种变化的最好例证。在西面的阿克西姆和东面的沃尔特河之间，无情的海浪见证了这里的贸易从黄金转向奴隶，奴隶们不得不排成行，从监狱经危险的浪头前往奴隶船。在这个过程中，船只经常倾覆。在内陆，阿肯人制作黄金砝码的手艺在18世纪还和16世纪一样，保持着高超的技艺。在阿散蒂，黄金是一种货币，金砂的交易在18世纪也是日常生活中非常重要的一部分。但沿着大西洋海岸构筑的城堡监狱已经成了悲伤之地。它们是奴隶队伍向着海岸前行的终点，也是本地代理商在维达购买奴隶后等待装船运走的地点。这里的人被铁链拴着，他们或者由于债务和犯罪成为奴隶，或者是阿散蒂和达荷美发动的摧毁邻居的军事行动的俘虏。

海岸上最重要的英格兰城堡位于海岸角，它距离埃尔米纳只有数英里。

海岸角城堡。左侧的加农炮放在地牢的走道顶上，奴隶们就从走道经过前往灯塔，在那儿被运送到海上。中右部那个顶上铺了瓦的中型规模的建筑是一座教堂，它坐落在关押奴隶的地牢之上。

249　　　荷兰人博斯曼在 1700 年前后描述了海岸角城堡是如何高居于乌伊格瓦（Ooegwa）城镇之上的。它有"良好的和精心修建的居住区，在前面，他们也建立了一个高高的炮台……城堡由 4 个非常大的炮台加强，旁边还有第 5 个；在其上有 13 门重型加农炮"。这些加农炮可以保卫英格兰的利益，使其免受从海上来的闯入者的袭击，也可以防御从陆地上来的竞争对手阿肯人和芳蒂人群体。奴隶们负责城堡的日常运营，他们也负责维护英格兰人盟友的住处，比如爱德华·巴特（Edward Barter）这样的混血代理商，这些人甚至拥有自己的私人武装。[3]

在整个18世纪，到海岸角城堡访问的英格兰人［如1726年来访的威廉·史密斯（William Smith）］都崇拜它"美丽整洁、空间巨大的公寓和办公室，还特别赞赏南面那座巨大的精心建造的教堂"。那儿有翠绿的花园，其"周长有约八英里……其土地十分肥沃，生产热带地区能够生长的一切，比如橙子、柠檬、酸橙、香橼、番石榴、番木瓜、车前草、香蕉、椰子、肉桂、罗望子、菠萝"。城堡防范森严，可以保障英格兰人的利益。它带着一种权力的气息，这可能是为什么英格兰来访者认为它是美丽的。[4]

250

但是，在这花丛锦簇的文字背后，现实却是暗淡的；单独提到这些外部记录是为了复述一种为了掩盖真相而刻意制造的幻象。这就是本书第二部分的风格和结构与第一部分有所不同的原因之一。

海岸角城堡并不漂亮。这是一个展现人类天性中最邪恶面的终极地点，一个残酷行使男性权力的场所。这里的英格兰官员都从他们的奴隶中选择了多个情妇，将那些拒绝他们的人扔进"惩罚号子"。他们在巴西的朗姆酒、糖、水和酸橙混合物（巴西凯匹林纳鸡尾酒和古巴莫吉托鸡尾酒的早期形式）的作用下日常性地酩酊大醉。他们的权力建构在暴力政权之上。他们的教堂、美丽的公寓坐落在恶臭的、希望渺茫的奴隶地牢之上，最多时地牢中一层就容纳了200人，地板上充斥着他们的排泄物、呕吐物和尸体。那些从监禁中幸存的人被要求走过一条黑暗的由火炬照着亮的地下通道，外面的人通过观察孔数着人数，以免丢失财富。他们经过"无归门"被送进一个灯塔里，在惊涛骇浪中登上城堡边停泊的航船，这些船将身戴枷锁的他们送往新世界。夜间船只的灯光上下摆动，正像今天多哥首都洛美的海滩上摇曳的油轮。

许多欧洲奴隶城堡的现实并不符合殖民者的首都伦敦、里斯本、阿姆斯特丹和巴黎的"公众口味"。在一个"礼貌的社会"中似乎从来不讨论这些问题。这样的场景在本地区的旅行书中也很少被写到，而这些书总是符合 18 世纪的鉴赏水平，被用来支持市场的发展。这种带来了资本扩张和资本积累的暴力被置于大众视野之外了，但在西非，城堡监狱却被视为平常事；小城阿森曼索（Assin Manso）也保留着记忆，它在距离海岸 30 英里的地方，是奴隶们前往海岸之前停留的最后一站。

251 海岸角城堡的英格兰政权是权力和恐惧的混合体。但英格兰人同样依赖乌伊格瓦城的人们。英格兰代理商和他们的翻译一起坐船从乌伊格瓦到维达，在这里，他们从惠达国王处购买奴隶，18 世纪 20 年代之后则是从达荷美购买。奴隶接着被带回海岸角城堡，他们被关进地牢，层层叠叠，这里曾经同时最多关押过 1000 人，与他们一起的还有被中间商从阿散蒂买来送往海滩的人们。在完成了身体的商业化之后，他们被打上主人的烙印。在地牢里待一段时间之后，这些奴隶就被提出来，穿过"无归门"。[5]

这种始于 18 世纪的利用精心的工业化程序将人类非人类化的进程，是人类历史上最显著的章节之一。它在美洲和欧洲的结果可能是众所周知的，但它在非洲的结果却很少有人关注，而这是本书第二部分的焦点。可以说，当非洲全球化地融入了世界之时，世界也"全球化地"融入了非洲。在西非领

阿森曼索的遗址，以及被送往海岸的奴隶们洗最后一次澡的纪念地

导人在大西洋贸易中获得了好处后，他们变得愈加专制，与自己的臣民在社会和政治层面上愈加疏离。与此同时，他们的宗教神圣性也和一些现存系统中的残暴和腐败联系起来，为外来宗教产生更大影响打开了大门，这外来宗教首先是伊斯兰教，到了 19 世纪则是基督教。

　　非洲的 18 世纪是一段长长的反对与奴隶贸易相关联的政治和宗教权力的斗争史，在许多地方，这种斗争最终取得了胜利。但成功的革命并不总是能够恢复公平。在 19 世纪的西非和中西非，一种类型的不公平又被另一种取代，性别不平衡开始发展起来，新的奴隶劳动系统也被引进非洲，以满足为欧洲工厂提供热带产品（棕榈油、花生之类）的"合法"贸易的需要。

　　本书的这一部分考察了这个过程的积累属性。由于它过于复杂，牵扯到太多不同的国家和王国，很难以编年的方式呈

252

现。作为替代，第二部分的每一章都讨论了不同的主题：人的商品化（第六章）；权力集中化（第七章）；对社会和宗教信仰的影响（第八章）以及跨国力量（第九章）。这一切综合起来，促进了本书最后两章所讨论的革命。事实上，这种积累过程在 17 世纪末期的中西非就已经有了痕迹。在这里，奴隶贸易以及全球力量很早就激起了愤恨和反抗，到 17 世纪 80 年代，积聚的力量已经促成了一次革命性的变革。刚果王国在1665 年姆布维拉战役后崩溃，这是在西非将要到来的事件的一次预演。

18 世纪序曲：不平等、反抗和旧刚果的崩溃

纵观 17 世纪前半期，刚果王国在本书第一部分所讨论的经济价值与全球性不平等中具有鲜为人知却非常重要的作用。

253 荷兰人在那儿发动了战争，葡萄牙人和他们的中西非盟友们在 17 世纪 40 年代不仅仅过度参与了奴隶贸易，他们还在该地区利用了过剩的产能：夺走了非洲过剩的农产品。这促进了非洲以外价值的增长，以及国际货币贸易带来的剩余价值的增长。

欧洲奴隶贩子持续依赖非洲农业。如果没有非洲的供给，他们不可能横渡大西洋。在 1641 年夺取圣多美后，荷兰人在那儿的前哨一直在囤积船只的给养，以保证有足够的食物让他们横渡大西洋，但那儿常常没有足够的食物。1648 年，他们在圣多美 "诺特郡" 号上的船长在谈到给养困难时说，至少要花两个月来筹集面粉；他们有 270 个奴隶，没有足够的食物可以保证穿越，虽然已经携带了 9800 片船用饼干、600 阿尔奎尔（alqueire，1 阿尔奎尔约合 13 升）面粉、6300 磅肉、3大桶黄油和超过 3000 大桶酒。[6]

对于荷兰人来说，不能获取足够的食物导致他们无法接手中西非和巴西之间的奴隶贸易。他们的官员不断地抱怨缺乏给养，到了1642年，战争和干旱意味着罗安达周围50里格（约150英里）以内已经没有给养了。荷兰缺乏手段和劳力来开展木薯种植，他们也没有必要的当地联系人用以获得食品供应，他们的船常常不得不等待几个月来寻找足够的食物横渡大西洋。1643年出现了对饥荒的真实恐慌。对于无法获得给养的重复抱怨一直持续到1648年葡萄牙重新夺取这座城市。[7]

当中西非将剩余农产品出口给欧洲人时，它生产和提供给养的角色更加确定了它在大西洋贸易中的价值和地位，以及它对刚果的影响。此外，这种价值联系还被放大了，因为在中西非奴隶贸易崛起的同时，美洲还在向中国运送白银。当大量的奴隶被送往美洲时，它是由非法走私的白银"付的账"。这些白银来自于现玻利维亚的波托西，转口地是布宜诺斯艾利斯，在那儿装船，白银作为奴隶船回程的压舱物，经过罗安达前往亚洲，最后进入中国经济体中。白银和奴隶贸易之间的关系是非常重要的：后者引起的愤恨与前者产生的利润紧密相连。[8]

到1600年时，奴隶船已经定期从罗安达驶往布宜诺斯艾利斯。西班牙官方曾经发出抗议，认为这是将白银的利润分给了竞争对手葡萄牙帝国。一份报告说，当时白银不断地从安哥拉葡萄牙贸易点流向周边的殖民地。1625年，葡萄牙总督提到了卢安果的荷兰人用白银进行交易。一份1623年的文件显示，白银作为"转移"奴隶贸易利润的工具，其地位非常清晰；它还显示，来自布宜诺斯艾利斯的船用银条来支付安哥拉的贸易税收。17世纪早期，白银生产的高峰时期，从安哥拉离境的白银数量可以这样估算：1603年，一共有18艘船前往

254

布宜诺斯艾利斯，其中 15 艘是在安哥拉注册的。[9]

这项贸易对于在本书许多地方讨论的更广泛的流程非常重要。直到 17 世纪 40 年代明王朝崩溃，白银一直是欧洲出口至亚洲的主要货物。到这时，白银在中国比在欧洲值钱得多，欧洲商人可以通过运送白银到那里实现套利（在一个地方购买便宜货到另一个地方以高价卖掉，获得更多利益），获得更多剩余价值。此外，用白银交换奴隶对西非和中西非经济一直是一种制约。这样，这种贸易加速了全球的资本不平等，也加剧了造成刚果王国权力衰落的政治不稳定。[10]

这种脆弱的平衡在 1648 年荷兰将罗安达和圣多美失给葡萄牙之后出现了决定性的恶化。与此同时，随着中国白银价格下跌，在那里获得的收益消失，白银贸易带来的利润也崩溃了。重新占领罗安达后，总督若昂·费尔南德斯·维埃拉和安德烈·维达尔·德·内格雷罗斯（André Vidal de Negreiros）都成了巴西反对荷兰人的战争中的领袖。他们为与刚果的关系带来了暴力的军事主义成分。正是这一点触发了葡萄牙与安东尼奥一世统治下的刚果的最终冲突，姆布维拉战役于 1665 年爆发。冲突中安东尼奥（和他的许多关键廷臣）的死亡加速了刚果人民针对统治精英的一次叛乱。[11]

如同本书中所熟悉的情况，这场冲突并非简单地由欧洲武器和军事策略决定。对它起到重要影响的是一种拯救式会社的广泛分布，它被称为金帕西（Kimpasi），它的成长在姆布维拉之前就已经成了刚果权贵们担忧的对象。金帕西是一种秘密会社，是刚果社会变化的典型产物。它的目标是帮助受到毁灭性问题折磨的一个或一些社团。那些加入金帕西的人，在经过一个礼仪式的死亡过程（这象征着旧刚果社会中死亡的剧痛）

255

之后，相当于以一个新的身份获得了重生。刚果精英们试图阻止它的发展，但在姆布维拉之后，它重新开始了快速成长，引出了由刚果精英造成的数十年战乱、奴役和掠夺所释放的摧毁性能量。[12]

姆布维拉战役六年之后，葡萄牙安哥拉总督弗朗西斯科·德·塔沃拉（Francisco de Távora）写了一份关于其后续事件的冗长描述。"刚果的情况是这样的，"他写道，"如果不赶快提供帮助，那么就会有太多的新国王出现，他们的数量会和生活在那儿的臣民一样多。"随着姆布维拉的战败，索约国王从姆潘达入侵了姆班扎刚果，试图将他中意的候选人立为刚果国王。这导致了对教堂的摧毁、对圣像的亵渎，以及对葡萄牙定居者和教士的广泛袭击。[13]

情况显而易见。正如塔沃拉所描述的："随着这些混乱以及小型的内战，道路中断了，贸易萎缩了，庞贝罗（pombeiro）商人们感到绝望了，我很少有在那些省份居住的白人的消息，我甚至将他们当成从主杆上砍走的枝条。"[14]接下来的内战标志着旧刚果王国的瓦解，即葡萄牙在安哥拉最后的早期殖民地的瓦解。葡萄牙推翻了入侵姆班扎刚果的索约国王，立了一个傀儡，1671年他们又在蓬戈安东戈（一个被称为"石头"的堡垒）打败了一支恩东果国王艾迪（Aidi）的军队。在这之后，他们控制了宽扎河谷。虽然葡萄牙人在恩东果有一定的实力，但他们的这些入侵在刚果却毫无力量，到了1684年，姆班扎刚果据说已经"被彻底摧毁和废弃了"。[15]

是什么导致了这场内战，而内战又是怎样与被由大西洋贸易积累的不满推翻的精英阶层联系在一起的？一方面，内部冲突主要发生在统治刚果的两个主要宗系之间：金潘祖（Kimpanzu）

宗系和金拉扎（Kinlaza）宗系。1704 年，刚果公主比阿特丽兹·金帕·维塔领导了一场反对无情贪婪的奴隶贸易的运动。这次宗教性的起义为刚果最终回归和平铺平了道路。佩德罗四世（约 1696～1718 年）于 1709 年在金潘祖宗系和金拉扎宗系之间撮合了一个协议：两个宗系轮流继承刚果国王的头衔，并重新到姆班扎刚果定居，而这里沦为废墟已经有数十年了。18 世纪后半叶是刚果国王统治相对长久和稳定的时期。但到这时，王国只不过是它之前本体的影子而已了，许多省份已经宣布独立，或者已经获得了事实上的独立。[16]

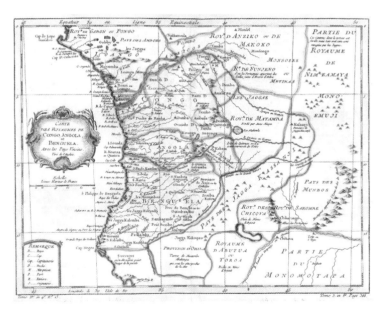

刚果、安哥拉、本格拉及其周边地区地图，
雅克·贝林（Jacques Bellin）绘制，1754

但为什么这次内战会爆发？统治精英的腐败导致的不满是核心原因，还有贵族阶层在姆布维拉战役中的溃败，以及扰乱刚果的国际性力量的兴风作浪。这是我们将要在本书第二部分看到的许多事例中的第一个。在这些事例中，人民推翻了不受欢迎的统治者，这些统治者由于在大西洋贸易中扮演的角色而受到指责。

首先，王国内出现了不可化解的结构性紧张局势，一位历史学家巧妙地称之为"世系与国家的对立"。一方面是刚果旧的继承和亲属世系系统，它被用来建立联盟和家庭关系，另一方面在姆班扎刚果已经由于大西洋贸易而出现了中央集权化的统治，这两者是矛盾的。对于旧系统来说，它面对国家权力不可能再保持自己的力量，但这种世系系统又为对抗国家的结盟和反叛提供了机会，这就导致了分裂的内在倾向。这种紧张局势在刚果内部已经酝酿了许多年。在姆布维拉之前，上一位刚果国王加西亚二世在 1657 年就已经逮捕了许多重要的贵族成员，包括彭巴国王的几位亲戚。许多人声称这些贵族才是王位的正确继承人，这导致内部紧张局势升级，彭巴国王和他的盟友从索约撤离，并策划推翻加西亚。[17]

随着内部冲突对刚果贵族力量的蚕食，刚果贵族群体的核心又在姆布维拉被摧毁了。一份从安哥拉赶来的葡萄牙军事指挥官提供的记录描述了刚果国王安东尼奥一世是如何带着数量可观的随从来到姆布维拉的。他们还带来了很多大箱子，装满了珍贵的刚果布匹，以及印度丝绸和锦缎，还有两个箱子装满了珠宝。葡萄牙人指出，国王还由"他最重要的贵族们陪同，其中 98 位世系领袖在战役中丧生……一起丧生的还有 400 名次一级的贵族"。[18]

换句话说，姆布维拉之后，不同世系的竞争对手之间爆发了残酷的斗争，它们都是刚果贵族阶层消失引起的权力真空的

258　　结果。我们需要记住，刚果人民已经居住在一个对革命习以为常的国家了，他们反对的是掠夺性的贵族阶层。如我们在第五章所见，1568 年对姆班扎刚果的入侵以及 1600 年因邦加拉武士的兴起，都可以被认为是反对贵族的平民运动。刚果的世系结构有利于这样的抵抗运动。在姆布维拉之后，一方面出于对数十年内部冲突和奴隶战争的愤恨，另一方面出于对上层集团不断搜集衣服珠宝的不满，对立性的家族集团加入了战团。

　　在冲突中起作用的还有早就存在的跨国的影响和紧张局势，之前这些势力都受制于刚果的军事化。1648 年，荷兰与刚果联军被击败，这表明刚果的命运已经与巴西殖民体系密不可分。接着更进一步的地缘对立出现了。在 1640 年到 1668 年间，葡萄牙进行了一场从西班牙独立出去的战争，结果它在许多港口禁止了西班牙船只的停靠，只有罗安达是个例外，因为葡萄牙对西班牙的白银保持着渴望，在整个 17 世纪 50 年代，他们依然允许用布宜诺斯艾利斯运来的白银支付罗安达的奴隶费用。与此同时，美洲的西班牙帝国在葡萄牙战争期间也面临非洲劳动力短缺的危机，它孤注一掷地确保着奴隶供应。1664 年 5 月，当听到一个流言说西班牙将要入侵罗安达时，葡萄牙在巴西巴伊亚的总督派出了三个排的步兵到罗安达来参与防守。由于入侵后来没有发生，安哥拉总督用这些部队在姆布维拉进攻了刚果。[19]

　　这样，与白银贸易相联系的全球地缘竞争和刚果贵族的毁灭一同导致了内战的发生，内战由于人们积累的愤怒而摧毁了旧刚果。更多的战士被动员起来，战争成了常态。不同的宗系控制了不同的地域，刚果的中央权力变成了碎片。直到 1690 年，索约和葡萄牙才签署一个协议，而直到不早于 1709 年，刚果才在佩德罗四世的名义下重新统一。[20]

当18世纪旧刚果分裂成碎片化的省份时又发生了什么呢？ 259
作为其结果的不和并没有阻止贸易的不公平，不同家族之间爆
发的小冲突引起的持续混乱反而意味着更多的人被俘虏，并在
大西洋奴隶贸易之中被卖掉。18世纪，中西非有超过200万
人被俘，并用船送过了大西洋，这一数量是其他任何可对比的
地区的几乎2倍，而许多俘虏都是在刚果的冲突中出现的。随
着旧王国的核心宗族数量在碎片化的同时大幅增加，社会解体
的进程会持续多个世纪。[21]

说刚果的结局全是负面的也不对。刚果的艺术在18世纪
一直保持繁荣，也是在这个时期，耶稣的形象开始在刚果的圣
像和宗教艺术中变成了黑人。尽管如此，一种困难也出现了：
刚果碎片化的影响传播得越来越广泛，导致这个地区的冲突愈
加密集。刚果河以北的卢安果在17世纪时是一个布匹的主要
生产者和铜的主要出口者，到了18世纪却变成了最重要的奴
隶供应者之一。一位观察者在18世纪70年代这样评论过卢安
果："共享这一地区的许多小王国或者独立国，最初是其他王
国的省份。当地省长篡夺了主权。不久以前，索约还是刚果王
国的一个省份。"随着这一地区破碎成许多小国，奴隶战争变
成了一种持续的风险，大量城镇被修建起来，这让人们快速逃
脱变得更加困难，这一点就像在非洲许多地区发生的那样：每
个城镇"都是一个真正的迷宫，一个陌生人不可能找到出去
的路"。[22]

在刚果南部边境之外，影响也是多样的。距罗安达南部有
一段距离的本格拉港在对巴西的奴隶贸易中变得越来越重要。
在附近区域，如卡孔达（Kakonda）和维耶（Viye）这样的小

国快速崛起，随后又完全消失。在卡孔达附近，本格拉以北，当地统治者很有权力，他们在1687年击败了葡萄牙武装，将葡萄牙统帅都割喉了。1688年葡萄牙派了大部队前来，发现国王位于一个防守很好的地点，有三重石头城墙和很深的护城河保护，葡萄牙人通过夺取他的牲口击败了他，这位国王1690年死在了罗安达。一个葡萄牙城堡在卡孔达修建了起来，到18世纪，这里的旧王国从历史记录中消失了。[23]虽然卡孔达和其他类似王国都被摧毁了，但今天在本格拉，那送走了无数前往美洲的奴隶船的码头遗址依然可怕地耸立在海面之上。

260

因此，随着旧刚果王国解体而来的不是某种形式的静态结构——在这种静态结构中，非洲是"外在的历史"或者其身份被僵化为一成不变的"部落"。唯一没有变化的因素是外界对非洲的理解。相反，随着旧贵族被推翻，新的身份已经被创造了出来。在刚果，当金帕西秘密会社对影响深远的社会变化做出反应时，宗族的数量在迅猛增加。与此同时，在本格拉附近地区，一个变化的新身份结合着奥文本杜人（Ovimbundu）的"种族"的概念出现了。[24]

261

这样，旧贵族被推翻带来了身份与联盟关系的根本性转变。整个18世纪积累的变革性力量在19世纪刚果非凡的"力量雕塑"中爆发出来，这使得暴力与狂热的社会重组在这个世纪再生，这与任何文字历史都同样有力。

在这种多重语境下，刚果作为接下来我们将要看到的关于西非和中西非历史常见模式的早期例子而存在。17世纪70年代，这里贵族的过分干预挑起了叛乱。而到18世纪一切都尘埃落定时，我们会发现，一开始是无法想象西非这种颠覆性的结果的。

19 世纪刚果的恩基西（Nkisi）力量人像

注 释

1. 关于 18 世纪转向奴隶劳动力这种高潜力的资本价值，特别见 Rodney（1988：99）的开创性研究。
2. 同上，273。殖民社会的一大属性是它本身的矛盾性，关于这一点的论述见 Marcussi（2016：248）。
3. Bosman（1967：48 – 9）。
4. Smith（1967：122 – 6）。
5. Bosman（1967：50 – 51）。

6. 17 世纪 40 年代圣多美供给清单的例子，见 NA，OWIC，
   Inventarisnummer 42，MF 23 和 Inventarisnummer 11，nos. 123 及 124。
   关于"诺特郡"号，见 NA，OWIC，Inventarisnummer，64，nos. 105 及
   134。

7. 关于罗安达 150 英里以内缺乏食物，见 Jadin（1975：Vol. 1，323）。关
   于缺乏种植木薯的手段，同上，Vol. 1，206。关于荷兰在罗安达失败
   的一个关键因素是缺乏补给，同上，Vol. 1，390，以及 Vol. 2，644，
   883。

8. 关于这一时期安哥拉与布宜诺斯艾利斯关系的一篇新博士论文是
   Schultz（2016），它为进入布宜诺斯艾利斯的奴隶人数，以及通过这
   个港口进入殖民地美洲的非洲人的作用，提供了有趣的分析。

9. 关于 1623 年安哥拉奴隶贸易缴纳的税收，见 AHU，CU，Bahia，
   Catálogo de Luíza da Fonseca，Caixa 3，doc. 301。关于此时围绕安哥拉
   的白银的运输，见 BA，Códice 51 – IX – 20。关于用白银向卢安果的荷
   兰人付账，见 Heintze（1988：Vol. 2，145）。关于 1603 年的登记，见
   AGI，Charcas，38，［unnumbered］doc. entitled "Testimonios de todos los
   negros q an entrado por este puerto de Buenos ayres desde el año de 1597
   hasta este presente de 1606"。Schultz（2016：27 – 9）讨论了西班牙人
   抱怨葡萄牙人非法通过奴隶贸易获取白银的问题。

10. 关于美洲白银与其在中国产生的利润的关系，见 Flynn/Giraldez
    （1995：211）和（1996）。

11. 关于在中国不断下降的利润，见 Flynn/Giraldez（1996）。关于 17 世
    纪的白银贬值，见 Hogendorn/Johnson（1986：40）。

12. 关于金帕西，见 Hilton（1985：26 – 8）和 Kananoja（2019：Chapter
    3）。

13. AHU，CU，Angola，Caixa 10，doc. 2；也发表于 *MMAI*，Vol. 13，
    doc. 49。

14. 同上。

15. 关于姆布维拉战役之后的整体情况，见 Thornton（1983：76 – 96）。
    关于姆布维拉和恩东果王（Ngola）在蓬戈安东戈的战败之间的联
    系，见 *MMAI*，Vol. 13，146 – 51。关于整体上葡萄牙影响力的缺乏，
    一份 1674 年的有趣记录描述了刚果国王们是一些"绝对的主子，不
    向陛下贡献一分钱"（IHGB，DL 27，10）。关于姆班扎刚果成为废墟

被遗弃，见 AHU，CU，Angola，Caixa 12，doc. 161。

16. 关于比阿特丽兹·金帕·维塔和安东尼运动，特别见 Thornton（1998b），他认为这是一次抵抗贸易的运动。关于佩德罗四世和 18 世纪刚果，见 Fromont（2014：7）。

17. "世系与国家的对立"这个恰当的短语来自 Goncalves（2005：129 - 30）和（1985）。关于 1657 年对彭巴国王追随者的清洗，见 *MMAI*，Vol. 12，127。

18. *MMAI*，Vol. 12，581.

19. 关于葡萄牙准许西班牙在罗安达进行贸易，见 Schultz（2016：43）。西班牙美洲战争引起的真实的劳动力危机，已经有无数的资料给予了证明，见 AGI，Indiferente General 284 及 2835。关于三个排的步兵，见 *DHRJ*，Vol. 4，133。

20. 关于不同的派系控制了不同的城市，见 Thornton（2000：71）。关于 1665 ~ 1690 年奴隶贸易的兴起，见 Saccardo（1982：Vol. 2，174 - 7）。关于 1709 年之后一个更加虚弱的刚果重新出现，见 Vansina（1966：151）。

21. 关于对出口奴隶的估算，见 www. slavevoyages. org/estimates - 2018 年 2 月 19 日访问的数据。关于刚果部落的激增，见 Mpansu（1973：12 - 13）。

22. 关于 18 世纪刚果艺术，见 Fromont（2014）；Proyart（1776：54，162）。

23. Candido（2013：6，250）。关于 1687 年的卡孔达"扎加"，见 AHU，CU，Angola，Caixa 13，doc. 51。1688 年的情况见 AHU，CU，Angola，Caixa 13，doc. 89。1690 年国王之死，见 AH，CU，Angola，Caixa 14，doc. 38。

24. Candido（2013：242 - 3）强烈反对这些年有一个稳定的奥文本杜人种族出现的说法。17 世纪之后这里出现的新身份由 Childs（1964：368）和 Childs（1970）提出。

第六章 "穿着价值三个奴隶的靴子"：
奴隶制与 18 世纪的价值

　　1731 年，一位来自上塞内加尔河谷的小国本杜的小贵族阿尤巴·苏莱曼·迪亚洛（Ayuba Suleiman Diallo）在去往冈比亚河时，被抓住送进了大西洋奴隶贸易的链条。然而，迪亚洛却并不属于塞内冈比亚日益增多的底层人民。一在英格兰殖民地马里兰做了奴隶，他就和他的主人成了朋友，主人也开始对这个奴隶另眼相待。迪亚洛写了一封信给他在塞内冈比亚的家人，令人吃惊的是，这封信于 2015 年在大英图书馆被人找到了。信是迪亚洛写给他父亲的，地址用英语、法语和阿拉伯语书写，其中提到了塞内冈比亚的 32 个人以确定他的身份。这些令人印象深刻的社会联系对迪亚洛非常有利，他被释放回了祖国。回家后，他成了皇家非洲公司在塞内冈比亚的代理商，他尝试着去促进树胶贸易，直到他于最初被俘 42 年后的 1773 年去世为止。[1]

　　在英国他被称为"乔布·本·所罗门"（Job Ben Solomon），迪亚洛曾经在 1733 年出现在伦敦的宫廷。他返回塞内冈比亚的故事随后被英格兰商人弗朗西斯·穆尔出版了，这个案例也从此被历史学家熟知。在回塞内冈比亚途中，穆尔对迪亚洛了解了很多，也知道了他被俘的细节。迪亚洛从本杜去往冈比亚河上的一个贸易点，为的是去卖掉两个奴隶，并买一些纸。在塞内冈比亚的伊斯兰社区中，纸是一种重要的资产，因为

《古兰经》的知识可以保护他们不做奴隶。事实上，迪亚洛向穆尔描述这一切时表示："当地有许多风俗，其中一个是：一个人只要向上帝寻求保护，就不能被变作奴隶。这种特权在当地一直保留到现在，并扩展到一般情况，只要能够读上帝，知道上帝，并表达出来，就不应该成为奴隶。这对当地的人口繁荣有很大帮助，那儿现在也是既广阔又繁荣。"[2]

阿尤巴·苏莱曼·迪亚洛肖像，
他又被称为乔布·本·所罗门（1701～1773）

这样，伊斯兰教的知识成了抵御奴隶贸易的一种自我保护形式。这种保护更像是鼓励人们移居本杜，这帮助了城镇的成长。对那些穆斯林或者准备皈依的人而言，伊斯兰王国们由于在西非不断扩大，至少在远至跨大西洋贸易的范围内为他们提供了一个避难天堂。到 18 世纪末，伊斯兰国家比达荷美和卢安果这样具有非洲信仰的王国向欧洲贩子出口的奴隶要少得多。但这也揭示出西非至今仍存在的一个权力悖论，因为伊斯兰和奴隶制并非不可兼容。任何宗教信条都往往被解释为压迫别人的，西非的伊斯兰国家总是以别的国家是异教徒为由，抢夺它们的邻国，因此，19 世纪，在尼日利亚北部的索科托哈里发国存在着大量的奴隶，他们在棉花种植园和染缸之间工作着。[3]

1731 年，迪亚洛到达了冈比亚河，完成了他的买卖，准备回家。穆尔叙述了这个故事：

> 在他回家的路上，他在一个老相识的房子里稍作休息，天气变得炎热起来，他在休息时把他的武器挂了起来。这些武器非常值钱，包括一个金柄的剑、一把当地人常佩戴在身侧的金刀，以及满满一箭筒的箭……碰巧在当时，一群平常以抢劫为生的曼丁戈人（即曼丁卡人）恰好路过那儿，发现他没有武装，就冲了进来，他们有七八个人，封锁了门，在迪亚洛取得他的武器之前捆住了他，他的熟人也被抓住，现在还是马里兰的一个奴隶。[4]

迪亚洛当然是少数极为幸运者之一，可以很早就从囚禁中获释，并从美洲返回家乡。在整个奴隶贸易中，只有少数类似的关于俘虏的报道。但这些如迪亚洛事件的报道的确澄清了 18 世纪发生的一系列事件中的核心事实：奴隶贸易已经彻底融入了西非的日常生活和商业交往；它总是伴随着严重的暴力；这是一个移民的世界，也是一个危险的世界，这一点通过材料记录的这里流动的"曼丁戈"抢劫团伙，以及迪亚洛所说的移居到本杜寻求保护的人的数量表现出来。

并且，如同本章所讨论的，奴隶贸易的价值是如此显著，以至于奴隶已经成了最终的货币化"价值"的表现，在这个系统中，人类已经将自己变成了货币。由于这个过程始于最初开展贸易之时，本章也可以被视为本书两部分所述时期间的一座桥梁，先考察一些早期的发展，接着再看一下18世纪的发展结果。由于18世纪中期出现了几场持续很久的干旱，而经济需求又逐年循环增长，因而对抓人的激励一直不缺乏。当人们被卷入相邻国家的战争之中，或者因债务变成人质，或者在劫掠中被绑架，或者因反抗日益集权的国家而被合法地变为奴隶时，西非的奴隶就变成了世界经济系统中的一部分，这带来了资本积累的自然增长。这就是奴隶是如何变成钱的。

这表明，理解奴隶制与西方资本积累之间的关系是非常重要的。持续的革命要求连贯的意识形态去看透变化，18世纪的金融革命也不例外。不管在非洲还是在西方，都需要进行巨大的意识形态重构，这就是去人性化，这也是跨大西洋贸易所依赖的基础。然而，在考察这些细节之前，重要的是，至少先理解一些与大西洋奴隶制研究相关的社会语境。

非洲历史上的奴隶制问题

自从1800年前后废奴争议兴起，西方国家中就有一种强烈的将非洲历史还原成奴隶制历史的倾向。这种争议在非洲奴隶贸易的高峰时期就开始了，18世纪末巴西和加勒比地区种植园的工业化表明，这一时期是从非洲贩卖奴隶最密集的时期。在争论中，支持奴隶制的活动家认为，大面积的奴隶贸易将非洲人从他们祖国的战争和混乱中"拯救了"出来，把他们送上了文明之路。反对这种说法的是废奴主义者，他们争论说，正是奴隶贸易的加速将西非社会送上了18世纪八九十年代的政治动荡之路。

殖民地时期，人们继续将非洲和奴隶制之间的联系进行了还原。1884年到1885年的柏林会议作为瓜分非洲的起点而闻名。然而，是1890年的布鲁塞尔会议解决了殖民主义的道德问题，这次会议宣称将下决心"终结奴隶制"，就像19世纪60年代戴维·利文斯通这样的传教士在具有战斗性的文字中所宣传的那样。会议并没有觉察到其中的荒谬之处，认为只有将非洲的不同区域托管给欧洲列强才能终结那儿的奴隶制。

这样，从18世纪80年代开始，西方著作中的非洲历史要么被贬为不存在（"非洲没有历史"），要么被或多或少排他性地与奴隶制相联系。在这种框架下，几乎没有空间去深入探讨艺术、音乐和诗歌，或者去思考如宗教生活和实践的变迁这类问题，而这些内容恰好是非洲所有骚乱都经历过的。对于奴隶制的关注导致了看待非洲历史的狭隘视野。除了这些，围绕着废奴的争论对于人道主义理想也有贡献，更刺激了近代的那些政治干涉主义者去"拯救"非洲。然而，就像这种刺激在19世纪导致了殖民主义一样，这种"拯救"非洲的雄心即便到了现代，也通常伴随着各种类型的开发，不管是塞拉利昂的钻石矿特许权，还是黄金海岸的可可种植园。[5]

压倒性地关注非洲历史上的奴隶制是有问题的，本书并不打算这么做。但本书也不打算否认奴隶制是非洲前殖民时期的一个重要问题。我们必须认识到奴隶在身体和精神上遭受的暴力，以及他们经历的流离失所和强迫劳动。但同时，将这些从某种程度上与其所属的更广泛的经济系统分开来研究也是不正确的，它们与非洲之外的资本积累相关；也不能将之与在这个大洲上发生的其他的重要社会和文化变迁相分离。

在继续讨论之前，需要先说明两种核心的误解。首先，奴隶制不是仅存在于大西洋语境下，也不只是一个大西洋故事。在大约公元 800 年到 1900 年，北非和埃及的跨撒哈拉贸易可能导致了 600 万人口的强制迁移；而另外 400 万则通过红海和印度洋被送往了中东和印度的市场上。在跨大西洋奴隶贸易数据库中，对奴隶船的跟踪估算显示，在 1492 年到 1866 年间，共有 12521337 人作为奴隶穿越了大西洋。[6]

第二个核心误解是，认为非洲人没有参与贩奴。当讨论西非将奴隶作为一种"货币形式"时，使用"奴隶制"这个词可能有问题，因为它在不同的历史语境下有不同的含义。与正常的奴隶制不同，欧洲人建立的美洲奴役制度虽然著名却只是一种特例。比如在阿兹特克帝国，奴隶在宗教礼仪和祭祀中有着重要作用，在玛雅人中，人们可以因债务而成为奴隶，甚至将自己卖作奴隶以避免饥荒，这些例子中都不存在强迫的劳役制度；在阿兹特克，由于宗教，被祭祀的多是战俘。换句话说，奴隶制的形式并不总是与劳力和经济价值相联系的。事实上，与奴隶相联系的经济价值是构成大西洋奴隶制的主要方面。[7]

15 到 19 世纪，奴隶制在西非和中西非出现，要理解这种制度的关键，不仅仅要从其经济机能出发，而且要看它与战争、亲属关系和荣誉的关联。就像在美洲原住民中那样，战争通常塑造了非洲许多地区奴隶制的面貌。成功的战争帮助一个社会成长和变得强大。战争俘虏可以作为附庸性成员加入正在扩大的社会。比如在 17 世纪的安哥拉，奴隶通常被描述为

"战俘"，在塞古（曾经的强大国家，位于现代马里首都巴马科的尼日尔河下游方向）的班巴拉人中也有这样的现象。17世纪80年代中期，法国殖民者米歇尔·贾约利·德·拉·库尔布（Michel Jajolet de La Courbe）描述了塞内加尔河上的一次奴隶贸易，他用了"战俘"这个词，而没有使用"奴隶"。"战俘"这个词的使用表明"奴隶"事实上是一个非常不同的概念，是在罗马和美洲的语境下被引入非洲的。[8]

268　　　　这种与战争的依存关系，却是随着时间而变化的。18世纪，随着奴隶贸易的巨量扩张，战争产生的战俘也大幅增多。西非的奴隶制创造了一个与西方结盟的阶层，这鼓励了战争的扩大化，创造了更加庞大的被奴役阶层，以及更大的社会鸿沟。从西方观点看，经济循环的需要刺激了18世纪奴隶的增多，但从西非观点看，这种增多更多是社会中那些西方的附庸们所造成的，由此导致的社会变化又引起了等级制度的发展，造成了这种局面。[9]

奴隶大部分都是外来人，这一点也很重要，因为人们常常持有一种荒谬的观点，认为是"非洲人"自己把"非洲人"卖作奴隶。这种观点通常用来缓和对废奴主义者关于"欧洲－美洲罪孽"的指责，但它彻底误解了17和18世纪时人们的身份。人们并不把自己当作"非洲人"，而是认为自己属于一个特殊的家族、王国和宗教团体，就像当时人们不把自己当作"欧洲人"，而是认为自己应根据基督教信仰的不同分支和国家来划分。

一个有趣的证据来自1682年的黄金海岸，一位阿诺马布的代理商理查德·特沃尔（Richard Thelwall）写道："提到奴隶，虽然阿伯姆斯人（Aboms）绑架科曼廷人，但他们不敢将之卖掉,因为他们属于一个国家。"显然,身份并不是基于同属于一个大洲的抽象概念,而是基于地区和宗教的联系,这种联系决定了谁可以、谁不可以被卖作奴隶。[10]

总结来说,一个人是否有叔叔舅舅、姑姑阿姨、兄弟、父母、姐妹或者堂兄弟,是否有继承和血缘规定的权力,决定了他们拥有的社会权力。一位人类学家描写说那些"没有融入当地社区……没有亲属关系、朋友关系和地域属性的人,是最容易被抓作俘虏的"。这并不是说,奴隶们在当地都没有亲属关系,但大部分情况是这样的。而且"奴隶"这个概念不能与其他形式的人身依附相分离,这些形式明确了人们可能对彼此提出的权利要求。[11]

最后,如果只考虑非洲社会内奴隶的地位,而不去考虑荣誉问题,也是一个巨大的错误。战争与荣誉之间一直有密切的联系。我们在对桑海帝国崩溃的描述中看到,战败的战士为了荣誉,在战场上等待着被杀死(第一章)。同样,部分是出于荣誉,许多奴隶选择自杀,就像这份1687年5月25日来自黄金海岸的记载中所描述的:

> 昨天我买了一个这段时间见到的最强壮的男性奴隶。半小时前刚给他烙过标记,当埃尔威斯(Elwes)先生的奴隶来打水时,这个奴隶突然拿着一个锚跳进了水池。亨利·恩德希尔(Henry Underhill)站在边上大喊帮忙,并赶快放下了一个梯子,约翰·庞德(John Pound)和威尔·戈夫(Will Goff)赶忙下去捞他,一开始失败了,后来费了些时间终于把他拉了上来,但他已经死了。如果更加努力,或者把他放到木桶里摇上来,我们可能能救他一

269

命，但终究是竹篮打水一场空。[12]

一位社会学家作为典型的外来人描述说，"奴隶通常是那些丧失了荣誉的人"，这样，对奴隶主而言，拥有奴隶也是一种获得荣誉的方式。在跨大西洋奴隶贸易的历史上，积累荣誉也采取了另外一种形式，即用物质积累来取代单纯地拥有大量奴隶。在非洲，许多奴隶感觉到丧失荣誉，这解释了为什么会有这么多关于自杀的记载，还有为了获得自由而进行的不断尝试，不管是甲板暴动，还是到达美洲后从种植园逃走。相反，在种植园主的社会中，拥有奴隶就是获得荣誉的标志，这也揭示了现代资本主义的一根道德支柱：金融荣誉的获得是以剥夺"别人"的荣誉来实现的。只有荣誉观念改变，才有可能展望意识形态的改变，之后才会有大西洋奴隶制的崩溃。[13]

270

荣誉与战争、奴隶和自由的关系，可以帮助我们理解在美洲奴隶解放中非洲战争的长期影响。从这里也可以看到，非洲人除了有伴随着奴役的极度恐惧，还有另一种关于荣誉的视角。当我们听说，刚果王国17世纪晚期的奴隶们相信他们会被买主吃掉，他们的骨头将变成炭，我们可以看到，这不仅仅是一种字面上的对被"吃掉"的恐惧，而且是他们可以想象的最坏的对荣誉剥夺的方式。[14]

最后，这种想法帮助我们看到，15到19世纪，西非和中西非社会中奴隶制的发展是与社会不平等的加剧相伴的。如我们所见，奴隶将荣誉给予了他们的"主人"，社会中的这种想法刺激了战争和战俘的增加。在塞古，这种关系的密切程度通过口述传说被清晰地表现出来：在这里我们被告知，"3比3

值钱得多",意思是没有平等,一群人可以比另一群同样数量的人有价值得多。[15]

在塞古,那些精英依赖别人,也依赖战争和暴力:[16]

一个不依靠任何人的人无法入眠:

在丛林中,鸟儿都互相依靠,

和它们一样,亚当的儿子们互相依靠。

对于权力来说,它依靠的是火药:

没有火药,权力就不再可靠!

奴隶制和大西洋的金钱:基本联系

271

关于荣誉的观念的演变,以及它和奴隶制的关系,与本书前半部分研究的核心经济进程也联系紧密。西非信用和市场机制的扩张带来了一场经济革命,这也代表了一种道德转型,因为"信用"带着一种道德含义。直到 16 世纪,欧洲和非洲的信用都与宗教价值紧密相连,而此时它则发展出了一种表面上的经济意义。于是它从一个道德概念变成了一个与物质价值相联系的概念,反过来这又是物质价值变成一种道德手段的方式。[17]

这种概念性的联系的确是有用的,可以帮助我们理解奴隶是如何被看成钱的。人际关系总是含有道德价值和判断。但这种联系通过奴隶贸易变成了物质化的工具,奴隶的价值也就从一种依赖道德的价值变成了一种以经济诉求为主的价值。这就是互相依赖的道德关系变成单向的经济依赖的"方式",只是附加了一个伪道德的价值判断:经济依赖现在带来了道德谴责。

要理解这是怎么发生的，需要我们回到更早的贸易时期去看这种联系最初是如何卷入其中的。随着整个大西洋经济体越来越依赖信用，信用扩张发生了，接着是货币的扩张，这与奴隶制的关系已经越来越紧密了。第一个清晰的例子来自中西非。这里，使用奴隶作为支付手段早在 1500 年就出现了。在 1499 年圣多美岛的一份遗嘱中，法官第奥古·迪亚士（Diogo Diaz）[①]"在他的薪水之外，获得了八个奴隶"。就像许多例子所表现的那样，这时奴隶的核心价值在于他们是一种可以在刚果和恩东果之外被接受的价值形式。到 1516 年，刚果国王阿方索一世已经开始向臣民发放恩吉姆布，它们可以兑换成奴隶带到刚果以外去。1577 年，一份处理安哥拉死亡葡萄牙人财产的文件要求财产以恩吉姆布的形式储存，接着兑换成奴隶，运送到巴西，将卖奴隶的利润转化成其他商品运回里斯本。从最早期开始，奴隶就被当成一种"可兑换货币"的形式。[18]

17 世纪，这种关系变得根深蒂固，一位安哥拉的法官安德烈·韦略·达·丰塞卡（André Velho da Fonseca）描述说，1610 年"用奴隶来结算债务，因为奴隶是这个国家的货币"，3 年后，葡萄牙官方表示："人们需要用奴隶支付。"罗安达的葡萄牙总督费尔南·德·索萨在 1628 年声明，那儿有许多种不同的货币，"最好的"是"被送往西班牙印度的奴隶"。1635 年，罗安达的政府收款可以用奴隶支付，它与葡萄牙雷亚尔具有同等金融地位。[19]

将奴隶当作货币在大塞内冈比亚同样明目张胆。17 世纪早期，我们已经看到，在几内亚比绍，奴隶贩子曼努埃尔·巴

① 即第奥古·戈麦斯。——译者注

乌蒂斯塔·佩雷兹将奴隶作为一个记账单位（见第二章），奴隶的身体是重要的价值仲裁。这些账单用 "以奴隶作价的债务"来衡量，并将奴隶称为"贸易商品"。1632 年，巴乌蒂斯塔·佩雷兹的商业伙伴若昂·罗德里格斯·杜阿尔特对前往塞拉利昂开展的贸易进行了部分资助，送往那儿的货物都根据奴隶价值来计价。在这种世界观中，另一个与之相关的奴隶贩子迪奥戈·罗德里格·德·利斯沃亚（Diogo Rodrigues de Lisboa）对金钱与奴隶可以互换的观念做了总结，他在 1617 年 11 月写道："如果交易结束后我们不再欠任何人哪怕一便士，我会很高兴的，尤其是不再欠别人奴隶。"[20]

这种将奴隶物化作价的方法，对于每一个参与贸易的人而言都是基础性的，就算是奴隶自己和传教士也这么看。但是人又怎么可能成为金钱呢？这种将奴隶当作货币的观点，可以通过信用的道德和经济双重地位来完美解释。在一份 1632 年发自秘鲁利马的账簿中，巴乌蒂斯塔·佩雷兹列出了 45 个债务人，一共欠了他超过 6 万比索。作为 1631 年的债主，这些奴隶购买者没有一个向他支付了任何东西，这样整个交易都依赖于巴乌蒂斯塔·佩雷兹在几内亚比绍的良好关系网，这也是基于信用之上的。就算是在秘鲁卖出去了奴隶，巴乌蒂斯塔·佩雷兹所得也是信用（贷款）五倍于现金，甚至有时全部用信用付账。与此同时，在巴西萨尔瓦多和安哥拉罗安达之间往返的奴隶贩子，通常从五六个不同的人那儿获得信用（贷款），这些人支付了一半费用，其余的等奴隶贩子带着奴隶回到巴西再支付，这些奴隶就是信用的"抵押品"。[21]

在安哥拉，获得信用（贷款）是一项耗费金钱的生意，因为根据若干记录，在伊比利亚帝国时期（西班牙和葡萄牙

273

统治的时代），罗安达已经是最昂贵的城市了。这就像是一种怪诞的预演，到了 21 世纪，富有石油的罗安达仍然是世界上最贵的国家之一。1595 年，洛伦佐·加尔塞斯（Lorenzo Garcés）写道，他在里约热内卢租五个月房子，加上个人开销，一共须花费 35 比索，在罗安达租七个月房子加个人开销是 75 比索，成本接近前者的两倍。1609 年，罗安达的一个商业代理写道："这块土地太贵了，房子和食物是马德里的六倍。"与此同时，奴隶贸易的合同持有者安东尼奥·费尔南德斯·德尔瓦斯（Antonio Fernández d'Elvas）在 1617 年写道，他不希望在安哥拉缴税，因为"安哥拉的钱和巴西、西班牙、印度的钱不是一样值钱的"。[22]

到底是什么让安哥拉这么昂贵？一方面，这是由于几乎所有的日用品都必须进口（这和 21 世纪又是惊人地相似）。在一份 17 世纪 30 年代早期罗安达城市议会的抗辩中，他们写道，外国水手来了，"用信用（贷款）卖给他们一年、两年、三年的商品……以及他们生活和生存的一切所需，他们用过高的价格卖出商品，因为他们来自海外"。在 1653 年的一封信中，罗安达皇家法官写道："一切都是靠信用（贷款）购买。"这种金融信用已经形成了很长时间，但更重要的是，从安哥拉人的角度看，这只是通过与奴隶制相关的暴力将现金转移出去。这一切是如何运作的，在 1665 年死于罗安达的塞巴斯蒂昂·皮涅罗（Sebastião Pinheiro）的遗嘱中表现得很清楚，葡萄牙城堡内部马桑加诺（Massangano）的一个居民科斯梅·卡瓦略（Cosme Carvalho）欠他 13 个奴隶，"在他账上记着我给了他两箱海货、一桶肥皂，这些都是记账的"，这些信用商品只能由卡瓦略用 13 个奴隶偿还，这表明奴隶已经成了一种货币形式，可以转出到大西洋经济中。[23]

我们在这里能观察到的是，现代金融信用体系的发展与贩卖人类的暴力之间有着基础性的勾连。虽然信用作为海洋时代贸易的金融手段是一个长期的过程，可以追溯到 14 世纪和汉萨同盟，但与这些早期形式相比，这里表现不同的是根植于更长途的贸易的复杂性，以及支付中的暴力色彩。[24]

此外，在这些世纪，还能观察到非洲之外的信用和资本积累。在尼德兰的国家档案馆中有一份很重要的文件，提供了荷兰人于 1636 年 10 月在荷普战争中俘获了三艘葡萄牙船的记录。一艘船载有 215 个奴隶，属于 51 个不同的奴隶主，其中 23 个奴隶主只有一个奴隶在船上，这是一种低门槛信用（贷款）和小资本积累的证据。然而，第二艘船载有 498 个奴隶，其中 483 个都属于一个人。第三艘船载有 368 个奴隶，一共只有 7 个奴隶主，一人拥有 118 个，一人拥有 116 个，第三人拥有 80 个。[25]

这样，一些奴隶主只有少量资金，只能通过信用买卖少量的奴隶。而其他大西洋商人到 17 世纪中期却积累了大量的资金和信用。由于利用了信用体系，这些商人可以大幅度提高对奴隶的需求，这对非洲社会产生了重大影响。金融信用总是从欧洲的各个王室所在的政治中心流向非洲海岸，接着再流入非洲内部，这个事实反映了欧洲资本市场的发展，以及非洲社会是如何被锁入一个债务和政治暴力的循环之中的，这种循环从那时开始就一直持续着。[26]

最后，当奴隶被送往美洲"兑换"为资本后，这些信用也就通过对人类的暴力强迫而实现了"变现"。未来劳力的储藏价值意味着经济信用为它付的款是非常低廉的，这就是为什

275

么 18 世纪奴隶的资本价值一直在增长。这样的过程表明，对奴隶不断增长的外部需求加速了奴隶制的暴力，并加快了从非洲抽取资本的速度。然而，对非洲本身而言，信用的转型以及奴隶制和金钱的关系却很不同。

非洲的奴隶制和信用

桑海的口述编年史家法蒂玛塔·穆恩凯拉（Fatimata Mounkaila）给桑海贡献了下面这句谚语：

> 那些从事买卖孩子的人，
> 知道一个矮子的价格。[27]

如同穆恩凯拉的谚语所示，战争与战俘的关系也是经济化的：是那些买卖孩子的贩子知道"矮子的价格"。金钱和价值与战争的基本关系，以及与非洲人身份的基本关系，都已经随着新的全球化信用动力而出现了。

在西非，所谓信用与现代经济学家所理解的信用（也是大西洋上的信用）有着一个重要的不同点。西非的信用往往与抵押的方式相关，年长者可以将年轻人作为学徒放在别人的监护之下，这看上去像一种关于信任的共同纽带。历史学家广泛论证道，这种方式最终在大西洋奴隶制的侵蚀下也成了一种提供经济信用的手段。在欧洲商人来到海岸，将商品交给这里的商人后，商人就将商品带往市场，在那儿他们可以购买奴隶。为了给提供的货物增信，他们会将一个亲属成员或者附庸作为抵押品交给贷方。当这笔债因为各种原因没有还上，这些抵押品有时也会被卖作奴隶，于是本地（道德）信用的抵押关系变成了奴隶贸易的某种安排。[28]

　　这种机制转变被一份杰出的阿拉伯编年史抓住了，这份编年史是由西雷－阿巴斯－索赫（Siré-Abbâs-Soh）在20世纪早期写下的。索赫的文献提供了许多关于库利·腾格拉生平的细节，他是著名的富塔托洛王国的开创者，一个富拉人。在叙述中，库利与贾拉国王［在编年史中被称为马马杜（Mahmadu）］发生了冲突。在这部分，索赫回忆了库利·腾格拉的军队是如何到达贾拉开始和谈的：

　　　　马马杜国王回答他，如果库利是真诚的，作为承诺的标志，他应该从国家的首领家族中挑选100个年轻人给他。库利果然就在战场上把这些人送给了他，以确保他休战的誓言。马马杜国王又将他们送给了兄弟德亚姆贝雷（Dyambere），这样他们就可以协商他和库利之间的和平协议。但他的兄弟德亚姆贝雷在晚上立刻杀害了这些年轻人。天亮时，库利向马马杜国王要回这100个人，他便向兄弟德亚姆贝雷去要，德亚姆贝雷告诉他："昨晚我已经将他们当晚餐都吃了。"[29]

本书之前提到过，在塞内冈比亚的著述中，在"吃"人这个观念和抓他们做奴隶这个事实之间，有着根深蒂固的联系（见第二章）。这是一个在西非和中西非广泛流传的概念。在刚果文化中，巫术表示一种力量，通过它，掌握巫术的人可以"吃掉"（镇压或者弄死）另一个人。这种"吃"并不是字面意义上的，而是练习巫术的人可以传递这种"吃"人的能力。将奴隶制与食人族和巫术联系起来的信仰有很多，在刚果思想中，贪婪和巫术与食人和奴隶制之间有着清晰的关系，因为"巫术"（kindoki）这个词是从词根 loka 而来，它在刚果语中的意思是贪婪。[30]

在索赫的记录中，对德亚姆贝雷"吃掉"人质的描写是一种他拥有无限能量的象征，他很可能是把他们变作了奴隶。这份塞内冈比亚的记录就表明了是如何将作为人质的附庸变成一种经济信用形式的奴隶的，以及信用经济是如何变成货币经济的。在这个例子中，奴隶代表一种新的货币形式，他们开始具有货币属性，而再不仅仅是人或者仅仅具有道德价值。[31]

据索赫所说，这件事的结果就是继续打仗："所以库利同时与他们作战，直到德亚姆贝雷和他的兄弟马马杜国王被灭。"人质机制将一种基于信任的本土信用体系融入一种与经济价值和抵押奴隶制相关的物质体系。但信任经常被打破，就像德亚姆贝雷所做的那样，在这种情况下，结局通常就是战争。这强调了大西洋奴隶制的经济架构是作为一种机制而存在的，以及考查它对西非和中西非的经济影响的重要性：信用从道德向经济模型的转型是与奴隶经济价值的崛起同步的，当然还有非洲战争的升级。[32]

在许多非洲社会中，这种新的经济手段一方面是由巫术，另一方面是由自私、奴隶制和死亡标识的。但相关的道德判断却非常模糊。在刚果人中，巫术被认为可以提供相对的成功，那些缺乏巫术的人是被贬低的。也许巫术是一种消费受害者血肉的食人行为，受害者的亲属们释放他们的灵魂作为"报酬"，这个想法具有一些现实依据，在其中一场导致某人成为奴隶的诉讼中，被指控者的所有亲属也都被判作了奴隶。但这并不意味着刚果人抨击这种行为，一位观察者说："刚果人……接受巫术这个现实,因为这是一种来表示他们社会中真实竞争性的方式,以及秘密的自我沉浸式的花招,大部分人感觉自己不时沉迷其中。"[33]

随着时间推移,信用系统的经济和道德这两个功能合并了。重要的是,这并不只是西非和中西非的特征。16 和 17 世纪,在英格兰,信用也有相似的道德重要性,信用与一个人的宗教态度和地位有关,是他们信仰的延伸("超自然的信用")。信用扩展了它的经济维度,但从来没有丢失它的道德基础,所以一场信用危机很大程度上也是一场道德危机,并会导致政权危机。欧洲和非洲社会的信用特征共享着模糊不清的地带,这一点是非常重要的,因为将信用的道德价值掩藏在经济的甲壳之下,会产生严重的后果。正如我们所见,在这个世纪,各大洲并非各自完全封闭,国家之间的联系让非洲和欧洲的转型更紧密地互相交织,并平行发展。[34]

278

如同在英格兰那样,非洲人也将经济信用和超自然信用视为完美的盟友。这两种信用方式都被认为是以人为食,其中一个是通过奴隶贸易的自私行径,而另一个是以宗教性的仪式直接消耗人的血肉。这样,考查非洲社会中奴隶制的地位时就不可能不去考查与之对应的信仰和宗教的转型。回到当代话语中,非洲人 21 世纪不再使用"巫术"是因为他们"落后"而"缺乏进步";他们保留"巫术"则是因为他们经历了现代化的暴力,这让"巫术"成了最强大的社会习俗,它可以折射出新经济模型对传统社会的破坏作用。[35]

在刚果之外,关于经济和超自然模型是如何一起构造了信用体系的最著名例子出现在埃菲克(Efik)商人[如安提拉·杜克(Antera Duke)]位于卡拉巴尔港(位于现代尼日利亚东南部）的埃克佩秘密会社中。最近一位评论家说道，英格兰水手希拉斯·托尔德（Silas Told）在1729年曾经对埃克佩的形象做了很好的描述："是一个当地人，穿着一件精致丝绸制的如同大网一样的网眼袍子，袍子是按照他的体型精心裁剪的，以至于只有他的手脚露在外面。这张网边上是流苏，而不是荷叶边。这个人由上帝和魔鬼同时照看着，人们对这个形象都充满了深深的敬畏。"[36] 然而，这个描述还没有抓住埃克佩的经济重要性。事实上，一方面，如同安提拉·杜克所描述的，到18世纪80年代，埃克佩在卡拉巴尔的主要社会和政治力量中都受到崇拜，如果一个儿子无视埃克佩的权威，父亲会朝他吹响埃克佩的号角（"向他释放埃克佩的力量"）。1786年1月，杜克描述道，"丛林埃克佩的力量被吹响，以防止任何人在这天来到那所房子。五点钟后，我们看到国王汤姆·萨尔特（Tom Salt）从杜克·伊弗雷姆（Duke Ephraim）那儿带着两艘独木舟赶来，以解决埃克佩会社的内部纠纷"，纠纷一得到解决，杜克和他的埃克佩同伴就举行了假面舞，"欢庆"直到深夜。

然而除了解决纠纷以及举行希拉斯·托尔德所描述的仪式之外，埃克佩也和信仰以及奴隶贸易有着基本联系。杜克描述了他和同伴如何"开始将埃克佩会社内部的钱运往杜克·伊弗雷姆的房子，用来投资奴隶，所有年迈的埃克佩成员都进行了投资。我投入了价值三个人的钱，埃森·杜克（Esien Duke）也投入了价值三个人的钱，伊博·扬（Egbo Young）两个，伊弗雷姆·阿卡（Ephraim Aqua）一个，霍根·安特拉（Hogan Antera）一个"。埃克佩就这样成了一种保证债务偿还的工具，这些钱往往通过奴隶贸易变现。[37]

这种埃克佩会社与信用和奴隶贸易之间的联系，标志着本地的社会转型。最初埃克佩只是单纯的宗教偶像，但坏账问题的出现让埃克佩扩展，并发展出一种经济功能。事实上，到 1800 年，埃克佩和奴隶贸易之间的关键联系已经是通过金钱完成的了，这表明了道德关系是如何获得经济重要性的。账簿上也开始附加古老的仅拥有 500 个字符的恩希比迪（nsibidi）文字，这种文字从卡拉巴尔沿着十字河向东直达喀麦隆。要想加入崇拜埃克佩的会社，必须缴纳高额的入门费，这种钱只有通过与奴隶贸易的某种关系才能获得。但对伊博人的埃克佩信徒产生吸引力的无疑只有金钱，金钱是一种获得埃克佩精神力量的方式。[38]

这些不同社会中的例子只是表明了，超越经济棱镜去把握这些社会的转型是多么重要。从西方观点看，这些转型的经济框架是非常重要的，但在非洲社会，这些转型也作为宗教和社会转型而存在，它们不能仅仅通过计算床单、衬衫、镜子、锅和上等布匹的商品清单而被理解，虽然这些清单都一丝不苟地被欧洲奴隶贩子在日志中记录了下来，这在很大程度上代表了他们看待奴隶贸易的方式。

进入 18 世纪，奴隶规模迅速膨胀，人们也开始需要更多的信用（贷款），自然也需要更多复杂的借贷工具和银行体系，这对 18 世纪英格兰银行领域的崛起贡献良多。与此同时，在西非，信用保持了对贸易的基本重要性，以至于 1733 年达荷美国王阿加贾（Agaja）可以用信用赊购他想要的许多商品。[39]

关于在 18 世纪末信用到底有多重要，安提拉·杜克的日记告诉了我们许多细节：

280

卡拉巴尔的碗及其盖子，刻着恩希比迪文字

1785 年 4 月 21 日

……中午 12 点我们 3 人登上了伯罗斯（Burrows）的船。我们祈求他"借给"我们奴隶，但他拒绝了，之后我们回来了……

1785 年 7 月（？）15 日

……接着我们 3 人上了……库珀（Cooper）的船。我们 3 人通过信用得到了 50 个奴隶。[40]

281　　在这种信用和奴隶的语境下，到底是什么发生了变化，理解这一点是非常重要的。毕竟信用很久以来就和西非的附庸关系相联系，作为一种道德债务形式，这种关系可能早于大西洋贸易而出现。但一些新的东西也生根发芽了，那就是信用和对奴隶制的实际性鼓励之间的关系。之前西非许多地方的关系包括，奴隶主负有偿还其奴隶债务的义务，这意味着一些奴隶拥有经济自主权，而新系统剥夺了这种自主权，奴隶成了一种动产，一种大西洋系统中可随时兑换的"货币"。

奴隶在非洲作为货币的后果

到这里，我们已经看到奴隶是如何变成可兑换货币和大西洋商人的信用来源的，这对于安提拉·杜克这样的非洲人和曼努埃尔·巴乌蒂斯塔·佩雷兹这样的欧洲人都成立。对远离大西洋海岸的非洲内陆地区的许多社会中的统治者而言，这同样是切合实际的。奴隶的货币化改变了统治者与臣民之间的道德关联，这带来了永恒的后果。信用的地位为人们提供了思考更深远人权问题的一种方式，这直到今天依然具有基础的重要意义。

对于迪亚洛被俘且变成奴隶的补充证词并不多，却有一些材料可以勾勒出更广阔的图景。另一份与他被捕同时代的重要记录是，一位叫萨利赫·比拉利（Sālih Bilāli）的马西纳（在现代马里）人曾经于 19 世纪 20 年代在美国佐治亚州作为奴隶接受的采访，他是于 1785 年前后在塞古王国被俘的。他描述了自己被俘的时刻，"大约 12 年前，当他独自骑着马从杰内回到金纳（Kinnah）时，他被一个掠夺团伙抓住送到了塞古的首都，在一个又一个主人之间辗转了数百英里，直到他到达了位于阿诺马布的海岸（这里是黄金海岸上的一个主要奴隶贸易港）"[41]。

比拉利的证词响应了许多当地的口头传说，这些传说至今

282 仍然可以在塞古及其周边地区听到。这些传闻都证实了掠夺武
士团伙在 18 世纪是如何为了获得奴隶而进行掠夺的。在巴马纳
语言中，囚徒——戎（jòn）——与奴隶是同一个词，这表明掠
夺和奴隶制度是相互联系的，这也可以从下面的记录中看出：

> 他摧毁了这个村庄
>
> 获得了许多囚徒
>
> 下一个村庄又被摧毁
>
> 他又获得了那儿的囚徒[42]

萨利赫·比拉利的证词也证实了奥洛达·厄奎亚诺（Olaudah
Equiano）更加著名的叙述。厄奎亚诺是 18 世纪 80 年代在英
格兰工作的著名的黑人废奴主义者，他描述了自己在尼日尔三
角洲以北的伊博人社区中被俘的经过。他也写了自己是如何在
不同的主子之间被转手，直到最后到达海岸地区的。这给人的
印象是，在当时许多不同的西非社会中，依靠奴隶人身产生的
信用已经将这些社会整合在了一起，这些"依附者"作为政
治和社会结构的一部分，在不同的主子间被转手。[43]

大量文学作品描述过大西洋转运过程中的可怕痛苦，以及
非洲人到达美洲之后，重建他们的生活和社区时所表现出的坚
韧和顽强。这些文字动人地强调了他们作为个体，在面临美洲
奴隶制的系统性暴力时所表现出的勇敢和技能。但这些作品不
总是能重构奴隶在非洲时的转运旅程，也不表现他们是怎么被
俘的。很少有记录能提供用来观察殖民地社会中的制度化极端
不平等的窗口，这仅仅是因为它们没有被写下来。然而，正如
我们所见，这些记录非常重要，远超过任何经济和政治后果，

因为它们谈到了奴隶制进程所揭露的那个人类世界。[44]

关于这种微历史如何能够重构人类经验的一个最佳例子来自塞缪尔·阿贾伊·克劳瑟（Samuel Ajayi Crowther）的叙述。1821 年，他在南部约鲁巴国家被一个来自北方的掠夺武装俘虏卖作了奴隶，但被一个英格兰皇家海军分舰队释放，带到了塞拉利昂的弗里敦。最终，他作为第一任尼日利亚主教回到了家乡，并提供了一份动人的记录，记载了那天早上，在位于老奥约核心区的他的家乡，他被抓住变作奴隶的经过： 283

> 我们在准备早餐，没有任何不安；大约上午九点，城市里散布开了一个流言，说敌人来抓人质了……经过了三四个小时的抵抗，他们进城了……这里将要发生一幕人类能够想象的最悲伤的场面！——女人，有的手里牵着二、三、四、甚至是六个孩子，背上还背着婴儿，头上顶着巨大的行李（只要她们扛得动），在多刺的灌木中快速奔跑……当她们努力从浓密的灌木中挣脱时，就被敌人抓住了。敌人用一根绳子给每一个人的脖子套上活扣，像拴山羊一样串在一起，由一个男人牵着。许多时候一个家庭被粗暴地分开，被三四个不同的敌人牵往不同的方向，他们再也见不到彼此。[45]

作为一个虔诚的基督徒，克劳瑟可以在他的人生故事中将被俘的过程详细记录下来。但抓奴隶并不只是和战争、人类关系的物化以及他所描述的残酷相联系。最终，是人类的身体变成了一种货币形式，这种方式有助于我们探索信用、价值和金钱的多重含义。正如我们所见，在大西洋语境下，奴隶被以他们的 284

塞缪尔·阿贾伊·克劳瑟主教

经济价值标上了价格，由于和国际奴隶贸易的联系，在非洲语境下，一个活人的经济价值也变成了一个价格标签。

这一点有许多例子可以证明，只须举几个例子就足够了。在塞内冈比亚的曼丁卡村庄里，一些口述历史描述了贸易商队在通过每一个国家时是如何将奴隶作为税交给当地统治者的。每个奴隶值60卷布匹，有时人们也会用布匹缴税，而最终的"货币价值"却是用奴隶来计算的。这不是一个孤立事件。1969年在塞内加尔北部接受采访时，富拉老人马马杜·恩迪亚里·姆本格（Mamadu Ndiari Mbengue）用这样的方式讲故事，这种方式对于18世纪在本杜和富塔托洛国家的阿尤巴·

苏莱曼·迪亚洛自然不陌生："一天，萨提吉（Satigi）村的一个老武士带着一支值7个奴隶的来复枪，穿着值3个奴隶的靴子，骑上了一匹值20个奴隶的马。"[46]

这种叙述显然表明，到了18世纪，在塞内冈比亚地区，奴隶已经变成了一种经济价值的衡量单位。在西非和中西非奴隶制的现实中，这是一个非常显著却很少有人探讨的层面。奴隶事实上是一种信用形式、一种货币，这一点对非洲人，以及连接了全球人力"资本"洪流的大西洋商人都是如此。许多来自不同社会的口述信息源证实了将奴隶当作交换价值的观念。刚果的口述资料表明，奴隶代表一种"人力资本"，可以用作"交换货币或者一种支付方式"，成为当时"在该系统中，交换贵重物品时，面值最高的货币"。塞内冈比亚的口述历史学家也清楚地证实了这一点，在一份19世纪早期的记录中，武士酋长凯勒法·萨恩描述了他怎样用奴隶购买火药："他去寻找年轻的／比基尼村（Bijini）的女孩和男孩／在村子的外围，／他带着他们离开／并在巴杰巴（Bajeba）用他们换了火药。"这样，就如同在前面引用的18世纪的塞古王国，若一个人变成了被俘获的奴隶，"他们立刻就变成了价值单位和劳力单位"。[47]

就这样，奴隶变成了"记账单位"。19世纪20年代，特奥菲卢斯·科诺（Theophilus Conneau）写道："在非洲那些不知道铸币的地方，奴隶被用来作为货币的替代品。每一个地区都会给奴隶标价，将之作为合法持有的货币……在木薯、大米和山药领域，也都用奴隶进行买卖。"与此同时，大西洋海岸上的情况同样也存在于萨赫勒地区：在跨撒哈拉贸易中，奴隶也广泛被用作货币，18世纪晚期，豪萨国家（位于现代尼日

285

利亚北部）的穆斯林学者的文学技能也往往以奴隶为报酬。长途贸易与奴隶制的联结给非洲社会带来了人体和货币之间的金融均衡，不管是在大西洋还是在撒哈拉。[48]

到了 1800 年，在西非和中西非的许多不同地区，这种关系的无所不在迫使我们停下来进行思考。它们表明这种道德和经济的均衡已经或多或少变得普遍化了，其影响也是巨大的。社会和道德的契约形式发生了变化。不仅仅是非洲统治者在面对他们的臣民时更加不受道德约束，那些臣民与其统治者之间的关系纽带也变得松弛。

奴隶制的后果：商人、战争和新身份

跨大西洋奴隶贸易数据库（www. slavevoyages. org）现在估计，从 1701 年到 1800 年，共有 6494619 名非洲人作为奴隶穿越了大西洋，是 1492 ~ 1866 年总数的一半多，可谓高峰时期。直到 17 世纪 80 年代，贸易的影响还局限在局部地区，比如阿拉达、安哥拉和塞内冈比亚，之后，它变成了普遍性问题。布匹、象牙和其他制成品贸易都减少了，只有奴隶贸易增多。受影响地区包括黄金海岸和卢安果，同时劫掠现象扩展到了诸如博尔诺、卡尔塔（Kaarta）、隆达（Lunda）帝国和塞古等国家。到 1750 年，几乎西非和中西非的所有地区都受到了跨大西洋和/或跨撒哈拉奴隶贸易的影响。[49]

在这里，我们值得花一些时间将这些世纪的动态变迁作为一个整体进行考察。16 世纪，奴隶们大都来自大塞内冈比亚地区，此外还有所谓的安西科人或位于现代城市金沙萨附近马莱博湖以北的泰奥人。然而在美洲，这时已经有了从莫桑比克来的奴隶，他们在印度洋贸易中首先被带到菲律宾的马尼拉，接着横跨太平洋被送往墨西哥的阿卡普尔科（Acapulco）。到了 16 世纪晚期，从阿拉达来的奴隶数量也在增长，其数量首先于 1582 年在哥伦比亚被记录下来。[50]

17 世纪前半段，奴隶贸易的影响力迅速增强。在阿拉达，一封写于 1617 年的信描述道，20 年前那儿还没有活跃的奴隶贸易，然而"现在，这些河流地区的奴隶如此之多，就算供应整个西班牙印度也是可能的"。到了荷兰 - 葡萄牙战争时期，在 1644 年的巴西，葡萄牙传教士曼努埃尔·卡拉多（Manuel Calado）描述说，在巴西抵抗荷兰入侵的力量中有许多奴隶部队，他们大都来自阿拉达。17 世纪见证了荷兰人对奴隶贸易的控制力以指数形式增强。1675 年后，荷兰影响力的扩张主要依靠混血人（lorrendraiers），即那些在黄金海岸地区定居，并以芳蒂习俗在当地娶亲的荷兰商人。与此同时，在 17 世纪后半段的刚果和安哥拉，贸易中心向南移到了本格拉地区，向北移到了卢安果，这种趋势一直持续到了 18 世纪。[51]

到了 1700 年，奴隶贸易地区的国家经历了数轮的兴衰。在中西非，刚果于 1665 年在姆布维拉被葡萄牙击败后就解体了。在塞内冈比亚，北方的约洛夫和南方的卡萨曼萨（Kasamansa）① 被富塔托洛、瓦阿洛、纽米和卡阿布取代。在黄金海岸，曾经控制了与欧洲人建立的堡垒之间的黄金贸易的国家阿克瓦穆，此时也被以奴隶贸易为主的阿散蒂取代。在被欧洲人称为"奴隶海岸"的地方，惠达征服了阿拉达，它后来又在 1724 年被达荷美取代。

———————————

① 即卡萨芒斯，富拉语。——译者注

287   到 1700 年，这些政治骚动对奴隶贸易的规模带来了重大影响。1694 年，停泊于惠达港口奥夫拉的船只在 18 到 24 天内可以装载 600 名奴隶，然后离开，这个速度表明了那儿的奴隶贸易是多么有效率。荷兰奴隶贩子博斯曼估计，到 1700 年时，每年有 25 到 50 艘船在维达停泊。这种情况在整个 18 世纪都在持续，于是维达成了奴隶离开非洲的主要港口，从那儿离境的人数比从其他任何港口都多。[52]

      这种扩张带来了三个直接后果：长途贸易商作为一个新阶层的出现；贸易导致的人口危机带来的影响，特别是在那些常常在战争中被杀死，或者被俘后卖作奴隶的年轻男人中；以及与贸易相联系的战争塑造新身份的方式的出现。

      埃菲克商人安提拉·杜克生动地描述了新商人阶层的生活方式和信仰。1785 年 7 月 27 日是杜克日记中典型的一天，这一天他回忆道，一位朋友"和他的一个儿子一起，把人质们（奴隶）送上了船，我去库珀的船上送人质，给了他一些货。我们喝了一整天。在夜晚来临前，塔提姆（Tatem）船长带着 395 个奴隶离开了"。事实上，杜克花了许多时间来组织人手和积累信用，这都能给他带来奴隶。比如在 6 个月前的 1 月 18 日，他写道："埃博（Egbo）年轻人价值 1 头羊和 4 根铜棒，奥托（Otto）儿童价值 4 根铜棒。所有的埃克佩人都来到了杜克·伊弗雷姆用于交涉的房子，凑钱投资了 20 个奴隶。"在对凑份子购买奴隶这种细节进行近距离观察的同时，贸易组织的许多细节也显现出来，比如杜克是如何获得奴隶船的食物和水源供给的，以及他是怎样偶尔遭受到严重损失的。1785 年 4 月 11 日，他写道："晚上七点，我的两个手下前来，他们是我派出去寻找伊弗雷姆·阿卡·巴卡西（Ephraim Aqua

Bakassey)的,他们说这艘独木舟翻了,所有的东西都没了,包括独木舟本身。"[53]

杜克喋喋不休、实事求是的语调背后却是,商人们整天喝着朗姆酒,而奴隶们被送上了恐怖的穿越大西洋的行程。这些大西洋西非贸易团体与欧洲商人组成了重要的联盟。杜克在他的记录中承认,他们是互相依靠的,他描写道,他和他的人都穿着欧洲服装,以便与欧洲人做生意:"所以我们三人打扮得像白人一样,去了康博巴赫(Comberbach)船长的船上,一艘大独木舟把我们带上了他的船。"与此同时,欧洲商人在获得山药等补给或者水的供应上,非常依赖他们的非洲中间人,离开了这些东西,他们不可能让奴隶船穿越大西洋。保罗·埃尔德曼·伊瑟特在1788年写道,一艘载有500名奴隶的船需要装载多达"600桶水,每桶大约有……100加仑"。[54]

非洲贸易团体的出现是海岸社会的一个重要特征。他们是经典的"中间人",可以穿得像欧洲人,说着欧洲商人可以理解的混合语言,但他们依然完全是"非洲人"。在那些奴隶贸易特别繁荣的地方,这些掮客和他们的欧洲伙伴在暴力中的角色既不应该被原谅,也不能被遗忘。17世纪晚期,一份关于安哥拉的司法报告清楚地表明,葡萄牙之所以于17世纪40年代在刚果和马坦巴的叛乱中将安哥拉输给了荷兰人,是因为他们太残暴了。人们对于暴力的记忆如此持久,以至于到了20世纪20年代,一位比利时人类学家在穆孔戈(Mukongo)进行采访时写道:"一天,一个穆孔戈人对我说:'世界上有四种人:白人、黑人、鳄鱼巫师(Ngandu)和葡萄牙人'……这是整个民族对奴隶贩子'兄弟'积累了数个世纪的仇恨的见证。"[55]

288

暴力当然是由所有和奴隶贸易有关联的人共同实践的。奴隶贸易、暴力和战争之间的核心关系意味着，奴隶贸易最繁荣的地区在人种层面上遭受着最严重的后果。在达荷美，英格兰商人罗伯特·诺里斯（Robert Norris）在 18 世纪 70 年代描写道，那些被发现有罪的罪犯，往往被判处死刑或者被变作奴隶，而他们的"用人、亲戚和朋友全都要被抓起来，一部分可能被折磨致死，剩下的通常被卖作奴隶……再加上战争中的屠杀，这两者共同导致了这个不快乐的国家出现了大规模人口减少"。与此同时，博斯曼探讨了在黄金海岸，芳蒂和阿多姆之间的战争是如何"将这里变成一个悲惨世界，夺走了它的大部分居民"的。[56]

在安哥拉的例子中，早期贸易"繁荣"带来的人口后果到 1700 年就已经非常清楚了。那些受到威胁的人逃往了孤立村庄中的避难地。到 1657 年，从罗安达到马坦巴的路线已经"荒废了，奴隶贩子再也没地方寻找猎物了"。到 1684 年，人口减少的影响是巨大的，根据一位官员的说法："由于邻近地区缺乏人口，城堡变得那么无助，你可以走上三四天却碰不到一个村庄。"一份 17 世纪晚期的记录写道："在过去，安哥拉没有一片土地是没有人的，市场里也充满了混乱……但今天它变得如此贫穷，你不得不在荒芜的道路上旅行三个月才能到达市场。"[57]

战争在造成这种荒芜上起了主要作用。如我们所见，许多西非和中西非社会在词语上将奴隶和战俘等同起来。战争不仅制造了奴隶，它还通过发展出新的军事化秘密会社，并在成人仪式和社会权力上发展出对战争地位的新认识，来重塑社会结构。在描述安哥拉的荒凉景色时，战争同样是关键因素。罗安达总督贝纳迪诺·德·塔沃拉（Bernardino de Távora）的军队被描述为"所过之处不留一物，甚至那些他们不要的东西，在他们抢劫之后，也全都被烧掉"。一份 17 世纪晚期的记录描述说，没有人去播种和收割庄稼，因为人们都被抓起来，在掠夺奴隶的行动中充当背夫去了。安哥拉地区的葡萄牙军队往往会尽可能快地烧掉所有棕榈树，而棕榈油和棕榈酒却是当地重要的营养来源。[58]

战争对于年轻男人有着很大的影响，他们想在社会中找到位置，但这个社会却日益从他们潜在的奴隶身份角度来评估他们的价值。从而，口述历史学家福代·贝雷泰（Fodé Bereté）回忆说：

当人们将自己贡献给

军事首领，加入他们的战争团伙

他们就发了大财……

当年轻人听说一位战争领袖时

就会将自己置于他的麾下

或者干脆用自己的名号拉起一票人马[59]

290

换句话说，对于一个年轻人来说，重要的是他要采取主动的姿态，要么投靠一位著名的军事首领，要么寻求刺激和荣光，在抓捕奴隶的运动中自己干一票。战争和贸易之间的关联在一份 1767 年的记录中表露无遗，其中提到了在塞内冈比亚的戈雷（Gorée）岛附近的约洛夫国王："当国王和他的邻居们维持和平时，他很难为贸易产生出多少战俘；但当他打起仗来，他就制造了相当数量的战俘。"[60]

1776 年，在卢安果，阿贝·普鲁瓦亚尔（Abbé Proyart）描述了战斗中的胜利者是如何"抓住战败者，忙忙碌碌只为制造囚徒的，他们可以将之卖给欧洲人做奴隶"。至迟到 19 世纪 20 年代，奴隶贩子特奥菲卢斯·科诺证实，在如今几内亚－科纳克里的富塔贾隆山脉中，即当时富拉神权国家所在的地区，"完全可以说，四分之三的奴隶船是由当地的战争制造的"。[61]

在西非和中西非地区，当人们处于自身转型的进程之中时，这些关系深深地切入了身份认同的核心。战争和奴隶制的循环塑造了军事化秘密会社，也改变了农业实践以及环境的结构。英格兰商人理查德·乔布森对于一个位于冈比亚河口附近的村庄的描述也清楚地表明了这一点：

291

> 它坐落在河边，封闭的圆形围墙距离房屋很近，带着围栏，很像我们放牧用的，但这围栏却被置于 10 英尺高的平台之上，固定在结实有力的杆子上，杆子的顶部还在围栏之上；围墙内部有着形形色色的区域，有房间，还有被建成塔楼形式的建筑，在塔楼内可以向外射箭，也可以向围墙外靠近的敌人扔飞镖；在围墙外面，他们修建了一道护城河或者说是战壕，非常宽，而在颇有一段距离的更远的地方，整个城市被一圈树木环绕，树木在大地上栽得非常稠密，一些树有五英尺高，它们是如此稠密，除了入口或者专门设计的区域之外，谁也别想从其他区域过来。[62]

只有在其中战争是日常生活的有机部分的强军事化社会，

半黑半白的卢索非洲人居留点遗址,宾唐,冈比亚

才会建造如此精心设计的防御工事。在塞内冈比亚,有时候人类居住的社区会环绕着半堡垒化的葡萄牙贸易点来建设,而这些贸易点又位于冈比亚河的许多支流上。比如在宾唐(Bintang),有一个葡萄牙商人和他们的非洲妻子居住的繁荣社区,这个社区位于一个修建在小山岗上的堡垒化的小定居点,它俯瞰着宽广的河流,蜂蜡、毛皮和奴隶贸易在那儿进行着。 **292**

人们寻找这种类型的保护,是因为战争和俘虏让西非的许多地方成了日益缺乏安全感的世界。与传统西非历史学家的主张相反，这个时期的这些社会远非静止的，而是处于不断的暴力转化的过程中。正是这种转化在后来开始挑战并推翻了贵族的权力，当这些贵族开始参与大西洋奴隶贸易，并把战俘商品化为金钱时，他们与战争的联姻已经成了他们自身权力的一块基石。

结论：非洲和非洲之外的人类和经济价值

人类作为货币，与西非经济本身货币化之间的互动关系，在一份来自多哥的口述记录中被令人难忘地捕捉到了，这份记录是关于涌入的贝币与金钱和奴隶之间的关系的。它讲述了一个人是如何探讨他们的祖先从没有金钱到开始使用贝币的。但反过来问：除了大海，一个人在哪儿还可以获得贝币？"猎人们习惯了在森林中旅行。为了吓唬每一个人，他们开始猎获人类。在海岸渔人的帮助下，猎人们用船将俘虏们带来，送入大海深处。他们绑住了奴隶的手脚。他们在奴隶的脖子上绑上大石头，再把他们扔进水中。过一些时辰，猎人打捞起这些尸体，上面完全覆盖着海贝。"[63]这份言简意赅的口述历史回顾的是，不同种类的货币，通过暴力和与奴隶制相关的大规模死亡，产生相互作用的方式。然而，一旦货币数量猛增，这种关系就变得愈加紧密：由于没有银行，人们不得不用他们的贝币购买更多的战俘，只要信用能够承受得住就行，因为奴隶是唯一可获得的"商品"。

293 　　在多哥，奴隶和货币之间的关系是非常重要的。它揭示了奴隶出口的过程，作为回报，出口奴隶者收到的是诸如贝币的各种货币形式。塞内冈比亚地区的另一份记录让这种关系变得更易理解。一位口述记录者描述了奴隶贩子是如何"把奴隶和染布/卖来卖去。/他们带着这些染布/将它们带到其他地区。/他们用染布交换奴隶再把他们带回"。如我们所见，布匹在塞内冈比亚是一种重要的货币形式，所以这里描述的是用一种形式的货币交换另一种货币（奴隶），而这种货币的价值会随着非洲大陆以外的资本积累而升值。这份口述资料也展现了奴隶价值和财富兴起之间清晰的关系。它把财富描述为"一种布匹"，而用来织布的棉花是由奴隶生产的。这样，只有那些获得了奴隶的人，才能够生产财富，这就需要政治权力的介入了。[64]

当地语言往往能很好地抓取这种关系产生的社会层级。在塞古，有三种类型的戎被区分出来：被卖作奴隶的戎（类似于动产奴隶）、被占为依附者且保持此地位的戎，以及佛罗巴－戎（foroba-jòn），也就是社区保留的干农活的奴隶。与此同时，在塞古、桑海和塞内冈比亚，奴隶往往会被刮掉胡子。奴隶不准留胡子，这除了作为形象上的区分之外，也是他们奴隶状态、耻辱和从属关系的标志。桑海有一句谚语这样说："每个人都知道胡子是皇家范儿，/奴隶不能允许自己长胡子。"[65]

由此引出的心理学和经济学的基础关系意味着，奴隶一方面是财产，而另一方面则是（失去）荣誉。作为财产的人类可以被打上"主人的标记"，就像长久以来作为财产的牛在欧洲的待遇一样。在越洋运送途中，奴隶是"被标记为"可出售的，这就像从大塞内冈比亚到黄金海岸的海岸地区将铁条作为货币使用一样。如同一位英格兰商人于 1686 年在黄金海岸上的科门达所说的，铁条需要用皇家非洲公司的封印打上标记，这样才能保证快速销售。通过奴隶制，商标的重要性就和商业、资本联结了起来，这早于全球消费文化中商标的普及。[66]

294   当然，本地使用的诸如布匹、贝币、铁条、铜条的货币，与材料的舒适性和购置时的状况紧密相关。然而，对于西非商人来说，利用资本积累将货币变现需要将奴隶运送到美洲才能最终完成。从货币的角度看，是奴隶的身体连接起了西非和世界的经济。[67]

奴隶成为一种货币形式，也展现了全球化作为一个关键性要素，在塑造前殖民地时代的西非社会时的重要性。本书第一部分已经展示了非洲大陆许多地方的社会和经济复杂性，以及从全球化初期到 17 世纪后期这些社会进行自我变革的途径。奴隶出口的增长当然也意味着现代经济学家口中的"国际收支逆差"的不断扩大。奴隶已经成为许多领域的记账单位，这样，随着 18 世纪战俘出口数量的大幅度增加，这种赤字也趋向于大幅增长。

并且，奴隶的货币化以及对外部信用的依赖，造成了世界经济的结构性不平衡。由于信用最初来自欧洲，非洲经济对欧洲经济的依赖性也加强了。这不仅扩大了逆差，还增加了非洲经济的脆弱性。外部冲击可能成为内部问题的重要推手，就像欧洲强权在 19 世纪宣布放弃奴隶贸易时，非洲受到的冲击那样。[68]

在不平衡之外，对于外部信用的依赖也倾向于压低非洲新开辟市场的价格，同时在已有的市场上造成通货膨胀。关于这一点，比较清晰的证据来自 1704 年的维达，一份荷兰的记录表明，黄金海岸上（这里奴隶贸易刚刚兴起）一个奴隶的价格比安哥拉低了 30%；这份记录还表示，在之前 4 年间，维达飙升的贸易总额致使其奴隶价格已经增长了一半。同样的过程在其他地方也在起作用：当大部分被送往美洲的奴隶都来自

大塞内冈比亚地区时,这里的价格是高昂的,一封 17 世纪 10
年代的信中说:"来自佛得角和几内亚比绍河流上的奴隶是那 295
么贵,在 (西属美洲) 西印度群岛买卖他们赚取的利润是很
有限的。"事实上,在荷兰人对维达进行评估的一个世纪之
前,安哥拉才是最有利可图的地方;1622 年,一位官员表示,
来自大塞内冈比亚地区的 500 个奴隶可带来 49500 雷亚尔的利
润,而来自安哥拉的 600 个奴隶可带来 79558 雷亚尔的利
润。[69]

那么,这里揭示的利润和贸易圈之间的关系又是什么呢?
欧洲对奴隶的需求推高了非洲对本地流通货币的需求,又推高
了欧洲商人获取奴隶的花费。降低的利润让这个地区对欧洲商
人的吸引力下降,于是贸易向别的地区转移。这又加深了非洲
社会在全球贸易中的弱势地位,而这其中的关键因素是全球化
进程中不平等的货币交换,欧洲人用"软货币"换取非洲的
"硬货币"。

那么,那些亲身经历了这种价值交换以及将活人货币化这
一进程的人又是怎么想的呢?一个邪恶的暗示来自历史学家塔
蒂亚娜·塞哈斯 (Tatiana Seijas) 和杰克·弗雷德里克斯
(Jake Fredericks) 最近的研究,他们认为,墨西哥和美国使用
的美元符号"$"就来自奴隶制。虽然这是有争议的,但按
照他们的说法,西班牙语的奴隶一词"esclavo",包含了"s"
的发音以及钉子一词"clavo",奴隶贩子可能将他们的奴隶用
简化方式标记,用一条代表钉子的竖线穿过一个"s",就形
成了"$"这个符号。在奴隶贸易的记账簿上,主人的标记
经常被画在他们的"财产"旁边,这揭示了所有权和财产权
的观念是多么根深蒂固。到了 19 世纪 20 年代,许多英裔的美

国资本方都持有奴隶财富，这加剧了社会的紧张局势，导致了美国内战：在南北分裂线上，一把"＄"（美元）是以奴隶所有权为基础的。[70]

注　释

1. 这些令人印象深刻的研究是由 Marion Wallace 和 Paul Naylor 完成的，见 Naylor/Wallace（2016）。他们分析道，迪亚洛回到冈比亚不是因为思乡，而是因为他掌握了极佳的贸易关系。
2. Curtin（1967：37）.
3. 关于索科托的奴隶制，见 Lovejoy（1978a）。
4. Curtin（1967：39－40）.
5. 关于非洲"没有历史"的旧说辞，见 Hegel（1956：99）和 Trevor-Roper（1965）。最近对"非洲就像是个有待解决的问题"范式的批判见 Alao（2016）。
6. Austen（2010：31－2）. 关于比夫拉湾，见 Nwokeji（2010：148）。关于这个数字，见 www.slavevoyages.org－2017 年 12 月 26 日访问的数据。
7. 关于前哥伦布时代的奴隶制，见 MacLeod（1928：634－7）。不过许多关于奴隶制的经济理论都假设其核心是经济问题，特别见 Domar（1970）。此外，许多大西洋奴隶制的历史也假设了经济生产在奴隶制中的基本规范作用，比如 Lovejoy（2000：9－10）。
8. 关于安哥拉，见 NA, OWIC, Inventarisnummer 58, no. 259："defendia el Gobernador que ningien fuera a benderle al Olandes presas de negros"（17 July 1643）。关于 17 世纪 60 年代之后的马坦巴，见 Cavazzi（1687：165）中 Cavazzi 的报告。关于塞内加尔，见 Cultru（1913：29, 70）。关于"将边缘化制度化"，以及作为整合外来人手段的战争的经典著作是 Miers/Kopytoff（1977：esp. 14－16）。关于对比土著美洲人之间的战争，见 Santos-Granero（2009：123－8）。
9. 对非洲的这种看法特别见 Meillassoux（1991：43, 85）。

10. Law（1997：Vol. 1，116）。

11. 关于亲朋邻里关系的引用，见 Meillassoux（1991：33）。关于亲属关系以及由此形成的依赖关系，见 Miers/Kopytoff（1977：10）。Nwokeji（2010：124）提供了一个18世纪比夫拉湾地区很好的例子：奴隶还可以和他们原来的社区保持着亲属关系。

12. Law（1997：Vol. 2，206）。

13. 牙买加社会学家 Orlando Patterson 是最早描述奴隶制和荣誉之间关系的人之一，见 Patterson（1982：10 - 11，93 - 5，339）。关于废奴运动与改变荣誉观念之间的关系，见 Appiah（2010）。

14. 关于战争持续到美洲，特别见 Barcia（2014）。对刚果奴隶的恐惧的记载见 Cavazzi（1687：164）。

15. Dumestre（1979：142 - 3）。

16. 同上，130 - 31。

17. 关于在现代英格兰早期，信用最初是一种道德概念，见 Muldrew（1997）。西非一些地区的相似过程在用于宗教形式的商品的货币价值上得以体现，就像早在葡萄牙人到来之前贝宁对珠子的使用那样（cf. Chapter 4）。

18. 1499年的情况见 *MMAI*，Vol. 1，161。早期将奴隶当作货币使用，见 Caldeira（1999：22 - 3）和 Vansina（1966：52）。关于1516年贝币和奴隶之间的可兑换性，见 Cordeiro（1881：8）。1577年的文件见 *MMAI*，Vol. 3，153 - 4。

19. 关于1610年丰塞卡的例子，见 AHU，CU，Angola，Caixa 1，doc. 10。1613年的信件，同上，Caixa 1，doc. 27。1628年的案例，见 Heintze（1985：Vol. 1，310）。1635年的案例，见 Pombo（1944：61）。到1635年，罗安达布匹和奴隶作为平行货币的一个例子，见 AHU，CU，Angola，Caixa 3，doc. 16。

20. 关于以奴隶形式存在的债务，见 AGNL，SO - CO，Caja 2，doc. 201，fol. 49v（"devitos de negros"）。关于"商品化奴隶"（negros de fato），同上，Caja 33，doc. 349，fol. 6v。关于从1632年开始的塞拉利昂之行，同上，Caja 54，doc. 425，fol. 314r。关于迪奥戈·罗德里格·德·利斯沃亚，同上，Caja 2，doc. 8，fol. 715r："folgarei q en nhua maneira va devendo hū real aningem principalmte de pesas"。

21. 关于巴乌蒂斯塔·佩雷兹的书，见 AGNL，SO - CO，Caja 2，

doc. 201, fols. 959v – 960r 和 1099v – 1101v。关于购买时的信用和现金之间的关系，同上，fol. 738r：一些购买行为只提供信用交易，完全没有硬通货。关于萨尔瓦多和安哥拉之间信用和奴隶制的联系，见 ASM, Maco 41, Livro do Tombo (2), fol. 345v。

22. 关于加尔塞斯，见 Assadourian (1966：37 – 8)。关于 1609 年的记录，见 AHU, CU, Angola, Caixa 1, doc. 4A。关于费尔南德斯·德尔瓦斯，见 AHU, CU, Rio de Janeiro, Caixa 1, doc. 5。

23. AHU, CU, Angola, Caixa 3, doc. 5. 关于 1653 年的说明，见 AHU, CU, Angola, Caja 5, doc. 108 – "tudo se compre fiado"。关于皮涅罗的遗嘱，见 IAN/TT, Cartório dos Jesuítas, Maco 38, doc. 39。

24. 关于汉萨同盟的信用，见 Bernal (1992：27 – 30)。

25. 关于信用和奴隶制的长期关系，见 Sundstrom (1974：35)。荷兰的文件，见 NA, Inventarisnummer 52, no. 47, MF 4372, 24 October 1636。

26. 关于信用流从欧洲到海岸再到内地，见 Austen (1987：92)。

27. Mounkaila (2008：Vol. 2, 180 – 81).

28. 关于人质的一些最重要的表述，来自 Lovejoy/Richardson (1999) 及 (2001)。

29. Soh (1913：25).

30. 关于对刚果巫术的杰出分析，见 Mpansu (1973：29 – 30, 142 – 3)。关于将奴隶制和食人族、巫术联系起来的信仰，见 Thornton (2003：277)。

31. 关于从信用到货币经济的转型，最近的分析（主要关注铸币）见 Graeber (2011：18)。

32. 同上。关于黄金海岸的人质行业由互助制度向动产奴隶制度的转变，见 Adu-Boahen (2012：191)。

33. MacGaffey (1986：161 – 70). MacGaffey 关于刚果人的作品对于刚果转型的社会和历史分析而言依然是基础性的。

34. 关于英格兰的这种关系，一个非常好的研究来自 Muldrew (1997)。

35. 关于刚果巫术和贸易的"天然同盟"，见 Heusch (2000：122)。关于奴隶贸易时期巫术在非洲许多地区的扩张，见 Paton (2015：24)。

36. Behrendt/Latham/Northrup (2010：31 – 2).

37. 同上，147, 173, 163; Lovejoy/Richardson (1999：347 – 8)。

38. 关于埃克佩秘密会社和奴隶制的关系标志着社会转型，见 Imbua

(2012:20 - 24)。关于埃克佩作为一种进入更高精神境界而非仅仅物质富有的手段,见 Guyer(2004:78)。

39. 关于大西洋长途贸易与伦敦银行业的崛起之间的关系,见 Inikori (2002)。达荷美的例子,见 Akinjogbin(1967:104)。

40. Behrendt/Latham/Northrup(2010:147,155)。

41. Curtin(1967:151)。

42. Camara/Jansen(1999:76 - 7)。同样的例子见 Dumestre(1979:74 - 7),一个叫作 Geste de Ségou 的部族描述了奴隶(戎)和他们在塞古王国内为精英们提供劳动的情况。

43. 关于厄奎亚诺的记录,见 Carretta(2003:Chapter 1)。这份记录是可靠的,还是他根据在美洲的讨论编造的,现在有一份生动的讨论,见 Sweet(2009)。

44. 特别见 Lindsay/Sweet(2013)中的文章。

45. Curtin(1967:300 - 301)。

46. 关于在塞内冈比亚用奴隶缴税,见 NCAC,RDD,transcribed cassette 167A, p.76。关于富塔托洛,见 www. aodl. org/westafrica/futa_ mbem_ fr. Php 中 1969 年 1 月 23 日进行的采访。

47. 关于刚果口述资料,见 Mpansu(1973:65);最有价值的引用来自 MacGaffey(1986:39)。关于凯勒法·萨恩,见 NCAC,RDD, transcribed cassette 539B, p.91。关于塞古,见 Roberts(1980:400)。

48. Conneau(1977:105)。关于豪萨兰的奴隶,见 Hiskett(1973:22)。关于跨撒哈拉贸易中广泛将奴隶当作现金使用,见 Prange(2006:221)。

49. 关于 18 世纪的估计,见 www. slavevoyages. org - 2017 年 12 月 26 日访问的数据。

50. 关于 16 世纪,见 Green(2012b)和 Heywood/Thornton(2007)。关于 1582 年一个从莫桑比克来的奴隶成了巴拿马龙奴隶社区的领导人,见 AGI, Patronato 234, Ramo 6, fol. 312v。关于另一个莫桑比克奴隶在 1578 年的托利马(Tolima),见 AGNB, Negros y Esclavos, Tolima, SC43, Legajo 2, fol. 963v。关于从亚洲来的奴隶贸易,见 Seijas(2014:Chapter 2)。关于 1582 年一个来自阿拉达的奴隶在博亚卡(Boyacá),见 AGNB, Archivo Histórico de Boyacá, NT, Rollo 11, Legajo 37, fol. 329r。关于 1592 年,同上,Rollo 16, Legajo 54,

fol. 197v。

51. 关于阿拉达，见 AGI, Indiferente General 2795，letter of 27 May 1617。Calado（1648：161）提到了在巴西的阿拉达奴隶的数量。关于本格拉奴隶贸易的兴起，见 Den Heijer（1997：11 - 29）。

52. Law（1997：Vol. 3，581）；Bosman（1967：365）.

53. Behrendt/Latham/Northrup（2010：159，135，145）.

54. 同上，149。关于伊瑟特，见 Axelrod Winsnes（1992：76）。

55. 17 世纪关于奴隶制残酷性的报告，见 BA, Códice 50 - V - 37，fol. 245v 及 Van Wing（1961 - 2：81 及 81 n. 34）。

56. 17 世纪上几内亚关于此事的例子，以及卷入的暴力，见 AGNSCL, Fondo Vicuña Mackenna, Vol. 77, Pieza 1, fols. 83r - v；Norris（1968：10 - 11）；Bosman（1967：17）。

57. 关于从罗安达到马坦巴的道路，见 AHU, CU, Angola, Caixa 6, doc. 97。关于 1684 年的记载，见 AHU, CU, Angola, Caixa 12, doc. 158。关于罗安达周边人口减少的整体情况，见 BA, Códice 50 - V - 39, fol. 41r。

58. 关于非洲历史上的战争，见 Reid（2012）和 Thornton（1999）。关于对贝纳迪诺·德·塔沃拉远征的引用，见 BA, Códice 54 - X - 20［n. d.］。关于使用人民当背夫，见 BA, Códice 50 - V - 39, fols. 40r - v。一个葡萄牙军队焚烧棕榈树的例子来自 1655 年的基萨马，见 AHU, CU, Angola, Caixa 6, doc. 25。

59. Camara/Jansen（1999：45）.

60. Demanet（1767：Vol. 1，106）.

61. Proyart（1776：165）；Conneau（1977：104）.

62. Gamble/Hair（1999：108）.

63. 这份杰出的记录被 Alessandra Brivio 找到并分析，见 Brivio（2013：52 - 3）。

64. NCAC, RDD, transcribed cassette 309A, p. 61.

65. 关于塞古，见 Bazin（1974：112，118 - 19）。关于谚语，见 Mounkaila（2008：Vol. 1，195）。

66. 关于科门达的铁条，见 Law（1997：Vol. 2，90）。

67. 如 Randles（1968：174）所说，是"奴隶作为真钱连接了非洲和外界"。关于巴西烟草作为货币，见 Lessa（1957：23）：在 1796 年的埃尔米纳,巴西教士购买一艘独木舟要花费 68 卷烟草。关于卡拉巴尔的铜棒货币,安提拉·杜克非常清楚,见 Behrendt/Latham/Northrup (2010:135)。

68. 我非常感谢阿桑·萨尔(Assan Sarr)关于外来性休克的脆弱性的观点。

69. Dantzig (1978:104). 关于 1610 年塞内冈比亚可怜的利润,见 AGI, Indiferente General, 2795 [n. d.]。关于 1622 年的文件,见 AGI, Santa Fé 52, no. 172。

70. 美元符号($)与奴隶制的关系的这个观点在 Seijas/Fredericks (2017:3,70)中得到了深入阐述。我非常感谢塔蒂亚娜·塞哈斯将这本书作为礼物送给我,让我了解到了其中的联系。

第七章　涉足战争：
西非政治中的"财政—军事国家"

　　上一章讨论了从 17 世纪晚期开始的奴隶制的大规模扩张，而奴隶制的扩张又需要不断扩大的有组织的战争。在这种情况下，和欧洲一样，西非的政治力量也军事化了。军队不断增多，特别是在稀树草原区域内，与之对应的是国家力量的增强。这种变化在 18 世纪的结果是，西非许多地区出现了欧洲历史学家所称的"财政—军事国家"。像大多数历史概念那样，这个简洁的词也包含着许多层面的意思。"财政—军事国家"与现代国家的利益关注点已经颇为接近（"财政"），而战争是它们持续存在的原因（"军事"）。这种国家要求对暴力的垄断，如果它保卫臣民的利益，那么这自然是好事，但如果它的利益与臣民相反，这就成了坏事。[1]

　　在 18 世纪的西非和欧洲，军队和国家的利益是趋同的，这就创造了"军事—工业联合体"的早期形式。为了扩充军队，人们需要缴纳更多的税。当税收增长时，对政权监管税收支出的要求也提高了。当统治阶层膨胀时，国家权力也就加强了。而地方力量遭到削弱，出现了权力和统治集中化的现象。

　　"财政—军事国家"的崛起为非洲和欧洲都带来了严重的后果。研究这个课题的历史学家认为，这种统治系统在 18 世纪末期欧洲的革命年代里造成了巨大的危机。我们在接下来几章将看到，几乎与欧洲同时，完全类似的危机也在西非出现了。当传统历史学费尽心机想对西方和非西方的轨迹做出根本性区分时，18 世纪国家发展的性质以及民间对国家抵抗的特点，却显示出非洲和欧洲在历史上是相互依赖的。这可能是一个富有争议的发现，特别是在相当一部分历史学家总是强调西方经验的独特性以及非洲与"历史"的隔绝时。[2]

　　不是只有西方历史学家将税收、军事力量的崛起和新国家联系在一起。1695 年，当阿肯人在库马西建立阿散蒂帝国时，他们就团结在军事扩张的标签下——"阿散蒂"这个名字就来自契维语的"esah"（战争）以及"esantefor"（因为战争）。黄金海岸 17 世纪 80 到 90 年代的内战导致了日益严重的社会失序，并催生了一种将军事力量整合起来寻求统一的需求。接着，像许多 18 世纪的财政—军事帝国那样，阿散蒂成长时还将许多小国整合进了帝国，并采纳了原来各个国家的风俗。莫西国北面挨着在 18 世纪中叶被征服的塞古。在今天位于库马西的曼希亚王宫阿散蒂历史博物馆中，有一个莫西的铜雕，呈现的是莫西最后一个国王带着他的鼓骑在马上的场景。其他民族〔包括达贡巴（Dagomba）人和加（Ga）人〕的鼓同样被融入了阿散蒂军事和政治生活中——这种融合创造出了一个阿丁克拉族（adinkra）的象征性符号，阿散蒂的老人们经常使用它，这个符号是中间部位交叉的两个鳄鱼，表示"多元统一"。[3]

　　西非的口述历史学家对"财政—军事"国家非常了解。根据班巴拉说唱艺人的说法，在 18 世纪上半叶塞古王国崛起时，那儿的贵族对塞古国王的称呼表明了金钱是如何换取武器

297

298

奥科姆福·阿诺基（Okomfo Anokye）铸剑点，
加纳首都库马西与阿散蒂帝国建立地的传说地点

和权力的：

> 迪亚拉（Diara），河流的统治者！
>
> 迪亚拉，权力的统治者！
>
> 迪亚拉，火药的统治者！
>
> 迪亚拉，贝币的统治者！
>
> 迪亚拉，人民的统治者！[4]

　　欧洲历史学家完全忽略了西非的这种发展，没有意识到全球历史进程中的国家发展的平行性质。他们也没有看到西非的货币积累，而它是统治者的财政基础，统治者可以用它来资助军队扩张。理解到这样的国家发展在根本上只是一场金钱交换，而非洲的货币是多元的，我们才能为获得真相找到新的方向。[5]

　　与此同时，西非的历史学家通常忽略了这些联系。许多早期的历史学家设想出一种"掠夺性国家"的观念，在这种观念下，军事化的政治组织以软弱的人民为食，而社会冲突主要表现在"中央集权"和"分权"之间的斗争中。在不同国家之间，政治组织的区别当然很重要。然而，对于奴隶贸易的简化聚焦已经模糊了这样的现实：战争从来都是强硬国家权力的女仆，不管是在非洲还是在其他地方都是如此。国家需要军队，几乎没有统治者能够做到既享受拥有军队的快感，又长期不去使用它。[6]

本章就考察了这种趋势，看这些新崛起的国家是如何与金钱和军事力量联姻的。与欧洲一样，非洲国家的一个基本区分点是：获取资本的能力区分了不同国家的长期生存能力。那些将黄金作为硬通货的王国跻身最长寿国家之列，它们对19世纪席卷该地区的革命有着相对的免疫力。这些国家包括阿散蒂、达荷美和上塞内加尔河流域的噶加噶（Gajaaga）：获取黄金让这些国家能够保护自己，而其他许多统治者却做不到。

西非统治者非常清楚地意识到这一点有多重要。18世纪，一种叫作尼基密斯卡尔（Nikky mithqāl）的金币开始在现代的贝宁铸造（尼基至今仍然是贝宁中北部的一座小城），并广泛流通。这种货币是由阿散蒂持有的黄金铸造的。尼基密斯卡尔在尼日尔河河曲附近一直流通到19世纪，连接起了西非经济和跨撒哈拉贸易。这种货币的铸造揭示了当时西非一些国家的革新力量，以及它们能够为军事发展提供财政支持的方式。虽然在18世纪，奴隶在许多方面已经成了财政资本终极的储存方式，但生产和持有黄金的能力依然是国家建设和政治长久的重要因素。[7]

以达荷美为例，对这个国家的一句简单描述就可以说明这个主题，并展现出它对金钱和国家权力这个大主题的重要性。18 世纪 20 年代，达荷美超越了第四章所讨论的阿拉达和惠达王国，迅速变成了巴西黄金的进口国家。17 世纪 90 年代在米纳斯吉拉斯地区发生的大规模袭击，见证了由巴西的奴隶船实行的不断增加的黄金走私。进口黄金作为贵重货币（在达荷美贝币只是日常货币）让国家拥有了更强的财政能力。18 世纪 50 年代后，黄金进口出现了下滑，但那时，国王的权力是如此强大，以至于他的军队甚至不断地袭击在维达的巴西商业代理商。[8]

黄金真的对达荷美那么重要吗？它毕竟在 18 世纪 20 年代还是个夜郎自大的新兴国家。当英格兰商人布尔芬奇·拉姆（Bullfinch Lambe）于 1726 年被抓，并被送往达荷美的首都阿波美（Abomey）时，他写道，国王"有大量黄金铸造的盘子"。惠达的英格兰商人对这些巴西黄金充满了饥渴。1720 年，他们的商业代理威廉·贝利（William Baillie）前往巴西，试图发展黄金贸易。他于 1721 年 8 月在巴伊亚写道："我在努力地促成你们与葡萄牙人之间的黄金贸易。"他成功了，1724 年到 1726 年维达的黄金收支账簿上满是巴西商人的交易信息：1724 年 5 月从约瑟夫·佩雷拉（Joseph Pereira）处购买 147 盎司，1725 年 5 月从弗朗西斯科·努涅斯（Francisco Nunez）处购买 60 盎司，1725 年 7 月从森霍尔·格雷戈里奥（Senhor Gregorio）处购买 142 盎司，等等。这些黄金大都直接卖给达荷美，但有一小部分被英格兰商人盗取，比如，于 1727 年 9 月死于维达的约瑟夫·阿德科克（Joseph Adcock）的遗嘱中就包含了几份金砂的遗赠。[9]

英格兰人小心翼翼地尝试接触巴西的黄金，首先是被惠达王国的需求，其次是被达荷美的需求所鼓励，如同贝利在1718 年 11 月写给他金主的巴结信中所说："我很抱歉我不能送去更多的钱……原因和上次的一样，我被迫用黄金购买奴隶……我本来还想送一些奴隶去巴西，但我在这里没有机会获得足够的黄金去购买奴隶。"位于维达的皇家非洲公司工厂1731 年 3 月的一份粗略记录提供了一种参照，由此可以了解这样的贸易规模到底有多大："3 月 6 日：一艘葡萄牙船在这里下锚，其船长为库斯托迪奥·戈麦斯（Custodio Gomez），他想用来自伯南布哥的烟草和黄金换 600 个奴隶，船长表示更多葡萄牙人正在赶来。"[10]

在这一时期，西非另一个使用黄金作为标准货币的重要国家是阿散蒂，它位于黄金海岸的腹地。在这里，到 18 世纪初，所有的相对价值都要以标准黄金来衡量。到 18 世纪 50 年代，阿散蒂几乎控制了所有的黄金产能，瓦萨（Wassa）、特威福（Twifo）、登基拉和南方的阿基姆阿布阿夸（Akyem Abuakwa）等地的黄金厂矿都是由皇家奴隶开采的。和在达荷美一样，欧洲人有时也支付给阿散蒂黄金，这些黄金也是从巴西走私的。1730 年 1 月，皇家非洲公司在迪克斯科夫的代理人克鲁克尚克斯（Cruickshanks）先生送给了"阿散蒂国王一份礼物以促进贸易"，其中包括一份黄金礼品。[11]

一些读者可能感觉这里存在一个悖论，因为我们已经看到，在 18 世纪，部分黄金和白银的进口是和已经存在的其他"软"货币平行存在的。18 世纪末，尼基密斯卡尔的铸造更是确定了这个趋势。而这看上去又和之前讨论的将"硬"货币从非洲出口出去的图景正好相反。然而，这些"硬"货币在部

301 分地区的进口和保持是以奴隶出口的巨量增长为代价的，这些奴隶的劳力进一步增加了非洲之外的价值积累。上一章中讨论的外部依赖意味着，一旦在19世纪废除了奴隶贸易，导致贸易图景出现逆转，阿散蒂就不得不再次出口黄金，这样，获得资本的机会的不平等将以指数增长。[12]

本章将观察18世纪非洲军事化国家的具体细节：从精神层面的重要性到国家和战争的关系，以及通过货币进行的财政行为；最后还会考察，国家权力通过金钱和战争获得的经历又是如何创造了这些国家可疑的政治遗产的。记者、政治学家和其他外部观察者可以思考非洲的"国家失败"，但是，如同本章所揭示的，从历史学家的角度看，出现这样的结果完全是因为普通臣民很快就会对一个强大的国家机器感到厌烦。

从秘密会社到国家军队：精神信仰与军事结构

传统历史分析只是将军事化单纯地与国家的物质问题或者国家的优势联系起来。这看上去很奇怪，因为从历史上看，在大多数社会中，战争从根本上是和精神联系在一起的。基督教使用"正义之战"这个术语，穆斯林则将战争表述为"吉哈德"（精神斗争）这个概念，这都表明战争总是与精神力量（和正统性）的概念相联系的。在18世纪西非的战争行为中，这个说法也毫无疑问是正确的：在对森林地区秘密会社形成以及稀树草原地区国家军队形成的记录中，都能清晰地看到，精神力量是如何成为战争和国家关系的基础的。

我们可以从观察秘密会社开始。大约在19世纪末，英格兰旅行家玛丽·金斯利提供了一份颇具细节的描写，讲述了秘密会社在许多西非社会中的角色：

> 我不能在没有提到秘密会社的情况下结束这份对本地
> 思想状况的观察，但如果要详细叙述这个课题又须长篇大
> 论……塞拉利昂的普尔拉（Poorah）、拉各斯的奥鲁
> （Oru）、卡拉巴尔的埃博、伊加尔瓦（Igalwa）的亚西
> （Yasi）、姆蓬圭（M'pongwe）的乌库库（Ukuku）、克勒人
> （Bakele）的伊坤（Ikun），以及巴齐兰吉（Bachilangi）和
> 卢巴人（Baluba）的鲁库库（Lukuku），是西非海岸地区
> 最强大的一批秘密会社。[13]

302

金斯利详细描述了秘密会社进行严格的性别隔离的方法，它们
还有一个凌驾一切的司法体系。其中最著名的两个秘密会社是
波路（Poro）和桑德（Sandé），它们建立在一片广阔的区域之
上，横跨几内亚－科纳克里、象牙海岸、利比里亚和塞拉利昂
的一部分，波路由男性发起，而桑德则针对女性。每个会社所
体现的精神力量经常都是通过假面舞会来表达，它出现在特定
的宗教节日，或者社会日历的某些特殊时刻上。会社成员成人
时，或者一个人加入会社时，往往需要参加一场成功的武装打
劫行动。据金斯利所说，在约鲁巴人中，那些尚未参加过军事
袭击的年轻男人只能穿白色的衣服——那只是一块夏布而已，
并且处于会社发起人的控制之下。在西非许多地区，将身体涂
成白色作为成人礼的一部分是很普遍的，至今在几内亚比绍的
巴兰塔人中依然如此。这里的伊斯兰习俗采纳了这种礼节，在
这个国家的穆斯林地区，等待成人的孩子都穿着白色的袍子，
就像金斯利描述的约鲁巴人所做的那样。[14]

　　金斯利对西非如此广阔的区域内覆盖了如此多人的秘密会社的描写看上去有些普通，但这是有原因的。当写到喀麦隆时，她讲述道，一个向导提醒她，当地一个秘密会社的一个神祇是从塞拉利昂请来的。那儿的秘密会社至少从 17 世纪起就已经存在了。19 世纪晚期，（英格兰）皇家海军分舰队基地在塞拉利昂首都弗里敦的建立导致了一次非洲内部的大规模迁徙。皇家海军的舰船只要抓住了奴隶贸易船，就把船上被解放了的非洲人都送往弗里敦，在那儿教他们英语，让他们皈依基督教。许多人最后迁往了西非其他地区，包括尼日利亚约鲁巴人的土地和费尔南多波（Fernando Pó）岛（现赤道几内亚）。从这两个地方都很容易到达喀麦隆，就这样，秘密会社的理想和实践就结合在了一起。

　　这样看来，西非军事化的秘密会社其实并非如同冻结在时光之中那样静止，也并非彼此孤立。它们深深地与世界历史的变化相连，并和这种变化一起变化。它们也并非仅从塞拉利昂转移到比夫拉湾，也有一些会社采用了别的路线。卡拉巴尔的埃克佩秘密会社在 19 世纪扩张到了塞拉利昂，与它一同去那儿的还有不少释奴；它还扩张到了古巴，并组成了阿巴库瓦（Abakuá）会社的核心，这个社团一直持续到了今天。与此同时，如我们所见，刚果的宗教思想也在这时来到了弗里敦，它是以刚果十字社的形式出现的，这表现出此时在非洲和流放地区（美洲）之间，宗教和社会的相互影响还在起作用。[15]

　　这些会社的新加入者与军事行动之间的联系大都与奴隶贸易相关，理解这一点是非常重要的。在新加入者抓住一些俘虏之前，他们都不算是秘密会社的正式一员。最后，随着秘密会社重要性的增加，他们可以通过限制社会已经形成的家族世系联盟将社会重新分化，从而建立起新的政治权威。他们可以通过建立邻里都可以接受的信仰分享网络，来帮助会社扩张，卡拉巴尔和十字河地区的埃克佩神社就是这样的例子。他们加强了非穆斯林社会中政治权威的力量，排斥那些没有勇气加入的人，但是欢迎那些通过抓获俘虏证明了自己的人。他们还可以通过在精神上和政治上团结起广阔地理区域中的人民，来成为一种社会的凝聚因子，就像波路和桑德两个会社所做的那样。[16]

　　秘密会社的地位强化了人们对大西洋奴隶贸易时期的非洲战争的理解。虽然在萨赫勒和稀树草原的许多地区，敌对双方大量使用骑兵是一种正常的战术，但在靠近海岸的森林地区，这种军事结构却不起作用。作为替代，战争和这些秘密会社的崛起往往是受猎人控制的。根据 18 世纪一份关于塞古形成的口述记录，王国的建立者比通·库鲁巴利的权力是根植于他作为猎人的力量之中的，因为："他是一个猎人。/对狩猎的喜爱根植于他的身体。"猎人已经在使用铁器了，而流传于曼丁人之中的传统狩猎歌曲特别强调了铁匠的重要性，因为："任何人只要不忘恩负义都要感谢铁匠/他们让木头变得有用。"在钢铁赋予的力量之外，只有猎人足够勇敢，可以去和森林精灵（以及那些居住在森林中的野生动物们）做斗争。打败精灵和动物的勇气给了这些会社将动物图腾化的灵感，形成了猎豹、鳄鱼和猴子崇拜。[17]

　　这些图腾的重要性以及这种联系，在卡阿布的口述历史中被明显地表述出来。卡阿布是从 14 世纪一直持续到 19 世纪的一个伟大的塞内冈比亚联邦。卡阿布的建立者提拉马康·特劳

304

雷据说是猎人达曼萨·乌拉丁的儿子——就像比通·库鲁巴利那样。马里帝国（卡阿布曾经是它的附庸）建立者的名字"松迪亚塔·凯塔"（Sunjata Keita）是从"狮子"（曼丁语为"jara"）演化来的。而卡阿布的武士种族叫尼安提奥，它在口述历史中的意思是"像猴子那样"，甚至不同类型的尼安提奥对应着不同类型的猴子。这样，对卡阿布来说，丛林精灵的失败体现在这些被图腾化的动物身上，这成了这些新出现的军事化秘密会社的力量的关键性标志。[18]

在塞古和塞内冈比亚之外，猎人的角色在国家形成过程中就像在阿肯和约鲁巴人的口述历史中一样显著。这并不是说非洲前殖民时期的国家"来自"狩猎，而是与狩猎相关的精神力量鼓舞了更广泛的政治力量。这是一种基于对世界的恐惧和尊敬而采取的态度，这个世界是由人和动物共享的，这也是将秘密会社的重要性奉为神圣的做法，因为只有勇敢的人才能加入。这些会社变成了年轻人在日益暴力的世界上证明自己、获得成年人资格的地方，反过来说，这个世界之所以变成这样，部分可归因于这些会社的塑造。人们会说，这些新兴秘密会社的暴力只不过是复制和表现了大西洋奴隶贸易的暴力：它们体现并纪念了与贸易相关的战争和暴力经验。[19]

305　　除了秘密会社，西非国家和它们的军队还有许多方式可以领会战争的精神地位。对贝宁武士的剑的观察就非常吸引人，这些剑的形状如同一片树叶，一些著名的铜器上绘有这个图案，不管在尼日利亚还是在西方的博物馆中，这些铜器都很容易找到。这种剑的形状可能与相邻的约鲁巴社会中的一个精神概念阿克希（axé）有关，阿克希是在万物中都存在的一种生命力量，受到来自另一个世界的奥里克萨（即灵魂之神）的

贝宁武士和树叶状的剑

操纵。阿克希与自然和宗教力量紧密相关，这些剑的形状有力地表现出贝宁战士们看待战争的方式。[20]

　　神圣森林（圣林）这个概念根植于许多重要国家的信仰之中，包括古老的加纳帝国和伊费。圣林和自然对于精神（以及军事）力量的重要性也在另一份描述中得以体现，这里，博尔诺的大伊玛目艾哈迈德·B. 弗图（Ahmad B. Furtū）的军队袭击了萨奥－加法塔（Sau-Gafata）：

　　　　苏丹对于集结毫不感兴趣，而是带着军队向敌人前　　306
　　进，骑马、徒步交替，直到到达他们的（神圣）树林和

要塞。这是在夏天的时候。他接着把持盾牌和护板的士兵
按照军阶安排在最前面，后面是整装待发的骑士，马背上
覆盖着纳缝甲，他们没有分开行动，但也按照军阶排列。
在骑士之后是持斧战士，他们排成一排以便砍倒树木，这
样就能感觉自己足够安全，可以抵御异教徒的任何伤
害。[21]

这里清楚地描述了对萨奥－加法塔圣林的袭击以及对方抵抗的
尝试——"用弓箭和长矛袭击穆斯林"。但博尔诺军队的骑兵
在干旱的稀树草原地区胜出，战败者中活下来的都变成了战
俘。这份描写非常恰当地对比了伊斯兰与非洲宗教之间、源自
经文（《古兰经》）的力量与神秘的力量之间、军事化秘密会
社与骑兵先导的军队之间，每一方对战争的不同态度。

在黄金海岸，宗教力量在国家战争中的地位也非常显著。
在阿诺马布港口，英格兰代理商在1687年2月描述道："昨天
他们从芳蒂送来消息，要求所有可以上阵的男人都带上武器，
他们在城门上挂了一个信号标，禁止所有人做买卖，不能卖谷
物也不能卖任何东西，要赶快带上武器前往芳蒂。"几年后的
1694年，在附近的迪克斯科夫，这个代理商又描述道："所有
在城堡中的人都充满了激情，属于这个国家强大军队的几个头
人也表示，愿意为了英格兰人战斗到最后。"[22]

这种关系在黄金海岸也居于中心地位。博斯曼描述说，在
芳蒂，如果没有教士的"投票"，就不会有战争。从阿散蒂收
集来的一份口述文献描述了它在18世纪的崛起，1695年之
后，它以临近王国的牺牲为代价迅速扩张，它将周围国家征服
或者控制，接着通常会采纳它们的一些风俗，再从被征服者中

提拔一些军事领袖，让他们帮助维持秩序。在 1722 年前后征服塔基曼（Takyiman）时，塔基曼的国王收到了一份咒语的警告：如果他和一个非常漂亮却带有邪恶标记的女人睡过觉，他的王国就会灭亡。国王忽视了这个警告，最高教士预言这个王国会在 40 天内崩塌。不久后，一些阿散蒂贵族来参加一场葬礼，他们随后发动了袭击。国王的头人们对于他忽视了教士的警告感到非常愤怒，所有人都逃走了，将这片土地留给了阿散蒂。[23]

宗教信仰和实践在西非社会及其军事结构中居于核心地位，不管是伊斯兰信仰还是非洲信仰，也不管是在大规模的军队中还是在秘密会社中。因此，我们不应该为这种信仰同样塑造了军队最初的组织形式而感到奇怪。国家与这些社会和宗教结构一起运行，并与之合作；当国家权力随着经济的日益货币化而加强时，这些结构的权力就也随之加强。这一点是非常重要的，因为在当时，这些结构本身也可以动员足够的力量去对抗国家。

战争与国家构建：以达荷美为例

要想更清晰地了解西非和中西非的战争、财政化和国家组成之间的关系，达荷美是一个非常好的例子。在西方的想象中，达荷美是 19 世纪和 20 世纪大部分时间里非洲一切"错误"的缩影。它被说成残酷的奴隶国家，由一个专制残暴的国王统治，对于其残暴统治的花里胡哨的描写，让今天要准确地理解这个国家到底是什么样的变得十分困难。当然，比起这些记载所说的，这个国家要复杂得多。18 世纪末，达荷美将很大一片区域纳入了自己的影响范围，将自己表现成丰文化的信仰支柱。1791 年，达荷美国王阿贡格洛（Agonglo）的抄书吏用葡萄牙语写了一封信（日期用了基督教的历法），葡萄牙摄政王玛丽亚一世（Dona Maria I）给他回了信，将之称为"达荷美国王阁下"。[24]

308　　达荷美与葡萄牙和巴西以及其他大西洋贸易国家的贸易，是和熟悉的跨撒哈拉贸易同时存在的。1793 年，欧洲第一个研究达荷美并赞成奴隶制的历史学家阿奇博尔德·达尔泽尔（Archibald Dalzel）指出，这里最受欢迎的护身符是由访问首都阿波美的穆斯林商人用阿拉伯语写的。在 18 世纪 70 年代，另一位英格兰商人罗伯特·诺里斯的记录证实，达荷美国王对大西洋和跨撒哈拉两方的商人采取了平衡政策：

> 在距离我有一点距离的地方，坐着一打皮肤黝黑的男人，戴着穆斯林的头巾，他们穿着宽松的看上去像白色罩衣的棉衫、长长的同款白色裤子，脚上是摩洛哥皮制拖鞋……他们说、写阿拉伯语，可能来自非洲北部的摩洛哥地区，或者柏柏尔人的国家……他们是来购买动物毛皮的，他们将皮进行鞣制，做成马匹用具、烟草包，以及其他有用的物件。他们身后带着一些小捆毛皮。[25]

在达荷美的宫廷里，最起码有一些人可以用阿拉伯语交谈（如果不会写的话），以便于和这些商人做买卖，那儿也有一些人会使用葡萄牙语。那些可以读写欧洲语言的人被称为约沃（yovo），他们通常是非洲－欧洲混血后裔，有时又带着丰人的背景。一份 1804 年为阿丹多赞（Adandozan）国王撰写的文件是由一位葡萄牙抄写员写的，该抄写员在长信的末尾向巴西政府提出了自己的私人请求，他写道：他在阿波美宫廷已经23年了，没有任何葡萄牙同胞的陪伴，他对于离开已经绝望了，即便这样他也只能写一个非常简略的说明，因为"那些看到这段信息的人都知道怎么读，我担心这会导致不信任，不能再多说什么了"。[26]

换句话说，到1800年，达荷美已经成为一个国际性的国家，拥有足够大的宫廷机构来容纳双语工作人员，他们懂丰人的语言和阿拉伯语或者葡萄牙语。虽然很少有学者认为是阿丹多赞自己在写这些信，这些信更可能是他口述给宫廷官员的，但其中暗含的国际化影响力却是显著的。1810年，阿丹多赞签署了一封发往巴西萨尔瓦多的葡萄牙皇家官员处的信，信中对1807年葡萄牙王室为了躲避拿破仑的军队不得不从里斯本逃往里约热内卢表达了遗憾。事实上，达荷美是1822年第一个承认新巴西帝国的国家；它的邻居奥尼姆（一个臣属于奥约的小王国，现在变成了拉各斯）在1823年紧跟着承认，并派遣了大使到巴西去承认巴西从葡萄牙独立。这样，到了18世纪末，这些国家拥有了强大的国际联系和多语言的宫廷：国家建设的进程及其和战争的联系，在达荷美于18世纪20年代首次出名后，清晰而快速地发展了起来。[27]

战争之于达荷美的角色早就被确认了。达荷美对军事征服的依赖使得它和如阿拉达的前辈国家区分开来。然而战争不只是一种获得政治权力的手段；如我们所见，精神力量同样对它非常重要。当1727年达荷美最终征服惠达时，达荷美士兵们杀死并吃掉了在惠达的当贝（Dangbé）神庙中被尊为神的蟒蛇（事实上，这些蟒蛇至今仍然被尊崇）。就像博尔诺军队砍掉了其敌人萨奥-加法塔的圣林，在这个例子中，吃掉蟒蛇也象征着获得了敌人的实际力量。在这次失败之前，日益衰落的惠达精神力量还能被看到，在 1704 年到 1727 年间，有少量记录提到了当贝神庙。[28]

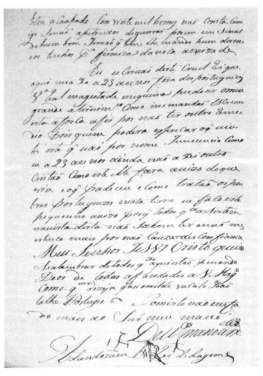

阿丹多赞在一封送往葡萄牙海外委员会的信
（1804 年 11 月 20 日）上的签名（底部左侧）

精神力量的恢复为 18 世纪 20 年代达荷美的快速崛起提供了一种重要的解释，离开了它，也许人们就无法理解达荷美的出现。1724～1727 年，在阿加贾国王的统治下，达荷美征服了所有邻居国家，成了该地区出类拔萃的力量，而在这之前它没有哪怕一丁点突出之处。阿加贾无疑是达荷美历史上最重要的统治者。他于 1708 年从他的兄弟那儿继承了王位，一位法国观察家在 1728 年形容道，他身高中等，身材圆满，"比莫里哀略高，肩膀也更宽一些"。英格兰奴隶贩子威廉·斯内尔格雷夫（William Snelgrave）几乎在同时也描写了他：脸上带着天花的痕迹，但无疑有一副皇家的姿态。他的名字"阿加贾"来自丰人的谚语："没人会把一棵站立的绿树扔进火里。"[29]

蟒蛇神庙，维达

　　阿加贾对达荷美宗教习俗进行的控制，可以通过他清洗萨科帕塔宗教运动成员得以显现，有一些人甚至被他驱逐到了巴西。通过将与他对立的精神力量扫平，阿加贾可以将力量聚集到王权之下。但这也表明达荷美的权力从宗教力量向一种带有公共性的权力转移，不再像以前在家庭神龛中或者圣林中进行的那样。达荷美政治权力的集中深深地依赖却又同时破坏了原有的宗教实践，将之集中在了对新的皇家神灵的崇拜之下，这种崇拜体现在猎豹崇拜上，即阿加苏（Agassu）。[30]

对宗教和战争的控制使达荷美国王与西班牙或者阿兹特克帝国的国王相似。欧洲君主的权力和神圣性之间也有着强烈的联系，这就是"君权神授"这个概念所清晰表达的。在"神谕"和让野蛮人皈依的幌子下，西班牙利用恶性的战争将美洲征服，就像伊斯兰人民在吉哈德（圣战）的幌子下进行战争。世俗权力只能由更高级的力量来授予，于是统治者和超自然连接起来，这个事实在世界许多地方都是成立的。这种说法通常是众多统治者打仗的合法借口。[31]

在达荷美，皇家宫廷设在了阿波美，宫殿（唯一允许建造多层的建筑）叫作辛波吉（simboji，即"大房子"）。辛波吉由一座土墙环绕，墙大约有 20 英尺高，保护着内部一个大的方形土地，每一边大约有 1 英里长。这个方形内部有许多房间，房间由长长的走廊相连，大房子在每一面墙的中部，由女人和太监组成的武装卫士守卫。[32]

当然，在 18 世纪，达荷美的权力是非常集中的，在位时间最长的君主是特格贝苏（Tegbesu，1740~1774），他残酷地处置了王位竞争者，创造了复杂的统治机器来推行更广泛的贸易。他的许多兄弟和贵族要么被处死，要么被卖作奴隶，比如他的兄弟特鲁库［Truku，也被称作堂·杰罗尼莫（Dom Jerónimo）］就在巴西度过了 24 年才被特格贝苏的继承人克彭拉（Kpengla）带回达荷美。与此同时，特格贝苏本人甚至认识维达城堡内的欧洲公司的经理们，他作为中间人将奥约出售的许多奴隶卖给了欧洲人。这种谈判对特格贝苏来说非常容易，他在 18 世纪 30 年代曾经作为人质在奥约待了好几年，直到双方签订和平协议，在其中达荷美承认自己是约鲁巴王国的一个附庸。[33]

特格贝苏的财富在 1772 年罗伯特·诺里斯到阿波美拜访他的宫廷时得到了很好的描述："国王坐在一个庞大的深红色天鹅绒椅子上，椅子镶着金边，放在毯子上，毯子又在一个宽阔凉爽的广场上，这个广场占了宫廷的一侧。他正在吸烟，戴着金色蕾丝边的帽子，帽子上装饰着一缕鸵鸟毛。他穿着一件深红色的锦袍，松松垮垮裹在身上，黄色的拖鞋，没有穿袜子。"[34]

这个时期，在贸易的推动下，皇家权威和权力每年都在增长。到了 18 世纪 60 年代，维达出现了一批被称为阿希新农（ahisinon）的私商，代表着特格贝苏和他的贵族们。这些私商必须有皇家牌照才能进行贸易，而国王（"自由贸易"的真正信奉者）鼓励所有愿意做买卖的人都去往港口。在那儿，他们会被带往维达总督的宫殿，宫殿的中间位置是"一个礼堂，当欧洲人要和总督做生意时就会被带到这里。礼堂开一侧门，像个画廊，内部装饰着列柱。里面除了黑板凳（政治权威的标志）和一张欧洲椅子，什么也没有了"。[35]

阿加贾、特格贝苏和克彭拉在那些年里并非只发展出能够组织国际贸易的政权，根据 1797 ~ 1798 年前来访问的巴西教士维森特·皮雷斯（Vicente Pires）的说法，整个达荷美的国内设施都在迅速发展。买卖布匹和食品的集市每天都有；它们每天轮换着地方举办，集市是由一名叫米冈（Migan）的官员管理的，这位官员有 100 个武装的手下。与此同时，皮雷斯引用了一大堆法律条文，包括关于宵禁（晚上九点开始）、偷盗、禁止抽取别人血液、下毒、通奸和贸易的条款，以及一个

313

法律框架来维持对已有权威的尊敬："所有的儿童都必须服从和尊敬国王、父母和其他上级人士。"与此同时，所有财产都归属于国王，国王附庸的财产也是他的，国王也是在维达和大西洋之间的沙洲上发现的所有船只上的货物的合法持有人。[36]

这个框架表明这个王国在全速前进，而它在特格贝苏掌权的百年之前，还只作为一个小政治实体而存在。这个国家机构规划了基础设施，也为了养活国家人口而想办法生产了足够的食物。到 18 世纪末，这里有皇家道路，罗伯特·诺里斯描述说，他"通过一个相当不错的桥过了一条河，这个桥是由木头制造的，木桩排列距离适中，其上覆盖着短木和栏杆"。通往阿拉达的路非常好，阿拉达地区（现在已经是达荷美的一部分了）种植了棕榈树，等收获就可以制造棕榈油，然后在维达进行贸易，而另一个城市附近则种植着山药、土豆和木薯。[37]

这样，虽然欧洲来访者和商人通常想方设法地在文字中将达荷美说成野人国，从他们的文字中浮现出来的事实却是复杂的。欧洲商人完全在国王的权力下生活，如果没有皇家许可，甚至不被允许离开他们的贸易点。每一次迎接他们的都是达荷美强制性的权力。当达荷美的总督（yovogan）去拜访欧洲总督的时候，他们总是带着四五百号武装人员，如果欧洲人也想来内地冒险，他们的待遇就像 1797 年皮雷斯的待遇那样，受到"由来复枪和剑武装的非洲人"的欢迎，"在呼喊和来复枪的射击声中，他们围住了我们三次，每次他们经过我们时都会鞠躬，而我们也还礼"。这种军事力量的展示是在提醒来访者达荷美的力量和尊严，达荷美的总督旅行时总带着"乐手、骑手、持伞人和许多临时雇用的人"。[38]

是什么让达荷美能够进行军事和行政机构的快速扩张？精神力量的转化提供了部分答案，但经济架构也需要被考虑在内，利润和货币供应的扩张也有其地位。在 17 世纪晚期和 18 世纪早期，达荷美在其前序国家惠达已经由于贝币供应的扩张而发展出了一定的权力。英格兰和荷兰人将大量贝币用麻袋运来，而维达人又"不断努力去赚钱"，男人织布、制造葫芦容器和铁器，而女人则做买卖，"这里的男人和女人都参加工作挣钱，每个人都充满了积极性，拼命要把其他人比下去"。[39]

在达荷美崛起之前，惠达的财富就依赖于这些贸易。事实上，惠达的国王在进口货币上要收一定的加成，这让他反对用其他货物进行交易。因为如果用贝币购买奴隶，需要多支付50%。到了 1700 年，博斯曼说惠达是一个人口极端稠密、非常吸引人的地方：

> 大量村庄中有圆顶房子，这些房子被土墙或者树篱环绕，村庄中还有许许多多各种各样美丽高大的树木，其布局看上去像经过精心设计，种植得很有秩序感，称得上是世界上最美丽的景象……我不相信世界上任何国家和这里相像。在村庄外，土地上覆盖着美丽的植物，既有草本植物也有木本植物，这提供了足够的食品，如三种类型的谷物、豆子、土豆以及其他水果。[40]

我们已经论述过贝币在这个时期的惠达王国中的重要性。荷兰人向本地区的进口不断增多，而 17 世纪末期的奴隶价格也不断攀升（见本书第四章）。这也符合英格兰的利益，1698 年时，皇家非洲公司在维达的贸易点就储存了 150 磅贝币。这

314

315

种结果自然是财政基础的进一步扩张，更多地方在本地市场中使用贝币。一份资料宣称，在17世纪末，商品价格已经翻了三倍，这意味着被带到惠达的贝币数量大大增多，同时每年有多达3万的奴隶被出口。更大的奴隶贸易量意味着更多的贝币进入了流通。货币使用变得更加广泛，这样，统治者能够给他们的统治提供更多的财政支持，并扩张他们的政府机构。[41]

然而，贝币库存的迅速增长对于本地经济而言是一种瓦解性因素。在18世纪20年代，贝币进口达到了前所未有的规模，触发了惠达的通货膨胀，这对它在精神力量方面的衰落起到了重大作用，使得人民在1727年面对达荷美的入侵时不愿意去保卫这个王国。在阿拉达，1725年的通货膨胀意味着欧洲商人以贝币形式支付的税收大大增加。这同样可以解释为什么惠达和达荷美都热切地想要获得巴西的黄金，以及为什么这些黄金在18世纪20年代之后帮助达荷美统治者稳定了局势。[42]

从掌权开始，达荷美在整个18世纪的财政收入增长依然靠进口贝币。18世纪30年代英格兰运来的黄金中很大一部分被用来购买贝币。位于阿茹达（Ajudá）的葡萄牙圣若昂城堡的维护费用也必须用贝币来支付，"它是那些人使用的货币"。如上面博斯曼的记载所说，所有人，包括欧洲人和达荷美人，都把贝币当作货币，而不是用于交换的"原始"物品，强调这一点是非常重要的。1791年，当一艘来自巴西萨尔瓦多的奴隶贸易船发现自己已经没钱了时，它试图利用信用证提取贝币，就像当时对其他多种形式的货币所做的一样。这样，18世纪奴隶贸易的大规模增加，以及由此带来的流通货币的增加，是达荷美政权稳固的一个重要因素。达荷美通过军事和财政扩张成长起来，这表明西非的国家建设也是用和同时期欧洲国家类似的方式完成的。[43]

在所有这一切中，战争（和对战争的财政供应）是达荷美征服阿拉达和惠达并获得权力的根本性因素。然而在1730年后，奥约军队迫使达荷美承认自己是一个附庸。如同一个在维达的英格兰代理商在日志中所记载的，奥约组建军队后，丰人陷入了巨大的恐慌。1730年1月9日，流言说一场入侵即将到来，大量的丰人聚集在维达寻求保护。2月21日，阿加贾发来一份警报说，奥约军队已经在前进了，到了4月，他开始从阿波美撤退到阿拉达。整个18世纪30年代，奥约每年都派出军队，这时达荷美的军队就会撤退到荒野中隐藏起来，这种状况一直持续到1747年，这一年特格贝苏统治下的达荷美签署了一份低三下四的协议。[44]

虽然达荷美向奥约进贡，但值得说明的是，在约鲁巴国家，一个非常相似的进程连接起了贝币进口和国家形成。如同在达荷美，所有现存的证据都表明，贝币进口在16世纪以后出现了指数式增长。贝币的价值从来就不是固定的，距离海岸越远，它的价值就越高。每40个贝币扎在一起形成1小串，每5小串扎在一起形成1大串（200个），50大串相当于1头（1万个），10头（10万个）放在一个大袋子中作为主要支付手段。这些面值不断变大，贝币的用途也随之增多，因为随着贝币进口增加，它们在王国中的使用率也在增高。[45]

如同在达荷美，贝币进口的增加是理解这些年奥约国家扩张的中心要素。随着货币供应的快速扩张，国家权力也在同步扩张。在1500年到1875年间，至少300亿个贝币被送往了贝宁湾地区，这相当于该时段商业船队运送货物总价值的44%。

316

这种增长也被记录了下来，因为在 1200 年到 1500 年间的伊莱－伊费，虽然贝币形状的浮雕在陶器和陶雕上已经出现，但在考古记录中，贝币本身却鲜被发现，直到 16 世纪才发生了变化。考古学家阿金武米·奥贡迪兰在埃代－伊莱（Ede-Ilè，奥约边境上的一个收费站）的考古发掘揭示了更多。据说，人们经过这里需要缴纳 5 个贝币的过路费，奥贡迪兰将这个居民点描述为被贝币"淹没"。在一个破罐子里发现的贝币也展示了当时的人们将贝币当钱来使用。[46]

这样，在这个阶段，奥约的经济货币化和达荷美一样，也展现了军事和政治机构的双重扩张。奥约的一个皇家委员会（奥约－梅西）在每一任国王死后负责选举新国王，委员会的首领叫巴索伦，来自一个世袭的世系。王国的卫士，即埃索斯，根据他们在战争中的成就获得军事头衔。卫士中有 70 个队长，他们受卡坎弗（kakanfo）① 领导。与此同时，政府已经下沉到了每一个村庄，省督管理着每一个地区，他们将税收以贝币的形式送往首都奥约－伊莱。金钱、军事成功和政府管理在奥约国家的成长中是交织在一起的。[47]

对达荷美和奥约同时期的记录表现了精神力量被一个新生国家利用的细节，这个国家的军事力量随着货币化的深入而增强。虽然 18 世纪的作家将这视为"非洲野蛮主义"，但他们所描述的，事实上是欧洲国家形成的一个翻版和镜像。在欧洲，军事化、诉诸神权、恐怖的战争、不断增长的税收和财政控制也是紧密联系在一起的。这种平行的政治轨迹是富有教益的，在欧洲同在非洲一样，15 世纪以后，对"硬"货币而不

---

① 奥约最高军事指挥官。——译者注

是信用货币日益增长的使用，与国家权力的增强相伴，国家也更加有能力对暴力进行垄断，其能力超过了私人武装。欧洲观察家将西非 18 世纪末不断出现的暴力和战争描述为奴隶贸易的副产品，而事实上它们是国家形成过程的副产品，这在西非和世界其他地区都是一样的。不过，达荷美和奥约这样的国家的形成到了 19 世纪就被新出现的殖民主义打断了。[48]

战争与联邦国家：卡阿布和富塔贾隆的中央集权化

18 世纪西非强国的崛起和政府通过税收（经常是黄金）获得财政的潜力紧密相连。然而，西非的许多区域没有这么好的途径获得"硬"通货，它们更依赖其他形式的货币，比如布匹、铁块、铜环和其他物品。此外，地理条件也并不总能促进不同等级的国家占据更广大的土地。一些区域，比如几内亚比绍的溪流沼泽地区和尼日尔三角洲，就无法实现这样的强力控制，即便到了今天也是如此。

一份来自塞内冈比亚的口述材料提供了一个很好的窗口，让我们看到这种更像是联邦社会的国家是如何运作的。在卡阿布联邦形成之前，几内亚比绍区域内遍布着曼坎赫人（Mankanhes）："每个人都要靠自己。/但他们并不打仗，也不偷窃别人的东西，/不伤害别人。/他们只依靠他们自己。/但他们的村庄不超过 120 个。"[49] 这可能提供了一种浪漫的观点，但很明显这种去中心化的社会更欣赏社区自治，在这些小型的社会中，没有"剩余"人口用于做奴隶买卖，也就没有对军事竞争的刺激作用。

这些社区对年长者很尊重，也尊重某种形式的平等。社会组织是以家庭为基础的。当提到与曼坎赫人相关的曼加科（Manjaco）民族时，另一位口述历史学家约翰·门迪（John Mendy）描述了他们怎样将年轻人按照性别进行隔离，再按照年龄分组，进行农业劳作。大约在 18 世纪中期，曼加科劳力是严格按照性别来区分的：男人进行纺织、收集棕榈油，剩下的人从事相对安全一些的工作，在市场上进行贸易。这些社会也比那些等级化的国家更加平等一些。在曼加科人中，虽然具有特殊技能的人，比如铁匠，作为特殊阶层在许多地方都被保留了下来，但门迪表示："那儿没有铁匠家庭……/如果说哪个人天生是铁匠，/不，那儿并不存在这样的事情/如果你要成为铁匠，你必须去学习。"由此带来的种姓区分（你只能或者不能和铁匠、说唱艺人、武士结婚）也就没有被巩固下来。[50]

在具体实践中，强国和这些较小的具有更少阶层的国家之间是有重叠部分的。在尼日尔三角洲，虽然阿罗（Aro）商人组成了一个松散的国家，但他们也经常买卖那些由奥约军队俘虏的战俘。在 1550 年到 1750 年间，如今被称为多哥的巴萨（Bassar）的铁器生产至少增长了五倍，这让这个小型的社区可以和贡贾这样的大国进行贸易。这样，在西非的许多地区，小政治实体在实际中也和大型中央集权国家有互动。研究这种互动是如何发生的的确是一种有用的方式，可以使我们看清战争和国家形成的潮流到 18 世纪末是如何成形的，又如何推动了权力的集中化。[51]

大塞内冈比亚地区就有许多类似的互动。这里是卡阿布联邦的家乡，也是本杜、噶加噶（这两者位于上塞内加尔河谷）、富塔贾隆（位于现代几内亚－科纳克里北部的山区）和富塔托洛（位于中塞内加尔）这些中央集权国家的发源地。

卡阿布的联邦结构是以首都堪萨拉为中心的。资料提供者萨约·马内（Saajo Mane）在 1979 年描述道："真正的领袖／从堪萨拉来。／出现的任何问题，／最后都在那儿决定。"堪萨拉的城堡就像另一个人所说，"非常先进"，尽管在 19 世纪早期，联盟内部还有至少其他 13 个城堡。虽然最终的权威无疑是在堪萨拉，但卡阿布的确是按照一个去中心化的联邦系统来运作的。或者像巴卡里·萨内（Bakary Sane）、尼安科·马内（Nyanco Mane）和马朗·卡马拉（Malang Kamara）在 1979 年所说："卡阿布不算大。／因为它只不过是一些区域。"有许多更小的王国，比如帕切西（Pachesi）、帕查纳（Pachana）、普罗帕纳（Puropana）、孔雅吉（Konyaji）和图马纳巴萨里（Tumana Basari），到了 18 世纪，它们实际都在不同程度上成了卡阿布的附庸国。[52]

由于卡阿布是一个非穆斯林国家，在其中占统治地位的索宁基宗教结构就非常重要了。在这种宗教中，精神力量来自核心圣灵，也就是蛇神坦巴·迪比（Tamba Dibi），人们在一片圣林中供奉着它：这些神圣的树木的果子据说可以保护武士，使其刀枪不入（这种信仰后来传给了伊斯兰教徒，他们认为《古兰经》的经文可以起到同样的保护效果）。在这种宗教实践中，卡阿布加入了其他许多长期存在的宗教的传统。蛇神的角色早在（如果不是更早）加纳帝国时期就已经确立了，那儿有一条皇家大蛇，而如我们所见，惠达的蟒蛇神庙同样非常重要。[53]

在卡阿布，还有许多别的神祇也非常重要，人们常常为它们举行祭祀，这些神祇包括公牛，它可以防止富人被"吃掉"（被压榨或者被卖作奴隶）。精神需求也意味着联邦的边界是用没有人迹的丛林标识的［"在这里和班桑（Bansang）的边

320

界之间……没有人在这些灌木或者森林中"]，当卡阿布武士
建立一个新的定居点时，他们的第一个行动就是将周围的灌木
烧掉。这个动作既有宗教意味，也是代表征服的举动。就像在
博尔诺的例子中，将敌人的圣林砍倒可以摧毁它的精神保护力
量，在这里烧毁灌木丛林同样可以消解敌人的精神，确立卡阿
布精神的压倒性优势，这当然也是为了定居点的物理状况。[54]

从这个原点出发，卡阿布的社会机构逐渐成长。税收
（kabanko）是用布币（pagnes）以村为单位缴纳的。财富也是
"以布匹形式"存在的。随着 17 和 18 世纪奴隶制的发展，卡
阿布的布匹有时也是奴隶织就的。棉花也是由奴隶在有组织的
种植园中进行采集的。就像在阿散蒂和达荷美那样的集权化国
家，税收和货币（这里指布匹）流通对于卡阿布的权力也很
重要。由于卡阿布棉花产量的提高和奴隶数量的增加，这里可
以流通的布币数量也大幅增加。[55]

和这些变化相关的是国家的军事化。卡阿布的尼安提奥武
士构成了一种新型贵族。武士的世系是基于母系的，从母亲传
递给儿子。对卡阿布来说，战争的重要性可以通过口述历史学
家萨阿犹·马恩（Saajo Maane）的说法得以反映，他说："在卡
阿布以前的年代里，只有战争。蟒蛇主要靠战争养活。"尼安提
奥在社会中具有优越的地位，当他们从劫掠中返回时，被当作
胜利的英雄来欢迎，他们还经常从那些变成附庸的国家中寻找女
人来结婚。不断增长的税基帮助卡阿布支持着这些掠夺，这些掠
夺大都基于国家的军事力量，以及神灵和森林精灵的保佑。[56]

战争在社会中的地位可以通过尼安提奥与其他形式的日常
生活之间的连接来体现。女人如果生不出孩子，她们得到的处
方是："当武士们从征发中回来，/一旦人马到来，/你必须第

一个冲向他们／给他们水喝。"没有孩子一般被认为是女人的 321
错误，直到今天，在冈比亚，被称为坎耶伦（Kanyeleng）的
女性会社还会举行仪式，在不孕期结束时庆祝这种漫长病症的
结束（男人为庆祝仪式付账）。但更古老的看法是，是成功的
尼安提奥的军事力量给了女人克服不孕的力量。[57]

冈比亚福尼卡拉基（Foni Kalagi）的一个坎耶伦团体

　　然而卡阿布的尼安提奥挑起的长年战争却是要付出代价
的，它侵蚀了联邦结构。在 18 世纪早期，富拉移民从现在的
塞内加尔北部来到了富塔贾隆山脉（现在的几内亚－科纳克
里），并在 1727 年前后建立了一个阿尔马马特国（北非地区
以穆斯林伊玛目为首领的国家）。富拉人从北方掀起了一次次
南下的浪潮："他们从马西纳前来，来到了尼奥罗（Nyooro），
他们离开尼奥罗进入了一个叫本杜的地方。／他们来到了本杜
接着又到了坦达（Tanda）。／他们又一直走到卡阿布。他们一
点一点地到来。"最初，他们在卡阿布作为客人定居下来，卡

阿布的统治者强迫富拉村庄帮助政府收割庄稼，并缴纳贡赋。然而，随着富拉社会的发展，他们将富塔贾隆的当地人变成了奴隶，并且建立了一个中央集权的国家，和欧洲人做起了奴隶生意：为了"达成友谊/在白人/和富拉人之间/富拉人/和白人/团结起来战斗/抵御别的国家"。随着富拉力量的增强，他们开始挑战卡阿布。[58]

因此，在这一较长的时期内，大塞内冈比亚地区的政治权力有多重面孔。它存在于对某些特定宗教神灵的控制之中，也存在于税基的增长之中，以及四处奔波的贵族武士尼安提奥之中。更小的社会，比如曼加科人以及他们的邻居巴兰塔人和菲鲁普人（Felupes）的社会，拥有更多地理上的优势，可以借此来保卫他们免遭卡阿布和富塔贾隆的掠夺。他们可以逃入溪谷，或者在丛林中设计迂回的道路出入自己的村庄。他们当然不是消极的受害者。但是随着时光流逝，富塔贾隆这样的中央集权的奴隶贸易国家显著地成长了起来，并将这些小的社会以及卡阿布这样的联邦国家并吞了。[59]

为什么富塔贾隆的权力增强了？又一次，宗教没有和国家权力脱钩。伊斯兰国家的宗教学者宣称，拥有秘密的宗教力量可以将丛林中的精灵驱逐。在经过开垦的土地上，可以生产更多的粮食以供养更多的军队。最后，宗教力量、国家权力以及对税基和生产扩张的利用，都对1866年卡阿布被富塔贾隆击灭起到了作用。在原来小政治实体占据优势的地区，中央集权国家最终崛起。[60]

18 世纪的货币和国家

18 世纪的西非流行着战争。"那时和现在是不一样的，"

卡阿布地区一位口述历史学家说，"那是一个战争的时代，人们聚集在一起劫掠或者袭击别人。他们抓捕奴隶或者劫掠物资，让统治者拿走一半，将剩下的卖掉。那就是当年他们弄钱的方式。"这就是西非的"财政—军事国家"留下的经历和记忆。[61]

323

同样需要记住的是，国家和私人权力的互相作用。通过对贝币征税来资助国家的战争，这种重要做法已经在本章达荷美和奥约的例子中被详细说明了。事实上，从17世纪晚期开始，奥约开始向大西洋扩张，根据一些人的看法，它这样做是因为想控制获取贝币的渠道。在阿波美的王宫中，达荷美国王拥有着贝币和铁条的仓库（相当于王国的银行），贝币是王国最大的单项进口物，就算在某一时期酒精、火药和衣物在大西洋贸易中的比重提高了，但贝币依然是最多的。因此，进口和确保货币供应，对国家的财政化和军队的扩张至关重要。[62]

这种金钱和国家权力之间的关系已经过了一段时间的发展。早在1686年，荷兰人就抱怨英格兰在阿拉达利用海量的贝币换取奴隶，82英镑就可以换一个奴隶，而荷兰人必须用四倍的贸易量才能做到。到1720年，每年大约有450吨贝币被出口到北宁湾地区，这是所有出口到那儿的货物的三分之一。到18世纪30年代，葡萄牙人也从印度和莫桑比克经巴西中转，向非洲输送贝币。贝币也在黄金海岸地区的阿克拉和惠达之间运输。与此同时，如我们在本章导言部分所见，在这几十年中，巴西黄金的地位也在提高。这样，货币进口在西非的国家发展和军事组织扩张中长期扮演着的角色，重塑了许多事物：权力的实践、对军队扩张提供的金融支持、奴隶制的扩张，以及贵族武士、商人和其他人口的分化，等等。[63]

此外，达荷美远非唯一一个与国家机构的力量和获取贝币的能力存在紧密关联的国家。另一个类似的国家是塞古，口述叙事认为，这个国家贝币经济的增长发生在恩戈洛·贾拉（Ngolo Jara）统治时期（约 1766～1787 年），这就像说唱艺人塔伊鲁·班贝拉（Tayiru Banbera）所说：

324

> 那些日子里，我们生活在贝币时代。
>
> 成排的谷仓里装满了贝币，那是恩戈洛的遗产。
>
> 在那时，谷仓里除了贝币什么也没有。
>
> 它那么满，要是一个蜥蜴用尾巴碰一下，贝币就会喷出来。[64]

这代表了一个巨大的转变，据班贝拉所说，在王国早期："那里没有货币。/那些日子里没有贝币。"事实上，根据许多口述历史的描述，之前位于现代马里地区的政权都是不收税的，是塞古带来了税收这项创新。比通·库鲁巴利（约 1712～1755年）很早就看到了通过收税来增强权力的重要性。一份口述资料说：

> 人们收税并且
>
> 交给老塞古的
>
> 比通·库鲁巴利王。
>
> 每年都是给这个
>
> 比通·库鲁巴利
>
> 当你不得不带着税来时

却发现他又提价了。[65]

这样，塞古就像达荷美一样，以贝币计算的税不断增加，同时增加的还有政府的权力和权威。到恩戈洛·贾拉的继承人达·蒙宗（Da Monzon）时期（1787~1808），塞古的宫殿有七个大厅，由特殊的军事首领负责守卫。塞古有一支壮观的军队：骑兵强大，每个上尉和中尉都指挥着上千人马。王国的军事远征往往和税收和贡赋的征集有关。这是一个现在已经熟悉的模式，其中以贝币形式支付的税收和武士国家的发展是紧密相关的。更多货币的到来扩张了潜在的市场，也增强了对市场进行政治控制的潜力。[66]

尽管如此，这里最重要的是，要理解到，在这些西非王国中，货币的使用有着许多不同的目的，并不总是像一些范式所做的理性经济人假设那样，单纯是为了积累。就像在前面已经说过的，在塞内冈比亚和塞古，贝币可以用来占卜。正如塔伊鲁·班贝拉所说："抛撒贝币的人在一个房间里将贝币撒在地板上，然后坐下研究它们。"但同样重要的是，这种利用贝币的占卜活动是和密斯卡尔金币挂钩的，这种金币同样在当时的尼日尔河河曲地区作为一种货币形式流通着。占卜者将一个密斯卡尔金币放在一种被称为德格（dègè）的特殊饮料底部，不管是哪个孩子找到了这个密斯卡尔金币，占卜者就会说，这个孩子会在一家之长死后继承掌管这个家庭的权力。黄金带来权力，这实际上是占卜者给出的信息。[67]

在塞古，就像在 18 世纪的达荷美，金币和贝币是并行的，这同样强调了黄金在军事成功上的重要性。部分是因为储有黄金，塞古才作为一个国家存在到了 19 世纪。尼基密斯卡尔是一种在尼日尔河河曲广泛使用的标准货币。由连接跨撒哈拉商路的商人们携带，这种金币是在一个叫尼基的小城铸造的，这个城市在如今的贝宁共和国的北部，这种金币和在摩洛哥流通的金币非常相似。它和跨撒哈拉贸易中其他货币的互换性可以从它的名字密斯卡尔（mithqāl，与摩洛哥货币 mistqal 很相近）看出来。它的重量和一百粒小麦的重量相当，这对于使用十进制系统的贝币的商人而言也很容易换算。它的铸造和流通表明，许多西非统治者已经认识到了获取黄金和保持权力的重要性：黄金作为全球资本价值是 18 世纪权力的重要源泉。[68]

在口述记录中，贝币和密斯卡尔是联系在一起的，这一点也很重要。一份表明恩戈洛·贾拉找到了属于他自己的密斯卡尔的记录很有启发性。根据班贝拉的记录："那天恩戈洛正在穿他的缠腰布。/他穿着缠腰布，他的一侧有一个小小的网兜，装着贝币。"他一找到密斯卡尔，就把它和贝币一起放在网兜里。这就是说，贝币像其他钱币一样被装在钱包里；但政治权力同样和使用密斯卡尔紧密相关，并通过密斯卡尔控制政治（这解释了黄金为什么，又是如何对国家的成功起到了作用）。[69]

随着 18 世纪的展开，战争、货币供应以及奴隶贸易之间的联系变得更加紧密。那些可以获得黄金的国家，比如阿散蒂、达荷美、噶加噶和塞古，经济变得更加强健，因此也就能够更多资助日益扩张的军队，并抵御造成社会不稳定的群众运动。如果一个王国丧失了获取黄金的能力，就像 18 世纪 60 年代巴西出口率下降之后的达荷美，它只好采取替代措施来获取资本。这意味着达荷美必须设法让它的贸易活动加倍，因为这是取得贝币这种支撑国家货币供应的货币的唯一方法。达荷美可能成了 18 世纪最主要的奴隶出口国，这样，它可以通过用"奴隶货币"替代黄金来保持对资本的获取，以资助军事防御。战争和获取奴隶已经成了政治和社会权力的核心诉求，就像我们在前面的章节所看到的，战俘往往被视作一种价值储存方式和一种货币形式。[70]

　　纵观这些国家的历史，其展现的图景可能会让一些人感到吃惊。因为如我们所见，西非国家和同时期欧洲国家的发展范式非常相近。在阿散蒂、达荷美、卡阿布和塞古，如同在英格兰、法国和西班牙，君权都受到了精神力量的加持，国家权力随着货币的扩张而增强，进行战争也往往需要税基的增长。此外，虽然历史学家经常暗示西非的国家机构是静止的，但这个观点对西非并不比对别处更适用。随着货币供应的增加，达荷美和其他国家的新统治机构也在发展。所以，奴隶贸易时代的西非全球化与政治权力结构的演化之间存在着直接联系。而黄金和贝币的相互作用，在更广泛的全球关系中同样显著。18世纪如此大量的贝币进口，导致了贝币相对黄金的价值下降，又导致了西非获取资本和剩余价值的能力减弱，及其经济的相对衰退。当一个国家（如卡阿布）没有了获取黄金的途径，它的权力就会崩塌。[71]

　　在这些研究发现中，有一处极具讽刺。我们在前章已经看到，奴隶贩子往往声称他们是在"拯救"非洲人，方法是将他们变成奴隶，运过大西洋，送到一个基督教生活区。与此同时，废奴主义者往往将西非的政治失序"归咎于"奴隶贸易。但不管是赞成奴隶制的人还是废奴主义者，他们提到的西非的政治暴力其实和发生在欧洲的政治暴力一样，都是与国家形成相关联的。所谓"野蛮的"政体，只不过是欧洲国家形成过

327

程的一种映射而已，比如在欧洲三十年战争时期（1618~
1648），同样有着极端暴力的发生。

体验国家权力：以卡诺为例

金钱和权力的关系绝不仅限于政治层面。如我们所见，在
西非（以及在欧洲），它和宗教实践及宗教权力有着深深的联
系。16世纪从美洲送达西班牙的一些黄金被用在了祭坛画和
华美的装饰艺术品上，炫耀着西班牙宗教权力和它的黄金时
代。黄金在黄金海岸和达荷美也被用作皇家展示，有同样功能
的还有珊瑚珠和贝币。金钱在非洲的新权力可以通过多种方式
体验到：通过国家和军队的扩张，也通过皇家的权力象征符号。

达荷美以东的贝宁也提供了一个非常好的例子，告诉人们
进口的货币是如何超越单纯的货币价值，成了一种展示政治权
力的机会的。博斯曼在1700年前后写道："贝宁大领主的妻子
们，脖子上都装饰着珊瑚珠项链……她们的手臂上戴着闪闪发
亮的铜质或者铁质的臂环，一些人的腿上也装饰着腿环，她们
的手指上密密麻麻地挤满了铜环，能戴多少就戴多少。"珊瑚
珠在葡萄牙人刚到时就开始进口了，作为当地早已存在的玻璃
珠加工业的补充，它成了宗教和政治权力的象征。[72]

贝宁非常恰当地代表了西非使用金钱的方法和变化。在贝
宁的铜雕上，一些军用头盔上也装饰着贝币做成的环。将贝币
用作金钱和权力的象征，或许继承自珊瑚珠作为贵族标志的地
位。贝宁的珊瑚珠节日被称为勿吉艾薇（Ugi Evie），它可以
追溯到16世纪，这表明在展现王权上，珊瑚珠早就变得很重
要了。贝币在贝宁头盔上的位置象征性地揭示了金钱和军事力
量是相互关联的。"财政—军事国家"并非简单的西方式概

328

念，对于这个时期西非的不同地区来说，这里的权力和金钱经验同样符合这个概念。[73]

在金钱和商业日益增长的重要性之外，臣民们对于军事化的国家权力的增长又是怎样体会的呢？当发生军事入侵时，被入侵方的末端又是什么感觉，人们对遥远的独裁君主的感受又是怎样？这些都非常重要，因为在这种对权力的体验中，非洲臣民和现代集权国家之间的关系得以第一次确立。后殖民时期国家地位的问题，可以追溯到历史上非洲人民第一次感受到国家权力时，不管是像欧洲那样，国家成为某种"保护伞"，保护人民免遭随意的暴力，还是国家成为一种危险和掠夺的潜在来源。

上一章中叙述的被俘虏之人的记忆使人对这种体验的本质有所了解。此外，口述记录以最丰富的西非人经验对此进行了补充。萨赫勒国家卡诺的例子就非常典型。1960年，一个历史学家设法采访了一个叫浩瓦（Hawwa）的女人，她那时大约有100岁，1870年前后她还是个孩子，那时她就在卡诺被教着唱《巴高达之歌》（见第一章）。在歌中巴高达是一个"神奇的猎人"，是第一个清理卡诺周边丛林的人，在这之后，由于有了土地，这个伟大的城市国家才出现在那儿。丛林一被清理，人们就来到了这里，然而：

> 一场大饥荒也随之而至
> 人们没有谷物充饥；只有到他们那儿
> 才能得到一点，他们只发放少量谷物。
> 他们变得非常富有，拥有大量奴隶和马匹；
> 他们是伟大的商人。[74]

虽然 1730 年后卡诺的权力已经被它的邻居和竞争者卡齐纳削弱，但它依然足够强大。卡诺用靛蓝染色的深蓝色布匹，成了沙漠另一端的廷巴克图的时尚品，最远被卖到了北方属于地中海系统的城市非斯（Fez）和的黎波里。并且，从卡诺出发的豪萨商人连接了两个贸易系统：大西洋系统和撒哈拉系统。18 世纪，卡诺、沃尔特河盆地以及奥约之间发展出了大量的纺织、皮货和奴隶贸易，大西洋贸易的规模随即扩大。在大西洋诸王国，信用是贸易体系扩张的根本组成部分，具有道德和金融的双重含义。这样，南方系统和北方系统两种经济模式在这里纠缠在了一起。[75]

事实上，根据《巴高达之歌》所说，正是在 18 世纪末，这种商业影响力变成了可感知的正式军事形式。在巴巴·扎基的统治（根据《卡诺编年史》，为 1747 ~ 1771 年）下：

> 正是在他的权威下，卡诺有了新的标准。
> 正是在他的时代，马匹大量增多。
> 他拥有着强大的装甲骑兵和保镖。
> 正是他将远方纳入王权，
> 并派出保镖去教训那儿的人民。[76]

远方、暴力、日益增长的陆军和骑兵力量：这就是《巴高达之歌》所展现的对"财政—军事国家"中的国家权力的体验。其他资料同样表明，这支装备精良的骑兵跨越稀树草原，将大片地区纳入王权，而这片地区在历史上总是遭受博尔诺和卡诺的掠夺。"博尔诺的苏丹总是不断地打仗，"一个英格兰旅行者在 18 世纪 80 年代的突尼斯听说，"将战俘卖给阿拉伯人，这种贸易构成了这个国家的主要商业。"他的军事力量中"有着数量庞大的骑兵，因为他的步兵数量不多，很少对战斗力做出贡献"。[77]

这样，18世纪萨赫勒地区将战俘跨越撒哈拉送往北非的图景只是跨大西洋贸易的一个镜像。组织化的战争经历是基础性的，在这一轮扩张中，骑兵的地位也在记录中得以彰显。更往西，马匹的重要性在图阿雷格人1771年袭击廷巴克图的过程中也得到了体现，在袭击中，皇家马厩的卫士被杀死了。虽然这不是图阿雷格人第一次洗劫廷巴克图，但袭击皇家马厩看上去很特别：在廷巴克图、卡诺和博尔诺的战争中，控制和获得马匹，用武力抢夺它们，在这个时期已经成了战争胜利的一个重要方面。[78]

当我们考查战争和国家权力的体验时，可以清晰地看到人们对中央集权的记忆，以及由此引发的恐惧和斗争。国家的崛起与暴力、掠夺，以及人民对这种国家的极度抗拒相关联。那些为了自己的利益，为了伪宗教的升华和对其的赞誉而渴望权力的人，口述文献对他们的记录也显得非常不友好。《巴高达之歌》生动地抓住了权力的空洞，并记录了它的消逝，伟大的卡诺贵族和家族一在19世纪早期被推翻，情况即如下述："你找不到另一个徒劳地诉说着世界所发生之事的人/无论是在你漫长的记忆中还是在新的寻找中/……那些伟大人物曾经的居所/变成了空屋，再也没有人居住。"[79]

这种对国家权力之空虚的怀疑，伴随着暴力而成长。到头来，在大西洋和萨赫勒的例子中，奴隶贸易的扩张都促进了非洲国家的军事化。这些国家可以通过战争来获得战俘，以满足非洲的宗教和政治需求，以及外部的经济需求。因此，西方的

330

经济发展直接依赖非洲的军事建设。要想制造政治环境的不稳定，找不到比促进武器贸易更有效的办法了，于是欧洲就向非洲出口了大量的欧洲造的廉价武器，使当地的冲突更加武器化。作为后果，非洲国家权力和外部经济循环联系了起来，加之这个地区拥有如此多掠夺战争的经验，非洲臣民终于产生怀疑。

331

结论：截至 1800 年的金钱、国家权力与大众拒绝

本章叙述了 18 世纪奴隶贸易的扩张是如何使非洲国家变得更加军事化的。在萨赫勒，这种军事化是由骑兵提供的，因为那儿没有通过传播嗜睡病来杀死马匹的采采蝇（舌蝇）。在大西洋地区，马匹不能被引入军事活动中，这里的战争就以另外的方式组织起来，包括武器的大量进口以及军事化的秘密会社。中央集权国家没有在此崛起，但是更小型的社会和联邦却出现了，集权国家和小型联邦在获取财政利益上，往往有着类似的举措，但在治国之道上却采取了不同的方法，小型社会往往采用以家庭为单位的政体模型。在所有例子中，战争和国家都需要更多的金钱和税收来支撑。[80]

战争、国家货币化和奴隶贸易之间的基础性关系，可以最终放入贝宁历史的语境之中。到 18 世纪，贝宁曾经繁荣的铜器生产明显衰落了，由于拒绝将男性战俘卖掉，它被排除在了大西洋贸易之外。17 世纪晚期，贝宁曾经做过布匹买卖，但随即外部需求消失了。晚至 1682 年，英格兰代理商描写了贝宁是怎样生产"各种各样的衣服"的；1687 年，英格兰在黄金海岸科门达的代理商还收到了 400 块贝宁布用于贸易。但这已经是回光返照了，这些布以"最便宜的价格换任何商品"。[81]

贝宁的经济衰退开始了，一份口述材料提醒我们，在某个特定的时间，一个"完全不同的白人"来到了这里，他只购买奴隶（见第四章）。这个关键性转变发生在 18 世纪刚开始时。那时，虽然贝币依然是货币，税收也由地方长官送往首都埃多，但纺织工业陷入了深深的衰退之中。埃多的市场依然在运作，但城市里充斥着"残留一半的房子……现在的房子像穷人的庄稼一样立在那儿，两栋之间有着好大的空地"。强大的军队、铺张的皇家节日和复杂的行政力量所带来的辉煌日子，都已经远去。贝宁的"财政—军事国家"遭受了严重的挫败。[82]

332

然而，到了 18 世纪后期，贝宁的好运又回潮了。在终于加入了奴隶贸易的大家庭后，国王们可以再次获得贝币供应了，这样便可以重新货币化他的国家。军队实力也增强了，拥有了军队的国王可以保卫埃多了。1799 年，达荷美国王写了一封信，提议建立一个军事同盟来反对埃尔米纳地区双方共同的敌人，这封信表明了贝宁的复苏。[83] 通过奴隶贸易、贝币进口，衰退终于结束了，一位 1786 年的访客对国王的委员会进行了详尽的描述：

> 四个侍从引着我来到委员会的大厅里，大厅至少有60 英尺长，在另一端，我们看到国王坐在一个带扶手的椅子上，那儿比其他地方高三个台阶。他身上穿着非常好的白色布袍……60 个被称为"大人物"的 70 岁左右的老人也都穿着优质的缠身装，围绕着他们的首领。他们每一个人都在脖子、脚踝和手腕上戴着两排非常大的珊瑚，这是国家最高官员的独特标志……这些老人分成三组，其中

> 20 个人负责国家的财政收入和支出，组成财政大臣委员会，另外 20 个人被称为战争大臣委员，负责所有与战争和和平相关的事务，最后 20 个掌管贸易。[84]

这份记录提供了对 18 世纪晚期财政—军事国家的细致总结：贸易带来了金钱，这些事务由国家的一部分官员负责管理，再把金钱用于战争以获得战俘，然后由另外的官员将战俘卖掉换取更多的金钱。随着 18 世纪奴隶贸易的增长，贝宁的权力得到了恢复。重新与奴隶贸易取得联系，是作为一种重新资本化的手段而使用的，这也表明，这些奴隶当时在多大程度上变成了价值储存物（也就是货币）。在军用头盔上展示贝币这种国家货币象征着这种关系的力量。

333   在最后，如我们在本章开头所见，那些最能接触到资本并建立军事架构的西非国家，是持续时间最长的国家。但这种牢固的表象下隐藏着深深的紧张关系。大国的统治机构发展出了强大的军事力量，但在许多非穆斯林西非国家，与之相伴的则是秘密会社。那些流行的关于战争、宗教实践和归属问题的言论，也创造了抵抗国家权力的有力载体。到 18 世纪末期，当战争和奴隶制之间的联系变得工业化时，对这种趋势进行抵抗的社会力量也诞生了。从这时起，对国家权力的反抗将成为非洲历史的一个重要特点，并持续到今天。

注　释

1. 关于财政—军事国家，见 Glete（2002）和 Storrs（2008）。英国的例子

见 Brewer（1989）和 Harling/Mandler（1993）。我感谢 Tony Hopkins 督促我在"财政—军事国家"和西非历史之间的关系上想得更远。

2. 这种历史轨迹存在根本差异的观点，暗含着在人类学和历史学上长期存在的关于"原始的"和"西方的"社会和文化之间的脱节。像 Claude Lévi Strauss 这样的人类学家认为，所有社会与其世界观（包括"魔幻"和"科学"两个层面）之间的平行关系都是极具争议的，而历史学家更是如此。因此，对许多人来说，本书中提出的非洲和西方历史进程之间的联系在方法论和概念上仍有争议。然而，非洲思想家，如 V. Mudimbe，已经意识到了 Lévi-Strauss 的想法的价值，平行性的概念也启发了我的研究。见 Lévi-Strauss（1963）和（1966），以及 Mudimbe（1988：33）。

3. 我非常感谢加纳历史教师协会（Ghana History Teachers' Association）和库马西的 T. I. Amass 中学的 Benjamin Kye Ampadu，感谢他在我 2018 年 3 月访问库马西时与我一起做研究。

4. Dumestre（1979）。

5. Graeber（2011）；Kuroda（2008）。

6. 这里有许多文字关于"掠夺性国家理论"（predatory state thesis），特别见 Hawthorne（2001）、Klein（2001）和 Fage（1969）。

7. 关于尼基密斯卡尔，特别见 Johnson（1968）。

8. 研究达荷美走私进口黄金的关键工作是 Carlos da Silva Junior 做的，见 Silva Junior（2016a 和 b）。关于袭击在维达的巴西代理商，见 APEB, Seção Colonial e Provincial, Série de Registro de Correspondência para o Rei, 1799, 139, doc. 665, fol. 248r（1799）。

9. 关于拉姆，见 Dalzel（1967：10）。关于贝利的努力，见 TNA，C113/276，fols. 76r – 96r。关于 1724 ~ 1726 年维达的黄金收支，见 TNA，T70/1254，fols. 5v，18v，20v，以及许多其他地方。关于阿德科克的遗赠，见 TNA，PROB 11/617/56。

10. TNA，T70/1466，190；TNA，C113/276，fol. 72r.

11. 关于 1730 年来自迪克斯科夫的礼物，见 TNA，T70/1466，fol. 9。关于在阿克拉用巴西黄金和东印度公司的贝币进行物物交换，见 Lovejoy（1980：14 – 15）和 McCaskie（1995：38 – 9）。

12. 关于 19 世纪阿散蒂的黄金出口，见 Arhin（1995：99）。

13. Kingsley（2015：531 – 2）。

14. 关于约鲁巴，同上，537 - 8。关于波路和桑德秘密会社，见 Bellman（1984）。

15. Kingsley（2015：541）。关于埃克佩扩张到塞拉利昂，见 Northrup（1978：109 - 10）。关于塞拉利昂的秘密会社，见 Bellman（1984：17）。关于古巴的埃克佩和阿巴库瓦，最新的见解见 Miller/Ojong（2013）。

16. 关于在以血缘为基础的社会中秘密会社的作用，见 Bellman（1984：107 - 8）。关于猎人在巴兰塔起源中的作用，见 Hawthorne（2003）。

17. 关于比通·库鲁巴利，见 Conrad（1990：69，79）。关于铁和曼丁狩猎之间的联系，见 Derive/Dumestre（1999：113 - 15）。关于猎豹杀手，见 Pratten（2007）。关于达荷美的阿加苏（Agassu）猎豹崇拜，见 Parés（2016）。关于狩猎的角色和国家形成，见 Konadu（2010：40）对阿肯的叙述，以及 Ogundiran（2002a：29）对伊杰萨国家的叙述。

18. 关于作为猎人儿子的提拉马康，见 NCAC, RDD, transcribed cassette 566。关于尼安提奥和猴子的联系，见 NCAC, RDD, transcribed cassette 491B, 12 - 13。我非常感谢在 2014 年 7 月 1 日西非研究会（West African Research Association）组织的一次活动上 Ibrahima Thiaw 领导的一场关于秘密会社的讨论所展现出的洞察力。

19. 关于将游猎采集者视为国家建设者的问题，见 Luna（2016：9 - 10）。

20. 比如见 Pitt-Rivers（1900：Plates 1 和 4）。

21. Lange（1987：46）。关于加纳的圣林，见 Gomez（2018：35）。

22. 关于 1687 年 2 月的阿诺马布，见 Law（1997 - 2006：Vol. 2, 196）。关于 1694 年的迪克斯科夫，同上，Vol. 3, 31。

23. 关于教士的"选举权"，见 Bosman（1967：183）。Ivor Wilks 将这个口述记载定位在阿散蒂征服塔基曼时，见 Wilks（2013：15 - 24）。

24. 见 Bay（1998：1 - 2）。关于这封信和回应，见 AHU, CU, Sao Tomé, Caixa 26, doc. 7。关于达荷美起源于"丰人"，见 Dalzel（1967：1）。

25. Norris（1968：102 - 3）。关于护身符，见 Dalzel（1967：vi）。

26. AHU, CU, Sao Tomé, Caixa 37, doc. 32。关于这封信的讨论，见 Parés（2013a：301）。关于约沃，同上，330 n. 4。

27. 关于在国王宫廷中信件是如何起草的，见 Parés（2013a：301）、Soares（2014：246）和 Santos（2012：95 - 104）。关于 1823 年奥尼姆

的外交，见 Santos（2012：21）。关于达荷美是第一个承认巴西帝国的，见 Alencastro（1980）。阿丹多赞关于葡萄牙宫廷迁移的信件，见 Araujo（2012：9）。

28. 关于从军事权威的角度看达荷美与阿拉达的区别，见 Law（1997：64-5）。关于在促成战争上蟒蛇的重要性，见 Bay（1998：60-63）；另外，Bosman（1967：228-9）认为蟒蛇被尊为惠达之神，这在 Parés（2016：159-61）中也被很好地讨论了。

29. Akinjogbin（1967：61-2）.

30. 关于萨科帕塔神庙进化的讨论，见 Sweet（2011）对 Domingos Álvares 的讨论。关于达荷美宗教转型的一本基础性的著作是 Parés（2016,esp. 68-91）。关于圣林和圣地，同上，99。关于阿加苏，同上，162-79。

31. 关于君权神授，见 Monod（1999）。这当然不仅是达荷美的情况，在安哥拉也发生过。就像历史学家 Linda Heywood 所展示的，恩东果的恩津加女王巨大的政治权力是通过强力的宗教习俗进行引导的，在她统治的 41 年里，宗教习俗在潜移默化中保证了她的权力——见 Heywood（2017：119-27）。

32. 关于王宫的描述，见 Norris（1968：vi-vii）。关于达荷美宫廷和军队中女人的地位，见 Bay（1998）和 Alpern（2011）。

33. Akinjogbin（1967：110-32）. 关于特鲁库，见 Dalzel（1967）.

34. Norris（1968：95）.

35. 关于阿希新农，见 Bay（1998：105）。关于维达的宫殿和贸易方式，见 Axelrod Winsnes（1992：97, 102）.

36. Lessa（1957：27, 109-15）.

37. Norris（1968：66-72）.

38. 关于达荷美在维达的总督拜访城堡，同上，43。关于骑兵和军队欢迎欧洲人，见 Lessa（1957：30）.

39. Bosman（1967：342-3）. 通常西非的男人是织工，就像 Colleen Kriger 所指出的。

40. 同上，339。

41. Dantzig（1978：89-90, 104）. 关于皇家非洲公司的店铺，见 TNA,T70/1243, 12 March 1698.

42. 关于空前的贝币进口，见 Law（1995：56）。关于阿拉达 1725 年的提税，见 Dalzel（1967：8）。

43. 关于 18 世纪 30 年代用黄金购买贝币，见 TNA, T70/1254, fol. 4r。关于在 1795 年的阿茹达用贝币支付城堡开支，见 APEB, Seção Colonial e Provincial, Série Correpondência para o Rei, 138, fol. 326r。关于 1791 年提取贝币的信用证，见 AHU, CU, São Tomé, Caixa 26, doc. 7。

44. 关于达荷美和奥约的关系，见 Norris（1968：12 – 15）。1730 年的日志见 TNA, T70/1466, fols. 185, 186, 189, 191。

45. Johnson（1937：118 – 19）.

46. Ogundiran（2002a：429, 436 – 8）和（2009：361 – 4）。

47. Johnson（1937：70 – 71, 75）. 关于奥约国家的最好的现代文献是 Law（1977）。

48. 关于国家力量和货币控制的关系，见 Graeber（2011）。关于国家是垄断暴力的机构（或 "勒索保护费" 的机构），见 Tilly（2000）。

49. NCAC, RDD, transcribed cassette 491B, p. 8.

50. NCAC, RDD, transcribed cassette 434C, pp. 52, 79, 81. 关于家庭和国家结构在康康（Kankan，现代的几内亚 – 科纳克里）的关系，见 Osborn（2011）。

51. 关于阿罗，最重要的作品是 Nwokeji（2010）。关于巴萨的铁的生产，见 Barros（2001）。

52. 关于萨约·马内对堪萨拉的记录，见 NCAC, RDD, transcribed cassette 550A, p. 14。关于堪萨拉之外的 13 个城堡，见 NCAC, RDD, transcribed cassette 624A, pp. 2 – 6。关于巴卡里·萨内等人，见 NCAC, RDD, transcribed cassette 553A – B, p. 11。关于不同的小国家和它们与卡阿布的关系，见 Phillott-Almeida（2011：8 – 10）。

53. 关于坦巴·迪比，见 NCAC, RDD, transcribed cassette 123A, p. 36, 以及 transcribed cassette 174C。关于坦巴·迪比圣林中的禁忌树，见 Phillott-Almeida（2011：22）。关于加纳的皇家圣蛇，见 Gomez（2018：38）；Gomez 也说明，铁匠国王松迪亚塔·凯塔的对手苏曼古鲁·坎特据说是一条有 44 个头的神蛇（84）。

54. 关于用公牛祭祀神祠，见 NCAC, RDD, transcribed cassette 554C, p. 33。关于班桑 [在今天上冈比亚河的巴瑟（Basse）附近] 无人的丛林，见 NCAC, RDD, transcribed cassette 130A – B, pp. 52 – 3。关于

烧毁丛林，见布里卡马（Brikama，在冈比亚的孔博区域）建立的叙事，见于 NCAC，RDD，transcribed cassette 217C。关于塞内冈比亚世界观中精灵占据了丛林这个观念的重要意义，其深入的讨论见于Sarr（2016）。

55. 关于"以缠身装存在的"财富以及并行的奴隶贸易，见 NCAC，RDD，transcribed cassette 309A，p. 61。关于收获棉花，同上，pp. 27－8。关于使用富拉人为卡阿布耕作政府土地，见 NCAC，RDD，transcribed cassette 491B，pp. 1－2。

56. 关于贵族尼安提奥的母系世系，见 NCAC，RDD，transcribed cassette 554C，p. 9。关于用战争"喂养"卡阿布，见 NCAC，RDD，transcribed cassette 550A，pp. 58－9。关于来自帕切西的人和尼安提奥通婚，见 Phillott-Almeida（2011：15）。

57. NCAC，RDD，transcribed cassette 624B，pp. 40－41. 关于坎耶伦会社，见 Saho（2012）。

58. 关于富塔贾隆王国富拉人的税收，见 NCAC，RDD，transcribed cassette 539A－B，pp. 54－5。关于富拉移民，见 NCAC，RDD，transcribed cassette 491B，p. 6。关于在冈比亚南部使用奴隶，见 Bellagamba（2012：40）。关于本地贾龙科（Jalonke）人口的奴隶化，以及他们对富拉人的愤恨，见 NCAC，RDD，transcribed cassette 490A，pp. 5－6。关于富拉和欧洲人的结盟，见 NCAC，RDD，transcribed cassette 466B，pp. 16－17。

59. 关于如巴兰塔和菲鲁皮这样的小社会抗争与创新的经典论述，见 Baum（1999）和 Hawthorne（2003），其中对 Rodney（1970）和 Barry（1998）关于掠夺性国家的早期论述做了回应。

60. 关于穆斯林学者在清理土地上的精灵中的力量及其与农业的联系，见 Sarr（2016）和（2017）。

61. NCAC，RDD，transcribed cassette 490A，p. 9.

62. 关于奥约的扩张和对贝币的论述，见 Adebayo（2002：381）。关于阿波美的仓库，见 Norris（1968：ix）。关于贝币作为单一大规模进口物，见 Bay（1998：123）。

63. 关于1686年英格兰在阿拉达的贸易，见 Dantzig（1978：27）。关于葡萄牙在莫桑比克的贸易，同上，247。关于1730年阿克拉的贸易，同上，252。关于截至1720年的贸易规模，见 Lovejoy（1974：568）。

64. Conrad（1990：152）。

65. 关于塞古早期缺乏货币，见 Conrad（1990：90 - 91）。关于在塞古之前的时期缺乏税收，见 MacDonald et al.（2018）；Dumestre（1979：184 - 5）。

66. 关于大厅的数量，同上，160。关于骑兵，同上，242。关于战争与税收和贡献的关系，见 Perinbam（1997：171）。

67. 关于密斯卡尔和德格饮料的记录，见 Conrad（1990：111）。

68. 对尼基密斯卡尔的最好研究来自在西非货币研究上具有奠基地位的历史学家 Marion Johnson，见 Johnson（1968）。

69. Conrad（1990：112 - 13）。

70. 关于战争作为一种社会生产和再生产的手段，见 Roberts（1980：389，401 - 2）。

71. 关于将社会结构视为静态的传统观点，见 Bay（1998：5）。关于贝币相对黄金储备的贬值，见 Law（1995：57 - 8）。

72. Bosman（1967：440）。关于玻璃珠作为早期货币，见 Ogundiran（2016a）。

73. 关于头盔上的贝币，见 Pitt-Rivers（1900：4 - 5）。关于勿吉艾薇，见 Roese/Bondarenko（2003：26 - 7）。关于经验作为现代性建构范式的重要性，见 Gómez（2016）。

74. 这来自伦敦大学亚非学院历史学家 Mervyn Hiskett，见 Hiskett（1965：114 - 15）。

75. 关于 1730 年之后卡诺的衰落以及卡齐纳布匹工业的崛起，见 Smith（1997：22 - 4）。关于从卡诺到博尔诺的布匹贸易中的信用，见 Sundstrom（1974：21）。关于卡诺成长并向南扩张到 Kafaba，见 Lovejoy（1980：35 - 6）。关于两个贸易系统的交叉联系，见 Lovejoy（1974）。

76. Hiskett（1965：118）。

77. Hallett（1964：90，92 fn）。

78. 关于这个插曲，见 Abitbol（1982：12）出版的 18 世纪编年史。关于非洲历史中的马，见 Law（1980）。

79. Hiskett（1965：120 - 21）。

80. 对前殖民地时期塞内冈比亚家庭中的国家模型所做的关键工作来自 Osborn（2011）的榜样性研究。

81. Law（1997 - 2006：Vol. 1，232ff.）；同上，Vol. 2，122。

82. Bosman（1967：433，460，461）.

83. 关于1799年建议成立军事联盟，见 AHU，CU，Bahia，Caixa 213，doc. 12，fol. 2r。

84. Roth（1968：93）.

第八章 饲养权力：
新社会、新世界观

到 18 世纪早期，围绕着国王即位展开的礼仪在西非的许多地方已经变得高度复杂。在达荷美，罗伯特·诺里斯提供了一份恰当的描述。首都阿波美传统年度庆典的最后一天："在宫殿的一个大门附近，搭起了一个巨型的高台，插满了旗帜和阳伞，环绕着带刺的篱笆，将普通民众隔绝开来。高台上摆满了绫罗绸缎和各式各样的欧洲货和印度货，许多奥约产的上好的棉布，以及数量巨大的贝币。"国王将这些布发给了欧洲的军事指挥官以及达荷美的贵族，他们都是专程前来阿波美参加庆典的，而贝币则被扔进喧嚣的人群。[1]

国王的加冕在很多地方都非常奢侈。塞内冈比亚的一份口述记录描述了卡阿布的一位新国王加冕时发生的事情：

> 你知道曼丁卡人，他们在欢迎一位新主子，
> 他们带着棕榈叶，把它们系在国王头上。
> 接着他们将之做成椅子的形状，
> 就像一把真正的椅子……
> 他们做了这个椅子，将它装饰得漂漂亮亮。
> 接着让他坐在上面。

国王于是坐在了椅子上。

接着，来了八个人。

这些人都在竿子旁，长长的竿子。

接着他们将竿子举起来，带着国王。

这时，他们会喊："说，你看到了什么？"

国王会说出他的渴望。

这就是曼丁卡人最早的做法。　　　　　335

他们将国王放下。

接着将他再举起来，对他说：

"你要说什么？"

他就会说话。

他把他的渴望告诉人们。

他告诉他们。

他们对他的话语报以巨大的关注。

接着八个人再把国王放下。

这样的事情他们要重复七次。

接着他们开始鸣枪。

这是十二声枪响的致敬。

说唱艺人接着开始赞美国王，

他们将国王放下。

当他们放下他时，他们打开了毯子

从那儿人们将他抬回他的床上……

公牛不断被屠杀，说唱艺人（音乐家）在演奏。

这里有一个节日，

白天黑夜，只有节日。[2]

不断增长的皇家威严更证明了新财政—军事国家的权力。它同时还凸显了统治者和臣民之间日益扩大的鸿沟。这个来自卡阿布的描述所表现的庆典，与上一章末尾讨论的军事暴力是并行的，通过这种新的层级制度，共同组成社会的归属于统治者的臣民、女商人、农民和仆人、武士、织工、渔夫、猎人和手工艺人，此时都感受到了权力转变带来的压力。事实上，在这个时期，与经济转型相伴的社会变化是非常深刻的，新形成的社会机制将在 18 世纪晚期激起革命的力量。

在西非统治者和臣民之间不断加深的鸿沟（这条鸿沟通过不同路径一直保留到了现代）之中，又是什么主要因素在起作用呢？如我们所见，不断增长的货币进口让国家财政化和军事力量的集中成为可能。通过控制货币进口和生产，统治者加强了对社会的控制。不断扩张的国家权力既和货币进口一起增强，又强化了社会中"真"货币的地位。新的强国，比如阿散蒂和达荷美，与它们的贝币财富和成袋的金砂一起，为新的社会和经济制度背书。[3]

这些转变也激发了反对他们的激烈斗争。当时出现的一个核心动态就是，在民间社会和国家权力之间不断出现斗争和冲突。当武士贵族和他们选择的统治者从财政—军事国家的崛起中享受利益时，是平民变成了军队的牺牲品和潜在的俘虏。于是人们开始抵制这种转型。到 17 世纪中期，统治者发现，要想把权力稳固在国王和当地贵族手中，他们需要发展出新的系统来控制人民的时间和劳力。相应地，宗教实践也发生了自动转向，反映出已经开始成为正常现象的新的特权和经验。[4]

本章研究这个时期西非社会的巨大转型，以证明西方所谓一个静止和不变的世界的模式化观念是错误的。劳动力、性别关系、宗教信仰和对奴隶制的看法在这个阶段都出现了剧烈的变化。理解这一点，对于理解 18 世纪末崛起的改革和革命运动是非常重要的。

新王权中的矛盾

对于西非新近强大的君主来说，控制人口对于强化统治权威是非常重要的。财政—军事国家需要独裁权力，因此允许将潜在的竞争对手像对待战俘那样清理掉。然而这些权力同样创造了新的社会结构以及社会不平衡，这可以帮助西非的臣民进行反击。权力的机制增加了强迫性，同时也造成了权力中的矛盾。正是这些悖论到 1800 年又反过来蚕食新国家的权力。这里重要的是，要认清这种悖论是 18 世纪全球意识形态对立的一部分。经济革命席卷了非洲、欧洲、美洲和中东，这致使人们需要一种新的世界观。在欧洲和北美，这依赖于物质价值的升华。在西方，18 世纪末出现的经济学思想和亚当·斯密学派的兴起最能体现其意识形态；然而，物质价值的升华是基于将人视为商品的，此外，还基于这样的悖论：一方面否定人们的人格；另一方面又要求人们作为种植者、铜匠和铁匠贡献他们的智力，持续工作。在西非的伊斯兰世界，多少有点相似的悖论出现在这样的矛盾中：一方面，伊斯兰教作为一种宗教信仰保护着人们免遭奴役；另一方面，19 世纪奴隶制在索科托这样的伊斯兰国家又不断发展。

在这些因素之外，西非的权力冲突也包括了一些这样的趋势，但又有它们自己的标准。核心冲突在于，权力极大的新型国王要求臣民对他足够尊敬，但新型国王们创造的社会结构又对这形成了潜在的破坏。这种意识形态冲突和西方以及伊斯兰

337

世界的意识形态冲突是联系在一起的，在革命的年代里形成了相互催化作用。这种破坏性动力诞生于资本主义出现之时，而革命的链式反应则见证了这种破坏性动力的完成。[5]

对西非统治者来说，控制人民常常要依靠新的生产系统与已经转变的宗教世界观之间的相互作用。到了 18 世纪，在冈比亚河流域这已经非常明显。之前几个世纪已经出现了清晰的农业转型。在弗朗西斯·穆尔 1738 年的一本书中，一幅插画展现了这个地区的一个村庄，画中描绘了精心构建的围场，村子里设计好的区域分别用于种植和储存庄稼。一份 18 世纪 50 年代的法国记录描述说，这些村子里种植着木薯、山药和土豆，稻米是唯一的种植谷物。小型的堤坝将洪水冲刷过的平原分隔开，将洪水和河水引入稻田之中，这意味着："这个国家看上去那么美丽，大部分地区充满了树木，在树林之间是令人愉悦的绿色稻田，稻子收割之后，就用来饲养牛群。"与此同时，村子里的房子拥有厚厚的土墙，土干了之后会非常坚固；茅草屋顶以均匀的角度降下，搭到环绕房子边缘的一个矮墙上，屋顶、矮墙和房屋的墙壁之间形成了一个走廊，人们可以在一天中最热的时候在这里躲避太阳（事实上，现在大塞内冈比亚的部分地区依然如此，特别是几内亚－科纳克里的富塔贾隆山区）。[6]

精心组织的生产系统点缀着稻谷种植和牛群饲养，并将村子划分成一些特定的区域，分别用于种植和存储谷物，所有这些都需要强大的政治等级制度。难怪卡阿布国王登基的庆典被如此精心地组织。然而，为了让这些新式结构变得有效率，人们需要将自己纳入已经转变的信仰系统，成为其中的一分子。许多秘密会社出现了，随之出现了与之相关的代表神灵的特定

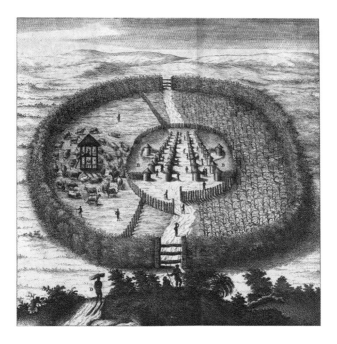

弗朗西斯·穆尔关于冈比亚一个村庄的插图，
牛场在左侧，房子在中间，庄稼在右侧

面具或者偶像（比如上一章提到的卡拉巴尔的埃克佩）。西非的宗教信仰和社会结构远非"不变的"或者僵化于"遥远的过去"，它们在这一时期早已实现了自我变革。它们是新式的，带有18世纪特征的，就像基督教的卫理公会和伊斯兰教的萨拉菲改革运动那样。它们是西非人为了适应现代性而做出的反应，就像卫理公会和萨拉菲是基督教徒和穆斯林对于现代的反应一样。

新的崇拜和新的宗教社会代表着日益增长的物质主义和大西洋时代的暴力。他们将之嵌入代表神灵形象的假面偶上，呈现在新创造的神灵的供奉物之中。因为如果不参加这些新的贸易，就无法为宗教参与提供财政支持，也就没有钱去供奉神

339

灵，更无法获得宗教参与权。通过这种方式，西非和中西非的人民将真理（信仰）贡献给了权力，然而在同时，新的宗教崇拜融入了奴隶贸易的框架，它必须靠这样的贸易获得资金，这就暴露出了新信仰中的一些悖论和矛盾之处。

关于生产和信仰是如何相互作用的，一个最好的例子来自塞内冈比亚。在这里，一个被称为玛玛－乔利（Mama-Jori）的神灵（人们为它制作了特定的面具）在 1700 年之前的某个时间出现，它与谷物生产活动以及分配劳动力和资源的权力有关。这个神灵穿越了大西洋，由来自这个区域的奴隶带到了路易斯安那，在那儿它被称为玛玛－强波（Mama-Jombo），至今，描绘它的面具仍然出现在新奥尔良忏悔星期二（Mardi Gras）狂欢游行的假面舞会中。18 世纪，在南卡罗来纳稻田里工作的许多非洲奴隶也来自塞内冈比亚区域，他们是被法国人从塞内加尔的贸易点贩卖来的。[7]

玛玛－乔利神灵的面具常常与仪式相联系，特别是割礼庆典。1729 年在上塞内加尔河谷的邦布克（Bambuk）旅行时，克劳德·布卡德（Claude Boucard）回忆道，在这种仪式上，"有一些男人被认为是巫师，他们被称为玛玛－扬波（mama yambaux，即玛玛－强波），他们用黏土涂身，用树枝遮体"。当年轻人为了割礼仪式聚集在一起时，玛玛－扬波跟在他们身后，弯刀在手。[8]

一份关于这种神灵面具的著名记录是在弗朗西斯·穆尔的旅行书中找到的，它提供了关于塞内加尔"蒙波－强波"（Mumbo-Jumbo）神偶的记录：

这个神偶有着树皮制作的长衣，头顶着一丛草，当人

们穿上它时，大约能有 8 到 9 英尺高。这是那些男人发明
的，为了让他们的妻子对他们保持敬畏，这些女人如此无
知（至少是被迫装作这样），就好像把它当作一个真的野
人……它从来没有被送到过室外，但夜晚会让这种表演有
更好的效果。一旦男人和女人发生争执，就有人穿上蒙
波－强波的假皮来做出裁决，我可以说它总是偏向男人。[9]

340

大约 70 年后，法国旅行者让－巴蒂斯特·迪朗（Jean-Baptiste
Durand）提供了一个类似的肖像。蒙波－强波被创造出来，
"用于限制女人……当一个丈夫认为他有理由抱怨他妻子的举
止时，他就自己或者让他的一个朋友用这个面具扮演蒙波－强
波"，到了聚会地点［被称为本塔巴（bentaba）或本堂
（bentang）］，蒙波－强波"吓坏了所有女人……每个女人都认
为它的来访只和自己有关"。[10]

迪朗和穆尔提供了一扇窗户，让我们得以窥见这一时期社
会变革的一个重要方面，也是人们很难观察到的一个方面。宗
教转型带来了性别区分，就像秘密会社是按照性别分隔的，这
种神灵假面偶也复制了这种经验。这样，在这一时期，权力的
性别经验也是社会变革的主要特征之一。战争以及奴隶贸易中
大量的男性损失（欧洲奴隶主对男性的需求远大于对女性的
需求）导致了经常性的性别不平衡。在一些地区，比如在尼
日尔三角洲的伊博人中，这一问题通过同意让女人和女人结婚
来解决，其中一人在抚养孩子和家庭生活中扮演男性角色。在
其他地方，比如在塞内冈比亚的许多曼丁卡会社中，以及黄金
海岸的安罗人（Anlo）中，年长的男性政治领袖决定，需要
有一个更高的职位来控制女性的劳动和婚姻选择。[11]

在相对条件下考虑这种转变是很重要的，特别是在"蒙波－强波"变成了种族主义的替罪羊，并被用于 20 世纪欧洲的许多场合——比如令人作呕的卡通服装上或伪科学出版物中——之后。伴随着财政—军事国家的崛起，男权也随之崛起，这样的图景绝非西非国家所独有的。这同样是欧洲社会的一个特征。比如在英国，《1832 年改革法案》授予了男性选举权，但这也是第一个禁止女性投票的成文法。我们将看到，在非洲，女性也有其他方法通过贸易和宫廷获得更多的自主权。

构成这些社会转型的悖论是非常重要的。一方面货币的增长以及市场的扩张见证了统治者手中集权的增长，比如阿散蒂、奥约和贝宁的国王们的权力。但这种中央集权使新社会架构（比如新型贸易、宗教习俗和性别互动）中出现了巨大的矛盾。如同在新的神灵崇拜、国王加冕仪式和庆典中所展现的，随着国王对宗教和超自然的控制，以及王权的增长，尊重王权也是一种恐惧使然。当这种控制衰落，权力的面具滑落，动荡的浪潮是很难被制止的。

性别和政治结构

1684 年 3 月 25 日，葡萄牙在大西洋贸易口岸卡谢乌的总司令约瑟夫·贡萨尔维斯·德·奥利维拉（Joseph Gonçalves de Oliveira）在一次阴谋中被俘，关进了监狱，这次阴谋是由港口最有权势的商人——名为比比亚娜·瓦兹（Bibiana Vaz）的一位女士——领导的。作为整个 17 世纪的主要奴隶贸易港，卡谢乌通常是一个充斥着权力斗争和坏脾气的场所，在那儿，赌博通常是为了消磨时光。瓦兹和她的贸易伙伴被奥利维拉激怒了，因为他想禁止所有非葡萄牙船只进入港口，借口是这些船总是选择与英格兰人自由贸易。最后她的同盟、代理人曼努埃尔·德·索萨（Manuel de Souza）将奥利维拉抓住，进行了一次公开审判，并将他装在铁笼子里，送到了瓦兹在法林城的房子中。这里距离河流上游的卡阿布边境有超过 50 英里，是为她进行省际贸易准备的。奥利维拉戴着镣铐，凄凉地在瓦兹这幢房子的走廊上待了 14 个月。[12]

瓦兹的权力是和她的兄弟安布罗西奥·戈麦斯（Ambrósio Gomes）的权力一同成长的。在 17 世纪 50 年代后期，戈麦斯参与挑起阴谋，反对卡谢乌另一个有权势的女人克里斯皮娜·佩雷斯（Crispina Peres），她当时是港口上最富有的商人。佩雷斯因莫须有的"恋物癖"指控而被逮捕，后被送往里斯本宗教裁判所接受审判。她的财产被没收，而她的丈夫身体又不好，这意味着戈麦斯和瓦兹可以控制港口和周边王国之间的贸易网了。1684 年，戈麦斯已经死去，他的姐妹瓦兹被广泛认为是反对奥利维拉的小圈子的头目。[13]

瓦兹之所以在卡谢乌取得压倒性优势，是因为她使用了克里斯皮娜·佩雷斯在她之前已经用过的许多策略。1687 年，当官员们试图没收瓦兹的货物时，他们在卡谢乌什么都没有找到，因为所有货物都已经被她的同盟转移到了她城外的家中，"在外邦人的土地上"。他们也不能抓她的侄子，因为他在塞拉利昂做生意，而瓦兹本人则在一个当地国王的屋子里避难。显然，她和当地统治者的结盟已经很紧密了，长途贸易对于建立她的权力至关重要。作为非洲和欧洲的混血儿，像瓦兹和她亲戚这样的人，是非洲和欧洲之间理想的中间人，也成了社会中最富有的成员。[14]

纵观西非和中西非，许多海岸港口有同样的模式。在黄金海岸，芳蒂女人常常会成为重要的商人。港口里她们与荷兰商

342

人的孩子，都只能通过母系继承财产，这意味着女人可以行使
非常大的自主权，不管是和欧洲男人还是和当地贸易关系打交
道都是如此。一项对安哥拉本格拉的重要研究揭示了同样的特
征，在那儿，女人可以通过和外国商人结婚获得向上的机会。
她们通过自己的关系网主导了大西洋和内陆的贸易。这些
"堂娜"（Dona）① 们按照巴西殖民地女人的风格打扮自己，
343　走在小小殖民城市的大街上，身边环绕着她们的奴隶，穿着异
国时尚，耳朵、手臂和脖子上挂着沉重的珠宝。[15]

卡谢乌的城堡废墟，中间有一个
早期葡萄牙总督断裂的雕像

　　这样，在大西洋非洲海岸的贸易中心，一个清晰的模式出
现了。当男人们被战争、狩猎和不断扩张的政治统治框架占去
大量时间时，贸易成了保留给女人的职业。此外，一些女人可
以通过与大西洋商人（他们都是男人）结婚，以优惠的条件
接触到那些特权商品。当地国王经常鼓励她们这样做：如果她

----

　　① 葡萄牙语中的"女士"一词。——译者注

们的男性配偶死了，财产会留在王国内部，有时就归国王本人，有时给了婚生子女。比如 1699 年在比绍，一位葡萄牙商人死了，佩佩尔斯（Pepels）国王宣布，这个男人的所有财产都归属于他。[16]

在这些大西洋定居地，女人成了一个重要的商人阶层。这不仅仅是因为她们通过和外人结婚获得了权力，在欧洲商人没有到过的区域，女人同样在商业上表现强势。即便到了今天，在许多西非市场上，女人依旧保留着高超的商业实力。在 17 世纪塞内冈比亚的富拉人中，女人也是主要的商人。与此同时，17 世纪早期，荷兰水手商人迪瑞克·鲁伊特斯在关于贝宁的描述中写道，许多市场上的小贩都是女人，她们"带了各种各样的东西前来售卖，比如活狗——她们吃掉过很多狗，还有烤猴子、鲇鱼、老鼠、鹦鹉、家禽、山药、在豆荚里或者穗子里的几内亚胡椒、干蜥蜴、棕榈油、巨大的豆子，以及许多种水果、蔬菜和可以吃的动物"。这里还卖木器、上好的线和布以及大量的铁器，在这里，女人有充足的机会做买卖、积攒贝币。[17]

这样的证据要求我们重新考虑那些研究妇女在西非和中西非地区权力的传统模板。在基督教传教士到来以及伊斯兰改革运动之前，在非洲的许多社会中，女人都拥有着牢固的自主权，这不仅仅局限在贸易领域。在相互距离遥远的国家，比如达荷美与恩东果，女人都是活跃的武士。在 17 世纪 40 和 50 年代的罗安达，女王恩津加领导着反抗葡萄牙的军队，其中女人就占据着指挥职位。在达荷美和恩东果，女人还掌握着宗教权力，可以担任教士。女性统治者同样存在，在恩东果、塞内冈比亚一些小的非中央集权化的国家，以及尼日尔三角洲都存在这种情况。如我们将看到的，在西非许多地区，权力已经变成了男性化的，但这一进程在一些地方会转向，回到早期更加平等的结构中。[18]

除了贸易，其他女性能够拥有自主机会的主要舞台是在王宫里。随着越来越多的男人要么战死沙场，要么被作为奴隶出口到跨大西洋贸易中，性别不平衡也愈发严重。这样，一夫多妻制大幅发展，而在王宫里，比如达荷美的王宫里，国王的妻子们有机会获得更大的影响力。即便在18世纪30年代，维达的外贸总监是个太监，他也有数百个妻子，这表明大量的王室妻子其实都不是性层面上的。女性权力的增长在1797年巴西教士维森特·皮雷斯的达荷美旅程记录中得以完美表达，他写道，米冈（migan，即首相）是国王内阁中最有权力的官员，当然，是除妻子委员会外，因为她们可以在所有事务上否决他。据皮雷斯所说，国王的妻子们都有着不同的工作，一些人是理发师，另一些是关键的送信人，还有一些在神殿里祈求神灵。[19]

这种模式被达荷美详细记录了下来。王宫中的所有住客都被称为阿赫西（ahosi），或者皇家妻子，她们常常是国家有名号的官员。公主叫阿赫维（ahovi），也住在王宫里，在国王选举中担任中心角色。阿赫西负责耕作精挑细选的土地，并可以代表她们自己的利益进行贸易，售卖商品。所有男人都不能距离国王20英尺以内，即便是最高级的军事指挥官也不行，作为替代，国王必须依靠太后〔或者说王母（dakhlo）〕来进行必要的传递。与此同时，在奥约（达荷美是它的附庸），当国王不再受到其臣民的欢迎时，就由他的妻子们掐死。[20]

在达荷美国王的宫廷中，女人的权力何在呢？有许多因素在起作用：随着男性在战争和奴隶制中数量不断减少，女人作为补充，获得了权力，这一点已经述及；此外，潜在的男性继承人／竞争者还会担心发生宫廷政变。但最重要的是，女人在皇家崇拜中的宗教角色是必不可少的。惠达对蟒蛇当贝的崇拜是在成千上万被称作贝塔（beta）的女性信徒的帮助下才得以存在的。她们拥有着显著的权力，一旦她们被当贝的灵魂附体，她们的丈夫必须在她们面前下跪，做她们命令的一切事情。到了 18 世纪晚期，许多达荷美的武士是女人，女人日益积累的宗教权力可能对她们掌握军事权力有贡献，因为就像前面的章节已经提到的，战争和精神是紧密相连的。[21]

　　一份写于 18 世纪 90 年代，可能来自索科托革命领袖乌斯曼·丹·福迪奥的文本，详细描述了这些皇家权力的性别变量："他们政府的一个方式是，将许多女人送进他们的房子，直到他们中一些人拥有的女人数量达到一千人甚至更多。他们政府的一个方式是，一个男人将其女人的事务交到一个最老的女人手中。"[22]然而，这段文字说的并非达荷美，而是关于现代尼日利亚北部的豪萨王国的。事实上，根据一些文献，在萨赫勒地区，女人在政治统治中的地位是清晰的。在博尔诺，17世纪中期（甚至也可能比这早得多）女人在皇家宫殿中拥有的政治权力也有着相似的模式：一份 1658 年的资料描述说，国王的母亲拥有 20 个带武器的护卫，他们每人又指挥着上千名奴隶。这是一份令人吃惊的证词，因为这个地区在现代并不以性别平等闻名，这也表明 18 世纪开始发生的转变有多么巨大。[23]

　　这样，上面描写的达荷美和奥约的皇家妇女的中心地位，到了 18 世纪末，已经扩散到了很多不同的区域。一份 19 世纪早期关于库马西一位阿散蒂国王的宫廷的描述，提供了相似的

345

印象：当这个国王最终出现在接见英格兰特使的仪式上时，"他由他姑妈、姐妹和其他女性家庭成员陪同，成排美丽的金项链挂在她们的脖子上"。如同在博尔诺和达荷美，在阿散蒂宫廷中，国王的母亲（asantehemaa）在决策上拥有着巨大的实际权威，比如在 1800 年前后，阿散蒂国王奥赛·夸梅（Osei Kwame）由于担心他的母亲正在策划一场反对自己的宫廷政变，甚至将他的宫廷从首都库马西移走了。然而，这一切都是徒劳的，因为他还是被放逐了，这部分是因为害怕他秘密改信伊斯兰教。[24]

这种宫廷内女性权力的潜力是巨大的，然而同时，这也是西非不断增多的权力冲突的一部分。因为，当皇家女性的权力增强时，对于更多的女性而言，情况却是完全相反的。性别和权力平衡最终是和人们所处的阶层相关的，所以对于性别关系的表述也需要考虑到其中的交叉关系。在宫廷中，贵族妇女的生活和其余普通妇女的生活之间有一道严格的鸿沟。那些大西洋港口的女人还可以成为一个好商人，但除了海岸地区，许多其他妇女因为男人在战争和奴隶制中数量不断减少，只能被迫参与更多农活。

这种区分在一份口述材料中得到了完美的反映，材料描述了卡阿布一位强大武士的妻子起床和吃早餐的情景，这可能是在 18 世纪晚期：

当她从床上起来，
她的奴隶帮助她起身，
带她到沐浴间。
当她们到那儿之后，

她们放了一把椅子

这样，在她们给她洗澡时

她就可以坐下。

当她洗澡完毕

她们给她穿上干净衣服

她们帮助她起身

不需要她的脚沾到地面，

将她的背部放在床上。

在早餐准备好后

她们将它拿到她的房间。

贵族武士的妻子拿着她的早餐

直到她吃完，

奴隶为她拿来了水

用来给她洗双手，

接着她们离开她

去享用她们自己的早餐。[25]

这篇文字是令人震惊的，在当时许多变成了卡阿布附庸的小国家中，女人已经让自己变成了统治者。在卡阿布首都堪萨拉北方的帕切西这个小国家，王国的早期阶段（可能在 1750 年之前）就出现了至少三个女性统治者。然而，最终由于帕切西变成了卡阿布的一个附庸国家，一种不同形式的继承关系被采用了，从此国家权力传给了统治者的侄子。随着权力集中化以及组织化的战争变得对国家发展愈发重要，女人的权力变得更加受限制了。这样，像这篇文字一样表现阶层区分的口述材料越来越多，因为就像世界历史上的许多

347

社会一样，西非的国内奴隶制度也往往是由女人诠释的。[26]

概括地说，社会转型不断加深的影响，在性别之间和性别内部都造成了日益扩大的鸿沟。男人是统治者，但在一些地方，他们的妻子参与治理，与此同时，对于贫穷妇女劳力的需求使她们的生活变得更加艰难。推动这个新生进程的一个重要特征实际上是，农业出口贸易的负担日益加重，以及男人日益短缺。这种巨大的农业负担——一份18世纪70年代刚果北部卡刚果的材料说"女人才从事农业"——让许多女人变得更加艰难。虽然女人可以获得权力，改善她们的处境，但这往往要通过男性化的王权结构或者对外贸易才能做到。[27]

在19世纪，这种模式由于两个因素而进一步恶化，一方面是带有维多利亚时期英国风格的基督教传教士的出现，他们强调让性别角色回归本位；另一方面是受到萨拉菲复兴运动鼓舞的穆斯林学者的到来，他们献身于早期伊斯兰父系价值的回归。很显然，全球资本主义的兴起，同样促成了保守的支持父权的局面：这些来自非洲、欧洲和伊斯兰世界的例子，又再次表明了全球价值体系是怎样互相影响的，以及资本主义的出现是如何严重地压缩了女性权力的。

当然也有例外，比如在尼日尔三角洲的伊博人中，妇女是可以掌握政治权力的。在达荷美，妇女也一直是纺织业和陶器业的主要商人，同时还保留了她们的军事地位。但是，到了18世纪晚期，对于女人来说，要想靠她们自己的力量获得政治权力已经非常困难了，像玛玛－乔利那样的神祇扮演了强制执行男性选择的角色。今天，在塞内加尔南部，当举行坎库朗（Kankurang）神灵崇拜假面舞会（许多人认为它是玛玛－乔

一个真人大小的坎库朗模型，
国家博物馆外，班珠尔，冈比亚

利的后续产物）时，女人需要等待整晚，用尖尖的棍子演奏
打击音乐，在期盼和恐惧中迎接黎明。[28]

权力、利润和生产

348

当最初贸易从惠达附近进入大西洋时，最早的产品之一
是马拉盖塔椒（malaguetta pepper）。马拉盖塔椒直到 1700 年
都一直是一种重要的贸易品，1687 年英格兰人就在海岸角城
堡购买了 43336 磅马拉盖塔椒。虽然从欧洲的角度看，这只

是一种受欢迎的印度香料的廉价替代品，但在西非，这种贸易却是一种不同的象征。在今天贝宁共和国的巫毒教实践中，马拉盖塔椒因有魔力的特征而闻名。在花了几十年研究贝宁植物在超自然医学中的角色之后，一位人种学家得到结论：马拉盖塔椒"在超自然医药药典中的所有成分里是最重要的"。其他学者也发现了这种植物在其他方面的广泛应用：可用在抵制诅咒的药品中，还能用来战胜敌人带来胜利，并让身体更加强壮，还有其他许多用途。在今天的贝宁，马拉盖塔椒存在于所有魔法混合物中，它的角色是加强已经激活的咒语的功效。比如，一个恶毒的巫师要想向某人下咒，他必须使用固定的配方，然后嚼两个马拉盖塔椒，读出目标人物的名字。[29]

我们已经不可能弄清楚，马拉盖塔椒的魔力是不是总是受到丰人和约鲁巴人的重视。然而看上去并不是这样。如果它一直这么重要，那么在 15 世纪，如果这种物品落入错误的人手中能产生如此大的危害，那么为什么人们还要这么急切地将剩余的辣椒出口到西方呢？如我们在前文所见，在接下来的几个世纪中，随着达荷美国王将宗教崇拜的权力集中在自己手中，宗教观念也发生了显著的变化。这些变化包括对马拉盖塔椒之外的其他植物的运用，在丰人（属于现代贝宁）以及约鲁巴人中，一些咒语甚至需要使用玉米，这是一种 16 世纪之前在西非还不存在的作物。[30]

由此可见，马拉盖塔椒在精神方面的力量被人们接受可能也和大西洋贸易的崛起相关，玉米同样是通过这种贸易来到西非的。人们认为马拉盖塔椒增强了巫师和现代贝宁草药医生的魔力，这可能是由于大西洋贸易本身对他们的社会就产生了强力的放大效果。在精神层面，当这种卑微的植物代表对变化中的社会起作用的物质力量时，它的含义已经发生了变化。这样，也不用对贝币在今天的贝宁也常常被用于魔咒中，以期达到某种希望的效果感到奇怪。[31]

并非只有马拉盖塔椒的宗教标签具有重要性，与宗教相伴的政治权力也和大西洋贸易中马拉盖塔椒和玉米的种植相联系。这是因为在宗教变迁之外，人们在这些世纪中，常常通过改变工作模式来体验政治权力的变迁。就像这些产品的贸易放大了它们的超自然属性所带来的效果，政治权力也会加强这种效果。

350

新的正在成长的政治层级建立了不同的劳动力系统。比如在尼日尔三角洲东部的邦尼港，到了 18 世纪晚期，耕作被认为是一个完全不光彩的行为。当亚历山大·福尔肯布里奇医生在 18 世纪 80 年代和一位商人探讨废奴运动时，他写道："一位黑人商人得到消息，一个被称作贵格会的特殊种族正在废除奴隶贸易，他说，这真是件坏事，因为他们会退回到战争时期国家的样子，那时候，在经历了饥荒之后，他们被迫去挖地和种山药。"[32]

到了 18 世纪晚期，在遍及西非的众多社会中，田间劳动已经近乎是奴隶的活儿了。如 1807 年奴隶贩子约瑟夫·科里（Joseph Corry）所说，在利比里亚和塞拉利昂向风的海岸上，农业是由"女人和奴隶"从事的。在黄金海岸，绅士们都拥有由奴隶照看的花园，并提高了传统的什一税，这些税是独立农民缴纳给他们的。他们还侵占其他人的劳动力，让他们来清理土地，以增加产量。与此同时，在塞内冈比亚北部的富塔托洛，17 和 18 世纪所有形式的体力劳动都和奴隶有关，这部分是基于战争在新王国形成中的残酷角色，而武士贵族缺乏时间去照料生产。对劳动的轻视同样和对奴隶的态度有关，许多社会将奴隶制和不光彩联系在一起。[33]

由此，许多社会便将不光彩和在干地里活联系在一起。当塞古在 18 世纪上半叶崛起时，它是由不喜欢农业的从猎人转变来的武士创立的。种植业是由那些在国家土地上干活的奴隶［被称为法拉巴 – 戎（faraba-jòn）］完成的。女性战俘也常常干农活，塞古武士贵族发起的掠夺越来越将目标定在获取足够多的女性奴隶劳力上，而男性战俘要么被卖掉，要么被引诱加入军队。所有低级劳动都由战俘完成，就像这份口述记录所表明的：[34]

351 　　　　所以，第二天一早

　　　　在河边

　　　　巴卡里·蒂姆（Bakari Dim）的

　　　　十二个女战俘

　　　　在道路的一侧

　　　　面向东方，

　　　　他的十二个女战俘

　　　　都在那儿，弯腰洗衣服。

　　　　达（Da）的十二个女战俘

　　　　也在那儿

　　　　在道路的西侧，

　　　　也在河边弯腰洗衣服。[35]

强迫劳动和农业生产联系紧密的一个更深层原因是，农业出口的地位是和奴隶贸易相关的。这种奴隶贸易在大西洋和撒哈拉的发展意味着这些地方对农业供应的需求也在日益增加。如我们所见，不管是在大西洋贸易还是在撒哈拉贸易中，长途贸易商人依赖于用非洲农产品喂养他们的奴隶。非洲农民远非没有生产力，也绝不是只依赖于欧洲技术，他们在新作物和生产技术上都有革新，以满足对剩余作物出口的需求。在贸易的第一个时期，这样的革新往往针对本地消费，但当武器贸易和国家权力增长之后，胁迫开始占据一席之地。[36]

　　于是，采购食品补给成了大西洋贸易的一个关键目标。英格兰贸易在 1650 年后出现大幅增长，这也成了皇家非洲公司考量中的一个重要方面。"亚瑟王"号在 1677 年航向卡拉巴尔寻求贸易机会，几乎它每一天的记录都显示了获取补给的困难，船员们因为没有足够的食物，往往不得不停止购买奴隶。当年的 2 月 22 日，他们放出一条小船去往内地的一个市场，带回来"1000 根山药，这是他们从好几个人那儿购买的：山药太缺乏了，于是今天我们买了 7 个男人和 4 个女人"。同一时期，在黄金海岸上如埃格雅（Egya）和维扬巴（Wyamba）的贸易点处，商人们一个月通常购买 200 大箱的谷物。到 17 世纪 80 年代，代理商经常写他们购买不到足够的食物。詹姆斯·南丁格尔（James Nightingale）于 1682 年 1 月和 2 月在科门达就经常讨论这个问题，1 月 19 日，他写道："我以前买的 129 大箱谷物，现在还剩下 40 多箱。"他购买的数量显然是庞大的，因为在 2 月 15 日，他又购买了 80 多大箱。相邻堡垒中的代理商们也有同样的担忧。一些港口，比如阿尼山，它们的存在就是为了向奴隶船提供补给，1681 年 2 月，那儿的一位代理商写道："科茨（Coates）船长已经在船上装了 135 大箱谷物。"[37]

这样，在西非和中西非，如果没有农产品的增产，大西洋贸易的整个系统都会受损。从 17 世纪晚期开始，奴隶贸易的巨大扩张之所以成为可能，是因为西非农产品的同步扩张可以喂养运输途中的奴隶；而这反过来又依赖于崛起的西非财政—军事国家的政治重组，以及胁迫在增加农业产出中的作用。出售奴隶和出售他们在穿越大西洋时吃的食物，成了同一个经济环境下的两条主线。日益增长的国家权力同样和货币供应规模的增长相联系，本书考察的货币革命深深地和西非发生的各种转型联系在一起。

这就是新的谷物（大都来自美洲）增产的背景。葡萄牙船只在非洲和美洲新世界之间穿梭，带来了诸如玉米和木薯的作物，而就像许多不同语言的记载所展现的那样，非洲海岸上的农民会迅速采纳这些作物。黄金海岸的阿肯人将海外国家称为阿布罗基雷（aburokyire，"传来玉米的国家"），他们的芳蒂人邻居称玉米为奥博罗威（"海外来粟"），而在塞内冈比亚的曼德语以及刚果语中，玉米都被称为"白人的谷子"。[38]

对于食物产量的增加来说，许多因素都很重要，这些因素包括农业技术的改变、新工具的开发等。此外，西非农业出口的增加在连接本地和世界经济上也有着重要地位。在大西洋贸易港中，给养和金钱之间有着紧密的联系。18 世纪 60 年代，阿贝·德马内（Abbé Demanet）针对塞内冈比亚的赛雷尔王国指出，那儿牛的价格只有"最多两条（当地货币）"，这些钱在赛雷尔只值 8 磅的货物，在法国只值不超过 6 到 7 磅。[39]

由此，农业贸易是在大西洋经济中积累剩余价值的另一种途径。它是非洲和欧洲商业关系的一个重要侧面。1785 年，安提拉·杜克进入卡拉巴尔时写的一份日记说道："1785 年 3

月 23 日：早上五点，在阿卡（Aqua）靠岸，一个美好的早晨。我去他的院子里见杜克·伊弗雷姆。我们带上了所有的山药和棒棒（一种铜棒货币），去和几内亚公司的人共享。"食物对商人来说当然值很多钱，但它同样从西非经济中抽取了潜在的剩余价值，这反而养活了一些人，这些人将为欧洲经济在美洲种植园中生产剩余价值。[40]

这样的贸易到底需要多少食物呢？数量是巨大的。1687 年，荷兰在阿拉达的官员抱怨在港口停留太久，花费太高，一艘船为了饲养 300 个奴隶，每天就要花费 4 大箱半的谷物。在穿越大西洋之前，这些奴隶在岸边的船上等待离开，最短也需要停留一个月，也就是至少需要 175 大箱谷物。当时英格兰船只常常装载 600 大箱谷物，海岸角的英格兰工厂在 1679 年购买了 5430 大箱谷物。到了 18 世纪 50 年代，根据预测，在塞内加尔河岸的富塔托洛，每个奴隶每年消费约 200 磅谷物。[41]

从这些脆弱的纸质记录中浮现出的感觉，并非经济以某种方式在时间和空间上停滞不前，而是食物产量为了满足市场而出现了巨大的动态增加。如安提拉·杜克日记的编辑所言，在 1769 年后期的 6 个月中，一位英格兰船长在卡拉巴尔这一个地方就购买了 82935 根山药。由此，一种关于繁荣的奴隶贸易需要多大规模的农产品增产量的强烈印象产生了。18 世纪，强大的统治者立刻行动起来，强迫劳动力去生产。到了 19 世纪这一"合法贸易"时代（也是废奴之后的时代），这些劳动力很轻易地被转移到了棕榈油和花生的种植之中；到了 20 世纪这一欧洲殖民时代，他们又被转移到了可可豆和棉花的生产之中；到了后殖民时代，他们再次被转移到了其他"经济作物"的生产中。[42]

354

根据本书的广泛观察，这个过程非常重要的。如我们所见，穿越大西洋的奴隶贸易在 18 世纪达到高峰，现在人们根据跨大西洋奴隶贸易数据库估计，那些年大约有 6494619 个活人被送往美洲，其中一多半被卷入这种贸易。这也意味着，在 18 世纪，为奴隶贸易而进行的剩余粮食的生产也达到了顶峰，而这些生产不能用来平抑非洲内部市场的食品价格。这些农业剩余价值由于不能用于再投资，因此它对西非社会而言是巨大的损失。而对欧洲来说，用非洲农业剩余价值为来自非洲的剩余劳动力提供支持和财务化，加剧了前面章节提到的欧洲和非洲之间的不平等。[43]

在历史材料中，许多对非洲贸易和产能增加的描述与非洲、欧洲之间经济差异扩大的图景并不矛盾。事实上，它们是其中的一个重要方面。粮饷的贸易事实上是无处不在的，而不仅仅是在那些奴隶大规模输出的地区。随着产量增加，在 18 世纪 90 年代，船只到达利比里亚时，那些出售山药、可可豆和大蕉的商人们会驾驶着独木舟前去迎接它们。在同一个时代，一位塞拉利昂的访客描述了人们是怎样带着"巨大的篮子，站在他们房子的门口，每个篮子装着 300 到 800 份重量的大米，人们全都洗得白白净净，早已经习惯了一年到头站在那儿。城市里的所有大米加起来当然可以达到 30 到 40 吨"。[44]

18 世纪，整个西非的工人们都在增产粮食。他们重新规划了劳动习惯，经常根据"年龄级"开发出新的劳动系统（同年龄层的年轻人在一起做相同的任务），在这种系统中，劳动不是被强迫的，也不是西非日益增长的奴隶劳动的一部分。从大西洋大规模进口铁器也有助于发展农具，它们可以用来增加农场的产量。在一些例子中，这些工具是用来整理土地的。或者，人们也采用那些高产量的作物，这在增加了食品储备的同时，也允许了他们向大西洋港口出售剩余粮食。[45]

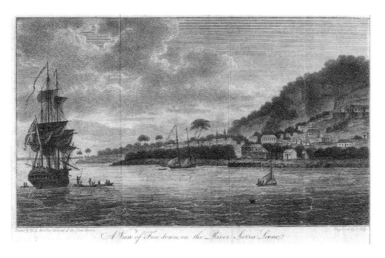

弗里敦，塞拉利昂，19 世纪早期

这样，社会和农业革新便有助于产量的增加。然而，西非社会并不像传统经济学所认为的那样，经济增长必然伴随产量提高而发生。事实上，如我们在本书第一部分所见，对于塞内冈比亚和贝宁的布匹生产而言，虽然这一时期社会的整体产能是增加的，但布匹等和奴隶、象牙、黄金贸易没有关联的生产却是下降的。一份 17 世纪 50 年代对著名的姆邦杜人女王恩津加的描述指出，她喜欢穿从孟买进口的复杂的布料做的衣服，还有在圣多美居住的岛民们制作的新式服装。从这时起，对这些产品革新进行投资所需要的金钱，在西非和中西非的经济中逐渐递减，因为粮食增产本可以给这些行业带来的财政支持，都被用去供养奴隶贸易了。于是，和奴隶贸易相关的作物，比如马拉盖塔椒，就具有了多重的含义和权力。[46]

355

奴隶制和商人阶层

到 1700 年，贸易已经变得如此重要了，于是西非和中西非海岸上的许多不同社会中，富有的贸易阶层出现了。虽然许多有权的商人是女性，但男性依然是重要的，他们和欧洲代理商以及本地统治者，都发展出了人际关系和信用关系，以扩张他们的影响力。

博纳西（Bonashee）就是这样的人，1686 年英格兰在阿诺马布的代理商拉尔夫·哈斯克尔（Ralph Haskell）提供了许多关于他的细节性描述。博纳西是哈斯克尔的一个主要的食品和人质供应商，所谓人质，就是当哈斯克尔向西非商人提供货物时，留下来作为一种信用或者抵押品的年轻附庸（见第六章）。17 世纪 80 年代，许多被留下来作为抵押品的"人质"是年轻的独木舟船员，在成为人质之前，他们最初为欧洲公司的工厂和船只提供补给和人员的贸易运输服务。1679 年，51 个独木舟船员"将自己变成了"英格兰在海岸角的人质。与此同时，阿诺马布是黄金海岸上英格兰人获取奴隶的一个中心，和当时的阿克拉和维扬巴具有同等地位，而其他的"工厂"则主要出口黄金和食品。这样当人类变成一种信用价值形式后，他们有可能就会变成一种货币单位。[47]

博纳西有规律地带着一个卡波希尔（caboceer，即大商人）团队来阿诺马布进行贸易，将这样的青年留下当作信用抵押物，然后将货物带到内地阿克瓦穆的市场上，回来时带着奴隶、黄金和补给品。这种方式通常运作良好，1686 年，博纳西在 12 月 9 日"根据他的承诺"带来了一个女性奴隶，其余的人质也随后来到，这些人最终都会归还给博纳西"作为贸易结束的收据"。但哪儿有利润，哪儿就会有贪婪和出卖，这样的贸易中也并非不存在紧张和争议。1686 年，围绕着一个人质的争议出现了，英格兰人拒绝归还他这个人，这次争议是一个典型事例。博纳西给哈斯克尔留下了两个人质，他随后试图用一个奴隶和一些黄金赎回这两个人质。随着争议的出现，哈斯克尔的工厂里出现了一次漫长的谈判：谈判进行了大半个早晨，博纳西指天发誓威胁道，如果人质得不到返还，就要收回奴隶和黄金。作为谈判的一部分，他提醒说，芳蒂国王是他的一个亲戚，暗示如果英格兰人和哈斯克尔不配合，他们可能失去更多。而事实上，海岸角的英格兰人每年都要向这个国王缴纳关税或者抽成。很显然，哈斯克尔认真对待了这个消息，因为博纳西很快就继续在阿诺马布做生意了。[48]

357

　　西非的这个商人阶层一直在成长。在一些情况下，这让一些女人，比如比比亚娜·瓦兹和克里斯皮娜·佩雷斯，得以崛起。其他人，比如博纳西这样和统治贵族有紧密联系的人，也发达了。当长途贸易变得更加有利可图时，对于贸易的政治控制要求治理系统分层化，这也是一个促进政治集权化的因素。与此同时，这个系统将影响力放在了商人手中，这导致同时期在欧洲发生的那种资产阶级的花天酒地也在非洲出现了。

　　为了让贸易网络繁荣、市场扩张，西非统治者保持控制力是非常重要的。欧洲商人作为非洲统治者的客人而存在，他们不能自由地迁移，也很少能进入距离海岸线超过 30 英里的内地。他们可能遇到的各种问题，在查尔斯·泰斯特福勒（Charles Testefolle）的遗嘱中被有力地描述了出来。这份遗嘱写于 1731 年 4 月 30 日维达的英格兰堡垒之中，在他悲惨死去之前不久，也在他得罪了达荷美国王之后。"我无法表达出我来到这儿之后受到的折磨，他们将我扒光，将我送进了铁牢，在一个庭院里，我的手脚都被拧在了身后，我的手臂被绳子绑住，这种待遇让我相信国王准备在那里干掉我。"随着非洲政治权力的扩张，欧洲商人面临的风险也大幅增高，非洲商人阶层的权力增强了，最典型的是，比比亚娜·瓦兹竟然能够将一个她不喜欢的葡萄牙官员囚禁起来，或者博纳西可以在英格兰代理商哈斯克尔的办公室里长篇大论，以获得他想要的结果。[49]

西非的商人阶层获胜的另一个重要原因是，他们拥有四处比价、寻找最佳贸易机会的自由。通常，俘虏的队伍是被非洲本土人押送到出价更高的港口，这就像在维达所发生的，或者是蒙戈·帕克于18世纪末在塞内冈比亚所描写的。此外，水路同样是一个重要因素。在西非，河流就是一种道路，本·奥克瑞怀念说，河流是人类和物质资源的过滤器。只有顺着河流，一切东西才能动起来：奴隶、食品供应、树胶、布匹和象牙，用之换回来的是刀、镜子、武器和其他各种商品。商人在一个特定地区动员人员和谷物的能力，对于这个地区在贸易中的地位至关重要：如果商人无法将奴隶和剩余农产品通过河道带到港口，大西洋商人就会迅速地对这个地区丧失兴趣。[50]

这些水路被本土商人们小心地维持着。在几内亚比绍地区，小型的贸易船上都配备着遮阳帘，为了这种冒险行程的成功，他们还会通过献祭，给神灵献上吉祥的贡品。船只或者独木舟出发后，往往还会有娱乐活动。1796年，亚当·阿夫塞柳斯在塞拉利昂提供了一个例子：至今在西非及其之外许多地区，还保留着的"对歌"习俗。他描写道，桨手们"几乎不间断地唱歌，与划桨保持同步。有一个很像冈比亚民间提琴手的人，他总是唱着同样的曲调。这首歌是野性的、响亮的、尖锐的和忧伤的。他以唱上半句开始，剩下的留给其他人或者合唱队来唱"。[51]

欧洲商人极度依赖这些供给船和独木舟提供的物资，这在他们的日记中得以清晰反映。黄金海岸上的代理商必须为他们每一次租用独木舟付账，这是他们不经常给总部回信的借口。从维达发出的另一个抱怨是："在两个月里，我雇用了 30 个独木舟船员前往海岸角……突然间，我得知他们大部分人都没有任何原因地溜走了，散布在埃尔米纳的独木舟里。除非你能立刻雇用另一波独木舟船员，迫使他们前来，因为我几乎不可能将前面的人劝回来。"大西洋商人之间的货物交换（英格兰贝币换巴西黄金，荷兰布换巴西烟草）也让这些船变得非常重要，对于欧洲和非洲的商人阶层而言，丧失移动能力是一个严重的问题。[52]

到了 18 世纪，贸易和市场的重要性带来了一系列社会效应。生产者的压力增大了，随着男人被战争和奴隶制夺走，这些生产者越来越可能是女人。随着商人阶层的权力增大，他们和新兴强国的统治者之间的关系也愈发紧密。正是这些商人将货币动员了起来，促进了国家权力的集中化。在所有这些转变之下，权力的矛盾更加激化，更大的社会鸿沟产生了。传统经济学理论将贸易增长与财富增加相联系，然而，它也常常趋向于扩大社会不平等：在 18 世纪的西非就是这样，即便产量每一年都在增长，但这种产出的增加却总是伴随着财富不均衡的扩大。[53]

金钱和生产力

在资本投资者看来，皇家非洲公司的官员在西非最重要的职责是记录他们的花费。翻阅 17 世纪晚期的记账本，可以清楚地看到，他们根据每一笔交易的不同，以独特的方法进行了记录。每一笔交易的利润和损失都按照类别和时间顺序被仔细地登记了下来：铜条、铁条、铅条、不同布匹以及贝币的收入被放在了一页上，支出被放在了另一页上——这些支出包括向埃格雅、费图和惠达国王缴纳的"关税"、不同船只的贸易开支，以及等待运输的奴隶的死亡造成的损失。[54]

如我们在本书第一部分所见，半环状铜环曾经是黄金海岸、阿拉达和卡拉巴尔的一种主要货币。到了 17 世纪，伴随着铜环的流通也出现了铜条，到了 1700 年，铜条的用途快速变化着。17 世纪 70 年代，在黄金海岸和卡拉巴尔，铁条的数量超过了铜条。到 17 世纪 80 年代后期，铜条在黄金海岸已经很少见了，而铁条直到 1700 年还在正常交易。通过贸易被送到该地区的铜条通常是由去往加蓬和喀麦隆港口的船只带来的，用以交换奴隶。[55]

这种过程在 18 世纪前几十年有了更大的改变。到 1730年，运往黄金海岸维达港口英格兰城堡的铜条和铁条，和其他货物比起来，已经不再显著。1730 年，黄金海岸上的迪克斯科夫收到了价值近 130 英镑的羊绒布［被称为珀普图瓦诺（perpetuanoes）］，而铁条和铜条的价值加起来也不超过 9 英镑。在塞康第，布匹（主要也是珀普图瓦诺羊绒布）价值超过了 150 英镑，铜条和铁条加起来却少于 20 英镑。在科门达，情况也非常相似。可以通过熔化来制作本地货币的金属条被其他制成品取代了，而这些羊绒布都是至迟从 17 世纪早期开始在英格兰制造的，这促进了英格兰工业产能的增加，与之相对应的是，黄金海岸等地区的工业产能却衰退了。[56]

这种记账本提供了很好的对西非社会转型时货币使用情况的透视。铜在艺术、经济和宗教上都有广泛的应用。铁就显得非常不同，它的主要用途是制造武器和农具。在铜的进口衰落后，铁的进口继续繁荣，这对应着从 17 世纪 70 年代到 1700 年的这段时期，这也表明本章讲述的这种转型正在加速。人们之所以继续需要进口铁，是因为社会需要扩张其粮食生产，也因为统治者需要发展他们的军事装备。统治者控制了货币进口就可以将政治治理和中央权力的增长更加集权化。铜之所以失去重要性，是因为与之相联系的之前的社会结构已经被取代了。

但是，为什么铁一直在进口，依然令人充满疑问。针对这个问题，人们进行了冗长的争论，因为这个时期的钢铁生产在西非许多地区都出现了扩张。既然这样，为什么还要不惜代价进口欧洲铁呢？一个答案可能在于它作为货币的用途以及货币与王权的关系。国王通过授予铁以货币的地位，可以控制外国铁的进口，由此控制货币流通。18 世纪铁条在该地区的衰落可能可以归咎于我们将要看到的转型和不稳定。[57]

361

从本质上讲，双方都将这种贸易视为与价值交换相关。对于非洲商人来说，价值的获取是在王国内部的交易中，以及通过战争获得和保持权力的过程中。铁条在后一种过程中尤为重要，它与贝币在经济交换中起到的作用相同。而对于欧洲商人来说，价值存在于积累剩余资本的能力之中，这就是为什么租房必须以黄金计价，而当他们进口的商品的价格上涨时，代理商们也总是抱怨不已。[58]

双方都不把这种贸易当成物物交换，而认为它是金钱交易。正如一位代理商在 1686 年所说，英格兰人将其与黄金海岸上的阿肯中间人的贸易描述为，一种为了获取"金钱"的贸易："今早我给阁下写信是为了说明，我已经获得了和阿肯人做生意的权力，他们将在下午带钱过来。"与此同时，铁条只有带上皇家非洲公司的标记，才在海岸上拥有价值；那些质量差或者生锈的就不能被出售，而那些带标记的会被迅速买走，这些皇家非洲公司的标记就像是纸币上的印章或者签名，是一种价值保障。[59]

西非社会的商人阶层在将这些货币运往西非内地时可以设定价格。有许多例子可以说明，他们控制着市场汇率以及设定价格的权力。欧洲商人不断表明，他们在经济上对非洲商业伙伴有多么依赖。在 1683 年的科门达，被英格兰人称为布拉肯船长（Captain Bracon）的一个本地大商人拒绝以 28 块布折合 1 本达黄金的价格接受布匹，他给出的价格是 32 块布，因为这是荷兰人愿意给出的价格。1683 年，英格兰在塞康第的代理商马可·惠廷（Mark Whiting）写道："我给阁下送去了一个本地区最畅销的珠子的样本。请求阁下给我们捎信过来，看能否调整一下价格，因为他们不愿按照我们之前谈好的价格进行销售。"[60]

362　　　西非统治者通过市场汇率对欧洲商人进行的控制也是显著的。正规的货币化在这个地区一直在起作用，在塞内冈比亚，铁条和布匹的价格都是固定的，在 18 世纪 70 年代的卡刚果，印度布匹（被称为几内亚布）的价格是，1 个奴隶折合 15 块指定的布。设定这种汇率的能力表明了西非统治者的政治控制力，也表明了欧洲商人的附庸属性。它也提醒了我们，货币控制对于政治权力来说已经变得多么重要。由于非洲统治者的政治控制，设定汇率是他们的特权，就像在 20 世纪这一正式的殖民主义时代，是在非洲的欧洲殖民者规定了非洲出口和欧洲进口的价格。[61]

那么，为什么这种不断发展的货币化以及贸易和生产力的扩张都没有带来经济增长呢？答案在于，双方对于价值的相互矛盾的观点，以及由此带来的不断加剧的不平等。如我们在本书中已经见到的，货币进口除了用于积累之外，还有一系列用途（用于进入秘密会社，以及宗教和展示中）。这是由于社会身份和价值都不能还原成金融资本的积累。然而，随着 17 和 18 世纪这些货币相对价值的衰减，在西非和世界经济之间，经济的不平衡加剧了，甚至不平等在这个地区的社会内部也在加剧。在工作、信仰和日常生活方面，已经发生的多重社会变革促进了人们之间的差异而非团结。这些因素创造的矛盾将瓦解这些新型国家的力量。

结论：新世界观与抵制

在大塞内冈比亚，冈比亚河是作为一个分水线出现的。在南方，延伸进卡萨芒斯和几内亚比绍的浓密沼泽地带，点缀着林间空地，空地上长着长长牛角的牛儿在吃草。北方则有着平坦的稀树草原（jeeri），在 6、7 月雨季到来前的数个星期，这里干燥得发脆。有一年，当我和一位朋友开车经过这些稀树草原时，他提醒说这里的风景已经变得多么不同：他说那儿曾经有更多的树，那是人们不敢砍伐的圣林，可在人们丧失了恐惧心之后，更多土地被清理出来种植了花生。

在旱季的最后几天，望着坚硬的平原，圣林的消失看上去也对土地本身产生了深远的影响。在上一章里，我们看到了西非和中西非军事力量的崛起，它们最初是与神灵、超自然等概

363

念联系在一起的。这种关系对于军事革命很重要，它也标志着宗教观念与本章所描写的社会变革之间的联系：通过对土地的观察，不同的观念都可以被纳入焦点之中。

农业生产力以及劳动力和贸易组织的变化，都要求对土地使用做出新的理解。但如同历史学家阿桑·萨尔（Assan Sarr）天才地指出的，这样做又是非常困难的。土地本身就被视为神圣的，它们被精灵们占据。这种信仰意味着，虽然外人将大片土地视为"无主的"，但对于居住在那儿的人们来说，它们是被恶意的力量完全占据的。事实上，这种信仰有助于使脆弱的生态环境变得更好，因为"空白的土地"造就了野生动物的天堂，所以，在西方思想家提出同样观念之前很久，那儿就已经有了一种生态哲学。随着 19 世纪这些思想的侵蚀，土地被更多地用于功利主义和生产性的经济用途，稀树草原也就变得更加干燥了。[62]

人们在利用土地的时候，将这些力量排除在考量之外，对这种现象的一瞥来自 18 世纪 50 年代法国旅行者米歇尔·阿丹森（Michel Adanson）对上塞内加尔河地区的描述："波多尔（Podor）曾经被森林覆盖，但在最近 10 年，法国人砍掉了不少树，因为他们在那儿建立了一个贸易点，这意味着周围的森林已经退缩到了半里格（2 英里）之外去了。"[63]居住在附近的人们常常说，这样居住着邪恶精灵的土地是毫无价值的，但这种影响依然是显著的。为了将土地从"经济意义上的无效"空间变成促进生产力不断增长的土地，不仅需要物质性的政治局外人，还需要内部人口的宗教转型。随着商人们变得更强大，社会更加不平等，宗教信仰也改变了。[64]

对土地的精神信仰现在被认为是经济学文盲的一种表

现，但对于那些在西非待了很长时间的商人来说，这却是很好理解的。1682年2月1日，一位在黄金海岸地区阿诺马布的皇家非洲公司的代理商写道："昨晚我收到了你的信，要求提供砍树的工具，但这是困难的，即便能够找到一些工具，但那是他们的圣林，他们无法忍受任何人去砍掉它们。"[65]

土地的精神价值对于国家的身份而言是基础性的。在塞古，关于比通·库鲁巴利建立王国的口述史诗给了金合欢树（balansa）很高的地位：

> 金合欢树的塞古……
>
> 四千金合欢，
>
> 四百金合欢，
>
> 四棵金合欢
>
> 以及一棵驼背的金合欢。
>
> 不是每一个本地人都明白它们有多重要，
>
> 更不用说是对陌生人。[66]

在惠达和达荷美，由于对巫毒教的崇拜，在圣林中经常可以看到公共神像。继续往南，在中西非地区，土地在刚果人中被认为是祖先的财产，那儿的精神领袖用祖先的名字来命名他们侍奉的神像。在卢安果，被称为恩基西的地区性神像非常普遍，它强调了精神和土地的结合。[67]

这种土地的精神力量对于理解本章所考察的政治和文化转型是非常重要的。随着物质价值和货币均衡变得更加重要，土地也获得了它自己的货币力量。事实上，黄金海岸上的英格兰商人非常了解这种信仰的无价特性，他们决定接受这些宗教物品作为抵押品（他们称之为拜物），一位代理商在 1693 年写道，他得到了一个重达 9 盎司的土地神像，"我用它来作为 35 块英格兰毯子的抵押品"。对于这些欧洲商人来说，在涉及贸易时，经济价值的相对特性在做决定时是一个给定量。在这种眼光下，根据数学方程式理性计算得出的普遍价值的观念似乎是一种神话。[68]

365

比通·库鲁巴利的宫殿，瑟古库洛（Ségoukoro），马里

这些对土地的不同看法，同样需要被当作这个阶段西非经济和世界经济之间存在差异的一个原因。在西方经济学的世界观下，土地是一种非常适合用作资本积累基础的物质。正是基于土地是安全资产的观念，粗暴的圈地运动形式产生了，它的支持者们往往称之为"改善"——一种技术性的"发展"先锋。一些现代经济学家依然将缺乏土地所有权视为"南方整体"贫困问题的主要推手。在西非和中西非，土地在它的物质用途之上还拥有精神价值，这意味着那儿的社会在全球经济系统中一直处于"竞争劣势"，这个系统强调"理性"使用土地对于经济增长是至关重要的。[69]

土地的精神力量和政治权力之间关系的重要性是很难被夸大的。在前一章，我们已经看到，猎人摧毁丛林精灵的能力是与他们在新式国家中获取的权力相关的。这种精神力量是那些统治者可以获得的，一旦拥有了这种力量，他们就可以控制土地。但是，随着时间的流逝，精神实践发生了变化，以适应新的平行的世界观。虽然土地拥有着它的精神意义，但新的神祇和秘密会社出现了，与大西洋世界相关的商品贸易变得更有价值了，这样，贸易商品事实上也成了向新神献礼的一部分，这就是"商品拜物教"，它的出现比马克思发明这个词早一个世纪。为了获得卡拉巴尔的埃克佩秘密会社，或者塞内冈比亚卡萨芒斯的胡皮拉胡德金克（Hupila Hudjenk）神庙的准入权，人们需要"支付"物质商品，这些商品只能通过大西洋贸易来获得，比如铜条或者脚镣。约鲁巴谚语描述说，奴隶不能戴神祇的面具，人质被禁止参加奥托姆波罗（Otomporo）神祇的化装游行。这样，新的宗教习俗强化了等级制度，代表了侵入西非和中西非的新型世界观。[70]

这种观点并不是在将如此复杂的历史野蛮化或者原始化，而是在认真对待那些参与者自身的视角。那些认为严肃对待非洲的精神信仰就是在将它们"非同寻常化"和"原始化"的观点，可以追溯到 16 和 17 世纪欧洲旅行者的记载，他们嘲弄非洲的精神信仰，拒绝非洲的宗教实践，将之视为"仪式性的"。这种嘲弄来自这样的观点：西方经济理性是一个全世界都应该渴望接受的普遍赐予，犹太－基督一神论提供了一种普世论，而任何其他的信仰都只是一种狂热的"邪教"。然而，现实是，对土地的"理性"占有并不是一种普世价值，这一点在生态退化面前变得越来越显而易见。选择性视角本身就具有潜在的意义。当然，要想理解西非的历史却不考虑精神信仰在塑造社会现实中的地位，这是不可能的。[71]

367   那么，在西非和中西非，这种社会和精神的转型又是怎样成为主流的呢？统治者越来越多地成为意识形态的中间人，架起了大西洋和他们本土社会之间的桥梁。这个位置看上去提供着稳定性，但它实际上也削弱了土地管理和精神力量之间的联系。一方面，统治者要采取新的全球经济范式，另一方面，非洲的精神和政治面貌联系紧密，而这两者间产生了巨大的矛盾。在试图满足所有人的所有期望的过程中，这种矛盾明显削弱了统治者的权力，并为新的革命理想铺平了道路。当这一切于 18 世纪晚期出现时，它们将处于同样的超越国界的力量的裹挟下，这种力量在接下来的世纪中推动了社会关系的巨大转变。

注　释

1. Norris（1968：125）.
2. NCAC, RDD, transcribed cassette 494A, pp. 7 – 9.
3. 关于"真"货币的崛起与国家权力增长之间的关系，见 Graeber（2011：45, 313）。
4. 关于 16 世纪晚期塞内冈比亚抵制的过程，见 Green（2012：Chapter 8）。

5. 感谢我 2017～2018 年在伦敦国王学院的硕士生，他们就这个主题进行的展示和课堂讨论帮我厘清了这一观点。

6. 关于 18 世纪 50 年代对稻米收割和房子的描述，见 Adanson（1757：89－91）——修建这种类型的房子至今在这个地区依然常见，最南直达富塔贾隆。关于稻田和牛群的描述，见 Moore（1738：9）。

7. 关于玛玛－乔利／玛玛－强波的基础性研究是由塞内加尔重要的博物馆学家和历史学家 Ibrahima Seck 做出的，见 Seck（2016：43－7）。关于 Seck 对玛玛－乔利和玛玛－强波的描述，见 2015 年一次会议"大塞内冈比亚及其周边的身份：通过对话中的历史和音乐进行的跨学科研究"（由 Lucy Durán 和 Toby Green 主持）的影片（从 11 分 30 秒开始），见于 https：//www. youtube. com/watch？v = DMytlZcXRwA。关于将非洲人从塞内冈比亚运输到美洲稻田，见 Carney（2001）、Fields-Black（2009），以及 Hawthorne（2010a）和（2010b）。关于殖民地时期路易斯安那的非洲人，见 Hall（1992）。

8. Curtin/Boulègue（1974：271）.

9. Moore（1738：82）.

10. Durand（1802：307）.

11. 关于几内亚比绍巴兰塔人从事水稻生产的男性化，见 Hawthorne（2003）。关于这个时期对女性婚姻日益增强的控制以及对她们社会权力的削弱的经典研究见 Greene（1996）。关于女人采取男人角色的例子，见 Achebe（2011：13－14）。

12. AHU，CU，Cabo Verde，Caixa 7a，doc. 133. 关于赌博，见 AGNL，SO－CO，Caja 18，doc. 197，fol. 488v，这是一份 17 世纪 10 年代以来赌钱的记录。

13. 关于安布罗西奥·戈麦斯反对佩雷斯的证词，见 IAN/TT, Inquisicao de Lisboa，Processo 2075，fol. 28v。关于戈麦斯是瓦兹的兄弟，见 AHU，CU，Guiné，Caixa 3，doc. 39。关于对佩雷斯和瓦兹在卡谢乌非常好的对比性研究，见 Havik（2004：III. 2）。

14. AHU，CU，Cabo Verde，Caixa 7a，docs. 75，85，133.

15. 关于本格拉，见 Candido（2013：129－35）。关于阿肯，见 Everts（2012）。

16. 关于 1699 年的例子，见 AHU，CU，Guiné，Caixa 4，doc. 39。

17. 关于富拉人，见 Malacco（2016：83）。关于贝宁，见 Roth（1968：

131 - 2）。关于巴兰塔年长者允许甚至鼓励女人嫁给欧洲商人，见 Hawthorne（2003）。

18. 关于恩津加的士兵，见 Heywood（2017：16，58 - 9，99）。关于恩东果宗教的作用，同上，16，32 - 3。关于塞内冈比亚的帕切西女性的角色，见 Phillott-Almeida（2011）。关于伊博人中女性成为领导人的可能性，见 Achebe（2011）。

19. 关于一夫多妻制的发展，特别见 Thornton（1997：44）。关于达荷美维达总督的妻子们，见 Dalzel（1967：95）。关于皮雷斯的记录，见 Lessa（1957：59，98）。

20. 在对达荷美皇家妻子的最引人瞩目的研究是 Bay（1998），特别见 pp. 8 - 9，51，67。关于达荷美女战士，见 Alpern（2011）。关于奥约国王被他的妻子们扼杀，见 Dalzel（1967：13）。

21. 关于这个背景下的对蟒蛇当贝的研究，见 Parés（2016：145 - 8）。

22. Hiskett（1960：567）。

23. 关于博尔诺太后的奴隶，见 Richmond Palmer（1936：33 - 4）。

24. Bowdich（1966：41）；McCaskie（2018）。关于阿散蒂宫廷中太后的角色，我非常感谢与库马西夸梅·恩克鲁玛科技大学的 Samuel Adu-Gyamfi 博士的私人交流。

25. NCAC，RDD，transcribed cassette 624B，pp. 29 - 32.

26. 关于帕切西，见 Phillott-Almeida（2011）。

27. 此外，19 世纪农业生产由于采用了新的如花生之类的作物而引起的改变，常常对女性在社会中的身份产生负面影响——例如见 Sarr（2017：16 - 20）。

28. 关于 19 世纪达荷美的女商人，见 Rufer（2016：723）。关于 17 世纪 70 年代阿拉达的女性宗教力量，见 Parés（2016：105）。关于坎库朗，见 Jong（2008），以及他在一段 2015 年的会议"大塞内冈比亚及其周边的身份：通过对话中的历史和音乐进行的跨学科研究"（由 Lucy Durán 和 Toby Green 主持）的视频中的讨论（从 10 分开始），见于 https://www.youtube.com/watch? v = DMytlZcXRwA。关于伊博人，见 Achebe（2011）。

29. 关于此最好的研究是 Souza（2006：esp. 11，64）——我非常感谢简·盖耶为我带来这本书，否则我几乎不可能遇到它，它是一件意想不到的礼物——本段所引用的文字就出自这本书。对于贝宁植物及其药用功效的主要研究是 Verger（1995：65，76，78，90），它也说明了马拉盖塔椒的作用和它的多种用途。关于 1687 年马拉盖塔椒的产量，见 TNA，T70/659，fols. 61r - v。关于 1674 年马拉盖塔椒的获取，见 T70/656，fol. 69r。

30. 一个使用玉米的药方，见 Souza（2006：62）。玉米的用途，见 Verger（1995：37 - 8）。

31. 关于贝币的使用见 Souza（2006：56），此书第 62 页提供了一个使用玉米的药方。关于玉米的使用，见 Verger（1995：37 - 8）。

32. Falconbridge（1788：9）。

33. Corry（1968：64）。关于荣誉，见 Appiah（2010）。关于富塔托洛，见 Kane（2004：313 - 16）。关于黄金海岸，见 Dantzig/Jones（1987：97）。

34. 关于塞古奴隶制和农业之间的关系，见 Roberts（1987：35）。

35. Dumestre（1979：74 - 6）。

36. 关于武器贸易在西非许多地区形成的强权国家中的作用，见 Adu Boahen（2012：181）。Imbua（2012：13）认为，卡拉巴尔的种植业主要是用于本地消费，虽然这一直是正确的，但在大西洋贸易时代，它向贸易的转向也的确出现了。

37. 关于"亚瑟王"号的旅程，见 TNA，T70/1213。关于 17 世纪 70 年代对谷物按月购买，见 TNA，T70/656，fols. 43r，46r。关于黄金海岸的记录，见 Law（1997 - 2006：Vol. 1，32，36，64，81）。几乎所有代理商都在讨论食物，类似的信息可以在阿诺马布找到（同上，Vol. 1，93）。阿尼山的代理商在 1688 年 1 月购买了 200 箱谷物（同上，Vol. 2，148）。

38. 关于非洲语言中对应于玉米的词，见 McCann（2005：34 - 5）；此外，La Fleur（2012：92）提供了相应的芳蒂人的词。一种关于非洲对哥伦布贸易的贡献的重要视角，见 Carney/Rosomoff（2009）。

39. 关于在锡因的赛雷尔王国，见 Demanet（1767：Vol. 1，110 - 11）。

40. 关于安提拉·杜克，见 Behrendt/Latham/Northrup（2010：145）。

41. 一个非常好的讨论，见 Carney/Rosomoff（2009：52 - 66）。便宜的食物和奴隶贸易之间的关系，见 Demanet（1767：Vol. 1，109）。关于 1687 年荷兰人在阿拉达，见 Dantzig（1978：47）。关于为英格兰船只准备的谷物箱数，见 TNA，T70/657，fols. 43v - r。关于对 18 世

50 年代富塔托洛食品消耗的估算，见 Kane（2004：319）。

42. 关于卡拉巴尔的山药购买，见 Behrendt/Latham/Northrup（2010：170 n.144）。关于巴兰塔的增产，见 Hawthorne（2003）。

43. 关于数字的现代估计，见 www. slavevoyages. org/estimates – 2018 年 2 月 20 日的访问数据。关于大西洋奴隶贸易如何导致西非沿海社会农业生产潜力下降的一个有趣讨论，见 Meillassoux（1971：52）。

44. Lessa（1957：9）；Kup（1967：105）.

45. 关于采纳新作物，见 Hawthorne（2003）和 Linares（1992），它们提供了巴兰塔和迪奥拉的稻米情况。

46. Cavazzi（1687：695）；Martin（1986：5）.

47. 关于独木舟船员作为人质，见 TNA, T70/657, fol. 54r。关于 1679 年阿诺马布、阿克拉和维扬巴的奴隶贸易的相对比重，见 TNA, T70/657, fol. 41r——这些港口在 1679 年一共由英格兰人出口了 2035 个奴隶。

48. Law（1997 – 2006：Vol. 2, 180, 181, 190, 216）. 一个对卡波希尔（大商人）的很好的讨论，见 Shumway（2011：117 – 26）。1674 年向芳蒂国王付的费用，见 TNA, T70/656, fol. 30r。关于芳蒂国王，见 Law（2013）and（2018）。

49. Graeber（2011：45, 313）. 关于泰斯特福勒的遗嘱，见 TNA, PROB/11/644/92；关于本地英格兰商业阶层对其死亡的反应，见 TNA, T70/1466, fol. 182。

50. Park（1983：252 – 63）.

51. 关于遮阳帘，见 AGNL, SO – CO, Caja 18, doc. 197, fol. 808v（用于去往热巴的船的一块遮阳帘或布的价值）。对在贸易船上祭祀的许多描写来自对克里斯皮娜·佩雷斯的审判，见 IAN/TT, Inquisicao de Lisboa, Processo 2075, e. g., fol. 13r。关于唱歌，见 Kup（1967：11）；关于鲜花，见 Adanson（1757：74）。

52. Law（1997 – 2006：Vol. 1, 4；Vol. 2, 327）.

53. 关于更多贸易的趋势与日益增长的不平等之间的重合关系，见 Piketty（2014）。

54. 关于向本地国王交钱的例子，见 TNA, T70/659, fol. 5v：1687 年向费图国王交钱租地建设海岸角城堡。向新卡拉巴尔国王和头人交钱，见 TNA, T70/1214。向阿肯、埃瓜福和萨博（Sabo）统治者交钱，见 TNA，T70/661，fols. 47r，43r 和 48r。

55. 关于 17 世纪 70 年代铁条对铜条的优势地位，见 TNA，T70/1214 （Calabar），以及 T70/657（Cape Coast）。对于直到 17 世纪 90 年代的铜条的缺席以及铁条的继续，见 TNA，T70/659 和 T70/661，fol. 16r。关于 1699 年在海岸角把铜条给奴隶船，见 TNA，T70/376，fol. 19r。

56. 关于 1730 年的这些记录，见 TNA T70/1466，fols. 1（Dixcove），34 （Sekondi），62（Komenda）。关于在英格兰制造的羊绒布（珀普图瓦诺），见 Haynes（1706：81）；以及关于 17 世纪羊绒布起源的讨论，见 Yerby（2008：113）。

57. 关于钢铁生产的扩张，见 Thornton（1998a：45 – 7）；也见 Evans （2015）。

58. 关于 1699 年向惠达王国进口贝币，见 TNA，T70/1243 的许多地方，贝币在这里被称为 "Booges"。关于在科门达，一栋房屋的价格等于 1 盎司黄金，见 Law（1997 – 2006：Vol. 2，102）。塞康第的代理商在 1683 年抗议贸易品价格的上涨，这意味着他损失了 2 马克的黄金，同上，Vol. 1，4。

59. 关于用火药换钱，见 Law（1997 – 2006：Vol. 2，186 – 7）。关于皇家非洲公司的盖章对铁条的重要性，同上，Vol. 1，43，以及 Vol. 2，90。关于转移劣质铁条的问题，同上，Vol. 2，45。关于在维达用贝币为奴隶定价，同上，Vol. 1，223（1681）和 TNA，T70/1243 （1699）。关于物物交换经济的神话，见 Graeber（2011：21 – 41）。

60. Law（1997 – 2006：Vol. 1，54，56）.

61. 关于 18 世纪 70 年代卡刚果的固定汇率，见 Proyart（1776：151）。同时，火药、火枪和朗姆酒以布匹计价的汇率也是固定的。

62. Sarr（2016）. 一份用阿加米（Ajami）语记载的手稿也提到了在卡萨芒斯类似的信仰，见 Babou（2018：16），它讲述了一个叫作 Sherriff Sheykhna Sheikh Mahfouz 的马拉布特得到了一片滋生恶灵的土地。

63. Adanson（1757：47）.

64. 关于这片土地被恶灵占据的观点，我感谢与 Ndane Faye 的私人交流。

65. Law（1997 – 2006：Vol. 1，108）.

66. Conrad（1990：44 – 5）.

67. 关于刚果人把土地当作祖先的财产，见 Bockie（1993：15 – 18）。关于圣林和巫毒公共神庙，见 Parés（2016：133）。Dapper（1686：336）

根据一份无名文件告诉我们，精神领袖采用了他们侍奉的神灵的名字。关于卢安果，见 Thornton（2002：77）。

68. Law（1997－2006：Vol.3，418）．最近对刚果地区欧洲人参与非洲宗教实践的讨论，见 Apter（2017）。

69. 关于土地安全、圈地和资本增长之间的关系，一个有用的讨论来自 Fortune（1984：4）。关于土地所有权和资本性贫困，一个经济学家的观点见于 Soto（2000）。

70. 关于胡皮拉胡德金克，见 Baum（1999：117）。关于奥托姆波罗游行，见 Ojo（2013：161）。

71. 关于"拜物教"虚假话语对非洲信仰的嘲讽，见 Parés（2016：35－7）。

第九章　超越国界的非洲、斗争以及现代性的诞生

1793 年，阿奇博尔德·达尔泽尔发表了他的达荷美史，这恰逢废奴主义争论的高峰时期，撼动了英国的政体。奴隶贸易是否野蛮化了非洲人，以至于他们需要被从奴隶制中拯救出来？还是说奴隶贸易将他们从野蛮的现实中"拯救"了出来？伴随着侧重点和腔调的微妙转移，这样的话题成了西方国家对非洲的关注所在。在哲学家穆丁贝的经典分析中，关于"非洲"和"非洲人"的知识的外在框架已经被构建了起来，但这个框架对于非洲本身以及非洲人的生活体验来说，却是极其陌生的。[1]

事实上，隐藏在达尔泽尔支持奴隶制的文本之下的是一种揭示出现实远比大多数废奴主义的辩论所能允许的更为复杂的描述：

> 安东尼奥·瓦兹·科埃略（Antonio Vaz Coelho）……出生在巴西，在那儿，他学会了读写和记账。他从父母那儿继承了一些财产，很有进取心，已经数次航行到阿德拉（Ardrah，即阿拉达），并最终定居在那儿了，成了一个受人尊敬的商人……他有着不同寻常的自负，对于军事组织有着过分的喜爱……他通常用从欧洲购买的喇叭枪武装他

的附庸。[2]

瓦兹身上充斥着 18 世纪晚期的复杂现实。他拥有足够的财富用来建立商业，他决定回到西非（巴西人称之为米纳海岸），他祖先就是从那儿来的。19 世纪，在拥有非洲背景的巴西本土人中，来到非洲的人源源不断。许多像瓦兹这样的人成了继续进行奴隶贸易的代理人。前奴隶怎么能参与这种事呢？需要记住的是，19 世纪时，在像殖民地巴西这样的社会中，或者在许多西非王国分化为不同阶层的世界中，情况都是差不多的：一个人不拥有奴隶，就有被奴役的可能性。[3]

本章尝试对瓦兹这样的人进行研究，以了解身份的重要性。它在超越国界的维度上研究了非洲的统治阶层、宗教框架、民族身份，以及对日益独裁的国家进行抵抗的种子。它表明，推翻了西非贵族阶层的政治革命，不仅源于内部不平等造成的不稳定，也源于 18 世纪晚期超越国界的觉醒。西非和中西非社会与北非、阿拉伯世界、美洲和欧洲都有着紧密的外交联系。到了 18 世纪，全球因素影响了抵抗运动、身份和文化框架。

本章对于跨国界问题的聚焦，对于本书整体是非常重要的。它一劳永逸地指出，"非洲社会总是和更加广泛的现代化模式脱节"这种说法是错误的。但它同样让我们重新审视这种塑造现代性的影响力模式。这里，语言塑造了话语权，也塑造了对权力的见解：如果现代化和人道主义是"西方的"，它们就成了欧洲的孩子。然而，在 1800 年之前，平均每 4 个前往美洲新世界的移民中，就有超过 3 个是非洲人。这些男男女女之所以成为奴隶，不仅因为他们可以成为劳动力，也因为他们拥有技艺。从阿根廷的潘帕斯草原到委内瑞拉的洛斯亚诺斯大草原，以及墨西哥北部沙漠地区，非洲的牧牛人都受到重视。来自塞拉利昂和几内亚比绍的西非稻米种植技术，在卡罗来纳和巴西北部也是有价值的。直到 19 世纪，美国南部主食（比如花生）的收获工作都是保留给非洲奴隶的。以及，如我们已经见到的，非洲的奎龙波（即武装团，见第五章和第一部尾声）对于在美洲产生的新的社会融合也是关键性的。塑造历史的真实影响力模式与历史话语对过去的塑造方式，往往是断裂的。[4]

在 18 世纪，影响力不仅反映了新社会建立的方式，也反映了它们是如何受到挑战的。刚果的战争技术导致了如 1739 年南卡罗来纳史陶诺动乱（Stono Rebellion）的主要叛乱。这些挑战来得极其缓慢，却有着长期的影响，因为美洲奴隶制暴政的制度性是如此强大。然而，叛乱在 18 世纪晚期和 19 世纪早期加快了步伐，它们决定性地受到了发生在非洲的事件的影响。刚果技术再次影响了 18 世纪 90 年代海地革命的军事战略，并取得了持久的成功。18 世纪晚期和 19 世纪早期，尼日利亚北部的战争军事经验激发了巴西和古巴的起义，加重了社会紧张局势，最终致使两国在 19 世纪下半叶废除了奴隶制。[5]

然而这些影响并非仅仅从非洲和欧洲传到美洲。它们同样会通过瓦兹这样的人物返回非洲。这个方向的影响也在增强，特别是在 19 世纪，那时整个马龙人社区都来到了弗里敦所在的新塞拉利昂殖民地。要想了解超越国界的奴隶制和抵抗力量是如何相互激发和碰撞的，我们可以转向弗里敦的圣约翰马龙教堂。在 2017 年 5 月访问时，我由教堂内的一位长者带着进行了参观。在室外，我无法不注意到他戴了一顶红色的垒球

370

帽，当我提到这个时，他笑了。红色一直是军事力量的象征，也是马龙旗帜的颜色，以及教堂内椽子的颜色。

弗里敦圣约翰教堂的马龙旗帜

红色在冈比亚也保留着这种含义，1998 年，这里的军人恢复了红色的军帽。在卡萨芒斯的迪奥拉，红色一直是村长统治的标志。红帽子从塞内冈比亚旅行到了美洲，现在又回到了当年的出发地，这更准确地象征了，当年统治者将人民送往美洲只不过是为了权力和战争的理想，然而战争和权力到了 19 世纪又从美洲回来挑战他们，帮助人们来推翻那些已经成了暴虐武士贵族的统治者们。[6]

超越国界的文化和非洲统治阶层

在达喀尔市中心的一个顶级餐馆里，菜单上会包含一些总是能在巴黎看到的食品：泡芙、法式吐司，甚至著名的法国葡萄酒也能在这个伊斯兰国家找到。在罗安达，在最近中国资助的基础设施出现在湾区之前，在顶级市场上占据主流的一直是葡萄牙食品，你在这里能找到在里斯本盛行的炸鱼和白葡萄酒。这种采纳外国奢侈品以彰显身份的做法，有着漫长的历史。精神病学家弗朗兹·法农在他影响深远的书籍《黑皮肤，白面具》中，详细描述了非洲和加勒比地区的达官贵人到了欧洲之后，是如何试图表现自己的身份和阶级的。但这种做法却反映出了非洲达官贵人更加古老的历史，以及他们对跨国势力的反应。[7]

如我们所见，这种跨国影响进入和离开非洲的历史，与从15世纪开始的世界全球化（包括非洲）的历史一样古老，甚至更早一些。在17世纪末和18世纪发生了变化的是，非洲的政治精英们利用这些日益增长的影响力获益的方式：他们用这种影响力来控制个人和家族财富，即便到了后殖民时代，这种模式也没有消失。18世纪，通过进口的外来布匹、教育和宗教实践，非洲统治阶层彰显出了自己和臣民的不同，创造了两者之间不断加深的鸿沟。[8]

统治阶层总是通过权力的象征来区分他们自己和臣民。权杖和皇冠对于统治来说，既不是独特的也不是罕见的标志。在安哥拉的恩东果，王室权力是由马尾和铁臂环来象征的。在贝宁，贵族们用珊瑚来装饰自己的身体。而在黄金海岸，遮阳伞保护着统治阶层（至今依旧如此），王权则通过王座来体现。这些王权的装饰物都在欧洲贸易崛起之前就已经存在了。

随着跨国影响力的崛起而发生改变的是非洲统治阶层对外国奢侈品的依赖。这并非因为那些旧的权力象征被放弃了，而是它们得到了补充，具有了对非洲臣民和欧洲商人的双重象征意义。比如在刚果，官员的冠冕被称为姆普，它是由成圈的酒椰叶纤维经过交叉缝制而制成的，带着大大的螺旋状花纹。到了 18 世纪，这种帽子依然非常重要。刚果大使和国王通常都穿戴当地布料和珊瑚珠，但他们采取基督教贵族的徽记来表明他们对外部权力的涉足。与此同时，刚果的宗教和成人仪式，例如桑加门托（sangamento），经常将刚果和欧洲形式融合起来：采用刚果的衣服和武器，又混合着欧洲的帽子和黄金十字架。[9]

因此，旧的象征并没有消失，而是融入了外国元素，以代表新的权力基础。从王室家族的观点来看，这些符号的转变加强了他们统治臣民的权威。此外，随着 18 世纪西非商人阶层不断增长，王室不断丧失对大西洋贸易的控制权，越来越多的人可以涉足这些权力的象征。这同样可以解释之后发生的贵族阶层的崩塌，以及接下来发生的影响了许多社会的冲突。如同在欧洲，消费的扩张挑战了消费的仪式化表现以及贵族权力的地位；它同样不可阻挡地挑战了贵族阶层本身。[10]

重要的是，我们应该看到，这些特殊的象征是最初就产生了的。当西非和中西非的统治阶层与欧洲的贸易国家刚刚建立联系时，这些象征就已经出现了。这种趋势在 1491 年刚果国王恩齐卡·恩库武第一次接见葡萄牙人时就已经有了："国王在他宫殿中的一个广场上，由许多人陪伴着，坐在一个平台上，平台上处处是他们风格的装饰。他腰部以上是赤裸的，头上戴着一个高高的帽子，帽子是由棕榈布制作的，一个银压花的马尾在他的肩膀上；腰部以下，他穿着一些锦缎，这是葡萄牙国王送给他的。"[11]

姆普帽子，19 世纪晚期至 20 世纪早期
（材料：棕榈叶纤维、猎豹爪子）

　　这样，葡萄牙人一到来，刚果国王就穿上了奢侈的进口布料，再配上象征着他的权力的用马尾和棕榈织成的姆普帽子。通过获得进口奢侈品来实现社会分化的进程开始了。很快，彼此距离遥远的国家，比如贝宁、约洛夫和刚果，纷纷派出大使前往欧洲。随着西非和中西非如此多的统治者寻求着政治表达，并向欧洲贸易伙伴提出政治主张，这样的相互影响只会增加不会减少。随之而来的是，非洲大使们开始向统治阶层赠送奢侈品类的礼物。[12]

对于这样的行动，最好的画像来自 18 世纪末、19 世纪初达荷美派往巴西和葡萄牙的大使。1750 年，达荷美向巴西的萨尔瓦多派出了一位大使。18 世纪和 19 世纪早期，这样的使节在这个地区的活动是非常频繁的：1783 年，属于现代尼日利亚西南部的巴达格里国王被他的臣民捉住了，和 20 个奴隶一起被送往了萨尔瓦多，随之一起的还有一封向那儿的总督解释情况、希望增加贸易的信，而阿拉达也在 1809 年向萨尔瓦多派出了使节。[13]

随后，在 18 世纪 80 和 90 年代，这些使节的活动变得更加频繁。在横扫大西洋世界的大革命时代，达荷美做了一系列外交努力，派出了数位使节。1795 年到 1796 年，在王子和使节身上的主要花费是用于置办布料、披肩、帽子、夹克、大衣和鞋子，这些对于他们到了葡萄牙之后彰显自己的皇家身份都是必需的，也有利于与达荷美的丰人臣民在衣物上形成明显的区分。[14]

达荷美至少派出了五个使团前往巴西和葡萄牙，分别在 1750 年、1795 年、1805 年、1811 年和 1818 年。在 1823 年之前，它的邻居奥尼姆（臣属于奥约，现在变成了拉各斯）派出了三个使团。大使们在殖民地官员的大厦内居住，他们访问期间的所有花费都由葡萄牙政府承担（关于这些访问的成堆的文件都被保留了下来）。这可能是很大的一笔钱，因为达荷美使节们往往首先访问巴西的萨尔瓦多，和葡萄牙总督进行会谈，葡萄牙在巴西的总督也统治着维达的葡萄牙城堡，接着使节们会去往里斯本的葡萄牙宫廷。[15]

　　随着大革命时期政治压力增大，以及废奴运动的兴起，达荷美使节的跨国维度也变得更大。到 1811 年，当阿丹多赞国王派出一个使节前往萨尔瓦多时，英国已经废除了它的奴隶贸易，葡萄牙人承受了巨大的压力，也被要求废除奴隶贸易。虽然废奴对达荷美的商业造成了严重的后果，但废奴的外交需要却是强烈的。当大使到达时，葡萄牙的王室也在巴西，它是为了逃避拿破仑 1807 到 1808 年的入侵而逃到里约热内卢的。在一封写于 1810 年 10 月的长信中，阿丹多赞为他不能帮助葡萄牙王室摆脱与法国之间的麻烦而感到悲伤。[16]

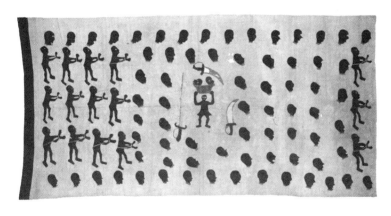

　　达荷美国王阿丹多赞 1810 年送给葡萄牙国王若昂的战争图版，描绘了达荷美 1805 年战胜波多诺伏军队的情景。可惜这个图版在 2018 年里约热内卢国家博物馆的火灾中被毁。

　　这种外交活动的一个惯例是双方要交换礼物。达荷美使节 376 带来了宝座、布料、象牙，以及奴隶，收到的回礼往往是上好的丝绸。如同在更早期，这样的外交交换也强调了非洲统治者、新商人阶层和臣民在衣物和奢侈品上的物质区别。[17]

　　到 18 世纪末期，关于这种不同，一个非常好的例子来自卡拉巴尔的安提拉·杜克的日记。日记表明，他拥有一口钟或一块表，因为他经常用简化形式记录下时间（比如"6am"）。杜克也写道，他和他的商业伙伴埃森·杜克"穿得像个白人"，这就是说，他们穿着欧洲衣服前往那些最近到达的船只。船只总是到达卡拉巴尔附近的鹦鹉岛，它位于港口下游20英里处，其名字得自每天都能看到的大片鹦鹉。为欧洲观众穿欧式衣服的观念并不意味着展示奢侈服装是为了彰显身份。然而，卡拉巴尔的公众事件常常要求人们换上埃克佩或者欧洲样式的衣服。如同杜克在1786年11月11日的日记中所写："大约四点，我们去了城里的皇宫，我们又穿上了长长的本地埃克佩风格的衣服（布上扎染着蓝白三角），还有帽子、夹克以及一切好东西。"对于像杜克这样富裕的商人，在埃克佩社会的主要节日中穿上奢侈品，如进口的帽子和夹克，是非常重要的。[18]

这种将非洲和欧洲样式混搭在一起的形式，在18世纪西非和中西非的许多地区，广泛地存在于商人之中。博斯曼在1700年前后描述了黄金海岸上富有的商人和皇家成员是多么渴望展示他们所获得的欧洲服装："他们对我们的帽子很热衷，丝毫不考虑花了太多的钱……他们的普通衣物是用3到4埃尔（1埃尔约合115厘米）的天鹅绒、丝绸、布料、羊绒或者其他东西做的。有一些人甚至可以拥有50套这样的衣服。"[19]但通过获得这些奢侈衣物来展示权力的欲望，本身就是和王室阶层以及他们对外国货的兴趣相联系的。整个18世纪，这种展现皇家权力的要素都保持着足够强大。英格兰商人罗伯特·诺里斯在18世纪80年代描述说，达荷美国王卧室里的床架和床垫都是欧洲制造的，带着奢侈的挡帘，地板上覆盖的地毯是几个月前诺里斯本人卖给国王的。在18世纪70年代，刚果一个重要的国王拥有一个套房，他将之装饰成了欧洲风格，床、便桶和梳妆台都装饰着白银，椅子是用来接待欧洲访客的，而国王本人则坐在地板上。[20]

这种权力展示的重要性，在 1788 年保罗·埃尔德曼·伊瑟特访问大波波的统治者时，得以很好地被描述："他穿着一条非常昂贵的黑色长裤，从屁股直拖到地面，上面套了一件非常宽松的丝质长袍。他头上戴着一顶马车夫的软帽，上面还有一个装饰着大型银质花朵的欧式帽子……他的手里拿着一根西班牙式的手杖，装着银质的头。"[21]

当然，非洲君主们在将奇奇怪怪的东西作为凝结其政治权力的手段这一点上，并非孤独的。就像王权的象征是普遍性的，世界上的许多君主也通过展示他们得到的梦寐以求的物件来宣示他们王权（以及现代性）。比如，1499 年瓦斯科·达·伽马（Vasco da Gama）从印度返回葡萄牙之后，曼努埃尔一世国王在里斯本不管走到哪儿，都让带回来的 5 头大象走在前面，而更前方是一头犀牛。所有统治者都发现，这种新力量在将人民团结在一起上是很有用的，展示一下这些从贸易中得来的新奇事物也非常重要。在 18 世纪早期，事实上出现的是一种贵族消费和权力的共享文化，跨越了非洲、美洲和欧洲。[22]

关于这种共享语言是如何发展的，一个最好的例子是 1795 年末、1796 年初达荷美大使对葡萄牙的访问。达荷美皇家大使一来到欧洲，他们就开始享受里斯本的快乐。1796 年 1 月和 2 月上旬，他们去了 24 次康德斯街（Rua dos Condes）上的歌剧院，去了 19 次圣卡洛斯剧院。与此同时，在 2 月份送往葡萄牙王室的账单中，有一张是伊西德罗·巴雷罗（Isidro Barreiro）在穆拉利亚区（Mouraria）经营的餐馆送来的，达荷美皇家使团塞进了汤、烤鸡、小牛肉、布丁、三瓶波特酒、三瓶红酒，此外还有几乎与此等量的其他支出。通过采用奢华的外国衣物、食品和娱乐，王室成员在他们自己和被统治的臣民之间进行了明确的划分，并将王室家族和他们在海外的贸易伙伴联系在了一起。[23]

非洲统治家族有多重策略来构建这种惺惺相惜之感。在采用欧式衣服和家具之外，他们也知道转换语言的重要性。在17世纪末期，非洲国王将他们年长的孩子送到欧洲读书的现象已经非常普遍。1694年，比绍的统治者把他的儿子送往葡萄牙，作为使节，同时接受教育，这表明当时他还没有学会葡萄牙语。到了18世纪，一些卡拉巴尔商人家族的儿子们被送往英国接受教育，同样的例子发生在黄金海岸上阿诺马布的芳蒂统治家族的王子身上。据旅行者苏格尼尔（Saugnier）所说，18世纪80年代，塞内加尔河上圣路易的一个著名非洲商人家族是由三个儿子运作的：第一个叫泰弗诺（Thévenot），他年轻的时候曾经在巴黎花了大量的钱财，获得了"非洲王子"的头衔；另一个叫"圣徒让"，是一个前英格兰塞内加尔官员的儿子，生活在伦敦；第三个叫勒居热（Lejugê），去过欧洲所有地区，最远到达过印度。[24]

非洲商人和统治者希望他们的儿子通过学习来获得的一个关键性技能是精通欧洲语言，这可以保证贸易成功。与所有社会的显贵一样，他们希望扩充他们的技能，帮助孩子们在和外界进行经济和政治谈判时获得更多利益。令人印象深刻的一个模式是，和21世纪人们所熟悉的一样，他们承认，只有在欧洲社会中与欧洲人共同居住、相互理解，他们才能发展出灵活的文化和足够的知识，并在大西洋非洲"做生意"。到了18世

纪 80 年代，大波波（现贝宁共和国）最成功的商人拉铁 379
（Lathe）有一个儿子在英格兰读书，另一个在葡萄牙，一位观
察者说："他们在学习写作和计算。" 在 1700 年前后，惠达的
统治者懂一些葡萄牙语。18 世纪 80 年代，达荷美在维达的贸易
总督可以说英语、法语和葡萄牙语。1797 年，达荷美宫廷召集
那些可以很好阅读葡萄牙语的人，去讨论天主教信条，王国的
新摄政王则提到他的亲舅舅死在了葡萄牙。[25]

　　这些策略广泛地分布在西非和中西非的许多不同社会之
中。非洲外交官、王子和商人在欧洲和美洲学习，这并非不为
人知的事情。最迟到 18 世纪，欧洲的城市居民对非洲统治家
族成员在他们之中的存在已经相当习惯。这让我们理解那种外
来人有时会遇到的更广泛的超越国界的怀疑变得更加困难。当
英格兰特使鲍迪奇来到阿散蒂在库马西的宫廷时，他发现一位
贵族成员 "让我们感到吃惊，他要借给我们一些书，他向我
们展示的书包括两卷法国人的地理学著作、一本荷兰的圣经、
一卷《观察家》（Spectator），以及一本 1620 年的《教廷的谏
净》（Dissuasion from Popery）"。但实际上，这在非洲统治者自
己的逻辑上并不令人吃惊，而令人吃惊的是鲍迪奇对非洲贵族
策略的无知，特别是在他们在前面几个世纪和那些欧洲贸易伙
伴共同成长之后。[26]

　　非洲统治阶层和他们的臣民之间不断加深的鸿沟，从某种
程度上说，就是奴隶贸易时期这个大洲上最显著的政治变化。
它预见了许多随后的政治动荡。20 世纪 70 年代，历史学家和
黑人力量运动家沃尔特·罗德尼写道，这个时期见证了非洲和
欧洲精英们以非洲穷人为代价结成的联盟，他承认这种转化同
样铸就了后殖民时期非洲社会的持续不平等之路。就这样，经

380 济榨取的建立有着漫长且痛苦的历史。精英代理之间复杂的互动被包含在这样的环境中，没有一个人可以拥有足够的力量从中逃离出来。[27]

从非洲的视角看，正是精英们在超越国界的影响力的配合下发展出了新的权力风格，今天的法式吐司和进口葡萄酒和以前复杂的布匹和家具是一样的。但是，虽然这看上去支持了非洲君主的权威，但它也释放出了无法控制的力量。更多的人接触到了权力的象征，并开始向统治家族发起挑战。最后，在新的融合性宗教信仰出现后，威胁贵族权力的新的强大工具就产生了。[28]

超越国界的宗教实践和对权力的反抗

2011 年的旱季即将结束，我在比绍北面的一个小城度过了几个星期。大街上没有电，但在每晚升起的上弦月的作用下，小城的晚上非常明亮。一天晚上，一位朋友建议我跟着他穿过主路之外的一些小巷，去见一位马拉布特，或者说是伊斯兰先知。后来发现，这位马拉布特在一座建筑中租了一间房子，恰好就在我停留的房子的后面。天黑后，我来到了他的房间，除了他的床和一些对《古兰经》的诠释之外，房间几乎是空的。我的朋友非常激动，因为这个先知背景丰富：他出生于几内亚比绍，在毛里塔尼亚和马里跟随谢赫们学习过，最远曾经到过埃及。

在萨赫勒地区，这种跨国界的宗教元素在今天带来了它特有的政治联系。小村子里的清真寺带着它们自己的特征，表明它们是在于乌玛（Umma）其他地方获得的资金的支持下修建起来的。与此同时，它们与伊斯兰世界的重要联系有规律地起落着。今天，利比亚是人口走私的重要必经地，但在不久前穆

阿玛尔·卡扎菲试图自己扮演桥梁，建立他自己的世俗帝国。 381
许多年来，比绍最著名的一个地标，是利比亚宾馆摇摇欲坠的
白色外墙，据说它是归卡扎菲本人所有的，他有时会带着成箱
的美元来到这里，将它们分发给几内亚比绍和其他地区跟随着
他的员工。

　　对萨赫勒和它的腹地而言，这种跨越国家的宗教和政治权
力互动是非常古老的。皇家权力的多元化象征维度，与将马
里、卡诺、博尔诺与摩洛哥、的黎波里、开罗连接起来的贸易
一样古老。在早期，曼萨·穆萨的朝圣之旅是关于这种连接的
最著名事件，这种交换影响了所有主要的萨赫勒王国。早在
14 世纪，当曼萨·穆萨路过开罗时，在开罗的福斯塔特区
（Fustāt）就有了一个为博尔诺人民设立的古兰经学校，博尔
诺旅行者访问这座城市时通常都住在那儿。萨赫勒的国王们跟
随着他们的宗主不断地改信伊斯兰教，但他们对随这种宗教来
到非洲的思想的控制却非常薄弱。[29]

　　这种萨赫勒城市中的跨国影响力，在 15 到 18 世纪这段时
间变得更加强大。从 18 世纪 30 年代开始，卡齐纳超过卡诺成
了豪萨兰的商业枢纽，但卡诺的统治基础依然稳固，有着分离
的军事和行政当局，以及有影响力的王权奴隶。地区经济通过
本地制造的布币和进口的贝币进行交流。渐渐地，这些诞生于
萨赫勒的社会结构保证了其与跨国联系的紧密整合。到 18 世
纪 90 年代，任何在廷巴克图定居的外国商人都和当地女人结
婚。19 世纪早期，哈吉·阿卜德·萨拉姆·萨比尼描述说，
商人从印度来到卡诺，印度制造的商品出现在了当地市场上，
这表明持续不断的全球化依然在继续着。[30]

　　但博尔诺和豪萨的国王们对伊斯兰教的皈依却造成了宗教

对立。就像惯有的那样，宗教从根本上说还是政治性的。随着18世纪变革之风横扫伊斯兰内部学派，萨赫勒地区出现了一些自称是"穆斯林国王"的人，他们对自己的信仰并不是虔诚和严格的，就像15世纪90年代桑海的桑尼·阿里那样。事实上，他们的宗教实践是混合式的。卡齐纳新国王的登基仪式混合了许多种前伊斯兰的王权仪式。与此同时，在19世纪早期，索科托哈里发国的士兵们在袭击豪萨兰地区的戈比尔国王和博尔诺国王时，他们的理由就是，这些国王信奉的都只是所谓的"杂交伊斯兰教"。[31]

远方的宗教信仰和权力的外部标志的结合，在萨赫勒的历史远长于在西非大西洋海岸诸王国。然而，我们将看到，它们的结果并非完全不同。在大西洋诸王国，跨国影响也带来了同样的危险，君主可能在政治权力的杠杆下，失去对社会的控制。大西洋诸王国的国王无法控制贸易流，也无法控制穿越撒哈拉来的信仰，更无法控制这些信仰散布在整个社会之中的方式。流动的谢赫们（两个世纪后我在几内亚比绍遇到的那位谢赫的先驱）通过新的话题"搅拌着社会的大锅"。萨赫勒的统治者越来越难控制这一切，于是跨国的宗教力量终于可以挑战他们的权力了。

虽然这些发生在萨赫勒的跨国影响力看上去远离大西洋诸王国，但西方和北方带给非洲的经济压力却意味着有些地方处于交叉地带。在17世纪晚期的阿拉达，在西班牙传教士制定的教理问答中，一个代表基督的词是"利萨"（Lisá），这明显与伊斯兰教给耶稣起的名字"以撒"（Issa）相关。与此同时，在一个世纪后，阿散蒂帝国的首都库马西和达荷美一样，除了受到大西洋的影响，还受到北非的影响，这种影响在18

世纪晚期积累起来，据说阿散蒂国王奥赛·夸梅已经秘密地接受了伊斯兰教。鲍迪奇对库马西（他称之为"Coomassie"）宫殿的描述可以见证不同建筑与意识形态框架的融合，它描绘了19世纪早期，许多阿散蒂这样夹在大西洋和萨赫勒两个系统之间的稀树草原国家的情况："宫殿是一个具有许多长方形庭院和规则广场的巨大建筑，庭院的一侧设有拱廊，一些圆形拱呈对称式出现，骨架是用竹子做的。柱顶夸张地用巨大的扇子和埃及风格的格子进行装饰。"[32]

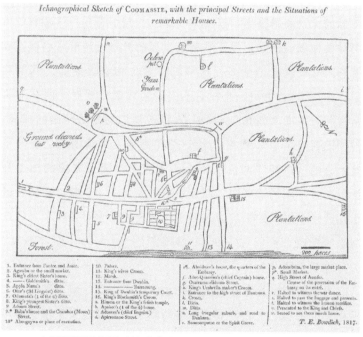

库马西地图草图（鲍迪奇将库马西拼写为"Coomassie"）

　　由于这个地区也受到了大西洋的影响，统治精英们毫不奇怪地将来自这个方向的外部宗教的习语和思想也融合了进来，　383

就像他们对来自萨赫勒的伊斯兰教所做的那样。在更西部，几内亚比绍的海岸区域，17世纪末，由于天主教在当地有很大的影响力，比绍的统治者巴康波罗（Bacampolo）采纳了天主教仪式。一份报告宣称，1694年，比绍的贸易中心已经有了400个基督徒："在一个基督徒死后，如果他是在非信徒的屋子里得的病，异教徒会去把牧师叫来主持最后的仪式，当这个基督徒被埋葬时，他的异教徒亲戚会伴随着葬礼的队伍来到教堂的门口。"[33]

在大塞内冈比亚人民和葡萄牙人的贸易和文化联系之中，总是存在着一种强烈的宗教因素。除了奴隶，这个地区还向南美洲的卡塔赫纳港出口了许多石蜡：一到了那儿，这些石蜡就会被卖掉做成蜡烛，用来装饰新世界的教堂，从卡塔赫纳直到智利的利马和圣地亚哥。这种长途贸易和宗教信仰之间的关系，在整个18世纪一直没有消失。当政治需要时，西非君主常常和天主教"调情"，就像16世纪他们的先辈所做的那样。但如巴西君主在1797年写给达荷美的令人充满困惑的信件中所断言的，这种"调情"不会带来更多，因为非洲的国王和继承人常常把话收回去，回到原来的立场上。不断出现的传教士却产生了缓慢的影响力，天主教的传教活动对塞拉利昂宗教观念的影响，可以在1796年泰姆奈语（Temne）称"地狱"为"撒旦"上看出来。[34]

当地对于宗教和权力的观念也发生了变化。但这种变化又不是完全真实的。它们来自跨国的联系，又反过来重塑了更广泛的世界。从这个角度看，所谓真实性的概念揭示了一种世界观，需要非洲和非洲人隔绝于其余的世界，从世界历史中孤立出来。但另一方面，非洲吸收了外部的思想，作为镜像，非洲人同样促进了美洲和其他地方新思想的发展。这是一种互相影响的进程。

18 世纪，不管是在萨赫勒还是在大西洋世界，一些宗教思想的杂交性质，为非洲人在美洲新世界的经历提供了一幅引人入胜的镜像。早在 16 世纪晚期，巴西东北部出现了一场被称为桑蒂达德（santidade）的运动，它成了位于萨尔瓦多的殖民地权力的真实威胁。桑蒂达德的信徒选举了他们自己的"教皇"，将图比南巴人的宗教信仰和非洲马龙人的信仰融合起来，形成了一次新的宗教运动。非洲人以及混合种族的非裔美洲人［被称为马梅鲁科（mamelucos）］纷纷来到这个社区，这一直持续到它灭亡。虽然宗教领袖是图比南巴人，但宗教标志却包括非洲的棕榈树。与基督教的融合则包括对诺亚神话的借用，以及洗礼的地位，等等。[35]

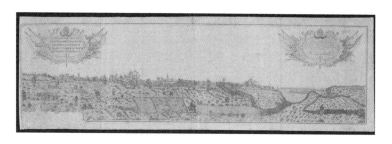

18 世纪巴伊亚的萨尔瓦多全景

这种将宗教与斗争混合起来以反抗殖民地的做法，成了美洲新世界奴隶社区的一个重要特征，特别是在 18 和 19 世纪这种反抗力量壮大之后。在 18 世纪 30 年代的牙买加，马龙人社区的领袖在马龙人中被称为"纳尼"（Nanny），他也是牙买加奥比（Obeah）教派的领袖，这个教派来自大波波和达荷美的宗教神祇。当坎多布雷教派在 18 世纪晚期的巴伊亚诞生后，它将约鲁巴宗教实质与天主教形式相结合。这里，对非洲植物和治疗技术的使用使得宗教信仰得以产生，以抵御占据优势的殖民地文化。在 19 世纪，对奴隶制的直接抵抗是由巴伊亚的伊斯兰信仰动员的 1835 年马雷起义。[36]

在美洲，早期宗教实践作为抵抗权力的工具是非常重要的。非洲人在两个大洲之间来回穿梭，不仅仅是为了奴隶，非洲旅行者也利用这种方式考察宗教，使之反作用于权力。早在 17 世纪，在美洲获得了自由的非洲人就回到了安哥拉，建立了贸易中介。到 18 世纪晚期，巴西东北部的自由非洲人回到了达荷美和大波波。1800 年之前，许多人选择了在拉各斯区域内定居。宗教转型是非洲人在美洲的一个关键性体验，这意味着这些人将新的宗教理解带了回来，也带回了对权力进行挑战的潜在可能。[37]

奴隶们也在巴西和非洲之间穿行。一些人因为不检点行为和公然挑战葡萄牙殖民地在巴西的权力，而被送回了安哥拉。与此同时，从巴西出发的奴隶贸易船，通常由大量的非洲水手驾驶，其中许多人都是奴隶。在巴伊亚州内部，用小船运输糖和其他供给的许多水手也是非洲人：在 1776 年到 1800 年间，在巴伊亚的四个城市，就有 426 名奴隶水手被记录在案，他们在这些船只上工作。这种模式对于跨大西洋贸易也是真实存在的。在西非贸易中，船长使用从约鲁巴语和戈贝语区域来的非洲水手［在萨尔瓦多被称为杰杰（Jeje）］，当他们在如今属于多哥、贝宁和尼日利亚的非洲港口靠岸后，他们还可以作为中间人行动。许多这样的船员似乎还因为他们的非洲药物知识而被雇用，在船员名单中被列为放血人（sangradores）。因为药物学是穿插在玄学和宗教学的世界观中的，这些船员还将他们对在美洲形成的新宗教框架的领悟带来了。[38]

到了 18 世纪晚期，针对西非和中西非的跨国宗教力量的结合，形成了两个系统。统治精英试图为他们的宗教实践提供一种杂交的面貌，于是在萨赫勒的许多区域内加入伊斯兰教因素，而在一些大西洋王国（特别是在刚果和大塞内冈比亚的一些区域）中则加入基督教因素，但同时保留已经存在的宗教神祇和实践。然而，到了 18 世纪，将这些信仰带来的跨国力量，也带来了新的宗教模式，用来和权力进行斗争。从伊斯兰世界中，它借鉴了其 18 世纪晚期的萨拉菲复兴运动的形式；从大西洋上，它借鉴了宗教作为美洲反抗殖民权力的工具这一模式。当新型的民族身份出现后，大西洋非洲不同地区的人民便可以利用这些民族身份和这些宗教斗争的模式来抵抗贵族对权力的垄断。

超越国界的文化与民族的"发明"

不管什么时候新闻中出现非洲政治冲突的消息，它都常常被描述为"民族"纷争。这里的含义不管是否明说，都暗示这样的民族冲突是非常古老的。由此传达的关于民族和历史的静态模型是我们熟悉的。它提醒我们，古老的历史纷争依然来自人们的先入之见，并塑造了当代的争论；以及，为什么许多非洲思想家坚持认为 21 世纪的"发展"问题是历史遗留问题。[39]

当谈到古老的"民族"纷争时，分析中有一个首要的问题，那就是许多现代民族的分类直到 19 世纪才在非洲出现。在非洲，民族的分类是很现代的事情，它的出现是对国际压力的回应，也是为了推翻奴隶贸易时期的独裁权力才故意制造出来的身份标识。然而，政治学家、智囊团和他们的支持者如同不折不扣的迷你军队，不断地研讨和强化这个问题，讨论如何通过外部干预来解决民族冲突，而这些话题自身就有助于创造并促成民族的分类。事实上，这个概念可能的确有问题，就像殖民帝国所采取的许多有策略的行动那样，但种族概念的发明已经创造了一种"既成事实"，让人们接受了下来。

这种聪明的手腕可以追溯到大西洋贸易早期，欧洲的外来人发明了这种策略。虽然种族本身是新的，但外来人尝试通过种族标签分化非洲人的做法却非常古老。比如在 17 世纪，耶稣会士阿隆索·德·桑多瓦尔（Alonso de Sandoval）写就了一份对卡塔赫纳港的非洲不同民族的早期分类研究。欧洲船只从卡塔赫纳向佛得角群岛和几内亚比绍航行，并到安哥拉和阿拉达等港寻求奴隶。到达港口的各色人种让卡塔赫纳成了地球上最具世界性的城市之一。一些非洲人被作为奴隶送往现代哥伦比亚的矿上进行劳动，其他的则被运过巴拿马地峡，再装船送往秘鲁总督区。奴隶在卡塔赫纳主要广场的大门处，被城市拍卖员拍卖掉，所有的殖民者都在这种贸易中有或多或少的股份：在写作这部著作期间，桑多瓦尔自己也为耶稣会前往佛得角群岛寻求奴隶贸易。[40]

388　　桑多瓦尔写于 1627 年的书希望将在美洲的非洲人的"国籍"一网打尽，但在这样做时，他发现了这项工程的一些问题。在大塞内冈比亚诸民族中，住在卡萨芒斯河口的拜南克"牧夫"（Bootes）与一个被称作"弗洛普人"（Floups）① 的民族的语言是相通的，但他们却不能理解那些被同样划归为

---

① 同第 404 页出现的菲鲁普人。——译者注

"拜南克"民族的人的话。与此同时，巴兰塔民族包含了"这个国家许多不同的种姓，而一些人是不能互相理解对方的语言的"。让事情更复杂的是，许多巴兰塔人说的是别的语言，比如布雷姆（Brame）或者曼丁卡的语言，而许多布雷姆人则可以说拜南克语、弗洛普语、巴兰塔语和曼丁卡语。[41]

如果说桑多瓦尔不同分类的画卷显得有些令人困惑和充满矛盾，那是因为它的确是这样的。根据在美洲的非洲人总结出来的"种族"概念，其划分是异常简化的，而在西非和中西非不同区域存在的王权、信仰和语言却极为复杂。同一个"种族"的一些人经常不能理解对方的语言，即便在今天塞内加尔的赛雷尔人中，以及在冈比亚、塞内加尔和几内亚比绍的迪奥拉人中也是如此。在更南方的安哥拉的本格拉区域，17世纪晚期，葡萄牙人首先创造了"恩多姆贝"（Ndombe）这个民族，它实际上包含许多不同统治者治下的不同人民。更好的例子来自尼日利亚西南部的约鲁巴。在相互理解的范围内，存在许多"约鲁巴"人的变种，约鲁巴语显然是使用最广泛的语言（1884年《圣经》被翻译成约鲁巴语，这使得该语言标准化了）。[42]

民族标志具有地方性的含义，最好视之为政治身份的延续。在西非和中西非，这些政治身份远不能只简化为一种因素，它们结合了许多不同的身份特征：王权、世系和宗教信仰，及其与特定土地的从属关系。事实上，出于这个原因，"种族"可能表现出某种连续性，因为它们一直习惯于参考这一系列不同的因素。在非洲，人们自己使用这些术语，将他们和潜在的敌对群体区分开来，从而使他们能够宣称拥有土地和其他资源，这就变得具有了策略上的重要性。[43]

这种种族划分也可以通过考古证据进行追溯，这表明，一

389

些具有共同起源的群体到了今天却被分成了不同的"种族"。但是不久，这种划分就对非洲产生了影响，于是这种划分就被接受了下来。非洲人在大西洋来来回回地移民，此外，这种划分在确定隶属关系和边界方面具有重要性，这意味着非洲人民在使用他们自己的框架和优先级来构建他们想要的东西。这致使新形式的种族身份出现了，这在 18 和 19 世纪产生了非常重要的影响。[44]

为什么种族是最重要的？就像早期移民中的一些例子所表现的，"种族"这个概念含有一种共同兴趣的意味。不管是在非洲人争取自由时，还是在确保美洲殖民者的经济地位时，它都非常重要。对于非洲人来说，了解这种新身份标签也很重要。在美洲，要通过合法渠道来获得自由，理解这些种族标签是必不可少的。1575 年，当船长克里斯托巴尔·卡亚多（Cristóbal Cayado）带着一艘船，装着奴隶，从大塞内冈比亚出发，来到伊斯帕尼奥拉岛（Hispaniola）时，就有证据证明了民族标签的重要性。乘客中有一些自由非洲人，他们在到港后向殖民当局表明了自己的身份。这些人将他们自己的"种族"起源归为他们自己，并成功地宣示了他们的自由地位。"一个叫作曼努埃尔（Manuel）的黑人说他是一个克里奥尔混血和自由人"，另一个"叫作赫尔南多（Hernando）的黑人留着胡子，来自海角地区，也说他是自由人"，另一个"亚马多·洛佩兹（Amador Lopez）说他在圣地亚哥岛（佛得角）长大，是自由人"。因此，按种族划分是非洲人在美洲新社区发展出的一种分类方法，对人们在新社区的生活进行指导，并基于归属感形成了另一套新的法则。[45]

然而，在种族单纯的实用性之外，它又是一群远离家乡的

有着共同背景的人为了情感的需要而进行的发现。新世界的非
洲人经常寻找那些和他们来自共同文化区域的人。不管是在
16 世纪的哥伦比亚和古巴，还是在 18 世纪的巴西北部，他们
结婚，在洗礼中互相充当担保人。同"种族"婚姻产生的孩
子可以被称为赛雷尔、纳鲁（Nalú）或者曼丁卡"克里奥
尔"，这表明他们是诞生在这种在美洲才结合的新型爱情之中
的。谁又能不被比约戈（Bijogó）①理发师弗朗西斯科的故事
感动呢？1632 年，一个叫加斯帕的比约戈人被卖到了利马的
市场上，弗朗西斯科几天后来到了买主的家中，碰到了加斯
帕，"他和这个叫加斯帕·比奥荷（Gaspar Bioho）的人交谈，
发现他来自自己的家乡，会说家乡话，加斯帕也和他一样兴
奋"。于是弗朗西斯科同意，在加斯帕接受洗礼皈依天主教后
成为他的教父。这样，社区的力量就扩大了，而"克里奥
尔–比奥荷"身份也壮大了。[46]

　　那么，导致 16 到 18 世纪非洲身份种族化的日益迫切的原
因是什么呢？证据显示出多种压力：美洲新世界人力"价值"
的经济现实、传教士和商人"让现实更加秩序化"的尝试，
以及西非和中西非不断增长的军事冲突——这些军事冲突让人
们出于策略考虑宣布一种身份压倒另一种，也做出了自己和其
他种族的明确区分，而这些种族则成了被俘虏为奴隶的合法目
标。换句话说，此时出现的是一种至关重要的紧张局势，存在
于非洲身份链条（亲属、宗教、语言、土地）、经济利益和不
同世界观的跨国力量之间。

　　关于这种互动如何发生作用的最好例子是尼日利亚南部约

---

　　①　指比热戈斯群岛上的。——译者注

390

鲁巴种族的形成。许多历史学家已经指出："约鲁巴民族直到 19
世纪都不存在，它最初可能是在塞拉利昂弗里敦的自由黑人中
出现的，也可能是在萨尔瓦多说约鲁巴语的自由人和奴隶社区
中起源的。在 19 世纪到达萨尔瓦多的非洲奴隶中，只有 3% 的
人来自约鲁巴以外的区域，到了 19 世纪中期，有材料提到在这
些人中诞生了一种被普遍使用的语言。随着越来越多的释奴从
巴西和塞拉利昂回到尼日利亚南部，共同身份的构建出现了，
就像 1839 年的地图上所显示的，到 19 世纪中期，它已经成了一
种'硬'身份。到了 19 世纪 80 年代，随着《圣经》被翻译成
约鲁巴语，这个身份或多或少在现代约鲁巴人中被标准化了。"[47]

391

西非，1839 年。米契尔（Mitchell）地图，来自一本 1839 年的
地图集。约鲁巴（"Yarriba"）在中右部，在奥约（Eyeo）下面。

然而，如同在西非许多其他地区，这在现实中并不表示他
们共享一种民族的或语言的身份。事实上，在尼日利亚南部的

埃基蒂（Ekiti）这样的地区，到今天，相邻的村子之间说的"约鲁巴"语言也是互相不可理解的。人们普遍认为约鲁巴人有许多不同的分支，这些分支并不拥有共同的民族来源。[48]

在约鲁巴种族的构建中，超越国家的力量在起作用。不仅塞拉利昂的释奴起到了作用，而且美洲约鲁巴身份的变迁也起到了作用。在古巴，说约鲁巴语的许多不同分支的人——奥约人、埃格巴（Egba）人、伊杰布人、伊杰沙（Ijesha）人——都被归入了一个民族代号中：卢库米。当时，来自同一地区的其他民族，比如阿拉达（Arada①）和伊博，也被叫作"卢库米"，这个身份成了新非洲天主教桑特里亚的基石。同样的变化以及复杂身份的简化也发生在巴西，那里的人们集体在坎多布雷崇拜约鲁巴的神祇。到了19世纪，一些巴西的自由非洲人回到非洲，在现代的加纳、多哥、贝宁和尼日利亚定居，将这种集体身份的新感觉带了回来，并帮助构建了新的种族认同感。[49]

宗教历史学家拉明·珊拿在写到塞内冈比亚的贾汉凯（Jahanké）人时注明，"他们并非一个种族群体，没有他们自己的语言"。这句话对于西非和中西非的许多不同民族都是成立的。如我们所见，在美洲出现的种族划分和在非洲一样多。最终它们被非洲人和帝国主义者都利用了起来。对于帝国主义者而言，虽然现实已经脱离了他们的控制，但他们创造的划分方法依然在起作用。对于非洲人而言，硬种族边界的建立帮助他们在战争、不安全和政治动荡时期区分了敌人和朋友，区分了潜在的威胁和潜在的盟友。最终，18世纪的斗争将成为权

392

---

① 同 Allada。——译者注

力的竞争，新的种族划分可以帮助人们进行身份和社会动员，用以反抗不平等的经济和政治体系。[50]

马龙人社区和为自由揭竿而起

研究 18 世纪晚期美洲革命的一些知名历史学家已经说明了，美洲自由精神是怎样被深深地打上奴隶制烙印的。然而，两个多世纪以来，这种联系又深深地印上了在美洲新世界的非裔奴隶的觉醒。[51]

一份悲愤的演讲表明，在美洲新世界，从一开始，非洲奴隶战乱中就有着为自由而战的基因。在 1552 年的委内瑞拉，人们传说一群马龙人的领袖这样宣称："让他们（奴隶）离开西班牙人，众所周知是为了在如此困难和不公平的环境中让他们赢得自由！因为在上帝创造他们时，他们和世界上的其他人一样自由，但西班牙人却把他们变作附庸，并且暴虐地将他们永久性地、悲惨地奴役着。"[52]

反抗奴隶制的斗争，提供了了解早期非洲全球化的意义，以及 18 世纪晚期非洲人在美洲为了自由而奋斗的影响的最佳手段。而在非洲本土，非洲人领导的反抗武士贵族的斗争也并非和其余世界的革命狂热相隔离。如我们在本章中所见，在非洲和西半球其他地区之间，已经发展起来了许多密切的联系。18 世纪 80 和 90 年代，革命席卷了美国和海地，这种相互影响的模式继续在非洲产生着超越国界的影响。

纵观整个 18 世纪，非洲的马龙人社区一直在成长，这部分归功于奴隶贸易。在这个世纪里，人们从圣多美这种种植园岛屿的监狱中，持续不断地逃亡到费尔南多波岛（赤道几内亚）。在非洲，逃亡奴隶的社区一直在成长。当人们从达荷美的军队铁蹄下逃走后，他们组成了位于现代贝宁的社区。比如在1795年，当亚当·阿夫塞柳斯访问塞拉利昂时，他发现奴隶都从他们的逮捕者那儿逃走了。一些人来自一次失败的奴隶叛乱，这次叛乱开始于1785年，反抗的是富塔贾隆阿尔马马特国。其余人则从弗里敦后面的丛林密布的有些陡峭的山丘出发。在这里，他们建立起了外人很难到达的马龙人社区，就像他们的同志在美洲新世界所做的那样。和美洲马龙人社区一样，他们采取了斗争的形式。阿夫塞柳斯描写了一群奴隶是如何在等待被卖往大西洋贸易之中时，逃到了苏苏人的地方，并对他们的邻居发起了军事袭击的——这很像在巴西、牙买加和加勒比许多地区的马龙人社区的做法。苏苏人想把马龙人镇压下去，但失败了，他们只好向盟友曼丁卡人寻求"帮助，这得到了同意，他们组织了将近4000人的大军来消灭这些恶棍"。[53]

阿夫塞柳斯自己访问了这些马龙人社区，看到了那儿的情况。定居点的名字叫扬海亚科利（Yanghia Cori），在阿夫塞柳斯访问时，它有500到600人。最初，这个社区已经有了一些自由人加入，那儿种植着棉花和稻米。然而，随着苏苏人和曼丁卡人联合起来反对马龙人，土地和灌溉用水都被他们夺走了。他们最主要的军事战略是饿死马龙人。围攻者包围了城镇的土质围墙，在那儿建立了临时棚子扎营。他们砍倒了围绕着定居点的所有树木和灌木丛，让里面的人不可能逃脱他们的视线逃走。这个社区不可能存活太久。[54]

从美洲而来的影响力模式很快就产生了惊人的效果。没用多久，这种对自由的更有力的信仰就回到了塞拉利昂。1808年，从牙买加回到塞拉利昂的自由马龙人在弗里敦的中心建立

394

了马龙教堂——圣约翰教堂。之后，随着 19 世纪奴隶贸易被宣布为非法，那些从"非法的"奴隶船上被释放的自由非洲奴隶就被送到了这里，教堂就在离奴隶避难所不远处的山上。修建教堂的人将奴隶船上的木条作为教堂的椽子。如我们在本章开头所见，教堂之外一直飘扬着代表着马龙人的红色旗帜，中间有嵌着一艘船形象的马龙徽章。在塞内冈比亚之外，西非和中西非的其他社会也将使用红色视为王权的特权，比如达荷美和刚果。这些象征力量结合在一起，从美洲返回，影响了新旧两个世界的信念和斗争。[55]

需要说明的是，弗里敦旁边的这个马龙人社区的斗争，与在法国殖民地圣多明戈发生的海地革命是在同一年发生的。在海地，奴隶们于 1791 年揭竿而起，反抗法国最富有的美洲殖民地的种植园主阶层，并最终在 1804 年将其推翻，这一事件在 19 世纪被证明与废除奴隶贸易一样重要。事实上，如同阿夫塞柳斯所说，在塞拉利昂的事件中，这些马龙人的逃走也和法国政治相关。海地革命带来的奴隶贸易的中断，在非洲的各大西洋港口都受到了广泛的关注和讨论，在这样的氛围下，这些塞拉利昂的马龙人与从富塔贾隆逃亡出来的人们联合起来，他们的行动连接起了美洲革命与非洲的斗争。到 18 世纪末，美洲流放者的觉醒已经变成了西非一些地区推翻参与奴隶贸易的贵族统治运动中的一个重大因素。[56]

395   这种逃亡情况并不罕见。在塞内冈比亚，在冈比亚河北方萨卢乌姆（Saluum）三角洲的赛雷尔人中，村民们为了抵抗对奴隶的掠夺，处于永久的武装防御状态。一些被称为萨芬（Safèn）的村民住在更容易防御掠夺奴隶的地区，因为这里有森林和山地。他们欢迎来自其他社区的难民，激烈地捍卫自治

圣约翰马龙教堂的椽子，弗里敦

权，不管是为了抵抗君主还是奴隶制。赛雷尔"种族"由此也混入了许多不同的民族，这样的一个族群，并不以语言或者物理遗传关系为特征，而是以他们对肆无忌惮的约洛夫国家权力和伊斯兰教的抵抗为特征。19世纪，赛雷尔人保持着对伊斯兰世界的敌意，他们说着不同的语言，而许多语言之间难以互相理解。[57]

　　虽然赛雷尔的例子并没有阐明西非马龙人之间的跨国联系，但其他许多区域却阐明了，特别是安哥拉。如同前文所述，巴西的帕尔马雷斯武装团是海地革命之前美洲发生的最重要的马龙运动。奎龙波（即武装团）这个词来自安哥拉的因邦加拉武装团体，用来描述19世纪早期巴西的马龙人定居点。到了18世纪40年代，安哥拉许多逃亡奴隶社区也开始被外人

396

称为武装团。到了 19 世纪，这些马龙人社区的成员也称自己为武装团员，这表明，从美洲过来的词也融合进了对非洲情况的描述之中。如同在塞拉利昂，要想击败这些马龙人社区，需要安哥拉的外部非洲军事力量前来进行帮助。[58]

到 1795 年，随着阿夫塞柳斯所描述的塞拉利昂境内社区的崛起，这些联系和影响的根基变得模糊不清了。非洲奴隶制的崛起，非常明显地带来了多个马龙人社区的发展，这些社区往往采取地理隔绝和军事抵抗的策略来进行自我保护。在赛雷尔和安哥拉的逃亡者社区之外，尼日利亚南方的伊博人地区的定居点总是坐落在山顶上，这是从这些马龙人定居点学来的策略。当抵抗策略失败后，这些社区中的某些人会被抓获并送往美洲，在那儿他们可以将这种防御性的策略带到美洲的新马龙人社区。随后，一部分美洲马龙人社区取得成功的消息传回非洲，一起回来的还有像安东尼奥·瓦兹（我们在本章引子部分提到了此人）这样的人物，这都在 18 世纪持续地增强了非洲奴隶的信心。与此同时，非洲马龙人社区的策略更加多样化，而大西洋世界的武装却变得更加捉襟见肘。跨国文化和政治斗争由此出现，这将西非和中西非大部分地区中的社区与残酷的新世界帝国联系了起来。[59]

结论：斗争之声

在 2015 年 6 月伦敦一个关于西非音乐和历史的会议上，讨论这种音乐之前，几内亚比绍贡贝（gumbe）音乐家马内卡斯·科斯塔（Manecas Costa）首先演奏了他的代表作《土地上的兄弟》（*Ermons di Terra*）。他说，贡贝音乐在 20 世纪六七十年代是反抗葡萄牙独裁的独立革命期间的一种重要反抗形

397

式。其他贡贝音乐家描述说，这种音乐是丛林中一种重要的交流方式，葡萄牙人是理解不了的。因为它使用了葡萄牙人不懂的佛得角克里奥尔语（Kriolu），这也成了一种宣誓国家身份的方式。然而贡贝音乐本身却并非原产于几内亚比绍，在19世纪早期，当英国反奴隶贸易的船队从牙买加将一些马龙人和释奴运到塞拉利昂的弗里敦时，他们带来了贡贝鼓。贡贝音乐在大街上被大声又漫不经心地演奏，这让英国殖民者很生气。但贡贝鼓即便在今天的塞拉利昂依然很普遍，在圣约翰马龙教堂也可以找到它，在弗里敦附近的沙滩上，贡贝音乐也被通过喇叭粗声地演奏着。[60]

所以，贡贝音乐最初是一种18世纪在牙买加的马龙人社区中发展起来的音乐，后来又在20世纪60年代独立战争期间在几内亚比绍流行起来。音乐的传播是有途径的，它伴随着运动传播，让人们共享着对抗权力的新身份。在保罗·吉尔罗伊（Paul Gilroy）的奠基性书籍《黑色的大西洋》（*The Black Atlantic*）中，他认为音乐是一种智力产品，和大西洋的交流路径交织在一起。[61]

如同对自由的渴望，音乐的联系同样也发展得非常早，并且已经遍及全球。在17世纪第一个十年，去往巴拉圭执行任务的耶稣会传教士获得了特殊的许可，他带上了"八个黑奴，他们是安哥拉的音乐家"，这些人因其演唱歌曲、吹长笛和短号的技能而被带到这里，他们可以为弥撒伴奏。从非常早期开始，非洲的音乐形式就为美洲新世界的许多历史经历提供了配乐。[62]

因此，各种新的音乐形式在奴隶贸易沿线出现也就不足为奇了。这也是一个由跨国贸易架起桥梁的世界。吊诡的是，就像马龙人居住地的模式连接了大西洋两岸的人流一样，他们逃

398

离的制度——即奴隶制度——也是如此。那些为奴隶制度服务的人穿梭于大西洋，在两个方向上传递着奴隶制的印记。一些模式也从美洲返回了西非。"城堡奴隶"在黄金海岸上的埃尔米纳众所周知，影响了埃尔米纳定居点的当地附庸和奴隶制的形式。与此同时，到了17世纪晚期，在几内亚比绍的卡谢乌出现了许多国内奴隶，许多奴隶据说曾经在几内亚比绍和卡塔赫纳之间穿梭过。通过这种方式，附庸和奴隶制的一些观念也超越了国界，就像马龙人从这些制度中逃走，并带着不同形式的音乐那样。[63]

就这样，伴随着奴隶制的跨国属性，音乐的交流也在非洲社区和欧洲、美洲的社区之间架起了桥梁。对于这种类型的文化转型来说，伊比利亚半岛是一个完美的舞台，几个世纪前，这里已经是天主教、犹太教和穆斯林文化交流的产物了。非洲音乐影响就这样融进了许多种舞蹈以及流行文化之中，并快速在伊比利亚半岛和美洲铺开。在葡萄牙，从几内亚比绍来的故事和舞蹈融进了几内亚舞（guineu）这样的舞蹈以及阿连特茹地区的民间故事之中，这些传统到20世纪依然存在。[64]

但是，音乐又是怎么伴随着奴隶制这样的制度巩固和扩张起来的呢？塞内冈比亚和中西非的微历史提供了理解这种扩张的最佳方式。在18世纪的塞内冈比亚，连接法国在圣路易和戈雷的"工厂"和路易斯安那的奴隶贸易，见证了许多美国南部人口的迁移，事实上，"塞内加尔"至今依然是路易斯安那的一个普通的姓。这些塞内冈比亚奴隶带来了"萨拉姆"（xalam）或者"恩戈尼"（ngoni）——也就是四弦或者五弦的拨弦琴，类似于迪奥拉的阿康廷琴（见第二章）——传统的结构。这种乐器在塞内冈比亚演奏的乐曲非常像"十二小节布鲁斯"。通过这种方式，美国布鲁斯就在塞内冈比亚不同乐器和风格的融合下，以新世界的形式诞生了。[65] 399

在贡贝鼓之外，同样重要的是由此产生的相互影响。1804 年海地独立之后，在前法国控制的新奥尔良和古巴的圣多明戈之间，就出现了日益增多的相互联系。在古巴，奴隶贸易一直持续到 1866 年，这些船上的许多船员都是释放的古巴籍非洲人（就像 18 世纪巴西前往西非的船上大都是巴西籍非洲人一样），他们带着这些新的音乐形式回到了非洲。20 世纪四五十年代，现代塞内加尔音乐开始出现，它们严重地受到了电台上古巴音乐的影响，20 世纪 50 年代的刚果伦巴舞同样受到了古巴的影响。这又成了早期斗争的回声，它和早期欧洲在非洲的殖民主义一样，成了一条熟悉却又不同的声轨。[66]

如同音乐的传播所显示的，美洲流亡的新经历也可以影响西非和中西非许多地区的文化表达。这种跨国的相互影响不仅仅表现在音乐上，也表现在马龙人社区上，以及在奴隶社会中存活的技巧上，同时还表现在发展出军事抵抗理念的宗教实践上。随着这些变化在美洲发生，接下来针对统治者滥用权力的斗争就连接起了革命时代的美洲和非洲。

最后，这种来自非洲又回到非洲的跨国影响，在反抗权力的起义中也不能被遗漏。起义的背景、起义所反映的人们深切的需求，都在发出自己的声音。鞭子作为奴隶主阶层对奴隶的残酷压迫的象征，是大西洋另一个核心的声轨。正如弗朗兹·法农杰出地分析道的，它根植于想象和强迫，并在种族和性的精神偏执中升华。这个主题在阿康廷琴或者班卓琴的音乐中被

诉说了数个世纪，一直残酷地持续着，不断地对殖民地消费和

欲望之"死马"进行着鞭笞；这种情形从美洲而来，又复活

400 在了 20 世纪殖民主义的非洲。音乐也是一样，在 20 世纪欧洲

帝国主义在非洲肆虐的时候，它就在比利时的橡胶工人、葡萄

牙的军事警察、法国的劳工，以及英国因茅茅叛乱而恐慌的士

兵手中，并对这些事件都有所反映。[67]

如何评价这些平行的音乐主题以及其中的残酷？许多非洲

人创造了他们自己的斗争形式，最好的方式是分开来评价不同

的个例。这里最典型的是 1650 年曼努埃尔·布兰（Manuel

Bran）在卡塔赫纳宗教法庭上的经历。他出生于佛得角群岛，

当他是个婴儿时，就随着他妈妈作为奴隶被带到了亚速尔群

岛，他在那儿长大并娶了一位西班牙女人莱昂诺尔·德·索萨

（Leonor de Sosa），她是一个仆人，和他属于同一个主人。接

着他被他的主人带到了巴西，在那儿待了四个月，之后到了卡

塔赫纳，在那儿他被卖给了现在的主人罗德里戈·德·罗博

（Rodrigo de Lobo）。他被奴隶制度数次剥夺了家人，还不时被

主人鞭打，这就不奇怪为什么曼努埃尔·布兰被指控向十字架

吐口水，拒绝承认神的存在了。在佛得角，鞭打十字架是在宗

教法庭中最常见的指控，当权力的残酷和滥用随处可见时，奴

隶们也经常拒绝相信主人的神。[68]

鞭子，就像班卓琴和鼓，是一种超越国界的"乐器"。它

是大西洋奴隶主阶层的乐器，也成了非洲人经历中最基本的节

奏和旋律。音乐也在纪念着鞭子的地位。在一份对克里奥尔的

帕皮亚门托（Papiamentu）语言（来自荷属西印度岛屿库拉索

岛）的研究中，著名的童谣《孩子们快睡觉》（*Eenie Meenie

Maine Mo*）被置于最充实、最丑陋的背景之下。这份研究认

为："这首歌谣在最初的克里奥尔形式下被重构，它被读为
（按照英语拼写）'Eene meene maine mo / K'e cha ting ke bai
deto / I fi! / Ole es latigo'；翻译过来就可以看到它的奴隶起
源：'孩子们/男孩们/女孩们，请安静/你们必须去睡觉/结束
了！/这儿有鞭子。'"[69]

注　释

1. Mudimbe（1989）.

2. Dalzel（1967：169）.

3. 关于 19 世纪的回归运动，特别见 Bay/Mann（2001）中收集的文章，
也可见 Turner（2016：653）。

4. 关于牧牛人，见 Sluyter（2012）。关于稻米，见 Carney（2001）和
（2004）。我感谢我的学生 Ruby Taylor，他向我强调了这种影响力概
念的价值。

5. 关于非洲战争技术在美洲冲突中的应用，特别见 Dubois（2004：109）
中提到的在海地的刚果人。关于史陶诺动乱，见 Thornton（1991）。关
于 19 世纪的巴伊亚和古巴，见 Barcia（2014）。

6. 关于红帽子并入冈比亚军装的日期，我感谢冈比亚大学的 Hassoum
Ceesay。关于卡萨芒斯迪奥拉政权的红帽子，见影片 *Kásuumaay*，由
Xavier Puigserver 和 Jordi Tomàs 制作。

7. Fanon（2008）.

8. Rufer（2016：706）指出，这并不是那些如 Akinjogbin（1967）这样紧
跟着后独立时代的历史学家的观点，他们试图根据新独立国家的需要
使 19 世纪的非洲君主制变成正面的。但值得说明的是，即便在当时，
也有其他人，比如 Rodney（1988），写出了非洲和欧洲精英以牺牲非
洲穷人为代价的结盟。

9. 一份对这些力量展示的探索性研究是 Fromont 最近出版的重要书籍，
见 Fromont（2014：111 - 31）对布匹和姆普的研究；以及同上，

23 - 4, 60 - 61 对桑加门托仪式的研究。

10. 关于红帽子在今天的塞内加尔卡萨芒斯的持续重要性，见影片 *Kásuumaay*，由 Puigserver 和 Tomàs 制作。

11. *MMAI*, Vol. 1, 113.

12. Bosman (1967：55).

13. 关于 1750 年的使节，见 Araujo (2012：2 - 3)。关于 1783 年的事件，见 Dalzel (1967：181)。

14. AHU, CU, São Tomé, Caixa 27, doc. 45A.

15. Araujo (2012：1 - 2)。Santos (2012) 提供了很好的回顾。Pares (2013a) 有最好的学术介绍和概览。Soares (2014)——同见 AHU, CU, São Tomé, Caixa 27, doc. 45A, 以及同上，Caixa 39, doc. 1。关于葡萄牙人支付恩津加驻罗安达大使的费用，见 Heywood (2017：50 - 51)。

16. 关于 1810 年阿丹多赞写给葡萄牙王室的信，特别见 Araujo (2012：14 - 15) 的杰出讨论；另见 Soares (2014：238 - 41)。

17. 关于布匹和象牙礼物，见 AHU, CU, Bahia, Caixa 213, doc. 12。关于葡萄牙的丝绸礼物，见 AHU, CU, São Tomé, Caixa 39A, doc. 1。研究这些礼物交换最好的分析来自 Soares (2014)。

18. 关于帽子和夹克，见 Behrendt/Latham/Northrup (2010：191)。有人认为（同上，135）这些对时间的引用暗示了钟表的存在。关于其他时间的例子，同上，141，145。关于"像白人一样穿着"，同上，149。

19. Bosman (1967：119)；Parés (2016：39).

20. 关于阿加贾，见 Norris (1968：viii)。关于卡刚果，见 Proyart (1776：77)。

21. Axelrod Winsnes (1992：94).

22. 关于曼努埃尔一世使用大象和犀牛，见 Góis (1949 - 55：Vol. 2, 223 - 6)。

23. AHU, CU, São Tomé, Caixa 27, doc. 45A.

24. 关于比绍国王的儿子 1694 年在葡萄牙，见 AHU, CU, Guiné, Caixa 3, doc. 89。关于卡拉巴尔商人将他们的儿子送往英国，见 Imbua (2012：48)。关于阿诺马布同样的情况，见 Sparks (2014：Chapter 6)。关于来自圣路易的家庭，见 Saugnier (1791：177)。

25. 关于大波波的商人，见 Axelrod Winsnes (1992：90)。关于达荷美维达总督掌握多种语言，同上，102。关于 1700 年前后惠达国王会一点葡萄牙语，见 Bosman（1967：332）。关于达荷美国王的宫廷召集懂葡萄牙语的人，见 AHU，CU，Bahia，Caixa 213，doc. 12，fol. 1v。关于达荷美摄政王的新舅舅死在葡萄牙，同上，fol. 3r。

26. 关于 19 世纪 20 年代库马西的阅读，见 Bowdich（1966：144）。

27. Rodney（1988）．关于本地和全球代理商的互动，见 Nwokeji（2010：xvii）。

28. 正如几内亚历史学家 Lansina Kabé 所说，贵族制度的解体所带来的后果在许多西非社会一直持续到今天：Lansina Kabé 对授予谢赫·安达·迪奥普－达喀尔大学的 Boubacar Barry "杰出非洲研究者" 奖表示赞赏——Indianapolis，25 November 2014。

29. 关于开罗的博尔诺古兰经学校，见 *CEA* 261，Al－'Umari's account of 1337－8。

30. 关于卡诺和卡齐纳，见 Smith（1997：22－4，79）。关于卡齐纳和马尔吉利（Al-Maghīlī），见 Usman（1981：22－3）。关于印度货和在卡诺的印度商人，见 Jackson（1967：46）。关于廷巴克图本地女人和外国商人结婚，同上，10。

31. 关于土生宗教习俗在卡齐纳国王登基中的作用，见 Usman（1981：28）的开创性工作。

32. Bowdich（1966：56）．关于利萨这个词，见 Anguiano（1957：Vol. 2，Appendix 3）。

33. AHU，CU，Guiné，Caixa 3，doc. 94.

34. 关于泰姆奈语中的 "地狱" 一词，见 Kup（1967：74）。关于在美洲教堂内使用来自塞内冈比亚的蜡，见 AGNL，SO－CO，Caja 2，doc. 201，fol. 1，320r：它记载有人在圣餐宴会上用了大量来自卡谢乌的蜡。1625 年耶稣会购买了 4 公担的蜡，同上，fol. 2，083v。关于巴西传教士在达荷美失意的来信，见 APEB，Seção Colonial e Provincial，Série Registro de Correspondência para o Rei，Maco 139，doc. 665，1799。

35. 关于桑蒂达德运动中的非洲存在，见 *PV*，265，276－7。关于诺亚、"教皇"、棕榈叶和洗礼，同上，277。对桑蒂达德最好的讨论来自 Vainfas（1995）；关于其中的非洲存在，同上，77，153，221－2。关于舞蹈的基础性地位，同上，60。

36. 关于 1835 年萨尔瓦多的马雷起义，见 Reis（1993）和 Barcia

（2013）。关于坎多布雷教派中非洲植物与形而上学的融合，见 Voeks（1997）。关于坎多布雷教派的整体情况，见 Capone（2010）、Johnson（2002）、Matory（2005）和 Parés（2013b）。关于桑特里亚教派，见 Brandon（1993）和 Brown（2003）。关于奥比教派以及 18 世纪 30 年代牙买加抵抗运动中精神信仰的作用，见 Paton（2015：35）。

37. 关于 17 世纪自由非洲人回到安哥拉的旅程，见 Green（2016b：116）。关于 17 和 18 世纪这种趋势的继续，见 Ferreira（2012）。关于自由巴西人在拉各斯附近定居，见 Turner（2016：658）。

38. 关于巴西船上的非洲船员，见 Candido（2010）、Souza（2011：111 - 12）、Rodrigues（2016：106 - 26）和 Silva Junior（2011：85 - 7），后者发现了 18 世纪晚期的巴伊亚非洲奴隶在本地船上的重要记录。关于从巴西和安哥拉逃亡的奴隶，见 APEB, Colónia, Maco 2, docs. 62 及 71（from 1692）；Ferreira（2012）显示，这是一种持续到 19 世纪的习惯。关于 17 世纪 30 年代殖民地卡塔赫纳放血人在医药上的重要性，见 AGNL, SO - CO, Caja 77, doc. 535, fol. 107v。

39. 特别见 Mbembe（2001）。

40. 关于在卡塔赫纳拍卖奴隶，见 AHN, Inquisición, Legajo 4822, Expediente 3, fol. 18v, 以及同上, Expediente 7, fol. 50r。关于桑多瓦尔的卷入，以及他代表耶稣会士追讨被宗教裁判所逮捕的奴隶贩子所欠债款的行动，见 AHN, Inquisición, Legajo 1608, Expediente 15。研究西非到卡塔赫纳和利马贸易的最佳著作是 Newson/Minchin（2007）。

41. Sandoval（1627：fols. 38v, 61v）.

42. 关于恩多姆贝，见 Candido（2011：60 - 61）。

43. 关于种族作为一种政治身份的延伸，见 Lovejoy（2016：25）。关于"民族语言连续性"，见 Hair（1967）。

44. 关于考古学记录和民族身份的关系，见 Ogundiran（2002a：6）。

45. AGI, Escribanía 2A, fol. 500r: "un negro nombrado Manuel que dixo que hera criollo y era horro; un negro llamado hernando de tierra cape barbado que dixo que hera horro; otro negro barbado llamado amador lopez que dixo hera criado en la isla de Santiago y era horro." 关于非洲人在美洲利用殖民地法律来申明权利，见 Bennett（2003）和 De la Fuente（2008）。

46. 关于墨西哥族内婚的证据，见 Bennett（2003：83 - 90，97 - 104）。Fuente（2008：167）展现了在古巴类似的情况。Hawthorne（2010a）显示，在 18 世纪的马拉尼昂（Maranhao），来自大塞内冈比亚地区的人们也通过同样的方法寻找彼此。关于这些种族的"克里奥尔"的例子，见 AGI，Patronato 234，Ramo 6，fols. 418r，以及 419r（Serèers）、418v（Mandinka）和 417v（Nalú）。关于弗朗西斯科和加斯帕"比奥荷"的故事，见 AGNL，SO - CO，Caja 77，doc. 535，fol. 107v。

47. 关于萨尔瓦多在约鲁巴身份形成中的作用，见 Reis（2017）。关于在萨尔瓦多形成了一种通用语言，我非常感谢在 2017 年 9 月 12 日与 Carlos da Silva Junior 的私人交流。

48. 关于"约鲁巴"身份是在很晚才出现的，见 Law（1977：5 - 7）。关于解放的约鲁巴人社区在弗里敦的整体背景，见 Everill（2012）。关于在埃基蒂使用的语言，来自和利兹大学 William Rea 的私人交流，也见于 Johnson（1937：xix - xx）。

49. 关于不同支派的约鲁巴人被整合进入卢库米，见 Brandon（1993：55 - 6）。关于 19 世纪坎多布雷女祭司回到西非，特别见 Castillo/Parés（2010）；关于回归过程的整体性描述，见 Yai（2001）。

50. Sanneh（1989：1）.

51. 关于美国的自由和奴隶制，见 Morgan（1972）。

52. Tardieu（2009：16）.

53. 关于达荷美，见 Filipello（2016）。关于塞拉利昂，见 Kup（1967：14）。关于对此事和塞拉利昂类似社会的分析，见 Rashid（2000）和 Lovejoy（2016：41 - 2）。

54. Kup（1967：119 - 23）.

55. 关于红色是达荷美国王专用色，见 Parés（2016：157）。关于红帽子是官方标志，见 Mark（1992：98）；以及影片 *Kásuumaay*，由 Puigserver 和 Tomàs 制作。

56. 关于海地革命，特别见 Dubois（2005）和 Smartt Bell（2007）。

57. 关于这些赛雷尔马龙人社区的口述传统，探路工作是在已故的 James F. Searing（2002）的组织下完成的。关于赛雷尔的种族研究，见 Gravrand（1983）。关于塞雷尔人不同语言之间的互相不理解，来自 2016 年 10 月 27 日与 Ndane Faye 的私人交流。

58. Ferreira（2014：75 - 7，80）. 关于在巴西第一次使用这个术语，来自与 Carlos da Silva Junior 的私人交流。

59. 20 世纪美洲和非洲葡萄牙殖民时期的安哥拉马龙人社区之间的有趣对比，见 Keese（2015）。关于 18 世纪伊博人地区的山顶定居点，见 Usman（2003：205）。

60. 马内卡斯·科斯塔对贡贝的观点，见会议"大塞内冈比亚及其周边的身份：通过对话中的历史和音乐进行的跨学科研究"（由 Lucy Durán 和 Toby Green 主 持）的 影 片，见 于 https：// www. youtube. com/watch？v = DMytlZcXRwA。关于贡贝在交流中的特殊重要性，来自 2016 年 10 月 11 日与 Carlos Cardoso 博士的私人交流。关于贡贝回到非洲，见 Aranzadi（2010）和 Jackson（2012）。

61. Gilroy（1992）.

62. 此外，回到 16 世纪，黑人吉他演奏家也经常出现在西班牙文学中，比如早期小说和戏剧中，这表明当时在音乐形式上已经出现了交流，西班牙人非常熟悉非洲乐器和旋律，见 Budasz（2007：3 - 4）。关于在 17 世纪第一个十年中巴拉圭的安哥拉音乐家，见 AGI，Contratación 5403，no. 1。关于伊比利亚对音乐转型来说成了一个跨文化的地方，见 Dubois（2016）。

63. 关于对埃尔米纳的城堡奴隶的影响，见 Adu-Boahen（2012）。关于卡谢乌国内奴隶，见 IAN/TT，Inquisição de Lisboa，Processo 2075，fols. 14v，27v，62r；8v - 9r 是关于穿梭于两城市间的商人；以及 32r，是关于一个在卡塔赫纳来自卡谢乌的奴隶。

64. 关于这首歌，见 Budasz（2007：9）。关于来自几内亚比绍阿连特茹的民间传说，见 Nafafé（2012a）。

65. 关于"塞内加尔"作为姓，来自与惠特尼种植园遗产博物馆（Whitney Plantation Heritage Museum）的主管 Ibrahima Seck 的私人交流。关于路易斯安那和跨大西洋奴隶贸易，见 Hall（1992）。关于 fodet（一种非洲乐器）和萨拉姆，见 Coolen（1982）探路的作品。关于塞内冈比亚对十二小节布鲁斯的整体影响，见 Kubik（1999：7 - 12）。关于班卓琴与跨文化交流，见 Dubois（2016）。

66. 关于古巴对现代塞内冈比亚音乐的影响，见 Shain（2002）。关于古巴音乐对扎伊尔（Zaire）的影响，特别见 White（2002）。在塞内冈比亚之外，中西非的流动讲述了一个同样的故事。在巴西，音乐和舞蹈受到的中西非的刚果和翁本杜文化的影响是非常显著的。战争游戏和军事训练的传统融入了巴西东北部的卡波埃拉（Capoeira）战舞，而刚果音乐和舞蹈则在19世纪天主教游行中被使用，被称为"刚果国王的舞蹈"。最后，在众多的形式中，桑巴出现了，影响了所有美洲地区向拉丁音乐的转变。关于桑巴的起源，见 Chasteen（1996）。关于巴西音乐舞蹈中的安哥拉特色，见 Kubik（1979）。关于卡波埃拉战舞，特别见 Assuncao（2005：6 – 7，49 – 58）。关于刚果舞蹈在巴西，见 Souza（2015）。

67. Fanon（2008）.

68. 关于这个例子，见 AHN, Inquisición, Legajo 1602, Expediente 7, fols. 32r – 34v。

69. 关于童谣《孩子们快睡觉》，见 Martinus（1998：116）。

第十章　武士贵族与
来自底层的反抗

401

19 世纪著名的法国历史学家和政治思想家阿历克西·德·托克维尔认为，美国革命成长于民主和贵族制政府之间的斗争。民主力量撼动了欧洲的贵族力量。商业的不断崛起推翻了土地贵族。精英权力的危机是"革命年代"的一个关键性因素。托克维尔写道："在美国，从它诞生起，贵族元素就一直孱弱，在战争中即便不被摧毁，也被进一步变弱了。"[1]

托克维尔的看法在西方历史的书写中有着巨大的影响。一代又一代的历史学家在争论着他的观点，不断地修正，却从来无法无视他关于民主和贵族的分析。在这里举一些例子可能是有用的。在阿尔诺·马耶尔（Arno Mayer）关于第一次世界大战的分析中，他认为，事实上 19 世纪欧洲的贵族阶层试图保留他们的权力，却面对着 18 世纪末兴起的资产阶级革命的挑战，第一次世界大战部分是这种斗争的结果。另一个有影响力的历史学家帕尔默（R. R. Palmer）进一步发扬了托克维尔的观点，认为贵族阶层和民主力量双方都在 1760 年后积累了力量，革命年代就是这种积累的逻辑结果。[2]

关于贵族和民主力量在这个世界历史关键时期的讨论，并没有包含非洲。然而本章将表明，这样的斗争在 18 和 19 世纪早期西非的政治革命中，同样占据重要的地位。此外，这种相

似性至今没有结束。就像在欧洲和美洲那样，这些反对贵族 402
的革命是由商业阶层（或者如在欧洲的称呼：资产阶级）
以及在许多地区的商业中领先的伊斯兰商人领导的。如同
在欧洲和美洲，反对贵族的革命在许多时候都是非常新的。
事实上，被许多人视为欧洲革命年代高潮的 1798 年，恰逢
如今的尼日利亚北部地区的革命开始前的最后几年。[3]

这是将西非和欧美革命年代联系起来的关键证据。比如，
为什么中国和俄国反抗贵族的革命直到 20 世纪第一个十年才
发生，而在欧洲、非洲和美洲，一个世纪之前就爆发了呢？这
个问题有许多答案，但部分答案当然在这几个大洲的互相影响
的历史之中。不仅仅是西非的思想和军事运动影响了骚动的美
洲，在这些运动中，由商人阶层推动的反抗贵族精英的运动结
构也大都是相同的。说白了，并非非洲革命运动依赖于美洲和
欧洲的革命，而是每一场叛乱都彼此依赖，它们合而为一。[4]

不可否认，对西非 18 世纪和 19 世纪早期的伊斯兰革命中
商人角色的讨论是复杂的。就像历史学家在许多问题上会分
裂，在这个问题上他们也有无数的争论。一些学者强调革命中
伊斯兰教的地位，而另一些人则批评这一点。然而，在 18 世
纪的西非，商业当然是伊斯兰宗教的一个重要组成部分。1744
年，皮埃尔·戴维（Pierre David）在对塞内冈比亚的噶加噶
王国的描写中表示："是马拉布特们（即穆斯林学者）负责贸
易。他们每年都穿梭于各地，有时候自己购买奴隶，有时候带
着班巴拉的商人去。"皮埃尔·拉巴尔特（Pierre Labarthe）在
1802 年则描写了曼丁的商人们："他们组建商队，走遍了非洲
内地。他们带去从欧洲人那儿买的商品，带回来奴隶、黄金和
象牙。他们……都是马拉布特或者教法学者。"同样这些学者

403　将在这几十年间激发西非的许多革命——就像商人阶层在欧洲和美洲革命中的作用一样。[5]

　　如我们在前面的章节中所见，到这时，在超越国家的趋势下，西非贵族精英已经将他们和臣民们明确区分开来。这种跨国的关系和影响在西非恰好是风力交叉点，而风向分别来自美洲和北非。比如，是西非精英的需求让巴西东北部的种植园主在 17 世纪下半期开始种植烟草，这样从萨尔瓦多出发的船就可能带上烟草来到维达交换奴隶。1794 年，达荷美国王在写信给巴西时，专门下达了具体的要求，要上好的大卷烟草："因为它们现在都太小了，而以前烟草却是非常大条的。"在跨撒哈拉一侧，到 1800 年时，北非的商品在西非随处可见，它们被穿越沙漠运过来交换奴隶：在卡齐纳，一个新的中心建立起来，用于买卖穿越沙漠而来的纺织品，那儿住着银匠、鞣皮匠、裁缝和毛皮工人。[6]

　　那些反抗不受约束的精英力量的过程并不是统一的，了解它们的不同点也非常重要。在 18 世纪，诸如阿散蒂、达荷美和噶加噶这样的王国，它们要么储存自己的黄金（如阿散蒂），要么从外界购买（如达荷美），看上去都在保持权力上处于强势的地位。而在其他国家，非洲领袖们拒绝参与贸易。那些没有产生大规模精英的国家受影响最小，特别是在森林地区。

　　尽管如此，反抗精英的普遍运动在 18 世纪晚期呈现出独特和广泛的特征。这就是为什么通过比较来研究西非这段时期的历史，是非常有帮助的。如我们在本书第二部序言中所见，这种模式甚至可以追溯到 17 世纪晚期的刚果内战。我们将在

404　本章看到，这种模式在 18 世纪塞古的崛起中继续发展，再到

塞内冈比亚的革命，再到 19 世纪奥约和豪萨诸王国的灭亡。

一份现代马里区域流传的口头歌谣抓住了这段历史激发出的愤怒和不公："三个人控制着另外三个人，三个人和三个人不是一回事。"这段历史不仅仅是不平等的历史，还是由此激发的不满以及众多贵族在 19 世纪早期垮台的历史。[7]

加剧的不平等：白银、黄金和青铜

要想理解至 1800 年时普遍怨恨的威力，首先要理解在前一个世纪西非的不平等是如何发展的。在经济上，这是受新货币的崛起，以及西非和其余世界之间在经济价值上不断扩大的鸿沟驱动的。世纪末发生的起义与这种趋势的发展是同步的，受到了不平等的驱动，也受到了我们上一章所讨论的在美洲的非洲奴隶领导的跨国叛乱运动的启发。

在货币交换方面，18 世纪一个全球领先的模式存在于白银与黄金的关系中。黄金在全球的权力正在聚积力量。如我们在本书所见，在 16 和 17 世纪，经济不平衡是西非和世界货币贸易的最重要特征。然而，在 18 世纪，世界上却似乎存在着一种再平衡力量。白银在某些地方成了一种重要的货币，特别是在塞内冈比亚，18 世纪 20 年代，邦布克人用白银换取黄金，到了 1785 年，在上塞内加尔河地区，白银已经成了一种标准的货币单位。如同在中国和印度，塞内冈比亚也需要墨西哥银圆。[8]

但这并不是使非洲和世界之间不平衡的经济交换再平衡的一种紧密证据。因为，在世界范围内，18 世纪的重点是白银相对价值的持续降低。17 世纪晚期，白银的价值就开始下降，由于白银价值相对下降，通过在中国进行白银贸易来套利的活 405

动所获得的利润也几近为零。向黄金本位的转变最早开始于
1717 年，英国皇家铸币厂在艾萨克·牛顿的领导下，推出了
黄金和白银之间的新汇率。18 世纪美洲白银产量扩大了三倍，
焦点地区就是墨西哥。国际市场上充斥着白银，这导致了黄金
的相对贬值。一个不错的例子来自 18 世纪 50 年代的孟加拉
国，那儿白银的供应过剩导致了其价值的下跌。[9]

这样，即便 18 世纪非洲也在进口白银，它在全球相对价
值中仍然处于劣势。通常情况下，那些能够持有或者进口黄金
的国家更加强大，而如我们所见，在非洲语境下，只有奴隶才
能制造最高的"资本价值"。比如，阿散蒂在 18 世纪持有着
它的黄金（但到了 19 世纪它就失去了黄金储备），由此得到
了很好的财政支撑，并整合成一个国家。它发展出了一支强大
的军队和非常有效率的行政系统，可以抵抗反叛力量，它与大
西洋体系交换奴隶，与尼日利亚北部的豪萨伊斯兰国家交换柯
拉果。当伊斯兰教开始对阿散蒂宗教产生威胁，想要取代它
时，就像 1797 年前后阿散蒂国王奥赛·夸梅时期所发生的那
样，伊斯兰教的豪萨统治者就会被阿散蒂国王流放。然而，就
像在塞内冈比亚所发生的，由于美洲用白银来交换非洲黄金，
资本价值从非洲抽血的过程还在继续着。如同在欧洲，白银常
常被熔化掉用于珠宝，即便在今天冈比亚、马里和几内亚比绍
的市场上，白银珠宝依然在四处售卖，这些珠宝上的金属可能
已经传了无数代，被多次重打过。[10]

白银和黄金的关系，表现了许多地区持续了许多年的价值
抽取过程。只有极少数的王国，比如阿散蒂和达荷美，可以保
留或者进口黄金。在这些地方，政治权力增强了，这也是为什
么这些国家可以在 18 世纪加强它们自身，变得在非洲以外都

很出名。但整体而言，非洲由于丧失了资本（黄金）和生产价值的劳动力，并且将剩余农产品出口到了海外，它获得和制造剩余价值的能力减弱了。非洲和其他西半球国家之间的不平等就这样持续增长着。

406

在这样的情况下，思考 18 世纪末期金钱和价值是如何构建的，这一点颇富启发性。一个很好的事例来自英国在阿克拉的贸易点保留下来的记账本。1791 年，也是海地革命开始的那一年，英国人在阿克拉的库存中最贵重、最有价值的商品是以"多少加仑的酒"来计价的。1791 年 11 月，在这个城堡消耗品中，用酒的加仑数来计价的有 764 英镑的商品，其中用于购买贝币的只有大约 99.8 英镑。1792 年，记账继续以酒的加仑数为计价单位。一月，一共购买了 3001 加仑酒的物资（其中 2152 加仑来自"一个美国人"），阿克拉的职员记载道，其中 183 加仑用在了购买奴隶上，159.5 加仑用于购买黄金，96 加仑用于购买象牙，258 加仑用于购买贝币。在二月，情况是类似的，377 加仑用于奴隶，52.5 加仑用于黄金，94 加仑用于象牙，154 加仑用于贝币，存货用去 6 加仑，102.5 加仑用于"家庭开支"。[11]

在 18 世纪 90 年代的阿克拉，酒成了最有价值的商品，这表明了这个世纪中发生的转型的规模。如我们所见，黄金海岸在 16 和 17 世纪时，是一个欧洲商人怀着绝望的心情竞相插足的地方，他们当时在这儿完全要仰仗黄金海岸诸王国的恩典才能获得参与黄金贸易的机会。17 世纪晚期，这里的贸易转型成为奴隶贸易，随着桑海的灭亡，大西洋贸易线路的权力逐渐增强。如我们所见，在这个时期的黄金海岸，欧洲人干预这里的战争已经成为常态，丹麦、荷兰和英格兰各自武装其中一派，煽动战争以制造战俘，这样就踢开了该地区奴隶贸易的大门（见第三章）。至迟在 18 世纪 80 年代，欧洲军官开始在黄金海岸发生的多次战争中担任部队的指挥官，比如丹麦人曾经在 1788 年与阿克拉国王的儿子奥法里·托苏（Ofari Thosu）并肩作战。并且，在阿克拉，酒也变成了记账单位——注意不是 16 和 17 世纪的铜、贝币或者布币，至少这些货币还有可能帮助促进市场和给这个地区的工业基础提供资金。[12]

到这时，阿克拉对酒精的依赖也标志着海岸（这里消费酒精）和内地社会（这里日益抵制饮酒）之间日益加深的鸿沟，而不仅仅是表明了这个地区经济的不平等。酒精被从阿克拉到塞内加尔河的统治者当成宝贝，欧洲商业伙伴源源不断地以加仑为单位向他们提供酒。随着贸易不平等变得愈加明显，对于西非地区的许多人民来说，饮酒就象征着他们统治者的腐败。

关于武士贵族的口述历史提到他们将孩子当作抵押品，再把他们卖了换酒，这表明这种关系是多么地深刻，普通人对他们是多么愤恨。在本章末尾，我们会看到这是怎样促成了伊斯兰教这样的宗教的繁荣的，这些宗教的共同特征是反对饮酒。随着 18 世纪的加速，一系列的运动开始表现出，这种愤恨是如何控制并推翻了已有秩序的。

18 世纪的奴隶革命：塞古的军事贵族通戎武

耶稣会传教士曼努埃尔·阿尔瓦雷斯为说唱艺人（或者赞美者）的角色提供了一幅生动的画像，这些说唱艺人围绕在塞内冈比亚的约洛夫统治者身边。阿尔瓦雷斯将说唱艺人视为熟练的音乐家。他们可以骑在马上鼓捣他们的弦乐器，但他们并不受欢迎。不管是国王还是普通民众都不会接纳他们进入家里，虽然他们很乐意给他们钱，让他们演唱王国权力皮条客的历史。即便到了现在，说唱艺人在塞内冈比亚社会中也不能像其他人那样被埋葬在土里，而是被放在中空的洞穴般的猴面包树里。这就是传统历史学家的生活：权势的走狗，没有人喜欢和信任。[13]

尽管如此，统治者又离不开他们的说唱艺人。在噶加噶，萨科（sakko）是王朝统治阶层［被称为达姆贝（dambe）］家谱的官方持有人。学习家谱是萨科种姓每一个成员的公开职责，这个种姓的男孩每天晚上吃完饭，就要集结在一堆火旁，这堆火点在那位负责保护说唱艺人的达姆贝成员的别墅里。在这里，萨科的孩子们学习并当众背诵王室的家谱。[14]

虽然这些说唱艺人都是赞美者，但他们比人们想象的要更多地扮演批判者的角色。就像耶稣会的观察者曼努埃尔·阿尔瓦雷斯轻蔑地描述的那样，17 世纪的说唱艺人并不畏惧权力：

> 根据大众传统，这些说唱艺人是这个省最古老的定居者……白人也找不到更好的管家，比他们更能盯紧国王欠他们的债务。情况往往是这样，如果国王自己是债务人，说唱艺人就利用欺诈来获得报酬。他们首先找到债权人，告诉他曾经发生的（却可能是编造的）讨债故事，于是就获得了真正有报酬的活计。说唱艺人于是跑到欠债的国王的住处，他们会说很多话，不断地提到这些债务，强硬地告诉国王：如果不还债，就不符合你的荣誉。这个可怜的国王受到了如此大的压力，因此，有时候这些小丑们就能带着偿还的钱离开，将它交还到债主手里。[15]

有趣的是，欧洲商人依靠说唱艺人去与塞内冈比亚的贵族争论他们的案件，也有着很久远的传统。18世纪60年代，在塞内加尔河口英国的路易斯城堡中，一项经常的花费是，用白兰地支付给两个说唱艺人：1764年4月给了3加仑，1765年5月给了更多的葡萄酒和白兰地。但为什么这些说唱艺人这么被蔑视，却又这么有影响力呢？答案部分在于他们讲话的巨大权力、他们对语言的广泛掌握，以及他们声音的力量：任何听过说唱艺人长篇大论的人都可以证明，这是一股难以抗拒的力量。

409 　　然而，说唱艺人的力量也蕴藏在这样的事实中：他们对历史的解释合法化了每一个相继的王朝。就像17世纪萨迪书写了桑海和马里的编年史，说唱艺人是在统治阶层和人民之间的斡旋人。他们回忆的历史解释了每一王朝统治的合法性。就像现代历史学家一样，统治阶层不能摒弃他们，他们可以不时地帮助重新解释政策，特别是在一小瓶白兰地的帮助下。但是，没有君主喜欢依赖别人，这就也解释了为什么说唱艺人同时也会被统治阶层回避，并被公开蔑视。[16]

　　哪个地方的统治阶层是新手，他们对说唱艺人的依赖就更强。一个很好的例子来自塞古。在这里以及巴马科王国（18世纪晚期塞古的一个分支，在现代的马里首都巴马科）出现了一种著名的音乐形式，至今依然流传于科拉琴演奏者中，它总是对赞助者进行至高无上的赞美（而不是批评）。约洛夫诸王国和噶加噶的巴西里（Bacili）王朝都是历史悠久的，而塞古和巴马科的统治者却是非常新又非常强大的。这些王国是不久前才由叛乱的奴隶建立起来的，它们需要说唱艺人向所有人歌唱，为国王歌功颂德，并构想出其权力合法性的说辞。而事实却是，塞古的统治者只不过是狂妄自大的新手，依靠推翻他们的主人上台。[17]

在它高峰时期的 18 世纪晚期，塞古是西非最大的国家之一。它的国王来自两个王朝：库鲁巴利王朝（约 1712～1756年）和贾拉－恩格洛西王朝（1766～1861）。在 18 世纪初建立王朝之后，库鲁巴利王朝在应对 18 世纪 40 和 50 年代的剧烈干旱中失败了，这限制了它的军事实力。然而，贾拉－恩格洛西王朝一在 18 世纪 60 年代攫取了权力，其国家和统治就开始扩张。当时塞古向着四面八方扩张，占据了从现代科特迪瓦北部直到廷巴克图、从布基纳法索瓦西古亚（Wahiguya）直到塞内加尔和马里现代边界的广大疆域。它拥有多达 60 个省，到 18 世纪末，各省的代表都居住在首都。[18]

1796 年，当蒙戈·帕克访问位于尼日尔河畔的塞古首都时，从他的描述中可以清晰看出，这个王国已经崛起成为主要力量：

> 我现在到达的……塞古，准确地说，拥有着四个独立 410
> 的城镇，两个在尼日尔河的北岸，叫塞古科罗（Segu
> Korro）和塞古布（Segu Boo），另两个在南岸，叫塞古苏
> 科罗（Segu Soo Korro）和塞古西科罗（Segu See Korro）。
> 它们都被高高的土墙环绕，房子也是黏土做的，方形，平
> 顶，有一些房子有两层，许多都刷了白墙。在这些建筑旁
> 边，从每一个角度都可以见到摩尔风格的清真寺……我有
> 理由相信，塞古总共有大约 3 万居民。[19]

从 18 世纪上半叶它的崛起开始，这座城市就成长得非常迅速。

有许多艘渡轮可以渡过尼日尔河，帕克在其中一艘上看到了 4 匹马。渡河的费用是 10 个贝币，这些钱都被收入皇家藏库。金钱对于国家和城市扩张的重要性是非常清楚的，口述资料显示，塞古的贝币储藏在恩戈洛·贾拉治下飞快地增加着，他是达·蒙宗（约 1797 ~ 1817 年）的前任，达·蒙宗自己则给了帕克 5000 贝币，帮助他继续前行。就像帕克自己所说："这个广阔城市的景色、河面上众多的独木舟、拥挤的人口，以及周围国家开了荒的土地，加起来构成了一幅文明与辉煌的景象。"这多少有些诡异：在废奴主义的高峰时刻，当公众围绕着奴隶贸易带给非洲社会的"野蛮主义"和动荡不断争论时，帕克对塞古看起来不同的描述几乎完全被忽略了，即便帕克本人受到了赞扬。[20]

塞古的出现是通过一个已经熟悉的模式。需要提醒的是，这个国家坐落在曾经桑海帝国的范围内，在廷巴克图上游大约 400 英里的地方。如我们之前所见，桑海的权力与它不断扩张的军事组织有关。不断成长的贵族武士，其权力是依靠暴力的，他们促使了人数众多的平民阶层的产生，这个阶层中涌动着巨大的怨恨。桑海这种怨恨的力量在桑海语言中也随着谚语爆发出来：

> 如果一个人没有人手
> 就不可能停止战斗。

411　　以及：

> 敌意是在邻居间产生的

敌意是在卧室战争中产生的

敌意是在红颜知己中产生的。[21]

生活是艰辛的，许多人注定在短缺和困难中度过此生。如同桑海一首专门唱给新婚男子的叙事性传统歌曲所说，一个人不能指望他的所有孩子都长命百岁：一些孩子必须交给他们的命运，交给那种能给他们带来足够谷物的恩典，交给时间。[22]

可一旦谈到战争，那可是遍及四处：

当一个城市的国王造出 30 个王子时

战争就不可能再有尽头了。[23]

　　1591 年，桑海灭亡后，前萨赫勒帝国的区域被一系列小国家占据，它们被称为阿尔玛帕什里克。在这些小国家中，有着贵族武装力量，以及从桑海继承的掠夺性。正是在对这些力量的反对中，库鲁巴利世系发动了叛乱，并在 18 世纪初期创立了塞古王国。塞古这次对贵族武士阶层的推翻，是 18 世纪末期西非其他地区革命和转型的预演。

　　塞古的权力最初成长于狩猎与治国才能的交织。如我们在第七章所见，比通·库鲁巴利的力量总是和他作为猎人的力量相关的，这种力量根植于曼丁人与狩猎的联系之中。"比通·库鲁巴利加上他的同伴一共有 6 个，/他们统治了 40 年。/比通·库鲁巴利这个杀人的猎人和他的同伴……/他是一个狩猎大师，因为他热爱打猎。/他的工作就是狩猎。"猎人积聚权力，不仅仅是因为他们拥有神秘力量去征服充满精灵的"空旷土地"，也是因为他们获取成功的速度很快。要成为一个猎

412

人，就要学会快速突袭和杀戮，这和将军事行动从失败转向成功所需要的能力是一样的。[24]

在塞古，狩猎对于权力的重要性也揭示了它和日益崛起的伊斯兰教之间的紧张关系。伊斯兰教是一种威胁，因为这是一种不关心种姓划分、高贵与否和遗传自何人的宗教，完全无视出身和王权，它对所有人都是接纳的。如同 1791 年一位法国观察者所言："所有的摩尔人生而平等。"口述史将比通·库鲁巴利视为伊斯兰教力量的征服者。当塞古国王阿里在 1757 年前后试图将伊斯兰教作为国教时，他被推翻了。塞古的这次和伊斯兰教的冲突被记录在了口述资料中。一段传统故事讲述了比通的权力是如何在最初产生的，他在丛林中猎获了一头羚羊，羚羊变成了一个精灵，在西非，精灵被认为是带有神秘力量的穆斯林学者。通过消灭了这个精灵/羚羊，比通·库鲁巴利表明，他不需要借助伊斯兰教来推翻统治者。西非本地组织，比如猎人联盟，就可以把这事做好。[25]

塞古的崛起受到了曼丁人这些狩猎组织以及神秘力量的激发。18 世纪早期，库鲁巴利和班巴拉长老发生了争执，这时他已经被选为了通提基（tòntigi），也就是好汉联盟的头儿。很快，库鲁巴利的好汉联盟开始挑战传统的班巴拉权力结构，一些奴隶加入了他的阵营，以摆脱过度的劳动需求，好汉联盟变成了一个战斗组织。一些奴隶变成了军事领袖，被称为通戎武（tònjònw），指挥着战斗团，这样，新国家的核心在塞古地区提供了一种逃离奴隶制的途径。塞古战争的俘虏可以加入武士阶层，并晋升为军事指挥官，只要他们表现出足够的军事才能。[26]

到了 1800 年前后，关于这些军事指挥官在塞古社会中的权力，口述记录提供了一幅惊人的画面。一份记录描述道，国王达·蒙宗的宫廷中有一个带有七个大厅的宫殿，每个大厅都站着一个武装着斧头的通戎武。"斧头用来劈开人民的脑壳。／宪兵和警察今天取代了持斧人。／那些持斧人都是奴隶头儿，每个人都有一个特殊的名字。"塞古就这样找到了一个天才的法子，让那些来自社会最底层的人有了进阶的机会，每一个塞古的奴隶都有机会通过战斗晋升至社会上层。[27]

413

塞古历史上一些最著名的酋长都是奴隶出身，包括恩戈洛·贾拉自己，他最初是被村子作为年度贡品送给库鲁巴利王朝的。如同一份记录所说，他的村子声称无法凑齐年度贡品，所以把恩戈洛当作人质送了上来。在做人质时，恩戈洛成了一个通戎武，由此进入了权力层。虽然恩戈洛是一个杰出的领袖，但据一些记录所说，通戎武最初是从奴隶和战争中产生的，这一点无可置疑。一份记录描述了一伙人袭击法布古（Fabugu）村子的情形："他们把男人的头发剃掉，／只留下一撮。／女人们被剃成普通式样，／但男人要剩下一大撮毛。／这样他们就算在其他人中间，也可以被认出是奴隶。／这就是国家奴隶通戎武的起源……／这些通戎武被分配到每一个武士的家中。"[28]

但是，虽然塞古为底层人提供了进入上层的途径，但年轻人被从他们的社区掠走变成通戎武，依然是巨大的悲哀。蒙戈·帕克描述了1796年遇到的一个场景，当他去往塞古首都时："在这一天，一些女人听说我要去塞古，来请求我向国王曼宋（Mansong，即达·蒙宗）询问她们孩子的情况。特别是一位妇女告诉我，她孩子的名字叫马马杜……是在大约三年前被国王的军队带走的，从那之后她再也没有他的消息。她说她常常梦到他。"[29]

　　塞古的崛起如同一根火柴点燃了火药桶。像库鲁巴利这样的好汉早就想要战斗，他们受困于家长通过婚姻问题对他们的控制。年轻人在新的贸易模式下无法积累足够的财富，找不到老婆，这的确是这种冲突中的一个核心问题。除此之外，加入好汉帮的奴隶们本来就心存愤怒和仇恨，这种情绪可以在塞古的军事体制下被有效地动员起来。恩戈洛·贾拉自己就怀有这样的愤怒，在他成为国王之后，他回到了将他交出去当人质的村子，摧毁了它。库鲁巴利就这样创造了一种先例，奴隶首领可以崛起并攫取权力，当这个王朝在18世纪50年代灭亡之后，一些军事领袖获得了权力，直到恩格洛西王朝在18世纪60年代出现。[30]

　　虽然塞古的力量在前任好汉帮寻求对贵族进行报复之时滚滚向前，但这并不意味着塞古的奴隶制本身已经消失了。恰恰相反，这种制度是塞古社会的关键。通戎武不从事农业劳动，他们只生产奴隶。当塞古的权力增强时，他们入侵的社区变成了纳贡者，以年度贡品的形式向塞古提供粮食。塞古战争的战俘被分成了两类：乔芬（jòfin）被国王标为奴隶，而戎巴（jònba）则变成了国家劳力，可以成为显贵的卫士，也可以成为通戎武，或者成为法拉巴－戎，也就是国家农民。[31]

　　在18世纪前半期，塞古的成长并非仅仅存在于口述叙事中。18世纪塞内冈比亚海岸地区出现的大规模待售的班巴拉奴隶，就直接和塞古的崛起相关。1757年，法国旅行者阿丹森描写"班巴拉帝国"时写道："虽然无法确定它的具体边界，但……据说它非常大。就是从这个国家，曼丁卡人将班巴拉奴隶带到了噶加噶和冈比亚。"到了1763年，塞内加尔河口路易斯城堡的英格兰商人就开始购买班巴拉奴隶让他们在城堡中干活。他们经常为班巴拉中间人的服务支付报酬，之所以需要这些人，是为了让他们成为班巴拉奴隶的翻译。这种人口贩卖不仅仅是针对大西洋海岸的，一份 1790 年的记录为皇家非洲协会提供了从廷巴克图到摩洛哥的贸易情况，说每年有约 3000 到 4000 个奴隶顺着这条路被送往北方，其中大部分看上去是班巴拉人。[32]

在塞古的崛起中存在着强烈的荒诞性。因为，在许多方面，这个新的国家都复制了旧系统的模式，而这个旧系统正是它们的开国领袖所反抗的。新国家的力量在精心的说教和科拉琴的伴奏下，被说唱艺人捧上了天，它依靠的是在底层阶级中产生的战士和手艺人阶层，比如铁匠和木匠，以及贵族武士中的自由人，这些人的战斗让国家可以迅速扩张。库鲁巴利王朝利用猎人的血统结构、曼丁诸国家的家族结构点燃了反抗之火。也正因为这样，就像后殖民时代的国家发现很难将它们继承的殖民地时期的社会结构完全抛弃，塞古的新国家最终也倾向于复制它们的人民之前起义反对的那种国家社会结构。

虽然起义部分反对伊斯兰教的结构和体系，但塞古也严重依赖伊斯兰商人［被称为马拉卡（maraka）］，他们通过撒哈拉和大西洋商路将塞古和全球市场联系起来。伊斯兰商人居住在不同的城镇中。在 1785 年前后，一位叫萨利赫·比拉利的富拉人被塞古的奴隶贩子抓住了，他后来作为奴隶死在了佐治亚州的种植园里，他在 19 世纪 20 年代的访谈中对阿拉伯商人进行了描述：

　　　　阿拉伯商人接近于白人，信奉穆罕默德的宗教，会说

《古兰经》里的话，也会说本地语，在廷巴克图、库纳
（Kuna）、杰内和塞古之间做买卖。他们用大船旅行，船
上盖着棚子，用杆子撑船。他们都带着武器，戴着头巾，
一大帮人一起旅行，加起来经常有三四十条船。他们带着
大块的板盐、毯子、步枪、手枪、棉布、珠子、贝币，有
时候还有马，来做买卖。[33]

这种叙述让之后一些对塞古周边大型城镇进行描写的口述记录
变得易于理解了，它们将马卡杜戈巴（Markadougoba）和布森
（Bussen）这些城镇描述为大型的，将阿拉伯商人的城镇描述
为具有影响力的。萨利赫·比拉利的记录清晰地表明，商人们
带着维持塞古国王和武士阶层权力的必需品——武器、金钱和
盐，离开了这些东西，塞古的扩张就继续不下去。是阿拉伯商
人们为塞古财政—军事国家的扩张提供了资金支持，让它成了
18世纪西非最重要的国家之一。阿拉伯商人变得如此重要，
到了18世纪后期，恩戈洛·贾拉将这些商人的城镇置于国家
的直接保护之下。与此同时，正是这些商人阶层为之后19世
纪席卷西非的更广泛革命播下了种子。[34]

416 　　塞古的崛起清晰地表明了西非许多地区不断积聚的不平等
所带来的不可调和的矛盾。那些长途贸易扎根最深的地方，比
如刚果，可以追溯到1500年前后，而塞古的贸易是与之前的
桑海帝国相联系的，这些地方发生革命运动的时间会更早。长
途贸易倾向于形成精英小团体，他们和普通大众之间的不平等
会累积下来。当长途贸易的模式发展时，贵族形成的模式和大
众抵抗的模式也会发展。

　　令人印象深刻的是，成功反抗运动的一个关键因素是，

在一个意识形态框架下团结起不同背景的人民的能力。在中西非，这个进程在刚果革命之前的 17 世纪早期就已经开始了，当时安哥拉的因邦加拉军队拒绝了更早的王权模式，让所有奴隶都加入了他们的军队之中（见第五章）。在卡拉巴尔和塞拉利昂，新的秘密会社和神祇也有助于起到同样的融合作用，为新来者和那些曾经的外来人提供了一个融合点。与此同时，在塞古，旧的亲属结构被拒绝了，因为新加入的通戎武掌握了权力，只要他们能在战争中和俘虏他人时证明自己的英勇就可以了。在所有这些例子中，腐败精英都可以通过扩展国家结构，让那些没有遗传身份也并不高贵的人加入其中，来被推翻。

在西非的其他地区和西非以外，都有着类似的情况。许多国家在这时崛起，它们的统治者都曾经属于"奴隶阶层"。在 1785 年的富塔贾隆，许多奴隶尝试发动叛乱，叛乱的残余于 18 世纪 90 年代在从弗里敦前往内陆的高山上寻找出路。与此同时，索科托的苏丹穆罕默德·贝洛（Mohammed Bello）在 19 世纪早期描述了豪萨王国凯比是怎么与一个名叫坎塔（Kanta）的奴隶一起崛起的，他反叛了他以前服务的国王，接着"崛起并征服了许多城镇，统治了远近农村"。通常这些新统治者会和说唱艺人合作，构建一个"辉煌的"过去。比如在达荷美，说唱艺人对于取得权力的国王们非常重要。由于他们可以发明一个绅士的过去，他们的影响力也随之增加。在西非，这些文化匠人会创造如此详尽的史诗性文本，或者用如此刺耳的声调演唱，一点都不奇怪。说唱艺人同时需要歌唱和语言的力量，以防他们刻意编造的那些虚假神话被揭穿，这些神话赋予了那些可能来自"奴隶阶层"的人世袭的权力。[35]

417

制度化抵抗：以奥约为例

到了 18 世纪，在统治者死后，西非和中西非的许多地区经历了漫长的斗争和内战。在刚果的不同统治世系之间发生的纠纷，以及发生在 18 世纪中期的塞古内战，都属于这种情况，而更加典型的情况发生在约鲁巴人的奥约王国中。统治者的权力变得越来越集中，同样越来越强烈的是他们的亲戚们的恐惧。新上台的国王经常处决他们作为潜在竞争对手的兄弟，就像达荷美的特格贝苏所做的那样（见第七章），然后再依靠那些吹捧者，说服大家来保证他的统治。在许多王国中，统治者妻子的权力同样反映出统治者对他男性亲戚的不信任。在这样的环境下，争夺继承权的斗争变成了 18 世纪西非历史的一个主要特征。

当腐败的武士贵族通过奢侈的进口商品和转变宗教神祇，将自己和大众隔离开后，他们就变得不再受欢迎，于是就出现了许多种方法来推翻他们。按照塞古提供的方法，奴隶推翻统治者是可能的方法之一。另外一种方法是通过改变宗教信仰将王室权力斩断，这一点我们接下来会看到。第三个选项是采取奥约的方法。这个王国直到 19 世纪早期依然保持着相对稳定，但有一个重要的异常情况：没有一个国王能够撑到他统治结束，当有信号表明他的权力已经接近尾声时，他的妻子就勒死他。这样，成为奥约的国王也意味着被判了死刑，在 18 世纪，没有任何一个国王活到了他的自然寿命。事实上，到 1800 年，在这个王国中，推翻一个国王已经制度化了。

约鲁巴人中的第一个历史学家塞缪尔·约翰逊这样形容："到这时，人们已经形成了这样的感觉，一个国王不应该自然死亡。因为对于一个自然生命而言，肆无忌惮的专制、无拘无束的放纵、贪得无厌、肆意纵欲是不应该存在的。"[36] 奥约的人民拥有一种特殊的方法来暗示到了一个国王离开的时候。阿奇博尔德·达尔泽尔在 1793 年描述了其中的细节:

> 人民形成一种意见,认为国王的统治已经不行了,有时候这来自对国王不满的大臣们的诡计,他们潜移默化地把这个想法注入人民心中。这时人民就会派出一个代表去见国王,带着鹦鹉蛋作为礼物——这是意见真实性的标志,向他表明统治的重担已经让他疲惫不堪了,他们认为他需要完全的休息,需要时间沉睡一会儿。他向他的臣民表示感谢,感谢关心他的劳苦,然后退到他的宫殿里假装睡着,这时就会有人向他的女人下令勒死他。[37]

虽然奥约在 18 世纪是一个权力中心,达荷美的领主进口了大量的贝币以支持国家财政,但对权力的角逐同样处于争斗的中心。如我们所见,权力平衡被神圣地纳入了奥约的政治结构之中。国王拥有一个委员会,被称为奥约-梅西,它负责选举继承人,督促其承担相应的责任。国王选择他在省城的代表[被称为阿杰勒(ajele)],这些代表同样要对委员会负责。然而,虽然这个日益复杂的统治机器还在发展,但 18 世纪的遗产却是权力的集中化。在 1754 年,奥约-梅西的领导人(即巴索伦)加哈攫取了权力,像一个国王那样进行统治。根据达尔泽尔所说,1774 年,大臣们给他送去了鹦鹉蛋,想把他除掉,他"霸道地拒绝了他们……告诉他的大臣,他还不想去睡觉"。这触发了奥约的一场危机,这场危机一直持续到 1774 年加哈被阿比奥顿国王推翻。[38]

这种关于统治地位和国王权力扩大的冲突削弱了奥约。到 1790 年，奥约开始向北方的努佩进贡，在近两个世纪以来，奥约一直碾压着它的北方邻居，而现在终于发生了逆转。在如今的尼日利亚境内，权力的平衡终于从南向北迁移了，与之一同产生的还有群众运动的强力潮流，这些群众运动挑战着那些统治了奥约几个世纪的贵族精英的统治。[39]

这些权力的集中化是由什么组成的呢？其中包括财政—军事国家的扩张，以及维持着整个大厦的行政管理和征税机制。但除了这些之外，宗教的集中化也包含在其中，我们已经在前面的章节看到了 18 世纪达荷美的阿加苏猎豹崇拜，以及刚果国王采纳的基督教，还有在西非很多地方都出现的波路和桑德秘密会社。经过改变的宗教实践在一些地方与独裁形式的政府相关联，所以当这些新的强大宗教实践打着基督教和伊斯兰教的幌子在 19 世纪铺开后，人们更加乐于采纳这些信仰。一神教在非洲的传播是政治和宗教危机的一种反映，这种危机是针对旧信仰的卫道士们的，在政治精英们的操纵和选择下，旧的信仰正在经历危机。

奥约经历了不同力量和不同怨恨的碰撞：宗教的、基于阶层的，以及反抗新出现国家的独裁权力的。有时这种碰撞来自国王的形象，以及最终的决定时刻，即他的妻子将他勒死时。在 18 世纪大部分时间里，这已经足够了。然而，当奥约最终于 19 世纪第一个十年崩溃后，王国的瓦解被一种新层次的叛乱加速了。

促进战争的是由一个叫阿丰贾的军事指挥官领导的叛乱。如同在塞古那样，阿丰贾起用了一批能够战斗的人。这一次也是塞缪尔·约翰逊提供了最好的描述。这群普通士兵组成的军

队 [被称为贾玛（jamâ）] 事实上通常由逃亡奴隶组成，阿丰
贾用他们来发动叛乱，反抗他们之前的主子，夺走其财产。就 420
像约翰逊所解释的，向四处泛滥的不平等进行报复是这个运动
的核心：

> 　　阿丰贾时代，贾玛们的数量和贪婪都在不断增加，这
> 使国家陷入极度的困境和毁灭。当没有战争时，他们就分
> 散在各地，四处抢劫，引起人民的愤怒。他们会闯进任何
> 房屋，将那儿变成他们抢劫的大本营，掠夺临近和周边的
> 地区。他们把屋子里的牛吃掉，把剩下的东西带走用来休
> 闲娱乐……那些逃离他们主子的奴隶往往会回到同一个城
> 镇，甚至作为贾玛跑到同一个屋子里，将他们前主子的房
> 子当作抢劫的大本营；如果他们的主子曾经对他们很友
> 善，就会受到他的保护，得以避免被他的同志们抢劫；如
> 果不友善，就会遭到最无情的报复。[40]

约翰逊的记录清楚地表明，在这次 1823 年左右开始推翻奥约
的成功革命中，一个巨大的动力是消灭贵族的渴望。我们将看
到，这在西非和中西非的许多地区是一个共同的特征。长途贸
易的崛起在西非和中西非的许多地区都鼓舞了一种中央集权的
国家权力，而这种权力这次反过来又被人民在充满怨恨的革命
中推翻，许多底层人民感觉他们和新精英以及精英们引入的公
共崇拜都毫无关系。

　　但这些情况又是怎样嵌入本书所讨论的货币与全球不平等
的框架之中的呢？异乎寻常的是，这种革命的趋势在那些长途
贸易起重要作用的地区，以及强大的财政—军事国家不断成长

的地区，会变得尤其明显。正是在那些像奥约这样拥有强大国家、奴隶阶层、长途贸易和日益成长的商人阶层的地区，旨在推翻现有权威的运动会变得最为声势浩大。同时，这种推翻统治者的模式在那些小型的社会中却很少出现。这样，贸易的不平等以及政治和宗教的集中化造成了一种动荡的局面，这种动荡从此时开始，以多米诺效应将那些西非的贵族阶层一一推翻。

动员起来反抗不平等： 18 世纪塞内冈比亚的以铁换布贸易

421

如我们所见，说唱艺人也提到过，到了 18 世纪晚期，塞古已经通过侵略性扩张策略建立了自己的势力，并由一个金钱不断增多的国家提供财务上的资助。一些文献描述了它的黄金储备，可是，虽然在跨撒哈拉贸易中存在黄金密斯卡尔流通（见第七章），但贝币依然是本地区的优势货币。通戎武的权力表明了奴隶是如何揭竿而起反对他们的主子并获得权力的，几十年后，在奥约同样发生了这样的情况。这里讲述了在整个西非地区，动员是如何以不同的方式进行的。

然而，在其他地方，通常是黄金而不是贝币代表了国家的权力。19 世纪中叶，阿散蒂的金场日益增加它们的黄金出口，而没有选择保留黄金储备，因为这时已经有了禁令，欧洲商人已经不能再在海岸上购买奴隶了。只有伊斯兰商业网络能够通过它们在阿散蒂内的牢固关系，向那些没有黄金的国家提供黄金，因为它们在阿散蒂首都库马西和索科托哈里发国之间的商品运输中扮演着重要角色。伊斯兰商人阶层的权力，在塞古这样的国家，随着黄金价值的增长而增强。这对于本地区的历史也是非常重要的，因为随着伊斯兰教权力的增强，它慢慢地开始提供另一种方法，去挑战西非国家的贵族头衔拥有者。[41]

在塞内冈比亚，由伊斯兰教提供的挑战现有权力的机会可以通过 18 世纪货币进口的变迁来解读。在 16 和 17 世纪的塞内冈比亚，铁条是主要的货币（见第二章），而布匹只是很小的一个角色；而到了 18 世纪，印度布匹的角色逐渐和铁条并驾齐驱了。铁依然重要，铁条被一丝不苟地测量着，每一根的重量介于 15 到 16 磅。铁条被特别用于购买给养的贸易中，然而到了 18 世纪中叶，印度布无疑已经在上塞内加尔河大部分地区成了标准货币。[42]

这里需要做一些背景解读。这时在塞内加尔河谷地区有四个主要王国。距离大西洋最近的是瓦阿洛王国，它在河谷中向内陆延伸了一段距离，是欧洲人在海岸上的圣路易贸易点最直接的贸易伙伴。瓦阿洛的国王经常向圣路易派遣使者和他的家庭成员，在这里接受白兰地、布匹和铁作为礼物。更往内陆方向，是富拉人的王国富塔托洛，这是一个伊斯兰学术中心，并连接着更东部居住的富拉人，这些人居住在塞古以及更东面的豪萨国家卡诺和卡齐纳。在塞内加尔和冈比亚河之间，有一个小型的以富拉人为主的国家叫作本杜。而在历史上，这个地区最强大的国家可能是噶加噶，它的统治王朝——巴西里 - 塞姆佩拉（Bacili Sempera）可以追溯到公元 1000 年之前。然而，在 18 世纪，本杜开始成长，并在原本属于噶加噶的许多土地上开始殖民。[43]

到 18 世纪 60 年代，这些国家开始青睐印度布。在距离瓦阿洛 60 里格，位于富塔托洛境内的波多尔的英国人贸易点，1764 年向国王缴纳的年度关税完全是印度布匹，1765 年向噶加噶国王缴纳的关税也以布匹形式为主，再加上一点军事硬件

纪尧姆·德莱斯利（Guillaume Delisle）的 1707 年西北非地图。距离海岸最近的是瓦阿洛（地图上称之为"Oualle"），接着是富塔托洛（地图上称之为"Royaume des Foules"），接下去是噶加噶（"Galam"），再往下的"Bonda"指的是一个小王国本杜。

和一小部分墨西哥银圆。同样，蒙戈·帕克也在 1795 年描述道，在本杜的首都缴纳关税时，应付的物品包括一块印度布以及六瓶火药。[44]

欧洲商人都意识到了，要想在这些王国中成功进行贸易，保持货币流的稳定是非常重要的。1763 年，英格兰人为了给路易斯堡军营支付酬劳而储存的商品包含 1278 根铁条，价值 297 英镑 10 先令，还有 507 块印度染的布和 433 块在英国染的布，这些布的总价值是 1713 英镑 2 先令。这个账目表明，这些物品并不仅仅是"商品"，而是真的金钱。英国贸易点的总督梅杰·梅森（Major Mason）在 1758 年 7 月说："带钱来这里付账是毫无意义的，因为这个国家根本不知道它们。荷兰银币和上好的印度蓝布价值相当，而最好品种的珠子要比它们都贵得多。"在 17 世纪，虽然布匹和铁是平行货币，但布匹却变得越来越重要，到了 1764 年 1 月初，用印度布购买的商品价值达到了 63 英镑 15 先令，而用铁条购买的只有 10 英镑 5 先令 4 便士。[45]

然而，为什么印度布匹变得这么有吸引力？本地布匹加工业规模并不算小。一份 1729 年的描述强调了富拉人用靛蓝染色的深蓝色布匹的生产，并用大量的细节对本杜的富拉人出产的装饰丰富的不同布匹进行了比较，著名的富拉尼织物可以追溯到 15 世纪甚至更早，它强烈地影响了阿散蒂及更远方的装饰风格和模式。另一份 1802 年的记录赞颂了约洛夫人的编织技艺。有人提出，非洲布匹的衰落是出于生态原因，这个理由可能并不足以解释为什么印度布这么受欢迎。[46]

对印度布存在需求是有其他原因的。首先，与印度用靛蓝染色的布匹对应的是卡诺制造的靛蓝布，在卡诺，布匹生产也迅速发展。所以，塞内冈比亚本地对布匹的需求完全可以同时容纳本地工业和印度出产的布匹。并且，穿靛蓝布已经成了 18 世纪的一种身份象征，因为农民都穿白色的布。然而，印度制布的一个主要吸引人的地方在于，它们的进口很容易被本地的统治阶层控制。不管是白银涌入中国、黄金进入西班牙，还是贝币进口至西非，总之，控制货币进口对于国王总是有吸引力的。统治精英的这种偏好可以解释印度布在塞内冈比亚作为货币的重要性，这跟西非统治贵族对进口外国生产的铁条感兴趣（见第八章）是一个道理。[47]

这些经济变化反映出持续不断的在塞内冈比亚进行的价值抽取，以及在西非和西非以外地区经济价值积累的不平衡。虽然我们已经看到，在 17 和 18 世纪，一部分墨西哥银圆已经开

424

始流入塞内冈比亚，但白银在全球的相对价值却是下降的。从印度进口的布匹远超其他最重要的货币。这个地区主要的金场在噶加噶的邦布克和比雷（Buré），那儿建立了法国的贸易点，黄金大都转移出去了，但也有一部分留了下来。在西非之外，不成比例的价值积累还在加速。[48]

在经济变化之外，印度布对铁的升值也反映出了重要的政治转型，正是在这里，布匹的地位帮助我们理解了伊斯兰教是怎样开始挑战已有的宗教和政治架构的。铁匠和他们加工金属、制造工具和武器的能力长久以来被赋予着魔力，并和塞内冈比亚的王权相联系。进口铁的衰落意味着，这种看法以及与之相伴随的非洲本土宗教和政治世界也都步入了衰落。同样重要的是，不管是对男人还是女人而言，体面的服饰、飘逸的长袍都成了萨赫勒的许多伊斯兰社区愿意花大价钱购买的东西。印度靛蓝布的进口在经济中重要性的增加，也反映出塞内冈比亚的伊斯兰思想的发展和政治组织权力的增强。随之而来的是，原有的武士贵族框架开始受到威胁。[49]

那么，伴随着这些不断发展的权力，这个地区又经历了什么呢？一个重要的方面是噶加噶的衰落以及富拉人的本杜王国的崛起。本杜起源于噶加噶国王借给穆斯林学者马利克·昔的土地，然而到了 18 世纪，本杜的权力显著增强，它占领了原属于噶加噶的大片地区。这两个国家间经常爆发战争，到了 18 世纪，在这两个国家之间存在着一大片无人区，这片地区被野兽占领，人们都不敢穿越。[50]1796 年蒙戈·帕克穿越这片边界时写道：

村子里的人刚刚睡下，我们就出发了。空气中充满了宁静，野兽在咆哮，森林透露出深深的孤独，这一切让风景变得神圣又令人难忘。我们除了低声的耳语之外，一句话也不曾说，所有的人都很小心，每一个人都急于表现出自己的睿智，向我指出狼和鬣狗的位置，这些野兽像影子一样从一个灌木丛滑向另一个灌木丛。[51]

噶加噶的衰落和本杜的崛起标志着那些采纳了原始非洲宗教的王国衰落了。这些冲突导致了更大规模的不稳定。人类的定居点快速地出现和消失：在噶加噶和本杜，一个考古队挖掘出了 43 个考古点，其中只有 30 个带有轻微的文化手工制品痕迹，这表明这是"被短期占据的营地"。同时，在锡因（位于冈比亚北部的大西洋海岸上）的赛雷尔人中，从 1500 年到 1700 年，定居点的平均规模更大，人口更多，被占据的时间更长，而到了 1700 年之后，定居点则变得又小又分散。[52]

所以在塞内冈比亚，一种政治不稳定模式以及伊斯兰力量的崛起在 18 世纪同时出现。最虔诚的穆斯林是富拉人，他们看上去随着意愿四处迁徙，就像弗朗西斯·穆尔在 18 世纪 30 年代所说的，只要他们感觉待遇不好，就简单地"拆掉他们的城镇，移到别处去"。本杜是一个富拉人的国家，虔诚的传统和伊斯兰教知识吸引着外人前来，这增加了它的力量。据穆尔所说，大部分富拉人说阿拉伯语："（阿拉伯语）之于他们就像拉丁语之于欧洲人。学校教授的也是阿拉伯语，他们的法律、《古兰经》也是用这种语言。总的来说，他们学习阿拉伯语的程度比欧洲人学拉丁语还要深，因为大部分人都会说阿拉伯语。"[53]

当时，在战争以及逃离奴役的精神的驱使下，迁移变成了

一种类似于宗教义务般的必须。一位富拉学者萨利赫·富拉尼
（Sālih al-Fullānī）出生于如今的毛里塔尼亚，他访问了富塔贾
隆（现几内亚－科纳克里），并最终成了阿拉伯半岛上圣城麦
地那的一位受人尊敬的教师。另一位富拉学者卡拉莫科·巴
（Karamoko Ba，约 1730～1829 年）的生平更具有代表性，说
明了在 18 世纪这样的迁移是如何影响塞内冈比亚的生活的。
巴在 1770 年前后离开了他在本杜的家乡，他首先在冈比亚河
边跟随他父亲的一个学生学习，从那儿他去了位于现代马里东
部的冈迪奥罗（Goundiouro）。他在那儿生活了一段时间，又
在杰内生活了 20 年，学习幻方的学问，并走访了附近城镇的
许多谢赫。其中一个人让他前往法伊罗（Fairo）旅行，这个
地方在现在的塞拉利昂南部，最终他在这里结婚，又在 1800
年前后去了上尼日尔河的康康（Kankan）。1805 年，他来到了
富塔贾隆的首都廷博（见下文第十一章），他于 1812 年前后
在那儿建立了一个新城镇，有许多追随者加入进来。[54]

　　这种人类的迁移又说明了什么呢？这不是简单地与恐慌的
难民一起逃跑，而是富含着精神意味的经历。梦想常常成为人
们离开的一个重要原因，人们跟随着据说受到精神力量保护的
领袖们一起迁移，这样的事实在 19 世纪一份描写战士教士奥
马尔·塔尔（Omar Tal）的文字中得以体现。[55]根据这份记录，
从麦加回来后，塔尔促成了博尔诺与豪萨人之间的和平，接着
他去往了富塔贾隆，有数千个追随者抛弃了一切，选择了追随
着他：“他在居衮科（Jugunko）住下，许多富拉（Fulah）人
为了他从富塔（即富塔贾隆）迁到了这里。这些人来自里贝
（Libbe），来自富塔贾隆首都廷博，来自卡昆德马吉
（Kakunde Maji），来自科拉德（Kollade），来自博吉（Boji），

427

来自廷比提尼（Timbi Tini），来自科印（Koyin），来自克布（Kebu），来自科勒（Kolle）。许多人为了他而从这九个主要城镇迁移过来，和他住在一起。当时，一些富塔托洛人也随着他一起住。"[56]

最后，要让历史有意义，就要依赖于观众，这一点西非过去的说唱艺人和编年史作者都非常清楚。在 21 世纪经济力量取代了道德鉴赏时，我们再回头看这一切会发现，这个阶段塞内冈比亚这样的地区和西方的资本积累之间出现的经济不平衡，似乎是这段过去中最重要的层面。但是，精神力量对于生活在当时的绝大多数西非人却要重要得多。王国的崛起和衰落不仅仅基于地方效忠模式和宗教力量，也受到了全球经济力量的影响。被抓作奴隶是一种现实的威胁，而伊斯兰教是一种可以提供强力庇护的宗教，因为没有穆斯林可以合法地成为奴隶。此外，伊斯兰教提供了一种统一的身份，假装回避了之前的种姓和阶层划分。进口印度布匹作为货币，是一种时代转换的标志，这可以挑战并改造由于奴隶贸易而形成的等级结构。

结论：异议的模式

在本书的第一部分，我们看到了 16 世纪非洲诸王国常常从它们之前的联邦帝国结构中分裂出来。在大塞内冈比亚，大约洛夫分裂成了五个不同的省份，因为它所在的海岸地区更容易接触到骑兵和武器。在刚果，卢安果，甚至索约，在 17 世纪上半叶变成了事实上独立的国家，因为它们更容易接触到大西洋贸易。在本书第二部分中，我们看到了这些大型国家的碎片是如何演变成公然的叛乱的：在塞古和奥约的奴隶叛乱、针对贵族宗教的叛乱，以及让他的妻子决定何时勒死他的针对国王的叛乱。

428　　离近了看，这些叛乱模式和不断扩大的不平等有着密切的联系。叛乱首先发生在长途贸易历史最久远的区域，这并非偶然。塞古就是这样的情况，它是在原桑海帝国的区域内成长起来的，而这一区域与跨撒哈拉贸易相联系。刚果和大西洋的关联也非常久远。在大塞内冈比亚，许多1500年时非常强大的国家，在一个世纪多一点的时间内都消失了，比如大约洛夫、卡萨芒萨和布拉索（Brasso）。

这种革命和不平等的模式不仅在非洲视角下是重要的，它还有助于我们更深刻地思考截至1800年非洲和其他西半球国家的关联。西方传统历史学对于18世纪晚期革命的叙述总是强调从美国到法国再到拿破仑战争的平滑转换。然而，最近对西非人民以及美洲的非洲移民群体的研究已经表明，这些团体同样是革命运动重要的组成部分。海地革命（1791~1804）与美国和法国的革命有着直接关联，一些来自法国的革命观念以及美国的军事经验，都对1791年叛乱的发生有着重要贡献。[57]

如我们在本章所见，这些移民活动并非从虚空中出现。它们都遵循一种来自非洲的叛乱模式，非洲的叛乱针对的是那些在撒哈拉和大西洋奴隶贸易中成长起来的显贵精英们，他们的财富在奴隶贸易中获得了不成比例的增长。如我们所见，作为欧洲和美洲事件引人瞩目的回声，非洲的叛乱在很多地方是由商业阶层或者穆斯林商人领导的。

阿散蒂和达荷美王国在最后成了例外，它们一直幸存到了19世纪，但和它们同等的许多国家却在叛乱中倒塌。就像塞古在当年崛起时带着很强烈的理想主义，想把所有的人民黏合在一起，而不考虑他们的出身和背景一样，穆斯林学者和他们的追随者在抵抗运动中也提供了一条类似的道路。跨国力量将这种理想从伊斯兰世界传播开去，又把革命的消息带到了大西洋两岸，使其和更大规模的运动结合起来。

在阿散蒂的一个进贡国贡贾，一份 18 世纪中期的编年史提供了一份记录，表明了人类经验是如何触发这些转变的。首先是气候不稳定，它又带来了社会的不稳定以及战争和不平等。编年史接着描述了 1745 年一幅令人难忘的场景： 429

> 那一年在甘贾（Ghānja，即贡贾）的土地上，物价飙升，人们不得不逃走。一份谷子的价格竟然达到了 150 贝币。那一年，大批蝗虫到来，人们担心它们会毁掉已经播种的庄稼……那一年，倾盆大雨摧毁了许多房子。已经有很多年没有下过那样的雨了，也从来没有雨像那次那样毁掉了这么多房子。[58]

与此同时，将战争和宗教信仰等同起来的传统依然存在。正如贡贾的一句传统谚语所说："如果你想发动战争，但你没有找到一个毛拉（mallam，即宗教领袖），那你就不可能发动起来。"宗教作为一种斗争和推翻精英统治的工具的地位正在内化。西非那压抑不住的推翻腐败强权的冲动即将步入白热化。

注　释

1. Tocqueville（2010：Vol. 1, 88）.
2. Mayer（1981）；R. R. Palmer（1959）.

3. 关于欧洲新贵族，见 R. R. Palmer（1959：Vol. 1，29）。关于 1798 年是"民主革命的高潮"，同上，Vol. 2，327 – 63。我非常感谢耶鲁大学的 Steven Pincus，2016 年 11 月 29 日，我在那儿展示了一篇论文，感谢他在评论时对非洲和欧洲革命及贵族的对比。

4. Lovejoy（2016）.

5. David（1974：102）；Labarthe（1802：49）. 关于布卡德 1729 年在邦布克地区建立的联系，见 Curtin/Boulègue（1974：251 – 2）。

6. 关于巴西到 1656 年为了供应西非贸易而扩大烟草种植的证据，见 *DHRJ*，Vol. 3，315。关于达荷美国王抱怨巴西烟草卷太小，见 APEB，Seção Colonial e Provincial，Correpondência Recebida pelo Governo da Bahia，Governos Estrangeiros，Maco 197，doc. 2。关于卡齐纳，见 Usman（1981：40）。

7. 关于这样的说法，见 Dumestre（1979：142 – 3）。

8. 关于在塞内加尔银条作为衡量商品的标准，见 Saugnier（1791：205）。关于塞内加尔进口白银的主要证据，见 TNA，T1/449，fol. 229r，它提到 1766 年进口了 190 墨西哥银圆；TNA，T70/585，fol. 30 提到在 1764 年的波多尔每年要缴纳 30 墨西哥银圆的关税。关于 1729 年用美洲银条换取黄金，见 Curtin/Boulègue（1974：274）。

9. 孟加拉国的白银贬值，见 Hogendorn/Johnson（1986：48）。18 世纪美洲白银产量的扩张，见 Tepaske（2010：76 – 82）。关于这个时期中国的白银贸易，见 Seijas/Fredericks（2017：33）。一些历史学家认为，面向中国的白银贸易的衰落是因为欧洲需要白银自用，然而，Flynn/Giraldez（1995）和（1996）表示，更重要的反而是在中国白银赢利能力的下降。

10. 关于熔化白银制作珠宝，见 Curtin（1975：235）。关于 19 世纪 20 年代在蓬戈河（Rio Pongo，几内亚 – 科纳克里）使用西班牙银币，见 Conneau（1977：57）。关于 18 世纪早期以后对柯拉果树森林加强控制，见 Lovejoy（1980：11）。

11. 在 TNA，T70/1240 的不同地方（这些记录没有使用任何页码）。

12. Axelrod Winsnes（1992：31，71）。除了阿克拉的记录，伊瑟特写道，一个丹麦军官在一场"让另一个黑人国家尝尝厉害"的战争中，指挥着"他的黑人军队"。

13. SG，*Etiópia Menor e descrição geográfica da província da Serra Leoa*,

fol. 5r——关于同时骑马和演奏。关于存在于人们记忆中的说唱艺人的葬礼，来自 2017 年 11 月 20 日与 Ndane Faye 的私人交流。

14. 关于噶加噶的这个方面，见 Bathily（1989：17 - 8）的重要讨论。

15. SG，*Etiópia Menor e descrição geográfica da província da Serra Leoa*，fol. 4v.

16. 关于在路易斯城堡向说唱艺人支付白兰地，见 TNA T70/585，fol. 27（April 1764），以及 TNA，T70/586，31 May 1786。关于说唱艺人和阿拉伯语编年史写作者的智力工程，见 Green/Rossi（2018）搜集的论文。

17. 关于说唱艺人（jeli）在散布塞古新领袖英名中的重要性，见 Bazin（1974：124）。关于巴马科国家从塞古的附庸 Niare 家族中崛起，见 Perinbam（1997：2）。

18. Perinbam（1997：168 n.65）提到了塞古的扩张。

19. Park（1983：149 - 50）.

20. 同上，150。

21. Mounkaila（2008：Vol. 1，45，53）.

22. 同上，Vol. 1，69。

23. 同上，Vol. 1，84 - 5。

24. 关于对库鲁巴利的引用，见 Conrad（1990：46 - 7，90）。关于狩猎在塞古形成中的可能作用，Roberts（1987：30）中有说明。

25. Conrad（1990：65 - 8）. 关于塞古国王（faama）想引入伊斯兰教作为国教但失败了，见 Roberts（1980：405 n.49）。关于伊斯兰的马拉布特在 19 世纪宣称拥有清除丛林中精灵的力量，见 Sarr（2016）。关于 1791 年的引用，见 Saugnier（1791：129）。

26. 关于通戎武和库鲁巴利崛起的记录，见 Roberts（1980：403 - 6）。

27. Bazin（1974：120）；Conrad（1990：160）.

28. Conrad（1990：98 - 9，108）. 关于恩戈洛·贾拉的起源，见 Bazin（1974：113 - 14）。

29. Park（1983：142）.

30. 关于国王（Jaras）来自奴隶，见 Bazin（1974：110，114）。

31. Roberts（1980：406 - 8），同见 MacDonald/Camara（2012：174）。

32. Adanson（1757）. 关于在路易斯城堡服务并作为翻译的班巴拉奴隶，见 TNA，T70/586，fols. 41 和 47；Hallett（1964：81）。

33. Curtin（1967：148）。

34. MacDonald/Camara（2012：175 - 7）；Roberts（1987：45）。

35. 关于凯比的奴隶起源，见 Arnett（1922：13），也可参考 Lovejoy（2016：41 - 2）。关于达荷美说唱艺人的角色，见 Dalzel（1967：xxii）。

36. Johnson（1937：177）。

37. Dalzel（1967：12 - 13）。

38. Johnson（1937：178 - 85）；Dalzel（1967：156 - 7）。

39. 关于 18 世纪 80 年代奥约相对于努佩的衰落，见 Law（1977：150）。

40. Johnson（1937：197 - 8）。

41. 事实上，正如葡萄牙人在 15 世纪试图寻找黄金，一些人认为摩洛哥人在 1591 年入侵桑海也是在试图控制黄金供应，以用来资助抵抗葡萄牙的战争——见 Mitchell（2005：169）。

42. Kobayashi（2016）是最近对塞内加尔河谷地区贸易中的印度布的非常好的研究，也见 Saugnier（1791：289）。Labarthe（1802：187）说铁条特别用于购买粟类。

43. Thiaw（2012：54 - 7）。

44. 关于向噶加噶统治者付钱，见 TNA, T70/586, fol. 70。关于 1764 年波多尔的关税，见 TNA, T70/585, fol. 30，又见 Park（1983：44）。

45. 关于 1763 年的货物价值，见 TNA, T70/585, fol. 1，而 fol. 11 则叙述了用布和铁条作为货币进行贸易的相对份额。关于梅杰·梅森的信件，见 TNA, T1/380/36。

46. 关于 1729 年的描述，见 Curtin/Boulègue（1974：257，274），也见 Duran（1802：Vol. 1，235）。关于富拉尼纺织样式对阿散蒂布匹的影响，我感谢与时任大英博物馆非洲收藏品馆长的 Christopher Spring 在 2017 年 12 月 13 日的一次私人交流。关于生态学与纺织衰落的讨论，见 Kobayashi（2017：31 - 2）。

47. 关于靛蓝布相对于白布更彰显身份，见 Kobayashi（2017：45）。

48. Park（1983：47）。关于对这里的法国贸易点的挖掘记录，见 McIntosh/Thiaw（2001）。

49. 关于选择印度布来反映伊斯兰服饰风格，见 Kobayashi（2016）。关于老式的铁匠战士贵族的消失，以及他们被伊斯兰世界观所取代的最新讨论，见 Sarr（2017）。

50. 关于两王国之间频繁的战争，见 Park（1983：44）。

51. 同上，42－3。

52. 关于对噶加噶和本杜的挖掘，见 Thiaw（2012：62－4）领导的重要工作。关于赛雷尔，见 Richard（2012：94－5）。

53. Moore（1738：20）. 正如迪朗在 1802 年所说："他们几乎全都说阿拉伯语。"（Durand 1802：Vol. 1，304）

54. 关于富拉尼的生平，见 Hunwick（1984）。关于卡拉莫科·巴和其他来自富塔贾隆的拥有类似旅行生活的教士，见 Hunwick（2003：495－8）。

55. 关于梦想的地位，见 McCaskie（2018）。我在此处的想法来自 2011 年 5 月与冈比亚法拉贾的朋友们的讨论，他们强调了梦想对于移民的重要性。

56. Reichardt（1876：290）.

57. Barcia（2014）；Lovejoy（2016）；Hobsbawm（1996）.

58. Wilks/Levtzion/Haight（1986：102）.

第十一章 让他们痛饮朗姆酒！
伊斯兰教、革命和贵族制

虽然伊斯兰教在萨赫勒地区一直是最显著的外部宗教力量，但在大西洋区域内，非洲宗教以及它们的神祇、秘密会社，直到18世纪最后十年依然占据主流。但是，由于诸如阿散蒂、达荷美和奥约这样的国家的统治精英依然保留着宗教权力，这种权力又将他们和遭受大西洋贸易后果的人民区分开来，这导致这些宗教对于许多人而言已经失去了吸引力。统治者也采纳了新的中央集权化的王权崇拜，这种崇拜和"传统"宗教实践之间的裂痕不断扩大。到1800年，伊斯兰教已经成了一种宗教和意识形态力量，足以挑战统治精英，这些统治精英常常和外来的食人族——欧洲奴隶贩子——达成人们无法接受的协议。

来自象牙海岸北部曼丁猎人的一首歌谣将这个进程完美地表现了出来：

> 但是，在一瞬间我就相信了安拉，
> 所以我点燃了来复枪中的火药，
> 于是大象变成了魔鬼。
> 魔鬼杀死了大象，

是魔鬼杀死了大象。[1]

在这首歌谣中，一个秘密会社的动物图腾（大象）被伊斯兰教日益增强的武力杀死了。这个秘密会社的图腾变成了某种可以被伊斯兰教消灭的东西。消灭魔鬼，就要通过对安拉的信仰以及对《古兰经》的遵循而达到。与此同时，一个前伊斯兰时代的标志被对安拉的信仰杀死了，就像伊斯兰谢赫们宣称他们可以消灭丛林精灵那样。[2]

431

秘密会社以前是，现在也是和前殖民地时期的非穆斯林统治者的宗教和权力紧密相关的。由欧内斯特·巴伊·科罗马大学〔Ernest Bai Koroma University，位于塞拉利昂的马克尼（Makeni）〕的语言学家领导的一个杰出研究团队所做的新研究，揭示了秘密会社的语言是如何保持隐蔽的。对这些私有语言符号的使用，是将外来人排除在权力之外的一种方法。在塞拉利昂北部滕内人的拉格本勒（Rågbenle）会社里，统治者和他的亲密支持者小圈子使用和大众不同的语言来交流那些秘密信息。这些信息的意思，即便对于那些能够流利使用这些语言的人也是隐藏的。这样，依附于权力的秘密交流产生了。在另一个大得多的波路秘密会社中也存在着同样的情况。这个会社占据了象牙海岸、塞拉利昂、利比里亚和几内亚－科纳克里的许多不同区域，在这些地方，一种深奥的用来交流秘密信息的语言被发明出来。此外，我们知道，在一些宗教神祇信仰中也有类似的情况，比如在达荷美对蟒蛇当贝的崇拜中，女性初学者在入会的前三个月内必须学习一种新的语言。作为对比，伊斯兰教提供了一种原则上平等的入教条件来扩大影响力，就像《古兰经》的知识对于所有想学习阿拉伯语的外来者都是开放的。这样，打破旧贵族桎梏的渴望使越来越多的人被伊斯兰教吸引。[3]

纵观本书的各个章节，已经出现了许多导致西非的人们普遍渴望去推翻这些贵族的原因。我们将在这最后一章看到，人们不满的第一粒种子是在塞内冈比亚种下的，但在尼日利亚北部爆发的一场内部冲突，会对西非乃至整个西半球都产生重要的影响。欧洲人在 19 世纪晚期殖民的非洲社会是从之前那个世纪所发生的社会和政治革命中诞生的，而这场革命又根植于人们对经济不平等的体验。这一切都与全球模式相关，最终在贬值的旋涡中得到"兑现"，这种贬值的旋涡与叛乱的浪潮一起重创了非洲大陆。

432

不平等全貌：1800 年的货币和奴役

到了 1800 年，西非各社会的货币框架越来越多地相互影响。在海岸上，到 1805 年时，三个主要的货币区形成了。一个从塞内加尔河延伸到了梅苏拉多角（Cape Mesurado，利比里亚），其媒介是"条"状货币。从梅苏拉多角到象牙海岸边界上的帕尔马斯角（Cape Palmas）的货币是"圆的"。而黄金海岸是将以阿基（ackies）计量的黄金作为货币，它可以与标准纯度的英镑进行换算。早在现代之前，官方和非官方的汇率差也已经出现了，因为阿基的贸易价值只有阿基对英镑名义价值的一半。[4]

由此确定的贸易体系，在约瑟夫·科里 1807 年出版的一本书中得到了很好的描述："这种殖民地产品贸易的年度回报在 200 万到 300 万英镑之间，因为虽然向非洲商人大额汇款是用单据的形式，但这些单据都是由种植园的产品来兑付的。"[5]

换句话说，这里发生的事情是一种复杂且不平等的产品交换，是用资本附加的劳力来换取现金。塞内冈比亚有一个非常恰当的例子，在这里，贾汉凯商人制造的布匹进入了这个地区的货币市场。他们将布匹在邦布克的金场兑换为黄金，再将大部分黄金通过欧洲人设在海岸上的公司出口掉。作为回报，他们进口白银，将其熔化掉用作珠宝首饰，如我们所见，白银对于黄金而言无论如何都是在贬值的。[6]

在大西洋区域之外，萨赫勒社会中也有类似的进程。到18世纪80年代，奥地利的玛丽娅·特蕾莎银币涌入了萨赫勒，成了货币兑换的中介。这是一种广泛适用的中介货币，可以将墨西哥银矿与欧洲和亚洲的使用方，以及西非的经济都串联起来。与此同时，跨撒哈拉商人的竞争优势在一些主要的贸易中心得到了确认，比如在卡诺，到了1790年，他们已经不需要缴税了，这是当地统治者试图将商人从竞争对手卡齐纳那儿吸引过来而想出的手段。在一些地区，穆斯林商人的确需要向那些不信仰伊斯兰教的人缴税，比如在卡诺附近的豪萨诸王国就是这样，于是在这些地区就产生了广泛的不满。[7]

就像在西非海岸地区一直存在的情况，在萨赫勒地区，这种灵活性带来的结果就是通货膨胀。廷巴克图的一份由一个叫毛雷·苏莱曼（Mawlāy al-Qāsim b. Mawlāy Sulaymān）的人写的编年史就抓住了这种经济转型发生的时刻。苏莱曼写道，在1795年9月19日，旧的货币，或者说是科罗尼（koronī）贝币，被白宝螺贝币取代了，因为"科罗尼贝币的汇率已经达到了10万个才兑换1密斯卡尔金币，兑换盐块和布匹的汇率也是这样，而兑换一份谷物需要1500个科罗尼贝币"。新的白宝螺贝币的汇率是3000贝币兑换1密斯卡尔金币，4000贝币

433

兑换一块布或者一块盐，100 贝币兑换一份谷物。然而白宝螺贝币泛滥的通胀在 19 世纪又出现了巨大的加速，因为贝币的相对价值在急剧下降。在约鲁巴地区，一袋贝币据说足够开展一次新的商业投机，它大约有 2 万个海贝，约鲁巴人称之为 1 埃格巴瓦（egbawa）。但是在全球市场上 1 埃格巴瓦的价值只相当于约 5 先令。[8]

19 世纪早期也是现代经济理论形成的时期，这个理论根植于从以物易物到货币贸易、从原始货币到实物货币的经济进化理念——从非洲落后的观念到欧洲扩张的现实。在这个时期，经济学家开始考虑到资本的崛起是和欧洲与美洲之间的流动有关系的，而非洲的地位却完全被忽视了，这一点至今几乎没有改变。然而，事实上西非的许多地区仍然在使用多重货币：从塞内冈比亚和塞拉利昂的布匹，到博尔诺的铜；从约鲁巴地区和尼日尔河河曲的贝币，到密斯卡尔金币和其他金币；以及黄金海岸上的柯拉果。所有这些货币都是一个复杂系统的一部分，这个系统让这些货币可以在欧洲以及亚洲的货币体系中进行完全兑换，其中介物就是银币、金砂和贝币。欧洲旅行者对这种可相互兑换性进行了充分的描述，这些材料已经摆在了新亚当·斯密学派的经济理论家面前。[9]

434　　但是证据并不妨碍现代经济"科学"的形成，这种理论确定了欧洲经济机制的领先地位。这样的证据将建立一种市场理论，这种理论一直顽强地占据上风，即便是现在，在越来越多的反例蜂拥而出时，仍然占据主导地位，但这些反例可能暗示了对货币和价值历史的另类解读。总之，非洲的证据表明，当拥有不同价值观念的不同人类社会开始发生交换关系时，"市场"和发展的抽象概念并没有将真实发生的事情考虑在内。在非洲没有"以物易物"，因为许多贸易产品被用作了货币。真实发生的是价值的交换，以及非洲经济资本价值的空心化。然而，虽然有明确的证据证明这一点，但在这本书中和在其他地方一样，市场的"逻辑"在现代经济话语中一直是主流。

这些以物易物和原始经济理论都是在19世纪发展起来的，西非人民实际上却在使用金钱的实践中不断地发展新的经济机制和策略。约鲁巴社会发展出阿乔（ajo），也就是一种储蓄银行，人们在那儿可以把钱存给一个储蓄收银员，再在他们选定的时刻将钱取出来。还有易苏苏（esusu），这是一种信用联盟，人们可以把钱放入由一组债权人组成的资金池中，将钱依次支付给每一个债权人。这些货币市场结构是和金钱一同产生的，这些金钱当然不是什么"原始的"，而是一种被19世纪资本市场结构清空了其相对全球价值的货币。[10]

最终，货币与奴隶制之间的关系意味着，就像欧洲经济一样，这些资本结构深深地与奴隶贸易绑在了一起，人的货币化问题已经在第六章进行了讨论。1817年，卡诺的阿里·艾萨米·加齐尔马贝（Ali Eisami Gazirmabe）在奥约成了一个奴隶，他很晚之后回忆说："那个人买下了我，他的朋友对他说：'如果你不把这个奴隶卖掉，他会逃走的，去参加战争，那样你的贝币就损失掉了。'"当时富拉人国家索科托的伊斯兰军队正在释放奴隶，只要他们参加战争，就可以获得解放。这样，作为一种战胜压迫的手段，伊斯兰教的吸引力增加了。价值、金钱和奴役在这时，不仅在美洲和欧洲被连接在了一起，在非洲内部同样如此。[11]

伊斯兰教成为抵抗和推翻那些过度使用权力的催化剂的方　435

式，深刻地反映出一些西非社会中的核心优先事项。任何了解这个地方的人都可以证明，社会将宗教信仰置于非常重要的地位，因为宗教连接了死者和活人，并成为隐秘权力的仪式性象征。当然在一些地方，旧权力结构是有能力做出抵抗的。在利比里亚和塞拉利昂，秘密会社尤其保持着强大，在这些地方，英国和美国殖民力量帮助统治者抵御伊斯兰革命进入内地。在弗里敦，英国建立了它皇家海军分舰队的总部。在 1807 年废除奴隶贸易法之后，弗里敦成了其基地，用来从"非法"的美洲、葡萄牙和西班牙奴隶船上解救那些奴隶。一旦这些非洲人获得解放，他们就被移居到港口之外的避难地，几个世纪以来，这里一直是奴隶船加水的地方。在新的殖民城市之外，他们根据自己的籍贯设立了刚果、埃菲克和约鲁巴人的社区，将这些影响带到了塞拉利昂自己的秘密会社之中。这样，非洲的社会和世界观直到 19 世纪都保持着坚定的超越国家色彩，进入了一个不断自我转变的过程之中。

436

塞内冈比亚和叛乱的种子

在塞内冈比亚地区，一部经典的口述史诗讲述了卡阿布的一个武士贵族凯勒法·萨恩的故事。这是一个可以追溯到 19 世纪早期的故事。据萨那·库雅特所说，凯勒法是从巴多拉过来的，来到了卡阿布首都堪萨拉以东地区。由于和他的堂兄弟发生了争吵，他杀掉了堂兄弟，因为后者给了他一根骨头吃，这就冒犯了他。凯勒法从巴多拉来到了比亚马（Biyama），在这儿他成了一个领袖。他又从比亚马去了马里的孔达拉（Kondara），并在纳里杜（Naliduu）再次挑起了战争。凯勒法在那儿战斗了一整年，直到这里的土地被摧毁殆尽。他总是不

绑在栏杆上的自由非洲奴隶的名字标签，
位于弗里敦自由非洲人庇护所外

断地把奴隶送出来，根据萨那·库雅特的描述：在每一个村子里，他都战斗、杀戮、抓捕奴隶，他把那些用肉食来给他献礼的统治者全都杀死，只赞赏那些给他带来奴隶的人。[12]

根据这些口述史诗的风格，人们很容易判断凯勒法不是一个伊斯兰新宗教的皈依者。在如今几内亚比绍的北部，凯勒法将比基尼（一个著名的伊斯兰教士建立的村子）人的孩子卖掉换朗姆酒。他要的是奴隶而不是肉食。在塞内冈比亚人民的宗教辞典里，武士的宗教已经被奴隶贸易污染得千疮百孔。直到 18 世纪，酒精依然是塞内冈比亚统治贵族的一项主要进口物品，比如在瓦阿洛和卡阿布这样的王国内就是如此。1979年，几内亚比绍巴法塔（Bafatá）附近的一位 103 岁的老人这样说：这些统治者的神是"吃人的"。这些神祇经常谴责那些成为奴隶的人是罪犯，让他们成为奴隶就是对他们的惩罚。[13]

换句话说，这些神灵被看作了吃人程序的一部分，见证了西非人力资本的流失。这种不公正只有通过一种可替代的、有凝聚力的宗教理想才能被推翻。这就是人们不断转向伊斯兰教的原因之一。虽然这个宗教也并非完全公正、无差别对待，但它至少承诺了一丁点的平均主义，因为所有被称为穆斯林的人在法律面前是平等的，谁也不能成为奴隶。[14]

并且，虽然伊斯兰教的确将一些非穆斯林人口变成了奴隶，但他们大部分都被用在了本地生产中。伊斯兰信仰和大西洋贸易的关系是复杂的。历史学家保罗·洛夫乔伊（Paul Lovejoy）认为，穆斯林领导的国家有意从与基督教大西洋奴隶贩子的贸易中撤出，这就是为什么在 1760 年之后，80% 大西洋船上的奴隶都来自非穆斯林地区（中西非和比夫拉湾）。在那些穆斯林自己保留奴隶的地区，他们的关系类型也和美洲种植园中的关系完全不同。19 世纪 20 年代，一位英格兰废奴主义活动家写的文字描述道："我已经听说了一个例子，奴隶在被奴役了几年之后被解放了。他的主人对他很有信心，借给他钱去做生意，允许他穿越沙漠去廷巴克图，等到他回来再还钱。这就是穆罕默德教徒经常对他们的奴隶的做法！这和那些西印度群岛上的种植园主的做法是多么不同啊！！！"[15]

这些与外部联系有关的非洲宗教和伊斯兰教的框架很快就被重新定义了。酒精（通常是朗姆酒）变成了象征这种不可调和的因素的试金石。到了 18 世纪 60 年代，对酒精的使用在塞内冈比亚内部已经形成了强烈的差异。瓦阿洛和卡阿布进口朗姆酒用于宗教圣地的祭祀和娱乐，然而有不少王国却不再进口。1765 年，英国运往沃洛夫王国卡约尔（在圣路易和达喀尔之间）和噶加噶的商品中包括布匹和铁，却没有酒精。同样的事情还发生在与富塔托洛的宗教领袖和统治者西迪·哈迈特（Cidi Hamet）开展的贸易之中，印度布匹和火药都在单子上，但是酒精被放弃了。难道不是带来酒精的欧洲（基督教）大西洋商人给伊斯兰信仰提供了憎恨的目标？[16]

要了解18世纪晚期像西迪·哈迈特这样的人物带来的力量，重要的是要观察一下他发动运动的根基。从17世纪晚期开始，非洲宗教和伊斯兰教之间的不同点开始增长。起始点出现在塞内加尔河畔的纳赛尔·丁领导的战争（1673～1677年，见第二章）中。17世纪70年代早期，纳赛尔·丁是在如今毛里塔尼亚南部的教士［日瓦亚（zwāya）］阶层的一员。他们形成了独特的新身份，并和武士（hassānyi）阶层之间形成了区分。纳赛尔·丁领导了一群教士（日瓦亚），沿着塞内加尔河去寻求宗教和政治改革。他设法去终结武士精英们为了奴隶贸易而对其臣民进行的捕猎，并寻求在伊斯兰教实践中保持最大的纯洁。这项运动快速地席卷了瓦阿洛、富塔托洛以及卡约尔。但是纳赛尔·丁在1674年被杀，最终这项改革运动被反转了。1677年，富塔托洛回到了它最初的统治者富拉·丹亚安基手中。[17]

虽然纳赛尔·丁的运动失败了，但运动的导火索仍然存在。在这个地区的人口中依然存在着对奴隶贸易引发暴力的强烈不满，而日瓦亚的影响力也继续存在。在这样的背景下，伊斯兰教并不仅是圣战旗帜下奴隶战争的幌子，它被看作一种公众抵抗形式，以反对统治贵族的任意暴力侵犯，而这都来自1673～1677年战争的催化。这里存在一个悖论，一方面它是

438

许多反对非穆斯林人口的奴隶战争的幌子，但另一方面它又被誉为最能为受威胁的社会提供自卫的宗教。这是 18 世纪整个大西洋世界在行使权力时出现的矛盾的核心部分（关于权力的悖论，见第二部分引言）。在这样的语境下，一种针对非洲宗教的新的负面寓意出现了。[18]

在 17 世纪 70 年代的最初起义之后，没有过多久，改革运动的影响就扩张开来。17 世纪 50 年代，在卡约尔就有关于伊斯兰宗教学校的记载，到 1686 年，伊斯兰宗教学校已经在冈比亚河北岸铺开了。在这里，孩子们在晚上被送来进行学习。他们可以在河北岸的巴拉港听到阿拉伯语的诵经和唱经，至今这个港口上，渡船依然在冈比亚河上穿梭，连接起巴拉和对岸的班珠尔。经文通常写在小木片上（就像今天一样）。

与此同时，在上塞内加尔河谷，本杜是由神秘的马利克·昔在 17 世纪 90 年代创立的。昔从富塔托洛来到这里，以拥有特殊的制造护身符的力量而闻名。虽然昔和纳赛尔·丁之间没有直接联系，但宗教改革的大气候，以及人们对于让伊斯兰教成为一种抵抗统治精英的模式的不断呼吁，让他向噶加噶国王索要土地的做法变得无法抵抗。更多的富拉移民从富塔托洛跟随着他来到了这里，他开始使用和纳赛尔·丁同样的头衔，这暗示了其中的延续性。[19]

为什么像昔这样的人这么有吸引力？教士、护身符作者，这些与经文和上帝有着紧密联系的人，他们每一个人在西非的宗教世界中都有着特殊的价值。所以，教士在建立城镇和定居点中的角色，变成了这一时期历史转型的重要的发动机。许多编年史（ta'rīkhs）描写了其他教士建立定居点的事情。一份贾汉凯的编年史讲述了一位叫苏阿布·伊本·优素福

(Su'aybu ibn Yusuf）的人在乌利（冈比亚河北岸）建立了村庄，他的儿子们又在富塔贾隆山区建立了更多的村庄。如果不去注意 18 世纪西非的不稳定以及西非人民生活中的精神意义，就很难理解这些教士的吸引力。人们怨恨贵族化的武士精英，他们的生活和家庭中又出现了不断增多的不安全因素，因此他们不得不从一个地方迁移到别处，他们不得不在干农活时派出武装卫士，他们的朋友和家庭成员被抓为奴隶。他们非常希望跟随像昔这样游荡的神秘人物，这些人可以向他们提供保护，使他们免于卷入奴隶贸易，同时又为他们提供更加有意义的生活途径，特别是在穆斯林不能合法地被变为奴隶的这种背景下。[20]

　　在富拉教士的权威和率领下，这种吸引力不断增大，从北方的塞内加尔河，直达南方现在是几内亚 – 科纳克里的富塔贾隆山区。围绕着迁移的教士和他们的追随者的各种联系错综复杂。在 18 世纪的前四分之一时间里，富拉教士从贾龙科（Jalonke）和曼丁卡邻居手中已经取得了几内亚 – 科纳克里山区的控制权，在 1727 到 1728 年间，他们在领袖卡拉莫科·阿尔法的领导下，创立了富塔贾隆阿尔马马特国，其首都是廷博。这并非一次孤立的夺权，从 1700 年前后开始，富塔贾隆与本杜的大富拉社会之间已经有了联系。马利克·昔的儿子布布·马利克·昔（Bubu Malik Sy）在富塔贾隆跟着同时教授卡拉莫科·阿尔法的一位学者学习。1700 年前后，布布·马利克·昔从富塔贾隆回到了本杜，他带回了重建这个王国的想法，随之而来的是更多的家庭和学术联系。[21]

440

　　更北方是富拉人的王国富塔托洛，它位于塞内加尔河岸上，一直是这些变化的中心。直到 1776 年，丹亚安基王朝依然保持着强势，富拉社会中学习伊斯兰的风潮也在增长。阿贝·德马内在 1767 年写道："贯穿塞内加尔河全程，有……许多村子里都住着马拉布特。"日瓦亚的宗教力量意味着富拉人的目的不是出卖奴隶，而是让他们皈依，就像 1791 年苏格尼尔所说：他们"从来不，或者极少出卖他们的俘虏"。在 18 世纪 60 年代，邦布克、噶加噶和卡尔塔都"非常热衷于买卖奴隶"，而富塔托洛只卖棉花和靛蓝。这样，伊斯兰教在该地区作为避难所声誉鹊起，富拉诸王国的人口也大幅度增加。[22]

富塔托洛在 18 世纪上半叶是一个处于宗教复兴阵痛中的王国。日瓦亚在村子间穿梭布道，他们制造了一大批被称为陀罗德贝（torodbe，请求施舍的人）的追随者，这是一种在塞内加尔的马拉布特中一直存在的习俗，直到今天他们还会派出年轻孩子去乞讨。陀罗德贝回避物质财富和商品贸易。他们可以被称为西非的方济各会，就这样置身于大西洋贸易的诱惑之外。许多不同的民族加入了他们，让他们在这个世纪变成了强大的力量。[23]

语言学的证据支持人们这样看待西非的历史变迁。将这个王国视为富拉人和其他民族的一种共同努力，这一点是很重要的。就像富塔托洛卓越的历史学家奥马尔·卡内（Oumar Kane）所说，许多沃洛夫的姓可以在生活在富坦克（Futanke）的武士群体（sebbe）和渔民（subalbe）中找到。许多赛雷尔人的姓也可以在农民和渔民中找到。这不是一个"种族纯净"的富拉王国，而是一个复合的、多民族的王国，任何想要皈依的人都可以加入。[24]

超越民族的概念是一种基础性的特征，因为富塔托洛从一开始也被认为是一个伊斯兰王国，就像一份非常早的关于王国开创者库利·腾格拉的记载所显示的。在这份由西雷-阿巴斯-索赫在 1913 年根据口述材料和其他已经消失的材料所做的记载中，索赫回忆了库利·腾格拉是如何听说了迪亚拉（Dyāra）王国，并派出了 12 个伙伴去寻找更多消息的。在他们到达了这个曼丁人的王国后，它的统治者马赫穆杜（Mahmūdu）邀请这 12 个人留下，给他们提供仆人，满足他们的所有需要。他们停留了两年，"然后马赫穆杜用金锁链缠住他们的脖子、双手和双脚，送他们回去见库利。当他们到达后……他们告诉了库利在迪亚拉所看到的一切奇迹，库利感谢真主让那儿的人是多神论者，这就可以让他亲自去袭击迪亚拉的城市"。[25]

　　从建立开始，丹亚安基王朝就不间断地一直统治到 1776 年。随着陀罗德贝力量的增长，只有 18 世纪的变革才能带来持久的变化。虽然一直与大西洋贸易绝缘，但随着时间推移，也有几个富塔（贾隆）的国王卷入了奴隶贸易之中，从而带来了纷争。1776 年，在感受到富塔贾隆的变化后，学者塞尔诺·苏莱曼·巴尔宣布建立阿尔马马特国。由于曾经在富塔贾隆学习过，他对于那儿发生的转变了如指掌，他发布了一个宣言，其内容包括在法律面前人人平等，所有的税收都必须用于公共事物，保护女人、孩子、老人等弱者。事情的发展受到了强烈的支持，特别是在陀罗德贝群体中。巴尔在当年稍晚一些时候在一次叛乱中被杀，他的衣钵被阿尔玛米①和学者阿卜杜勒·卡迪尔继承。[26]

　　阿卜杜勒·卡迪尔的政策表现出了 18 世纪伊斯兰商人和

---

①　西非伊斯兰国家首领。——译者注

教士与大西洋贸易之间复杂的关系。一方面，富塔托洛依靠欧洲商人提供的武器和火药，用之进行自我防卫和圣战，他们需要用奴隶和阿拉伯胶来交换武器和火药。但另一方面，宗教的扩张同样是阿卜杜勒·卡迪尔的首要优先项，他建立了 30 到 40 座新的清真寺，任命了许多新的伊玛目，将教士的网络扩张到了本杜、卡约尔、卡尔塔和冈比亚河以北的萨卢乌姆三角洲。简单来说，阿尔玛米需要进口军事设备来保卫宗教和政治进展。[27]

到 1880 年，富塔托洛已经成了西非最强大的国家之一。附近大量的王国都来请求结盟，它甚至和将近 600 英里之外的富塔贾隆以南地区都建立了稳健的联系。大西洋贸易带来的不平等催生了怨恨和恐惧。对伊斯兰教的皈依提供了免于遭受奴役和大西洋贸易劫掠的保护。但并没有迹象显示价值交换带来的不平等放缓了，因为法国商人还在从邦布克和噶加噶向外出口大量黄金。阿拉伯胶贸易也给欧洲人带来了巨大的收益。阿拉伯胶来自一种多刺的相思树，这种树开白色的小花，一年可以收两次阿拉伯胶，一次在十二月，另一次在三月。1767 年，德马内描述了这项贸易的利润有多大，因为人们在非洲用很低的价格收购阿拉伯胶，然后在非洲以外将之以很高的价格卖掉。[28]

随着法国贸易点外空酒瓶堆积如山，酒精可以象征旧政权的一切腐败。伊斯兰教的纯洁，以及穆斯林中没有酗酒者的情况，让它的吸引力变得更加强烈。当 1805 年约瑟夫·科里在达喀尔登陆时，他发现教士阶层已经快要取得控制权，本地的"国王或者酋长"被称为"马拉波"（maraboo）。就像在塞内冈比亚的许多地区，他曾经是卡约尔王国达梅尔（Damel）的穆斯林教士，随后领导了一场反对其国王的叛乱。当科里访问

收获阿拉伯胶

时，战争仍在继续，这种模式在西非广大的土地上不断地重复上演。[29]

革命前夜分裂的社会

1812 年，索科托首任苏丹穆罕默德·贝洛在他的著作

《富拉尼圣战编年史》中清晰地描述了富塔托洛的富拉人与卡诺周边那些刚刚发动了一场成功圣战的豪萨王国之间的联系：

> 图库洛尔（Tukulor）向富拉人宣战，直到后者分裂成三部分。一部分成了图库洛尔的附庸，另一部分转向了法勒法（Falefa）和富塔贾隆，并定居在了那儿，第三部分向东移动，去和他们的父亲（阿拉伯人）的部落会合。他们向那儿走，直到一些人遇到了阿拉伯部落。他们将体弱者留在了豪萨的土地上……在富拉人分裂不久后，我们在托伦克（Toronke）的索科托部落从富塔来到了这片土地上。在他们中间，参加过朝圣的人比没有参加过朝圣的人还要多。[30]

在他自己的话里，穆罕默德·贝洛描述了从富塔托洛出发的富拉移民迁徙到现在的尼日利亚北部的情形。他的一些祖先早在 1500 年前后就来到了这里，而剩下的在 17 世纪 70 年代的战争后前来。他们中许多人去过麦加朝圣，他们形成了新的富拉神权政体核心，并将在 18 世纪末取得政权。富拉移民从 16 世纪以来开始了一次贯穿西非的新流亡，这次流亡对于 18 世纪的革命是非常关键的。在尼日利亚北部，那些移民是由贝洛的父亲谢赫乌斯曼·丹·福迪奥（他以"舍胡"之名为人所知）领导的，这体现出整个西非正处于一个变革的时代。[31]

在丹·福迪奥部落的祖先们从富塔托洛迁徙到索科托之后，17 和 18 世纪，富拉社会内部的联系伴随着学者乌里玛阶层的四处游荡而继续着。早在桑尼·阿里统治桑海帝国的 15 世纪晚期，伊斯兰的乌里玛们就已经穿越萨赫勒来到了这里。在 16 世纪桑海的高峰时期，他们在帝国内部游荡，并开始持续进行文学创作。书籍也随着商队贸易到来，在 16 世纪的卡诺随处可见。随着桑海的灭亡，乌里玛继续迁移。他们不受地理的约束，而是受到神秘主义的激发，有志于学习关于《古兰经》的深奥知识。他们中许多人在 18 世纪离开了廷巴克图，而现代的毛里塔尼亚成了西非学术产品的中心地带。与此同时，富拉教士社团也在豪萨诸王国内部成长起来。[32]

一份 1658 年来自博尔诺首都纳札加姆的关于学者乌玛尔·伊本·奥斯曼（'Umr ibn Othman）的记录，提供了对此时形成的乌里玛阶层的印象。根据编年史，奥斯曼：

> 在博尔努（即博尔诺）国居住了大约 15 年。之后他向东旅行到了埃及的爱资哈尔清真寺，留在那儿学习并指导人民。接着他去了麦加，完成了朝圣任务……他去麦地那访问了先知的圣墓，在麦地那停留了两个月。他又从麦地那去了巴格达，停留了六个月……最后他回到了纳札加姆。[33]

这样的迁移在这个时期是非常普遍的。贝洛在他的《富拉尼圣战编年史》中写道，从豪萨人土地上前往麦加朝圣过的人，比没有朝圣过的人还要多。索科托的丹·福迪奥家族与富塔托洛转型之间的联系是非常重要的，因为他们连接起了这个教士阶层的全球网络，这个阶层中的许多人都与北非和阿拉伯世界的伊斯兰思想新潮流有关。这就是为什么索科托的圣战领袖与 18 世纪席卷塞内加尔的伊斯兰改革浪潮的领导人有着深厚的知识和家庭联系，这也是为什么他们仅通过自己和更广阔的伊斯兰世界的私人联系就影响了改革运动。

445

最终，一场基于宗教框架和共同商业联系的种族性的富拉人流亡运动出现了。就像许多流亡运动一样，富拉人是作为外来人和原来土地主人的客人而开始流亡的，这种边缘化的经历构成了一种超越宗教的共享文化框架。一些有趣的证据表明，这不仅仅是知识上的接触，还是跨越从塞内冈比亚到尼日利亚的广大空间的共同文化。纺织是共同文化的核心，因为富拉织工在西非一直享有盛誉。一份来自 18 世纪 30 年代的塞内冈比亚的文献描述说，"他们城里各处都放满了棉花"，这是为了给富拉人发展重要的纺织工业提供原料。一份来自 18 世纪 80 年代的材料是由一位被塞古的武士抓住，在现代马里中部当奴隶的人写的，它描述说，那儿有强大的富拉人纺织工业，制造深蓝色用靛蓝染色的布匹和毯子。与此同时，靛蓝布纺织工业会成为索科托哈里发国的经济支柱。[34]

到了 18 世纪晚期，富拉人的乌里玛是豪萨诸王国内部一个受过高素质教育的少数团体。他们掌握宗教知识已有两个世纪有余，他们在伊斯兰社会中的影响力和权威都非常大。他们的知识来自在某些著名学者手下当学徒时的贪婪阅读，也基于在西非沙漠中漫长而又神秘的游走。他们同样受到麦加朝圣的经历的影响，以及与中东地区的学者的交往的影响。到 18 世纪 50 年代，在廷巴克图和麦加之间已经有了年度性的商队，这个商队或从卡诺穿过，或从北方穿越图瓦特（Touāt）绿洲。[35]

446　　富拉人乌里玛之间学习和知识交流的层次在 18 世纪晚期出现的圣战领导人的文字中得到了很好的刻画。他们智慧的先知之一阿卜杜拉·伊本·穆罕默德（Abdullah ibn Muhammad）是一个既多产又博学的阿拉伯语作家，词汇丰富、文风复杂，这只有经过认真学习才能形成。这些知识是通过在沙漠地带的游走、与年长的学者共处，以及图书买卖而获得的。[36]

乌里玛阶层的存在让事情变得清晰：伊斯兰教成了塞内冈比亚及其之外地区政治转型的载体。新思想的浪潮跟着贸易商队穿越撒哈拉，重新激发了学术讨论的活力。舍胡（即乌斯曼·丹·福迪奥）的一个曾孙写了一个谢赫的故事，他是穿越阿拉伯世界来到索科托的："我从他那儿学到了神秘主义的知识，它有助于良好性格的形成，也有助于在科学上完善自己。"在这样的全球联系和新思想下，富拉教士在现代尼日利亚北部形成了一个关键的阶层。[37]

这样的联系是非常有用的，因为到了18世纪晚期，在卡诺附近的豪萨诸王国中，冲突的因缘已经成熟。一方面，卡诺的政治权力变得令人印象深刻。哈吉·阿卜德·萨拉姆·萨比尼的记录对18世纪70年代的卡诺了解颇详，也确认了它的实力。据萨比尼所说，卡诺的国王可以决定一个廷巴克图新统治者的任命。廷巴克图为了抵御图阿雷格人令人担忧的入侵，在武装和驻军上都依赖于卡诺。卡诺的宗主权并不令人感到意外，因为它比廷巴克图大很多，"跟伦敦差不多大"；因为萨比尼访问过伦敦，所以给出了这样的比较。卡诺是一个繁荣的城市，到处是贝币和金砂这些用于贸易的货币，还有着从印度进口的棉布和毛巾，来自西非各地甚至是印度的商人充斥城市，奴隶同样来自许多地区，最远甚至来自摩洛哥的非斯。[38]

考查一下这时卡诺发展起来的加工基地也是有意思的事情。萨比尼告诉我们，火枪和火药都可以在豪萨诸王国内制造，而钢铁铸造的弓箭头则来自廷巴克图。手工业在卡诺极其繁荣，城内有铁匠区、木匠区、鞋匠区、裁缝区和泥瓦匠区，

447

而那些阿拉伯人的后裔则主导了织工行业。马鞍匠为皇家马厩中的 600 匹马制作马鞍，制作马鞍的皮子来自富拉牧牛人放牧的牛群。医药也进步了，如同萨比尼所描述的，"他们会接种天花，把脓放在葡萄干里吃掉"，这就和现代疫苗很像了。卡诺的街道上充满了生活气息："他们下象棋和跳棋，他们对这些游戏非常精通。他们没有扑克牌，但他们有杂耍、戏法和口技。"[39]

从达拉山（Mount Dala）方向远望卡诺

每一种迹象都展示了一个繁荣的城市，但如果说那儿有一丝阴影的话，那就是在豪萨统治者与臣民之间，两者间的鸿沟在各个层面上扩大。根据《巴高达之歌》的说法，在巴巴·扎基统治时期（1747～1771），骑兵越来越多，围绕着国王的保镖队伍变得异常强大："人们不可能见到他，这个最伟大的人，除非通过中间人。"等级制度在整个萨赫勒地区根深蒂固，从廷巴克图到卡诺。图阿雷格人在 1758 年 12 月袭击了廷巴克图，编年史家毛雷·苏莱曼描述受害者时都严格地按照等级来，从卡迪（qadi）①到谢里夫（sharif）②再到帕夏（总督），之后是"廷巴克图广大居民、士兵、农民（harratin）、奴隶和其他人"。在卡齐纳，穆斯林和非穆斯林之间有着分别，城市豪萨族和农村的富拉牧民之间也有着分别。萨赫勒中西部所有城市生活和政治权力的大中心都是在分裂中成长起来的。⁴⁰

在确立这些分野时，一个明显的边界就是奴隶制的地位。就如在 19 世纪的富拉王国富塔托洛，奴隶制是一个基础性的制度，在其他富拉人移居的豪萨王国和廷巴克图也是一样。西非的穆斯林领袖或许并不经常抓人在大西洋贸易中卖作奴隶，但他们却变得越来越依赖奴隶的劳动力。就像在大西洋海岸和塞古，农业劳动力已经变得和战俘与奴隶密切相关，所以在马西纳（现马里中部）的富拉词汇中，"奴隶"或"战俘"与耕种者以及工人是一个词，都是"马库都"（maccudo），这和之前在塞古是一样的。在廷巴克图，到了 18 世纪 70 年代，游商们来到这里寻找背夫，这些人"帮助他们打点他们希望的一切，但在他们定居下来后，他们会雇用一个男奴隶和一个女奴隶来做饭和打扫卫生，以及处理其他一切琐碎事。奴隶们随时都会被买卖"。⁴¹

事实上，到了 18 世纪晚期，奴隶制变成了一种矛盾的制度，这是由于它作为一种道德形式的起源，与西非社会亲属依赖之间有着紧张的关系，也是由于后来产生的新力量正在塑造

---

① 下级法官。——译者注
② 穆斯林统治者。——译者注

一种不同的制度。西非土著强大的宫廷奴隶传统依然在延续。与在豪萨诸王国一样，在阿散蒂、达荷美和奥约也存在着宫廷奴隶，这是一种防范可能出现的宫廷政变的方法，因为有理论认为，没有国家会接受奴隶政变这个事实，也没有国家会接受奴隶的统治（虽然在实践中我们已经看到了凯比的例子，但在 18 世纪没有发生这样的情况）。根据《卡诺编年史》，这意味着在 18 世纪中期巴巴·扎基国王的统治下，"当时的大人物一共有 42 个……他们全都是奴隶"。[42]

西非的奴隶制正在迅速地超越其传统框架，创造大批不满的下层附庸，一年又一年，其数量如雨后春笋般增长。大西洋贸易的发展又在改变着当时的动态平衡。18 世纪 30 年代，火枪被大西洋商人从努佩进口到了卡诺。到 18 世纪 70 年代，如我们所见，火枪已经可以在卡诺制造了。贝币也通过达荷美进口了过来，扩大了卡诺的货币供应。所有这一切加强了卡诺筹集资金和打胜奴隶战争的潜力。随着奴隶出口贸易的增长，本地奴隶的数量也在增加。到 18 世纪，富塔托洛已经出现了整村的奴隶，农业劳动是丧失名誉的俘虏从事的领域，他们都不准留胡子。[43]

政治内讧变得根深蒂固。在依赖奴隶制的旧制度与为了加强武士贵族地位而设计的寻求战俘和奴隶的战争新框架之间，紧张关系已经变得不可调和。廷巴克图在 18 世纪见证了它的学者阶层的离去，这是由于由图阿雷格人袭击引起的持续的不稳定，以及从 18 世纪 50 年代开始的内部纷争和政治暗杀。与此同时，在卡诺，战俘的价值意味着不安全因素在急剧增加。到了 18 世纪 70 年代，偷奴隶的人也出现了，他们"在夜晚将孩子偷出城，把他们卖给一些农民，这些农民再把他们卖给下

家，于是一手又一手，直到把他们运出国去"。豪萨人不喜欢
骆驼，这一点也不奇怪，因为"它们会把我们运出去变成奴
隶"。[44]

简言之，从富塔托洛经廷巴克图直到卡诺这片富拉人移居
的广大地区，是18世纪一个思想和政治骚动的区域。随着火
枪的引入，军事技术和他们的本土加工业也发生了变革。奴隶
战争增多了，在战争中，奴隶的地位得到改变，旧的庇护和附
庸制度已经远去，变成了另一种状态，即奴隶的价值增加了奴
隶阶层的不安全感和怨恨。虽然萨赫勒城市远离大西洋海岸，
但它们和大西洋之间的联系通过中间商人这一链条得以维持，
这些商人们带来了武器和贝币，助长了人们的仇恨以及推翻统
治阶层的欲望。

到了18世纪晚期，这里已经发展出了一种不可持续的共
存状态。豪萨统治者宣称皈依伊斯兰教。但他们的传统统治方
法依然混合着非洲文化形式：使用宫廷奴隶，用音乐表演来记
载历史。实际上，这是一种与非洲宗教和文化的融合，这使得
富拉的教士们宣称有必要进行纯粹主义的改革。与原教义不匹
配的一个中心要素是，男人和女人的关系不符合伊斯兰教对性
别的宗教定位，反而更符西非的传统，在这种传统中，女人在
王宫中享有巨大的权力，她们作为商人，甚至作为妻子，也有
着一定的地位。这一点也在舍胡自己的文字中被间接地提到，
他批评豪萨的国王们禁止"敬拜真主的人使用一些本该是合
法的东西，比如女人的面纱和男人的头巾，戴着它们本来是义
不容辞的"。萨比尼也在18世纪70年代写道，"卡诺的男人
和女人在社会中混杂在一起，就像欧洲人一样一同出行"；女
人"独自出门……拥有着欧洲般的自由"。[45]

450

到 1800 年，伊斯兰教已经成了一种足以挑战卡诺及其周边国家的非伊斯兰等级制度的载体。然而要做到这一点，必须推翻允许更多性别平等的西非传统。17 世纪，富拉女人在塞内冈比亚是活跃的商人。与此同时，在富拉社会中，以及在博尔诺和豪萨诸王国的农业社会中，女人们曾经可以自由工作，在房子外面玩耍，但现在她们却被限制在院内活动。就像玛玛－强波这样出现在塞内冈比亚的神祇，它们都被强加了新的性别准则；在萨赫勒塑造了政治叛乱的思想也是如此，要求对性别进行区分。我们将看到，这些思想受到了萨拉菲复兴潮流的影响，它来自更加父权制的阿拉伯半岛的伊斯兰世界。在奴隶贸易时期，西非经济和社会的全球化的一个结果是，出现在男人和女人之间的巨大不平等。[46]

当一种不公正被认为是对的，其他的不公正就会接踵而至。当然，已经存在于豪萨诸王国中的腐败是引起叛乱的强烈的社会愤怒的源头之一。这在阿卜杜拉·伊本·穆罕默德于 19 世纪 20 年代写的一首诗中得以尖锐地表达，他描写了那些在富拉圣战中陷落的卡诺君主：

> 我被落在了剩余的人中间，那些撒谎的人
> 他们说他们没有做那些事，却跟随着他们的欲望，
> 并追随着贪婪，在一切他们负有责任的事务中，
> 他们并不知道，也不想要这一切……
> 他们的目的只是统治国家和人民
> 为了获得乐趣和地位，
> 根据这些不信教者的习俗，以及他们国家的头衔。
> 将无知的人送上高位，

451

招妃聚嫔，囤积美衣，

在城镇中纵马驰骋，却不敢上战场，

吞下圣洁的恩赐、战利品和贿赂，

享受鲁特琴、长笛和敲锣打鼓……

他们人数众多，但正直的人却几乎没有；

他们表现了邪恶之人的虚伪、这些行伍之人的虚伪

以及那些买卖人口的贩子们的虚伪。

他们中有人穿着狐狸的皮，却打扮成判官！[47]

尼日利亚豪萨诸王国中的圣战

在舍胡领导的圣战胜利之后，他写了一本名为《异教诸王国史》（*Kitāb al-Farq*）的书，其中描述了他的军队刚刚征服的卡诺旁边的豪萨诸王国。这里富拉人的怨恨已经沸腾了几个世纪。豪萨统治者和他的官员非常乐于征税、酗酒、用毯子和食品装饰他们的宫殿，以及做"宗教允许和禁止的一切"。他们"日日夜夜沉湎于虚荣（持续不断地），并不出于合法的目的。这包括敲鼓、弹琴和演奏定音鼓，以及胡乱赏赐那些在统治者面前表演的人"。他们通过罚款来强制征兵，向穆斯林商人收税，剥夺那些死在他们国家的人的财产。[48]

到 18 世纪末，这种徘徊在伊斯兰教和非洲宗教之间的半拉子工程，不再被富拉人中的神秘主义者和教士接受了，这其中就有舍胡，他已经被席卷其余伊斯兰世界的宗教改革运动深深地触动了。18 世纪见证了一元论改革运动的兴起，它现在被称为萨拉菲主义，这最终会导致许多阿拉伯地区被团结在伊本·沙特（Ibn Saud）家族的领导下。在萨拉菲运动领袖穆罕

452

默德·伊本·阿布多·瓦哈比（Muhammad ibn Abd al-Wahhāb）和舍胡之间，实际上有着惊人的平行关系。瓦哈比（1703/1704～1792 年）开始他的改革运动是为了回应他所看到的阿拉伯异教仪式，比如对树木和石头的崇拜、动物祭祀以及为精灵留下食物。这场运动在 18 世纪 40 年代一上路，就吸引了大批的信众，他们都被通过回归信仰的教条来更新伊斯兰教这种渴望所吸引。到了 18 世纪 70 年代，它的影响力变得非常大，时时刻刻都有新的领袖和信众加入。随着穆斯林学者从博尔诺移民到阿拉伯地区的城市，无疑这种日益增长的对伊斯兰教复兴的渴望也促使了索科托改革运动的出现。[49]

　　萨拉菲主义对西非的作用是重要的，但并非直接的。从博尔诺直到塞内冈比亚，西非穆斯林都倾向于苏菲运动，现在一些学者将苏菲主义视为舍胡运动中政治哲学的一个重要方面。苏菲神学家宣扬行政与宗教之间的距离，认为信仰与治国之间存在着不可调和的鸿沟。苏菲派学者由此经常拒绝涉入西非的政治生活，而是聚焦于神秘主义的实践以及他们法学知识的提高。萨拉菲主义顾名思义是敌视苏菲运动的，在 18 世纪 80 和 90 年代，他们许多人开始用他们自己的复兴运动来应和发生在阿拉伯地区的运动。舍胡和他的追随者本身并不是萨拉菲主义者，事实上，他们依附于苏菲派中的卡迪里耶（Qadiriya）流派，这个流派在 18 世纪下半叶恢复了生机。但这些改革和复兴运动本身却对萨拉菲主义的崛起有帮助，富拉教士们曾经在阿拉伯度过一些时日，自然和那儿的改革运动有联系。舍胡用文字批判了豪萨在妇女面纱上的问题，从中可以看到萨拉菲主义中的父权思想。[50]

453　　萨拉菲主义的崛起部分是对奥斯曼帝国衰落的反映，奥斯曼帝国对阿拉伯地区的宗主权日渐衰弱，基督教欧洲的权力却在增强，特别是在地中海南岸地区。瓦哈比的追随者试图对伊斯兰社会进行一次彻底的改革，以早期伊斯兰宗法社会为理想，并认为正是对它的背离才促成了帝国的衰落。横扫了富拉改革运动的这种新宗教理想的地位，在舍胡数篇关于两性关系的文本中都有提及。虽然在一些文字中，舍胡宣称女性并不必然和厨房以及家务相捆绑，但他主要关心的却是鼓励女性走向更加神秘的生活方式。然而在 18 世纪，在如今的尼日利亚北部，的确产生过女性富拉学者。虽然富拉女人在社会中的许多方面都受到了限制，她们却被允许学习。一些人成了女性学者和神秘主义者，甚至在男性同行中都负有盛名。事实上，据舍胡的儿子穆罕默德·贝洛所说，舍胡的到来最早是由一位女性富拉神秘主义者预言的："一个叫乌玛·哈妮（Uma Hani）的神圣女人，一个圣徒，一个富拉塔人（Fulata，即富拉人）曾经做出了预言。她说：'一个圣人将要出现在苏丹的土地上，他要复兴这种信仰，他要让宗教重生，重新确立对真主的服务。'"[51]

所以这个乌斯曼·丹·福迪奥，也就是舍胡，到底是谁呢？谁的改革运动有这么深远的影响，不仅是在尼日利亚北部，而且覆盖了整个西非？这个人于 1754 年前后出生在现代尼日利亚的西北部——索科托的一个富拉人的定居社会中。虽然在 15 世纪时，这里是一个非洲宗教的堡垒，但到了 18 世纪中期，富拉伊斯兰教士社团已经非常重要了。舍胡成长为了一个苗条的、中等个头的青年。他师从一个叫阿卜德·拉赫曼·伊本·哈玛特（Abd al-Rahmān ibn Hammat）的学者，陪着他度过了两年时光。伊本·哈玛特随后开始去阿拉伯朝圣，在那里他当然和萨拉菲主义的潮流以及苏菲运动对此的反应都有接触。当他返回时，舍胡又和他有了联系。这时的舍胡已经开始了他自己布道和沉思的生涯。[52]

454　　舍胡的品格或许也可以通过富拉社会所推崇的道德品质来观察到。许多富拉的诗篇都描写了牛群对牧场和水源的不断追求。西非的富拉群体传统上既是牧牛人又是传教士，事实上，非洲和欧洲手工业对皮革不断增长的需求增强了他们的经济实力。一位专家写道，所有这些富拉诗句，"无止境地赞美他们的牛具有冷静、有耐力和重自尊的品质"，这些品质"就恰恰是富拉人的人性理想"。在撒哈拉和阿拉伯沙漠中徜徉，在寻求真主的过程中不断学习，舍胡和其他乌里玛阶层的成员在许多方面就像他们的兄弟养的牛群一样百折不挠。这样的任务当然使他们在学习伊斯兰教法的过程中变得坚毅，事实将证明，在他们与豪萨诸王国于 18 世纪末终于爆发战争时，坚毅这个品质将被证明是非常重要的。[53]

到 18 世纪 80 年代后期，舍胡已经在戈比尔和扎姆法拉（Zanfara）所在的豪萨王国获得了不少追随者。平民和贵族都前来追随他，听他的布道，豪萨国王们对他的权力产生了恐惧。他在德杰尔建立了一个社区，这里成了一个奴隶的避难所，这里的奴隶是从信奉非洲宗教的主人那里逃来的。如穆罕默德·贝洛所说："他受人爱戴和尊敬，到了罕见的地步……人们来见他时，由于太拥挤不得不互相推搡。他向他们微笑，和蔼可亲，和他们分享欢乐。"舍胡变成了一种与戈比尔国王相抗衡的力量，这绝不是能够被长期允许的情况。[54]

在 1788 年前后，戈比尔国王巴瓦·姜瓦尔佐（Bawa Jangwarzo）召见了舍胡和其他穆斯林学者，借口是庆祝宰牲节

（Id-al-adha，即古尔邦节）。事实上，他想把他们杀掉。然而，在他们都到了那儿之后，国王意识到他们的权力已经太强大了。他犹豫不决，最后退缩了，此后，舍胡在18世纪90年代成了一位强大的领袖。舍胡的一位传记作家，阿卜杜拉·伊本·穆罕默德，描述了这个阶段在豪萨人和富拉人之间酝酿着的仇恨：

> 现在，国王和他的帮手看到谢赫的社区已经准备好了他们的武器，他们非常害怕。此外，在此之前，社区的庞大及其将自身从管辖权中剔除的行为已经惹恼了他们。他们用舌头说出了他们的仇恨，威胁社区要劫掠和灭绝它，而他们心中所藏的仇恨比他们说出来的更加严重。他们开始禁止他们听到的关于社区内服装的事情，比如头巾以及要求妇女必须戴面纱的命令。[55]

换句话说，关于社区内服装和女人地位的冲突成了豪萨国王和他们的富拉臣民之间斗争的象征性序曲。富拉社区已经膨胀了，舍胡的教导以及他不断膨胀的真实力量意味着，豪萨国王们对他们王国内很大一部分臣民的真实权威每天都在减少。1801年，一个新国王在戈比尔登基。这个叫云发的国王不想再容忍这种状况。战争更近了。舍胡和他的追随者撤退到了古杜（Gudu），他们在这里建立了堡垒，舍胡还在这里存放图书。1804年2月，舍胡在古杜召集组织了一次宣誓活动。云发猜测这是一次有威胁的行动，到了当年6月，戈比尔的军队开始向舍胡和他的追随者进军。[56]

关键性战役发生在1804年6月21日，地点在塔布金科沃托（Tabkin Kwotto）。戈比尔军队从数量上超过了舍胡的富拉军队，后者只有 20 匹马。戈比尔人"穿着绗缝的盔甲、高帽子和柔软的衣服，这让他们感到舒适；他们拥有着鬃毛飘逸、雄赳赳的马匹"。虽然两翼都受到了压迫，富拉军队还是挺住了，接着发动了逆袭：

> 他们后退了。他们撤退了，他们逃走了，崩溃了。穆罕默德军紧随其后，杀了他们，拿走了他们的装备。他们到底被杀死了多少，只有真主知道数目。他们的国王逃走了。他的朋友拜杜（Baidu）被杀死了，死去的还有马佳吉（Magaji）以及其他人……许多骑兵都死于我们的弓箭和刀剑之下。秃鹰和鬣狗把他们吃掉了。许多穿着绗缝甲的人被我们用手砍死了，他们的脑袋被我们的斧子砸碎了，他们被砍成了块……云发的整个军队溃散了，每一个连都夺路而逃，他们再也不能重新集结了。[57]

戈比尔国王吃了败仗的消息在豪萨国王间迅速传播。豪萨国王们充满了警惕，开始迫害他们中的穆斯林，这些人只好抱团自救。塔布金科沃托战役一个月后，舍胡的追随者袭击了凯比和阿尔卡拉瓦（Alkalawa），也就是戈比尔的首都。他们遍布这个国家，攻克了 20 个堡垒，并在 1807 年占领了卡诺：纵观这些战争，流血事件时有发生，尽管死亡人数实际上可能很低，因为对于许多参加战斗的人来说，他们更愿意把战败的敌人俘获变成奴隶。在卡诺和卡齐纳被袭击之后，他们的注意力转移到了东面的博尔诺身上。博尔诺是一个伊斯兰王国，但它的标准不符合舍胡布道时提出的纯洁和革新标准，于是那儿也发生了战争。[58]

再一次，是博尔诺宣称遵循伊斯兰教却又保留了许多非洲传统，这一点最让舍胡和他的追随者感到被冒犯。就如穆罕默德·贝洛所描述的：

> 据说博尔诺直到我们的圣战开始时依然保持信仰坚定，但我们听说他们的头儿曾经骑马到了某个地方，在那儿献祭，此外，他们曾经向他们的城门上泼洒献祭之血。据说他们的房间里藏着蛇和其他爬行动物，他们用这些动物向蛇献祭……他们过去常说，这是他们国家的风俗……他们说，如果他们不遵从他们的风俗，他们的庄稼就会荒芜，他们的财富就会消失，他们的力量就会变弱……他们是异教徒。因为他们祭祀的这些木头和水的偶像都是他们的祖先留下的，那时他们的祖先还不是穆斯林。[59]

就像超越国家的影响给西非的海岸地区造成了巨大冲击，并在臣民和统治者之间挑拨离间，在萨赫勒国家，超越国家的影响同样对于旨在推翻统治阶层的运动有着基本的重要性。由于萨赫勒学者和阿拉伯地区之间有着紧密联系，索科托圣战的年份与阿拉伯半岛的萨拉菲改革运动的高潮几乎重合也就不是偶然了。阿拉伯半岛的运动恰好发生在1803年到1806年间，它控制了麦加和麦地那。然而这些运动最在意也最反对的是非洲在本土宗教和伊斯兰多重影响下的文化灵活性的长期实践，其中非洲宗教实践和伊斯兰教混杂在一起。萨拉菲主义的崛起和苏菲运动对此的反应创造了颠覆现状的沃土，颠覆了存在了多个世纪的博尔诺、卡诺以及更广泛地区的贵族。

457

一段 1799 年写于博尔诺的诗句提供了一种变革的气氛，世界正处于风口浪尖，人们之间的敌意在增加，这只有通过 1808 年到 1812 年的战争才能解决：

真的有一片阴云弥散在真主的土地上，
云层那么浓密，不可能逃离。
在科尔多凡（Kordofan）和戈比尔之间所有的土地上
以及金定（Kindin，即图阿雷格）人的城市中
都居住着费拉塔人（Fellata，即富拉人）的狗
在他们所有定居地都供奉着真主
（我以先知的生命和他丰盛的恩典起誓）
为了改革所有的大区和省份
做好准备接受未来的幸福。
因此在回历 1214 年这一年（公元 1799 年）他们遵循着他们仁慈的理论
好像这是一个通过布道来整顿世界的时代。
唉！我对狐狸的舌头了如指掌。[60]

圣战的后果：博尔诺、奥约及其之外

1804 年富拉圣战兴起之后的数年，博尔诺充满了各种预兆。1807 年有一次日食。一年后，根据一位卡诺谢赫的儿子阿里·艾萨米·加齐尔马贝所说："在雨季的除草季节，在一天下午约两点钟，我们向西望去，大量的蝗虫从西方来了，它们如同一条直线贯彻天际，就像是真主的一场风暴袭来，白昼瞬间变成了黑夜。"[61]蝗虫之后是一场饥荒，然后是造成大量死

亡的流行病，根据艾萨米的说法，这"完全摧毁了所有的富拉地区"。从那之后，舍胡的军队作为在伊斯兰实践中反对不纯洁的斗争的一部分，席卷而来，致使博尔诺国王和他的部分家族成员逃亡，这又导致了国家的进一步动荡。艾萨米提供了一份娓娓动听的记录，讲述了一个宗教人士是如何努力平静地面对暴力和混乱的："当他们来到我们的城市时，我父亲告诉我：'我的儿子，事实对你会变得很艰难。今年你 19 岁，虽然我曾经告诉你，当你 20 岁时，我就给你找一个女孩子，让你结婚，但现在富拉人的土地变得动荡不堪，我们不知道接下来会怎么样；但真主为你命定的，我们必然要经历。'"[62]

事实上，博尔诺在几十年前就已经衰落了。国王们从来没有完全从 18 世纪 40 和 50 年代的旱灾中恢复过来，旱灾导致越来越多的富拉移民来到了博尔诺，也导致了棉花的减产、纺织工业的衰落。作为结果，跨撒哈拉奴隶贸易却逆势增长，随之而来的是奥斯曼帝国在博尔诺影响力的扩大。1790 年，英格兰人博福伊（Beaufoy）写了一份重要的记录，这份记录基于他与两位突尼斯中间人进行的谈话，其中描述了作为中间人的巴吉尔米人（Baguirmi）把多少乍得湖以东的俘虏卖到了博尔诺。与此同时，"博尔诺苏丹持续不断地和接壤的许多偶像崇拜的黑人部落交战。那些被抓作俘虏的人就被卖给了阿拉伯人，这种交易成了这个国家的主要商业"。[63]

就像在大西洋诸王国，博尔诺的奴隶贸易创造了一个小康的有闲阶层，他们下着象棋和跳棋，穿着上好的衣服。这是与大量乌里玛学者的产生并行的，学者阶层直到 1800 年还是有吸引力的。与此同时，博尔诺的军事化看上去很大程度上是为了通过奴隶战争维持精英阶层。虽然国王拥有贵族化的骑兵，

458

582 / 一把海贝：从奴隶贸易兴起到革命年代的西非

但他们的步兵却很少。这样，虽然首都纳札加姆已经堡垒化了，围上了 14 英尺高的围墙，并且在所有的七个城门外都建了一道宽阔的护城河，这些城门还可以在夜间关闭，但缺乏步兵却是一个大问题。步兵的缺乏以及奴隶贸易的日益破坏意味着，当 1808 年舍胡的追随者领导的组织良好、自信的军队到来时，博尔诺并没有做好抵抗的准备。[64]

459 　　战争在 1808 年到 1812 年间爆发，它在博尔诺引起了激烈的争论。博尔诺的国王拒绝承认舍胡和他的追随者进攻他们的权利，因为他们和富拉人一样，都是不折不扣的穆斯林。到了 18 世纪晚期，一个庞大的文化阶层已经在博尔诺形成了，当地的学者流派被称为"十人团"，它和非洲伊斯兰世界中更大的学者团体有着密切的联系。这些联系最早可以追溯到 12 世纪，那时加奈姆（博尔诺的前序王国）的学者们最远在马拉喀什都很有名气。这就是贝洛和他的父亲舍胡在他们的文字中坚持指出国王在伊斯兰教中掺入了非洲宗教仪式的原因。事实上，舍胡又回到了 15 世纪晚期关于桑海帝国皇帝桑尼·阿里的伊斯兰宗教实践的争论，据说那时皇帝就已经将非洲宗教仪轨融入了对《古兰经》的遵循之中。[65]

　　最后，博尔诺并没有像其他一些豪萨王国那样容易被推翻。然而，就像在索科托一样，总会有一个宗教人士——这次是阿敏·卡尼米——会变成这个王国中最有权力的人。舍胡于 1817 年死在索科托，他的儿子穆罕默德·贝洛接替了他，并率领索科托哈里发国继续前进。在博尔诺，卡尼米的权威却直到 1820 年才确立，这得自他在保卫博尔诺免受索科托军队攻击时的作用。

　　虽然博尔诺首都纳札加姆在 1808 年被富拉军队袭击，但他们在 1809 年被击退了。从索科托发起的不断的袭击导致王国的首都来回迁移。在组织军队保卫博尔诺的过程中，卡尼米在阿拉伯人和他的追随者中的领导能力和影响力变得至关重要，当国王杜纳玛在 1820 年想要除掉他时，国王已经没有足够的权力去做到了。卡尼米和他的后裔将在 19 世纪大部分时间里统治博尔诺。就像在索科托，伊斯兰教作为一种宗教，在政治不稳定和动荡时期，驾驭民众运动的力量越来越显著。[66]

　　在整个 19 世纪上半叶，这种模式将席卷西非。虽然最早是由富拉的教士启动的，但伊斯兰教之后变成了一面旗帜，在这面旗帜下，许多不同种族的人民开始寻求身份和权力。战争变成了一种信仰，以及对权力滥用和根深蒂固的等级制度的报复。奴隶曾经去往德杰尔，在舍胡所在的地方寻求保护，他们改信伊斯兰教并获得了自由，同样的模式也在西非的许多地方出现了。和奴隶战争相关的政治不稳定、在全球地缘政治中拖累了西非诸王国的资本与不平等关系，以及在北非、阿拉伯世界和美洲马龙人社区兴起的超越国家的理想，这一切都结合在一起，创造了一种颠覆现状的不可抗拒的力量。

　　如我们在前面的章节中所见，这种变革的第一个迹象是在约鲁巴人的国家奥约被感觉到的，1817 年，当地军事指挥官阿丰贾在伊洛林（Ilorin）领导了一次起义，得到了许多前奴隶的支持。一个叫作艾萨米（Eisami）的奴隶曾经目睹了1808 年对博尔诺的入侵，之后被从一个人手中卖给另一个人，直到他到了奥约的土地上。在这里，他又目睹了阿丰贾领导的1817 年叛乱的爆发。"所有参加了战争的奴隶都获得了自由，"他写道，"所以在奴隶听到这些好消息后，他们都跑到了那儿，约鲁巴人说到做到。"塞缪尔·阿贾伊·克劳瑟是在 1821

460

年被富拉军队抓住的，他描写说："这个军队由富拉
（Foollahs）和约鲁巴的穆罕默德教徒组成，还有各种各样逃离
主人的奴隶。这些人组成了一支约 2 万人的有着强壮、敏捷的
马匹的军队。"前奴隶们想要打破旧秩序。1835 年，奥约最终
陷落了，旧奥约的约鲁巴难民会在阿贝奥库塔（Abeokuta）和
其他地方找到新的定居点，这些地方变成了殖民地和后殖民地
时代尼日利亚约鲁巴社会的核心区。[67]

在整个西非，有文化的富拉学者阶层在许多地方拥有极大
的权力。在马西纳这个尼日尔河上杰内和廷巴克图之间的小王
国中，在一场阿赫马杜·洛博（Ahmad Lobbo）领导的圣战之
后，1817 年，一个新的阿尔马马特国建立起来了。这里很久
以前就是富拉人酋长国的区域，但在 18 世纪期间，它们已经
变成了塞古的附庸。现在，随着改革运动席卷西非，马西纳宣
布独立，塞古的边界缩小了。洛博在开始他的斗争之前，有意
寻求舍胡的祝福，马西纳从塞古脱离之后，每年都会派出远征
队以确保独立得以维持。[68]

461　　这些社区中的男人和女人识字率都很高。在富塔贾隆山区
远至西部的奥约，富拉语（Fulfulde）已经变成了一种用阿拉
伯字母书写的方言，19 世纪中期，不少关于信仰、法律和正
道的史诗用这种语言写就。1826 年，特奥菲卢斯·科诺访问
了富塔贾隆，他写道，许多女人都可以阅读《古兰经》。和塞
内冈比亚一样，这里和在索科托发生的事情的关联是很清晰
的，因为科诺曾经在蓬戈河遇到了富塔贾隆国王的儿子，他叫
艾哈迈杜·贝洛（Ahmadu Bello）。[69]

蓬戈以北的冈比亚河地区也发展出了同样的模式。我们已
经看到，口头文学中清楚地表明，到这时，在喝朗姆酒的非洲

宗教信奉者与穆斯林之间存在着巨大的差异。一份 1790 年到 1791 年间关于冈比亚河上游北岸的乌利王国的记载这样写道："这里存在着两种不同的宗教……一种信奉专业化的穆罕默德的信仰……另一种据说人数更多，包括那些否认先知使命、承认自己是自然神论者、不在乎禁令而自由饮酒的人，他们被称为索宁基人，或者喝酒的人。"[70]

　19 世纪第一个十年，这里见证了旧统治精英的衰落以及穆斯林人口和权力的增长。到了 19 世纪 30 年代，乌利受到了在富塔托洛和本杜出现的神权政体的攻击。到 19 世纪 50 年代，冈比亚河南岸的诸王国向在富塔贾隆的富拉人神权国家（首都在廷博）纳贡。在几乎所有塞内冈比亚国家的内部，都存在着穆斯林教士，所有的教士都和马西纳、索科托和富塔贾隆的新领袖保持联系。19 世纪 40 年代，居住在卡萨芒斯的穆斯林向富塔贾隆的富拉人寻求帮助，要推翻索宁基人；到了 19 世纪 50 年代，穆斯林学者阶层已经控制了这片地区。在孔博（Kombo）地区冈比亚河口附近的索宁基人国家崩溃了，南方的福代·卡巴（Fodé Kaba）和北方的奥马尔·塔尔率领着大量的军队，将它的残余一扫而空。[71]

　就像在马西纳的情况一样，在富塔贾隆，索科托的革命和塞内冈比亚的转型之间也有着强烈的联系。奥马尔·塔尔在 19 世纪 20 年代曾经去往麦加朝圣，并在回到塞内冈比亚之前，在博尔诺、豪萨兰、马西纳和富塔贾隆山区都做了停留。他在 1850 年访问了冈比亚，与当地有实力的领袖见了面，其中包括北岸国家巴迪布（Badibu）的领导人马巴·迪亚库（Maba Diakhou）。宗教复兴的概念在这个区域北部的许多沃洛夫国家都已经被教士们灌输给了人民，这些国家与其他地方有着许多同样的社会和宗教问题：一个庞大的奴隶阶层、一种革新的渴望，以及对腐败的贵族阶层——这些贵族长期依靠不平等获得好处——的仇恨。[72]

这样，在从现代尼日利亚和马里直到几内亚 - 科纳克里、冈比亚和塞内加尔的庞大区域内，19 世纪上半叶见证了一次复杂的、以推翻既有秩序为己任的运动，手段则是推动伊斯兰教法的复兴。这场改革运动的广泛流行，充分体现了许多人对一个新开始的渴望，也废除了精英腐败以及对社会中弱势群体进行掠夺的旧习。如果这意味着将旧神灵和宗教习俗抹去，那么这就是许多人愿意付出的代价，他们将这些和旧统治者的暴行联系在了一起。

奴隶贸易的兴起、支撑着奴隶贸易的物质框架加强了贵族精英的权力。由此产生的针对精英的愤怒变得更加强烈。但这并不意味着 19 世纪出现的新社会必然比以前的更加公平。

结论：改革还是再造系统？

2000 年 1 月，我和一位朋友从几内亚 - 科纳克里富塔贾隆山脉中的一个村庄走向另一个。我在他的村子里待了好几天，正计划用一天时间走到山谷中的一个城镇去。当我们到达隔壁村时，朋友低声告诉我，这个村子里的人曾经是他所在的村子的奴隶。

在今天西非的许多地区，人们仍然清楚地记得谁是来自奴隶家庭，而谁又不是。如果一个贵族家庭认为他们的孩子嫁入奴隶家庭会给他们的名誉带来很大的污点，那么这段婚姻就非常容易破裂。这样，推动伊斯兰改革派取得胜利的运动，并没有为那许多参与进来并期待改变的人带来真正的改变。相反，人身依附和强迫性农业劳动的旧模式继续存在，并随着殖民主义的兴起得到了延续。关于它们的记忆一直持续到了今天。

在本章中我们已经看到，奴隶制和不公正并没有随着革命运动而消失。事实上，在19世纪所谓的"适应性危机"中，奴隶制在西非作为一种制度反而得到了加强。随着大西洋贸易的终止，战俘在西非港口不再被允许出口，但曾经创造了他们的社会过程并没有在一夜间消失。作为替代，在所谓的"合法贸易"时期，人们使用强迫劳动来提高农业产量，再把产品卖给欧洲商人。根据最近的一项估算，到1850年，西非的奴隶人口变得和美洲相当了，大约相当于索科托人口四分之一到一半的人都成了奴隶。伊斯兰改革运动是一个巨大的工具，创造了大量在非洲工作的奴隶，就像当年武士运动为大西洋和撒哈拉贸易创造了大量的战俘一样。[73]

有许多记录都记下了在实际中这个系统是如何运作的。商人特奥菲卢斯·科诺提供了一幅充满细节的图景，讲述了富塔贾隆新的富拉人神权国家是如何与奴隶贸易协调一致的。1827年去往首都廷博时，科诺写道："我们的商队单列行进。有烙印的奴隶走在前面，两个人护送着他们，手拿弯刀，每个人还都拿着一把上膛的枪。"在廷博附近，有大量的奴隶城镇，当一个欧洲商人的商队出现时，所有这些城镇就都完全被遗弃了，这是因为奴隶们害怕他们被卖到大西洋贸易中去，所有的人都知道那可是最坏的命运。就像在19世纪西非的许多地区，所有的农活都由奴隶去做，他们的村庄"环绕着种植园和成片的花园"。[74]

在索科托，很多种植园都是由奴隶耕种的，这些种植园生产纺织工业的原材料——棉花。卡诺的纺织工业在19世纪快

464

速扩张，拥有着充足的奴隶劳动力供应，这是由于哈里发领导的中央计划经济，这样的计划经济在穆罕默德·贝洛治下就已经开始。与此同时，卡诺对伊斯兰教合法兴奋剂的需求，见证了来自阿散蒂控制的森林区域的柯拉果贸易的增长，这项贸易稳定了阿散蒂的权力，也稳定了连接两个区域的商业阶层的利益。[75]

这项贸易中的一个主要仓库是萨拉加（Salaga），距离阿散蒂首都库马西很近。就像16到19世纪大多数西非的贸易城镇那样，萨拉加的人民说着许多种不同的语言，这里许多种完全不同的背景交织在一起。萨拉加很久以前就是一个奴隶贸易中心，即便到了今天，在城里仍然可以很容易地找到这项贸易的遗存，包括囚禁奴隶的脚镣和他们取水的井。然而在19世纪，一种不同的贸易占了上风。就像贡贾的一份编年史所说："萨拉加变成了一个巨大的城镇，人口来自不同的种族。"豪萨人来到这里买柯拉果，贝里贝里（Beriberi）商人来购买土地，在那儿他们遇到了从博尔古（Borgu，现代布基纳法索和尼日利亚边境地区）、博尔诺、努佩和约鲁巴来的人。如同西非的许多地区，这里人民的共同特征就是对伊斯兰教的信仰。随后出现了混合宗教的风俗，但这个地区再也不会完全相同了。[76]

到底哪些区域拒绝了伊斯兰信仰呢？用这个问题进行结尾是非常有意思的。这一趋势有两个主要特点。首先，这些区域距离海岸更近，距离与大西洋的联系更近。在海岸社会中的一些地区，权力依然保持着去中心化（比如在尼日尔三角洲和几内亚比绍），这样，一场横扫式的改革和征服运动很难在这里取得成功。除此之外，在弗里敦、罗安达、蒙罗维亚和拉各斯这样更接近原始殖民地的地区，改革运动也很难获得足够的吸引力。在刚果和安哥拉，伊斯兰教当然从来没有成为一个强有力的存在，虽然这些区域可能与中世纪早期的商路相关联。同时，在弗里敦、蒙罗维亚、圣路易这样的城镇，欧洲商人日益增加的军事存在——由英国皇家海军分舰队（对英国控制区）以及费代尔布（Faidherbe）和其他人的军事行动（对法国控制区）支持——保证了基督教传教士得以站稳脚跟。在这些区域内的一些地方，非洲宗教运动，比如秘密会社和精灵神祇，被保留了下来。

465

或者，其次，那些没有掉入伊斯兰改革运动的区域倾向于属于强大的国家，比如阿散蒂和达荷美。这些国家在整个 18 世纪已经成长为财政—军事实体，这部分是由于它们有能力持有黄金并为一支强大的军队付账。当它们在 19 世纪不能再如此行事时，它们最初依然保持了强大。然而，逐渐地，白宝螺贝币的大量进口加上黄金的出口，导致了日渐严重的通货膨胀以及经济状况的恶化。19 世纪 60 年代，膛装弹来复枪的发展以及经济权力的新平衡，意味着这些国家没有一个可以抵御正式的殖民控制。于是，到了 19 世纪 80 年代，西非进入了殖民时代。

注　释

1. Derive/Dumestre（1999：276 – 7）.

2. 关于伊斯兰教、丛林精灵和经济作物的关系，见 Sarr（2016）。

3. 关于拉格本勒会社，见 Fornah et al.（2017）。关于波路会社以及利比里亚的秘密语言（或称之为 Kpelle），见 Bellman（1984：53 - 78）。关于当贝，见 Parés（2016：146）。关于伊斯兰教知识对外人开放，见 Farias（1990）。

4. Corry（1968：57）.

5. 同上，59 - 60。

6. Curtin（1975：235 - 6）.

7. 关于玛丽娅·特蕾莎银币，见 Candotti（2015：122）。关于对向豪萨诸王国缴税的愤恨，一个据说是乌斯曼·丹·福迪奥的文本探讨了这件事，见 Hiskett（1960：568）。关于 1790 年卡诺缺乏税收，见 Jackson（1967：44）。

8. 关于编年史的证据，见 Abitbol（1982：26）。关于约鲁巴人土地上的贝币价值，见 Adebayo（1994：381 - 3）。对 19 世纪贝币贬值的研究，特别见 Lovejoy（1974）和 Hoendorn/Johnson（1986）。

9. Bowdich（1977：330 - 33）. 关于博尔诺的货币，见 Hallett（1964：88）。关于在塞拉利昂布匹作为一种货币兼在仪式中送出的礼物，见 Kup（1967：9）。关于在资本形成中总结出来的连接欧洲和美洲的经济理论，见 Lovejoy/Richardson（1999：333 - 4）。

10. 关于金融创新阿乔和易苏苏，见 Adebayo（1994：390 - 93）。

11. Curtin（1967：212）.

12. NCAC，RDD，transcribed cassettes 573A and B. 关于凯勒法·萨恩史诗的一种杰出分析，见 Wright（1987）。

13. 关于神灵"吃人"，见 NCAC，RDD，transcribed cassette 554C，p. 33。关于马拉布特城镇比基尼，见 NCAC，RDD，transcribed cassettes 494A - B，p. 15 及 Giesing/Vydrine（2007）。关于 1764 年瓦阿洛进口朗姆酒供国王享用，见 TNA，T70/585，fols. 21 - 3。

14. 关于伊斯兰教在催生叛乱上起到的凝聚作用，见 Lovejoy（2016：28）。

15. Jackson（1967：18 n. e）. Lovejoy（2016：133 - 65）提出了一个优雅的观点：从 18 世纪晚期以来，伊斯兰领导人只要有可能就想方设法不与大西洋贸易发生关联。

16. 关于卡约尔和噶加噶的进口，见 TNA，T70/586，fols. 59，80。关于西迪·哈迈特和富塔托洛，见 TNA，T70/585，fol. 54。在伊斯兰宗教与索宁基的宗教冲突中，酒精成为象征，这方面的精辟分析见 Mota（2018：264 - 7）。

17. Hall (2011a：56) 论述了日瓦亚的出现。Klein (1972：429)；Gomez (1992：49 – 50)。

18. Barry (1998：51)；Becker/Martin (1982：106)；Curtin (1971：23)。

19. 关于巴拉的伊斯兰学校，见 Cultru (1913：191)。关于本杜和富塔托洛，见 Curtin (1971：18 – 20) 和 Gomez (1992：35 – 9)。

20. 关于优素福，见 Hunter (1976：438 – 9)。

21. Curtin (1971：21 – 2)；Lovejoy (2016：41 – 2)；Gomez (1992：50 – 54)。

22. Demanet (1767：Vol. 1, 81)；Saugnier (1791：281)。

23. Robinson (1975：189 – 91)。

24. 这个杰出的语言学证据是由富塔托洛著名的历史学家奥马尔·卡内发现的，见 Kane (2004：67, 74 – 5)。

25. Soh (1913：24 – 5)。

26. Kane (2004：515 – 27)。

27. Robinson (1975：198 – 204)。

28. Demanet (1767：Vol. 1, 50 – 53)。

29. Corry (1968：14 – 17)。关于红酒瓶，见 McIntosh/Thiaw (2001：30)。

30. Richmond Palmer (1936：275 – 6)；又见 H. R. Palmer (1931：21)。

31. 一些记录说他们的家庭是在圣战前十一代时从富塔托洛移民来的 [[Balogun (1975：17) 和 Hiskett (1995：53)]。但也可参考乌斯曼·丹·福迪奥的兄弟阿卜杜拉（Abdullāh）写于约 1820 ~ 1830 年的文字，其中写道，福迪奥家族在 6 代以前从富塔托洛来到索科托——见 Hiskett (1957：560)。更可能的是，不同的分支的迁移时间是不同的，一些从 15 世纪晚期开始迁移，而另一些则从 17 世纪晚期才开始。

32. 关于桑海，见 Cissoko (1974：57)。关于乌里玛，见 Hiskett (1957：572 – 6)。关于毛里塔尼亚的学术产品，见 Stewart (2018)。

33. Richmond Palmer (1936：33)。

34. Curtin (1967：150)；Moore (1738：22)。

35. Abitbol (1982：3, 3 n. 45)；Last (1967：lxxix)。

36. 这一对穆罕默德的评价来自 Hiskett (1963：8)。

37. 关于谢赫的文字，见 Hiskett (1957：561)。

38. Jackson (1967：12, 22 – 5, 41 – 6)。

39. 同上，23, 32, 45, 54。关于富拉权力的崛起及其与毛皮贸易繁荣的关系，见 Bathily（1989：240），据 Suret-Canale（1964）。

40. 关于《巴高达之歌》，见 Hiskett（1965：118）。关于 1758 年的廷巴克图，见 Abitbol（1982：5）。

41. 关于马西纳，见 Seydou（1991：199 n. 11）。关于廷巴克图，见 Jackson（1967：11）。关于富塔托洛，见 Kane（2004：308 – 13）。

42. 关于巴巴·扎基，见 H. R. Palmer（1928：Vol. 3, 126）。

43. 关于火枪进口，见 Hiskett（1973：78 – 9）和 H. R. Palmer（1928：Vol. 3, 124）。关于贝币从达荷美出口到尼日尔河河曲，见 Law（1995：54 – 5）。

44. 关于廷巴克图，见 Abitbol（1982：5, 12, 19）以及 Stewart（2018）。关于卡诺和骆驼，见 Jackson（1967：38, 46）。

45. Curtin（1967：36 – 7）；Hall（2011a：69, 84 – 7）；Hiskett（1960：569）；Jackson（1967：34 – 5, 51）。

46. Last（1974：25）；Malacco（2016：83）。

47. Hiskett（1963：121 – 2）。

48. 据说《异教诸王国史》是由乌斯曼·丹·福迪奥所写，见 Hiskett（1960：567 – 9）。

49. Rentz（2004）；Moumouni（2008：59 – 60）；Balogun（1975：28 – 35）。

50. 关于萨拉菲主义对苏菲运动的敌意，见 Hunwick（1984：149）。关于苏菲主义对治国技术的敌视，见 Brenner（1979：160 – 61）。关于苏菲主义和舍胡，见 Moumouni（2008），也见于 Hiskett（1973：61）。关于苏菲主义在博尔诺，见 Bobboyi（1992：146 – 52）。

51. 关于舍胡鼓励女性献身于伟大的信仰，见 Moumouni（2008：79 – 81）。关于女性学者，见 Hiskett（1973：26）。关于贝洛，见 Arnett（1922：20）和 Balogun（1975：27 – 8）。关于奥斯曼对阿拉伯地区控制力的软弱，见 Rentz（2004）。

52. 关于舍胡的出生，见 Bivar（1961：235）。关于他的长相，见 Hiskett（1973：30）。关于 15 世纪索科托的非洲宗教，见 Cissoko（1974：51）。关于经过阿加德兹（Agades）去往麦加朝圣并返回，见 Hiskett（1957：563 – 4）。

53. 关于富拉诗歌的这篇动人分析来自 Seydou（1991：17）。

54. Arnett（1922：23）；Hiskett（1973：44 – 9）；Last（1974：5）。

55. Hiskett（1963：107）。

56. Hiskett（1973：70 – 74，86 – 8）．

57. Arnett（1922：57 – 8）．

58. Hiskett（1963：114 – 15）．关于到底那儿是否真的存在高死亡率的问题，见 Last（2018）。

59. Arnett（1922：6 – 7）．

60. Richmond Palmer（1936：52）．

61. Curtin（1967：207）．

62. 同上，208。

63. 关于旱灾和 18 世纪的移民，见 Candotti（2015：120）和 Hallett（1964：92）。

64. 同上，87，91；Bobboyi（1992）。

65. Martin（1967：59，83）；Bobboyi（1992：10，23 – 7，165）；Last（2018）．

66. Brenner（1979：162 – 5）；Hiribarren（2017：19 – 20）．

67. 关于奥约和伊洛林，见 Law（1977：278）。关于艾萨米和克劳瑟，见 Curtin（1967：212，299 n. 20）。

68. 关于马西纳，见 Seydou（1976）和 Last（1974）。

69. 关于富塔贾隆的富拉语诗歌，见 Sow（1971），又见 Conneau（1977：69）。

70. Hallett（1964：131）．

71. Quinn（1972：32 – 3，66 – 70）．

72. 关于塔尔的生平，同上，66，110 – 11。

73. "适应性危机"这个短语出自 Hopkins 的代表性著作（1973）。对截至 1850 年的奴隶人口的估算，来自 Lovejoy（2016：102 – 7）。关于 19 世纪奴隶制的扩张整体情况，见 Meillassoux（1972）。关于达荷美的情况，见 Coquery-Vidrovitch（1972：116）。

74. Conneau（1977：115，138）．

75. Lovejoy（1978a）；Lovejoy（1980）．

76. El-Wakkad（1961：28 – 30）．

结　语

　　在 18 世纪 90 年代英国废奴争议的高峰时期，苏格兰外科医生和奴隶贩子阿奇博尔德·达尔泽尔写了《达荷美史》（*The History of Dahomy*）一书，这是欧洲人写的最早的非洲国家历史之一。达尔泽尔支持奴隶贸易，希望把废奴运动拖出轨道。他想出了一个诡计，发明了一篇据说是达荷美国王克彭拉写的演讲，并且据说已经提交给了英格兰在维达的总督阿布森（Abson）。在展示了当时流传的一些废奴主义小册子之后，克彭拉开始嘲笑废奴主义者。他通过达尔泽尔那张丝毫不可靠的嘴巴说，结束贸易可以阻止战争这个假设是完全荒谬的，因为他从来没有为了获得贸易商品而发动过战争。达尔泽尔继续着这篇"演讲"：

> 　　对我伤害最重的是，你们有些人恶意地在书中代表我们，这种做法一直没有消失，还编排说我们为了买几桶白兰地就把我们的老婆孩子卖掉。不，我们的真相被可耻地掩盖了；我希望你们能从我的嘴里得到对那些四处宣扬的可耻故事的反驳，并告诉后人，我们被冒犯了。事实上我们的确向白人出售了一部分我们的囚徒，我们自然有权力这么做。我们把罪犯送到遥远的国家去就应该受责备吗？我听说，你们在做同样的事情……一大群长着长脑袋的

人，坐在遥远的英格兰，却在为我们制定法律，假装要指导我们怎样生活，而他们却对自己做的事情一无所知，一生从未在黑人的国家生活过，这对我来说有些离奇。[1]

现代历史学家将克彭拉的"演讲"视为带有偏见的，就像一个人在面对一件无法辩白的事情时，却读到了太多为它洗白的理由。然而"演讲"的内容却是发人深省的。当然，许多非洲国王反对废奴，当鲍迪奇在1817年访问库马西并和阿散蒂国王见面时，阿散蒂国王建议签订一个协议，重新激活奴隶贸易。在这个例子中，就算达尔泽尔可能编造了这次讨论的主旨以达到自己的目的，但明确的是，对于支持奴隶制的观众来说，一个非洲国王发表这样的讲话是完全合理的。并且，一些刻薄的词句和家长里短，仿佛是达尔泽尔从达荷美的丰人翻译那儿听到的。因为事实上，在瓜分非洲期间，"一大群长着长脑袋的人"坐下来为他们从未到访过的国家制定法律和设定边界，这在许多方面延续了废奴运动家长式的狂热。[2]

1807年，在英国废除奴隶贸易的斗争即将结束之际，新的经济学理论获得了发展。亚当·斯密的门徒们将开明的利己主义视为经济活动的理性基础以及所有商业活动的出发点——"物物交换"经济的一种进步。易货经济的概念肯定受到了非洲经济交换观念的影响，在非洲可以用华而不实的"玩意儿"去"交换"奴隶和黄金。通过这种贸易可以获得巨大的利润，这一点当然让理性利己主义看上去成了经济活动最具逻辑性的解释。对于那些在大不列颠坐在温暖火炉边的圈椅上的学者来说，这种理论可以理性地提升他们的自我利益。同样，他们的哲学认为，自由贸易增加了财富，更多的贸易增加了更多的财富，这听上去也是很有道理的。

然而，接下来两个世纪却让这些经济学基础理论中的几块木板摇摇欲坠。首先，"易物经济"的概念是对前工业经济体中实际进行的交易类型的粗糙简化。在西非和中西非，整个大西洋奴隶贸易时期并没有"以物易物"这样的事情发生。我们已经看到，那儿只有货币化的经济，只是使用了许多种不同的货币而已。那儿存在着复杂的信用框架，在不同的时间和不同的地点为不同货币设定了汇率。与此同时，从 16 到 18 世纪，非洲统治者经常是最活跃的自由贸易支持者，希望所有的欧洲国家都在他们的港口进行贸易，而个体的欧洲商业公司却总是抵制这一点，寻求获得优待。但这种对自由贸易的信仰并没有保证非洲国家在这个时期能够获得更大份额的财富，即使他们的领袖经常与外人结盟，以牺牲他们的臣民为代价选择财富，这就像是新殖民主义经济学的预演。

但其次，21 世纪的发展已经表明，人们并不总是根据"理性经济利己主义"做出抉择。他们会投票做出那些经济理性认定会让他们变得更穷的选择。事实上，经济选择也不可避免地与价值观联系在一起，而价值观既保留了道德意义，也保留了物质经济意义，这可以解释人们在投票中的选择。特别在谈到信用和资本的话题时，更能看到这一点。就像这本书所展示的，理解"信用"的道德密码，对于理解非洲和欧洲奴隶贸易时期的经济转型是非常重要的。因此，要想再平衡非洲的信贷/资本循环——这个循环是以通过"兑现"使战俘成为奴隶这一过程中的暴力行为开始的，可能要涉及的不仅仅是基于政治经济的"务实"决定，还包含一些更基本的东西，即质疑作为现代经济学基础的信用体系的道德价值，如我们所见，这种道德价值最初是和暴力相连的，而这种暴力要求将奴隶贸易中的信用"兑现"。[3]

在理解不同社会中的经济交换时进行的价值观对比，在本书中具有基础性的地位。为什么非洲人出口黄金以换取布匹、铜环和贝币？因为布匹、铜环和贝币在非洲拥有着多重经济和宗教用途，随着时间的推移，它们在非洲社会中发展出了巨大的价值。另一方面，为什么欧洲人花那么大力气采购和制造那些加工品，却最终都出口给了别人？因为它通过长途贸易流通创造的资本和剩余价值，可以比那些物质产品本身的价值更多，就像 16 和 17 世纪大西洋贸易体系的资本结构所显示的那样。金钱变成了一种"通用的"价值，这一进程开始于 16 世纪，伴随着通用语法的发展——比如安东尼奥·德·内布里哈（Antonio de Nebrija）的西班牙语语法，和客观地图的出现——比如墨卡托投影，以及通用的"自然科学"的出现。客观等价物是可以通过数字重要性的扩张所提供的对等性来流通的。这是一种特殊类型的价值，可以产生资本，也见证了经济资本的重要性在 16 和 17 世纪的增长。[4]

本篇结论阐明了与非洲历史相关的经济理论的核心悖论之一。我们已经看到了非洲的贸易是如何繁荣的，在前殖民地时代的西非和中西非，所有的东西都可以交易，就像 1810 年阿拉达的统治者写给葡萄牙国王的信中所说："数百年来，这个国家的人民有幸与高贵和有礼貌的国家进行贸易。"但为什么会出现这样的情况：一方面贸易扩张了，另一方面获得资本财富的机会却减少了？事实上，由于很不可能将这个结论塞进现成的经济理论，经济史学家根本就没有试着去进行回答。这些"形式主义者"强调前殖民地时期非洲经济的活力，他们认为

470

这种活力早在欧洲殖民主义之前就已经是市场经济的证明了，经济上的自利性决定了非洲经济的每一个选择，就像欧洲的情况一样。把文化框架纳入经济选择之中，就是将非洲文化和非洲人的抉择"原始化"。[5]

然而，经济和文化框架却不可分割地联系在一起。认为非洲经济是"理性的"和市场导向的这种理论，是在20世纪70年代发展起来的，这时在西方经济模型中，所有人都应该追求的理性是不容置疑的。在当时，似乎最重要的事情是展现非洲经济行为体是如何参与理性经济活动的，就像他们的欧洲商业伙伴那样。然而，在接下来的几十年里，这样的普遍性看上去却不那么可信了。理性经济学看上去导致了一些不合理的结果，比如气候的急剧变化和资源枯竭，这将使任何未来的"增长"变得不可能。此外，事实也越来越清楚：人们并不总是做出"理性经济选择"，而是更有可能根据他们的价值观、信仰以及物质利益（为什么不？）做出选择。从这个角度看，要求非洲经济史必须符合形式主义的经济理性，看上去确实过时了。现在已经非常清楚，要将所有一切塞入一个概念化标准的做法需要重新考虑。事实上，最有远见的经济学家已经开始重新思考了，比如2017年诺贝尔经济学奖获得者理查德·塞勒（Richard Thaler），他认识到理性经济人神话依然是大部分经济模型的基础。[6]

事实上，理解道德是一种和经济同等重要的价值，这一点是理解前殖民地时期非洲发生的事情的关键。就像信用不仅与经济相关，还总是与道德相关，价值（不管给它标以什么符号）也是这样的。货币是价值的标签，这就是为什么它们可以拥有不同类型的含义：经济的、宗教的和风俗的。这就是为什么布匹可以被买卖，贝币既可以作为宝藏储存，也可以用于占卜和宗教，而黄金可以铸钱，也可以在盛典上展示。非洲货币一直是多用途的，这导致欧洲帝国越来越多地将非洲经济价值的减少归因于货币，由此产生了越来越大的资本差异。这种情况由于货币贸易而更加恶化：非洲用黄金和奴隶等能够产生附加价值的货币，换取在全球范围内不断丧失经济价值的贝币和布匹等货币。

因此，从纯经济学角度看，非洲和西方经济差异的扩大同样有着意义。当非洲进口的货币不足以匹配贸易商品时，就出现了通货膨胀和非洲货币的相对贬值。当贸易商品也进口时，它们就会进一步和本地产品相竞争，降低非洲制造的出口潜力。这种日益减少的出口又恶化了那些确实保有资本的社会投资，比如卡齐纳囤积的黄金，以及塞内冈比亚用来制造项链的白银。这样，不管哪里有资本储备，这些资本都不会为了贸易平衡而被投资到制造业中去，因为和其他类型的价值相比，制造业产生的产品有着贬值的倾向。

即便有这一切，到 1800 年，制造业在西非的许多地区依然广泛分布。如我们所见，许多不同的民族在生产美丽的布匹，这种情况一直持续到了 19 世纪。在 18 世纪 90 年代的塞拉利昂，曼丁卡人制造墨水，富拉人制造肥皂，那里的砖块也是本地制造的。18 世纪 80 年代，黄金海岸可以制造杰出的刀剑产品，而只有这种剑可以用于战争，"因为那些欧洲人带来的刀剑被认为只能用在其他地方，比如砍木头"；贝宁、刚果和许多其他地方也出产美丽的刀剑。我们已经看到，在 18 世纪晚期，卡诺已经开始制造火枪。哪里有资本的投资，哪里的制造业就会发展，但它却无法和日益发展的欧洲工业相抗衡，

472

因为资本的差异已经在扩大了。[7]

这样，在本书中，我们已经看到了西非经济在前殖民地时期的活力，它的确在发展制造业、商业，并在加工产品时进行创新。但我们同样看到了非洲经济和欧洲帝国经济之间日益扩大的鸿沟，这个鸿沟还会继续扩大下去，直到19世纪将它拖入正式的殖民主义的控制之下。在西非和中西非的许多地区，这种变化使人们产生怨愤，激发了接管政权的革命，人们抛弃了那些在前几个世纪中出现的、将他们当作牺牲品的贵族。

这种变化的后果是影响巨大的，并且不局限在非洲。奥约帝国在索科托圣战中的倒下致使许多穆斯林作为战俘来到了美洲新世界，特别是巴西和古巴，这两个地方的奴隶贸易一直持续到了19世纪。19世纪奴隶用阿拉伯语和阿加米（Ajami）语（用阿拉伯字母记录的豪萨或者曼丁语）写就的文字并不经常在巴西被发现，但在1835年发生在巴伊亚的萨尔瓦多的马雷起义中，至少有18本阿拉伯书籍被收缴；1838年，在巴西南部的阿雷格里港（Porto Alegre），又有更多的阿拉伯语信件被收缴。1866年，一位奥斯曼帝国的伊玛目阿卜德·拉赫曼·巴格达迪（Abd al-Rahmān al-Baghdādī）访问了里约热内卢，他说城里至少有500个人部分懂得《古兰经》。[8]

473　　在巴西，伊斯兰教总是和与奴隶制的斗争相联系。1835年叛乱之后，许多萨尔瓦多的叛乱分子被驱逐，回到了拉各斯。在奥约帝国崩溃后，拉各斯成了约鲁巴地区最重要的市场，并开始变成非洲超级都市之一。与此同时，那些被剥夺了财产的人将伊斯兰教看作一种斗争的宗教，以抵抗不平等和资本主义崛起的力量。随着不平等的增加，越来越多的人皈依了伊斯兰教，这让这个宗教开始反击。这种关系在很长时间里似乎已经不再那么普遍了，但随着 21 世纪不平等和圣战者的军事意识再次增强，人们又停下来思考其中的关联：西非的历史告诉我们，要想削弱后者（圣战），必须首先重视前者（不平等）。[9]

那些能够在 19 世纪的西非抵抗这种暴力转型的国家，是那些拥有最稳固的资本和军事基础的国家。阿散蒂和达荷美从保留黄金转变到了出口黄金，从出口奴隶转变成了使用奴隶的劳动力发展农产品经济。欧洲殖民主义在 20 世纪强加给非洲经济作物，这并不算困难，因为这始于 19 世纪，那时非洲已经开始出口棉花、棕榈油和花生了，这是在大西洋奴隶贸易中出口食品的延续而已。这些国家因它们的税收和财政基础而可以抵抗伊斯兰革命。由于有着用税收支持军队和国家发展的历史传统，它们可以防止本地军事组织的崛起。一个强大的国家由税收提供资金支持，是防止混乱和革命的最佳方法。稳定的税收国家的建立有着漫长的前殖民地历史，这和后殖民地时代建立稳定的、财政状况良好的国家的重要性并非毫不相关。

但在同时，虽然存在着这种国家以及政治稳定的模型，前殖民地国家却通常是在掠夺性模式上发展起来的。如我们所见，在统治者和臣民之间出现了很大的鸿沟，到了正式的殖民主义时代，这种模式变得更加根深蒂固。这样，许多非洲领域的现代政治学家所分析的"国家的问题"——"失败国家""毒枭国家""恐怖主义者的天堂"——其实都深深地根植于历史之中。非洲人民学会了对国家深深地不信任，因为国家在历史上曾经扮演着创造掠夺经济和政治模式的角色。他们并不想交给国家暴力行为的垄断权，虽然这是一个国家成功的先决条件，但他们担心这些暴力通常会用在人民身上。要想克服这

474

种模式，需要深入的思考和行动，这比仅仅分析它们"可能的"成因、后果和"解决方案"要有用得多。因此，在非洲，对国家的怀疑根植于数个世纪的不平等、掠夺，以及造成了这些问题的治理制度的构建之中。

因此，从前殖民地时期的西非和中西非，我们可以学到太多的东西。然而，在非洲内部，这个课题已经超出了许多大学、中学的大纲。在尼日利亚，从 2009 年到 2016 年，历史作为一个科目从中学大纲中被取消了，而在许多著名的大学中，比如达喀尔的谢赫·安达·迪奥普大学、弗里敦的福拉湾学院和尼日利亚的伊巴丹大学（University of Ibadan），几乎没有专家在研究他们古老的过去。聚焦于当下以及当下的问题，从英国和美国到巴西的绝大多数大学的非洲历史课都是这样教的。在西方，还在教授旧非洲历史的地方的课程内容几乎总是和奴隶制有关的，它们重复着原始主义和压迫的旧比喻。然而，非洲历史比这些要复杂得多，造成现在许多问题的根源扎在了遥远的过去。

这段艰难、痛苦、复杂却又鼓舞人心的历史又对今天有什么意义呢？在对非洲裔古巴宗教桑特里亚教的艺术和仪式的研究中，戴维·H. 布朗（David H. Brown）讲述了他最初是怎样开始这个课题的：

> 在 20 世纪 80 年代早期，我为了研究约鲁巴的宗教图像，开始研究新泽西州哈德逊县，以及纽约各行政区中的波坦尼卡商店（botánicas，神物铺子）。波坦尼卡是非洲裔古巴宗教图像和物品的主要零售商店……我试图在一堆杂乱的工业品和家庭作坊制品中区分出哪一个形象是

"来自非洲的"，这些东西包括蜡烛、花、油、葫芦、好
运喷雾、熏香、小金属工具、牛角、带珠子的棒球棒、干
掉的飞行蝙蝠、捕猎陷阱、洛可可汤碗、蔷薇、来自波多
黎各的旅行刀，以及墨西哥沙锤、穿着彩色裙子的黑塑料
玩偶、铁锅、海螺壳……[10]

475

为什么这么多制造业废物可以用于宗教崇拜？答案或许是，利
用本地产品来构建物体的新意义是西非宗教转型中的一个核
心。随着西方贸易产品被倾销到非洲，它们被赋予了象征性的
宗教意义。当它们获得了宗教力量时，它们在波坦尼卡商品堆
中的堆积就获得了精神价值。[11]

　　这种"宗教狂"般的物品堆积是西方商品拜物教发展的
真实写照。这种价值的颠倒意味着，虽然非洲的人们在这些新
物品的价值中注入了宗教意义，但对于西方经济来说，它们只
和经济价值有关，可以作为剩余价值进行兑现。拜物教在新商
品中被物化了。货币价值的交换对应着道德价值的转变。贸易
的双方都产生了新的意义形式，尽管如此，它们彼此联系紧
密，其塑造的价值体系一直持续到 20 和 21 世纪。

　　就像布朗的故事所表现的，到了 20 世纪，就像从 11 到
19 世纪一样，非洲的变革是深度全球化的。当然，在已经有
了如此多角度的叙事之后，又想在如此长的时间段里以非洲的
视角构建一种新的叙事，这必然是一种引人嘲笑的做法。本书
的目的之一，是在经济的维度上，试图给出对这些多重历史的
理解，同时又展现出它们是如何与世界历史变化的广阔图景相
适应的。正是这种经济转型及其与世界的关系，才能使这一图
景更具连贯性，并能参与到许多迄今为止引起了广泛关注的争

论之中。

非洲在"相互连接的历史"中的地位大胆地说出了，在世界历史的关键时刻，非洲、美洲和欧洲展开的进程都是类似的。在本书中我们已经看到了"财政—军事"国家在 17 世纪的崛起、18 世纪商人阶层领导的革命中贵族统治的覆灭、性别不平衡的产生，以及 18 和 19 世纪在非洲和其余世界同时发生的伊斯兰改革运动之间的联系——它伴随着全球资本主义的诞生。人们跨越大洲地迁移，又建立联系，这些关联被锻造在一起。非洲长期以来是如此全球化，以至于它持续被排除在"世界历史"之外的事实充分说明了，几个世纪以来，在非洲大陆之外存在着多么深的对它的误解。

这种共鸣和联系在历史叙述中似乎来得很晚，正如说唱艺人塔伊鲁·班贝拉所说："如果世界是一个人/他的头发已经半白。"[12]

但是，就像政治家或者国王在不断寻找最适合他们的历史一样，我发现最好从不同的说唱艺人那里寻找勇气，带着为新的一天和新的观点而战斗的希望。

就像马里可拉地区的兰辛·迪亚巴特所说：

> 一天的结束并不是世界的终点。[13]

注　释

1. Dalzel（1967：220 - 21）.
2. Bowdich（1966：106）.

3. 关于堪萨斯州，见 Frank（2004）。

4. 关于货币作为普遍价值与其他"客观"等价物的关系，我非常感谢我的博士生 Joe da Costa，感谢我们在这个问题上的讨论让我看到了它的重要性，在他博士期间，他发展了更加复杂的理论，比我想得更加深入。

5. 关于阿拉达统治者的信件，见 Soares（2014：264）。"形式主义者"和"实体主义者"之间的争论在 Green（2018b）中得到了更详尽的论述。Piketty（2014）认为在"财富"和"资本"之间有一种等价关系。

6. Thaler/Sunstein（2008）. 关于文化和经济互相联系的框架，见 Cabral（1974）。

7. 关于黄金海岸的剑，见 Axelrod Winsnes（1992：39 – 40）。关于墨水、砖块和肥皂的制造，见 Kup（1967：20，107，113）。

8. 关于 1866 年的访问，见 Dobronravin（2016：186 – 91）。

9. 关于拉各斯的崛起，见 Parés（2013a：300）和 Reis（2006）。

10. Brown（2003：1）.

11. 关于利用本地价值给物品赋予新意义的这种习俗，见 Parés（2016：38 – 9）。

12. Conrad（1990：100）.

13. Jansen/Duintjer/Tamboura（1995：118）.

参考文献

缩略词

ACV, *A Collection of Voyages and Travels . . .*, 4 vols. (London, 1704)

AGI, Archivo General de las Indias, Seville

AGNB, Archivo General de la Nación, Bogotá

AGNL, Archivo General de la Nación, Lima

AGNSCL, Archivo General de la Nación, Santiago de Chile

AHN, Archivo Histórico Nacional, Madrid

AHU, Arquivo Histórico Ultramarino, Lisbon

APEB, Arquivo Público do Estado da Bahia, Salvador

ASM, Arquivo da Santa Casa de Misericórdia da Bahia, Salvador

BA, Biblioteca da Ajuda, Lisbon

BNM, Biblioteca Nacional de España, Madrid

CEA, N. Levtzion and J. F. P. Hopkins (eds.), *Corpus of Early Arabic Sources for West African History* (Princeton: Markus Wiener Publishers, 2000)

CU, Conselho Ultramarino (section of AHU)

DHA, *Documentos para a história do Açúcar*, 3 vols. (Rio de Janeiro: Serviço Especial de Documentação Histórica, 1954)

DHRJ, *Documentos históricos [de Rio de Janeiro]*, 110 vols. (Rio de Janeiro: Braggio & Reis, 1928–55)

GAA, Gemeentearchief, Amsterdam

IAN/TT, Instituto dos Arquivos Nacionais/Torre do Tombo, Lisbon

IHGB, Instituto de Histórico e Geográfico Brasileiro, Rio de Janeiro

KH, Koninklijk Huisarchief, The Hague

MMAI, António Brásio (ed.), *Monumenta missionaria africana. África ocidental*, 15 vols. (Lisbon: Agência Geral do Ultramar, 1952–88)

MMAII, António Brásio (ed.), *Monumenta missionaria africana. África ocidental: segunda série*, 7 vols. (Lisbon: Agência Geral do Ultramar, 1958–2004)

NA, Nationaal Archief, The Hague

NAA, Notarial Archive of the Gemeentearchief in Amsterdam

NCAC, National Centre for Arts and Culture, The Gambia
NT, Notaría Primera de Tunja, section of AGNB
OWIC, Oude West-Indische Compagnie, section of NA
PV, *Primeira visitação do Santo Officio ás partes do Brasil. Denunciações da Bahia, 1591–1593* (São Paulo: Homenagem de Paulo Prado, 1925)
SG, Sociedade de Geografia, Lisbon
SO-CO, Santo Ofício Contencioso (section of AGNL)
TNA, The National Archive, London, UK

影片

Identities in Greater Senegambia and Beyond: Interdisciplinary Approaches through History and Music in Dialogue, directed by Anna de Mutiis (2015): https://www.youtube.com/watch?v=DMytlZcXRwA.

Puigserver, Xavier, and Tomàs, Jordi (2014): *Kásuumaay: una experiència de pau a Casamance.* Production: GESA (Grup d'Estudi de les Societats Africanes) and ICIP (Institut Català Internacional per la Pau).

已出版原始资料

A Collection of Voyages and Travels ... (1704). London: Awnsham and John Churchill; 4 vols. (abbreviated as *ACV*).

Abitbol, Michel (ed. and trans.) (1982): *Tombouctou au milieu du XVIIIe siècle d'après la chronique de Mawlāy al-Qāsim B. Mawlāy Sulaymān.* Paris: G.-P. Maisonneuve et Larose.

Adanson, M. (1757): *Histoire naturelle du Sénégal* ... Paris: Claude-Jean-Baptiste Bauche.

Africain, Jean Léon (1896–8): *Description de l'Afrique: tierce partie du monde* ... Paris: Ernest Leroux; 3 vols.

Anguiano, Mateo de (1957): *Misiones capuchinas en África. Vol. 2: Misiones al reino de la Zinga, Benín, Arda, Guinea y Sierra Leona.* Madrid: Consejo Superior de Investigaciones Científicas.

Anonymous (1665): *The Golden Coast, or a Description of Guinney* ... London: S. Speed.

Arnett, E. J. (ed. and trans.) (1922): *The Rise of the Sokoto Fulani, being a Paraphrase and in Some Parts a Translation of the* Infaku'l Maisuri *of Sultan Mohammed Bello.* Kano: Kano Emirate Printing Department.

Atkins, John (1970; first published 1735): *A Voyage to Guinea, Brazil, and the West Indies in His Majesty's Ships, the* Swallow *and* Weymouth ... London: Frank Cass & Co.

Axelrod Winsnes, Selena (ed. and trans.) (1992): *Letters on West Africa and the Slave Trade: Paul Erdmann Isert's Journey to Guinea and the Caribbean Islands in Columbia (1788)*. Oxford: Oxford University Press for the British Academy.

Barros, João de (1945): *Ásia de João de Barros: primeira década*. Lisbon: Agência Geral das Colónias.

Behrendt, Stephen, Latham, A. J. H., and Northrup, David (eds.) (2010): *The Diary of Antera Duke, an Eighteenth-Century African Slave Trader*. Oxford: Oxford University Press.

Bellagamba, Alice, Greene, Sandra E., and Klein, Martin A. (eds.) (2013): *African Voices on Slavery and the Slave Trade. Vol. 1: The Sources*. Cambridge: Cambridge University Press.

Blake, John William (ed. and trans.) (1942): *Europeans in West Africa, 1450–1560: Documents to Illustrate the Nature and Scope of Portuguese Enterprise in West Africa, the Abortive Attempt of Castilians to Create an Empire There, and the Early English Voyages to Barbary and Guinea*. London: Hakluyt Society; 2 vols.

Bontinck, François (ed. and trans.) (1970): *Diaire congolais (1690–1701) de Fra Luca da Caltanisetta*. Louvain and Paris: Éditions Nauwelaerts.

——— (1964): *Brève relation de la fondation de la mission des Frères Mineurs capucins, du séraphique Père Saint François au Royaume de Congo, et des particularités, coutumes, et façons de vivre des habitants de ce royaume*. Louvain and Paris: Éditions Nauwelaerts.

Bosman, Willem (1967; first published 1705): *A New and Accurate Description of the Coast of Guinea: Divided into the Gold, the Slave, and the Ivory Coasts*. London: Frank Cass & Co.

Bowdich, T. Edward (1966; first published 1819): *Mission from Cape Coast Castle to Ashantee*. London: Frank Cass & Co.

Brásio, António (ed.) (1969): *História do reino do Congo (MS 8080 da Biblioteca Nacional de Lisboa)*. Lisbon: Centro de Estudos Históricos Ultramarinos.

——— ed. (1958–2004): *Monumenta missionaria africana. África ocidental: segunda série* (abbreviated as *MMAII*). Lisbon: Agência Geral do Ultramar; 7 vols.

——— ed. (1952–88): *Monumenta missionaria africana: África ocidental* (abbreviated as *MMAI*). Lisbon: Agência Geral do Ultramar; 15 vols.

Cadornega, António de Oliveira de (1972): *História geral das guerras angolanas, 1680*. José Matías Delgado (ed.). Lisbon: Agência Geral do Ultramar; 3 vols.

Calado, Manoel (1648): *O valeroso Lucideno e triumpho da liberdade*. Lisbon: Paulo Craesbeeck.

Camara, Seydou, and Jansen, Jan (eds.) (1999): *La Geste de Nankoman: textes sur la fondation de Naréna (Mali)*. Leiden: Research School CNWS.

Carretta, Vincent (ed.) (2003): *Olaudah Equiano: The Interesting Narrative and Other Writings*. London: Penguin.

Cavazzi da Montecuccolo, Giovanni Antonio (1687): *Istorica descrizione de' tre' regni Congo, Matamba, et Angola, situati nell' Etiopia inferiore occidentale e delle missioni apostoliche esercitatevi da religiosi capuccini*. Bologna: Giacomo Monti.

Conneau, Theophilus (1977; first published 1854): *A Slaver's Log Book, or 20 Years' Residence in Africa*. London: Robert Hale Ltd.

Conrad, David C. (ed.) (1990): *A State of Intrigue: The Epic of Bamana Segu, according to Tayiru Banbera*. Oxford: Oxford University Press for the British Academy.

Coppier, Guillaume (1645): *Histoire et voyage des Indes occidentales*. Lyon: Jean Hugueton.

Cordeiro, Luciano (ed.) (1881): *Viagens, explorações e conquistas dos portuguezes: collecção de documentos*. Lisbon: Imprensa Nacional.

Corry, Joseph (1968; first published 1807): *Observations upon the Windward Coast of Africa . . .* London: Frank Cass & Co.

Cultru, P. (ed.) (1913): *Premier voyage du sieur de La Courbe fait à la coste d'Afrique en 1685*. Paris: Édouard Champion et Émile Larose.

Curtin, Philip D. (ed.) (1967): *Africa Remembered: Narratives by West Africans from the Era of the Slave Trade*. Madison: University of Wisconsin Press.

———, and Boulègue, Jean (eds.) (1974): 'Relation de Bambouc (1729) par Claude Boucard', *Bulletin de l'IFAN*, Série B, 36/2, 246–75.

Cuvelier, J. (ed. and trans.) (1953): *Relations sur le Congo du Père Laurent de Lucques (1700–1717)*. Brussels: Institut Royal Colonial Belge, Section des Sciences Morales et Politiques.

———, and Jadin, L. (eds. and trans.) (1954): *L'Ancien Congo d'après les archives romaines (1518–1640)*. Brussels: Académie Royale des Sciences Coloniales.

Dalzel, Archibald (1967; first published 1793): *The History of Dahomy, an Inland Kingdom of Africa*. London: Frank Cass & Co.

Dantzig, Albert van (ed. and trans.) (1978): *The Dutch and the Guinea Coast, 1674-1742: A Collection of Documents from the General State Archive at The Hague*. Accra: Ghana Academy of Arts and Sciences.

———, and Jones, Adam (eds. and trans.) (1987): *Pieter de Marees: Description and Historical Account of the Gold Kingdom of Guinea (1602)*. Oxford: Oxford University Press for the British Academy.

Dapper, Olfert (1686): *Description de l'Afrique*. Amsterdam: Wolfgang, Waesberge, Boom & van Someren.

David, Pierre-Félix-Barthélemy (1974): *Journal d'un voiage fait en Bambouc en 1744*. Paris: Société Française d'Histoire d'Outre-Mer.

Delbée, Sieur de (1671): 'Journal du voyage du sieur Delbée . . .', in Vol. 2, 347–473, of *Relation de ce qui s'est passé, dans les isles & terre-ferme de l'Amérique, pendant la derniere guerre avec l'Angleterre, & depuis en execution du Traitté de Breda*. Paris: Gervais Clouzier; 2 vols.

Demanet, Abbé (1767): *Nouvelle histoire de l'Afrique françoise . . .* Paris: Duchesne and Lacombe.

Derive, Jean, and Dumestre, Gérard (eds.) (1999): *Des hommes et des bêtes: chants de chasseurs mandingues*. Paris: Association Classiques Africains.

Documentos históricos [de Rio de Janeiro] (1928–55): Rio de Janeiro: Braggio & Reis; 110 vols. (abbreviated as *DHRJ*).

Documentos para a história do Açúcar (1954): Rio de Janeiro: Serviço Especial de Documentação Histórica; 3 vols. (abbreviated as *DHA*).

Dumestre, Gérard (ed. and trans.) (1979): *La Geste de Ségou, racontée par des griots Bambara*. Paris: Armand Colin.

Durand, Jean-Baptiste-Léonard (1802): *Voyage au Sénégal . . .* Paris: Henri Agasse; 2 vols.

El-Wakkad, Mahmoud (ed. and trans.) (1961): 'Qissatu Salga tarīkhu Gonja: The Story of Salaga and the History of Gonja [1]', *Ghana Notes and Queries*, 3, 8–31.

Falconbridge, Alexander (1788): *An Account of the Slave Trade on the Coast of Africa*. London: J. Phillips.

Felner, Alfredo de Albuquerque (1933): *Angola: Apontamentos sôbre a ocupação e início do estabelecimento dos portugueses no Congo, Angola e Benguela, extraídos de documentos históricos*. Coimbra: Imprensa da Universidade.

Gaeta, Antonio da (1669): *La Maravigliosa Conversione alla santa fede di Cristo della Regina Singa, e del suo Regno di Matamba nell'Africa meridionale . . .* Naples: Giacinto Passaro.

Gamble, David P., and Hair, P. E. H. (eds.) (1999): *The Discovery of the River Gambra (1623), by Richard Jobson*. London: The Hakluyt Society.

Giesing, Cornelia, and Vydrine, Valentin (eds.) (2007): *Ta:rikh Mandinka de Bijini (Guinée-Bissau)*. Leiden: Brill.

Góis, Damião de (1949–55; first published 1566): *Crónica do Felicíssimo Rei D. Manuel*. Coimbra: Por Ordem da Universidade; 4 vols.

Hallett, Robin (ed.) (1964): *Records of the African Association, 1788–1831*. Edinburgh: Thomas Nelson & Sons.

Haynes, John (1706): *A View of the Present State of the Clothing Trade in England . . .* London: Printed for the Author.

Heintze, Beatrix (Vol. 1 (1985); Vol. 2 (1988)): *Fontes para a história de Angola do século XVII*. Stuttgart: Franz Steiner Verlag Wiesbaden GmbH; 2 vols.

Hiskett, Mervyn (1965): 'The "Song of Bagauda": A Hausa King List and Homily in Verse – II', *SOAS Bulletin*, 28/1, 112–35.

—— (1964): 'The "Song of Bagauda": A Hausa King List and Homily in Verse – I', *SOAS Bulletin*, 27/3, 540–67.

—— (ed. and trans.) (1963): *Tazyīn al-Waraqāt, by ʿAbdullāh ibn Muḥammad*. Ibadan: Ibadan University Press.

—— (1960): *'Kitab al-farq*: A Work on the Habe Kingdoms Attributed to ʿUthmān dan Fodio', *SOAS Bulletin*, 23/3, 558–79.

—— (1957): 'Material Relating to the State of Learning among the Fulani before Their Jihād', *SOAS Bulletin*, 19/3, 550–78.

Hunwick, John O. (ed.) (2003): *The Writings of Western Sudanic Africa*. Leiden: Brill.

—— (ed. and trans.) (1999): *Timbuktu and the Songhay Empire: Al-Saʿdī's Ta'rīkh al-sūdān down to 1613 and Other Contemporary Documents*. Leiden: Brill.

—— (ed.) (1995): *The Writings of Central Sudanic Africa*. Leiden: Brill.

—— (ed. and trans.) (1985): *Sharīʿa in Songhay: The Replies of Al-Maghīlī to the Questions of Askia al-Ḥājj Muḥammad*. Oxford: Oxford University Press for the British Academy.

Innes, Gordon (ed. and trans.) (1976): *Kaabu and Fuladu: Historical Narratives of the Gambian Mandinka*. London: School of Oriental and African Studies.

Jackson, James Grey (ed.) (1967; first published 1820): *An Account of Timbuctoo and Housa Territories in the Interior of Africa by El Hage Abd Salam Shabeeny*. London: Frank Cass & Co.

Jadin, Louis (1975): *L'Ancien Congo et l'Angola, 1639–1655, d'après les archives romaines, portugaises, néerlandaises et espagnoles*. Brussels and Rome: Institut Historique Belge de Rome.

—— (1966): *Rivalités luso-néerlandaises au Sohio, Congo, 1600–1675: tentatives missionnaires des récollets flamands et tribulations des Capuchins italiens, 1670–1675*. Excerpt from the *Bulletin de l'Institut Historique Belge de Rome*, 37, 137–361. Brussels and Rome: Academia Belgica

Jannequin, Claude (1643): *Voyage de Lybie au Royaume de Senega, le long du Niger, avec la description des habitans qui sont le lon [sic] de ce fleuve, leurs coûtumes & façons de vivre: les particularités les plus remarquables de ces pays*. Paris: Charles Rouillard.

Jansen, Jan, Duintjer, Esger, Tamboura, Boubacar (eds.) (1995): *L'Épopée de Sunjara d'après Lansine Diabate de Kela*. Leiden: Research School CNWS.

Jarric, Pierre du (1610–14): *Histoire des choses plus memorables advenues tant en Indes orientales, que autres païs de la descouverte des Portugais*. Bordeaux: Simon Millanges; 3 vols.

Johnson, Samuel (1937): *The History of the Yorubas: From the Earliest Times to the Beginning of the British Protectorate*. Lagos: CMS Bookshop.

Jones, Adam (ed. and trans.) (1985): *Brandenburg Sources for West African History, 1680–1700*. Stuttgart: Franz Steiner Verlag Wiesbaden GmbH.

——— (ed. and trans.) (1983): *German Sources for West African History, 1599–1669*. Wiesbaden: Franz Steiner Verlag GmbH.

Kingsley, Mary (2015; first published 1897): *Travels in West Africa: Congo Français, Corisco and Cameroons*. London and New York: Penguin Books.

Konadu, Kwasi (forthcoming): *Africa's Gold Coast through Portuguese Sources, 1471–1671*. Oxford: Oxford University Press for the British Academy.

Kup, Alexander Peter (ed.) (1967): *Adam Afzelius: Sierra Leone Journal, 1795–1796*. Uppsala: Studia Ethographica Upsaliensia.

La Fleur, James D. (ed.) (2000): *Pieter van den Broecke's Journal of Voyages to Cape Verde, Guinea and Angola (1605–1612)*. London: The Hakluyt Society.

La Roncière, Charles de (1924–7): *La Découverte de l'Afrique au moyen âge: cartographes et explorateurs*. Cairo: Société Royale de Géographie D'Égypte; 3 vols.

Labarthe, P. (1802): *Voyage au Sénégal, pendant les années 1784 et 1785 . . .* Paris: Dentu.

Lange, Dierk (ed. and trans.) (1987): *A Sudanic Chronicle: The Borno Expeditions of Idrīs Alauma (1564–1576) . . .* Stuttgart: Franz Steiner Verlag Wisebaden GmbH.

Law, Robin (ed.) (1997–2006): *The Local Correspondence of the Royal African Company of England, 1681–1699*. Oxford: Oxford University Press for the British Academy; 3 vols.

Lessa, Clado Ribeiro de (ed.) (1957): *Crônica de uma Embaixada Luso-Brasileira à Costa d'África em fins do século XVIII, incluindo o texto da Viagem de África em o Reino de Dahomé, escrita pelo Padre Vicente Ferreira Pires no ano de 1800 e até o presente inédita*. São Paulo: Companhia Editora Nacional.

Levtzion, N., and Hopkins, J. F. P. (eds.) (2000): *Corpus of Early Arabic Sources for West African History* (abbreviated as *CEA*). Princeton: Markus Wiener Publishers.

Mauny, Raymond (ed.) (1956): *Esmeraldo de situ orbis: côte occidentale d'Afrique du Sud Marocain au Gabon, par Duarte Pacheco Pereira (vers 1506–1508)*. Bissau: Centro de Estudos da Guiné Portuguesa.

Moore, Francis (1738): *Travels into the Inland Parts of Africa . . .* London: D. Henry & R. Cave; second edition.

Naber, S. P. L'Honoré (1931): *Het laerlyck verhael van Johannes de Laet 1624–1636. Vol. 1: 1624–1626*. 's-Gravenhage: Martinus Nijhoff; 4 vols.

—— (1913): *Toortse der zee-vaart, door Dierick Ruiters 1623.* 's-Gravenhage: Martinus Nijhoff.

Neves, António Rodrigues (1854): *Memoria da expedição a Cassange commandada pelo Major Graduado Francisco de Salles Ferreira em 1850.* Lisbon: Imprensa Silviana.

Norris, Robert (1968; first published 1789): *Memoirs of the Reign of Bossa Ahádee, King of Dahomy, an Inland Country of Guiney, to which are Added the Author's Journey to Abomey, the Capital, and a Short Account of the African Slave Trade.* London: Frank Cass & Co.

'Nota van Pieter Mortamer over het gewest Angola', *Bijdragen en Mededeelingen van het Historisch Genootschap*, 54 (1933).

Ogilby, John (ed. and trans.) (1670): *Olfert Dapper: Africa, being an Accurate Description of . . .* London: Tho. Johnson.

Palmer, H. R. (ed. and trans.) (1931): *The Carthaginian Voyage to West Africa in 500 BC, together with Sultan Mohammed Bello's Account of the Origin of the Fulbe.* Bathurst [Banjul]: Government Printer.

—— (ed. and trans.) (1928): 'The Kano Chronicle', in his *Sudanese Memoirs*, Vol. 3, pp. 97–132. Lagos: Government Printer.

Palmer, Richmond (1936): *The Bornu Sahara and Sudan.* London: John Murray.

Park, Mungo (1983; first published 1799): *Travels into the Interior of Africa.* London: Eland.

Peres, Damião (ed.) (1990; first published 1953): *Duas descrições seiscentistas da Guiné de Francisco de Lemos Coelho.* Lisbon: Academia Portuguesa da História.

Piazza, Calogero (ed.) (1976): *La prefettura apostolica del Congo alla metà del XVII secolo: la relazione inedita di Girolamo da Montesarchio.* Milan: Dott. A. Giuffrè Editore.

Pigafetta, Filippo (1970; first published 1881): *A Report of the Kingdom of Congo and of the Surrounding Countries, Drawn out of the Writings and Discourses of the Portuguese Duarte Lopez by Filippo Pigafetta.* Marguerite Hutchinson (ed. and trans.) London: Frank Cass & Co.

Pombo, Ruela (1944): *Anais de Angola, 1630–1635: época de decadência . . .* Lisbon: Emprêsa da Revista 'Diogo-Caâo'.

Primeira visitação do Santo Officio ás partes do Brasil. Denunciações da Bahia, 1591–1593 (1925). São Paulo: Homenagem de Paulo Prado (abbreviated as *PV*).

Proyart, Abbé (1776): *Histoire de Loango, Kakongo, et autres royaumes d'Afrique.* Paris: C. P. Berton & N. Crapart.

Purchas, Samuel (1905–7): *Hakluytus Posthumus, or Purchas His Pilgrimes, Contayning a History of the World in Sea Voyages and Lande Travells by Englishmen and Others.* Glasgow: James MacLehose & Sons; 20 vols.

Ratelband, K. (ed.). (1959): *De Westafrikaanse reis van Piet Heyn, 1624–1625.* 's-Gravenhage: Martinus Nijhoff.

—— (ed.) (1953): *Vijf dagregisters van het kasteel São Jorge da Mina (Elmina) aan de Goudkust (1645–1647).* 's-Gravenhage: Martinus Nijhoff.

Ravenstein, E. G. (ed.) (1901): *The Strange Adventures of Andrew Batell of Leigh, in Angola and the Adjoining Regions.* London: Hakluyt Society.

Rebello, Amador (ed.) (1588): *Alguns capitulos tirados das cartas que vieram este anno de 1588 dos Padres da Companhia de Jesu que andam nas partes da India, China, Japão, & Reino de Angola . . .* Lisbon: Antonio Ribeyro.

Reichardt, Charles Augustus Ludwig (1876): *Grammar of the Fulde Language.* London: Church Missionary House.

Ruyter, Michiel de, and Meppelen, Jan Cornelis van (1665): *Journael gehouden op 's landts-schip de Spiegel . . .* Amsterdam: Jacob Venckel.

Sandoval, Alonso de (1627): *Naturaleza, policia sagrada i profana, costumbres i ritos, disciplina i catechismo evangelico de todos Etiopes.* Seville: Francisco de Lira.

Santiago, Diogo Lopes de (1943): *História da guerra de Pernambuco e feitos memoráveis do mestre de campo João Fernandes Vieira . . .* Recife: Imprensa Oficial de Recife.

Saugnier, M. (1791): *Relations de plusieurs voyages à la Côte d'Afrique, a Maroc, au Sénégal, a Gorée, a Galam, etc. . . .* Paris: Gueffier jeune.

Schouten, Willem (1618): *Journal ou description du merveilleux voyage de Guillaume Schouten, Hollondois natif de Hoorn, fait es années 1615, 1616, & 1617.* Amsterdam: Guillaume Janson.

Seydou, Christiane (ed. and trans.) (1991): *Bergers des mots: poésie peule du Mâssina.* Paris: Association Classiques Africains.

—— (1976): *La Geste de Ham-Bodêdio ou Hama le Rouge.* Paris: Armand Colin.

Silveira, Luís (ed.) (1945): *Peregrinação de André de Faro à Terra dos Gentios.* Lisbon: Officina da Tipographia Portugal-Brasil.

Smith, William (1967; first published 1744): *A New Voyage to Guinea.* London: Frank Cass & Co.

Soares, J. C. de Macedo (1958): *Livro primeiro do govêrno do Brasil, 1607–1633.* Rio de Janeiro: Imprensa Nacional.

Soh, Siré-Abbâs- (1913): *Chroniques du Foûta sénégalais.* Maurice Delafosse and Henri Gaden (trans.). Paris: Ernest Leroux.

Sow, Alfâ Ibrâhîm (ed.) (1971): *Le Filon du bonheur éternel, par Tierno Mouhammadou-Samba Mombéyâ.* Paris: Armand Colin.

Stone, Thora G. (ed.) (1924): 'The Journey of Cornelius Hodges in Senegambia, 1689–90', *English Historical Review*, 39/153, 89–95.

Tovar, Joseph Pellicer de (1649): *Mission evangelica al reyno de Congo . . .* Madrid: Domingo Garcia i Morràs.

Wilks, Ivor, Levtzion, Nehemia, and Haight, Bruce M. (eds.) (1986): *Chronicles from Gonja: A Tradition of West African Muslim Historiography.* Cambridge: Cambridge University Press.

二手资料

Acemoglu, Daron, Johnson, Simon, and Robinson, James A. (2002): 'Reversal of Fortune: Geography and Institutions in the Making of the Modern World Income Distribution', *Quarterly Journal of Economics*, 117, 1,231–94.

Achebe, Nwando (2011): *The Female King of Colonial Nigeria: Ahebi Ugbabe.* Bloomington: Indiana University Press.

Adebayo, A. G. (1994): 'Money, Credit, and Banking in Precolonial Africa: The Yoruba Experience', *Anthropos*, 89/4–6, 379–400.

Adu-Boahen, Kwabena (2012): 'The Impact of European Presence on Slavery in the Sixteenth to Eighteenth-Century Gold Coast', *Transactions of the Historical Society of Ghana*, New Series, 14, 165–99.

Akinjogbin, I. A. (1967): *Dahomey and Its Neighbours, 1708–1818.* Cambridge: Cambridge University Press.

Alao, Abiodun (2016): 'Africa: A Voice to Be Heard, Not a Problem to be Solved', inaugural lecture at King's College London, 26 April 2016.

Alencastro, Luiz Felipe de (1980): 'L'Empire du Brésil', in Maurice Duverger (ed.), *Le Concept d'Empire*, 301–10. Paris: Presses Universitaires de France.

Alpern, Stanley B. (2011): *Amazons of Black Sparta: The Women Warriors of Dahomey.* New York: NYU Press.

Anderson, Robert Welson (1996): 'The *Quilombo* of Palmares: A New Overview of a Maroon State in Seventeenth-Century Brazil', *Journal of Latin American Studies*, 28/3, 545–66.

Appiah, Kwame Anthony (2010): *The Honor Code: How Moral Revolutions Happen.* New York: W. W. Norton & Company.

Apter, Andrew (2017): 'History in the Dungeon: Atlantic Slavery and the Spirit of Capitalism in Cape Coast Castle, Ghana', *American Historical Review*, 122/1, 23–54.

Aranzadi, Isabela de (2010): 'A Drum's Trans-Atlantic Journey from Africa to the Americas and Back after the End of Slavery: Annobonese and Fernandino Musical Cultures', *African Sociological Review*, 14/1, 20–47.

Araujo, Ana Lucia (2012): 'Dahomey, Portugal, and Bahia: King Adandozan and the Atlantic Slave Trade', *Slavery & Abolition*, 33/1, 1–19.

Argenti, Nicholas (2007): *The Intestines of the State: Youth, Violence, and Belated Histories in the Cameroon Grassfields*. Chicago: University of Chicago Press.

Arhin, Kwame (1995): 'Monetization and the Asante State', in Jane I. Guyer (ed.), *Money Matters: Instability, Values and Social Payments in the Modern History of West African Communities*, 97–110. London: James Currey.

Assadourian, Carlos Sempat (1966): *El tráfico de esclavos en Córdoba de Angola a Potosí, siglos XVI–XVII*. Córdoba, Argentina: Dirección General de Publicaciones.

Assunção, Matthias Röhrig (2005): *Capoeira: The History of an Afro-Brazilian Martial Art*. London: Routledge.

Atherton, John H., and Kalous, Milan (1970): 'Nomoli', *Journal of African History*, 11/3, 303–17.

Austen, Ralph A. (2010): *Trans-Saharan Africa in World History*. Oxford: Oxford University Press.

——— (1987): *African Economic History: Internal Development and External Dependency*. London: James Currey.

Austin, Gareth (2007): 'Reciprocal Comparison and African History: Tackling Conceptual Eurocentrism in the Study of Africa's Economic Past', *African Studies Review*, 50/3, 1–28.

Babalola, Abidemi Babatunde (2016): 'Rethinking Glass Bead Making and Interaction among Medieval West African Societies: Evidence from Ile-Ife, South-West Nigeria', paper presented at the African Studies Association Conference, Washington, DC, 1 December 2016.

Babou, Alhaji (2018): 'Sheriff Sheikhna Sheikh Mahfouz: the Man, the Myth, the Legend', manuscript presented at Banjul, ASAUK Writers' Workshop, 24 March 2018.

Bakchine-Dumont, Simonne (1979): 'Une inscription tumulaire hébraïque du Touat', *Revue des études juives*, 138/1–2, 143–6.

Balandier, Georges (1968): *Daily Life in the Kingdom of Kongo from the Sixteenth to the Eighteenth Century*. London: George Allen & Unwin Ltd.

Ballong-wen-Mewuda, J. Bato'ora (1993): *São Jorge da Mina, 1482–1637: la vie d'un comptoir portugais en Afrique occidentale*. Lisbon and Paris: Fondation Calouste Gulbenkian; 2 vols.

Balogun, Ismail A. B. (1975): *The Life and Works of 'Uthmān dan Fodio*. Lagos: Islamic Publications Bureau.

Barcia, Manuel (2014): *West African Warfare in Bahia and Cuba: Soldier Slaves in the Atlantic World, 1807–1844*. Oxford: Oxford University Press, 2014.

—— (2013): '"An Islamic Atlantic revolution": Dan Fodio's *Jihād* and Slave Rebellion in Bahia and Cuba, 1804–1844', *Journal of African Diaspora, Archaeology and Heritage*, 2/1, 6–17.

Barros, Philip Lynton de (2001): 'The Effect of the Slave Trade on the Bassar Ironworking Society, Togo', in Christopher R. DeCorse (ed.), *West Africa during the Atlantic Slave Trade: Archaeological Perspectives*, 59–80. London: Leicester University Press.

Barry, Boubacar (1998): *Senegambia and the Atlantic Slave Trade*, A. Kwei Armah (trans.). Cambridge: Cambridge University Press.

—— (1985): *Le Royaume du Waalo: le Sénégal avant la conquête*. Paris: Éditions Karthala.

Bathily, Abdoulaye (1989): *Les Portes de l'Or: le Royaume de Galam (Sénégal) de l'ère musulmane au temps de négriers (VIIIᵉ–XVIIIᵉ siècle)*. Paris: L'Harmattan.

Baum, Robert M. (1999): *Shrines of the Slave Trade: Diola Religion and Society in Precolonial Senegambia*. New York and Oxford: Oxford University Press.

Bay, Edna G. (1998): *Wives of the Leopard: Gender, Politics, and Culture in the Kingdom of Dahomey*. Charlottesville and London: University of Virginia Press.

Bazin, Jean (1974): 'War and Servitude in Segou', *Economy and Society*, 3/2, 107–44.

Becker, Charles, and Martin, Victor (1982): 'Kayor and Baol: Senegalese Kingdoms and the Slave Trade in the Eighteenth Century', in J. E. Inikori (ed.), *Forced Migration: The Impact of the Export Slave Trade on African Societies*, 100–125. London: Hutchinson.

Beckert, Sven (2014): *Empire of Cotton: A New History of Global Capitalism*. London: Allen Lane.

Bellagamba, Alice (2013): '"The little things that would please your heart . . .": Enslavement and Slavery in the Narrative of Al Hajj Bakoyo Suso (The Gambia)', in Alice Bellagamba, Sandra E. Greene and Martin A. Klein (eds.), *African Voices on Slavery and the Slave Trade. Vol. 1: The Sources*, 29–46. Cambridge: Cambridge University Press.

Bellman, Beryl L. (1984): *The Language of Secrecy: Symbols and Metaphors in Poro Ritual*. New Brunswick: Rutgers University Press.

Bennett, Herman L. (2003): *Africans in Colonial Mexico: Absolutism, Christianity and Afro-Creole Consciousness, 1570–1640*. Bloomington: Indiana University Press.

Benton, Lauren (2002): *Law and Colonial Cultures: Legal Regimes in World History, 1400–1900*. New York and Cambridge: Cambridge University Press.

Bernal, Antonio-Miguel (1992): *La financiación de la Carrera de Indias (1492–1824): dinero y crédito en el comercio colonial español con América*. Seville: Fundación el Monte.

Berzock, Kathleen Bickford (2008): *Benin: Royal Arts of a West African Kingdom*. New Haven and London: Yale University Press.

Bethencourt, Francisco (2011): 'Creolization of the Atlantic World: The Portuguese and the Kongolese', *Portuguese Studies*, 27/1, 56–69.

Bivar, A. D. H. (1961): 'The *Wathīqat ahl al-sūdān*: A Manifesto of the Fulani *Jihād*', *Journal of African History*, 2/2, 235–43.

Bockie, Simon (1993): *Death and the Invisible Powers: The World of Kongo Belief*. Bloomington: Indiana University Press.

Bolland, Rita (1991): *Tellem Textiles: Archaeological Finds from Burial Caves in Mali's Bandiagara Cliff*. Amsterdam: Royal Tropical Institute.

Boulègue, Jean (1987): *Le Grand Jolof (XIIIᵉ–XVIᵉ siècle)*. Blois: Édition Façades.

Boxer, C. R. (1973; first published 1957): *The Dutch in Brazil, 1624–1654*. Hamden: Archon Books.

——— (1952): *Salvador de Sá and the Struggle for Brazil and Angola, 1602–1686*. London: Athlone Press.

Bovill, E. W. (1958): *The Golden Trade of the Moors*. London: Oxford University Press.

Brandon, George (1993): *Santeria from Africa to the New World: The Dead Sell Memories*. Bloomington: Indiana University Press.

Brenner, Louis (1979): 'Muhammad al-Amīn al-Kānimī and Religion and Politics in Bornu', in John Ralph Willis (ed.), *Studies in West African Islamic History. Vol. 1: The Cultivators of Islam*, 160–76. London: Frank Cass & Co.

Brewer, John (1989): *The Sinews of Power: War, Money and the English State, 1688–1783*. London: Unwin Hyman.

Brivio, Alessandra (2013): 'Tales of Cowries, Money, and Slaves', in Bellagamba/Greene/Klein (eds.), *African Voices on Slavery and the Slave Trade. Vol. 1: The Sources*, 47–53. Cambridge: Cambridge University Press.

Brooks, George E. (2012): 'American Trade with Cabo Verde and Guiné, 1820s–1850s: Exploiting the Transition from Slave to Legitimate Commerce', in Toby Green (ed.), *Brokers of Change: Atlantic Commerce and Cultures in Precolonial Western Africa*, 307–32. Oxford: Oxford University Press for the British Academy.

——— (1993): *Landlords and Strangers: Ecology, Society, and Trade in Western Africa, 1000–1630*. Boulder: Westview Press.

Brown, David H. (2003): *Santería Enthroned: Art, Ritual, and Innovation in an Afro-Cuban Religion*. Chicago: University of Chicago Press.

Brown, Vincent (2008): *The Reaper's Garden: Death and Power in the World of Atlantic Slavery*. Cambridge, Mass.: Harvard University Press.

Budasz, Rogério (2007): 'Black Guitar-Players and Early African–Iberian Music in Portugal and Brazil', *Early Music*, 35/1, 3–21.

Cabral, Amilcar (1974): 'National Liberation and Culture', *Transition*, 45, 12–17.

Cabral de Mello, Evaldo (1998): *O negócio do Brasil: Portugal, os Países Baixos, e o Nordeste, 1641–1669*. Rio de Janeiro: Topbooks Editora.

Caldeira, Arlindo Manuel (1999): *Mulheres, sexualidade e casamento em São Tomé e Príncipe (séculos XV a XVIII)*. Lisbon: Edições Cosmos.

Candido, Mariana P. (2013): *An African Slaving Port and the Atlantic World: Benguela and Its Hinterland*. Cambridge: Cambridge University Press.

—— (2011): 'Slave Trade and New Identities in Benguela, 1700–1860', *Portuguese Studies Review*, 19/1–2, 59–75.

—— (2010): 'Different Slave Journeys: Enslaved African Seamen on Board of Portuguese Ships, c. 1760–1820s', *Slavery & Abolition*, 31/3, 395–409.

Candotti, Marisa (2015): 'Cotton Growing and Textile Production in Northern Nigeria: From Caliphate to Protectorate, c. 1804–1914'. London: School of Oriental and African Studies, PhD dissertation.

Capone, Stefania (2010): *Searching for Africa in Brazil: Power and Tradition in Candomblé*. Raleigh: Duke University Press.

Carney, Judith A. (2004): ' "With grains in her hair": Rice in Colonial Brazil', *Slavery & Abolition*, 25/1, 1–27.

—— (2001): *Black Rice: The African Origins of Rice Cultivation in the Americas*. Cambridge, Mass.: Harvard University Press.

——, and Rosomoff, Richard Nicholas (2009): *In the Shadow of Slavery: Africa's Botanical Legacy in the Atlantic World*. Berkeley: University of California Press.

Carrigy, John (2017): 'Transcending Boundaries: John Dee's Imperial Literature in the Context of Elizabethan Scholarly Practice', paper presented at the conference 'Cross-disciplinary Approaches to the Study of Knowledge-making in the Early Modern World, 1450–1800', London, 14 October 2017.

Castillo, Lisa Earl, and Parés, Luis Nicolau (2010): 'Marcelina da Silva: A Nineteenth-Century Candomblé Priestess in Bahia', *Slavery & Abolition*, 31/1, 1–27.

Chasteen, John Charles (1996): 'The Prehistory of Samba: Carnival Dancing in Rio de Janeiro, 1840–1917', *Journal of Latin American Studies*, 28/1, 29–47.

Childs, Gladwyn M. (1970): 'The Chronology of the Ovimbundu Kingdoms', *Journal of African History*, 11/2, 241–8.

——— (1964): 'The Kingdom of Wambu (Huambo): A Tentative Chronology', *Journal of African History*, 5/3, 367–79.

Chouin, Gérard L. (2016): 'Rethinking the Chronology of Sungbo's Eredo: Recent Archaeological Investigations in Ijebuland', paper presented at the African Studies Association Conference, Washington, DC, 1 December 2016.

———, and DeCorse, Christopher R. (2010): 'Prelude to the Atlantic Trade: New Perspectives on Southern Ghana's Pre-Atlantic History (800–1500)', *Journal of African History*, 51/2, 123–45.

Cissoko, Sékéné Mody (1974): *Tombouctou et l'empire Songhay: épanouissement du Soudan nigérien aux XVᵉ–XVIᵉ siècles*. Paris: L'Harmattan.

Connah, Graham (1975): *The Archaeology of Benin: Excavations and Other Researches in and around Benin City, Nigeria*. Oxford: Clarendon Press.

Coolen, Michael Theodore (1982): 'The Fodet: A Senegambian Origin for the Blues?', *The Black Perspective in Music*, 10/1, 69–84.

Coquéry-Vidrovitch, Catherine (1971): 'De la traite des esclaves à l'exportation de l'huile de palme et des palmistes au Dahomey: XIXᵉ siècle', in Claude Meillassoux (ed.), *The Development of Indigenous Trade and Markets in West Africa*, 107–23. London: Oxford University Press for the International African Institute.

——— (1969): 'Recherches sur un mode de production africaine', *La Pensée*, 144, 61–78.

Costa, Leonor Freire (2002): *O transporte no Atlântico e a Companhia Geral do Comércio do Brasil, 1580–1663*. Lisbon: Comissão Nacional para as Comemorações dos Descobrimentos Portugueses; 2 vols.

Curtin, Philip D. (1984): *Cross-Cultural Trade in World History*. Cambridge: Cambridge University Press.

——— (1975): *Economic Change in Precolonial Africa: Senegambia in the Era of the Slave Trade*. Madison: University of Wisconsin Press.

——— (1971): 'Jihad in West Africa: Early Phases and Inter-Relations in Mauritania and Senegal', *Journal of African History*, 12/1, 11–24.

Curto, José C. (2004): *Enslaving Spirits: The Portuguese–Brazilian Alcohol Trade at Luanda and Its Hinterland, c. 1550–1830*. Leiden: Brill.

Daaku, Kwame Yeboa (1970): *Trade and Politics on the Gold Coast, 1600–1720: A Study of the African Reaction to European Trade*. Oxford: Clarendon Press.

Dantzig, Albert van (1980): *Les Hollandais sur la Côte d Guinée, à l'époque de l'essor de l'Ashanti et du Dahomey, 1680–1740*. Paris: Société Française d'Histoire d'Outre-Mer.

Dewière, Rémi (2013): ' "Regards croisés entre deux ports de désert": l'enjeu des sources pour l'étud des relations entre Tripoli et le Sultana de Borno', *Hypothèses*, 16/1, 383–93.

Dobronravin, Nikolay (2016): 'Não só mandingas: *QaSīdat al-Burda*, poesia ascética (*Zuhdiyyāt*) e as *Maqāmāt* de al-Harīrī nos escritos dos negros muçulmanos no Brasil oitocentista', *Afro-Ásia*, 53, 185–226.

Domar, Evsey D. (1970): 'The Causes of Slavery or Serfdom: A Hypothesis', *Journal of Economic History*, 30/1, 18–32.

Dubois, Laurent (2016): *The Banjo: America's African Instrument*. Cambridge, Mass.: Harvard University Press.

——— (2004): *Avengers of the New World: The Story of the Haitian Revolution*. Cambridge, Mass.: Harvard University Press.

Duvall, Chris (2009): 'A Maroon Legacy? Sketching African Contributions to Live Fencing Practices in Early Spanish America', *Singapore Journal of Tropical Geography*, 30/2, 232–47.

Ekholm, Kasja (1972): *Power and Prestige: The Rise and Fall of the Kongo Kingdom*. Uppsala: Skriv Service AB.

Eltis, David (2000): *The Rise of African Slavery in the Americas*. Cambridge: Cambridge University Press.

Engerman, Stanley (2000): Contribution to '*AHR* Forum: Crossing Slavery's Boundaries', *American Historical Review*, 105/2, 451–84.

Evans, Chris (2015): '"Guinea Rods" and "Voyage Iron": Metals in the Atlantic Slave Trade, Their European Origins and African Impacts', paper delivered at the Annual Conference of the Economic History Society, 2015.

Everill, Bronwen (2012): *Abolition and Empire in Sierra Leone and Liberia*. London: Palgrave Macmillan.

Everts, Natalie (2012): 'A Motley Company: Differing Identities among Euro-Africans in Eighteenth-Century Elmina', in Toby Green (ed.), *Brokers of Change: Atlantic Commerce and Cultures in Precolonial Western Africa*, 54–69. Oxford: Oxford University Press for the British Academy.

Fage, J. D. (1969): 'Slavery and the Slave Trade in the Context of West African History', *Journal of African History*, 10/3, 393–404.

Fanon, Frantz F. (2008): *Black Skin, White Masks*. Charles Lam Markmann (trans.). London: Pluto Press.

Farias, P. F. de Moraes (2015): 'Muslim Oralcy: A Neglected Subject', Fage Lecture, delivered at the University of Birmingham, 11 November 2015.

——— (2007): 'Au-delà de l'opposition coloniale entre l'authenticité africaine et l'identité musulmane: l'œuvre de Waa Kamisòkò, barde moderne et critique du Mali', in Christophe de Beauvais and Mariella Villasante Cervello (eds.), *Colonisations et héritages au Sahara et au Sahel*, Vol. 2, 271–308. Paris: L'Harmattan; 2 vols.

——— (2003): *Medieval Arabic Inscriptions from the Republic of Mali: Epigraphy, Chronicles and Songhay-Tuareg History*. Oxford: Oxford University Press for the British Academy.

────── (1990): ' "Yoruba Origins" Revisited by Muslims: An Interview with the Arókin of Òyó and a Reading of the Aṣl Qabā'il Yūrubā of Al-Ḥājj Ādam al-Ilūrī', in Karin Barber and Paulo de Moraes Farias (eds.), *Self-assertion and Brokerage: Early Cultural Nationalism in West Africa*, 109–47. Birmingham: Centre of West African Studies Monographs.

────── (1974): 'Silent Trade: Myth and Historical Evidence', *History in Africa*, 1, 9–24.

Farris Thompson, Robert (1984): *Flash of the Spirit: African and Afro-American Art and Philosophy*. New York: Vintage Books.

Faust, Franz X., et al. (2006): 'Evidence for the Postconquest Demographic Collapse of the Americas in Historical CO_2 Levels', *Earth Interactions*, 10, Paper No. 11, 1–15.

Fauvelle, François-Xavier (2013): *Le Rhinocéros d'Or: histoires du moyen âge africain*. Paris: Alma Editeur.

Fenske, James, and Kala, Namrata (2012): 'Climate, Ecosystem Resilience and the Slave Trade', CSAE Working Paper WPS/2012–23.

Ferreira, Roquinaldo (2014): 'Slave Flights and Runaway Communities in Angola (Seventeenth to Nineteenth Centuries)', *Anos 90, Porto Alegre*, 21/40, 65–90.

────── (2013): 'Agricultural Enterprise and Unfree Labour in Nineteenth-Century Angola', in Robin Law, Suzanne Schwarz and Silke Strickrodt (eds.), *Commercial Agriculture, the Slave Trade and Slavery in Africa*, 225–42. Woodbridge: James Currey.

────── (2012): *Cross-Cultural Trade in the Atlantic World: Angola and Brazil in the Era of the Slave Trade*. Cambridge: Cambridge University Press.

────── (2007): 'Atlantic Microhistories: Mobility, Personal Ties, and Slavery in the Black Atlantic World (Angola and Brazil)', in Nancy P. Naro, Roger Sansi-Roca and David H. Treece (eds.), *Cultures of the Lusophone Black Atlantic*, 99–128. New York: Palgrave Macmillan.

Fields-Black, Edda L. (2009): *Deep Roots: Rice Farmers in West Africa and the African Diaspora*. Bloomington and Indianapolis: Indiana University Press.

Filesi, Teobaldo (1968): *La relazioni tra il Regno del Congo e la Sede apostolica nel XVI secolo*. Como: Casa Editrice Pietro Cairoli.

Filipello, Marcus (2016): *The Nature of the Path: Reading a West African Road*. Minneapolis: University of Minnesota Press.

Fishburne Collier, Jane (1988): *Marriage and Inequality in Classless Societies*. Stanford: Stanford University Press.

Flynn, Dennis O. (1978): 'A New Perspective on the Spanish Price Revolution: The Monetary Approach to the Balance of Payments', *Explorations in Economic History*, 15, 388–406.

Flynn, Dennis O., and Giraldez, Arturo (1996): 'China and the Spanish Empire', *Revista de historia económica*, 14/2, 309–38.

―――― (1995): 'Born with a "silver spoon": The Origin of World Trade in 1571', *Journal of World History*, 6/2, 201–21.

Fornah, Ibrahima, Fullah, Daniel, Kamara, Jesph S., Sesay, John, and Koroma, Augustine S. (2017): 'The Registers of the Rågbenle Society of the Themɔnɛ of Måtotoka of Tånɛ Chiefdom, Tonkolili District, Northern Sierra Leone', Working Paper presented at ASAUK Writing Workshop, Fourah Bay College, Sierra Leone, 3 May 2017.

Fortune, Stephen Alexander (1984): *Merchants and Jews: The Struggle for British West Indian Commerce, 1650–1750*. Gainesville: University of Florida Press.

Frank, Andre Gunder (1998): *ReOrient: The Global Economy in the Asian Age*. Berkeley: University of California Press.

Frank, Thomas (2004): *What's the Matter with Kansas? How Conservatives Won the Heart of America*. New York: Henry Holt & Co.

Fuente, Alejandro de la, with the collaboration of César García del Pino and Bernardo Iglesias Delgado (2008): *Havana and the Atlantic in the Sixteenth Century*. Chapel Hill: University of North Carolina Press.

Fromont, Cécile (2014): *The Art of Conversion: Christian Visual Culture in the Kingdom of Kongo*. Chapel Hill: University of North Carolina Press.

Garfield, Robert (1992): *A History of São Tomé Island, 1470–1655: The Key to Guinea*. San Francisco: Mellen Research University Press.

Gilroy, Paul (1992): *The Black Atlantic: Modernity and Double Consciousness*. Cambridge, Mass.: Harvard University Press.

Glete, Jan (2002): *War and the State in Early Modern Europe: Spain, the Dutch Republic and Sweden as Fiscal-Military States, 1500–1650*. London and New York: Routledge.

Godinho, Vitorino Magalhães (1969): *L'Économie de l'empire portugais aux X Vᵉ e X VIᵉ siècles*. Paris: S.E.V.P.E.N.

Godinho Guarda, Ines (2016): 'European Slave Trade Middlemen in the Gold Coast, the Slave Coast and Angola, 1680–1720'. London: King's College London, PhD dissertation.

Gomez, Michael A. (2018): *African Dominion: A New History of Empire in Early and Medieval West Africa*. Princeton, NJ: Princeton University Press.

―――― (1992): *Pragmatism in the Age of Jihad: The Precolonial State of Bundu*. Cambridge: Cambridge University Press.

Gómez, Pablo F. (2016): *The Experiential Caribbean: Creating Knowledge and Healing in the Early Modern Atlantic*. Chapel Hill: University of North Carolina Press.

——— (2013): 'The Circulation of Bodily Knowledge in the Seventeenth-Century Black Spanish Caribbean', *Social History of Medicine*, 26/3, 383–402.

Gonçalves, António Custódio (2005): *A história revisitada do Kongo e Angola*. Lisbon: Editorial Estampa.

——— (2000): 'A tradição oral na construção da história de Angola', in *Actas do seminário encontro de povos e culturas em Angola*, 415–28. Lisbon: Comissão Nacional para as Comemorações dos Descobrimentos Portugueses.

——— (1985): *Kongo: Le Lignage contre l'état: dynamique politique du Kongo du XVIème au XVIIème siècles*. Évora: Universidade de Évora/Instituto de Investigação Científica Tropical.

Graeber, David (2011): *Debt: The First Five Thousand Years*. New York: Melville House Publishing.

Gravrand, Henri (1983): *La Civilisation sereer: Cosaan, les origines*. Dakar: Nouvelles Éditions Africaines.

Green, Toby (2018b): 'The Challenges of Studying Inflation in Precolonial Africa: A Response to Klas Rönnbäck', *History in Africa*, 45, 19–28.

——— (2018a): 'From Essentialism to Pluralisms: New Directions in Precolonial West African History from the Oral History Archive at Fajara, The Gambia', in Toby Green and Benedetta Rossi (eds.), *Landscapes, Sources and Intellectual Projects of the West African Past: Essays in Honour of Paulo Fernando de Moraes Farias*, Chapter 16. Leiden: Brill.

——— (2017): '*Baculamento* or *Encomienda*? Legal Pluralisms and the Contestation of Power in the Pan-Atlantic World of the Sixteenth and Seventeenth Centuries', *Journal of Global Slavery*, 2, 310–36.

——— (2016b): 'Beyond an Imperial Atlantic: Trajectories of Africans from Upper Guinea and West-Central Africa in the Early Atlantic World', *Past & Present*, 230 (February 2016), 91–122.

——— (2016a): 'Africa and the Price Revolution: Currency Imports and Socioeconomic Change in West and West-Central Africa During the Seventeenth Century', *Journal of African History*, 57/1, 1–24.

——— (2015): 'Memories of Violence: Slavery, The Slave Trade, and Forced Labour in Greater Senegambia in the Past and the Present', *Mande Studies*, 16/17, 169–85.

——— (2013): 'The Export of Rice and Millet from Upper Guinea into the Sixteenth-Century Atlantic Trade', in *Commercial Agriculture, the Slave Trade and Slavery in Atlantic Africa*, Robin Law, Suzanne Schwarz and Silke Strickrodt (eds.), 79–97. Woodbridge: James Currey.

—— (2012b): *The Rise of the Trans-Atlantic Slave Trade in Western Africa, 1300–1589*. Cambridge: Cambridge University Press.

—— (ed.) (2012a): *Brokers of Change: Atlantic Commerce and Cultures in Precolonial Western Africa*. Oxford: Oxford University Press for the British Academy.

—— (2009): 'Architects of Knowledge, Builders of Power: Constructing the Kaabu "Empire", 16TH– 17TH Centuries', *Mande Studies*, 11, 91–112.

—— (2007): *Inquisition: The Reign of Fear*. London: Macmillan.

Greene, Sandra E. (2013): 'Oral Traditions about Individuals Enslaved in Asante', in Alice Bellagamba, Sandra E. Greene and Martin A. Klein (eds.), *African Voices on Slavery and the Slave Trade. Vol. 1: The Sources*, 15–28. Cambridge: Cambridge University Press.

—— (1996): *Gender, Ethnicity and Social Change on the Upper Slave Coast: A History of the Anlo-Ewe*. Portsmouth, NH: Heinemann.

Guerra, M. F., Sarthre, C. O., Gondonneau, A., and Barrandon, J. N. (1999): 'Precious Metals and Provenance Enquiries using LA-ICP-MS', *Journal of Archaeological Science*, 26, 1,101–10.

Guyer, Jane I. (2012): 'Soft Currencies, Cash Economies, New Monies: Past and Present', *Proceedings of the National Academy of Sciences*, 109/7, 2,214–21.

—— (2004): *Marginal Gains: Monetary Transactions in Atlantic Africa*. Chicago: University of Chicago Press.

Hair, P. E. H. (1967): 'Ethnolinguistic Continuity on the Guinea Coast', *Journal of African History*, 8/2, 247–68.

Hall, Bruce S. (2011b): 'How Slaves Used Islam: The Letters of Enslaved Muslim Commercial Agents in the Nineteenth-Century Niger Bend and Central Sahara', *Journal of African History*, 52/3, 279–97.

—— (2011a): *A History of Race in Muslim West Africa, 1600–1960*. Cambridge and New York: Cambridge University Press.

Hall, Gwendolyn Midlo (1992): *Africans in Colonial Louisiana: The Development of Afro-Creole Culture in the Eighteenth Century*. Baton Rouge: Louisiana State University Press.

Hall, Trevor P. (2015): *Beyond Middle Passage: Translated Portuguese Manuscripts of Atlantic Slave Trading from West Africa to Iberian Territories, 1513–1524*. London: Routledge.

Harling, P., and Mandler, P. (1993): 'From "Fiscal-Military" State to Laissez-faire State, 1760–1850', *Journal of British Studies*, 32/1, 44–70.

Haveaux, G. L. (1954): *La Tradition historique des Bapende orientaux*. Brussels: Académie Royale des Sciences Coloniales.

Havik, Philip J. (2016): 'Hybridising Medicine: Illness, Healing, and the Dynamics of Reciprocal Exchange on the Upper Guinea Coast (West Africa)', *Medical History*, 60/2, 181–205.

—— (2004): *Silences and Soundbytes: The Gendered Dynamics of Trade and Brokerage in the Pre-Colonial Guinea Bissau Region*. Münster/New Brunswick: LIT Verlag.

Hawthorne, Walter (2010b): 'From "Black Rice" to "Brown": Rethinking the History of Risiculture in the Seventeenth- and Eighteenth-Century Atlantic', *American Historical Review*, 115/1, 151–63.

—— (2010a): *From Africa to Brazil: Culture, Identity and an Atlantic Slave Trade, 1600–1830*. Cambridge and New York: Cambridge University Press.

—— (2003): *Planting Rice and Harvesting Slaves: Transformations along the Guinea-Bissau Coast, 1400–1900*. Portsmouth, NH: Heinemann.

—— (2001): 'Nourishing a Stateless Society during the Slave Trade: The Rise of Balanta Paddy-Rice Production in Guinea-Bissau', *Journal of African History*, 42/1, 1–24.

Hébrard, Jean, and Scott, Rebecca (2012): *Freedom Papers: An Atlantic Odyssey in the Age of Emancipation*. Cambridge, Mass.: Harvard University Press.

Hegel, G. W. F. (1956): *The Philosophy of World History*. John Sibree (ed. and trans.). New York: Dover.

Heijer, Henk den (1997): *Goud, ivoor en slaven: scheepvaart en handel van de Tweede Westindische Compagnie op Afrika, 1674–1740*. Zutphen: Walburg Pers.

Heintze, Beatrix (1989): 'A cultura material dos Ambundu de Angola segundo as fontes dos séculos XVI e XVII', *Revista internacional de estudos africanos*, 10–11, 15–63.

Henry, Clarence Bernard (2008): *Let's Make Some Noise: Axé and the African Roots of Brazilian Popular Music*. Oxford: University Press of Mississippi.

Herbert, Eugenia W. (1984): *Red Gold of Africa: Copper in Precolonial History and Culture*. Madison: University of Wisconsin Press.

Heusch, Luc de (2000): *Le Roi de Kongo et les monstres sacrés*. Paris: Gallimard.

Heywood, Linda M. (2017): *Njinga of Angola: Africa's Warrior Queen*. Cambridge, Mass., and London: Harvard University Press.

—— (2009): 'Slavery and Its Transformation in the Kingdom of Kongo, 1491–1800', *Journal of African History*, 50/1, 1–22.

——, and Thornton, John K. (2007): *Central Africans, Atlantic Creoles and the Foundation of the Americas, 1585–1660*. Cambridge: Cambridge University Press.

Hicks, Mary (2017): 'Panos como linguas: panos da costa, marinheiros libertos e escravos, e quitandeiras africanas em Salvador da Bahia, 1797–1850', paper presented at the conference 'Poder e dinheiro na era do tráfico: escravidão e outros laços econômicos entre África e Brasil', Universidade Federal da Bahia, Salvador, 15–17 March 2017.

Hilton, Anne (1985): *The Kingdom of Kongo*. Oxford: Clarendon Press.

—— (1981): 'The Jaga Reconsidered', *Journal of African History*, 22/2, 191–202.

Hiribarren, Vincent (2017): *A History of Borno: Trans-Saharan African Empire to Failing Nigerian State*. London: C. Hurst & Co.

Hiskett, Mervyn (1973): *The Sword of Truth: The Life and Times of the Shehu Usuman Dan Fodio*. New York: Oxford University Press.

Hobsbawm, Eric (1996): *The Age of Revolution, 1789–1848*. New York: Vintage Books.

Hogendorn, Jan, and Johnson, Marion (1986): *The Shell Money of the Slave Trade*. Cambridge: Cambridge University Press.

Hopkins, A. G. (1973): *An Economic History of West Africa*. Harlow: Longman.

Horta, José da Silva (2011): *A 'Guiné do Cabo Verde': produção textual e representações, 1578–1684*. Lisbon: Fundação Gulbenkian/FCT.

Hunter, Thomas C. (1976): 'The Jabi Ta'rikhs: Their Significance in West African Islam', *International Journal of African Historical Studies*, 9/3, 435–57.

Hunwick, John O. (1984): 'Ṣāliḥ al-Fullānī (1752/3–1803): The Career and Teachings of a West African 'Ālim in Medina', in A. H. Green (ed.), *In Quest of an Islamic Humanism: Arabic and Islamic Studies in Memory of Mohamed al-Nowaihi*, 139–54. Cairo: The American University in Cairo Press.

Imbua, David Lishilinimle (2012): *Intercourse and Crosscurrents in the Atlantic World: Calabar–British Experience, Seventeenth–Twentieth Centuries*. Durham, NC: Carolina Academic Press.

Inikori, J. E. (2007): 'Africa and the Globalization Process: Western Africa, 1450–1850', *Journal of Global History*, 2/1, 63–86.

—— (2002): *Africans and the Industrial Revolution in England*. Cambridge: Cambridge University Press.

Insoll, Timothy (1996): *Islam, Archaeology and History: Gao Region (Mali), c. 900–1250*. Cambridge: Cambridge University Press.

Jackson, Rachel (2012): 'The Trans-Atlantic Journey of Gumbé – Where and Why Has It Survived?', *African Music*, 9/2, 128–53.

Jansen, Jan (2018): 'The Next Generation: Young Griots' Quest for Authority', in Toby Green and Benedetta Rossi (eds.), *Landscapes, Sources and Intellectual Projects of the West African Past: Essays in Honour of Paulo Fernando de Moraes Farias*, Chapter 14. Leiden: Brill.

—— (2016b): 'When Marrying a Muslim: The Social Code of Political Elites in the Western Sudan, c. 1600–c. 1850', *Journal of African History*, 57/1, 25–45.

——— (2016a): 'Beyond Mansa Musa: Rethinking the Sunjata Epic', paper presented at the African Studies Association Conference, Washington, DC, 1 December 2016.

Jatta, Daniel Laemouahuma (2014): 'The African Roots of the New World Banjo', seminar presented at the School of Oriental and African Studies, 1 December 2014.

Johnson, Marion (1970): 'The Cowrie Currencies of West Africa', *Journal of African History*, 11/1, 17–49, and 3, 331–53.

——— (1968): 'The Nineteenth-Century Gold "Mithqal" in West and North Africa', *Journal of African History*, 9/4, 547–68.

Johnson, Paul (2002): *Secrets, Gossip and Gods: The Transformation of Brazilian Camdomblé*. Oxford: Oxford University Press.

Jong, Ferdinand de (2008): *Masquerades of Modernity: Power and Secrecy in Casamance, Senegal*. Bloomington: Indiana University Press.

Kananoja, Kalle (2019): *Healing Knowledge in Atlantic Africa: Cross-Cultural Medical Encounters, 1500–1850*.

——— (2015): 'Bioprospecting and European Uses of African Natural Medicine in Early Modern Angola', *Portuguese Studies Review*, 23/2, 45–70.

——— (2012): 'Central African Religious Identities in Colonial Minas Gerais'. Helsinki: Åbo Akademi University, PhD dissertation.

Kane, Oumar (2004): *La Première hégémonie peule: le Fuuta Tooro de Koli Teŋella à Almaami Abdul*. Paris and Dakar: Karthala/Presses Universitaires de Dakar.

Kea, Ray A. (1982): *Settlements, Trade, and Politics in the Seventeenth-Century Gold Coast*. Baltimore and London: The Johns Hopkins University Press.

Keese, Alexander (2015): 'Colonialism and Fugitive Communities in West Central Africa, 1920–1955: Seeking Parallels with Maroon Societies', in Kadya Tall, Marie-Emanuelle Pommerolle and Michel Cahen (eds.), *Collective Mobilisations in Africa/Mobilisations collectives en Afrique: Enough is Enough!/ Ça suffit!*, 145–63. Leiden: Brill.

Kent, R. K. (1965): 'Palmares: An African State in Brazil', *Journal of African History*, 6/2, 161–75.

Klein, Martin A. (2001): 'The Slave Trade and Decentralized Societies', *Journal of African History*, 42/1, 49–66.

——— (1990): 'The Impact of the Atlantic Slave Trade on the Societies of the Western Sudan', *Social Science History*, 14/2, 231–53.

——— (1972): 'Social and Economic Factors in the Muslim Revolution in Senegambia', *Journal of African History*, 13/3, 419–41.

———, and Lovejoy, Paul E. (1979): 'Slavery in West Africa', in Henry A. Gemery and Jan S. Hogendorn (eds.), *The Uncommon Market: Essays* in the Economic History of the Atlantic Slave Trade, 181–212. New York: Academic Press Inc.

Kobayashi, Kazuo (2017): 'Indian Textiles and Gum Arabic in the Lower Senegal River: Global Significance of Local Trade and Consumers in the Nineteenth Century', African Economic History, 45/2, 27–53.

———— (2016): 'Indian Cotton Textiles and the Senegal River Valley in a Globalising World: Production, Trade, and Consumption, 1750–1850'. London: London School of Economics, PhD dissertation.

Konadu, Kwasi (2010): The Akan Diaspora in the Americas. Oxford: Oxford University Press.

Kriger, Colleen E. (2006): Cloth in West African History. Lanham: Rowman & Littlefield.

———— (1990): 'Textile Production in the Lower Niger Basin: New Evidence from the 1841 Niger Expedition Collection', Textile History, 21/1, 31–56.

Kuba, Richard (2015): 'Veiling and Unveiling Loropeni Mysteries', paper presented at the conference 'Landscapes, Sources and Intellectual Projects: A Conference in Honour of P. F. de Moraes Farias', University of Birmingham, 13 November 2015.

Kubik, Gerhard (1999): Africa and the Blues. Jackson: University of Mississippi Press.

———— (1979): 'Angolan Traits in Black Music, Games and Dances of Brazil: A Study of African Cultural Extensions Overseas', Estudos de antropología cultural, Lisbon, 10, 1–55.

Kuroda, Akinobu (2008): 'What is the Complementarity among Monies? An Introductory Note', Financial History, 15/1, 7–15.

———— (2007): 'The Maria Theresa Dollar in the Early Twentieth-Century Red Sea Region: A Complementary Interface between Multiple Markets', Financial History Review, 14/1, 89–110.

La Fleur, J. D. (2012): Fusion Foodways of Africa's Gold Coast in the Atlantic Era. Leiden: Brill.

Landers, Jane (2016): 'African War Captains of the Early Modern Atlantic', paper presented at the African Studies Association Conference, Washington, DC, 2 December 2016.

Last, Murray (2018): 'Slavery or Death in Sokoto and Borno: Tactics, Legalities and Sources', in Toby Green and Benedetta Rossi (eds.), Landscapes, Sources and Intellectual Projects of the West African Past: Essays in Honour of Paulo Fernando de Moraes Farias, Chapter 20. Leiden: Brill.

———— (1974): 'Reform in West Africa: The Jihād Movements of the Nineteenth Century', in J. F. A. Ajayi and Michael Crowder (eds.), History of West Africa, Vol. 1, 1–29. London: Longman; 2 vols.

———— (1967): The Sokoto Caliphate. London: Longman, Green & Co.

Law, Robin (2018): 'Fante "Origins": The Problematic Evidence of "Tradition" ', in Toby Green and Benedetta Rossi (eds.), *Landscapes, Sources and Intellectual Projects of the West African Past: Essays in Honour of Paulo Fernando de Moraes Farias*, Chapter 5. Leiden: Brill.

—— (2016): 'The "Golden Age" in the History of the Gold Coast: The Seventeenth Century', paper presented at the University of Sussex conference 'African Economic History Network', October 2016.

—— (2013): 'The Government of Fante in the Seventeenth Century', *Journal of African History*, 54/1, 31–51.

—— (2012): 'Fante Expansion Reconsidered: Seventeenth-Century Origins', *Transactions of the Historical Society of Ghana*, 14, 41–78.

—— (1997): *The Kingdom of Allada*. Leiden: Research School CNWS.

—— (1995): 'Cowries, Gold and Dollars: Exchange Rate Instability and Domestic Price Inflation in Dahomey in the Eighteenth and Nineteenth Centuries', in Jane I. Guyer (ed.), *Money Matters: Instability, Values and Social Payments in the Modern History of West African Communities*, 53–73. London: James Currey.

—— (1991): *The Slave Coast of West Africa: The Impact of the Atlantic Slave Trade on an African Society, 1550–1750*. Oxford: Clarendon Press.

—— (1980): *The Horse in West African History: The Role of the Horse in the Societies of Pre-Colonial West Africa*. Oxford: Oxford University Press for the International African Institute.

—— (1977): *The Ọyọ Empire, c. 1600– c. 1836: A West African Imperialism in the Era of the Atlantic Slave Trade*. Oxford: Clarendon Press.

Lévi-Strauss, Claude (1966): *The Savage Mind*. Chicago: University of Chicago Press.

—— (1963): *Structural Anthropology*. New York: Basic Books.

Levtzion, Nehemia (1968): *Muslims and Chiefs in West Africa: A Study of Islam in the Middle Volta Basin in the Pre-Colonial Period*. Oxford: Clarendon Press.

Lewicki, Tadusz (1974): *West African Food in the Middle Ages according to Arabic Sources*. Cambridge: Cambridge University Press.

Linares, Olga F. (1992): *Power, Prayer and Production: The Jola of Casamance, Senegal*. Cambridge: Cambridge University Press.

Lindsay, Lisa A., and Sweet, John Wood (2013): *Biography and the Black Atlantic*. Chapel Hill: University of North Carolina Press.

Lopes, Carlos (1999): *Kaabunké: espaço, poder, território e poder na Guiné-Bissau, Gâmbia e Casamance pré-coloniais*. Lisbon: Comissão Nacional para as Comemorações dos Descobrimentos Portugueses.

Lovejoy, Paul E. (2018): 'The *Kano Chronicle* Revisited', in Toby Green and Benedetta Rossi (eds.), *Landscapes, Sources and Intellectual Projects of the West African Past: Essays in Honour of Paulo Fernando de Moraes Farias*, Chapter 19. Leiden: Brill.

—— (2016): *Jihād in West Africa during the Age of Revolutions*. Athens: Ohio University Press.

—— (2000): *Transformations in Slavery: A History of Slavery in Africa*. Cambridge: Cambridge University Press; third edition.

—— (1980): *Caravans of Kola: The Hausa Kola Trade, 1700–1900*. Zaria: Ahmadu Bello University Press.

—— (1978b): 'The Role of the Wangara in the Economic Transformation of the Central Sudan in the Fifteenth and Sixteenth Centuries', *Journal of African History*, 19/2, 173–93.

—— (1978a): 'Plantations in the Economy of the Sokoto Caliphate', *Journal of African History*, 19/3, 341–68.

—— (1974): 'Interregional Monetary Flows in the Precolonial Trade of Nigeria', *Journal of African History*, 15/4, 563–85.

——, and Richardson, David (2001): 'The Business of Slaving: Pawnship in Western Africa, *c.* 1600–1810', *Journal of African History*, 42/1, 67–89.

—— (1999): 'Trust, Pawnship, and Atlantic History: The Institutional Foundations of the Old Calabar Slave Trade', *American Historical Review*, 104/2, 333–55.

Luna, Kathryn M. de (2016): *Collecting Food, Cultivating People: Subsistence and Society in Central Africa*. New Haven: Yale University Press.

Macamo, Elísio S. (2017): *The Taming of Fate: Approaching Risk from a Social Action Perspective – Case Studies from Southern Mozambique*. Dakar: CODESRIA.

McCann, James C. (2005): *Maize and Grace: Africa's Encounter with a New World Crop, 1500–2000*. Cambridge, Mass.: Harvard University Press.

McCaskie, Thomas C. (2018): 'Dreamworlds: Cultural Narrative in Asante Visionary Experience', in Toby Green and Benedetta Rossi (eds.), *Landscapes, Sources and Intellectual Projects of the West African Past: Essays in Honour of Paulo Fernando de Moraes Farias*, Chapter 17. Leiden: Brill.

—— (1995): *State and Society in Pre-Colonial Asante*. Cambridge: Cambridge University Press.

McCulloch, Merran (1952): *The Ovimbundu of Angola*. London: International African Institute.

MacDonald, Kevin C., Gestrich, Nikolas, Camara, Seydou, and Keita, Daouda (2018): 'The "Pays Dô" and the Origins of the Empire of Mali', in Toby Green and Benedetta Rossi (eds.), *Landscapes, Sources and Intellectual Projects of the West African Past: Essays in Honour of Paulo Fernando de Moraes Farias*, Chapter 3. Leiden: Brill.

————, and Camara, Seydou (2012): 'Segou, Slavery and Sifinso', in J. Cameron Monroe and Akinwumi Ogundiran (eds.), *Power and Landscape in Atlantic West Africa: Archaeological Perspectives*, 169–90. Cambridge: Cambridge University Press.

MacGaffey, Wyatt (2005): 'Changing Representations in Central African History', *Journal of African History*, 46/2, 189–207.

———— (1986): *Religion and Society in Central Africa: The BaKongo of Lower Zaire*. Chicago and London: University of Chicago Press.

———— (1983): 'Lineage Structure, Marriage and the Family Amongst the Central Bantu', *Journal of African History*, 24/2, 173–87.

McIntosh, Susan Keech, and McIntosh, Roderick J. (1980): *Prehistoric Investigations in the Region of Jenne, Mali: A Study in the Development of Urbanism in the Sahel*. Cambridge: Cambridge Monographs in African Archaeology.

————, Susan Keech, and Thiaw, Ibrahima (2001): 'Tools for Understanding Transformation and Continuity in Senegambian Society, 1500–1900', in Christopher R. Decorse (ed.), *West Africa during the Atlantic Slave Trade: Archaeological Perspectives*, 14–37. London: Leicester University Press.

McLellan, David (ed.) (1977): *Karl Marx: Selected Writings*. Oxford: Oxford University Press.

MacLeod, William Christie (1928): 'Economic Aspects of Indigenous American Slavery', *American Anthropologist*, 30/4, 632–50.

McNaughton, Patrick (1993): *The Mande Blacksmiths: Knowledge, Power and Art in West Africa*. Bloomington: Indiana University Press.

Magnavita, Sonja, and Magnavita, Carlos (2018): 'All that Glitters is Not Gold: Facing the Myths of Ancient Trade between North and Sub-Saharan Africa', in Toby Green and Benedetta Rossi (eds.), *Landscapes, Sources and Intellectual Projects of the West African Past: Essays in Honour of Paulo Fernando de Moraes Farias*, Chapter 1. Leiden: Brill.

Malacco, Felipe Silveira de Oliveira (2016): 'O Gâmbia no mundo atlântico: fulas, jalofos e mandingas no comércio global moderno, 1580–1630'. Belo Horizonte: Universidade Federal de Minas Gerais, MA dissertation.

Mann, Charles C. (2005): *Ancient Americans: Rewriting the History of the New World*. London: Granta.

Mann, Kristin, and Bay, Edna G. (eds.) (2001): *Rethinking the African Diaspora: The Making of a Black Atlantic World in the Bight of Benin and Brazil*. London: Frank Cass & Co.

Marcussi, Alexandre Almeida (2016): *Diagonais do afeto – teorias do intercâmbio cultural nos estudos da diáspora*. São Paulo: Intermeios/FAPESP.

Mark, Peter (2014): 'African Meanings and European-African Discourse: Iconography and Semantics in Seventeenth-Century Salt Cellars from

Serra Leoa', in Francesca Trivellato, Leor Halevi and Cátia Antunes (eds.), *Religion and Trade: Cross-Cultural Exchanges in World History, 1000–1900*, Chapter 10. Oxford: Oxford University Press.

—— (2007): 'Towards a Reassessment of the Dating and the Geographical Origins of the Luso-African Ivories, Fifteenth to Seventeenth Centuries', *History in Africa*, 34, 189–211.

—— (1992): *The Wild Bull and the Sacred Forest: Form, Meaning, and Change in Senegambian Initiation Masks*. Cambridge: Cambridge University Press.

Martin, B. G. (1967): 'Unbelief in the Western Sudan: 'Uthmān dan Fodio's "Ta'līm al-ikhwān" ', *Middle Eastern Studies*, 4/1, 50–97.

Martin, Phyllis M. (1986): 'Power, Cloth and Currency on the Loango Coast', *African Economic History*, 15, 1–12.

Masonen, Pekka (2006): 'Léon l'Africain et l'historiographie de l'Afrique soudanaise', *Studia Islamica*, 102/3, 71–89.

Matory, J. Lorand (2005): *Black Atlantic Religion: Tradition, Transnationalism and Matriarchy in the Afro-Brazilian Candomblé*. Princeton: Princeton University Press.

Mayer, Arno J. (1981): *The Persistence of the Old Regime: Europe to the Great War*. London: Croon Helm.

Mbembe, Achille (2016): 'Decolonizing the University: New Directions', *Arts and Humanities in Higher Education*, 15/1, 29–45.

—— (2001): *On the Postcolony*. Berkeley: University of California Press.

Meillassoux, Claude (1991): *The Anthropology of Slavery: The Womb of Iron and Gold*. Alide Dasnois (trans.). Chicago: University of Chicago Press.

—— (ed.) (1971): *The Development of Indigenous Trade and Markets in West Africa*, Introduction, 1–86. London: Oxford University Press for the International African Institute.

Meuwese, Mark (2012): *Brothers in Arms, Partners in Trade: Dutch-Indigenous Alliances in the Atlantic World, 1595–1674*. Leiden: Brill.

Miers, Suzanne, and Kopytoff, Igor (1977): *Slavery in Africa: Historical and Anthropological Perspectives*. Madison: University of Wisconsin Press.

Miller, Ivor, and Ojong, Matthew (2013): 'Ékpè "Leopard" Society in Africa and the Americas: Influence and Values of an Ancient Tradition', *Ethnic and Racial Studies*, 36/2, 266–81.

Miller, Joseph C. (2017): 'Crédito, cativos, colateral e moeda corrente: dívida, escravidão, e o financamento do mundo atlântico', paper presented at the conference 'Poder e dinheiro na era do tráfico: escravidão e outros laços econômicos entre África e Brasil', Universidade Federal da Bahia, Salvador, 15–17 March 2017.

—— (1997): 'Worlds Apart: Africans' Encounters and Africa's Encounters with the Atlantic in Angola before 1800', in *Actas do seminário encontro de povos e culturas em Angola*, 227–80. Lisbon: Comissão Nacional para as Comemorações dos Descobrimentos Portugueses.

—— (1988): *Way of Death: Merchant Capitalism and the Angolan Slave Trade, 1730–1830*. Madison: University of Wisconsin Press.

—— (1984): 'Capitalism and Slaving: The Financial and Commercial Organization of the Angolan Slave Trade, according to the Accounts of Antonio Coelho Guerreiro (1684–1692)', *International Journal of African Historical Studies*, 17/1, 1–56.

—— (1983): 'The Paradoxes of Impoverishment in the Atlantic Zone', in David Birmingham and Phyllis Martin (eds.), *History of Central Africa*, Vol. 1, 118–60. London and New York: Longman; 2 vols.

—— (1982): 'The Significance of Drought, Disease and Famine in the Agriculturally Marginal Zones of West-Central Africa', *Journal of African History*, 23/1, 17–61.

—— (1978): 'Thanatopsis', *Cahiers d'études africaines*, 18(1–2)/69–70, 229–31.

—— (1976): *Kings and Kinsmen: Early Mbundu States in Angola*. Oxford: Clarendon Press.

—— (1973): 'Requiem for the "Jaga"', *Cahiers d'études africaines*, 13(1)/49, 121–49.

Mitchell, Peter (2005): *African Connections: An Archaeologicial Perspective on Africa and the Wider World*. Walnut Creek: Altamira Press.

Monod, P. K. (1999): *The Power of Kings, Monarchy and Religion in Europe, 1589–1715*. New Haven: Yale University Press.

Monroe, J. Cameron, and Ogundiran, Akinwumi (eds.) (2012): *Power and Landscape in Atlantic West Africa: Archaeological Perspectives*, Introduction, 1–45. Cambridge: Cambridge University Press.

Moraes, Nize Izabel de (1998): *À la découverte de la Petite Côte au XVIIe siècle (Sénégal et Gambie). Vol. 3: 1664–1672*. Dakar: Université Cheikh Anta Diop–IFAN.

—— (1995): *À la découverte de la Petite Côte au XVIIe siècle (Sénégal et Gambie). Vol. 2: 1622–1664*. Dakar: Université Cheikh Anta Diop–IFAN.

—— (1993): *À la découverte de la Petite Côte au XVIIe siècle (Sénégal et Gambie). Vol. 1: 1600–1621*. Dakar: Université Cheikh Anta Diop–IFAN.

Morgan, Edmund S. (1972): 'Slavery and Freedom: The American Paradox', *Journal of American History*, 59/1, 5–29.

Mota, Thiago Henrique (2018): 'A grande jihad na África: história atlântica da islamização na Senegâmbia, séculos XVI e XVII'. Belo Horizonte: Universidade Federal das Minas Gerais, PhD dissertation.

—— (2016): 'Islã na África em perspectiva atlântica: instituições, agências, e práticas sociais na Senegâmbia, séculos XVI e XVII'. Belo Horizonte: Universidade Federal das Minas Gerais, MA dissertation.

Moumouni, Seyni (2008): *Vie et œuvre du Cheik Uthmân Dan Fodio, 1754–1817: de l'islam au soufisme.* Paris: L'Harmattan.

Mounkaïla, Fatimata (2008): *Anthologie de la littérature orale songhay-zarma: saveurs sahéliennes.* Paris: L'Harmattan.

Mpansu, Buakasa Tulu Kia (1973): *L'Impense du discours: 'kindoki' et 'nkisi' en pays Kongo du Zaïre.* Kinshasa: Presses Universitaires du Zaïre.

Mudimbe, V. Y. (1989): *The Invention of Africa: Gnosis, Philosophy and the Order of Knowledge.* Bloomington: Indiana University Press.

Muldrew, Craig (1997): *The Economy of Obligation: The Culture of Credit and Social Relations in Early Modern England.* Basingstoke: Palgrave Macmillan.

Nafafé, José Lingna (2012b): 'Challenges of the African Voice: Autonomy, Commerce and Resistance in Precolonial Western Africa', in Toby Green (ed.), *Brokers of Change: Atlantic Commerce and Cultures in Precolonial Western Africa*, 71–88. Oxford: Oxford University Press for the British Academy.

—— (2012a): 'African Orality in Iberian Space: Critique of Barros and Myth of Racial Discourse', *Portuguese Studies*, 28/2, 126–42.

—— (2007): *Colonial Encounters: Issues of Culture, Hybridity and Creolisation.* Frankfurt am Main: Peter Lang.

Naylor, Paul, and Wallace, Marion (2016): 'The Letters of Ayuba Suleiman Diallo: A New Chapter in the Diallo Story of Self-Emancipation', paper presented at the African Studies Association Conference, Washington, DC, 2 December 2016.

Ndâwla, Raphaël Batsîkama ba Mampuya ma (1999): *L'Ancien royaume du Congo et les BaKongo.* Paris: L'Harmattan.

Neto, Agostinho (1974): *Sacred Hope.* Maya Holness (trans.). New York: UNESCO.

Newson, Linda A. (2013): 'The Slave-Trading Accounts of Manoel Batista Peres, 1613–1619: Double-entry Bookkeeping in Cloth Money', *Accounting History*, 18/3, 343–65.

—— (2012): 'Africans and Luso-Africans in the Portuguese Slave Trade on the Upper Guinea Coast in the Early Seventeenth Century', *Journal of African History*, 53/1, 1–24.

——, and Minchin, Susie (2007): *From Capture to Sale: The Portuguese Slave Trade to Spanish South America in the Early Seventeenth Century.* Leiden: Brill.

Ngou-Mve, Nicolás (1994): *El África bantú en la colonización de México, 1595–1640.* Madrid: Consejo Superior de Investigaciones Científicas.

Nimako, Kwame, and Willemsen, Glenn (2011): *The Dutch Atlantic: Slavery, Abolition and Emancipation*. London: Pluto Press.

Northrup, David (1978): *Trade without Rulers: Precolonial Economic Development in South-Eastern Nigeria*. Oxford: Oxford University Press.

Nunn, Nathan (2007): 'Historical Legacies: A Model Linking Africa's Past to Its Current Underdevelopment', *Journal of Development Economics*, 83/1, 157–75.

Nwokeji, G. Ugo (2010): *The Slave Trade and Culture in the Bight of Biafra*. Cambridge: Cambridge University Press.

Ogundiran, Akinwumi (2016): 'The Chemistry of History: Decoding the Chemical Fingerprints of Yoruba Glass', paper presented at the African Studies Association Conference, Washington, DC, 1 December 2016.

—— (2014): 'The Making of an Internal Frontier Settlement: Archaeology and Historical Process in Osun Grove (Nigeria), Seventeenth to Eighteenth Centuries', *African Archaeological Review*, 31/1, 1–24.

—— (2009): 'Material Life and Domestic Economy in a Frontier of the Oyo Empire during the Mid-Atlantic Age', *International Journal of African Historical Studies*, 42/3, 351–85.

—— (2002b): *Archaeology and History in Ìlàrè District (Central Yorubaland, Nigeria), 1200–1900 AD*. Oxford: Archaeopress.

—— (2002a): 'Of Small Things Remembered: Beads, Cowries, and Cultural Translations of the Atlantic Experience in Yorubaland', *International Journal of African Historical Studies*, 35/2–3, 427–57.

——, and Ige, O. Akinlolu (2015): ' "Our ancestors were material scientists": Archaeological and Geochemical Evidence for Indigenous Yoruba Glass Technology', *Journal of Black Studies*, 46/8, 751–72.

Ojo, Olatunji (2013): 'Silent Testimonies, Public Memory: Slavery in Yoruba Proverbs', in Alice Bellagamba, Sandra E. Greene and Martin A. Klein (eds.), *African Voices on Slavery and the Slave Trade. Vol. 1: The Sources*, 149–63. Cambridge: Cambridge University Press.

Okri, Ben (1991): *The Famished Road*. London: Vintage.

Oliel, Jacob (1994): *Les Juifs au Sahara: le Touat au moyen âge*. Paris: CNRS Éditions.

Osborn, Emily Lynn (2011): *Our New Husbands are Here: Households, Gender, and Politics in a West African State from the Slave Trade to Colonial Rule*. Columbus: Ohio University Press.

Palmer, R. R. (1959): *The Age of the Democratic Revolution: A Political History of Europe and America, 1760–1800*. Princeton: Princeton University Press; 2 vols.

Parés, Luis Nicolau (2016): *O Rei, o Pai e a Morte: a religião Vodum na antiga Costa dos Escravos na África ocidental*. São Paulo: Editora Schwarcz.

——— (2013a): 'Cartas do Daomé: uma introducão', *Afro-Ásia*, 47, 295–395.

——— (2013b): *The Formation of Candomblé: Vodun History and Ritual in Brazil*. Chapel Hill: University of North Carolina Press.

Parker, Geoffrey (2013): *Global Crisis: War, Climate Change and Catastrophe in the Seventeenth Century*, New Haven and London: Yale University Press.

Parreira, Adriano (1990): *Economia e sociedade em Angola na época da Rainha Jinga (século XVII)*. Lisbon: Editorial Estampa.

Paton, Diana (2015): *The Cultural Politics of Obeah: Religion, Colonialism and Modernity in the Caribbean World*. Cambridge: Cambridge University Press.

Patterson, Orlando (1982): *Slavery as Social Death: A Comparative Study*. Cambridge, Mass.: Harvard University Press.

Perinbam, B. Marie (1997): *Family Identity and the State in the Bamako Kafu, c. 1800–c. 1900*. Boulder: Westview Press.

Peters, Christabelle (2018): 'As Costas: Back to a Future Direction for Studying the Sociocultural History of the Atlantic World', paper presented at the conference 'Cross-Cultural Transformations in the Atlantic World, Sixteenth–Nineteenth Centuries', King's College London, 5 June 2018.

Phillips, Tom (2010): *African Goldweights: Miniature Sculptures from Ghana, 1400–1900*. London and Bangkok: Hansjorg Mayer.

Phillott-Almeida, Ralphina A. (2011): *A Succinct History of the Kingdom of Pachesi in the Empire of Kaabu*. Brikama: University of The Gambia.

Piketty, Thomas (2014): *Capital in the Twenty-First Century*. Arthur Goldhammer (trans.). Cambridge, Mass.: Harvard University Press.

Pitt-Rivers, Lieutenant-General Augustus (1900): *Antique Works of Art from Benin*. London: Harrison & Son.

Postma, Johannes Menne (1990): *The Dutch in the Atlantic Slave Trade*. Cambridge: Cambridge University Press.

Prange, Sebastian R. (2006): ' "Trust in God, but tie your camel first": The Economic Organization of the Trans-Saharan Slave Trade Between the Fourteenth and the Nineteenth Centuries', *Journal of Global History*, 1/2, 219–39.

Pratten, David (2007): *The Man-Leopard Murders: History and Society in Colonial Nigeria*. Edinburgh and Indianapolis: Edinburgh University Press/Indiana University Press.

Price, Jacob M. (1991): 'Credit in the Slave Trade and Plantation Economies', in Barbara Solow (ed.), *Slavery and the Rise of the Atlantic System*, 293–339. Cambridge: Cambridge University Press.

Quinn, Charlotte (1972): *Mandingo Kingdoms of the Senegambia: Traditionalism, Islam, and European Expansion*. London: Longman.

Randles, W. G. L. (1968): *L'Ancien royaume du Congo: des origines à la fin du XIXe siècle*. Paris and The Hague: Mouton & Co.

Rashid, Ismail (2000): 'Escape, Revolt and Marronage in Eighteenth and Nineteenth Century Sierra Leone', *Canadian Journal of African Studies*, 34/3, 656–83.

Reid, Richard (2012): *Warfare in African History*. Cambridge: Cambridge University Press.

Reis, João José (2017): 'O tráfico negreiro e o escravo senhor de escravo: Bahia, 1800–1850', paper presented at the conference 'Poder e dinheiro na era do tráfico: escravidão e outros laços econômicos entre África e Brasil', Universidade Federal da Bahia, Salvador, 15–17 March 2017.

——— (2006): 'Domingos Pereira Sodré: um sacerdote africano na Bahia oitocentista', *Afro-Ásia*, 34, 237–313.

——— (1993): *Slave Rebellion in Brazil: The Muslim Uprising of 1835 in Bahia*. Baltimore: Johns Hopkins University Press.

Rentz, George S. (2004): *The Birth of the Islamic Reform Movement in Saudi Arabia: Muḥammad ibn 'Abd al-Wahhāb (1703/4–1792) and the Beginnings of the Unitarian Empire in Arabia*. London: Arabian Publishing.

Richard, François (2012): 'Political Transformations and Cultural Landscapes in Senegambia during the Atlantic Era: An Alternative View from the Siin (Senegal)?', in J. Cameron Monroe and Akinwumi Ogundiran (eds.), *Power and Landscape in Atlantic West Africa: Archaeological Perspectives*, 78–114. Cambridge: Cambridge University Press.

Roberts, Richard L. (1987): *Warriors, Merchants, and Slaves: The State and the Economy in the Middle Niger Valley, 1700–1914*. Stanford: Stanford University Press.

——— (1980): 'Production and Reproduction of Warrior States: Segu Bambara and Segu Tokolor, c. 1712–1890', *International Journal of African Historical Studies*, 13/3, 389–419.

Robinson, David (1975): 'The Islamic Revolution of Futa Toro', *International Journal of African Historical Studies*, 8/2, 185–221.

Rodney, Walter (1988, revised paperback edition; first published 1972): *How Europe Underdeveloped Africa*. Dar-es-Salaam/London: Tanzania Publishing House/Bogle Louverture.

——— (1970): *A History of the Upper Guinea Coast, 1545–1800*. Oxford: Clarendon Press.

——— (1966): 'African Slavery and Other Forms of Social Oppression on the Upper Guinea Coast in the Context of the Atlantic Slave Trade', *Journal of African History*, 7/3, 431–43.

——— (1965): 'Portuguese Attempts at Monopoly on the Upper Guinea Coast, 1580–1650', *Journal of African History*, 6/3, 307–22.

Rodrigues, Jaime (2016): *No mar e em terra: história e cultura de trabalhadores escravos e livres*. São Paulo: Alameda Casa Editorial.

Roese, Peter M., and Bondarenko, Dmitri M. (2003): *A Popular History of Benin: The Rise and Fall of a Mighty Forest Kingdom*. Frankfurt am Main: Peter Lang.

Roese, Peter M., and Smith, Ronald B. (2000): 'Cannon Known from the Former Kingdom of Benin (West Africa)', *Annals of the Náprstek Museum*, 21, 63–129.

Rönnbäck, Klas (2018): 'The Challenge of Studying Inflation in Precolonial Africa', *History in Africa*, 45, 5–18.

Roth, H. Ling (1968): *Great Benin: Its Customs, Art and Horrors*. London: Routledge & Kegan Paul.

Rufer, Mario (2016): 'A diáspora exorcizada, a etnicidade (re)inventada: historiografia pós-colonial e políticas da memória sobre o Daomé', in João José Reis and Carlos da Silva Junior (eds.), *Atlântico de dor: faces do tráfico de escravos*, 703–36. Cruz das Almas: Editora UFRB/Belo Horizonte: Fino Traço.

Ryder, A. F. C. (1969): *Benin and the Europeans, 1485–1897*. Harlow: Longmans, Green & Co.

Saccardo, P. Graziano (1982): *Congo e Angola, con la storia dell'antica missione dei cappuccini*. Venice: Curia Provinciale dei Cappuccini; 2 vols.

Saho, Bala (2012): 'Ritualizing and Domesticating Space: *Kañeleng* Women Coping with Childlessness in the Gambia', *Mande Studies*, 14, 99–126.

Sanneh, Lamin (2016): *Beyond Jihad: The Pacifist Tradition in West African Islam*. Oxford: Oxford University Press.

—— (1989): *The Jakhanke Muslim Clerics: A Religious and Historical Study of Islam in Senegambia*. Lanham: University Press of America.

Santos, Joice de Souza (2012): 'As embaixadas dos reinos da costa africana como mediadoras culturais: missões diplomáticas em Salvador, Rio de Janeiro e Lisboa (1750–1823)'. Rio de Janeiro: Pontifícia Universidade Católica do Rio de Janeiro, MA dissertation.

Santos-Granero, Fernando (2009): *Vital Enemies: Slavery, Predation and the Amerindian Political Economy of Life*. Austin: University of Texas Press.

Sarr, Assan (2017): 'Gender, Spirituality, and Economic Change in Rural Gambia: Agricultural Production in the Lower Gambia Region, c. 1830s-1940s', *African Economic History*, 45/2, 1–26.

—— (2016): *Islam, Power, and Dependency in West Africa: The Politics of Land Control in the Gambia River Basin, c. 1790s–1940s*. Rochester: University of Rochester Press.

Schultz, Kara (2016): '"The Kingdom of Angola is not very far from here"': The Río de la Plata, Brazil, and Angola, 1580–1680'. St Louis: Vanderbilt University, PhD dissertation.

Schwab, M. (1904): 'Deux transcriptions hébraïques', *Revue des études juives*, 48/95, 137–9.

Schwartz, Stuart B. (1992): 'Rethinking Palmares: Slave Resistance in Colonial Brazil', in his *Slaves, Peasants, and Rebels: Reconsidering Brazilian Slavery*. Urbana-Champaign: University of Illinois Press, 103–36.

Searing, James F. (2002): ' "No kings, no lords, no slaves": Ethnicity and Religion among the Sereer-Safèn of Western Bawol, 1700–1914', *Journal of African History*, 43/3, 407–29.

Seck, Ibrahima (2016): 'Du Jolibaa au Mississippi, le long voyage des gens du Komo', *Mande Studies*, 18, 29–56.

Seijas, Tatiana (2014): *Asian Slaves in Colonial Mexico*. Cambridge: Cambridge University Press.

———, and Fredericks, Jake (2017): *Spanish Dollars and Sister Republics: The Money that Made Mexico and the United States*. Lanham, Mass.: Rowman & Littlefield.

Shain, Richard M. (2002): 'Roots in Reverse: *Cubanismo* in Twentieth-Century Senegalese Music', *International Journal of African Historical Studies*, 35/1, 83–101.

Shaw, Rosalind (2002): *Memories of the Slave Trade: Ritual and the Historical Imagination in Sierra Leone*. Chicago and London: Chicago University Press.

Shaw, Thurstan (1970): *Igbo-Ukwu: An Account of Archaeological Discoveries in Eastern Nigeria*. Evanston: University of Illinois Press.

Shumway, Rebecca (2011): *The Fante and the Transatlantic Slave Trade*. Rochester: University of Rochester Press.

Silva, Filipa Ribeiro da (2011): *Dutch and Portuguese in Western Africa: Empires, Merchants and the Atlantic System, 1580–1674*. Leiden: Brill.

Silva Junior, Carlos de (2016b): 'The Merchandise of Bahian Traffic: Cowries, Tobacco, and Other Products in the Eighteenth-Century Slave Trade between Bahia and the Bight of Benin', paper presented at the African Studies Association Conference, Washington, DC, 1 December 2016.

——— (2016a): 'Transatlantic Currencies and the Slave Trade: Tobacco and Gold Trade between Bahia and the Bight of Benin in the Eighteenth Century', paper presented at the African Studies Association Conference, Cambridge, 7 September 2016.

——— (2011): 'Identidades Afro-Atlânticas: Salvador, século XVIII (1700–1750)'. Salvador: Universidade Federal da Bahia, MA dissertation.

Sluyter, Andrew (2012): *Black Ranching Frontiers: African Cattle Herders of the Atlantic World, 1500–1900*. New Haven: Yale University Press.

Smartt Bell, Madison (2007): *Toussaint Louverture: A Biography*. New York: Pantheon.

Smith, M. G. (1997): *Government in Kano, 1350–1950*. Boulder: Westview Press.

Soares, Mariza de Carvalho (2014): 'Trocando *galanterias*: a diplomacia do comércio de escravos, Brasil-Daomé, 1810–1812', *Afro-Ásia*, 49, 229–71.

Soto, Hernando de (2000): *The Mystery of Capital*. New York: Basic Books.

Souza, Cândido Eugênio Domingues de (2011): ' "Perseguidores da espécie humana": capitães negreiros da Cidade da Bahia na primeira metade do século XVIII'. Salvador: Universidade Federal da Bahia, MA dissertation.

Souza, Marina de Mello e (2015): 'Kongo King Festivals in Brazil: From Kings of Nations to Kings of Kongo', *African Studies Quarterly*, 15/3, 39–45.

Souza, Simone de (2006): *Le Domaine médico-magique et les Gris-Gris du Bénin*. Cotonou: Imprimerie Tunde.

Sparks, Randy J. (2014): *Where the Negroes are Masters: An African Port in the Era of the Slave Trade*. Cambridge, Mass.: Harvard University Press.

Spufford, Peter (1988): *Money and Its Use in Medieval Europe*. Cambridge: Cambridge University Press.

Stewart, Charles C. (2018): 'Calibrating the Scholarship of Timbuktu', in Toby Green and Benedetta Rossi (eds.), *Landscapes, Sources and Intellectual Projects of the West African Past: Essays in Honour of Paulo Fernando de Moraes Farias*, Chapter 10. Leiden: Brill.

Stewart, John, and Wilks, Ivor (1962): 'The Mande Loan Element in Twi', *Ghana Notes and Queries*, 4, 26–8.

Storrs, Christopher (ed.) (2008): *The Fiscal-Military State in Eighteenth-Century Europe: Essays in Honour of P. G. M. Dickson*. Farnham: Ashgate.

Strickrodt, Silke (2015): *Afro-European Trade in the Atlantic World: The Western Slave Coast, c. 1550–c. 1885*. Woodbridge: James Currey.

Sundström, Lars (1974): *The Exchange Economy of Pre-Colonial Tropical Africa*. London: C. Hurst & Co.

Suret-Canale, Jean (1964): *Essai sur la signification sociale et historique des hégémonies peules (XVIIème–XIXème siècles)*. Paris: Centre d'Études et de Recherches Marxistes.

Sweet, James H. (2011): *Domingos Álvares, African Healing, and the Intellectual History of the Atlantic World*. Chapel Hill: University of North Carolina Press.

——— (2009): 'Mistaken Identities? Olaudah Equiano, Domingos Álvares, and the Methodological Challenges of Studying the African Diaspora', *American Historical Review*, 114/2, 279–306.

Sylvanus, Nina (2016): *Patterns in Circulation: Cloth, Gender, and Materiality in West Africa*. Chicago: University of Chicago Press.

Tardieu, Jean-Pierre (2009): *Cimarrones de Panamá: la forja de una identidad afroamericana en el siglo XVI*. Madrid: Iberoamericana/Frankfurt am Main: Vervuert.

TePaske, John J. (2010): *A New World of Gold and Silver*. Kendall W. Brown (ed.). Leiden and Boston: Brill.

Thaler, Richard H., and Sunstein, Cass R. (2008): *Nudge: Improving Decisions about Health, Wealth and Happiness*. New Haven: Yale University Press.

Thiaw, Ibrahima (2012): 'Atlantic Impacts on Inland Senegambia: French Penetration and African Initiatives in Eighteenth- and Nineteenth-Century Gajaaga and Bundu (Upper Senegal River)', in J. Cameron Monroe and Akinwumi Ogundiran (eds.), *Power and Landscape in Atlantic West Africa: Archaeological Perspectives*, 49–77. Cambridge: Cambridge University Press.

Thornton, John K. (2012): *A Cultural History of the Atlantic World*. Cambridge: Cambridge University Press.

——— (2003): 'Cannibals, Witches, and Slave Traders in the Atlantic World', *William and Mary Quarterly*, Series 3, 60/2, 273–94.

——— (2002): 'Religious and Ceremonial Life in the Kongo and Mbundu Areas, 1500–1700', in Linda M. Heywood (ed.), *Central Africans and Cultural Transformations in the American Diaspora*, 71–90. Cambridge: Cambridge University Press.

——— (2001): 'The Origins and Early History of the Kingdom of Kongo, *c.* 1350–1550', *International Journal of African Historical Studies*, 34/1, 89–120.

——— (2000): 'Mbanza Kongo/São Salvador: Kongo's Holy City', in David M. Anderson and Richard Rathbone (eds.), *Africa's Urban Past*, 67–84. Oxford: James Currey.

——— (1999): *Warfare in Atlantic Africa, 1500–1800*. London: Routledge.

——— (1998b): *The Kongolese Saint Anthony: Dona Beatriz Kimpa Vita and the Antonian Movement, 1684–1706*. Cambridge: Cambridge University Press.

——— (1998a, second revised edition): *Africa and Africans in the Making of the Atlantic World, 1400–1800*. Cambridge: Cambridge University Press.

——— (1997): 'Sexual Demography: The Impact of the Slave Trade on Family Structure', in Claire C. Robertson and Martin A. Klein (eds.), *Women and Slavery in Africa*, 39–48. Portsmouth, NH: Heinemann.

——— (1991): 'African Dimensions of the Stono Rebellion', *American Historical Review*, 96/4, 1,101–13.

——— (1983): *The Kingdom of Kongo: Civil War and Transition, 1641–1718*. Madison: University of Wisconsin Press.

——— (1978): 'A Resurrection for the Jaga', *Cahiers d'études africaines*, 18(1–2)/69–70, 223–7.

———, and Mosterman, Andrea (2010): 'A Re-interpretation of the Kongo–Portuguese War of 1622 according to New Documentary Evidence', *Journal of African History*, 51/2, 235–48.

Tilly, Charles (2000): *Coercion, Capital, and European States,* AD 990–1992. Malden: Blackwell.

Tobin, James (2008): 'Fisher, Irving (1867–1947)', in Steven N. Durlauf and Lawrence E. Blume (eds.), *The New Palgrave Dictionary of Economics*, 412–21. Basingstoke: Nature Publishing.

Tocqueville, Alexis de (2010): *Democracy in America: Historical-Critical Edition of* De la démocratie en Amérique [1835–40]. Eduardo Nolla (ed.), James T. Schleifer (trans.). Indianapolis: Liberty Fund; 4 vols.

Torrão, Maria Manuel Ferraz (1991): 'Actividade comercial externa de Cabo Verde: organização, funcionamento, evolução', in Luís de Albuquerque and Maria Emília Madeira Santos (eds.), *História geral de Cabo Verde*, Vol. 1, 237–345. Coimbra: Imprensa de Coimbra; 3 vols.

Trevor-Roper, Hugh (1965): *The Rise of Christian Europe*. London: Harcourt, Brace & World.

Turner, J. Michael (2016): 'Escravos brasileiros no Daome', in João José Reis and Carlos da Silva Junior (eds.), *Atlântico de dor: faces do tráfico de escravos*, 653–69. Cruz das Almas: Editora UFRB/Belo Horizonte: Fino Traço.

Usman, Aribidesi (2016): 'Understanding Socio-Political Organization on the Niger–Benue Confluence: Recent Excavations at Oketekakini Palace Precinct, Idah, Nigeria', paper presented at the African Studies Association Conference, Washington, DC, 1 December 2016.

—— (2003): 'The Ethnohistory and Archaeology of Warfare in Northern Yoruba', *Journal of African Archaeology*, 1/2, 201–14.

—— (2000): 'A View from the Periphery: Northern Yoruba Villages during the Old Oyo Empire, Nigeria', *Journal of Field Archaeology*, 27/1, 43–61.

Usman, Yusufu Bala (1981): *The Transformation of Katsina, 1400–1883: The Emergence and Overthrow of the Sarauta System and the Establishment of the Emirate*. Zaria: Ahmadu Bello University Press.

Vainfas, Ronaldo (1995): *A heresia dos índios: Catolicismo e rebeldia no Brasil colonial*. São Paulo: Editora Schwarcz.

Van Wing, J. (1961–2): *Études Bakongo: sociologie – religion et magie*. Brussels: Office Internationale de Libraire.

Vansina, Jan (2010): 'A África equatorial e Angola: as migrações e o surgimento dos primeiros estados', in Djibril Tamsir Niane (ed.), *História geral da África. Vol 4: África do século XII ao XVI*, 623–54. Brasília: UNESCO.

—— (2004): *How Societies are Born: Governance in West Central Africa before 1600*. Charlottesville and London: University of Virginia Press.

—— (1998): 'It Never Happened: Kinguri's Exodus and Its Consequences', *History in Africa*, 25, 387–403.

—— (1966): *Kingdoms of the Savanna*. Madison: University of Wisconsin Press.

—— (1963): 'The Foundation of the Kingdom of Kasanje', *Journal of African History*, 4/3, 355–74.

Verger, Pierre Fatumbi (1995): *Ewé: The Use of Plants in Yoruba Society.* São Paulo: Editora Schwarcz.

Vila Vilar, Enriqueta (1977): *Hispanoamérica y el comercio de esclavos.* Seville: Escuela de Estudios Hispanoamericanos.

Voeks, Robert A. (1997): *Sacred Leaves of Candomblé: African Magic, Medicine, and Religion in Brazil.* Austin: University of Texas Press.

Vogt, John L. (1973): 'The Early Sao Tome-Principe Slave Trade with Mina, 1500–1540', *International Journal of African Historical Studies,* 6/3, 453–67.

Vries, Jan de, and Woude, Ad van der (1997): *The First Modern Economy: Success, Failure, and Perseverance of the Dutch Economy, 1500–1815.* Cambridge: Cambridge University Press.

Wachtel, Nathan (2001): *La Foi du souvenir: labyrinthes marranes.* Paris: Éditions du Seuil.

Ware, Rudolph T., III (2014): *The Walking Qur'an: Islamic Education, Embodied Knowledge, and History in West Africa.* Chapel Hill: University of North Carolina Press.

Warsh, Molly A. (2010): 'Enslaved Pearl Divers in the Sixteenth-Century Caribbean,' *Slavery & Abolition,* 31/3, 345–62.

Webb, James L. A., Jr (1995): *Desert Frontier: Ecological and Economic Change along the Western Sahel, 1600–1850.* Madison: University of Wisconsin Press.

Weise, Constanze (2016): 'Kingdoms of the Confluence – Rituals and Politics in the Nupe Speaking Region', paper presented at the African Studies Association Conference, Washington, DC, 1 December 2016.

Wheat, David (2016): *Atlantic Africa and the Spanish Caribbean, 1570–1640.* Chapel Hill: University of North Carolina Press.

—— (2011): 'The First Great Waves: African Provenance Zones for the Transatlantic Slave Trade to Cartagena de Indias, 1570–1640', *Journal of African History,* 52/1, 1–22.

—— (2010): '*Nharas* and *Morenas Horras*: A Luso-African Model for the Social History of the Spanish Caribbean, c. 1570–1640', *Journal of Early Modern History,* 14/1–2, 119–50.

White, Bob W. (2002): 'Congolese Rumba and Other Cosmopolitanisms', *Cahiers d'études africaines,* 42(4)/168, 663–86.

Wilks, Ivor (1993): *Forests of Gold: Essays on the Akan and the Kingdom of Asante.* Athens: Ohio University Press.

Wright, Donald R. (2010, third edition): *The World and a Very Small Place in Africa: A History of Globalization in Niumi, The Gambia.* Armonk/London: M. E. Sharpe.

—— (1987): 'The Epic of Kelefa Saane as a Guide to the Nature of Precolonial Senegambian Society – and Vice Versa', *History in Africa,* 14, 287–309.

Yai, Olabiyi Babalola (2001): 'The Identity, Contributions, and Ideology of the Aguda (Afro-Brazilians) of the Gulf of Benin: A Reinterpretation', *Slavery & Abolition*, 22/1, 61–71.

Yerby, George (2008): *People and Parliament: Representative Rights and the English Revolution*. Basingstoke: Palgrave Macmillan.

Yoeli, Pinhas (1970): 'Abraham and Yehuda Cresques and the Catalan Atlas', *Cartographical Journal*, 7/1, 17–27.

Young, Jason R. (2007): *Rituals of Resistance: African Atlantic Religion in Kongo and the Lowcountry South in the Era of Slavery*. Baton Rouge: Louisiana State University Press.

Zhao, Bing (2017): 'Les Échanges sino-africains avant le XVIe siècle: une archéologie du commerce de la céramique chinoise', paper presented at the conference 'Les Mondialisations africaines dans l'histoire', Musée du Quai Branly, Paris, 20 April 2017.

—— (2012): 'Global Trade and Swahili Cosmopolitan Material Culture: Chinese-Style Ceramic Shards from Sanje ya Kati and Songo Mnara (Kilwa, Tanzania)', *Journal of World History*, 23/1, 41–85.

插图列表

第 2 页：依据刚果王国驻巴西大使堂·米格尔·德·卡斯特罗创作的肖像。By Jaspar Beckx（sometimes attributed to Albert Eckhout），1643.（National Gallery of Denmark，SMK Photo/Jakob Skou-Hansen. Copyright ⓒ SMK Photo）

第 8 页：堂·米格尔·德·卡斯特罗。By Jaspar Beckx（sometimes attributed to Albert Eckhout）.（National Gallery of Denmark. ⓒ SMK Photo）

第 20 页：林奈绘制的黄宝螺贝币图样。[Reproduced from the Freshwater and Marine Images Bank at the University of Washington，and available at https：//commons. wikimedia. org/wiki/File：FMIB_50309_Cypraea_moneta_（Linnaeus）. jpeg]

第 20 页：白宝螺贝币。（Photograph by H. Zell；reproduced courtesy of Creative Commons-Attribution ShareAlike 3.0 Unported license，image available at https：//commons. wikimedia. org/wiki/File：Monetaria_annulus_01. JPG）

第 23 页：伊列奥里，12 世纪早期。（Mead Art Museum，Amherst College，MA，USA/Museum purchase/Bridgeman Images）

第 39 页：跪下的女性雕塑，来自尼日尔河河曲内侧。（Indianapolis Museum of Art at Newfields，USA/Gift of Mr and Mrs Harrison Eiteljorg/Bridgeman Images）

第 42 页：《加泰罗尼亚地图集》的细节，1375，羊皮纸，作者为亚伯拉罕·克雷斯克斯（1325～1387）。（Bibliothèque Nationale，Paris，

France/Bridgeman Images）

第 57 页：津加里贝尔清真寺，埃德蒙·福捷（Edmond Fortier）摄影，约1905～1906 年。（https：//commons. wikimedia. org/wiki/File：Fortier_372_Timbuktu_Djingereber_Mosque. jpg）

第 66 页：多贡人的房子。（Photograph by Andrés Barragan；reproduced courtesy of Creative Commons-Attribution ShareAlike 3. 0 Unported license. Image available at：https：//commons. wikimedia. org/wiki/File：Casas_dogon. jpg）

第 70 页：杰内大清真寺，摄于 1911 年前后，摄影师为费利克斯·迪布瓦。它俯瞰市场。这座清真寺在最近一段时间进行了大规模重建。（Historic Images/Alamy Stock Photo）

第 91 页：阿康廷鲁特琴。From Jatta's Akonting Centre, Mandinari, The Gambia.（Reproduced by kind permission of Daniel Laeomahuma Jatta. Photograph © Anna de Mutiis）

第 97 页：《富塔托洛军队行军场景》。1820，engraving by Ambroise Tardieu（1788 - 1841）（De Agostini Picture Library/G. Dagli Orti/Bridgeman Images）

第 99 页：弗里敦城中被解放的非洲人的避难所。（Photograph by Toby Green；available at https：//commons. wikimedia. org/wiki/File：Asylum_for_Liberated_Africans_in_Freetown, _Sierra_Leone. jpg）

第 107 页：塞内加尔卡萨芒斯的稻田。（Photograph by Toby Green；available at https：//commons. wikimedia. org/wiki/File：Rice_paddy, Casamance, _Senegal. jpg）

第 115 页：几内亚卡谢乌风光，右侧是葡萄牙城堡。By J. C. Silva（no date；nineteenth century）.（Acervo：Arquivo Histórico Ultramarino, Lisbon, in public domain：http：//fortalezas. org/index. php?ct = fortaleza&id_fortaleza = 564&muda_idioma = PT）

第 122 页：埃强巴面具，塞内加尔。（Horniman Museum, London, UK. Photograph ⓒ Heini Schneebeli/Bridgeman Images）

第 124 页：带有基督受难场景的象牙瓶，来自塞拉利昂。（Walters Art Museum, licensed under a of Creative Commons-Attribution ShareAlike 3.0 Unported license, and available at https：// commons. wikimedia. org/wiki/File：Sierra_Leonian_ – _Ivory_Pyx_with_ Scenes_from_the_Passion_of_Christ_ – _Walters_71108_ – _View_F. jpg）

第 139 页：曼希亚王宫博物馆，库马西，加纳。（Photograph by Toby Green；Available at https：//commons. wikimedia. org/wiki/File： Manhyia_Palace_Museum, _Kumasi, _Ghana. jpg）

第 141 页：桑科法鸟式样的阿肯黄金砝码。（British Museum. ⓒ The Trustees of the British Museum）

第 141 页：瓦里棋棋盘式样的阿肯黄金砝码。（British Museum. ⓒ The Trustees of the British Museum）

第 144 页：埃尔米纳城堡西门之上的城墙，加纳。（Photograph by Toby Green；available at https：//commons. wikimedia. org/wiki/File： Elmina_Castle% E2% 80% 99s_ramparts_above_the_west_Gate_of_the_ castle. jpg）

第 175 页：埃尔米纳的城堡和港外锚地风光。By Hans Propheet. ［Nationaal Archief, Den Haag, Netherlands, made available through the Atlas of Mutual Heritage and the Nationaal Archief under a Creative Commons Public Domain Dedication（CC – ZERO）］.

第 195 页：戴着珠子王冠和羽饰的铜制头像，伊费，尼日利亚。（British Museum. ⓒ The Trustees of the British Museum）

第 198 页：贝宁国王与副手的黄铜铸件，16 世纪。 （British Museum. ⓒ The Trustees of the British Museum）

第 204 页：葡萄牙商人肖像，其特点在于长头发、长胡子和不同

形制的剑。(British Museum. ⓒ The Trustees of the British Museum)

第 209 页：半环状货币，本代，尼日尔河三角洲区域。(British Museum. ⓒ The Trustees of the British Museum)

第 218 页：伊法占卜盘，17 世纪早期，阿贾 – 丰人区域。(Photograph by Bernd Kegler；ⓒ Museum Ulm-Weickmann Collection)

第 243 页：荷兰大使在刚果国王加西亚二世的宫廷。By Olfert Dapper（1635 – 1689），engraving from Naukeurige Beschrijvinge der Afrikaensche gewesten, 1668.（https：//commons. wikimedia. org/wiki/File：Olfert_Dapper, _Naukeurige_Beschrijvinge. jpg）

第 244 页：刚果王国的盔甲，献给阿方索一世国王。From the "Livro da nobreza e da perfeição das armas".（ART Collection/Alamy Stock Photo）

第 253 页：刚果"世界域"。

第 256 页：刚果地图。From a French edition of Tabularum geographicarum contractarum..., by Petrus Bertius（1565 – 1629）.[https：//commons. wikimedia. org/wiki/File：Congo_1617, _Jodocus_Hondius_(4265886-recto). png]

第 266 页：16 世纪刚果的十字架。[Brooklyn Museum；licensed under the Creative Commons Attribution 3.0 Unported licence；https：//commons. wikimedia. org/wiki/File：Brooklyn _ Museum _ 2011. 74 _ Crucifix_Nkangi_Kiditu_(2). jpg]

第 286 页：棕榈叶纤维编织的板子，20 世纪早期。（Dallas Museum of Art, Texas, USA/The Eugene and Margaret McDermott Art Fund, Inc. /Bridgeman Images）

第 314 页：海岸角城堡。左侧的加农炮放在地牢的走道顶上，奴隶们就从走道经过前往灯塔，在那儿被运送到海上。中右部那个顶上铺了瓦的中型规模的建筑是一座教堂，它坐落在关押奴隶的地牢之上。（Photograph by Toby Green；available at https：//commons. wikimedia. org/wiki/File：Cannons_at_Cape_Coast_Castle，_Ghana. jpg）

第 317 页：阿森曼索的遗址，以及被送往海岸的奴隶们洗最后一次澡的纪念地。（Photograph by Toby Green；available at https：//commons. wikimedia. org/wiki/File：Memorial_to_the_captives_marched_to_the_coast_at_Assim_Manso，_Ghana. jpg）

第 322 页：刚果、安哥拉、本格拉及其周边地区地图。By Jacques Bellin（1703 – 72），1754. From *Histoire generale des voyages*（A. F. Prévost d'Exiles）.（https：//commons. wikimedia. org/wiki/File：Congo_map_1754. jpg）

第 327 页：19 世纪刚果的恩基西力量人像。（British Museum. ⓒ The Trustees of the British Museum）

第 331 页：阿尤巴·苏莱曼·迪亚洛肖像，他又被称为乔布·本·所罗门（1701 ~ 1773）。By William Hoare（1707 – 1792）.〔https：//commons. wikimedia. org/wiki/File：William_Hoare_of_Bath_-_Portrait_of_Ayuba_Suleiman_Diallo，_(1701 – 1773). jpg〕

第 350 页：卡拉巴尔的碗及其盖子，刻着恩希比迪文字。（British Museum. ⓒ The Trustees of the British Museum）

第 354 页：塞缪尔·阿贾伊·克劳瑟主教。Photographed by Ernest Edwards（d. 1903）.（https：//commons. wikimedia. org/wiki/File：Bishop_Samuel_Ajayi_Crowther_A. png）

第 363 页：半黑半白的卢索非洲人居留点遗址，宾唐，冈比亚。（Photograph by Toby Green；Available at https：//commons. wikimedia. org/wiki/File：The_ruins_of_the_Luso-African_settlement_at_Bintang，_The_Gambia. jpg）

第 376 页：奥科姆福·阿诺基铸剑点，加纳首都库马西与阿散蒂帝国建立地的传说地点。（Photograph by Toby Green；available at https：//commons. wikimedia. org/wiki/File：Okomfo_Anokye_sword_site，_legendary_site_of_the_foundation_of_the_Asante_empire_in_Kumasi，_Ghana. jpg）

第 385 页：贝宁武士和树叶状的剑。（British Museum. ⓒ The Trustees of the British Museum）

第 390 页：阿丹多赞在一封送往葡萄牙海外委员会的信（1804年 11 月 20 日）上的签名。（Arquivo Histórico Ultramarino，Lisbon，CU，São Tomé，Caixa 37，doc. 32）

第 391 页：蟒蛇神庙，维达。（Photograph ⓒ Carlos da Silva Junior）

第 403 页：冈比亚福尼卡拉基的一个坎耶伦团体。（Photograph ⓒ Bala Saho）

第 429 页：弗朗西斯·穆尔关于冈比亚一个村庄的插图，牛场在左侧，房子在中间，庄稼在右侧。From Travels into the Inland Parts of Africa...，by Francis Moore（c. 1708 – c. 1756）.（Reproduced by permission of Cambridge University Library）

第 434 页：卡谢乌的城堡废墟，中间有一个早期葡萄牙总督断裂的雕像。（Photograph by Toby Green；available at https：//commons. wikimedia. org/wiki/File：Photo_of_Cacheu_with_ruined_statue_of_early_Portuguese_governor. jpg）

第 441 页：一个真人大小的坎库朗模型，国家博物馆外，班珠尔，冈比亚。（Photograph by Toby Green；reproduced courtesy of the National Museum of The Gambia；available at https：//commons. wikimedia. org/wiki/File：A_lifesized_model_of_the_Kankurang，_outside_the_National_Museum，_Banjul，_The_Gambia. jpg）

第 449 页：弗里敦，塞拉利昂，19 世纪早期。From An Account of the Native Africans in the Neighbourhood of Sierra Leone...，by Thomas

Masterman Winterbottom（1766 – 1859）. （available as out of copyright at：https：//commons. wikimedia. org/wiki/File：A_view_of_Freetown，_1803. jpg）

第 460 页：比通·库鲁巴利的宫殿，瑟古库洛，马里。（Photograph by G. Mason；reproduced courtesy of a Creative Commons Attribution-ShareAlike 4. 0 International Licence，available at：https：//commons. wikimedia. org/wiki/File：FormerpalaceBitonCoulibaly. jpg）

第 472 页：弗里敦圣约翰教堂的马龙旗帜。（Photograph by Toby Green；available at https：//commons. wikimedia. org/wiki/File：Maroon_flag_outside_St_John% E2% 80% 99s_Church，_Freetown. jpg）

第 475 页：姆普帽子，19 世纪晚期至 20 世纪早期（材料：棕榈叶纤维、猎豹爪子）。（Cleveland Museum of Art，USA/John L. Severance Fund/Bridgeman Images）

第 477 页：达荷美国王阿丹多赞 1810 年送给葡萄牙国王若昂的战争图版，描绘了达荷美 1805 年战胜波多诺伏军队的情景。可惜这个图版在 2018 年里约热内卢国家博物馆的火灾中被毁。［Inventory Number 6403（now destroyed in the fire at the Museu Nacional of 2 September 2018）；photograph © Crenivaldo Veloso Jr；Acervo de Setor de Etnologia. Reproduced by kind courtesy of the Museu Nacional，Universidade Federal do Rio de Janeiro，Brazil］

第 485 页：库马西地图草图（鲍迪奇将库马西拼写为"Coomassie"）。From Mission from Cape Coast Castle to Ashantee...，by Thomas Edward Bowdich（1791 – 1824）. ［Available at：https：//commons. wikimedia. org/wiki/File：BOWDICH（1819）_ p364 _ PLATE_11_ – _SKETCH_OF_COOMASSIE. jpg］

第 487 页：18 世纪巴伊亚的萨尔瓦多全景。［Available at：https：//commons. wikimedia. org/wiki/File：Tomada_da_cidade_de_S%

C3％ A3o_Salvador_s％ C3％ A9culo_XVIII_（panor％ C3％ A2mico）．jpg］

第 494 页：西非，1839 年；米契尔地图，来自一本 1839 年的地图集，约鲁巴在中右部，在奥约下面。（Licensed under the CreativeComons Attribution-Share Alike 2. 0 Generic License，available as out of copyright in the public domain at https：//commons. wikimedia. org/wiki/File：West_Africa_1839_Mitchell_map_ – _Kong. jpg）

第 499 页：圣约翰马龙教堂的椽子，弗里敦。（Photograph ⓒ Vincent Hiribarren）

第 536 页：纪尧姆·德莱斯利的 1707 年西北非地图距离海岸最近的是瓦阿洛（地图上称之为"Oualle"），接着是富塔托洛（地图上称之为"Royaume des Foules"），接下去是噶加噶（"Galam"），再往下的"Bonda"指的是一个小王国本杜。（Available at：https：//commons. wikimedia. org/wiki/File：Guillaume _ Delisle _ Senegambia _ 1707. jpg）

第 555 页：绑在栏杆上的自由非洲奴隶的名字标签，位于弗里敦自由非洲人庇护所外。（Photograph ⓒ Vincent Hiribarren）

第 563 页：收获阿拉伯胶。From Reise nach den Senegal-Ländern in einem gedrängten Auszuge. . . ，by Jean-Baptiste-Léonard Durand（1742 – 1812）. （Availbale at：https：//commons. wikimedia. org/wiki/File：DURAND（1804）_Die_Mauren_beym_Gumi_sammeln. jpg）

第 568 页：从达拉山方向远望卡诺。By Martin Bernatz（1802 – 1878），after a sketch by Heinrich Barth（1821 – 1865），from *Travels and Discoveries in North and Central Africa . . .* Vol. 2，by Heinrich Barth，1857. （Available at：https：//commons. wikimedia. org/wiki/File：Barth_1857_Kano_from_Mount_Dala. jpg）

索 引

（以下页码为原书页码，即本书页边码）

注：加粗页码为插图所在页。

Abdu Rahman, Sherif 57
Abdul Qader 441–2
Abdullah ibn Muhammad 446,
    450–51, 454–5
Abdullahi Burjo, sarki of Kano 51
Abipa, Alafin (king) of Oyo 179–80
abirempon (rich men on the Gold
    Coast) 124, 138
Abolition of the Slave Trade Act, in
    the UK (1807) 435
Abolitionism 265–6, 326–7, 368
    elite African opposition to 467–8
Abomey, Dahomey 313–14
Abyssinia 56
acacia gum 441–2, **442**
Accra, fort 140, 406–7
Accra, kingdom 133
Adam Smith School, of economics
    337
Adandozan, Dadá, king of
    Dahomey 308–9, **309**,
    375–6, **375**
Adanson, Michel, naturalist xviii,
    363, 414
Adcock, Joseph 300
afahene (brokers on the Gold
    Coast) 124

Afonja, rebel leader in Oyo 419–20
Afonso I, manikongo of Kongo
    200–201, 203, 208–9, 212,
    223, 271–2
    letters to João III of Portugal
    214, 224
    and trade in war captives 215–17
Africa 248, 266
    and Atlantic, *timeline* 25–7
    colonial concept of 9–10
    global interactions xvi, 4–5,
    8–9
    histories 8–9, 10–11, 266, 474,
    475–6
    modern exhibitions 11
    see also West Africa; West-
    Central Africa
Afzelius, Adam, naturalist xviii,
    358, 393, 394, 396
Agaja, king of Dahomey 280, 310
Age of Revolution 9, 296, 374–5
    in Africa 428–9
    in Americas 393
    as conflict of aristocracies and
    democratic forces 401–2
Agonglo, Dadá, king of Dahomey
    307

agriculture
African techniques in
Americas 8–9
Akan states 123
Borno 48
cattle 353
Dahomey 313, 314
for food for Atlantic crossings
253, 351–2
and food production 349–55
Gambia 337–8
northern Nigeria 31
plantation economy 247, 265,
353–4
Sierra Leone 86
slave labour for 350–51, 353–4,
459, 463–4
and spiritual value of land 363–6
surpluses 354
transformation 337–8, 352–3,
363–4
see also foods
Aguiar, Rui de 209, 210
Ahenkpaye, king of Benin 180
Ahmad Baba, Timbuktu
scholar 66–7
Ahmadu Bello, Sultan of
Sokoto 416
Aidi, Ngola of Ndongo 256
Aja peoples 154, 169, 172
Akan peoples 111, 297
gold production technologies 37,
38, 53
perception of monetary value
143, 361
as traders 118–19, 141
women traders 342
Akan states 114–20, 137
sale of captives 247
social changes 122–4

Akengbedu, king of Benin 180
Akengboi, king of Benin 180
Akron, kingdom 141
Akwamu kingdom 123, 141, 286
Akyem kingdom
Christianity in 122, 137
wars 141
Al-Andalus, Spain 33
albinos, spiritual power of
(Kongo) 206
alcohol
Islam and 437, 443
Senegambia 436, 437
traded 82–3
value of trade in 406–7
Alfa, Karamoko, Fuuta Jaalo
439–40
Ali ibn Hajj 'Umar, sultan 139
Alkalawa, kingdom of 456
Allada Kingdom 151, 154, 163
cowrie taxes 315
influence of Portuguese in 171–2
and rise of slave trading 169–77,
285, 286, 353
and Spain 8
Álvares de Almada, André 76,
87–8, 94
Álvares, Manoel, missionary 85–6,
95, 97, 407–8
Álvaro I Nimi a Lukeni, manikongo
of Kongo 210, 217–18
Álvaro II, manikongo of Kongo 228
Amador, 1595 São Tomé uprising
led by 143–4
American Civil War 295
American Revolution 392
Americas
African cloths in 96–7
African links with 8–9
African migrants to 369–70

African musical style 397–9
African religious influences
  384–5
Allada influence in 173
cloth manufacture in 113–14
enslaved persons in 286
ethnic identity in 389–90
maroons in 98–9
return of free Africans from
  385–6
Senegambian cultural influence
  in 99–102
and slave revolutions 270
see also Brazil; Cuba
Amina, Queen of Zaria 57
Angola
  credit 273–4
  depopulation 235–6, 289
  healing practices 9
  kingdoms of 235–9, 464
  map 256
  Portugal and 3, 194, 196, 255–6
  profits on enslaved persons 295
  rum trade 83
  and trade with Brazil 191
Annobon Island 144
Anomabu
  fort 108
  port 121, 307
António I, manikongo of
  Kongo 257
archaeology 31–2
aristocracies in Africa 16
  adoption of foreign luxuries
    371–80
  and Atlantic trade 79–80, 91
  Borno 458
  collapse of 373
  and democratic forces 401–2
  distance from people 380

and education in Europe 378–9
Gold Coast 137
literate Kongolese 196–7
nyantios warriors 76, 92, 320–22
rebellions against 419–20
and trade in captives 436
Arma Pashlik state 138, 411
The Arthur, English slave trade ship
  189, 351–2
Asante Kingdom 6, 71, 286,
  297–8, 336
  goldfields 300–301
  and Islam 465
  and kola-nut trade 464
  power in 403, 405, 421
  rise of 119, 120, 151
  role of women 345
  survival of 428, 473
Askia Dawūd, ruler of Songhay
  62–3
Askia Mohammed IV Bani, ruler of
  Songhay 63
Askia Mohammed, ruler of
  Songhay 50, 52
  pilgrimage to Mecca 62
Askia Muhammed Bonkama, king
  of Songhay 61
Assa kingdom 133
Assin Manso 250, 251
Atkins, John 140–41
Atlantic trade 5–6, 73, 79–80,
  91, 470
  effect on political systems 93
  gold 111–13, 123
  and Islam 437, 441–2
  see also slave trade
axé, Yorùbá concept of 305
Axim, Gold Coast 133, 142
Azambuja, Diogo de 115, 120
Aztecs, slavery 267

Ba, Karamoko 426
Baal, Ceerno Suleyman 441
Babalola, Abidemi Babatunde 152
Babba Zaki, king of Kano 329,
    447, 448
Bacampolo, ruler of Bissau 383
Badagry, King of 374
al-Baghdādī, Abd al-Rahmān 472
Bahia, Salvador de, Brazil 152, 385
    Malé Uprising (1835) 385, 472
Baillie, William 299–300
Bainunk people 35, 74, 388
BaKongo peoples 191
Balanta people 68–9, 388
Bamako kingdom 409
Bamana people xix$n$
Bambara people, Segu 412, 414
'Banana Island', Sierra Leone 93
Banbera, Tayiru 323–5, 476
Bandiagara escapement, Dogon
    people at 54–5
Bapende peoples, oral
    history of 198
Barbados 173
Barbushe, leader of Kano 43
Barra, Gambia, port 89
Barros, João de 78–9, 137, 155–6
Barry, Boubacar 69
barter economy, notion of 13,
    433–4, 468
Barth, Heinrich, explorer xviii, 42
basketwork 134
Basorun Gaha, Oyo-Mesi leader
    and then Alafin of Oyo 418
Basra, trade with Zawila 43
Batell, Andrew 220, 224
Bautista Pérez, Manuel, slave trader
    in Guinea-Bissau region
    xv–xvi, 82–3, 226
    on iron bars 89

and slaves as currency 272–3, 281
    trade in cloths 94–5, 96
Bawa Jangwarzo, king of Gobir
    454–5
Bayano maroon settlement,
    Panamá 99
Beaufoy, Henry 458
Beckert, Sven 14
Bello, Mohammed, sultan of
    Sokoto 416, 443–5, 453, 454,
    456, 464
Benguela, Angola 3, 259, 260, 286
    women traders 342–3
Benin, Kingdom of 8, 118, 152–69
    coastline 151
    cowrie currency 182–3, 327–8
    and Dahomey 332
    decline of 177–8, 180–82, 331–2
    as fiscal-military state 332
    magic 349
    militarized expansion 163–5
    Nikky mithqāl 299
    rejection of slave trade 168–9,
        180, 331
    relations with Portuguese 155,
        158, 180
    ritual power of kings 161–3
    spiritual practice 154
    urban consolidation 163–7
    warriors 305, 305
    see also bronze casting
Benton, James 145
Bereté, Fodé 289–90
Berlin Conference (1884–5) 265
Bighu, gold-trading centre 54
Bijagós Islands, off Guinea-Bissau
    xiii, xvi
Bijogó Francisco 390
Bilāli, Sālih 281–2, 415
Bintang, The Gambia 291–2

Bioko Island 144, 200
Bishop, Christopher, trader 145
blacksmiths 89, 304
Bloom, John, factor 143
Bonashee, trader on the Gold
    Coast 356–7
Bonny, Benin 151, 350
Bonny, River 11–12
Bono-Mansu kingdom 54, 115
Borno
    army 42–3, 305–6, 458
    and gold trade 53–4
    grants of privilege (mahrām) 42
    and Islam 381, 458–9
    jihād against 456–60
    and Ottoman Empire 8, 56
    rise of 48, 139
    slave trade 142, 458
    women 345
Bosman, Willem 142, 180, 183,
    249, 287
    on Benin 327
    on Gold Coast 307
    on Hueda 314
    on warfare 289
Bowdich, Thomas Edward 66, 379,
    382, 383, 468
Bracon, Captain 361
Bran, Manuel 400
Brandeburg (Germany), gold trade
    with Gold Coast 112, 142
branding 88, 251, 293
Brazil
    African embassies 8, 374–6, 375,
        377–9
    and Angola 191, 197
    Candomblé shrines 10, 152,
        169–70, 172, 385
    cassava 190–91
    Dutch occupation 1, 113

    and global trade 5
    and Gold Coast 113
    gold in 247, 299, 300
    independence 309
    and Kongo 191–89
    Malé Uprising (1835) 385, 472
    Museo Nacional, Rio xxii
    Muslim captives in 472, 473
    Palmares quilombo rebellion 239,
        395–6
    plantation economy 247, 265, 403
    Portuguese planter rebellion
        against the Dutch (1640s) 113
    santidade movement 384
    West African influences 8, 152–1,
        238–9
    see also Bahia
Bristol, copper-smelting 146
Broecke, Pieter van den 81, 89
bronze casting
    Benin 152, 153, 154–6, 156, 161,
        164–6, 182
    and cultural exchange
        159–60, 189
    lost-wax method 156
    military function 165
    Portuguese depictions 160,
        161, 164–5
Brown, David H. 474–5
Brun, Samuel 118–19, 128
Brussels Conference (1890) 265
Bubaque, Bijagós Is. xiii
Buenos Aires 253
Bumi Jeléen, Jolof prince
    78–9, 122
Bundu state 422–3, 425, 439

Cabral, Amílcar 11
Cacheu 341–2, 342
    trading settlement 82, 84, 94–5, 95

Cadornega, Antonio de 231
Cairo, Mansa Musa at 40
Calabar, Benin 151, 189, 376
Calado, Manuel 286
Cameroon, secret societies 302
Candomblé religion, Brazil 10, 152,
    169–70, 172
cannibalism
    Europeans believed to practice
        86–7
    and fetish shrines 436–7
    Imbangala 221, 222
    slavery and 276–7
Canogo Island (Bijagos) xiii, xiv
Cape Coast (Cape Corse) castle
    108, 140–41, 249
    enslaved persons at 248–51
Cape Verde islands 34
    cloth production 96
    horse breeding 51, 76
    salt production 233
    slave trading 233–4
capital
    access to 298
    and Atlantic system 470, 471–2
    imbalances 12, 14, 147, 234–5,
        238, 294–5
    and power 223
captives of war 142, 144, 173, 267
    Akan trade 247
    for Atlantic slave trade 251, 259,
        286–9
    demand for 183, 264–5
    escaping 394–5
    Kongolese trade in 215–17,
        230–31
    trade in 76, 87–8, 166–7, 215–16,
        329–30
    value 248
Capuchin missionaries 85, 161, 170

and climate changes 177
in Kongo 197, 213
Caribbean
    plantation economy 145, 183,
        247, 265
    Senegambian music in 72
Cartagena, Colombia, port 99
Carvalho, Cosme 274
Casamance region 76, 84, 85–6, 461
cashew nuts 86
cassava 190–91
Castro, Dom Miguel de,
    ambassador from Kongo to
    Brazil 1–2, 2, 7, 7
Catalan Atlas (1375) 33–4, 34, 35,
    36, 39
Catholic Church
    altarpieces 19
    Inquisition (Lisbon) 131–2
    Jesuits 4, 191, 213, 217
    in Kongo 205–213
    and local religions 132–3, 383–4,
        385
    missionaries 122, 210, 384
Cavazzi, Antonio 191, 202, 219–
    20, 221
Cayado, Cristóbal 389
Cayor kingdom 437, 438–9
ceramics, Spanish 41–2
Cerro de la Cabra, Panamá,
    maroon community 98
China, early contacts with Africa
    32–3
Christianity
    African influences in Americas
        384–5
    in Akyem 137
    and Atlantic trade routes 137
    in Benin 158–9, 163
    ceremonies in Kongo 211, 213

Gold Coast 122
in Kongo 197
and regressive gender roles 347
relations with Islam 382
see also Catholic Church
Cidi Hamet, rule of Fuuta Tòòro
437–8
Cissé, Al-Hadj Ibrahima, oral
historian 93–4
city states, Sahel 39–45
climate
changes 69–71, 139, 175–7, 222,
235–6
Little Ice Age 176–7
and political instability 429
cloth production 57, 96–7, 130
Benin 152–3, 157–8
European 104, 130–31, 175, 181
Kongo 193
cloth trade 81, 83, 96–7, 130–31,
159, 236–7
mass imports 5, 80, 91, 181–2,
237
cloth(s)
Allada exports 174, 175
ambasys (Benin) 181
barafula 59, 88, 96–7, 99
cundis (Kongo) 230
as currency 13, 21, 52, 58, 88,
94–5, 293, 423
in Kaabu 320
Indian pièces de guinée 421–4
libongo 231, 236, 237
luxury 376–7
raffia 230, 237
woollen perpetuanoes 360
Compagnie Française des Indes
Occidentales 247
Congo see Kongo
Congo River 4

Conneau, Theophilus 285, 290,
461, 463
copper
Bristol smelting industry 146
as coinage 225–6, 236
as currency 13, 14, 58, 129,
165–6, 166, 168
currency imports 104
in Kongo 190, 214–15, 224–7
manillas (arm-rings) 19, 58, 98,
119, 165–6, 166, 224, 359
military and industrial uses 226
from Sahara 31
valuation 125–6
coral beads 327–8
Correia de Sá, Salvador 3
Corry, Joseph 350, 443
cosmogram, Kongo 200, 201
Costa, Manecas 396–7
cotton production 41
cowrie shells
annulus cowrie 17, 18, 433, 465
as currency 17–20, 58–9, 142,
166–7, 168
Benin 327–8
Dahomey 314–15
Segu 323–5
for divination 71, 324–5
imports 71, 247, 314–15
and inflation 183–4, 315
moneta cowrie 17, 17, 433
origin myths of 17–18, 292
and ritual functions 18–20
supply of 314–15, 323–4
see also nzimbu shell currency
credit 469
and debt 11–12, 13
economic value 271–2
moral meaning of 271, 272–4,
277–8, 469

credit – (cont.)
  and pawnship 275–7
  and slave trade 90–91,
    275–81, 294–5
Cresques, Abraham, Catalan Atlas 33
crime
  among maroons 98–9
  theft 84
cross, Kongolese symbolism of 200,
    206–7, 211–12, 212, 213
Crowther, Samuel Ajayi, Bishop of
    Nigeria 154, 282–4, 283, 460
Cuba
  and Lucumí (Yorùbá) identity 391
  maroons in 98
  music 399
  Muslim captives in 472
  Santería shrines 10, 170, 391, 474–5
cultural exchange 50, 159–60, 189
culture, African influences 10,
    99–102
Cunningham, Willem, trader 80
currencies
  Almoravid Al-Murabitūn coin 39
  enslaved persons as 271–3,
    281–5, 292–5
  expansion of 167–8
  glass beads 152
  and gold prices 129
  goods as ('soft') 13, 14, 15, 52,
    58, 317–18
  'hard' (gold and silver) 14–15, 105
  imports 335–6
  kola nuts as 105, 106
  major zones 432, 433
  Maria Theresa Silver Dollar 432
  Nikky mithqāl 299, 300–301,
    325
  nzimbu (shells, Kongo) 3, 4,
    189–90, 200, 222–7, 229

  and power 19, 421–4
  and state (18th century) 322–7
  traded 69–71, 201
  valorization of coinage 38, 184–9
  see also cloths; copper; cowrie
    shells; gold; iron
currency exchange 13, 130, 167–8,
    404–5, 469
  changing rates 432, 433
  rates for cloths 237–8
  rates for nzimbu 227, 229
currency flows 247–8

Da Monzon, king of Segu 324,
    410, 412
Daamansa Wulaading, hunter 73
Dahomey 6, 151, 154, 368–71, 473
  Agassu leopard cult 311, 419
  agriculture 313, 314
  and Benin 332
  captives from 251, 288–9
  cowrie currency 314–15, 316,
    323–4
  embassies to Brazil and Portugal
    8, 374–6, 375, 377–9
  Europeans in 312
  installation of kings 334
  and Islam 465
  and Oyo province 312, 315–17
  religion 311
  retention of gold 405
  role of griots 416–17
  royal court 308–9, 344
  state formation 307–17
  state power 299–300,
    311–13, 336
  survival of 428
  tobacco trade 403
  trade 307–8
  warfare in 309–11

Dakar 69, 81–2
Dalzel, Archibald 308, 368–71, 418
  History of Dahomy 467–8
Dangbé, cult 431
Dapper, Olfert, geographer 96,
    163–4, 166, 167, 183
Dauda, Sarki, of Kano 56
David, Pierre 402
De la Fosse, Eustache 127
debt 11–12, 13
  Mali 62
Delbée, Sieur 140, 172
Demanet, Abbé 353
Dembos mountains (in Kongo) 3
Denkyira kingdom (in Gold Coast)
    117, 119, 121, 123, 145
Denmark, and Gold Coast 112, 406
Denyaanke dynasty, Fuuta Tòòro
    438, 440, 441
Diabaté, Lansiné, griot historian
    18–19, 35–6, 45, 49, 234, 476
Diabatè, Lassana, musician 49
Diakhou, Maba, Badibu leader 462
Diallo, Ayuba Suleiman ('Job Ben
    Solomon') 262–4, 263, 284
Dias de Novais, Paulo 228
Diaz, Diogo 271
Diogo I, manikongo of Kongo 210,
    215–16
  Portuguese and 217
diplomacy, African kingdoms 8,
    21, 374–9
diseases
  effect on European traders 134,
    159
  epidemics 176
Dixcove, Gold Coast 307, 360
Djenné, city 55
  Great Mosque 59
Dô, central Mali 31

Dogon people, Mali 54–5, 55
dollar symbol ($) 295
Donelha, André de 93
Drake, Francis 98
dress and fashion xv
  Benin 178
  European 376
  Gold Coast 138
  and imported cloth 424–5
  Islam and 455
  of ruling elites 372–4
  and status 94, 95–6, 97
Duarte, João Rodrigues 272
Duke, Antera, Efik trader 278–9,
    280–81, 287
  on food production 353
  on trading classes 376
Dunama ibn Ali, sultan 139, 459
Dunama ibn Umme, *mai* of Borno
    42–3
Durand, Jean-Baptiste 340
Dutch West India Company 133–4,
    146, 181–2, 194, 247
Dutch-Portuguese War (1636) 274
Dyāra kingdom 441

East African Company, and Guinea
    gold 118
Eckhout, Albert, artist 2
economics
  Adam Smith School 433–4, 468
  and barter 13
  effect of slave trade on 78
  European discipline of 337, 433–4
  inflation 104, 119, 128–9,
    183, 294–5
  market economies 13, 21, 433–4
  origins of 'underdevelopment' 9
  and perception of money and value
    143, 361–2, 406, 469–70, 471

economics – (*cont.*)
  rational choice model 20–21,
    470–71
  reciprocal exchange 66
  slavery and wealth 51
  surplus value 405–6
  and transition to bullion 38
  unequal exchanges 12, 53–4, 71,
    189, 222–3, 247, 253
  see also capital; credit; currency;
    trade
Edo, Benin 154–5, 158, 164, 177–8,
  331–2
'Eenie Meenie Maine Mo' 400
Egypt
  Mamluks in 56
  trade with Mali 47
Eisami Gazirmabe, Ali 434,
  457–8, 460
ejumba masks, Jola 100–101, 100
Ékpè society and masquerade,
  Calabar 19, 278–9, 287, 303
Elmina, Gold Coast 113, 141, 145
  castle-prison 108, 112, 114–15, 114
  and Catholic Church 132–3
enslaved persons
  at Cape Coast castle 248–51
  as currency 271–3, 281–5, 292–5
  deaths 88, 216
  financial value 52, 104, 167,
    323, 434
  growing demand for 51, 172–3, 174
  'Mina' slaves freed 113
  Muslims as 472
  ownership branding 88, 251, 293
  to Brazil 113
  treatment of 250–51
  see also captives of war; slave
    trade; slavery
Equiano, Olaudah 282

eredos (earthen defences in
  southern Nigeria) 31, 54
Esigie, Oba (king), of Benin 159–60
Ethiopia, early contact with
  China 32
ethnicity
  invention of 386–92
  and language 388
Europe
  African economic dependence
    on 294
  African embassies to 374
  expansion, and gold trade
    36–7, 53–4
  gender imbalances 340
  state development 326–7
  use of gold for display 129
Ewuare, king (oba) of Benin 157,
  159, 163
exchange
  reciprocal 66, 105, 106–7
  symbolism of 223, 238
  unequal 12, 53–4, 71, 189, 222–3

Fá divination 169, 174
Falconbridge, Alexander, surgeon
  11–12, 350
famine 429, 458
  17th-century 139, 176
Fanjara, 'mango tree' archive xv
Fanon, Frantz 371, 399
Fante kingdom, war with Fetu 141
Fante merchants 123–4
fencing techniques, West African
  8, 99
Fernando Pó island 302
  maroons in 393
Ferreira, João 82
fetishes (religious objects) 364–5, 475
  shrines 436–7

Fetu kingdom 119, 141
  Christianity in 122
  funeral of king (1673) 132
  relations with Europeans 133-4
Finch, William 82
fiscal military state
  authoritarian power 335, 336
  West Africa 16, 296-333
Fodé Kaba, Muslim leader 461
Fon people 151, 170, 308, 311
Fonseca, André Velho da 272
foods
  for Atlantic crossings 253, 351-2
  Bahian 152
  foreign luxury 371
  introduced from Americas 99,
    113, 123, 134, 144, 352
  maize-flour bread 172
  Portuguese fruits 123
Fort Lewis, Senegal 408, 414, 423
forts 140-41, 141
  Gold Coast 108
foundation myths 17-18, 35, 103
  Igbo 153-4
Fredericks, Jake 295
Frederiksborg, Danish fort 140
free trade 468-9
Freetown, Sierra Leone 207, 355,
    464-5
  Asylum for Liberated Africans
    80, 80, 302, 435
  maroon communities 393-4
  St John's Maroon Church 370,
    371, 394, 395
French traders 84, 90, 96, 339,
    363
  Gajaaga 424, 442-3
Fula people 422, 425-6, 434
  cattle herders 447, 454
  cloths as currency 88

Islamic clerics 439-40, 444-6
  and jihād in Hausa kingdoms
    451-7
  migrations 321-2, 439-41,
    443-6, 458
  status of women 453
  weaving industry 445
  see also Fuuta Tòòro, Kingdom of
al-Fullānī, Sālih 426
Furtū, Ahmad B. 305-6
Fuuta Jaalo mountains 69, 88,
    321, 439
Fuuta Jaalo state 321-2, 393, 394,
    441, 461
  slave revolt (1785) 416
  slavery in 463
Fuuta Tòòro, Kingdom of 55, 77,
    276, 353, 422, 437
  army of 78, 443
  Islam in 438, 440-43
  manual labour 350
  slavery in 448-9

Gajaaga, kingdom of 422-3, 425
  Islamic marabouts in 402
  role of griots 408
Galadima Dawdu, Kano military
    leader 51
Galissá, Ibrahima, musician 49
The Gambia
  agricultural changes 337-8, 338
  cowries for divination 20
  currency 12
Gambia river 362
Gao
  cowrie shells as currency 58
  and fall of Songhay 64, 138
  gold in 53
  mosque 46
  urban culture 37, 41-2

Garcia I Mbemba Nkanga,
  manikongo of Kongo 195
Garcia II Ncana a Luquini,
  manikongo of Kongo 191–3,
    196, 213, 227, 229, 257
  conversion to Catholicism 197
  and Dutch 191–3, 191, 197
  letter to João IV of Portugal 1–3
  opposition to slave trade 4–5
Garfield, Robert 167
Gbe people 151
gender
  imbalances 340, 450
  and political structures 341–8
  see also women
Ghana
  gold mines 33
  see also Asante Kingdom
Gilroy, Paul 397
glass beads 152
globalization 5–6, 238, 347
  Africa and xvi, 4–5, 8–9
  and European expansion 57
  Gold Coast and 112, 123, 147
Gobir kingdom 454–6
gold
  African supplies 19, 37
  Brazilian 247, 299, 300, 323
  as currency 14, 58, 59, 105,
    248, 298–9
  global value 404–5
  interconnection with cowries 326
  measures 125–6
  minted as coins 146, 299,
    300–301, 325
  multiple values 121, 125,
    128, 147
  and power 35–6, 52–9, 403, 421
  and prestige 19, 20–21, 121,
    128, 327

  as standard unit of value 128–9
  and state power 325–6, 405
Gold Coast xvii, 108, 297
  European trading posts 62, 406
  globalization 112, 123, 147
  gold production 37, 38, 120
  gold trade 108–151
  political control 133–6
  and São Tomé 144
  and social changes 248–51
  social impact of gold trade on
    120–31
gold production
  Akan technologies 37, 38
  Gold Coast 37, 38, 120
  occult powers and 40–41
  oversupply 53–4, 66, 119,
    127, 128–9
gold standard 405
gold trade 108–51
  Atlantic 111–13, 123
  and bad faith 126–7
  with Europe 117–18, 127
  and expansion of currency
    56, 128–9
  expansion of 53–4, 117
  imports to Africa 247
  routes 120
  and Sahelian empires 35–9, 64–5,
    66, 127–8
  transport 124
gold weights 111–12, 111, 112, 120
Gomes, Ambrósio 341
Gomes, Diogo 74
Gonja 57, 65, 120, 429
Gonja, Chronicle of (Kitāb
  Ghanjā) 65
Grain Coast, name 108
Gramajo, Jorge Fernandez,
  prisoner 173

Gratia (enslaved woman at Elmina),
    tried by Inquisition 131-2
grave goods, cowrie in 20
Great Britain
    and abolition of slave trade 468
    credit 277-8
    gold trade with Gold Coast 112
    iron bars trade 145
    and Portugal 196
    and religious accommodation
        132-3
    and slave trade 145, 180-81
Great Popo 375, 380
griots (praisesingers) xvii, 6
    not enslaved 73
    role of 407-9, 416-17
Guinea-Bissau 12, 76, 318, 380-81
    enslaved persons as currency 272
    trading boats 358
    War of Independence from Portugal
        (1960-74) 11, 86, 397
Gwatón, port of Benin 158, 164, 178

Habe chiefdoms, Hausa region 139
Haitian revolution (1791-1804) 9,
        393, 394, 428
Haskell, Ralph 356-7
Hausa region 56-7
    corruption 450-51
    divisions between rulers and
        people 447-8
    Habe chiefdoms 139
    Islam and 449-50
    jihād in 451-7
    relations with Muslim Fula 451
    women in 345
Hawthorne, Walter xv
Heyn, Piet 194-5
hierarchies
    in federal societies 318-19

growth of 92, 103-4
Hausa kingdoms 447-8
in Kongo 204-5, 256-8
and labour system 350, 354-5
social 44-5
see also aristocracies
Hilton, Anne 208
Hispaniola, Africans from
        Senegambia in 389
honour, and slavery 4, 269-70
horses, exchanged for enslaved
        persons 51, 76
Hueda, kingdom of 151, 154, 184
    captives from 251, 286-7
    conquest by Dahomey
        309-10, 314
    and cowrie currency 314-15
    cult of python 309-10, 344
    palace 184
hunters
    and land 366
    power of 73, 303-4, 411-12

Ibn al-Dawādāri, on Mansa Musa 40
Ibn Battūta 44, 45, 46
    on caravans 47
    on cowries 58
    on music 45, 49
Ibn Hammat, Abd al-Rahmān 453
Iceland, cloth as currency 13
identity
    ethnicity and 386-92, 391
    and Islam 427, 459-60
    and land 364
    and music 396-400
    political 388-9
    transnational 369-70
Igala peoples 151
Igbo people 19, 151
    political structures 153-4

Igbo people – (*cont.*)
  weaving 153
  women's roles 340, 347
Igbominaland 179
Ijebu, Yorùbá, *eredos* 54, 157
Ìjèsà kingdom 157
Ile Orí, household shrines 19, 20
Ilé-Ifè, Yorùbá centre 152, 154, 170
  potsherd pavements 152
  spiritual practices 158, 160
Imbangala people
  armies of Angola 416
  in Ndongo 220–21, 222
India
  cloth from 5, 80, 91, 181–2,
    237, 355
  merchants from 381
  pièces de guinée cloth 421–4
industry, precolonial 11, 237–8
inequality 44–5, 380
  Senegambia 93, 415–16
  and trade 10, 15, 16, 124
  see also hierarchies
intelligentsia (*'ulamā*) 138, 444–6
invisibility, metaphors of xiv
iron
  for agricultural tools 354–5, 360
  as currency 13, 14, 88, 130, 361
  and European manufacturing 104
iron bars 359–61
  as currency 421, 423
  and Indian cloths 421–3
  trade in 88–9, 91, 95, 145, 360
iron production
  Kongo 202
  northern Nigeria 31
  Nupe 152–3
  Oyo 179
Isert, Paul Erdmann xvii, 288, 377
Ishaq II, king of Songhay 63

Islam
  and African religions 49–50,
    381–2, 437–8, 450
  and Atlantic trade 437, 441–2
  and dress 425
  and gold trade 123
  growing power of 430–31, 461–2
  and identity 427, 459–60
  influence of 77, 380–82, 438–9
  influence on state structures 50,
    54, 66–7
  and *jihād* in Hausa kingdoms
    451–7, 473
  and literacy 41
  madrassas 438–9
  in Mali 46–7
  and political instability 425–6, 435
  and regressive gender roles 347
  rejection by coastal communities
    464–5
  and resistance to slave trade
    262–3, 442, 473
  role of merchants in revolutions
    402–3
  Salafiya movement 338, 347, 386,
    452–3, 456–7
  and secret societies 430–31,
    435–6
  in Segu 412
  and slavery 263–4, 436–7, 462–3
  spread of 42, 64, 234, 438–9
  Sufi movements 452
  and trade 42–4
  zwāya clerical class 438–9,
    440, 443
Islamic scholars 50
  influence of 461–2
  marabouts 380
  migration 136
  'ulamā migrations 444–6

Italy, explorers 39
ivory carvings 101, 102
Ivory Coast 108
  gold mines 33

Jaga Wars, Kongo 217–19, 220
Jahanké people, Senegambia 392
Jakhanke Muslims, in West Africa 67
Jamaica 384–5
  and *gumbe* music 397
Jara-Ngolosi dynasty, Segu 409
Jarric, Pierre du 219
Jatta, Daniel Laeoumahuma 72
Jenne-jenò, urban settlement 31,
  33, 38
Jesuits, and Kongo slave trade 4,
  191, 213, 217
Jewish communities
  Cape Verde 34
  trade links 33–4
Jighi Jarā, founder of Gonja 65
João I Nzika Nkuwu, manikongo
  of Kongo 373–4
  conversion to Catholicism 207–8,
  209, 212
João II, King of Portugal 79, 155,
  207
João III, King of Portugal 137, 159,
  210, 214
João IV, King of Portugal
  and Garcia II of Kongo 1, 2–3
  and gold trade 36
Jobson, Richard, gold prospector
  81, 90, 290–91
Johnson, Samuel, Yorùbá historian
  19, 152, 418
Jola people
  akonting lute 72–3
  masks 100–101
Jolof kingdom, Senegambia 8, 76, 93

civil war 79
  and French traders 84
jòn (prisoner/slave) 282, 285
  types of 293
Jorge, Dom, Bini ambassador to
  Portugal 158

Kaabu Federation xix, 93, 304,
  318, 319–22
  installation of kings 334–5
  nyantio warriors 320–22
  religion 319–20
  warfare 320–21
Kakonda state 259
Kane, Oumar 440
Kanem-Borno state 42, 54
  kinglist 42–3
al-Kānemī, al-Amin, scholar
  50, 459
Kankurang masquerade 347, 348
Kannjeji, king (sarki) of Kano 44
Kano 56–7, **447**
  city walls 57
  commercial expansion 57, 329,
  432–3, 446–7
  Kurmi market 57
  urban settlement 44
Kano Chronicle 43–4, 51, 157,
  329, 448
Kano state 37, 43
  and Nupe 56–7, 157
  relations with Borno 48
  Sarauta system 54
  and slavery 51
  state power 327–30, 381, 446–7,
  450–51
  war with Katsina 137, 329, 381
Kansala, Kaabu capital 319
Kante, Sumanguru 45, 49
Kantora, trading settlement 37, 74

Kassanje, kingdom of 226–7
Katsina, kingdom 138–9, 403, 456
    war with Kano 137, 329, 381
Katsina, town, trading centre
    138–9, 432
Kebbi, kingdom of 416, 456
Keita, Mamadou, griot 6
Keita, Sunjata, founder of Empire
    of Mali 18–19, 304
    control of gold trade 38
    and Senegambia 73–4
    and 'three measures of gold' 35–6
Kelefa Saane 83–4, 284–5, 436
Kilwa island, trade with
    China 32–3
Kimpanzu lineage, Kongo 256
Kimpasi, healing society 255, 260
kindoki (sorcery) 276, 277
Kingsley, Mary 301–2
Kinlaza lineage, Kongo 256
kinship xv
    and slavery 268–9
kola nuts 105–6, 464
Koli Tenguella, Fula warrior 55, 74,
    77, 276, 441
Komenda kingdom 133, 361
Konadu, Kwasi 117
Kong, Kingdom of 65, 120, 136
Kongo Cross community at
    Freetown 303
Kongo, Kingdom of 190–232, 464
    adoption of Christianity 206–13
    ambassadors in Brazil 191, 196–7
    boundaries within 202
    civil wars 255–8
    cloth exports 230–31
    collapse (after 1665) 252, 255–61
    copper mines 190, 214–15, 224–7
    culture 259
    currency wars 222–7

diplomacy and geopolitics 191–8
economy 201–2, 222–7, 229–32
fears of enslaved persons 219–20,
    221, 270
fragmentation 259–60, 286, 427
hierarchies in 204–5, 256–8
and Jaga Wars 217–19
literate aristocracy 196–7
and long-distance trade 199–200
manufactures 237
maps 203, 256
mwissikongo ruling clan 189,
    196–7, 204–5, 257–8
nzimbu shell currency 3, 4,
    189–90, 200, 222–7,
    229–30
origins and changes 199–205
quilombo military structure 189
relations with Dutch 3, 191–3,
    191, 193–5, 228–9, 231
relations with Portugal 3, 190,
    193–4, 195–6, 255–6, 258
royal power 1, 189, 192–3, 192
and trade in enslaved captives
    230–31
Kpengla, dadá of Dahomey 467–8
Kulubali, Biton, king of Segu 324,
    364, 411–12
    palace 365
Kulubali dynasty, Segu 409, 411,
    413–14, 415
Kumasi 297
    Manhyia Palace Museum 111,
    111, 297, 297
    palace 382
Kwame, Osei 382, 405
Kwamena Ansa, Akan king of
    Elmina 114–16, 120
    gold regalia 115, 121
Kwarafa peoples, Benue 139

La Courbe, Michel Jajolet de 90, 267
Labarthe, Pierre 402
labour and production xv
  agricultural 350–51, 449
  demand for captives 183, 264–5
  enslaved persons for 51, 78, 145,
    172–5, 353–4, 448
Lagos 163, 169, 181, 473
Lambe, Bullfinch 299
land
  and national identity 364
  spiritual value of 363–6
language(s) xix
  Akan and Fante 123–4
  in Allada 170
  Arabic 308, 426, 431
  in Dahomey 308–9
  and ethnicity 388, 390–91
  Fula (Fulfulde) 461
  Kriolu 397
  Latin 196–7
  and nsibidi script 279, 280
  Portuguese words xix, 160
  Yorùbá 169
Lathe, trader 379–80
Le Maire, Jacques 92
leather industry 77, 447
Lemos Coelho, Francisco de 106
Leo Africanus see al-Ouazzan
Libolo kingdom 235
Libya, modern 380–81
Lisboa, Diogo Rodrigues de 272
Lisbon
  Dahomey ambassadors in 378
  Inquisition 131–2
literacy
  and European education 379
  and Islam 41, 444
  in West Africa 460–61
livestock, herding skills 8

Livingstone, David 265–6
Loango, state 203, 258
  libongo cloths 231, 236, 237
  trade in captives 259
Lobbo, Ahmad 460
Lobo, Rodrigo de 400
Lopes, Duarte 217
Loropéni, walled fortress 31
Louis-Gates Jr, Henry 11
Lovejoy, Paul 437
Luanda, Angola 3, 235
  cassava plantations 191
  and credit 273–4
  Portuguese colonization 219,
    225, 254
  and Portuguese control of
    nzimbu trade 228
  slave ships from 254
  taken by Dutch 4
  and trade in cloths 231, 236
Lucques, Laurent de 204
Lukeni, manikongo of Kongo 202
luxury goods, European 371–80

Madagascar, trade with China 32–3
Mafra, 'gold elephant'
  palace 129–30
magic xiv, 348–9
Magrabomba River, Sierra
  Leone 92–3
maize 349, 352
  introduced 99, 113, 123, 134, 144
malaguetta peppers 348–9
Maldive Islands, cowries 18, 58
Malé Uprising (1835), Bahia
  385, 472
Malebo Pool, slave market 4,
  202, 216–17
Malfante, Antonio, Genoese
  trader 36–7

Mali, Empire of 46, 48
  and Akan society 122–3
  court of Emperor 33, 45–6
  decline 60
  fall to Songhay 37
  founding myth 35
  importance of gold 52–3
  role of Islam 46–7
  and Senegambia 73–9
  wealth 39, 46–8
Mama-Jori masquerade 339–40,
  347
Mande migrants, and founding of
  Gonja 65
Manding peoples 22, 284
  as *dyula* traders 93–4
Mandinga peoples of Guinea-Bissau
  22, 393, 394
  gold traders 117, 122–3
Mandingo, raiders 264
Mandinka language 388
Mane people, migration after fall
  of Mali Empire to Sierra
  Leone 93
Mane, Saajo 319
Mâni, Muhammad ibn 42
manioc 352
Manjako people 97, 318
Mankanhe people 318
Manneh, S., oral historian 97
Manoel I, King of Portugal 158,
  203, 223, 377
Mansa Musa, Emperor of Mali
  36, 39
  pilgrimage to Mecca (1324/5) 33,
  37, 39–40, 381
manufacturing, Africa 152–3,
  237, 471–2
marabouts (Islamic scholars)
  136, 402–3

Marees, Pieter de 89, 121, 138, 159
market economies, West Africa 13, 21
  and capital-market structures 434
market theory 433–4
maroons (runaway slaves) 8, 98–9
  and African-American religious
    movements 384–5
  and fight for freedom 392–6
  on Gulf of Guinea islands 144
  Jamaica 384–5
marriage
  with Europeans 133, 147, 342–3
  polygamy 208, 344
Marx, Karl, and surplus labour
  value 15
Masatamba, 'Emperor' of
  Casamance 85–6
masking techniques 100–101, 100
  Benin 164
  horned 101
masquerades 339–40, 347, 348,
  366, 450
Mâssina kingdom 460
Masūfa clan 66
Matamba mountains 3, 4
matrilineal inheritance 343
  Kaabu 76
  Kongo 205
  and polygamy 208
Maurits of Nassau, Johann, Dutch
  governor of Brazil 1
Maya, slavery 267
Mayer, Arno 401
Mbamba province, Kongo 235
Mbanda Kasi, Battle of 194
Mbanza Kongo 201–2, 217–18,
  256–8
  maninsoyo invasion of 255–6
  sacking of 221
  urban settlement 38

Mbata province, Kongo 217, 219
Mbengue, Mamadu Ndiari, Fula
  elder 284
Mbwila, Battle of (1665) 191,
  197, 257
Mecca
  Fula pilgrims 443–4, 445
  Mansa Musa's pilgrimage 33, 37,
    39–40, 381
  pilgrimages from West Africa
    50, 62
  pilgrims from Timbuktu 8
medicine 447
  African influences in Americas
    8–9, 386
Mendy, John 318
merchant class
  and revolutions 402–3
  see also traders
Metcalf, Captain 145
Meuwese, Mark 133
migration
  escaping captives 394–5
  Fula people 321–2, 439–41,
    443–6, 458
  Islamic scholars 136, 444–6
  and political instability 426–7
  tales of 74–5, 93, 102–3
  Yorùbá peoples 169
mints, North Africa 33
missionaries
  Capuchin 85, 161, 170, 177,
    197, 213
  Catholic 122, 210, 384
mithqāl, gold coin 299, 300–301,
    325
  exchange rates 433
monarchies
  installation rituals 334–6
  power 326, 336–41

and succession struggles 417
symbols of power 372–4
  see also aristocracies
money see currencies
Monrovia, European traders 464–5
Monte das Taboas, Battle of (in
    Pernambuco, Brazil) 113
Montesarchio, Girolamo da 235
Moore, Francis, trader 89, 262, 264
  on Fula 425–6
  on Mumbo-Jumbo masquerade
    339–40
Morocco, invasion of Songhay
    (1591) 60, 63–4, 138
Mossi state, Burkino Faso 37,
    54, 297
Mounkaila, Fatimata 275
Mozambique, enslaved persons
    from 286
Mpinda, port, Kongo 201, 214, 218
mpu woven crown (Kongo) 2, 372,
    372, 373
Mudimbe, V. Y. 9, 368
Muhammadu Jan Hazo, king of
    Katsina 138–9
Muhammadu Uban Yara, king of
    Katsina 138–9
Mūlāy Ahmad, of Morocco 63
Muldrew, Craig 13
Mumbo-Jumbo masquerade 339–40
music
  African traditions 10
  akonting lute 72–3, 72, 99, 398
  balafon 45, 49
  Bamako 409
  at Court 49, 61
  futurifu 61
  gumbe 396–7
  and identity 396–400
  influence in Americas 99

music – (*cont.*)
  kora 49
  Senegambia 72–3, 398–9

Nafafé, José Lingna 164
Nasir al-Din, trans-Saharan trader
  and warrior 77, 438
Native Americans, and war
  captives 267
Ndongo, Kingdom of 196, 200,
  202, 235
  Imbangala invaders 220–21, 222
  relations with Kongo 203–4, 214
  rumours of silver mines 224–5
Nebrija, Antonio de 470
Negreiros, André Vidal de 254–5
Netherlands *see* United Provinces
Neves, António Rodrigues 226–7
New York, Santería shrines 10
Newton, Isaac 405
Newton, John 93
Ngazargamu, Borno 54, 459
Ngolo Jara, king of Segu 323, 325,
  410, 413–14, 415
Niger River 47
  Delta 318
Nigeria, *eredos* (earthen defences)
  31, 54
Nightingale, James 352
Niumi state 77
Njaay Saal, Islamic cleric 77
nkisi power figure (Kongo) 260, 261
Nok culture 31
nomoli ancestor-spirit figures
  (Sierra Leone) 101
Norris, Robert 288–9, 312, 313
  on Dahomey 334, 377
North Africa
  cultural exchanges with Mali 50
  economies 38

nsibidi script 279, 280
Nsoyo province, Kongo 194,
  196–7, 258
Nsundi province 202
Ntinu Wene, founder of Kongo 204
Nunez, Francisco 300
Nupe province 56–7, 151, 179, 419
  expansion 157
  manufacturing 152–3
nyantios, warrior aristocracy of
  Kaabu 76, 92, 320–22
Nzika Nkuwu *see* João I,
  manikongo
nzimbu shell currency 3, 4, 189–90,
  200, 222–7, 229
Nzinga, Queen of Ndongo and
  Matamba 196, 227,
  235–6, 355

occult powers, and gold
  production 40–41
Ofari Thosu, prince of Accra 406
Offra, port 170, 287
Ogané, king (oba) of Benin 155–6
Ogundiran, Akinwumi 17, 176, 316
Ókìpò Wars 157, 158, 179
Okri, Ben 122, 358
Olinda, Brazil 1
Oliveira, Joseph Gonçalves 341
Omar Tal, Muslim leader 461–2
Onim, Kingdom of 309
  embassies to Brazil 8, 374–5
Ooegwa, Gold Coast 249
Oreoghene, king of Benin 180
orixá (spirit-deity) 152, 392
Ottoman Empire 8, 61–2
  and Borno 8, 56, 62
  decline 453
  expansion 39
  and gold trade 38

Oualata, Mauritania 37, 61
al-Ouazzan, Hassan (Leo
    Africanus) 53, 54
  on Askia Mohammed's
      pilgrimage 62
  on iron as currency 88
  on Mali 60
  on Songhay 61
Ouidah 360
  slave market 248, 287, 294
  Temple of Pythons 310
Oyo, Kingdom of 151, 417–22, 472
  Afonja uprising 460
  and Benin 154
  and Dahomey 312, 315–17, 323
  institutionalized deposition of
      kings (alafins) 417–19
  jamâ troops 419–20
  military power 179
  power of women 344
  rise of Kingdom of 157, 178–80
Oyo-Ile, city of 178–9
Ozolua, Oba (king) of Benin 158

Pacheco Pereira, Duarte 58, 119,
    127, 133, 158, 165
Pachesi state, Casamance, female
    rulers 346–7
Palmares quilombo rebellion, Brazil
    239, 395–6
Palmela castle 78–9
Palmer, R. R. 401
Panamá, maroons in 98
paper, for holy charms 105
Park, Mungo, explorer xviii, 357
  on Bundu 423, 425
  on Segu 409–10, 413
patriarchy, and rise of global
    capitalism 347
pavements, potsherd 152

pawnship 275–7, 356
Pedro II Mkanga Mpemba,
    manikongo of Kongo 194,
    195, 229
Pedro IV, manikongo of Kongo
    256, 258
pepper 160
Pereira, Joseph 300
Peres, Crispina 341, 342, 357
Phillips, Tom 111
Piketty, Thomas 14
Pina, Rui de 116, 207, 209
Pinheiro, Sebastião 274
Pires, Fr Vicente 312–13, 344
plantation economy 247, 265,
    463–4, 473
  forced labour for 353–4
Podor, trading post on River
    Senegal 423
polygamy 208, 344
Poro secret society (Sierra Leone)
    302, 303, 431
Portobelo, maroon settlement 99
Portudal, Senegambian port 89
Portugal
  in Benin 158
  and Catholicism in Kongo 206–8
  cloth production 59
  construction of Elmina fort
      115–16
  and copper in Kongo 224–6
  gold trade profits 127, 146
  independence from Spain 3, 196,
      258
  pressure to end slave trade 375
  relations with Kongo 3, 190,
      193–6, 214–17, 255–6, 258
  relations with United Provinces 3,
      125, 194–6, 274
  rivalry with Spain 115, 258

Portugal – (cont.)
  and Senegambia 8, 79
  trade of horses for captives 76
  and trading routes 62, 137
  use of gold for display 129–30
  voyages of discovery 37, 39
power, and gold 35–6, 52–9, 403
Prempeh I, asantehene of
    Asante 111
Proyart, Abbé 290

quilombo
  and African identity 369–70
  maroon movement in Palmares
    239, 395–6
Quissama kingdom 235

Rågbenle Society of the Temne
    people 431
Ramires, Damião, slave trader 173
reciprocal exchange 66
  of diplomatic gifts 376
  and ritual gifts 105, 106–7
red, colour 370–71, 394
Reform Act (1832) 340
religions, practice and
    observance xv
  African influences 10
  African royal cults 430
  Afro-Catholic religions 10,
    210–213
  Aja 169, 174
  collective shrines 41
  European accommodation with
    132–3, 383–4
  in federal states 319–20
  Kongo 197
  masquerades 339–40
  new 338–9
  and political power 132–3

relations with Islam 49–50,
    381–2, 450, 461
  and state formation 43
  and state power 336
  and struggle against power 386,
    429
  and warfare 301, 305–7
  Yorùbá 169–70
  see also Catholic Church; Islam
remittances 10
revolutionary movements 16
  composition 416
  long-distance trade and 416
  see also Age of Revolution
rice production 8, 31, 337
  Casamance 86, 87
Rimfa, Mohammed, sarki of
    Kano 57–8
Rimi Malam Barka, Dan, Kano
    official 43
ritual gifts
  and reciprocal exchange 105,
    106–7
  and status 223–4
rituals, installation of kings 334–6
Rodney, Walter 248, 379
Rodrigues Roxo, João, trader 120
Royal African Association 414
Royal African Company 247, 262,
    293, 300, 314, 351, 361
Royal Navy, West Africa Squadron
    80, 302, 435, 465
Rufisque (Arrecife) 104
  port 81
Ruyters, Dierick 80, 95, 123, 141,
    177–8, 343

sacred forests 305–6
al-Sa'dī, scholar 39–40, 46, 409
  on Mossi state 54

on power in Mali 48
on Songhay 60, 61, 63
Sahara
    copper from 31
    trading routes 33–4, 56, 61, 137
Sahel, great empires of 31–67,
        329–30
    city states 39–45
    currencies 432
    exports of captives 329–30
    fragmentation 136–7, 427, 428
    gold trade 35–9
    Islam and 380–82
    political transformations 60–64,
        139–40
Saho, *dyula* trader 81
St Louis, port 422, 465
Sakpata religious movement
        (Dahomey) 311
Salaga, trading centre (Asante) 464
salt, as currency 13
Sana Kuyate, historian 83, 436
Sandé secret society 302, 303
Sandoval, Alonso de 387–8
sangamento ceremony 372
Sanneh, Kebba, oral historian 44
Sanneh, Lamin, theologian 49, 392
Santería religion, Cuba 10, 170,
        391, 474–5
santidade movement, Brazil 384
Santíssima Trindade, Monastery,
        Portugal 132
Santissimo Sacraemento, Diogo de,
        Spanish priest 210
São João de Ajuda, fort 315
São Tomé 113, 144
    and Jaga Wars 218
    maroons from 393
    slave traders 170, 215
    slave uprising 143–4

sugar plantations 143–4, 165,
        214–15
Sape, kingdom of (Sierra Leone) 93
    ivory carvings 101, 102
Sau-Gafata sacred forest
        305–6, 310
Schouten, Willem 92
Scramble for Africa 468
Sebastião I, King of Portugal 63
secret societies, militarized xix,
        289, 290, 301–4, 338–9, 416
    Ékpè cult, Kongo 19, 278–9,
        287, 303
    hunters and 303–4
    and Islam 430–31, 435–6
    private languages of 431
Segu state 270, 297–8,
        409–16, 428
    cowrie money economy 323–5
    Islamic *maraka* traders in 415
    and manual labour 350–51
    slavery in 414–15
    tònjònw slave warrior
        commanders 412–14, 416
Seijas, Tatiana 295
Sekondi, Gold Coast town 121, 360
    fort 140
Senegal River 76, 422
Senegambia 6, 68–107
    cultural influence in Americas
        99–102
    currencies 71
    economic changes 85–91
    federal societies 318
    growing inequality 93, 415–16
    Islam and political power 421–2
    and Mali Empire 73–9
    Mama-Jori 339–40
    and music 398–9
    origins of revolt 436–43

Senegambia – (cont.)
  rise of Koli Tenguela 55
  role of griots 407–9
  slavery 85–91, 284–5
  and Songhay 77
  trade and political power 78–85
  trade relationship with
      Europeans 8, 90–91
Serèèr peoples 77, 353, 395, 425
Shabini, Al-Hajj Abd Salam,
      trader 66, 381, 442,
      446–7, 450
Shaw, Rosalind xiv
shell
  for ornamentation 83
  see also cowrie shells; nzimbu
Sidibé, Bakary xv
Sierra Leone 69
  asylum for slaves 80, 80
  and Portugal 85–6
  secret societies 302
  trade 82
  see also Freetown
Siğilmāsa, Morocco 33–4
Silveira, Simão de 223
silver
  as currency 105
  global value 404–5
  from New World 19, 247, 253
  rumoured mines in Ndongo
      224–5
  trade 253
Slave Coast, name 108
slave trade, Atlantic 73, 448–9
  consequences of 285–92
  and credit 90–91, 275–81, 294–5
  development of 216–19
  external 51–2
  Middle Passage 88, 282
  numbers 266–7, 285, 354

  provisions for crossings 253, 288,
      351–2
  rise of 142, 143–6, 169–77
  rising value of 15, 264–5, 285–6
slave trade, internal
  for forced porterage 118–19
  to Middle East and India 266
  trade in war captives 87–8,
      166–7, 215–16
  trans-Saharan 266, 285
slave traders 287–9, 326–7
  archives and sources xiv–xv,
      xviii
  and brokers 288
  Portuguese 3, 4, 288
slaves and slavery
  Borno 43
  chattel 267
  and cycles of debt and credit
      11–12
  and dependence 268, 448–9
  and honour 4, 269–70
  Islam and 263–4, 436–7, 462–3
  Mansa Musa's 39
  palace 448
  rebellions 9, 113, 239, 270, 370
  and wealth 51
  see also Abolitionism; enslaved
      persons; labour and
      production
Smith, William 249
snakes
  pythons 310, 310, 344
  shrines 319
Snelgrave, William, slave
      trader xviii, 311
Soh, Siré-Abbâs- 276–7, 441
Sokoto, state
  as Caliphate 459
  Islamic armies of 434, 444–6

revolution 345
slavery in 463–4
'Song of Bagauda' 58, 328–9,
    330, 447
Songhay, city 46, 47
Songhay Empire 37, 410–11, 444
    administration 60
    civil wars 63
    fall of 62–4, 137, 138, 411
    and gold supply 62
    rise of 60–62
    rivalries within 61
    and Saharan trade 147
    and Senegambia 77
    titles system 60
Soninké peoples, Kaabu 319
Soninké state 461
Sonni 'Ali, king of Songhay 50,
    60, 381
sources xvii, xviii–xix
    Arabic xviii
    oral histories xv,
        xvii–xviii, 162
Sousa, Fernão de 225, 272
Sousa, João Correia de 229
Souza, Manuel de 341
Spain 33, 38
    and Allada 8
    and Mali 50
    and maroons in Caribbean 98, 99
    relations with Portugal 258
    trade with 41–2
states
    bureaucratic 42
    centralization of power 341
    and control of population 337
    and currencies 322–7
    federal 317–22
    fiscal-military 296–333
    growth of institutions 48–9

influence of Islam 50, 54, 66–7
    modern distrust of 473–4
    and monarchical power 326, 417
    new West African 54–8
    and rebellion 330
    and trade 56, 128
sugar plantations
    copper equipment 226
    in Kongo 200
    São Tomé 143–4, 165, 214–15
sugar trade 144
Sulaymān, Mawlāy al-Qāsim B.
        Mawlāy 433
Susu peoples 117, 393, 394
Suware, Al-Hajj Sālim, cleric 49, 50
Sweden, iron exports 146
Sy, Malik 425, 439, 440
symbolism 42
    in Kongo 220
    of royal power 372–4
    and value 238

Tabkin Kwotto, battle of 455–6
Taghāza, salt mine 63
Takyiman, state 307–8
Tal, Omar 426–7
Tankondibogho, battle of (1591) 63
Távora, Bernardino de 289
Távora, Francisco de 255
taxation 167–8, 473
    Benin 182
    port taxes 81, 128
    to pay for armies 296
    of trade 48, 432–3
teeth, excision of 191
Tegbesu, king of Dahomey 313–15
Teruel, Antonio de, Spanish
        missionary 193, 196,
        221–2, 227
Testefolle, Charles 357

texts, Arabic 64–5
Thaler, Richard 471
Thelwall, Richard 268
Timbuktu 8, 37, 61
    abandoned by Mali 60
    centre of scholarship 444
    Djinguereber Mosque 46–7, 47
    enslaved persons in 448
    palace 46
    Tuareg attacks 60, 330, 447–8, 449
Tiramakang Traoré, and founding
        of Kaabu 73–6, 304
tobacco, in Brazil 403
Tocqueville, Alexis de 401
Togo 292
Tojonu, King of Allada 170
Told, Silas 278, 279
tònjònw slave warrior
        commanders 421
    Segu state 412–14, 416
Tovar, Joseph Pellicer de 191–2, 193
trade 5–6, 77
    account books 359–60
    with China 32–3
    corruption in 125
    and inequality 10, 15, 16, 124
    long distance 37–8, 64, 77, 93,
        234, 416
    monetization of 359–62
    regulation 47–8
    Senegambia 79–85
    shift eastwards 61–2, 137, 139
    and state formation 56, 128
    trans-Saharan 33–4, 56, 61, 137
    and urbanization 38
    and value 469–71
    in weapons 83–4, 119
    weights and measures 125–6, 167
    see also currency; gold trade;
        slave trade

trade goods 90–91, 94–5
    European 53–4, 119, 124
    manufactured 90–91, 355
traders 84–5, 355–9
    afahene (brokers) 124
    and boats 358
    dyula 81, 93, 118, 137
    as founder of kingdoms 65–6
    Islamic (maraka) 402–3, 415
    Mandinga 117, 402
    as settlers 82
    see also merchant class; slave
        traders
transport
    boats 358
    camel caravans 47
    forced porterage (enslaved
        persons) 118, 124
    land routes 121
    river 47, 121–2, 200, 357–8
Truku (Dom Jeronimo), king of
        Dahomey 312
tsetse fly, and lack of pack animals
        118
Tuaregs, control of Timbuktu 60,
        330
tumuli, Dô, central Mali 31
Tuwāt, Algeria 33–4
    gold trade 36–7
Tyo province 202
    captives from 215–17, 230–31

Ulsheimer, Andreas 124, 162–3,
        167, 169
Uma Hani, Fula mystic woman
        453
al-'Umari
    on court of Emperor of Mali 45–6
    on use of gold 52
Umbundu peoples 191

Umme Jilme, king (*mai*) of Borno 42
'Umr ibn Othman 444
United Provinces (Netherlands)
　in Angola 3
　cloth production 104, 146
　cloth trade 145–6, 231
　dependence on gold trade
　　117–18, 124–5, 145
　and Kongo 3, 191–3, 191, 193–5,
　　228–9, 231
　occupation of Brazil 1, 3
　rivalry with Portugal 3, 125,
　　194–6, 274
　and slave trade 180, 253, 286
　trade agreements 133–4
Upper Senegal River, copper
　artefacts 31
urbanization
　Akan state 123, 124
　potsherd pavements 152
　and trade 38
　and urban cultures 37
Usman, Aribidesi 179
Uthmān dan Fodio, *jihad* leader
　(shehu) 57, 345, 444,
　452–6, 458–9
　Kitāb al-Farq 451

Vansina, Jan 199
Vatican, Kongolese ambassadors
　to 213
Vaz, Bibiana, trader 341–2, 357
Vaz Coelho, Antonio 368–9, 396
Vaz de Cunha, Pero 79
Venezuela, maroons 392–3
Vieira, João Fernandes 113, 124,
　237, 254
Vili people, Loango 200
violence
　political 87–8

of slave traders 288–9
and whip 399–400
Vita, Beatriz Kimpa, Kongolese
　Antonine movement 212, 256
Viye state 259
Volta region, gold production 53, 54

Waalo, kingdom of 422
al-Wahhāb, Muhammad ibn Abd 452
Wangara, Muslim traders 43–4,
　48, 62
warfare
　between European powers 141
　between kingdoms 87–8, 137,
　　138, 141, 289–92
　bronze and 165, 166
　cavalries 329–30, 331
　and depopulation 289
　European manipulation of
　　140–42, 330
　Gold Coast 116, 119
　Kongo 9, 258
　Ókìpò Wars 157
　and religion 301, 305–7
　and slavery 22, 144, 216–17,
　　267–8, 270
　see also secret societies; weapons
Warner, Matthew, slave trader 145
warri board game 111, 112, 199
warriors
　Benin 305, 305
　with monkeys (The Gambia)
　　xviii–xix
　nyantios, warrior aristocracy 76,
　　92, 320–22
　tònjònw slave warrior
　　commanders 412–14,
　　416, 421
　women as 343, 345
Wassu stone circles, Gambia River 31